Softwareentwicklung

Hier eine Auswahl:

Java 7

Karsten Samaschke
ca. 544 Seiten
€ 29,95 [D] € 30,80 [A]
ISBN 978-3-8273-2658-4

Java ist eine der am häufigsten eingesetzten Programmiersprachen weltweit. Mehr als 54% aller Entwickler nutzen sie zur Erstellung ihrer Applikationen. Mit der neuen Version 7 sind zahlreiche Neuerungen in die Sprache eingeflossen, die sie einerseits umfangreicher, aber auch leistungsfähiger machen. Mit diesem Buch erhalten Sie das Wissen, das den Profi vom Einsteiger unterscheidet. Sie lernen, die zahlreichen Features von Java in unterschiedlichen Situationen einzusetzen und die Bibliotheken der Version7 korrekt zu nutzen. Die Zweifarbigkeit des Buchs hilft beim Lernen – wichtige Codebestandteile werden farblich gekennzeichnet.

Visual C# 2010

Dirk Frischalowski
ca. 544 Seiten
€ 29,80 [D] € 30,60 [A]
ISBN 978-3-8273-2900-4

Mit dem .NET-Framework, das Microsoft vor einigen Jahren als neue Programmierumgebung vorgestellt hat, wurden auch neue Programmiersprachen entwickelt. Eine davon ist C#, die optimal für die professionelle Anwendungsentwicklung mit .NET geeignet ist. Mit der neuen Version 4.0 von .NET werden bei Visual C# 2010 viele neue Features eingeführt. Das Buch liefert dem Leser einen anspruchsvollen und nachvollziehbaren Einstieg in C#. Es enthält alle Beispieldaten und sonstige Software zum Nachvollziehen auf der beiliegenden DVD.

Werner Schäfer

Softwareentwicklung

›› Einstieg für Anspruchsvolle

ADDISON-WESLEY ——— [in Kooperation mit] ——— PEARSON Studium

Bibliografische Information der Deutschen Nationalbibliothek

Die Deutsche Nationalbibliothek verzeichnet diese Publikation in der Deutschen
Nationalbibliografie; detaillierte bibliografische Daten sind im Internet über
http://dnb.d-nb.de abrufbar.

Umwelthinweis:
Dieses Buch wurde auf chlor- und säurefreiem PEFC-zertifiziertem Papier gedruckt.
Um Rohstoffe zu sparen, haben wir auf Folienverpackung verzichtet.

10 9 8 7 6 5 4 3 2 1

12 11 10

ISBN 978-3-8273-2851-9

© 2010 Pearson Studium,
ein Imprint der Pearson Education Deutschland GmbH,
Martin-Kollar-Straße 10–12, D-81829 München/Germany
Alle Rechte vorbehalten
www.pearson-studium.de
Lektorat: Brigitte Bauer-Schiewek, bbauer@pearson.de
Fachlektorat: Dirk Frischalowski
Herstellung: Martha Kürzl-Harrison, mkuerzl@pearson.de
Korrektorat: Petra Kienle
Coverkonzeption und -gestaltung: Marco Lindenbeck, webwo GmbH
                              (mlindenbeck@webwo.de)
Satz: Reemers Publishing Services GmbH, Krefeld (www.reemers.de)
Druck und Verarbeitung: Kösel, Krugzell (www.KoeselBuch.de)

Printed in Germany

Auf einen Blick

Inhaltsverzeichnis

Vorwort

Irrtümer entspringen nicht allein daher, weil man bestimmte Dinge nicht weiß, sondern weil man sie zu beurteilen unternimmt, obgleich man noch nicht alles weiß, was dazu gefordert wird. (Immanuel Kant)

Softwareentwicklung ist, wenn man den aktuellen Statistiken glauben will, ein äußert risikoreiches Unterfangen. Ein Großteil der Projekte ist im engeren Sinne nicht erfolgreich, das heißt außerhalb des vorgesehenen Kosten- und Zeitrahmens. Ungenügende Qualität und ungeplante Mehraufwände lassen Zweifel an der Professionalität in der Softwareindustrie aufkommen. Doch was macht die Softwareentwicklung so schwierig im Bezug auf ihre Planbarkeit und welches sind mögliche Wege aus dieser viel genannten Softwarekrise?

In der Tat ist die Programmierung hoch komplexer Systeme im Zusammenspiel unzähliger Teile eine sehr anspruchsvolle Aufgabe. Bevor die erste Zeile Code geschrieben wird, bedarf es einer schrittweisen Verfeinerung der unklaren Vorstellungen verschiedener Interessengruppen in konkrete Vorgaben für den anschließenden Bau der Software. Dabei verwenden wir unterschiedliche Modelle und Techniken, die Dinge fassbar zu machen. Entgegen anderen Ingenieursdisziplinen wie der Mechanik ist die Konstruktion einer Software als solche nicht sichtbar. Eine kaum mehr überblickbare Anzahl von Komponenten, Schnittstellen und Kommunikationspfaden sorgen für die gewünschte Reaktion eines Systems. Ein solches System besteht in der Regel selbst wieder aus einer Vielzahl von Subsystemen. Der Abruf der aktuellen Börsendaten oder das Versenden einer elektronischen Nachricht mit dem Mobiltelefon erfordert das Zusammenwirken vieler Systeme und Applikationslandschaften. Bereits eine für den Benutzer einfache Internetanwendung wie die Abfrage von Fahrplandaten, Wetterprognosen oder Jobportale verlangt eine Abstimmung, die Orchestrierung mehrerer Softwarekomponenten und Dienste sowie das Wissen über verschiedene Technologien. Eine enorme Leistung, welche Softwarearchitekten, Business-Analysten, Projektleiter und Programmierer täglich erbringen.

Dieses Buch blickt hinter den Vorgang und erzählt, mit welchen Mitteln und Werkzeugen die verschiedenen Rollen der wachsenden Komplexität begegnen. Wie aus einer Idee durch Anwendung entsprechender Methoden anspruchsvolle Softwaresysteme entstehen. Dabei liegt der Fokus weniger auf einzelnen Technologien, Programmiersprachen oder konkreten Lösungsansätzen. Im Vordergrund steht vielmehr die Fähigkeit, Dinge zu abstrahieren und Modelle zu entwerfen, mit denen sich die moderne Softwareentwicklung zusehends konfrontiert sieht. Mit der wachsenden Anzahl bestehender Systeme und der Zunahme der Komplexität von Abläufen als auch der Vernetzung untereinander ist eine neue Denkweise und Kompetenz in der Softwareentwicklung gefordert. Es ist die Kunst, die Realität mit Modellen fassbar zu machen und diese Modelle, von der Anforderungsanalyse über die Architektur bis zum Softwareentwurf, ineinander überzuführen. Gerade die verschiedenen Ansichten eines Systems für die jeweilige Zielgruppe und den damit geforderten Detaillierungsgrad in einem geeigneten Modell zu abstrahieren, verlangt weit mehr, als nur eine bestimmte Programmiersprache zu beherrschen.

Das Ergebnis, diese Dinge zwischen zwei Buchdeckel zu pressen, ist eine spannende Reise durch viele Aspekte der Softwareentwicklung. Das Buch erhebt jedoch weder den Anspruch, vollständig in Bezug auf die möglichen Methoden zu sein, noch diese abschließend zu beschreiben. Stattdessen werden verschiedene, aus meiner Sicht wichtige Methoden zueinander in Bezug gebracht und die Softwareentwicklung in einem etwas größeren Kontext vorgestellt. In meiner Arbeit als Berater und Coach in der Modellierung von Architekturen und der Anforderungsanalyse war es oft das Unvermögen, Gesamtzusammenhänge zu erkennen und situativ die richtigen Methoden einzusetzen, um letztlich erfolgreich zu sein. Ich lehrte junge Menschen, diese Grenze zu überschreiten und außerhalb dieser Grenzen nach Lösungen zu suchen. Die Erfolgreichen sind jene, die aus einer Menge von Werkzeugen die jeweils richtigen auswählen und einsetzen können; nicht nur in der Softwareentwicklung. So ist dieses Buch über Methoden, Modelle und Architekturen entstanden. Dabei verfolgte ich stets das Ziel, sowohl eine leicht zu lesende wie auch reich bebilderte Abhandlung über ein anspruchsvolles Thema zu verfassen. Ich hoffe, dies ist mir gelungen und Sie haben bei der Lektüre ebenso viel Freude, wie ich es beim Schreiben hatte.

Wie jedes größere Vorhaben ist auch dieses nicht der Leistung eines Einzelnen zu verdanken. Ganze besonders möchte ich mich bei meiner Frau, Manuela Schäfer, für die Geduld und tatkräftige Unterstützung bedanken. Nicht nur in der Politik oder Wirtschaft steht hinter einer besonderen Leistung der Beistand einer Partnerin oder eines Partners. Nicht vergessen will ich den fachlichen Beirat von Marcel Frikart und Gernot Starke, ohne die dieses Projekt nie Wirklichkeit geworden wäre. Mein Dank gilt auch meiner Lektorin Brigitte Bauer-Schiewek und dem Verlag Addison-Wesley, meinen Ideen einen Platz zu geben.

Bern

Werner Schäfer

1

Einleitung

Jede Reise beginnt mit einem ersten Schritt. (Lao-Tse)

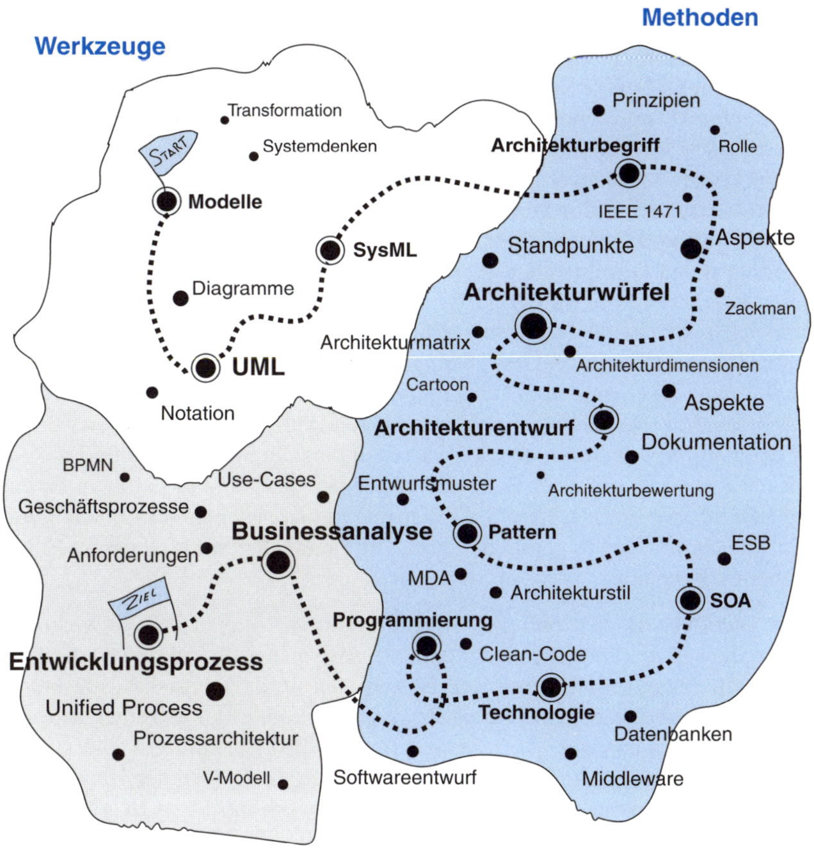

Abbildung 1.1
Reiseroute

Methoden

Werkzeuge

Transformation

Systemdenken

Architekturbegriff

Rolle

START

● **Modelle**

IEEE 1471

● **SysML**

Standpunkte

Aspekte

Diagramme

Architekturwürfel

Zackman

Architekturmatrix

Architekturdimensionen

● **UML**

Cartoon

Aspekte

Notation

Architekturentwurf

Dokumentation

BPMN

Use-Cases

Entwurfsmuster

Architekturbewertung

Geschäftsprozesse

Businessanalyse

● **Pattern**

ESB

Anforderungen

MDA

Architekturstil

● **SOA**

ZIEL

Programmierung

Entwicklungsprozess

Clean-Code

Unified Process

Technologie

Datenbanken

Prozessarchitektur

V-Modell

Softwareentwurf

Middleware

Prozesse

Liebe Leserinnen und Leser, ich lade Sie herzlichst ein zu einer Reise durch viele Aspekte der modernen Softwareentwicklung aus Sicht eines Architekten. Es ist einerseits ein Streifzug durch verschiedene Konzepte, Methoden und Vorgehensweisen, die mir während der letzten 25 Jahre Wanderschaft durch das Dickicht der Softwareentwicklung begegnet sind. Andererseits ist es eine Einführung in bewährte Methodiken und Werkzeuge der Softwareentwicklung im Allgemeinen und des Architekturentwurfs im Speziellen. Nur mit einem prall gefüllten Methodenkoffer und dem Wissen, diese Werkzeuge zweckmäßig einzusetzen, sind die anspruchsvollen Aufgaben des Softwareentwicklers, Business-Analysten und Architekten zu bewältigen.

Softwareentwicklung ist Architektur

Der Titel des Buchs verspricht eine Einführung, wenngleich eine anspruchsvolle, in die Kunst der Softwareentwicklung. Diesem komplexen Thema werde ich mich aus Sicht der Architektur nähern, weil ich behaupte, Softwareentwicklung *ist* Architektur. In jeder Phase, von der Anforderungsanalyse bis zur Programmierung geht es um die Konstruktion von Modellen. Aus den mentalen Vorstellungen unserer Auftraggeber und späteren Nutzer entsteht in einer ersten Näherung ein Geschäfts- oder Facharchitekturmodell. Wir versuchen aus dem Gesagten und fast noch öfter aus dem nicht Gesagten, einen ersten Lösungsentwurf zu konstruieren und die Spezifikation für nachfolgende Systemarchitektur daraus abzuleiten. Sodann versucht der Architekt, oder wie wir ihn auch immer bezeichnen möchten, den Bau des Systems zu konkretisieren. Dabei wird das System aus verschiedenen Perspektiven betrachtet, um die relevanten Aspekte für die spätere Umsetzung zu beleuchten. Die Summe dieser Aspekte dokumentiert die Architektur des zukünftigen Systems, indem die wesentlichen Subsysteme, Komponenten und deren Schnittstellen genannt werden. In der nachfolgenden Phase konstruiert oder entwirft der Softwaredesigner anhand der Systemspezifikation des Business-Analysten sowie den durch den Architekten vorgegebenen Rahmenbedingungen und des Lösungskonzepts einen Detailplan. Damit legt er fest, wie die einzelnen Softwarekomponenten in Verbindung mit der einzusetzenden Technologie zusammenzusetzen sind. Der Programmierer formt sodann aus dem Bauplan des Softwaredesigners die Struktur des Codes. Alle an der Konstruktion einer Software beteiligten Rollen sind damit in einem gewissen Sinne Architekten. Sie konstruieren aus gegebenen Informationen ein Modell, mit dem eigentlichen Ziel, einer lauffähigen Software ein Stück näher zu kommen.

Architekt als Baumeister

Der Architekt hat als Baumeister eine zentrale Rolle in der Entwicklung softwarebasierender Systeme bekommen. Als solcher übernimmt er die Planung, die technische Leitung und ist zum Teil an deren Ausführung beteiligt. Es ist, wie der Begriff Baumeister impliziert, eine Hand-werkskunst wie die eines Schmieds oder Steinmetzes. Der Architekt beeinflusst und steuert nicht nur in der Baukunst den Entwurf und die Geschicke der Umsetzung, sondern zunehmend auch in der Softwareentwicklung. Er ist in Abhängigkeit seines Fokus für die fachliche Architektur, die Wahl der technischen Lösung oder grundlegenden Struktur des zu bauenden Systems verantwortlich. Einer Struktur, die für die Qualität und spätere Wartbarkeit wie auch

Weiterentwicklung von entscheidender Bedeutung ist. Es ist das Fundament, auf dem die Applikation entwickelt wird. Dabei sind nicht nur Fragestellungen aus den projektspezifischen Anforderungen zu beantworten. Ebenso sind die Integration in das Gesamtsystem und zukünftige Entwicklungen in die Überlegungen mit einzubeziehen. Auch der Architekt von Gebäuden ist gefordert, die Umgebung und das damit sich ändernde Stadtbild in seine Erwägungen einzubeziehen. Die Architektur hat damit auf allen Abstraktionsstufen, von der Anforderungsanalyse bis zum Bau des Systems, an Bedeutung gewonnen. Und trotzdem fehlt es gerade in der Softwareentwicklung am Wissen über klare Maßstäbe, zweckmäßige Methoden und einheitliche Vorgehensweisen.

Der zentralen Bedeutung bewusst, widmet sich ein Großteil der nachfolgenden Seiten der Architektur. Dabei werden verschiedene Werkzeuge, Methoden und Modelle vorgestellt, um ein System auf der jeweiligen Abstraktionsebene zu konstruieren, also einen verständlichen Plan für die nachfolgende Phase zu entwerfen. Der Unterschied zwischen den verschiedenen Arten im zuvor skizzierten Ablauf liegt im Abstraktionsgrad und in der Verschiebung von der eher fachlichen zur technischen Seite der Softwareentwicklung. Dic Fordcrung nach cincr stärkeren Beachtung der Architektenrolle ist auch eine Forderung nach grundsätzlichen Fähigkeiten, Dinge abstrahieren und daraus Modelle entwerfen zu können. Dies erfordert das Wissen über geeignete Methoden und die Beherrschung der hierfür notwendigen Werkzeuge, also die Kenntnisse unterschiedlicher Notationen und deren situativ richtige Anwendung. Der erste Teil des Buchs wendet sich deshalb der Einführung in die heute gängigen Modellierungssprachen wie UML und das davon abgeleitete Derivat SysML zu. Der zweite Teil fokussiert sich auf die Beschreibung des Architekturbegriffs, das Vorstellen der wichtigsten Konzepte und eine ausführliche Diskussion eines in der Praxis bewährten Vorgehens für die systematische Erarbeitung eines Architekturentwurfs. Im dritten Teil wenden wir uns der Analyse der Anforderung, den allgegenwärtigen Use-Cases und der Besprechung der heute wichtigsten Prozessmodelle für die Softwareentwicklung zu. Wir werden bei dieser Reise feststellen, dass Softwareentwicklung weder eine kaum durchschaubare Wundermaschine noch ein Mysterium ist.

Werkzeuge, Methoden und Prozesse

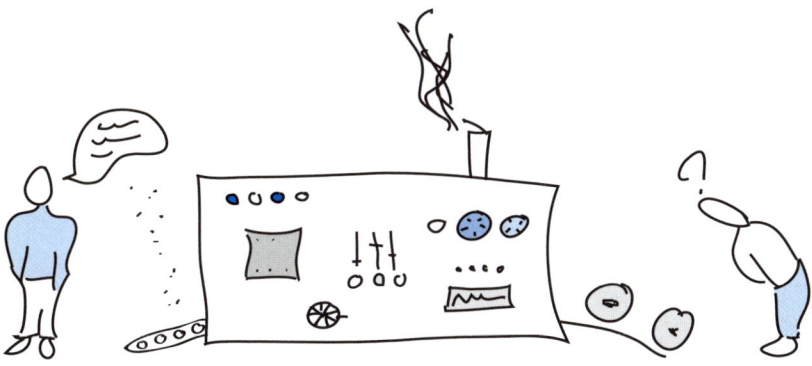

Abbildung 1.2
Wundermaschine
Softwareentwicklung

**Architektur ist ein
Konstruktionsplan**

Viele Aspekte oder Facetten der Softwareentwicklung wie das Testen oder spezifische Themen der Programmierung werden hier nicht angesprochen. Stattdessen konzentrieren wir uns auf eine eingehende Diskussion verschiedener Strategien und Methoden, die Architektur einer Software zu erarbeiten und zu beschreiben. Die Architektur ist dabei der grundsätzliche Plan, mit dem das Problem auf der jeweiligen Abstraktionsebene zu lösen ist. Auf der Geschäftsebene ist es die Beschreibung der Geschäftsprozesse und des Domänenmodells; auf der darunterliegenden Systemebene die Dokumentation der Applikationen und deren Zusammenspiel; auf der Technologieebene letztlich der Entwurf der Softwarekomponenten und Klassen. Am Ende dieser Einführung in die Softwareentwicklung werden Sie geeignete Methoden kennen, einen passenden Plan zu entwerfen. Ein solcher Plan veranschaulicht den einzuschlagenden Lösungsweg und ordnet die eigenen Gedanken auf einem überblickbaren Detaillierungsgrad. Dabei steht nicht das perfekte, vollständige Modell im Vordergrund, sondern eine praktikable, für andere verständliche Abstrahierung der Problemlösung. Es ist, um ein anderes Wort zu verwenden, das Konzept oder die Strategie, mit der eine gegebene Aufgabe zu lösen ist.

Es ist nicht die letztendliche Übersetzung in eine bestimmte Programmiersprache, die Softwareentwicklung so anspruchsvoll macht, sondern der Anspruch, vage Formulierungen und Erwartungen in ein Konzept zu übersetzen. Hierzu bedarf es unterschiedlicher Modelle und Werkzeuge, die Ideen zu visualisieren und für unsere Kollegen zu spezifizieren. Dabei wird ein System aus verschiedenen Perspektiven beschrieben und unterschiedliche Aspekte betrachtet. Dieses Buch ist ein Reiseführer, aber auch ein kompakter Lehrgang in die Handwerkskunst der Softwarearchitektur und damit in die Entwicklung und Konstruktion von Softwaresystemen.

1.1 Reisebeschreibung

Teil 1: Werkzeuge

Im ersten Teil geht es um grundlegende Instrumente und damit um die Frage, womit der Architekt arbeitet. Sein Werkzeugkasten umfasst neben einem ausgeprägten Wissen über Technologien ein Verständnis von Modellen und Systemen. Letztendlich geht es während des ganzen Entwicklungsprozesses nur um solche Modelle, vom mentalen Modell des Auftraggebers bis hin zum Code, als Modell einer Maschinensteuerung. Wir werden erfahren, weshalb es gerade in der Softwareentwicklung so schwierig ist, weit in die Zukunft verlässlich zu planen und bereits ab Beginn vollständige Modelle zu erstellen. Im dritten Kapitel über UML geht es um Wege, Lösungen adressatengerecht mit einer standardisierten Darstellungsart zu skizzieren. Keine Reise in die Softwareentwicklung führt an einer Einführung in den De-facto-Standard UML vorbei. Doch diese Sprache hat gerade im Bezug auf die Modellierung von Systemen ihre Grenzen, weshalb wir uns im anschließenden Kapitel der Erweiterung SysML zuwenden und deren Vorteile für den Architekturentwurf kennenlernen. SysML setzt auf UML auf und erweitert die-

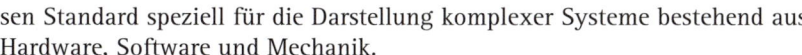

sen Standard speziell für die Darstellung komplexer Systeme bestehend aus Hardware, Software und Mechanik.

Nachdem wir die wichtigsten Werkzeuge kennen und das notwendige Rüstzeug für die Modellierung besitzen, geht es im zweiten Teil um Methoden oder anders formuliert um die Frage, wie wir diese Werkzeuge zweckmäßig einsetzen. Zuerst versuchen wir den Begriff Architektur fassbar zu machen, die dahinterstehenden Prinzipien zu erkennen und die wichtigsten Qualitätsattribute aufzuzählen. Architektur ist im Grunde das Finden des optimalen Kompromisses zwischen den zum Teil gegenläufigen Qualitätsattributen innerhalb des gesetzten Kostenrahmens. Zur Definition des Architekturbegriffs gehört auch, der Rolle des Architekten eine Kontur zu geben. Das Kapitel über den Architekturwürfel erklärt sodann die verschiedenen Dimensionen, aus denen sich eine Architektur beschreiben lässt, und welche Aspekte relevant sind. Wie ein Gebäude verschiedener Pläne bedarf, so wird die Architektur einer Software aus verschiedenen Perspektiven betrachtet und beschrieben, die wir kennen sollten, bevor es zum eigentlichen Entwurf der Architektur geht. Das nachfolgende Kapitel beschäftigt sich mit dem Thema, wie eine Architekturdokumentation entsteht und welche Schritte dazu notwendig sind. Das Kapitel schließt mit einer Besprechung von Methoden zur Architekturbewertung ab. **Teil 2: Methoden**

In der zweiten Halbzeit über Methoden wenden wir uns konkreteren Punkten wie Patterns, SOA, Technologien und der Programmierung zu. Sie liefern die Grundlagen, auf denen wir eine Architektur aufbauen und die Software realisieren. Wie der Brückenkonstrukteur verschiedene Grundformen von Brücken wie Hänge-, Bogen- oder Fachwerkbrücke kennen muss, sollte auch der Softwarearchitekt über grundlegende Lösungsansätze Bescheid wissen, damit er in der Lage ist, für ein bestimmtes Problem den angemessenen Architekturstil auszuwählen. Das Kapitel über Pattern gibt hierfür eine kurze Einführung in die wichtigsten Entwurfsmuster und erläutert die Basisarchitekturen, auf die im Prinzip jede Architektur rückführbar ist. Danach geht es im Kapitel über serviceorientierte Architekturen um ein heute kaum mehr negierbares Thema. Geschäftsprozesse, Enterprise-Architekturen und SOA sind Begriffe, denen sich kein IT-Spezialist über kurz oder lang entziehen kann. Das Kapitel unternimmt einen Versuch, den sehr kontrovers diskutierten und in unzähligen Büchern beschriebenen Stoff auf wenigen Seiten abzuhandeln. Anschließend tauchen wir etwas tiefer in einzelne Technologien ab. Relationale Datenbanken, Middleware und Web als moderne Kommunikationsplattform werden Gegenstand der Ausführungen sein. Das letzte Kapitel des Methodenteils wendet sich der Programmierung zu und damit, wie aus den Anforderungen und der Architektur ein Detaildesign entsteht. Zudem gehen wir der Frage nach, was guten Code ausmacht und wie er entsteht.

Der Architekt entwirft jedoch nicht nur Lösungen, sondern ist auch maßgeblich beteiligt, eine funktionierende Zusammenarbeit zu definieren und aufrechtzuerhalten. Der letzte Teil beschäftigt sich deshalb eingehend mit der Frage von Vorgehensmodellen. Also wie wir uns organisieren wollen und in **Teil 3: Prozesse** welche sinnvollen Teilphasen ein Projekt aufzutrennen sei. Doch bevor es um eine intensive Auseinandersetzung mit dem Unified Process und agilen Methoden geht, tauchen wir in die Anforderungs- und Systemanalyse ab. Das Kapitel Businessanalyse führt uns in eine etwas andere Welt, die des Kunden. Es werden Methoden beschrieben, wie schrittweise aus den ersten Ideen verbindliche Anforderungen an das zukünftige System den Fachpersonen entlockt werden, um daraus die Spezifikation für den nachfolgenden Bau zu erstellen. Dabei lernen wir nicht nur, wie Geschäftsprozesse zu entwerfen, Use-Cases zu erstellen und Spezifikation zu schreiben sind, sondern auch, wie Domänenmodelle und Benutzerschnittstellen zu modellieren sind.

1.2 Zielpublikum

Das Buch richtet sich an angehende Softwarearchitekten, Business-Analysten und Softwareentwickler, die das Handwerkzeug dieses Berufsstands erlernen oder vertiefen wollen. Es wendet sich aber auch an erfahrene Profis, die ein Nachschlagewerk und eine Fundgruppe von Konzepten und Methoden suchen. Nicht nur Programmierer und Architekten, auch Projektleiter und andere am Softwareprozess Beteiligte finden hier viele nützliche Dinge und Ideen, die eigene Vorgehensweise um bewährte Methoden zu ergänzen. Das Buch ist ebenso für IT-Interessierte wie auch Manager gedacht, die sich eine leicht zu lesende und doch anspruchsvolle Einführung in die Methodik der Softwareentwicklung wünschen.

1.3 Fallbeispiel

Das folgende Beispiel verwende ich seit einigen Jahren für die Schulung von Softwareingenieuren. Es entstammte ursprünglich einer konkreten Problemstellung und hat inzwischen auch einen realen Bezug erhalten. Das Beispiel ist komplex genug, um daran auch Fragen der Architektur zu erörtern, und doch auch einfach genug in seiner für unsere Zwecke reduzierten Funktionalität. Wie jedes richtige Projekt braucht auch dieses einen Namen: *M-Ticket* für mobile Tickets.

M-Ticket Das Mobiltelefon als ständiger Begleiter ist zum multifunktionalen Gerät geworden, dessen Möglichkeiten heute in vielfältiger Weise genutzt werden. Wir lassen uns durch fremde Städte navigieren, lesen unterwegs unsere E-Mails oder bezahlen am Getränkeautomaten. Nun soll das Handy auch zum mobilen Fahrkartenschalter werden. Statt einen Fahrschein am Schalter zu lösen, beginnt die Fahrt mit dem Einchecken an einem *Touch-Point* auf dem Bahnsteig. Der RF-Empfänger registriert das Handy des Fahrgastes und die auf dem Mobiltelefon installierte Applikation *TravelApp* fordert den Benutzer auf, das Einchecken zu bestätigen. Anschließend wird die Anmeldung an den Server übermittelt. Während der Fahrt empfängt das GSM-Modul im Handy die durchquerten Funkzellen und merkt sich so die gefahrene Route. Am Zielbahnhof angekommen checkt sich der Reisende abermals an einem Touch-Point aus. Das Ende der Fahrt wird zusammen mit der gefahrenen Strecke an den Server übermittelt. Dieser berechnet mit Hilfe des Start- und Zielbahnhofs sowie der auf dem Handy festgehaltenen Route den Fahrpreis. Der Betrag wird über den entsprechenden Telekombetreiber in Rechnung gestellt.

Das Beispiel ignoriert bewusst die anspruchsvollen technischen Herausforderungen, die einem solchen Projekt innewohnen. Eine solche Umsetzung, wie etwa das innovative Produkt *Touch&Travel* der Deutschen Bahn, ist wesentlich komplexer und anspruchsvoller als hier dargestellt. M-Ticket wird uns, neben anderen Beispielen, durch das Buch begleiten, ohne es jedoch im Detail zu behandeln. Alle Beispiele, auch die des M-Tickets, entspringen realen Problemstellungen. Die hier vorgestellten Lösungskonzepte sind jedoch fiktiv. Wie so oft ist die Realität wesentlich komplexer und vielschichtiger, als es in einem Buch wie diesem berücksichtiget werden könnte.

Modelle

Die Sprache ist ein unvollkommenes Werkzeug. Die Probleme des Lebens sprengen alle Formulierungen. (Antoine de Saint-Exupéry)

Das Denken in Modellen, also einer Abstraktion der Wirklichkeit, und das Erkennen wie auch Verstehen komplexer Wechselwirkungen von hochvernetzten Systemen bilden das Fundament der Softwareentwicklung. Alles scheint in der Welt der Informationstechnologie virtuell, nicht wirklich greifbar zu sein. Wir abstrahieren, ignorieren bewusst – manchmal auch unbewusst – bestimmte Details und nutzen verschiedene Darstellungsformen, das Unbegreifliche für uns wie auch für andere begriflich zu machen. Ein Softwaresystem ist stark verkürzt das gleichzeitige Abarbeiten und Ausführen von unzähligen Befehlsfolgen, um Informationen in gewünschter Weise zu verändern oder zu erzeugen. Dies geschieht aber in einer kaum vorstellbaren Geschwindigkeit. Dabei kommuniziert ein System mit einer Vielzahl von Computern und Peripheriegeräten. Von diesem nicht wirklich fassbaren Durcheinander von Datenströmen und Verarbeitungszentren versuchen wir, mit Hilfe von Modellen ein Bild zu skizzieren, um die Wirkungsweise eines Systems sichtbar zu machen. Modelle helfen uns auch, komplexe Subsysteme wie grafische Oberflächen oder Datenbanken zu begreifen, ohne im Einzelnen verstehen zu müssen, wie ein Pixel eine bestimmte Farbe erhält oder ein Bitstrom auf der Harddisk magnetisiert wird. Die imaginäre Welt der Software ist ein Reich der Modelle. Hat die klassische Baukunst letztendlich ein für alle körperlich wahrnehmbares Endergebnis, nehmen wir in der Informatik nur die Reaktion eines Systems auf externe Stimuli wahr. Fast so wie im Höhlengleichnis von Plato sehen wir nur die Schatten, jedoch nicht, was wirklich passiert, und sind versucht, daraus die Wahrheit abzuleiten. Modelle sind ein Weg, diese Wahrheit zu erklären, ohne also solche erkennbar zu sein. Über die zentrale Bedeutung im Klaren startet der Einstieg in die Softwarearchitektur deshalb mit einem Exkurs in das Systemdenken, einer Annäherung an den Modellbegriff und dem Transformieren sprich dem Umwandeln von einem abstrakteren in ein konkreteres Modell.

Nutzen von Modellen

Doch weshalb dieser Exkurs in ein selbst sehr abstraktes Thema, geht es doch in diesem Buch um den Softwareentwurf? Modelle sollen nicht nur Dinge der Wirklichkeit vereinfacht wiedergeben. Sie sind auch ein Mittel, die Gedanken in unserem Kopf für andere verständlich zu machen und für eine gemeinsame Verständigung zu sorgen. Unter Programmierern mit demselben Background mag der Quellcode als Kommunikationsbasis genügen. Außerhalb dieses kleinen Kreises von Spezialisten bedarf es jedoch einer gemeinsamen Sprache und dem Hervorheben bestimmter Aspekte. Ein Datenbankspezialist ist an anderen Belangen interessiert als der Auftraggeber oder der spätere Anwender der Software. Ein System wird dabei mit unterschiedlichen Augen aus jeweils anderen Perspektiven betrachtet. Hierzu braucht es verschiedene Modelle mit jeweils anderem Schwergewicht und Detaillierungsgrad: von den Anforderungen, über die Architektur bis hin zum Detaildesign der Software. Modelle und das Denken in Systemen *ist* Softwareentwurf! Bevor wir in die Besprechung einsteigen, welche Modelle eine Architektur verlangt und wie diese zu erstellen sind, versuchen wir die beiden zentralen Begriffe Modell und System wertneutral zu beschreiben.

2.1   Modelle und Systeme

Abstraktion der Wirklichkeit

Ein Modell ist eine vereinfachte Darstellung der Wirklichkeit. Das bewusste Weglassen von Einzelheiten und die Fokussierung auf spezifische Aspekte machen komplexe Zusammenhänge erklärbar. Die Unschärfe eines Modells wird als Abstraktion bezeichnet, bei der gewollt – für die jeweilige Betrachtung – unwesentliche Merkmale vernachlässigt werden. Je nach den Aspekten, die ein Modell hervorheben soll, gibt es unterschiedliche Formen und Darstellungsarten, sowohl grafische wie textuelle. Gemein ist allen, dass sie in ihrer jeweiligen Sprache das System umschreiben. So schildern beispielsweise eine U-Bahn-, Straßen- und Topologiekarte unterschiedliche Aspekte einer Stadt und verwenden dabei für ihre Zwecke spezifische Darstellungsformen. Es wäre wenig hilfreich, eine möglichst naturgetreue Abbildung der Stadt zu zeichnen, die alle genannten Informationen vereint und der Realität sehr nahe kommt. Eine solche Abbildung wäre nicht mehr handhabbar und beispielsweise für einen Bahnreisenden, der nur an den einzelnen Verbindungen interessiert ist, mit unnötigen Daten überladen.

Abbildung, Verkürzung, Pragmatismus

Nach der allgemeinen Modelltheorie von Herbert Stachowiak ist ein Modell durch die drei Merkmale Abbildung, Verkürzung und Pragmatismus gekennzeichnet. Das Modell ist immer ein Abbild des Originals. Dabei werden die abgebildeten Attribute auf die für das jeweilige Modell relevanten Aussagen verkürzt. Zudem orientiert sich ein Modell an der Nützlichkeit, die es für die jeweilige Zielgruppe hat. Modelle sind nicht die Wirklichkeit. Es sind Instrumente, die uns helfen, diese Wirklichkeit für das jeweilige Zielpublikum zu erklären. Dabei verwenden wir unterschiedliche Notationen, indem einfache Begriffe oder Symbole stellvertretend für reale Dinge stehen. Die Kunst ist es, die Realität entsprechend dem durch die Modellierung verfolgten Zweck zu vereinfachen und dabei eine weitgehend selbst sprechende Notation zu verwenden. Die Nützlichkeit eines Modells definieren nicht wir, sondern unsere Leser. Gerne vergessen wir diesen Aspekt in der Softwareentwicklung und modellieren um dessen Selbstzweck Willen oder weil es der Entwicklungsprozess vorschreibt. Die erste Frage in der Modellierung muss deshalb lauten, welchen Zweck die Darstellung verfolgt. Nicht selten enden gut gemeinte Initiativen zur Einführung eines beschreibenden Systemmodells im detailgetreuen Nachzeichnen des Codes in Form von UML-Diagrammen ohne wirklichen Nutzen für irgendjemanden. Sie werden im Laufe dieser Lektüre feststellen, dass hier eine pragmatische Einstellung zu Modellen vertreten wird. Modelle helfen, Zusammenhänge für andere verständlich zu machen und die eigenen Gedanken zu strukturieren, an deren Ende das fertige Produkt steht. Weder ein Zuviel noch ein Zuwenig ist hilfreich. Ein Architekt beispielsweise soll die Funktionsweise des Lösungsansatzes für unterschiedliche Interessensgruppen erklären, ohne dabei zum Sklaven seiner eigenen Modelle zu werden. Auf Modelle ganz zu verzichten, im Sinne einer überstrapazierten Auslegung agiler Methoden, ist keine Alternative. Wie soll Ihr Nachfolger oder Kunde das von Ihnen gebaute System verstehen? Modelle dienen aber nicht nur der Dokumentation, sondern helfen auch, Dinge während der Entwicklung durch Abstraktion fassbar und damit erklärbar zu machen.

Ein Modell ist dabei weder richtig noch falsch, es ist nur für den jeweiligen Betrachter mehr oder weniger nützlich. Aus Sicht der Vollständigkeit sind Modelle immer falsch, da sie nur eine Annäherung an die Wirklichkeit darstellen und auch darstellen sollen. Diese Tatsache wird gerne vergessen und es entbrannte eine heftige Diskussion darüber, dass ein bestimmtes Modell nicht „richtig" sei. In einigen Fällen kennen wir nicht einmal die Realität und versuchen, diese durch mehrere Modelle zu erklären. So wird das Licht als Strom von Teilchen, den Photonen sowie als Welle beschrieben (Wellen-Teilchen-Dualismus). Beide Theorien oder Modelle sind für sich gesehen falsch für den jeweiligen Zweck, aber nützlich und damit richtig. Die Qualität und damit die Nützlichkeit eines Modells hängen vom Grad seiner Naturtreue und seiner Zweckmäßigkeit ab. Aber auch, ob es valide im Bezug auf die Regeln der verwendeten Modellierungssprache ist. So ist ein Fahrplan für die Metro für einen Bahnreisenden nützlich, wenn die darin eingezeichneten Linien schematisch den tatsächlichen Verbindungen entsprechen und er sich damit im städtischen Verkehrsbetrieb zurechtfindet. Derselbe Plan ist hingegen für einen Autofahrer zu ungenau. Genauso sind UML-Diagramme wenig hilfreich, wenn das Zielpublikum IT-unkundiges Fachpersonal ist oder elementare Regeln der Modellierung verletzt werden.

Modelle sind weder richtig noch falsch

Wir haben behauptet, dass verschiedene Modelle dasselbe System aus unterschiedlichen Perspektiven beschreiben. Doch was kennzeichnet ein System, das wir mit Modellen versuchen zu erklären? Als erste Annäherung kann ein System als eine Ansammlung von interagierenden Komponenten aufgefasst werden, welche sich durch eine höhere innere Ordnung von der Umwelt abgrenzen lassen. Diese höhere Ordnung entsteht durch explizit oder implizit formulierte Regeln. So grenzt sich eine Organisation durch vertraglich festgelegte Abmachungen wie zum Beispiel der Arbeitsvertrag und durch infor-

Systeme grenzen sich durch eine höhere innere Ordnung von der Umwelt ab

melle Vereinbarung in Form einer gelebten Kultur von seiner Umwelt ab. Jedes System ist selbst wieder Bestandteil eines übergeordneten Systems. Es hängt vom jeweiligen Betrachter ab, wo die Systemgrenzen gezogen werden. Die Festlegung, was zu einem System gehört und was außerhalb – in seiner Umwelt – liegt, ist nicht immer so einfach zu beantworten. Eine praktikable Möglichkeit ist zu fragen, was zu einem zu betrachtenden System gehört und damit direkt beeinflusst werden kann. Es ist, wie wir noch sehen werden, eine der ersten Aufgaben, sowohl in der Anforderungsanalyse wie auch dem Architekturentwurf diese Systemgrenzen zu ziehen und damit innen und außen festzulegen.

Abbildung 2.1
Systembestandteile

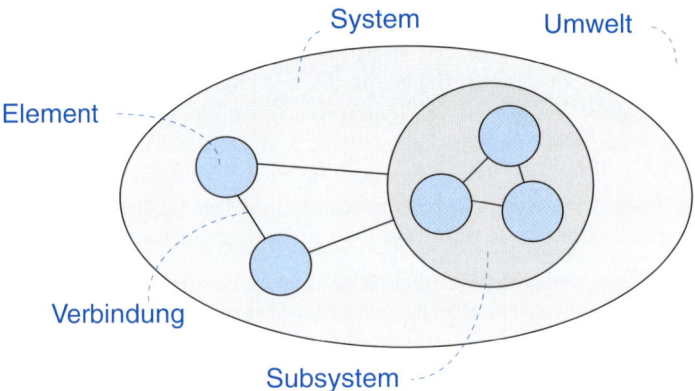

Die Struktur eines Systems ergibt sich durch seine Elemente und die Verbindungen untereinander. Eine Verbindung stellt einen Fluss von Material, Energie oder Informationen dar. In sozialen Systemen sprechen wir von einer stattfindenden Kommunikation, die zu entsprechenden Handlungen führt. Der Begriff Kommunikation ist weit zu fassen. So gehören formale Vorgaben und schriftliche Vereinbarungen ebenso dazu wie der direkte Austausch von gesprochenen und geschriebenen Informationen. In technischen Systemen sind die Beziehungen offensichtlicher. Sie entstehen durch eine Verbindung und den Austausch beliebiger Flussgrößen. In der Informatik sind es Informationen in der Form elektronischer Daten. Die Bedeutung dieser Daten hängt vom jeweiligen Kontext ab. Was wir letztlich als Komponente oder Element einer bestimmten Ebene wählen, hängt von der Fragestellung und der Betrachtungsweise ab. Aus der statischen Sicht einer Unternehmensarchitektur mögen die einzelnen Elemente Systemverbünde darstellen, aus der dynamischen Sicht einer Software sind es beispielsweise Systemprozesse.

Mechanisches Weltbild   Lange Zeit bestimmte das mechanische Weltbild von Newton unser Denken, wonach sich das Systemverhalten vollständig als eine Kausalkette beschreiben lässt. Eine Kausalkette verbindet Ursache und Wirkung über Funktionen der reinen Logik. Dieses Weltbild eines vollständig formulierbaren und vorhersagbaren Verhaltens wird den heutigen Herausforderungen jedoch nicht mehr gerecht. Sozio-technische Systeme und komplexe IT-System-Landschaften lassen sich nur noch in ihrer Gesamtheit erklären. Die Reaktion eines Systemelements auf einen Reiz ist oft nicht mehr exakt berechenbar. Vielfältige Wechselwirkungen zwischen einer kaum mehr bestimmbaren Anzahl von Elementen und zeitlich verzögerte Regelkreise fordern eine neue Denkweise. Das Verhalten solcher Systeme lässt sich nicht mehr aus seinen Einzelteilen erklären. Nicht genug nimmt der Grad der Komplexität ständig zu, indem neue Verbindungen und Elemente geschaffen werden. In der Thermodynamik wird dies als Entropie, also die stetige Zunahme der Unordnung, bezeichnet. So erhöht die Einführung neuer Anwendungen und Systemprozesse diese Unordnung, statt sie zu reduzieren. Vielleicht erleben wir deshalb in gewissen Personengruppen eine Technologiemüdigkeit, da die Dinge immer komplexer statt einfacher werden.

Systeme lassen sich nach ihrer Kompliziertheit, ausgedrückt durch die Menge der Elemente und Beziehungen, sowie ihrem Komplexitätsgrad als ein Maß für deren Variabilität ausdrücken. Komplexe Systeme sind dabei Systeme mit vielen Elementen und Beziehungen sowie der Fähigkeit, sich an eine sich ändernde Umwelt anpassen zu können. So sind Unternehmen und natürliche Systeme selbst organisierende Organisationsformen, deren Verhalten sich automatisch an äußere Veränderungen anpasst. Diese Systeme haben eine innewohnende Fähigkeit zur Selbstheilung und Adaption an neue Rahmenbedingungen. Komplexe Systeme entwickeln sich dabei evolutionär, indem sie sich laufend an die äußeren Gegebenheiten anpassen. Eine Steuerung kann nur indirekt durch Festlegen von Regeln und Gesetzen erfolgen. Als Ingenieure sind wir heute gefordert, die Unsicherheit und in einem gewissen Grad auch deren Unberechenbarkeit in unsere Überlegungen mit einzubeziehen. Sie mögen zu Recht einwenden, dass Software sich nicht von selbst ändert und das Verhalten grundsätzlich berechenbar, also voraussagbar ist. Wenn wir jedoch den Blickwinkel vergrößern und nicht mehr nur die einzelne Applikation betrachten, sehen wir ein ähnliches Phänomen. Systemlandschaften und die daran beteiligten Akteure sind komplexe Systeme, die sich in ihrer Gesamtheit stabil im Sinne der Voraussagbarkeit verhalten. Die Wirkung einer Änderung ist aber nicht mehr mit absoluter Sicherheit vorhersagbar. Dies ist weder schlecht noch gut. Beispielsweise funktioniert die freie Marktwirtschaft mit Angebot und Nachfrage oder das weltweite Internet, ohne dass wir die einzelnen Elemente und ihr Zusammenspiel im Detail kennen. Wichtig ist es, die Gesamtzusammenhänge zu erkennen und begreiflich zu machen, wozu wir wiederum verschiedene Modelle benötigen.

Adaptive Systeme

Das Systemdenken fordert auf, Systeme als Gesamtheit von interagierenden, sich gegenseitig beeinflussenden Elementen zu sehen. Dabei ist das Verhalten nicht mehr aus dem Verstehen seiner Komponenten erklärbar. Die Summe ist im wahrsten Sinne des Wortes mehr als seine Einzelteile. Die Darstellung solcher Systeme, um sie begreiflich zu machen, bedarf geeigneter Modelle. Modelle entstammen unserem Unvermögen, komplexe Sachverhalte in ihrer Ganzheit zu erfassen. Der menschliche Geist ist gemeinhin nur fähig, eine beschränkte Anzahl von Elementen und deren Wechselwirkungen miteinander wahrzunehmen. Der Psychologe George A. Miller sprach davon, dass unsere Kapazität auf sieben plus/minus zwei Objekte limitiert

Systemdenken

ist, die das Gehirn als Einheit begreifen kann. Wir benötigen deshalb eine Sprache, Dinge simplifiziert darzulegen und verständlich zu machen: die Modelle. Die damit geforderte Reduktion birgt jedoch die Gefahr, diese Dinge als zu einfach darzulegen und dies mit der Realität gleichzusetzen. Die Verkürzung auf die wesentlichen Aspekte vernachlässigt die im System innewohnende Dynamik und Vielschichtigkeit. Modelle lassen uns glauben, die Welt sei linear. Wir werden damit Gefangene unseres eigenen Denkens und wundern uns, wenn doch alles ganz anders kommt. Damit sind wir bei der Forderung nach einem ganzheitlichen Systemdenken angekommen. Systeme haben verstärkende Feedbackschlaufen, die oft erst verzögert ihre Wirkung entfalten. Das Drehen am Thermostat führt nicht sofort zu einer spürbaren Veränderung. Wir tendieren dann dazu, das System zu übersteuern. Das Systemdenken und das damit verbundene Wissen um die vielfältigen Wechselwirkungen seiner Elemente bewahren uns davor, Modelle mit der Wirklichkeit zu verwechseln. Modelle sind eine Verkürzung der Realität. Selbst das folgende Wirkungsdiagramm ist ein Modell, um die sich verstärkenden Regelkreise zu veranschaulichen.

Abbildung 2.2
Wirkungsdiagramm

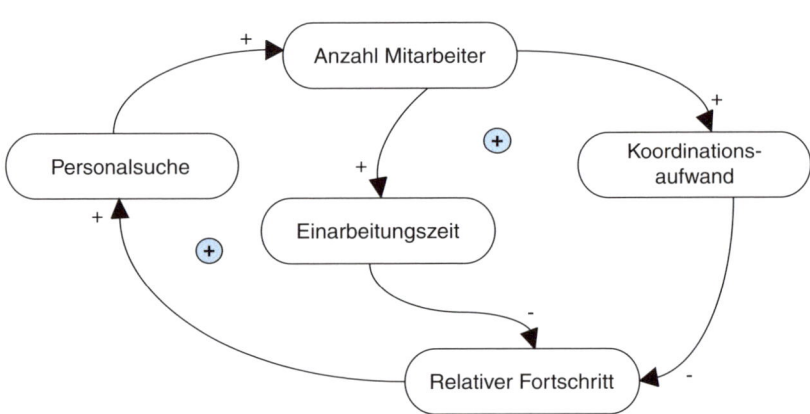

Wirkungsdiagramme   Das Wirkungsdiagramm der Abbildung 2.2 zeigt exemplarisch den Zusammenhang zwischen dem Rekrutieren neuer Mitarbeiter, der daraus resultierenden Mehrbelastung und einer vorläufigen Abnahme der Produktivität. Die beiden Wirkungskreise verstärken sich gegenseitig. Erst verzögert findet eine Verbesserung der Situation statt. Solche Effekte sind zusehends auch in technischen Systemen beobachtbar. Die zunehmende Menge an Programmen unterschiedlichster Technologien und die inflationäre Zunahme an Schnittstellen sorgen in unternehmensweiten Applikationslandschaften für ein deterministisches Chaos. Das heißt, derartige Systeme sind kausal beschreibbar jedoch ist ihr Verhalten nicht immer vorhersehbar. Wie in der Chaostheorie begründet, können Systeme ein nichtperiodisches, scheinbar irreguläres Verhalten aufweisen, bevor sie wieder in einen stabilen Zustand finden. Wir benötigen Modelle zur Erklärung solcher komplexer Systeme, wissen aber gleichzeitig um deren Fehlbarkeit. Die Architektur trägt dieser Verzerrung Rechnung, indem die Wechselwirkung der einzelnen Modelle aus einer gesamtheitlichen Sichtweise betrachtet wird.

Ohne Modelle können wir nur schwerlich eine Software konstruieren. Doch Modelle sind mehr als UML-Diagramme oder ein notwendiges Übel, ein durch den Entwicklungsprozess gefordertes Artefakt. Modelle sind ein Kommunikationsmittel, Ideen verständlich zu präsentieren und für eine gemeinsame Sprache zu sorgen. Sie dienen auch der Dokumentation und der Nachvollziehbarkeit einmal getätigter Designentscheidungen. Die Aufgaben von Modellen lassen sich wie folgt zusammenfassen:

Aufgaben von Modellen

- *Kommunikationsmedium*

  Modelle sorgen für ein gemeinsames Verständnis zwischen allen Beteiligten, indem sie eine einheitliche, leicht nachvollziehbare Sprache und Notation verwenden. Sie sind als Kommunikationsmittel in der täglichen Zusammenarbeit unverzichtbar. Eine formale Modellierungssprache ist in Bezug auf Eindeutigkeit und Aussagekraft der natürlichen Sprache überlegen.

- *Visualisierung*

  Modelle vermögen Zusammenhänge prägnanter und exakter wiederzugeben, als dies eine textuelle Beschreibung vermag. Schon der Volksmund sagt, dass ein Bild mehr aussagt als tausend Worte. Dinge in Bildern statt in Worten auszudrücken, erfordert Übung. Eine Fähigkeit, die uns die Schulen leider selten lehren. Modelle erlauben es zudem, einen Sachverhalt aus verschiedenen Perspektiven zu betrachten.

- *Verifikation*

  Modelle ermöglichen es, Fakten bezüglich Vollständigkeit und Widerspruch zu überprüfen. Modelle können Abhängigkeiten zueinander in Beziehung setzen, um Auswirkungen von Änderungen zu erkennen. Moderne Werkzeuge signalisieren zum Beispiel das Verletzen einer Modellierungsregel. Wird beispielsweise die Schnittstelle eines Services geändert, ohne die davon betroffenen Komponenten anzupassen, signalisiert das Werkzeug einen Fehler. Derselbe Fehler bleibt hingegen in einem Dokument meist unerkannt.

2.2 Transformation

Softwareentwicklung ist die schrittweise Anreicherung eines Modells und Transformation in ein anderes, dem letztendlichen Code näher kommendes Modell. Die verschiedenen Modelle bauen aufeinander auf und konkretisieren so eine Geschäftsanforderung schrittweise in den gewünschten Maschinencode. Für die unterschiedlichen Stufen der Transformation existieren spezifische Modelle und Modellierungssprachen. Zu Beginn der Transformationskette basieren Modelle auf der natürlichen Sprache, die zusehends in Modelle formaler Sprachen übersetzt werden. Formale Sprachen sind für einen Menschen schlechter lesbar, können aber durch den Computer verifiziert und weitgehend automatisch in die nächste Ebene übersetzt werden. Unsere natürliche Sprache ist hingegen ungenau und benötigt viele Wiederholungen, um eine Meldung fehlerfrei zu übermitteln. Nicht nur, dass eine Meldung inhaltlich mehrdeutig sein kann, wir hören oder interpretieren diese im Kontext unserer eigenen Erfahrung und mentalen Landkarte. Die Herausforderung in der Softwareentwicklung liegt genau in diesem Verstehen der verbal geäußerten Wünsche und Anforderungen und diese fehlerfrei in eine, für den Computer verständliche, Sprache zu transformieren. Nicht genug sind an der Entwicklung einer Software die unterschiedlichsten Personen direkt oder indirekt beteiligt. Vergessen wir die Interessen der angrenzenden Systeme oder das Involvieren der späteren Betreiber, war vielleicht alle Mühe vergebens. Auch der Einfluss technischer Rahmenbedingungen und der Einsatz spezifischer Werkzeuge sind zu berücksichtigen. Wir brauchen also verschiedene Modelle und unterschiedliche Fähigkeiten, um nachvollziehbar von der Idee zum fertigen Produkt zu kommen.

Schrittweise Übersetzung

Während der verschiedenen Phasen innerhalb einer Softwareentwicklung werden unterschiedliche Modelle erstellt und in andere transformiert. Aus Anforderungen, welche mehr oder weniger strukturiert in der natürlichen Sprache verfasst wurden, entstehen durch mehrmalige Transformation exakte Maschinenanweisungen. Hierbei werden die Modelle Schritt für Schritt verfeinert und konkretisiert.

Abbildung 2.3
Transformation

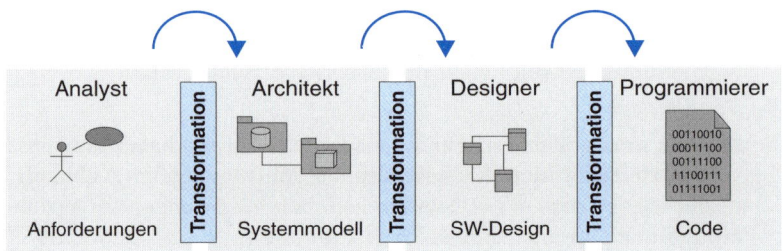

In der ersten Phase oder Stufe werden die Aussagen von Kunden und späteren Nutzern in natürlicher Sprache in mehr oder weniger strukturierte Anforderungen übersetzt. Der Business-Analyst hat dabei auch die nicht ausgesprochenen, implizit erwarteten Bedürfnisse und Leistungsmerkmale herauszuhören – wie Chris Rupp (Rupp, 2007) schreibt, ein Hellsehen für Fortgeschrittene. Oft handelt es sich dabei erst um grobe Geschäftsanforderungen oder Hauptmerkmale, die nun in konkrete Systemanforderungen zu übersetzen sind. Aus dieser Systemspezifikation, die das System als Blackbox alleine durch sein erwartetes Verhalten und Schnittstellen zur Außenwelt spezifizieren, hat der Architekt nun einen Lösungsvorschlag zu erarbeiten. Dieser muss auch die Kostenseite und andere Qualitätsattribute berücksichtigen. Der Vorgang, ein Systemmodell zu erstellen, ist nicht weniger anspruchsvoll und verlangt viel Erfahrung, um verlässliche Aussagen zu tätigen. Der Lösungsvorschlag wird anschließend durch den Designer in programmierbare Einheiten zerlegt, die dann der Entwickler in maschinenlesbare Anweisungen unter Einbeziehung entsprechender Werkzeuge und Technologie übersetzt.

Mit jedem Transformationsschritt wird das Modell um Wissen angereichert und mögliche Lösungen werden verworfen. Die Transformation hängt dabei von vielen Faktoren ab: der Erfahrung und fachlichen Fähigkeiten der Übersetzer, der Genauigkeit des Modells und den Regeln des Entwicklungsprozesses. Die Qualität des Ausgangsmodells bestimmt dabei den Freiheitsgrad der nachfolgenden Übersetzung. So erhöhen zum Beispiel fehlende Anforderungen ungewollt das mögliche Lösungsspektrum; zusätzliche Anforderungen schränken diese unter Umständen jedoch unnötig ein. Doch nicht für alle Beteiligten ist die Hürde gleich hoch. Der Architekt hat zweifellos eine der schwierigsten Aufgaben in dieser Transformationskette zu leisten, ohne damit die der anderen schmälern zu wollen. Hierbei sind die Anforderungen in einen Systementwurf zu transformieren. In manchen Organisationen kommt die Entwicklung eines ersten logischen Lösungsentwurfs auch dem Business-Analysten zu. Aus verbalen Beschreibungen über die Funktionalität der späteren Applikation hat der Architekt oder eben auch der Business-Analyst ein System zu konstruieren. Ein System, das diese nicht immer widerspruchsfreien Bedürfnisse zu erfüllen vermag. Architekten – wie auch alle anderen Rollen – bedienen sich hierzu neben dem eigenen Wissen einer Methodik bestehend aus Mustern und Regeln.

Muster und Regeln vereinfachen den Transformationsprozess, indem für wiederkehrende Problemstellungen dieselbe Lösung oder der gleiche Lösungsansatz verwendet wird. Dieses Prinzip verwendet die modellgetriebene Softwareentwicklung, indem die Übersetzung weitgehend durch sogenannte Transformationsdefinitionen automatisiert wird. Eine Transformationsdefinition ist eine Regel, welche ein Sprachelement eines Modells in ein Sprachelement eines anderen Modells übersetzt. So existieren für die meisten Modellierungswerkzeuge Wege, aus einer UML-Klassendefinition eine Klasse in einer beliebigen Programmiersprache zu generieren.

Muster, Regeln

Muster sind unbestritten ein hilfreiches Konstrukt, um den Transformationsprozess durch Standardisierung zu beschleunigen. Sie bergen gleichwohl auch die Gefahr einer Gewöhnung und damit ein Ausbleiben einer notwendigen Auseinandersetzung, um neue, möglicherweise einfachere Wege zu finden. Starre Denkmuster und ein dichtes Regelwerk behindern uns leider allzu oft, Dinge aus einem etwas anderen Blickwinkel zu betrachten; nicht nur in der Softwareentwicklung. Deshalb sind Muster und deren Zweckmäßigkeit im Kontext der jeweiligen Problemstellung stets zu hinterfragen und nicht blindlings einzusetzen.

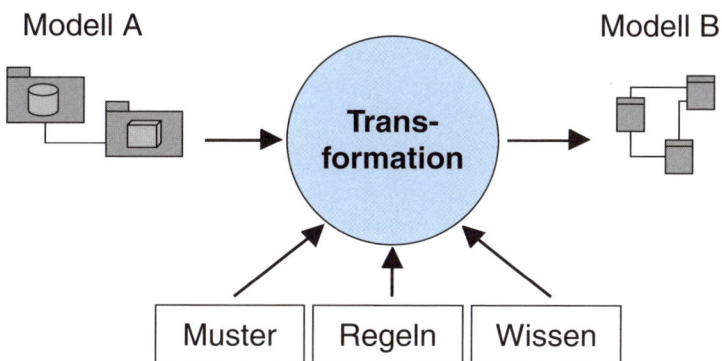

Abbildung 2.4
Transformationsschritt

Übersetzungsfehler

In jeder Transformation entstehen Übersetzungsfehler: Dinge werden falsch verstanden, hinzugefügt sowie – bewusst oder unbewusst – ignoriert. Die Kosten für die Behebung solcher Übersetzungsfehler potenzieren sich mit jeder Stufe um den Faktor Zehn. So bedeutet es, einen Designfehler erst in der Programmierungsphase zu korrigieren, den zehnmal höheren Aufwand und ihn gar erst in der Testphase zu erkennen, den hundertmal höheren Aufwand. Reviews dienen dazu, den Übersetzungsvorgang zu verifizieren und Fehler frühzeitig zu erkennen. Solche Reviews reichen vom 4-Augen-Prinzip (z. B. Pair-Programming), automatischen Tests bis hin zu formellen Inspektionen mit einem klar geregelten Ablauf. Auf fehlende Anforderung ist dabei besonders zu achten, da Lücken in der Spezifikation vielfach erst im fertigen Produkt erkannt werden und etwas nicht Vorhandenes schlecht getestet werden kann. Falsche Höflichkeit oder kulturell begründeter Hierarchiedünkel sollte dem nicht im Wege stehen.

Kulturunterschiede

Als Beispiel für falsch verstandenen Respekt soll die Erfahrung mit indischen Firmen dienen. Die dort herrschenden gesellschaftlichen Unterschiede zwischen Programmierer und Business-Analysten sind groß. Der einzelne Entwickler zählt nicht viel und hat die Anweisungen seiner Vorgesetzten und Auftraggeber zu erfüllen. Die Hierarchie in Organisationen ist in Indien sehr wichtig und zu respektieren. Damit ist die soziale Distanz zum Vorgesetzten groß. Statt bei Unklarheiten nachzufragen, werden Annahmen durch den Entwickler getroffen und bei Fehlern wird die Schuld weit von sich gewiesen. Die geforderte Höflichkeit und der Respekt aufgrund des kulturellen Hintergrunds erlauben es ihm nicht, uns Westeuropäer auf Verfehlungen und Widersprüche in der Spezifikation hinzuweisen.

Checklisten helfen, Fehler systematisch zu erkennen

Das Wissen um kulturelle Unterschiede macht die Tatsache nicht besser, dass es schwierig ist, etwas zu prüfen, was nicht vorhanden ist. Inspektionen mit vordefinierten Checklisten helfen, solche Fehler trotzdem zu erkennen oder zumindest danach zu fragen. Schon lange bedienen sich Linienpiloten solcher Checklisten, um auf Dinge zu achten, die auf den ersten Blick nicht relevant erscheinen oder im allgegenwärtigen Zeitdruck gerne vergessen werden. Um Fehler bereits bei ihrer Entstehung zu vermeiden, können Richtlinien und Prozessvorgaben weiterhelfen. Die Tests prüfen am Ende einer Phase, ob das verfeinerte Modell inhaltlich dem Ausgangsmodell der vorangegangenen Phase entspricht, also ob die Implementation oder Umsetzung das zuvor Spezifizierte erfüllt. Beispielsweise wird geprüft, ob der Code als Ergebnis der Programmierphase der im Designmodell geforderten Struktur und dem Verhalten entspricht. Obwohl das Testen eine wichtige Aktivität in der gesamten Softwareentwicklung darstellt, werden wir in diesem Buch nur punktuell auf die relevanten Testverfahren für die Architektur eingehen.

Zusammenfassend lässt sich sagen, dass das fertige Produkt von der Qualität seiner Modelltransformationen abhängt. Die Qualität wird einerseits durch den richtigen Grad an Formalismus und andererseits durch die Fähigkeit der Projektmitarbeiter bestimmt. Das letzte Kapitel über Entwicklungsprozesse widmet sich der Frage eingehend, wie viel Formalismus zweckmäßig ist, und stellt Konzepte zur Standardisierung des Transformationsprozesses vor.

2.3 Notation

Eine Notation ist ein System von Symbolen und Zeichen. Es ist eine Übereinkunft einer allgemein anerkannten Darstellungsart. Die einheitliche, auf Regeln basierende Dokumentation von Sachverhalten erleichtert die Kommunikation. Dabei ist die Notation der Übersetzungsschlüssel, Daten zu interpretieren, um daraus die enthaltenen Informationen zu gewinnen. So ist die Notenschrift eine anerkannte Form, Musik schriftlich festzuhalten. Im Software Engineering legen Notationen die grafische oder textuelle Syntax einer Darstellungsart fest, das heißt, wie die Kreise, Rechtecke und Pfeile eines Diagramms sowie auch die spezifischen Begriffe zu interpretieren sind. Bisweilen sind Modellierungssprachen für den Softwareentwurf wenig rigoros in ihrer Anwendung. Die Notation entspringt eher einer intuitiven als einer formellen Definition. Dies scheint für viele kein wirklicher Nachteil zu sein. Sie verwenden Notationen eher im Sinn einer Zeichnung. Eine solche informelle, wenig rigide Notation überlässt jedoch die Interpretation von Diagrammen über weite Strecken dem Leser.

Symbole und Zeichen

Mit dem Aufkommen von rechnergestützter Softwareentwicklung und dem Erscheinen objektorientierter Programmierkonzepte entstand die Forderung, die Konsistenz von Modellen maschinell zu verifizieren. *Round-Trip Engineering* sicherte dabei den automatischen Abgleich zwischen Code und den Modellen. Statt einer manuellen Transformation des Designmodells in den Code und dem Nachführen der im Code gemachten Designentscheide sollte dies nun der Computer selbst übernehmen. Jene Zeit war beseelt von der Vision, Code zukünftiger Softwaresysteme ließe sich vollständig aus höherwertigen Modellen generieren. Dies verlangte jedoch nach formellen Sprachen, deren Syntax für den Computer lesbar und unmissverständlich in seiner Interpretation war. Metamodelle dienen diesem Zweck, indem sie eine Notation bieten, solche Sprachen zu definieren. Ein Metamodell beschreibt, aus welchen Elementen eine Sprache besteht und in welcher Weise diese Elemente verwendet werden können. Ein Metamodell ist ein Modell über das Modell selbst. Sprachen wie UML verwenden die eigene Notation, um sich selbst zu beschreiben.

Automatische Transformation und Metamodelle

Der Euphorie, mit formalen, durch sich selbst definierten Sprachen die Softwareentwicklung zu automatisieren und zu revolutionieren, folgte eine gewisse Ernüchterung. Aus dem Bestreben, geeignete Modellierungssprachen zu entwerfen, entstanden komplexe, oft schwer verständliche Notationen. Derartige Modelle, welche den darunterliegenden Code abstrahieren sollten, müssten über denselben Wissensstand verfügen wie der spätere Code selbst. In gewissem Sinne ein Paradox. Das heute als modellbasierte Softwareentwicklung bezeichnete Verfahren dient in erster Linie dem Zweck, aus einem standardisierten Basismodell verschiedene Produkte derselben Linie zu generieren. Es ist ein Werkzeug der Programmierung, die redundante Entwicklung sich ähnlicher Produkte auf ein Minimum zu reduzieren. Dasselbe mag für Geschäftsapplikationen gelten, wo die Systeme mit jedem Release um ein bestimmtes Inkrement ergänzt werden. Trotzdem benötigt der Transformationsprozess auch in den nächsten Jahrzehnten den Menschen, um das fehlende Wissen im Modell zu ergänzen. Modellierungswerkzeuge werden uns jedoch helfen, die Konsistenz zu sichern und die Modelle zu transformieren.

2.4   Zusammenfassung

Ohne entsprechende Modelle und eine gemeinsame Sprache ist es schwierig, ein gemeinsames Verständnis über das zu bauende System zu entwickeln. So interpretiert jeder den verbal formulierten Auftrag in der Abbildung 2.2, eine Brücke zu bauen, etwas anders. Die natürliche Sprache ist zu vieldeutig und ungenau, um komplexe Sachverhalte für alle verständlich erklären zu können. Es bedarf deshalb Modelle. Modelle sind ein Kommunikationsmittel und repräsentieren eine Abstraktion der Wirklichkeit. Sie fokussieren sich bewusst auf bestimmte Aspekte, indem für die jeweilige Betrachtung nicht relevante Informationen weggelassen werden. Modelle sind in der Softwareentwicklung zentral. Dabei werden ausgehend von den Anforderungen als Abstraktion der Kundenbedürfnisse Modelle mit Wissen angereichert und in ein nächstes Modell transformiert, bis letztendlich mit dem Code ein durch den Compiler übersetzbares Modell vorliegt.

Abbildung 2.5
Eine Brücke bauen

2.5   Weiterführende Literatur

(Senge, 1990) Die fünfte Disziplin von Peter M. Senge ist ein Klassiker in der Literatur für Systemdenken und das dynamische Verhalten von komplexen Regelkreisen. Es liest sich locker, ohne wissenschaftlichen Ballast oder schwer verständliche Beweisführungen. Es sei all jenen empfohlen, die an den kaum vorhersehbaren Wechselwirkungen im Wirtschaftsleben interessiert sind.

(Nick, et al., 1997) Die Autoren nennen ihren Ansatz, komplexe Probleme zu analysieren und nachhaltig zu lösen, Systemik. Es ist eine kurzweilige Einführung in ein nicht einfaches Thema. Am Ende wissen wir, dass es eines neuen Denkens bedarf, um dem dynamischen Verhalten komplexer Systeme Herr zu werden.

(Malik, 2003) Fredmund Malik bietet eine umfangreiche Einführung in die Kybernetik und evolutionäre Systeme. Er fordert ebenfalls eine neue Denkweise und das Abschiednehmen von einem mechanischen Weltbild, in dem das Verhalten kausal, das heißt voraussehbar, ist. Es ist nicht nur ein Buch für Manager, um komplexe Systeme beherrschbar und steuerbar zu machen.

UML

Information ist nur, was verstanden wird. (Card Friedrich von Weiz-säcker)

Unified Modeling Language (UML) ist eine allgemein verwendbare, visuelle Modellierungssprache und Quasistandard für den Softwareentwurf. UML definiert eine Menge von grafischen Elementen, Beziehungen und Diagrammen. Es ist heute die gebräuchlichste Art, Modelle in der Softwareentwicklung zu erstellen. UML ist jedoch keine Methode, sondern eine Notation oder, wie der Name andeutet, eine Sprache. Als solche erleichtert sie wesentlich – oder sollte es zumindest – durch Anwendung einer einheitlichen Syntax die Kommunikation unter den Projektbeteiligten. UML beantwortet jedoch nicht die Frage, welche Diagramme für den jeweiligen Zweck sinnvoll und welche Schritte zu einem aussagekräftigen Softwareentwurf von Nöten sind, wie Musiknoten Regeln für das Niederschreiben einer Sinfonie festlegen, aber kein Rezept zum Komponieren einer Melodie beinhalten. Erst die Besprechung der einzelnen Disziplinen wie Architektur und Anforderungsanalyse wird Wege aufzeigen, UML angemessen und zweckdienlich einzusetzen.

Doch vorerst zurück zu den Elementen von UML. Ein Blick in die kurze Geschichte der Modellierungssprachen zeigt, dass UML aus verschiedenen anderen Notationen hervorgegangen ist. Jede dieser Sprachen hatte ihre besondere Stärke und auch ihre eigene Anhängerschaft. Wie im Turmbau von Babylon wurde das Volk der Softwareentwickler in der Vergangenheit mit einer Sprachverwirrung bestraft. Fortan zierten Wolken, abgerundete Rechtecke, in sich geschachtelte Quadrate und Kreise die Wände der Entwicklungsbüros. Erst 1995 und später mit der Übernahme durch die *Object Management Group* (OMG) entstand aus den Methoden von Grady Booch, James Rumbaugh und Ivar Jacobson eine einheitliche Modellierungssprache. Der Funktionsumfang von der ersten Version 0.8 bis heute hat erheblich zugenommen und stellt nun einen De-facto-Standard in der Softwareentwicklung dar. UML taugt jedoch zu weit mehr als nur für die Modellierung von Software. So lässt sich UML in der Prozessanalyse wie auch in der Systemmodellierung einsetzen.

Geschichte von UML

UML ist mit seinem stetig wachsenden Umfang bald selbst zum Problem geworden. Mit der aktuellen Version 2.2 kennt UML 14 verschiedene Diagramme, unterschiedlichste Objekte und Dutzende von Möglichkeiten, die Objekte untereinander zu verbinden. Hinzu kommt eine textuelle Sprache, um Bedingungen und Regeln zu formulieren. Zudem bestehen viele Möglichkeiten, die Sprache durch eigene Konstrukte zu erweitern. Die offizielle Spezifikation von UML von OMG umfasst inzwischen mehr als 700 Seiten! Dass unter solcher Geschäftigkeit von Normierungsgremien der praktische Bezug manchmal verloren geht, verwundert kaum. Statt jedoch UML akribisch einsetzen zu wollen, ist ein pragmatischer Umgang mit den Möglichkeiten dieser Sprache nötig.

Die folgenden Seiten verzichten bewusst auf Diagrammarten und Darstellungsformen, die außer einem akademischen Wert aus meiner Sicht keinen wirklichen Nutzen in der Softwaremodellierung haben. Dies ist auch keine Frage von plangetriebener oder agiler Vorgehensweise. Der maßvolle Einsatz von Mitteln gilt für alle gleichermaßen. Das, was von UML hier vorgestellt wird, ist und soll eine gemeinsame Sprache für alle Beteiligten am Softwareentwicklungsprozess sein.

3.1 UML-Würfel

UML besteht aus den drei Baugruppen: Dinge (Objekte), Beziehungen und Diagramme. Die Diagramme lassen sich weiter in die Kategorien Struktur, Verhalten und Interaktion aufteilen. Diese lassen sich auf die drei sichtbaren Seiten eines Würfels abbilden. Jede Seite teilt sich wiederum in drei Bereiche, die einen bestimmten Blickwinkel innerhalb der Kategorie einnehmen. Ein solcher Blickwinkel, oder wie hier als Perspektive bezeichnet, bedient sich eines spezifischen UML-Diagramms.

Abbildung 3.1
UML-Würfel

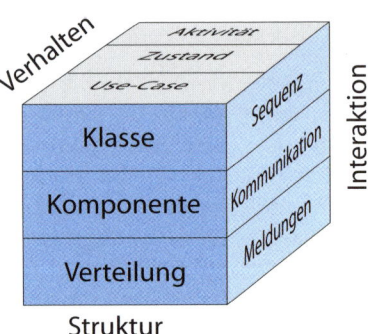

Struktur

Struktur ist eine Aufzählung der Bestandteile

Die Struktur beschreibt das Modell aus der statischen Sichtweise oder Perspektive. Es stellt dar, aus welchen Elementen und Bausteinen ein System besteht. Die Elemente in UML sind Klassen, Pakete, Komponenten und Knoten. Die Klassen sind die kleinsten Teile, die zu Paketen zusammengefasst und dann zu Komponenten assembliert werden. Die Knoten stehen für Bauteile der Infrastruktur, auf denen die Komponenten während der Laufzeit ausgeführt werden. Die statische Sichtweise ist im Grunde eine Aufzählung und Gruppierung der Bestandteile eines Systems. Dabei werden Einzelbausteine schrittweise zu komplexeren Baugruppen komponiert. Die Struktur lässt sich durch die Darstellung der Klassen, Komponenten und die Verteilung auf die Knoten der Laufzeitumgebung dokumentieren. Diese Perspektive sagt jedoch nichts darüber aus, wie das System funktioniert oder es sich über die Zeit verhält. Mit der statischen Betrachtung werden die Prinzipien der Modularität, Abstraktion und Datenkapselung adressiert. Das Ziel ist es, weitgehend voneinander unabhängig operierende Bausteine zu erhalten.

Verhalten

Das Verhalten dokumentiert den dynamischen Teil eines Systems. Es wird aufgezeigt, wie sich das System oder dessen Komponenten über die Zeit verhalten, um bestimmte Aufgaben zu erfüllen. Der Fokus liegt dabei auf einem bestimmten Baustein der statischen Perspektive. Die Elemente der dynamischen Perspektive sind Zustände, Aktivitäten, Meldungsflüsse bzw. Zustandsübergänge und Anwendungsfälle. Zustände und deren gleichnamige Diagramme veranschaulichen das Verhalten als ein Reagieren auf äußere Ereignisse aus einem stabilen Zustand heraus. Aktivitäten hingegen erzählen eine sequenzielle Abfolge von Tätigkeiten, die eine Komponente bis zu einem bestimmten Endpunkt ausführt. Anwendungsfälle schildern eine Abfolge von Interaktionen zwischen einem Benutzer und dem System. Oft werden Aktivitätsdiagramme auch für die Beschreibung von Anwendungsfällen verwendet. Dies ist nicht ganz unproblematisch, da Aktivitätsdiagramme dazu tendieren, das Verhalten als eine Folge von Systemaktivitäten und nicht als eine wechselseitige Interaktion darzulegen. Die Verhaltenssicht ist zudem der richtige Ort, um parallele Abläufe und Synchronisationspunkte innerhalb von Komponenten aufzuzeigen.

Verhalten beschreibt die innere Dynamik

Interaktion

Die Interaktionen sehen das System als einen Fluss von Meldungen. Es wird dargelegt, welche Meldungen zwischen den statischen Elementen fließen und wie diese zeitlich zusammenhängen. Im Gegensatz zur Verhaltensperspektive liegt der Schwerpunkt auf dem Zusammenspiel der Komponenten von außen gesehen. Betrachtete die dynamische Sichtweise das Verhalten eines einzelnen Bausteins oder eines Subsystems unabhängig von den anderen, so zeigt die Interaktionsperspektive den dabei stattfindenden Meldungsaustausch zwischen diesen Bausteinen auf. Für die Darstellung der Interaktion werden Sequenz- und Kommunikationsdiagramme genutzt. Beide zeigen den zeitlichen Meldungsverlauf auf und illustrieren, welche Spur die Verarbeitung eines bestimmten Ereignisses im betrachteten Systemabschnitt hinterlässt. Mit der Beschreibung der Interaktionen lassen sich komplexe Zusammenhänge zwischen den Bausteinen jeder Abstraktionsebene ausdrücken. So lässt sich die Reaktion des Systems auf einzelne Szenarien illustrieren, indem

Interaktion zeigt den Meldungsfluss über mehrere Komponenten

der Pfad des Meldungsverlaufs aufgezeigt wird. Die Mächtigkeit der Interaktionsdiagramme soll nicht darüber hinwegtäuschen, dass diese oft schwer lesbar und noch schwerer wartbar sind. Sequenzdiagramme sollen bewusst einfach gehalten und nur für das Aufzeigen der wichtigsten Kommunikationspfade verwendet werden. Ist deren Granularität zu fein, sind sie gerade in der Implementierungsphase ständigen Änderungen unterworfen.

Diese drei Perspektiven beschreiben mit ihren jeweiligen Dingen, Beziehungen und Diagrammen das Modell von verschiedenen Seiten. Eine statische Struktur ist nur ein Teil davon und hilft für sich alleine wenig, um ein System verstehen zu können. Es braucht ein ausgewogenes Verhältnis aller Sichtweisen. Gerne konzentrieren sich Modelle auf den strukturellen Teil, da dieser weniger durch Änderungen betroffen ist und oft eine geringere Komplexität aufweist als die anderen Perspektiven. Doch erst die Modellierung des dynamischen Verhaltens und das Aufzeigen des Meldungsverlaufs verleiht dem Modell Leben und erklärt dessen Funktionsweise. Ein Unternehmen lässt sich auch nicht nur mittels Organigramm erklären. Es bedarf der Geschäftsprozesse, um zu verstehen, wie eine Firma „funktioniert".

Sichten, Standpunkte und Perspektiven

Sichten, Standpunkte und Perspektiven? Diese Begriffe werden in der Literatur nicht einheitlich verwendet. Nach IEEE-Standard ist ein Standpunkt eine Menge von Mustern, Vorlagen und Regeln, welche das Modell aus einem bestimmten Blickwinkel beschreibt. Eine Sicht ist hingegen das, was jeweils von einem bestimmten System aus einem generellen Standpunkt gesehen wird. Jeder Standpunkt bedient sich zur Beschreibung einer Sicht der drei Perspektiven Struktur, Verhalten und Interaktion in unterschiedlicher Ausprägung. So lässt sich eine Software aus dem Blickwinkel des funktionalen Standpunkts erläutern, indem die Struktur der Funktionsblöcke aus der statischen Perspektive beschrieben wird.

3.2   Struktur

3.2.1   Klassendiagramm

Klassen repräsentieren verschiedene Dinge

Ausgangslage jedes Modells in UML ist das Klassendiagramm. Es zeigt die einzelnen Bausteine der Software, deren Attribute, Operationen und Beziehungen untereinander. Was genau eine Klasse ist, hängt von der jeweiligen Betrachtungsebene ab und ist nicht auf die Darstellung von Softwarebausteinen eines ausführbaren Programms beschränkt. Auf Unternehmensebene kann mit einer Klasse ein Server gemeint sein, der bestimmte Dienste als Services bereitstellt und durch bestimmte Leitungsmerkmale charakterisiert ist. Diese Flexibilität erlaubt es, UML für die unterschiedlichsten Aufgaben einzusetzen: vom Entwurf eines Softwareprogramms bis zur Beschreibung von Geschäftsprozessen und Unternehmensstrukturen. Doch vorerst zurück zu den Grundlagen eines Klassendiagramms.

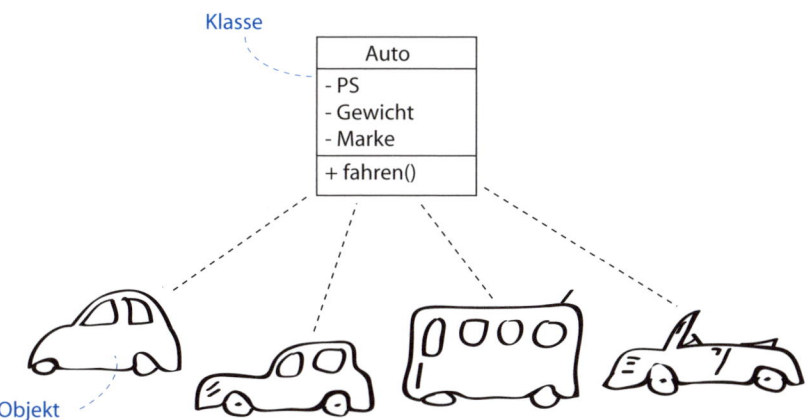

Abbildung 3.2
Eine Klasse ist eine
Abstraktion.

Ein Klassendiagramm besteht aus den Dingen *Klassen*, *Pakete* und *Objekte* sowie den Verbindungen *Assoziationen*, *Kompositionen* und *Vererbungen*. Eine Klasse repräsentiert und abstrahiert Gemeinsamkeiten von Gegenständen. Sind Objekte konkrete Instanzen realer, abzählbarer Gegenstände, so beschreibt die Klasse die gemeinsamen Eigenschaften sowie Verantwortlichkeiten der gleichartigen Objekte. Die Klasse ist eine Schablone, die ein gemeinsames Verhalten kennzeichnet. Was eine Klasse ist, hängt dabei vom Betrachter und dem jeweiligen Systemzweck ab. So sind beispielsweise Ehemann Peter, Tochter Sue und ihr Hund Waldo aus Sicht eines Transportunternehmens Fahrgäste, jedoch nur Peter und Sue sind auch Kunden. Klassen – wie es der Name sagt – klassifizieren Dinge der wirklichen Welt in einem für den Zweck entsprechenden Ordnungssystem: im vorherigen Beispiel in Kunden und Fahrgäste. Dabei charakterisieren die Attribute, deren Ausprägung und die Operationen, die durch die Instanzen einer Klasse ausführbaren Aktionen oder Tätigkeiten.

Klassen fassen Gemeinsamkeiten zusammen

Klasse

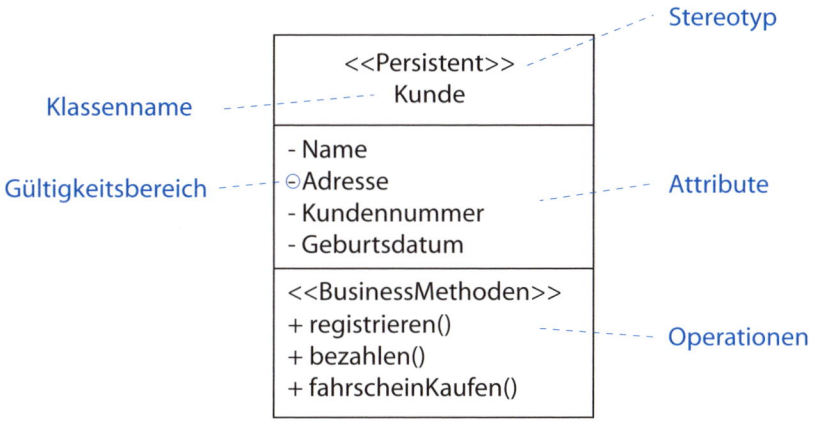

Abbildung 3.3
Klassenelemente

Eine Klasse besteht aus folgenden Bestandteilen:

■ *Klassenname*
Jede Klasse unterscheidet sich eindeutig durch ihren Namen von allen anderen. Der Klassenname besteht aus dem eigentlichen Namen und einem vorangestellten Pfad oder Namensraum (qualifizierter Name). Pakete – in UML durch eine Mappe symbolisiert – teilen den Namensraum wie eine Verzeichnisstruktur hierarchisch auf. Dies erlaubt es, denselben Namen in unterschiedlichen Kontexten zu verwenden. Im qualifizierten Namen werden die einzelnen Verzeichnisse oder Pakete durch zwei Doppelpunkte voneinander getrennt. Zum Beispiel: `M-Ticket::BusinessObjekte::Kunde`.

■ *Stereotypen*
Stereotypen sind formale Erweiterungen einer Klasse, indem sie dieser eine zusätzliche Semantik verleihen. Damit können Klassen um spezifische Aspekte erweitert werden, die ein bestimmtes Verhalten implizieren. So definiert der Stereotyp *Interface*, dass die Klasse eine Schnittstelle spezifiziert, welche durch andere Klassen zu implementieren ist.

■ *Attribute*
Attribute beschreiben Eigenschaften einer Klasse, die in der jeweiligen Instanz, bestimmte Werte annehmen können. Attribute sind Informationen eines bestimmten Datentyps, der je nach Abstraktionsgrad unterdrückt oder hinter dem Attributnamen getrennt durch einen Doppelpunkt angezeigt wird: beispielsweise: `Name:String`.

■ *Operationen*
Operationen implementieren einen bestimmten, durch die Klasse bereitgestellten Service. Eine Operation ist dabei eine Abstraktion von etwas, das ein Objekt tun kann und das allen Objekten dieser Klasse gemein ist. So besagt die Abbildung 3.3, dass alle Objekte der Klasse *Kunden* Fahrscheine kaufen können. Durch Stereotypen lassen sich Attribute und Operationen gruppieren. So kennzeichnet der Stereotyp `BusinessMethoden` alle nachfolgenden Operationen als Geschäftsfunktionen.

■ *Gültigkeitsbereich*
Die Symbole –, + und ~ vor den Attributen und Operationen definieren deren Gültigkeitsbereich. Das Minuszeichen steht für *private,* also für eine Gültigkeit innerhalb dieser Klasse. Das Pluszeichen steht für *public*, also für alle sichtbar. Das Tildenzeichen für *protected* bedeutet, dass das Element für alle davon abgeleiteten Klassen sichtbar ist. Wird die Gültigkeit nicht explizit ausgewiesen, so bedeutet dies für Attribute private und Operationen öffentlich.

Diagrammgröße   Je nach Detaillierungsgrad eines Diagramms werden Elemente bewusst weggelassen. Liegt das Interesse auf der Struktur und den Beziehungen, werden die Operationen und zum Teil auch die Attribute unterdrückt. Damit gewinnt ein Diagramm an Übersicht. An anderer Stelle wird dann der Fokus auf die Einzelheiten einer Klasse gelegt und dafür die Umgebung ausgeblendet. Es empfiehlt sich, unterschiedliche Klassendiagramme zu verwenden und nicht der Versuchung zu erliegen, das gesamte System in einem einzigen, riesen

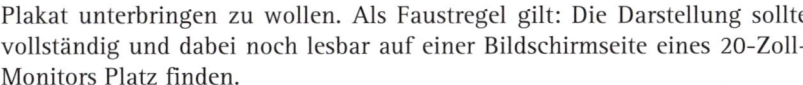
Plakat unterbringen zu wollen. Als Faustregel gilt: Die Darstellung sollte vollständig und dabei noch lesbar auf einer Bildschirmseite eines 20-Zoll-Monitors Platz finden.

Beziehungen

Klassen stehen natürlich nicht für sich allein, sondern haben vielfältige Beziehungen untereinander. Diese lassen sich in die Kategorien Assoziation, Abhängigkeit, Komposition und Vererbung unterteilen. Assoziationen sind strukturelle Beziehungen beliebiger Art und verbinden zwei Klassen miteinander. Die Multiplizität solcher Assoziationen sagt etwas darüber aus, in welchem zahlenmäßigen Verhältnis die Klassen zueinander stehen. Die mit einer Pfeilspitze versehene Bezeichnung gibt die Lesart der Verbindung wieder. So sagt in der Abbildung 3.4 die Beziehung zwischen Kunde und Ticket aus, dass ein Kunde keine oder mehrere Tickets gekauft hat.

Assoziationen geben strukturelle Abhängigkeiten wieder

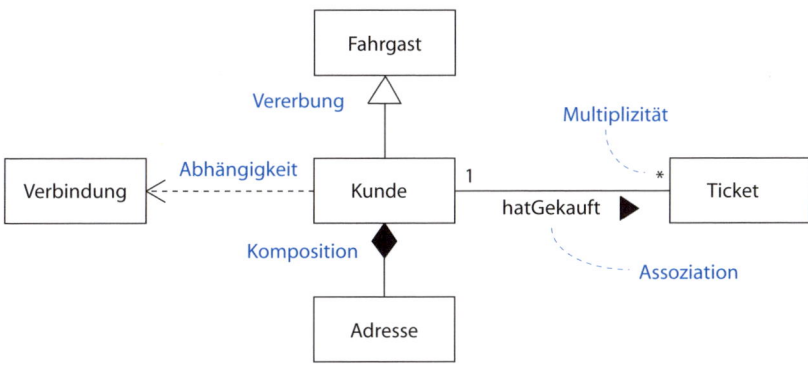

Abbildung 3.4
Klassenbeziehungen

Die durch eine gestrichelte Linie wiedergegebene Abhängigkeit legt dar, dass eine Klasse eine andere braucht (use-dependency). Dies kann als Parameter einer Operation sein oder für deren Implementation. So nutzt ein Kunde in der Abbildung 3.4 eine bestimmte Bahnverbindung, es besteht aber keine strukturelle Abhängigkeit.

Die Vererbung markiert, dass eine Klasse von einer allgemeineren Basisklasse abgeleitet wurde. Dabei erbt die Klasse die Eigenschaften und das Verhalten ihrer Basisklasse. Mit dem Vererbungspfeil wird eine Generalisierung angezeigt. Beispielsweise ist der Fahrgast eine Generalisierung des Kunden. Jeder Fahrgast kann mit dem Zug reisen, doch nur Kunden sind in der Lage, Fahrkarten zu kaufen. Entgegen der Bezeichnung Vererbung handelt es sich dabei nicht um eine Vererbung im herkömmlichen Sinne. Die Basisklasse befindet sich lediglich auf einer höheren Abstraktionsstufe als die davon abgeleitete Klasse selbst. So teilen Menschen und Elefanten die Eigenart von Säugetieren, aber nicht deren Gene. Die Blutsverwandtschaft zwischen Vater und Tochter wird hingegen durch eine Assoziation angedeutet. Stellen Klassen Gemeinsamkeiten von Objekten dar, so fassen Basisklassen die Gemeinsamkeiten von Klassen zusammen. Die Von-Neumann-Rechnerarchitektur, um

Vererbung fasst Gemeinsamkeiten von Klassen zusammen

ein anderes Beispiel anzuführen, ist ein Referenzmodell heutiger Computer und damit Basisklasse von PC und Server gleichermaßen.

Komposition beschreibt eine Teil-Ganzes-Beziehung

Der letzte Typ von Beziehungen sind Kompositionen. Diese sind Verbindungen, die ein Ganzes bestehend aus seinen Teilen beschreiben. Repräsentieren die Assoziationen strukturelle Bindungen auf derselben konzeptionellen Ebene, so zeigen Kompositionen, dass ein Ding ein Element eines übergeordneten, größeren Ganzen ist. Diese Verbindungsart impliziert normalerweise, das Ganze „besitze" seine Teile. Exemplarisch sei hier ein Transistorradio aufgeführt. Es setzt sich vereinfacht ausgedrückt aus Empfänger, Verstärker und Lautsprecher zusammen. UML kennt neben der Komposition die etwas schwächere Form der Aggregation. Die Unterscheidung ist jedoch etwas realitätsfremd. Entweder ein Ding ist Teil einer Sache oder es besteht eine Assoziation auf gleicher Ebene. Deshalb verwenden wir fortan nur die Komposition, symbolisiert durch eine ausgefüllte Route.

Objekte

Ein Objekt hat einen Zustand, ein bestimmtes Verhalten und eine eindeutige Identifikation

Ein Objekt oder als Synonym dazu die Instanz ist ein konkretes Ding der realen Welt. Es leitet sich von einer Abstraktion dessen ab, was wir als Klasse bezeichnet hatten. Faktisch ist dies für ein Modell nicht ganz richtig. Dieses Objekt ist, um es genau zu nehmen, selbst eine Abstraktion der zu modellierenden Welt. Beispielsweise ist die Instanz Peter im System M-Ticket eine auf den Kundenaspekt reduzierte Darstellung einer Person mit dem Namen Peter. Ein Objekt hat eine eindeutige Identifikation, einen Zustand und ein von der Klasse vorgegebenes Verhalten. Der momentane Zustand eines Objekts manifestiert sich durch die jeweiligen Werte der Klassenattribute. Objektdiagramme, wie in der Abbildung 3.5 dargestellt, sind eher die Ausnahme in der Modellierung. Jedoch werden sie in den später besprochenen Kommunikationsdiagrammen eine praktische Anwendung finden.

Abbildung 3.5
Objektdiagramm

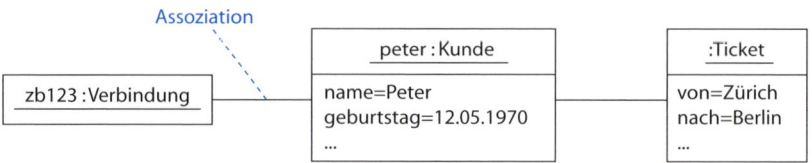

3.2.2 Komponentendiagramm

Komponenten stellen bestimmte Leistungen über wohldefinierte Schnittstellen bereit

Eine Komponente ist ein von anderen Teilen unabhängig liefer- und verteilbarer Funktionsblock mit einem über Schnittstellen definierten Zugriff auf dessen Services. Oder anders ausgedrückt, eine Komponente stellt über Schnittstellen eine bestimmte Funktionalität bereit. Eine Schnittstelle ist dabei der Vertrag zwischen Leistungserbringer, der Komponente und dem Leistungsnutzer. Dieser Vertrag regelt die Bedingungen, unter denen ein bestimmter Dienst erbracht wird, und wie die Leistung bzw. deren Ergebnis aussieht. Vergleichbar mit einem Service-Level-Agreement (SLA) im Dienstleistungsbereich, definiert der Vertrag nur die zu erbringende Leistung, legt aber nicht fest, wie diese zu erbringen ist. Solange der Nutzer einer Komponente nur von dieser Übereinkunft und nicht von der konkreten Implementierung abhängt, lässt sich der Baustein jederzeit durch eine andere Komponente mit denselben Schnittstellen ersetzen. Komponenten sind damit im Unterschied zu den Klassen während der Laufzeit austauschbar und deren Implementierung bleibt hinter den Schnittstellen verborgen. Der Wunsch nach universellen, frei einsetzbaren Softwarebausteinen wird nur durch unterschiedliche Laufzeitumgebungen getrübt. So ist eine EJB-Komponente nicht ohne Weiteres in der Laufzeitumgebung von CORBA einsetzbar.

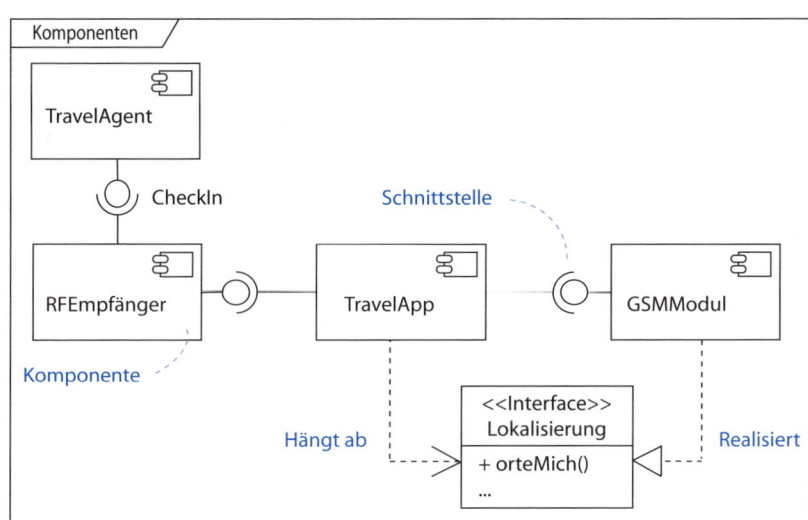

Abbildung 3.6
Komponentendiagramm

Doch was stellt eine Komponente in UML dar und wie unterscheidet sich diese von einer Klasse? Komponenten implementieren, wie es Klassen auch tun können, ein oder mehrere Schnittstellen. Sie weisen jedoch keine weiteren Operationen oder Attribute außerhalb dieser durch die Schnittstellen bereitgestellten Operationen auf. Klassen sind zudem vererbbar, Komponenten nicht. Komponenten repräsentieren physikalische Dinge oder die Paktierung von logischen Elementen zu verteilbaren Einheiten. Sie stellen eine in sich geschlossene Funktionalität dar, wie beispielsweise XML Parser, Kreditkartenmodule für Online-Bezahlung oder einen Verschlüsselungsdienst. Bei vielen als Komponenten bezeichneten Bausteinen handelt es sich jedoch um Klassen. Java-Komponenten in EJB oder .NET-Komponenten der Enterprise Services sind im eigentlichen Sinne Klassen.

Komponente oder Klasse

Die für Komponenten – wie auch Klassen – über Schnittstellen zur Verfügung gestellten Services werden als Lollipop-Symbol gekennzeichnet. Dem gegenüber wird die Nutzung dieser angebotenen Leistungen durch eine Gabel symbolisiert. Diese Darstellung verbirgt, dass die Schnittstelle durch eine gemeinsame Interface-Klasse spezifiziert ist. Eine solche Interface-Klasse besteht nur aus der Definition von Operationen, die durch die Komponente implementiert werden. Die Interface-Klasse „Lokalisierung" in Abbildung 3.6 zeigt eine

Interface-Klassen definieren die über eine Schnittstelle verfügbaren Funktionen

andere Form der Darstellung anstelle des Lollipop-Symbols. Die gestrichelte Verbindung mit einer geschlossenen Pfeilspitze gibt an, dass die Komponente den durch die Schnittstelle spezifizierten Vertrag realisiert bzw. implementiert; die gestrichelte Verbindung mit der offenen Pfeilspitze beschreibt, dass eine Komponente von einer Schnittstelle abhängt.

Kehren wir zurück zu unserem Beispiel in Abbildung 3.6 und stellen fest, dass die Erkennung eines mobilen Geräts an den Ein- und Ausstiegspunkten eine Komponente ist, die wir beabsichtigen, käuflich zu erwerben. Diese Komponente soll dem Standard NFC genügen, leicht einzubauen sein und eine Zuverlässigkeit von 99,9 % aufweisen. Fortan bezieht sich der weitere Softwareentwurf auf die Spezifikation einer solchen Schnittstelle. Die Architektur hat zu verifizieren, ob eine solche Lösung machbar und in absehbarer Zeit verfügbar ist. Eine Standardkomponente für die Ortung des Mobiltelefons sorgt zudem für die Bestimmung der gefahrenen Route. Der Ein- und Ausstieg wird durch den stationären Empfänger an die Zentrale übermittelt. Die Komponente *TravelApp* kann nun basierend auf den Spezifikationen dieser Schnittstellen entwickelt werden, ohne das definitive Produkt bereits zu kennen.

3.2.3 Kompositionsdiagramm

Kompositionsdiagramme ermöglichen Dekomposition

UML 2 führte mit der Komposition (Composition Structure) ein neues Diagramm ein, welches es erlaubt, die innere Struktur einer Klasse oder Komponente darzustellen. Damit ist es möglich, eine hierarchische Dekomposition in UML zu modellieren. Die Schöpfer von UML beabsichtigten, eine einheitliche Sprache für objektorientierte Programmierung zu schaffen. Idealisiert besteht diese Welt aus eigenständigen Objekten, die sich zu Komponenten und Systemen formieren. Eine Dekomposition, also die Zerlegung einer Klasse in Unterklassen wie aus einer datenorientierten Modellierung bekannt, war nicht vorgesehen. Mit Kompositionsdiagrammen ist es nun auch in UML möglich, die innere Struktur von Klassen und Komponenten darzustellen.

Ein Kompositionsdiagramm besteht aus Anschlüssen, Teilen und Konnektoren. Die inneren Elemente werden Teile genannt, welche über Anschlüsse und Konnektoren miteinander verbunden sind und über die Schnittstellen der umschließenden Klassen oder Komponente mit der Außenwelt verknüpft werden. Die Anschlüsse, symbolisiert als kleine Quadrate, sind logische oder physische Schnittstellen, über die Services erbracht bzw. gefordert werden. Die Konnektoren zwischen den Anschlüssen oder Teile einer Klasse zeigen auf, über welche physikalischen oder logischen Verbindungen die Kommunikation stattfindet. Wie die Abbildung 3.7 illustriert, ist es nicht zwingend erforderlich, den Anschluss (Port) anzugeben, wenn daran keine bereitgestellten oder genutzten Schnittstellen geknüpft werden.

Die Kompositionsstrukturen wurden im UML-Derivat SysML als interne Blockdiagramme erweitert und verbessert. Einige dieser Erweiterungen halten nun umgekehrt auch Einzug in die UML-Spezifikation. So wird jetzt eine Klasse, welche nicht direkt Teil der übergeordneten Klasse ist, im Kompositionsdiagramm als Baustein bzw. Property bezeichnet und durch eine gestrichelte Umrandung hervorgehoben. Im Beispiel verwendet ein Handy die Komponente *TravelApp,* ohne jedoch ein fixer Bestandteil eines mobilen Telefons zu sein.

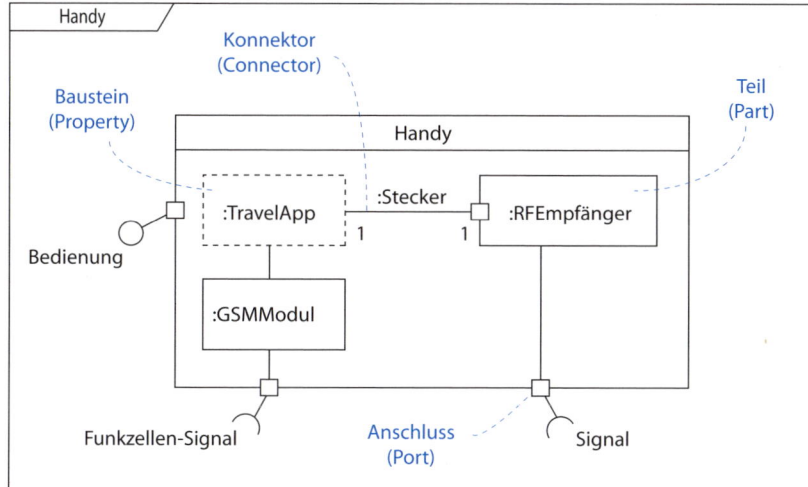

Abbildung 3.7
Kompositionsdiagramm

In der Praxis eignet sich das Kompositionsdiagramm speziell für die Beschreibung von Systemarchitekturen auf Unternehmens- und Applikationsebene, also dort, wo physikalische Komponenten zu Subsystemen und Applikationsverbunden zusammengefasst werden und das Interesse auf dem Meldungsfluss und den Schnittstellen liegt. Im Gegensatz zur Darstellung der Verteilung blickt die Komposition aus konzeptioneller Sicht auf das System. Hier liefert sie den statischen Entwurf für die Schilderung des Interaktionspfads, ohne bereits die konkrete Laufzeitumgebung nennen zu müssen. Kompositionen sind *das* mentale Modell für das von Peter Hruschka geforderte Schwarz-Weiß-Denken. Auf einer höheren Abstraktionsebene werden Komponenten oder Subsysteme als Blackbox betrachtet. Nur das von außen feststellbare – durch die Spezifikation der Schnittstellen definierte – Verhalten ist von Bedeutung. Deren Implementierung interessiert erst auf einer tieferen Ebene. Bei dieser Whitebox-Betrachtung richten wir den Blick auf das Innenleben der Komponente.

Kompositions-diagramme für die strukturelle Architektur

3.2.4 Verteilungsdiagramm

Das Verteilungsdiagramm zeigt, welcher Teil der Software auf welcher Hardware oder Ausführungseinheit läuft. Es legt die physikalische Architektur bestehend aus Infrastruktur und deren Kommunikationspfaden fest. Die Hardware und Ausführungseinheiten werden durch sogenannte Knoten repräsentiert, welche ineinander verschachtelt sein können. Dabei stellt die Hardware ein physikalisches Gerät wie einen PC oder Server dar und die Aus-

Verteilung der Komponenten auf Knoten

führungseinheiten ein Stück Software wie Betriebssysteme, Applikationsserver, Datenbanksysteme und Webserver. Knoten können wie Klassen abstrakte Einheiten abbilden, beispielsweise einen mit Windows installierten Computer oder einen Linux-Server. Als konkrete Objekte, gekennzeichnet durch einen unterstrichenen Namen, stellen sie eine bestimmte Instanz eines physischen Rechners dar. Die Darstellung des Knotens als Box ist nicht zwingend. So kann für eine bessere Verständigung der Knoten einer Datenbank als Zylinder visualisiert werden.

Abbildung 3.8
Verteilungsdiagramm

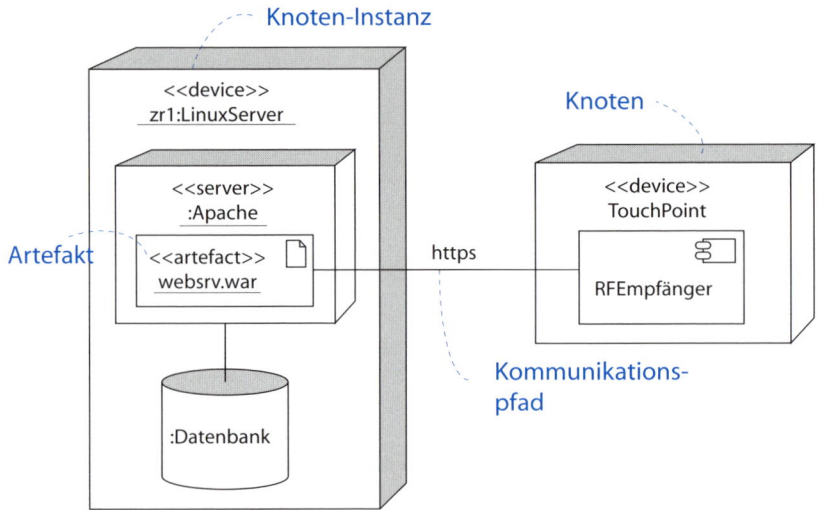

Artefakte   Artefakte repräsentieren die Spezifikation realer Dinge wie Dateien, Bibliotheken, ausführbare Programme, Dokumente, Konfigurationsdateien oder Datenbanktabellen. Als Objekte dargestellt (Name ist unterstrichen), stehen sie für eine spezifische Instanz eines Artefakts. Ein Artefakt ermöglicht die physische Manifestation eines beliebigen Elements von UML, typischerweise Komponenten oder Dateien. In der Praxis wird nicht immer formal richtig zwischen Instanz und Klasse von Knoten und Artefakten unterschieden.

3.3   Verhalten

3.3.1   Aktivitätsdiagramm

Aktivitätsdiagramme sind erweiterte Flussdiagramme   Aktivitätsdiagramme sind im Grunde erweiterte, objektorientierte Flussdiagramme. Sie beschreiben prozedurale Logik, Geschäftsprozesse oder Arbeitsabläufe. Im Unterschied zu den einfachen Flussdiagrammen erlauben Aktivitätsdiagramme die Darstellung von parallelen Abläufen. Mit UML 2 wurden viele Änderungen eingeführt und die Semantik wurde an den Formalismus der Petri-Netze angeglichen. Dazu gehört auch eine klare Abgrenzung von den Zustandsdiagrammen. Aktivitätsdiagramme stellen das dynamische Verhalten eines Bausteins oder einer Operation durch die Sequenz von einzelnen Aktionen dar. Die Aktionen lassen sich zu Aktivitäten und diese zu übergeordneten Abläufen zusammenfassen. In umgekehrter Richtung lässt sich damit ein komplexes Verhalten schrittweise in überblickbare Tätigkeiten aufteilen: Eine Operation besteht aus einer Abfolge mehrerer Aktivitäten und jede Aktivität selbst wieder aus mehreren atomaren Aktionen.

Die Symbole eines Aktivitätsdiagramms lassen sich in Aktionen, Kontrollelemente und Objekte aufteilen. Aktionen repräsentieren eine diskrete, nicht weiter aufteilbare Arbeitseinheit. Kontrolleinheiten steuern den Ablauf durch Entscheidungs- und Zusammenführungspunkte, Teilungs- und Synchronisationsbalken sowie Start- und Endpunkt. Objekte bezeichnen Instanzen von Klassen, die durch eine Tätigkeit erzeugt oder konsumiert werden. Die gerichteten Verbindungen symbolisieren den Fluss einer Sequenz oder eines Objekts. Sobald an allen Eingangsflüssen Objekte anliegen, wird die Aktion oder Aktivität ausgeführt. Eine Aktivität lässt sich durch vertikale oder horizontale Partitionen in Verantwortungsbereiche auftrennen. Partitionen können die unterschiedlichsten Dinge repräsentieren: Klassen, Komponenten, physische Knoten, Organisationseinheiten oder Rollen. Grundsätzlich haben Partitionen, außer einer Verbesserung der Lesbarkeit, keine weitere Bedeutung. Früher wurden diese Partitionen Swimlanes genannt.

Aktivitätsdiagramme bestehen aus Aktionen, Kontrollelementen und Objekten

Aktionen

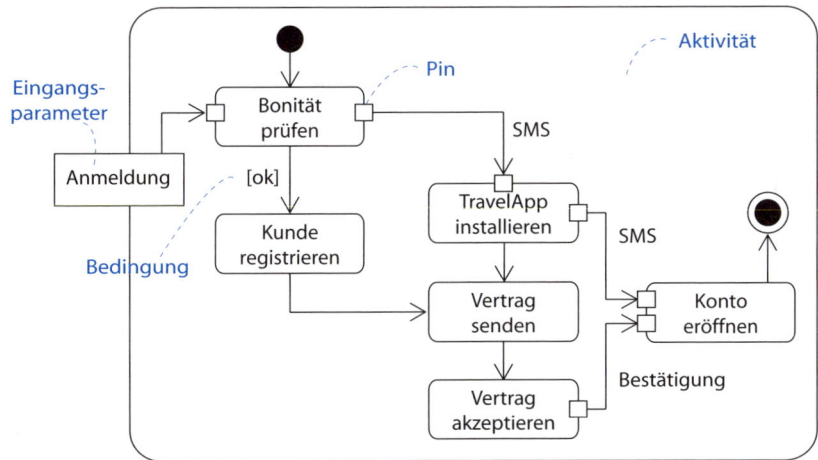

Abbildung 3.9
Aktivitäten und Aktionen

Die Aktivität ist eine in sich geschlossene Tätigkeit mit einem definierten Ergebnis. Eine solche Aktivität stellt einen Teilprozess oder eine Operation dar, welche weiter in Einzelschritten aufteilbar ist. Eine solche Aktivität hat einen eigenen Start- und Endpunkt. Oft werden die Aktivitäten über deren Arbeitsergebnis miteinander über sogenannte Objektflüsse miteinander verbunden. Dabei symbolisiert ein Pin oder Eingangsparameter, dargestellt als kleines Rechteck, den Eintritt eines Objektflusses. Aktivitäten können zudem Vor- und Nachbedingungen aufweisen. So kann die Vorbedingung für die Aktivität „Einchecken" im Beispiel eine vorhandene Registrierung und die

Aktivitäten

Nachbedingung die Eröffnung der Fahrt auf dem Server sein. Wie wir später noch sehen werden, sind Vor- und Nachbedingungen ein nützliches Mittel zur Spezifikation von Operationen.

Aktionen   Eine Aktion ist eine nicht weiter teilbare, atomare Tätigkeit. Aktionen werden dann ausgeführt, wenn an allen Eingangskontrollflüssen oder Objektflüssen ein Wert (Token) anliegt. Es ist eine UND-Verknüpfung. Nach der vollbrachten Aktion liegt an allen Ausgangskontrollflüssen ein Wert an. Kontrollflüsse können mit Bedingungen versehen werden, die in eckigen Klammern darzustellen sind. Eine solche Bedingung funktioniert wie ein Filter und lässt nur jene Tokens durch, die diese Vorgaben erfüllen. Abbildung 3.10 illustriert dieses Verhalten: Die Aktion ist erst ausführbar, wenn an allen Eingängen ein Wert anliegt. Nach Ausführung der Aktion liegt dann an allen Ausgängen genau ein Wert. Dieses Verhalten entspricht dem der Petri-Netze.

Abbildung 3.10
Aktionsausführung

Objekte

Objekte   Objekte stellen konkrete Arbeitsergebnisse einer Aktivität oder einer einzelnen Aktion dar. Dabei ist ein Objektknoten, dargestellt als Rechteck, ein Datenspeicher, der ohne spezielle Anmerkung unendliche Kapazität aufweist und nach dem FIFO (First-In-Last-Out)-Prinzip funktioniert. Ein Objekt dieses Datenspeichers wird an allen Ausgängen gleichzeitig angeboten, jedoch nur exakt eine Aktion kann dasselbe Objekt konsumieren. In einer verkürzten Version wird der Objektfluss durch Ein- und Austrittspins an den jeweiligen Aktivitäten symbolisiert. Das Objekt selbst, welches über diese Verbindung fließt, wird nicht mehr explizit dargestellt.

Kontrollelemente

Entscheidungspunkte   Entscheidungspunkte visualisiert als Raute sind einfache „Wenn-dann"-Bedingungen. Jene ausgehende Kante, welche die Bedingung erfüllt, wird durch das Token traversiert, das heißt, es folgt diesem Kontrollfluss. Es kann aber nur jeweils eine dieser Kanten beschritten werden. Sollten mehrere abgehende Kanten den Bedingungen genügen, so ist der weitere Verlauf nicht bestimmbar. Das bedeutet, es ist nicht definiert, welche Kante das Token wählt. Eine mögliche Bedingung wird auch hier in eckigen Klammern dargestellt. Mit dem Schlüsselwort *else* wird jene Kante gekennzeichnet, welche gewählt wird, wenn alle anderen Bedingungen nicht wahr sind. Diagramme mit vielen Entscheidungspunkten werden schnell unübersichtlich. Statt eines Entscheidungspunkts können die ausgehenden Kanten mit entsprechenden Bedingungen direkt zwischen zwei Aktionen verbunden werden. So sind auch mehrfach hintereinander geschaltete Entscheidungspunkte durch eine kombinierbare Bedingung wesentlich einfacher und übersichtlicher darstellbar. Für ungeübte Leser von UML ist jedoch die klassische

Darstellung mit Entscheidungspunkten leichter verständlich als boolesche Ausdrücke.

Verbindungspunkte sehen aus wie verkehrte Entscheidungspunkte. Deren Semantik ist denkbar einfach. Sie führen mehre Eingangsflüsse zu einem Ausgangsfluss zusammen, ohne den Wert eines Tokens zu ändern. Ein Verbindungspunkt verhält sich wie die Verschmelzung von zwei Flussläufen. Ein Verbindungspunkt lässt sich mit einem nachfolgenden Entscheidungspunkt kombinieren. So entsteht ein Entscheidungspunkt mit mehreren Eingangsflüssen.

Verbindungspunkte

Synchronisationsbalken werden als vertikaler oder horizontaler Balken dargestellt. Erst wenn an allen Eingangsflüssen ein Wert anliegt, ist die Bedingung für die ausgehende Kante erfüllt. Der Synchronisationsbalken ist eine UND-Verknüpfung und vereint alle Eingangswerte zu einem einzigen Ausgangswert. Eine Synchronisation kann über die einfache Verknüpfung hinaus durch einen booleschen Ausdruck exakter spezifiziert werden. So kann der Synchronisationsbalken der Abbildung 3.11 mit der Bedingung versehen werden, dass beim Auschecken der Zielbahnhof nicht gleich dem Startbahnhof sein darf. Wie an anderen Orten auch werden Bedingungen in Form von booleschen Ausdrücken durch geschweifte Klammern markiert.

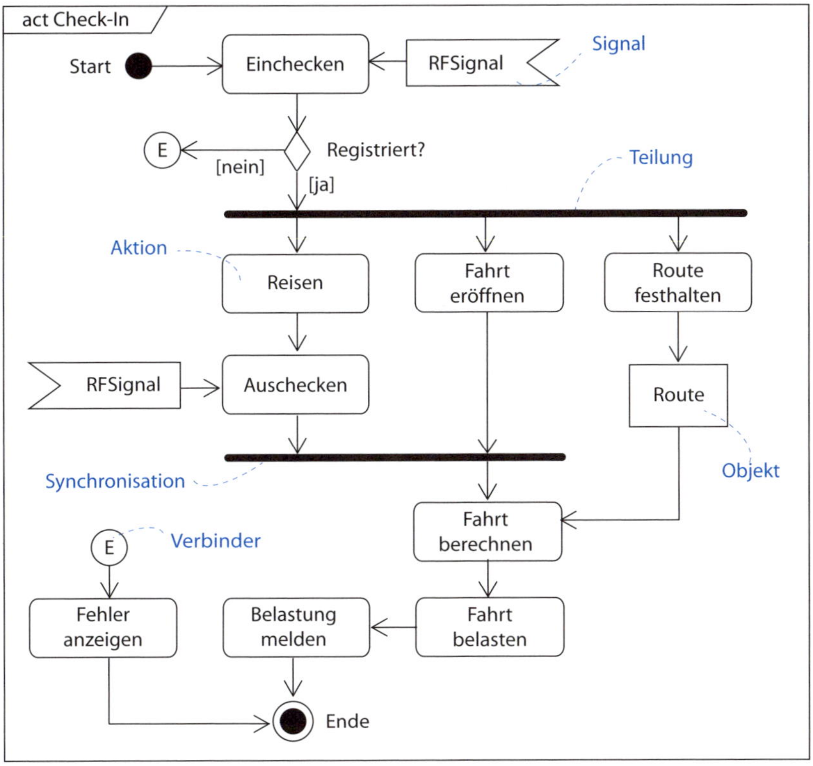

Synchronisation

Abbildung 3.11
Kontrollelemente

Teilung Der Teilungsbalken ist das Gegenteil des Synchronisationsbalkens. Alle Werte bzw. Tokens eines Eingangsflusses werden dupliziert, so dass am Ende jeder Ausgangsfluss einen Wert erhält. Dabei verzweigt der weitere Ablauf auf zwei oder mehrere parallele, voneinander unabhängige, Ausführungsstränge. Ein solcher Strang repräsentiert sich in der Regel als eigenständiger Prozess oder Thread. Die Teilung ermöglicht die Darstellung von gleichzeitig stattfindenden Aktivitäten.

Signale Signale werden dazu eingesetzt, auf asynchrone, von außen kommende Ereignisse zu warten oder ein solches Ereignis auszulösen. Ein eingebuchtetes Fähnchen stellt das Warten auf ein Ereignis; das ausgebuchtete das Versenden eines Ereignisses dar. So wartet im Beispiel der Abbildung 3.11 die Aktion Ein- und Auschecken auf das Signal vom RF-Empfänger des Touch-Points. Mit einem Signal kann auch das Erreichen eines bestimmten Zeitpunkts wie das Ende des Monats modelliert werden.

Aktivitätsdiagramme weisen noch weitere Elemente und Spezialitäten auf, welche mit jeder Version von UML zunehmen. Damit lässt sich nahezu jedes dynamische Verhalten darstellen. Der Versuch, jede noch so ausgefallene Situation zu modellieren und dabei eine Vielzahl von Symbolen einzusetzen, endet zumeist in einer Überfrachtung der Modelle. Zudem bedürfen solche selten verwendete Symbole oft einer Erklärung. Mit den zuvor aufgezählten Elementen lassen sich die meisten Situationen noch einigermaßen verständlich darstellen. Die zunehmende Komplexität der Aktivitätsdiagramme war sicher einer der Gründe, dass die Wirtschaftsinformatik mit der BPM-Notation zurück zu einfacheren Ablaufbeschreibungen gefunden hat. Trotzdem sind Aktivitätsdiagramme vielfältig einsetzbar und werden im Allgemeinen durch ein breites Publikum gut verstanden. Mit Aktivitäten lassen sich Geschäftsprozesse genauso wie die Ausführung einer Operation auf Codeebene erklären. Aktivitätsdiagramme gehören ohne Zweifel zu den wirklich praktischen Dingen von UML, auch außerhalb der Softwareentwicklung.

3.3.2 Zustandsdiagramm

Abbildung 3.12
Zustände eines
Wasserkochers

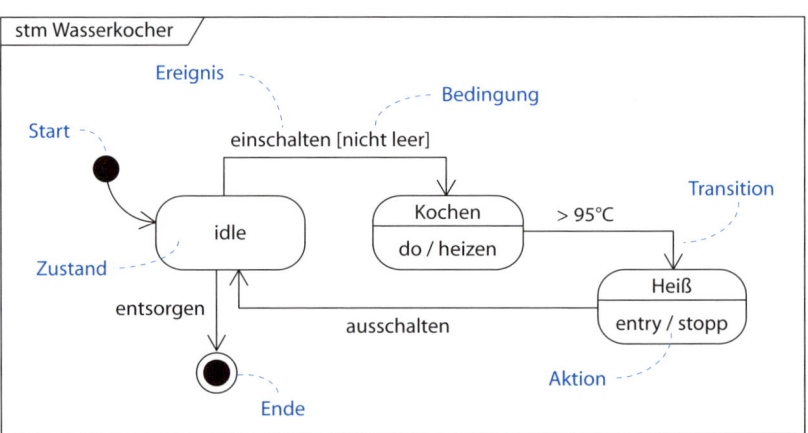

Zustandsdiagramme beschreiben einen endlichen Automaten. Ein solcher Automat hat eine abzählbare und somit endliche Menge an Zuständen, die er annehmen kann. Bis das System untergeht, indem die entsprechende Komponente gelöscht wird, verbleibt der Automat in einem dieser Zustände. Ein Zustand verkörpert eine im System enthaltene Information, wiedergegeben durch ein oder mehrere Attribute. Die Pfeile zwischen den Zuständen im Diagramm geben die möglichen Übergänge an und durch welche äußeren Ereignisse ein solcher Zustandswechsel ausgelöst wird. Bei jedem Eintritt, Austritt und manchmal auch beim Verbleib in einem bestimmten Zustand kann die Ausführung einer Aktion definiert werden. Bei einem Wasserkocher wäre dies beispielsweise das Ausschalten der Heizspirale, wenn das Wasser seine gewünschte Temperatur erreicht hat und das System in den Zustand „Wasser heiß" übergeht. Zuvor sorgt die Heizspirale für eine kontinuierliche Heizleistung. Zustandsdiagramme wie die der Abbildung 3.12 bestehen aus Zuständen, Transitionen und Ereignissen, die wir im Folgenden etwas eingehender besprechen wollen.

Endlicher Automat

Zustand

Zustände sind Attraktoren, das heißt, sie sind im Zeitverlauf eines dynamischen Systems invariante, sich nicht ändernde Phasen. Oder etwas einfacher ausgedrückt: In einem Zustand befindet sich ein labiles System momentan in einem stabilen Stadium. Erst ein entsprechendes Ereignis, für das dieser Zustand empfänglich ist, vermag den temporär stabilen Zustand aus dem Gleichgewicht zu bringen und in einen anderen Zustand überzuführen. Wie lange ein System in einem bestimmten Stadium verweilt, ist nicht vorhersehbar. Andernfalls handelt es sich um eine Aktivität, die eine bestimmte Zeit in Anspruch nimmt und nicht – theoretisch – unendlich lange andauern kann. Diese Unterscheidung ist wichtig, da fälschlicherweise vielfach Aktivitätsdiagramme anstelle von Zustandsdiagrammen verwendet werden. Ein Zustand kann zwei Dinge tun: auf ein Ereignis warten oder eine Aktion ausführen.

Zustände sind vorübergehend stabile Stadien

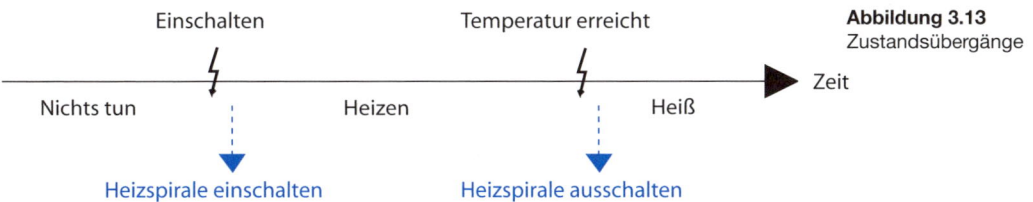

Abbildung 3.13
Zustandsübergänge

In einem Zustand verändern sich die für die jeweilige Betrachtung relevanten Attribute des Systems oder Komponenten nicht oder nicht bemerkbar. Sie bleiben stabil. So ist im Zustand „Heizen" die aktuelle Temperatur aus Sicht dieses Modells unerheblich. Erst die Erfüllung der Bedingung, eine bestimmte Temperatur zu erreichen, erzwingt einen Zustandswechsel. Blicken wir hingegen tiefer in den Zustand des Heizens, offenbart sich, dass sich bei diesem Produkt die Heizspirale in Abhängigkeit der Temperatur ein- und ausschaltet, um eine Überhitzung zu vermeiden, wie es die Abbildung 3.13 illustriert.

Unterzustand

Mit diesen als Unterzustände oder auch als Kompositionszustände bezeichneten Diagrammen lassen sich Zustände weiter dekomponieren und damit
hierarchisch in immer detailliertere Betrachtungen zerlegen. Wie bei den
Aktivitätsdiagrammen kann die Dekomposition im selben Diagramm oder
außerhalb, in einem eigenen Diagramm, erfolgen. Mithilfe von sogenannten Pseudo-Zuständen werden die Ein- und Ausgänge des übergeordneten
Zustands übernommen. Manche Notationsformen verzichten auf die Darstellung der Pseudo-Zustände und verlinken die Transition direkt mit dem
Zustand.

Abbildung 3.14
Unterzustand

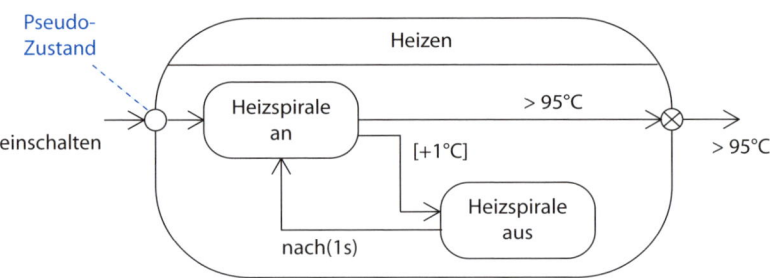

Parallele Abläufe Ebenfalls vergleichbar mit den Aktivitätsdiagrammen lassen sich in einem
Unterzustand gleichzeitig stattfindende Abläufe modellieren. Hierbei wird
der Zustand durch eine gestrichelte Linie in – als Submaschinen bezeichnete – parallele Ausführungsstränge aufgeteilt. So verdeutlicht das Beispiel
der Abbildung 3.15, dass dem Schlaf drei parallele Abläufe folgen. Ausgelöst durch die morgendliche Stunde klingelt der Wecker, der Kaffee beginnt
zu kochen und wir kleiden uns an für den bevorstehenden Tag. Angekleidet
und mit Koffein gestärkt endet der Zustand Aufstehen und mündet – jedenfalls bei mir – im morgendlichen Stau oder, wenn das Auto streikt, in der
Schlange an der Bushaltestelle.

Abbildung 3.15
Parallele Zustände

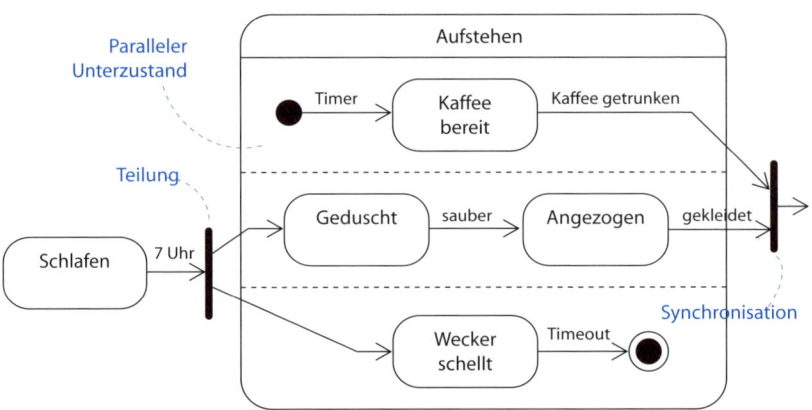

Transition

Eine Transition zeigt die Richtung der Zustandsänderung an. Dabei signalisiert der Pfeil, auf welchen Zustand ein bestimmtes Ereignis einwirkt und welcher Zustand der Transition folgt. Die Bezeichnung einer Transition besteht aus der Auflistung der Ereignisse, optionalen Bedingungen und der damit möglicherweise verbundenen Ausführung von Aktionen. Es bestehen zwei Möglichkeiten, die bei einem Zustandswechsel auszuführende Aktion anzugeben: entweder als Aktion in der Transition selbst oder als Eintritts- oder Austrittsoperation im jeweiligen Zustand. Die Syntax für die Beschriftung der Transition ist:

Transitionen spezifizieren Zustandsübergänge

```
Ereignis1, Ereignis2, .../[Bedingung]/Aktion1, Aktion2, ...
```

Die Bedingung wird wie bei einem Aktivitätsdiagramm als boolescher Ausdruck in eckigen Klammern formuliert. Er muss wahr sein, bevor der Zustandswechsel, ausgelöst durch ein Ereignis, erfolgen kann. Transitionen können sich wie beim Aktivitätsdiagramm teilen und synchronisieren, symbolisiert durch einen Balken.

Ereignis

Ein Ereignis ist ein markanter Vorfall, welcher unsere Aufmerksamkeit erlangt und zu einer Veränderung des wahrnehmbaren Zustands führt. Ereignisse in der technischen Welt vermögen die momentane Ruhe eines Zustands zu durchbrechen und das System zu einer Handlung veranlassen. Dies mündet in einem neuen Zustand. Ereignisse sind in der Regel an eine Transition geknüpft. Diese zeigen den Pfad einer Ereigniskette auf, also wo ein Ereignis auftritt und zu welchem Zustandswechsel das System veranlasst wird. Je nach der auslösenden Quelle wird zwischen folgenden Ereignissen unterschieden: Aufruf, Signal, Veränderung und Zeit.

Ein Ereignis ist ein relevanter Vorfall

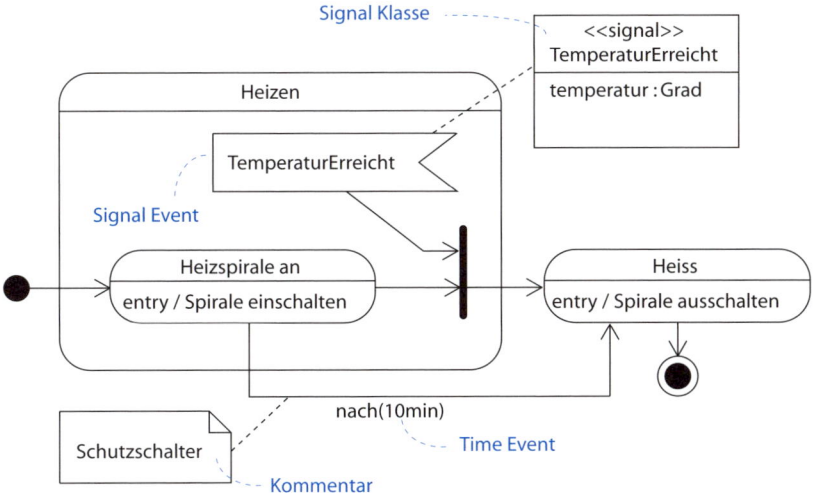

Abbildung 3.16
Signal-Event

- *Aufruf.* Ein aufrufendes Ereignis löst eine Operation auf einem Zustand aus, hat aber selbst keine weiteren Informationen. Diese Operation steht für einen Methodenaufruf einer Klasseninstanz (Objekt). Der Zustandswechsel wird dabei durch das Beenden einer zuvor ausgeführten Aktion oder durch die Erfüllung einer Bedingung ausgelöst. Ein durch Aufrufe getriebenes Zustandsdiagramm ist im Grunde ein Aktivitätsablauf und weniger die Darstellung eines endlichen Automaten. Der Zustand entspricht dabei eher einer Aktivität, welche nach dem Beenden der Operation verlassen wird.

- *Signal.* Es ist eine asynchrone Ein-Weg-Übertragung von Informationen von einem Objekt zu einem anderen. Signale stellen das dar, was wir im Allgemeinen unter Ereignissen verstehen. So ist das Erreichen einer bestimmten Temperatur im Wasserkocher oder ein Mausklick beispielhaft für solche Ereignisse, deren Auftreten zu einem beliebigen, nicht vorhersehbaren Zeitpunkt erfolgt. Signale werden als Klassen ohne Operationen und mit dem Stereotyp *Signal* modelliert.

- *Veränderung.* Ein Veränderungsereignis tritt auf, wenn eine bestimmte Bedingung erfüllt ist. Statt das Erreichen der gewünschten Wassertemperatur durch ein Thermostat zu signalisieren, ließe sich dieses Ereignis auch als Bedingung für das Erreichen einer bestimmten Temperatur darstellen. Veränderungen werden als boolescher Ausdruck in der Form, wenn(Bedingung war), formuliert.

- *Zeit.* Zeitereignisse werden beim Erreichen eines bestimmten absoluten Zeitpunkts oder nach Ablauf einer definierten Zeitspanne ausgelöst. Sie werden als wenn(Datum ist gleich) oder nach(Zeitspanne) formuliert. Dabei ist die Zeiteinheit unbedingt anzugeben. Es macht einen Unterschied, ob eine Sekunde oder ein Monat gemeint ist.

Abbildung 3.16 illustriert die explizite Darstellung eines Signalereignisses. Ein Objekt der Klasse „Thermostat" sendet ein entsprechendes Signal an die Heizeinheit des Wasserkochers. Mit dem eingebuchteten Fähnchen wird die Verbindung zu einem Objekt außerhalb angedeutet.

3.3.3 Use-Case-Diagramm

Use-Cases beschreiben die fachliche Sicht

Syntaktisch sind Use-Cases denkbar einfach. Sie bestehen im Grunde aus einem Oval und einer dahinter stehenden textuellen Beschreibung des Ablaufs sowie als Strichmännchen symbolisierten Akteuren. Trotzdem wurden über fast kein anderes Thema von UML so viele Bücher geschrieben. Um Use-Cases zu verstehen, müssen wir zurück auf deren Entstehung blicken. UML als grafische Notation entstand aus dem Bedürfnis, die Struktur und das Verhalten von Software als exaktes Modell zu beschreiben. Dieser eher technische Ansatz fokussiert sich auf das Zusammenspiel der einzelnen Bausteine, in der Regel Klassen, zu einem System und spricht damit die an der Implementierung beteiligten Personen an. Ivar Jacobson (Jacobson, 2000) bereicherte diesen strukturellen Ansatz des Softwareentwurfs um eine gemeinsame Sprache mit Fachexperten, die Use-Cases. Nicht mehr der

Aufbau eines Systems stand im Fokus, sondern dessen Funktionalität. Use-Cases konzentrieren sich auf die fachliche Tätigkeit und schildern die Nutzung des Systems aus Sicht der Anwender. Use-Cases und Klassen – damit sind Komponenten ebenso gemeint – sind zwei völlig verschiedene Dinge. Use-Cases fragen danach, *was* ich mit einem System machen kann, die Klassen fragen, *wie* das System zu bauen ist. Unglücklicherweise wurde beides zu einer gemeinsamen Sprache zusammengefasst und behauptet, die Use-Cases würden alle anderen Sichten verbinden.

Use-Cases spezifizieren das Verhalten eines Systems ausgelöst durch eine externe Instanz zur Erfüllung eines bestimmten Bedürfnisses. Eine externe Instanz wird dabei als Akteur bezeichnet. Dahinter verbirgt sich eine Rolle, die ein bestimmtes Verhalten und Interessen zusammenfasst. Wir alle nehmen im Leben unterschiedliche Rollen ein: als Vater, als Bankkunde, Bahnreisender, Manager oder Buchhalter. Jeder dieser Akteure oder Rollen hat unterschiedliche Anforderungen an ein System. Der Use-Case beschreibt einen Dialog zwischen einem solchen Akteur und dem System, eine in sich geschlossene Aufgabe zu erfüllen. Dabei steht das Bedürfnis im Vordergrund, welches ein Akteur mithilfe des Systems befriedigen möchte. Der Dialog entspricht dem Wechselspiel des Tischtennis. Auf eine Aktion des Akteurs antwortet das System und gibt die Kontrolle zurück an den Akteur. Ein solcher Dialog wird immer durch einen Akteur ausgelöst. Use-Cases sind aber keine exakten Modelle im Sinne von Klassendiagrammen. Es ist ein Hilfsmittel, um die Tätigkeiten der späteren Anwender zu verstehen und die einzelnen Schritte mit dem System in Bezug zu setzen. Wir wollen verstehen, wie eine Aufgabe vonstatten geht und welche Regeln, Alternativen und Ausnahmebedingungen dabei gelten. Im Grunde entsprechen Use-Cases der Beschreibung einer Bedienungsanleitung. Wir erfahren, wie der Benutzer mit dem System interagiert, jedoch nicht, wie das System diese Aufgabe bewältigt und welche Komponenten dabei involviert sind.

Damit unterscheiden sich Use-Cases von der klassischen Anforderungsanalyse. Ein System wird nicht durch die Aufzählung bestimmter, zu erfüllender, Merkmale beschrieben, sondern durch das dynamische Verhalten. Die Interaktion zwischen Akteur und System wird als sequenzieller Ablauf modelliert. Use-Cases setzen die einzelnen Anforderungen in einen Zusammenhang. Statt nach den Features zu fragen, wird ergründet, was der Anwender mit Hilfe des Systems tun möchte und wie er dabei mit dem System interagiert. Deshalb eignen sich Use-Cases als effektives Werkzeug, innerhalb von Workshops die Bedürfnisse mit den unterschiedlichsten Interessengruppen zu ermitteln, ohne über technisches Wissen und Modellierungskompetenz verfügen zu müssen.

Use-Cases erzählen einen Dialog zwischen Anwender und System

So weit die Theorie. In der Praxis tendieren Use-Cases dazu, wie für Klassen und Komponenten einen exakten, mit allen Eventualitäten versehenen Ablauf zu definieren. Das eigentliche Ziel, das unbekannte Wesen außerhalb des Systems zu verstehen, verliert sich in einer technisch gefärbten Ablaufbeschreibung. Die Essenz des Use-Case geht zwischen unzähligen Alternativabläufen und der Behandlung von Ausnahmebedingungen unter. Die

Persona und Szenarien

Reduktion des individuellen Benutzers auf eine bestimmte Rolle in Form des Akteurs ignoriert zudem die individuellen Bedürfnisse und Handicaps verschiedener Personen. Unbestritten, Use-Cases sind eine gute Sache, doch sollten wir diese eher im Sinn von Persona und Szenarien verwenden. *Persona* beschreiben eine bestimmte Ausprägung oder einen Personenkreis. Anstelle des anonymen Anwenders sprechen wir vom jugendlichen Technologiefreak mit dem modernsten Handy oder einer aufgeschlossenen älteren Dame, wenn wir analysieren wollen, wie bestimmte Personen mit dem System interagieren. Szenarien verzichten darauf, alle Eventualitäten in einen Use-Case zu packen. Stattdessen wird ein konkreter Fall mit einem gradlinigen Ablauf aufgezeichnet. Ob das Handy bereits für den Ticketkauf registriert ist oder nicht, sind zwei verschiedene Szenarien. Szenarien tendieren weniger stark dazu, bereits tief in den Lösungsentwurf absteigen zu wollen.

Use-Case-Level   Doch vorerst zurück zu den Use-Cases und deren Bezug zum Architekturentwurf. So wie Alistair Cockburn (Cockburn, 2001) bildlich darstellt, ist zwischen verschiedenen Use-Case-Level zu unterscheiden. Wie in Abbildung 3.17 schematisch erläutert, können wir zwischen verschiedenen Abstraktionsebenen unterscheiden: den Wolken, der Wasseroberfläche und dem Meeresgrund. Use-Cases in den Wolken beschreiben die Anforderungen aus Sicht des Business. Hierzu eignen sich besonders die zuvor skizzierten Szenarien. Diese Ebene sorgt für ein allgemeines Verständnis zwischen Geschäft und IT. Auf der See-Ebene werden die Anforderungen an das System aus dem Blickwinkel späterer Nutzer spezifiziert. Hier werden die Geschäftsregeln und Abläufe zu ersten Lösungsansätzen in Bezug gebracht. Auf dieser Stufe arbeiten Business-Analysten und Architekten eng zusammen, um die Geschäftsanforderungen zu einer tragfähigen Lösung zu entwickeln. Auf dem Meeresgrund werden die Abläufe innerhalb des Systems aufgezeigt und mit den zuvor besprochenen Aktivitätsdiagrammen modelliert. Die Zeichnung illustriert, dass Use-Cases auf verschiedenen Abstraktionsebenen und unterschiedlichem Detaillierungsgrad existieren. Dabei werden die Use-Cases der Geschäftsebene schrittweise in konkrete Systemanwendungsfälle übersetzt.

Abbildung 3.17
Use-Case-Level

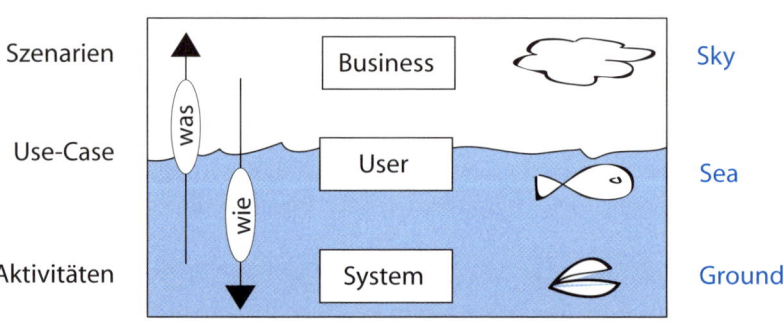

Klassische und romantische Sicht   Bevor wir uns der etwas detaillierteren Besprechung der Use-Cases zuwenden, sei der Vergleich von Daryl Kulak (Kulak & Guiney, 2000) erwähnt, um den Unterschied zwischen der Beschreibung eines Systems durch Use-Cases und Klassenmodell zu illustrieren. Dazu soll uns das Bild zweier Personen dienen, die ein Motorrad in unterschiedlicher Weise sehen. Der Fahrer erzählt aus der romantischen Sicht, was man mit einem Motorrad machen kann, und von dem damit verbundenen Fahrgefühl. Der Mechaniker sieht dasselbe Ding aus der klassischen Sicht. Er beschreibt, aus welchen Einzelteilen das Motorrad besteht und wie diese zusammen funktionieren. Use-Cases sehen im übertragenen Sinn ein System aus der romantischen Sicht und konzentrieren sich darauf, zu erläutern, was der Benutzer damit machen kann.

Use-Cases bestehen aus Akteuren, Use-Case-Blasen und deren dahinterliegenden Spezifikationen. Das Use-Case-Diagramm fasst mehrere Use-Cases grafisch zusammen und ordnet diese gegebenenfalls einem System oder Subsystem zu. Use-Case-Diagramme wie die der Abbildung 3.18 stellen die einzelnen Use-Cases und Akteure zudem in einen Gesamtzusammenhang. Quasi im Schnelldurchgang wenden wir uns nun den einzelnen Elementen zu.

Akteur

Wie bereits eingangs erwähnt, steht ein Akteur für eine bestimmte Rolle. So wie Klassen ein allgemeines Verhalten aller davon abgeleiteten Objekte definieren, legen Rollen stereotypisches Handeln fest. Akteure können Computer, Menschen und andere Applikationen darstellen, die in irgendeiner Form mit dem System interagieren. Ein Use-Case wird immer über den sogenannten primären Akteur initiiert. Auch bei Akteuren bestehen die Möglichkeiten einer Generalisierung. Hierbei erben Akteure das Verhalten der übergeordneten Klasse. Ob dies der Sache dienlich ist – ein für alle verständliches Modell zu erstellen –, sei dem Leser selbst überlassen.

Akteur verkörpert eine Rolle

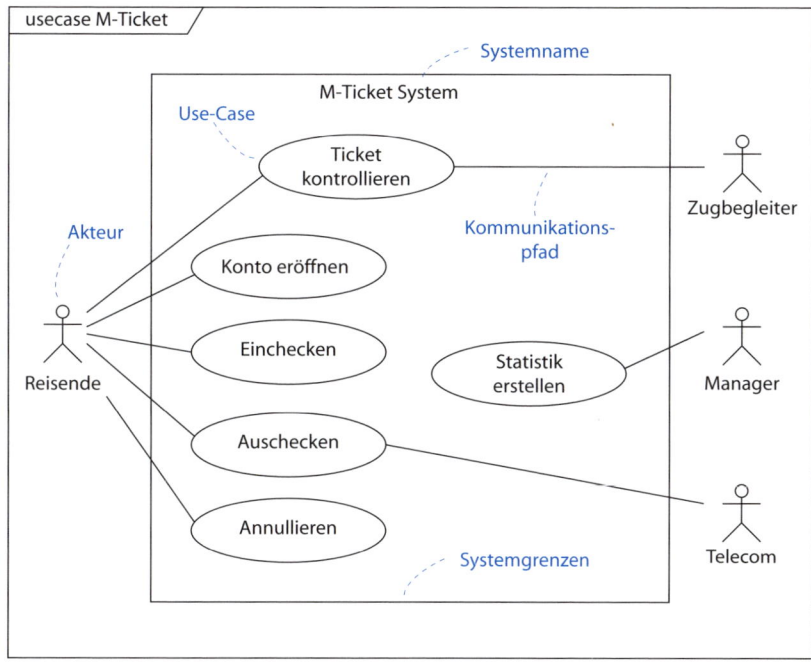

Abbildung 3.18
Use-Case-Diagramm

Use-Case

Ein Use-Case repräsentiert eine Funktion aus Sicht des Akteurs

Ein Use-Case ist etwas, das der Akteur mithilfe des Systems tun will. Er fasst einen Ablauf oder Dialog zusammen. Was das System ist, hängt einmal mehr von der jeweiligen Betrachtungsebene ab. Auf Geschäftsebene stellt das System eine Organisation dar und die Use-Cases sind Geschäftsprozesse. Auf der Benutzerebene handelt es sich um die zu bauende Applikation oder den Applikationsverbund. Entsprechend verhält es sich mit den Akteuren. Auf Geschäftsebene sind es die Kunden der Organisation und auf Benutzerebene die direkten Nutzer, die das System bedienen werden. In einem Use-Case-Diagramm werden diese Systemgrenzen und die Akteure sowie durch sie initiierte Use-Cases bildlich dargestellt. Ein Use-Case-Diagramm ist an und für sich nur eine visuelle Aufzählung der Anwendungsfälle, die für sich alleine stehen. Erliegen Sie nicht der Versuchung, funktionale oder sonstige Abhängigkeiten in Use-Case-Diagrammen abzubilden. Jeder Use-Case ist im Prinzip eine isolierte Betrachtung einer bestimmten Tätigkeit zusammen mit dem betrachteten System. Möglichkeiten, Teile von einzelnen Use-Cases durch Vererbung, Inkludieren und Erweiterung für andere wiederverwendbar zu machen, sollten nur sehr sparsam angewandt werden. Sie entstammen dem Denken in Funktionen und weniger dem Blick über die Schultern des Anwenders. Solche Diagramme sind zudem schwer verständlich, gerade für Personen, denen das objektorientierte Konzept wenig vertraut ist. In einigen Darstellungen wird der Kommunikationspfad mit einem Pfeil Richtung Use-Case untermalt. Dies ist nicht notwendig, da der Use-Case immer durch den Akteur angestoßen wird.

Spezifikation

Spezifikation beschreibt den Dialog in Einzelschritten

Die eigentliche Arbeit und damit der Mehrwert von Use-Cases liegen in deren Spezifikation. Diese meist textuell abgefassten Beschreibungen definieren die Vor- und Nachbedingungen und illustrieren den Dialog zwischen Akteur und System als sequenziellen Ablauf. Ein solcher Ablauf ist mit einem fließenden Gewässer vergleichbar, mit einer vorgegebenen Richtung und verschiedenen Verzweigungen, die wieder zur Hauptader zurückkehren können. Verzweigungen können einfache Bedingungen oder Schleifen sein. Diese Elemente sind jedoch sparsam zu verwenden, um nicht die Essenz des Use-Case unter einer Vielzahl von Abzweigungen unterschiedlichster Art zu verlieren. Auf die Gefahr hin, mich zu wiederholen: Use-Cases sind kein Ersatz für das Softwaredesign. Statt ähnlich dem Programmcode die korrekte Eingabe in einer Schleife mit anschließender Prüfung zu schreiben, ließe sich dieselbe Aussage mit einem Satz formulieren: Das System fordert eine gültige Eingabe. Es ist schließlich die spätere Aufgabe des Architekten oder Softwaredesigners, dem „Was" des Business-Analysten ein „Wie" in Form einer Lösungsskizze nachzuliefern. Wird beispielsweise bereits im Use-Case die Prüfung einer Kreditkarte mit der Eingabe eines Pin-Codes festgelegt, so werden damit alle biometrischen Möglichkeiten ausgeschlossen, die Authentifizierung des Bankkunden zu lösen. Dies ist grundsätzlich nicht falsch, wenn die Anforderung oder bestehende Systeme eine solche Lösung bereits vorschreiben. Andernfalls sollte sich der Use-Case auf die Dokumentation des damit beabsichtigten Zwecks beschränken.

Use-Case Name (und ID)	Name: **Einchecken**
Kurzbeschreibung (ein Satz)	Kurzbeschreibung: Starten einer neuen Reise am Touch-Point
Auslösender Akteur	Primärer Akteur: Reisender
Beteiligte Akteure	Sekundäre Akteure
Müssen erfüllt sein, damit Use-Case starten kann	Vorbedingung: Reisender hat gültiges Konto
Schritte des Hauptablaufs	Basisablauf: 1. Kunde bewegt Handy an den Touch-Point 2. System signalisiert dem Handy die Erkennung 3. Handy fordert Reisenden auf, Check-In zu bestätigen 4. System eröffnete Reise 5. Handy zeigt erfolgreiche Eröffnung an
Systemzustand nach Ausführung	Nachbedingung: Reise ist eröffnet
Abweichende Abläufe	Alternativabläufe: Wenn Kunde in 3 ablehnt, bricht der Dialog ab

Abbildung 3.19
Use-Case-Spezifikation

Use-Cases sind eine gute Sache, um funktionale Anforderungen zu detaillieren. Es ist aber auch so, dass Use-Cases nicht dazu geeignet sind, alle Anforderungen zu spezifizieren. Insbesondere nichtfunktionale Anforderungen, die Qualitätsattribute und Rahmenbedingungen, bedienen sich nach wie vor der klassischen Spezifikation von Systemmerkmalen in Form von „Das System soll". UML kennt im Gegensatz zu SysML noch kein Diagramm zur Darstellung und Verknüpfung von solchen Anforderungen. Es ist zu erwarten, dass auch UML demnächst dahingehend erweitert wird. Eine Abhilfe ist beispielsweise, zusätzliche Anforderungen, die einen Use-Case betreffen, durch eine stereotypisierte Notiz oder eine Instanz einer Anforderungsklasse einem Anwendungsfall zuzuordnen.

Spezifikation nichtfunktionaler Anforderungen

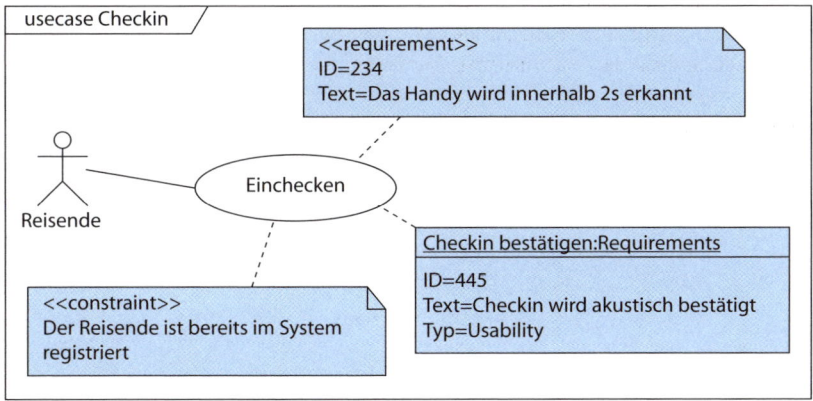

Abbildung 3.20
Use-Case um Anforderungen ergänzen

3.4 Interaktion

Damit sind wir bei den Interaktionsdiagrammen angekommen, also bei jenen Diagrammen, die das Zusammenspiel mehrerer Bausteine über den Meldungsverlauf illustrieren. Das Sequenz- und Kommunikationsdiagramm ermöglichen, wenn auch auf unterschiedliche Weise, die Darstellung eines solchen Interaktionspfads. Diese Diagramme sind jedoch zu aufwändig, um für die Modellierung einer Klasse oder einer einzelnen Operation eingesetzt zu werden. Hier eignen sich, wenn deren Visualisierung notwendig ist, die zuvor besprochenen Aktivitätsdiagramme wesentlich besser. Sequenz- und Kommunikationsdiagramme sind dazu gedacht, ein Szenario über verschiedene Komponenten und Subsysteme zu beschreiben. Es ist die Choreografie von Diensten zur Illustration eines bestimmten Ablaufs auf System- oder Subsystemebene. Es ist das in Szene Setzen eines Systemverhaltens auf einen äußeren Stimulus. Deshalb bieten sich Use-Cases als Ausgangspunkt für die Entwicklung solcher Interaktionsbeschreibungen geradezu an. Use-Cases dokumentieren als Sequenz von Einzelschritten die Interaktion mit dem System. Statt mit dem System als Ganzes wird nun die Kommunikation mit den jeweiligen Subsystemen oder Komponenten innerhalb des Systems in den Vordergrund gestellt.

3.4.1 Sequenzdiagramme

Sequenzdiagramme zeigen die an einer Interaktion beteiligten Teilnehmer und die Sequenz des Meldungsverlaufs. Teilnehmer sind dabei aktive Elemente wie Objekte oder Instanzen von Komponenten, aber auch Akteure. Neben diesen Objekten besteht ein Sequenzdiagramm aus Lebenslinien und an diesen festgemachten Meldungen sowie als Fragmente bezeichneten Erweiterungen. Lebenslinien sind gestrichelte, vertikale Linien unterhalb der Objekte, welche die Zeit zwischen der Instanzierung eines Objekts bis zu dessen Zerstörung anzeigen. Vielfach existiert kein explizites Kreieren und Löschen einer Instanz, da die Objekte die gezeigte Interaktion überdauern. Die Meldungen werden als horizontale Linie von den Lebenslinien des Senders zum Empfänger gezeigt. Die zeitliche Abfolge des Meldungsverlaufs ergibt sich durch die horizontale Anordnung. Die erste Meldung befindet sich zuoberst, die letzte zuunterst. Meldungen können synchron (volle Pfeilspitze), asynchron (offene Pfeilspitze) oder eine Antwort auf eine synchrone Meldung sein (gestrichelte Linie).

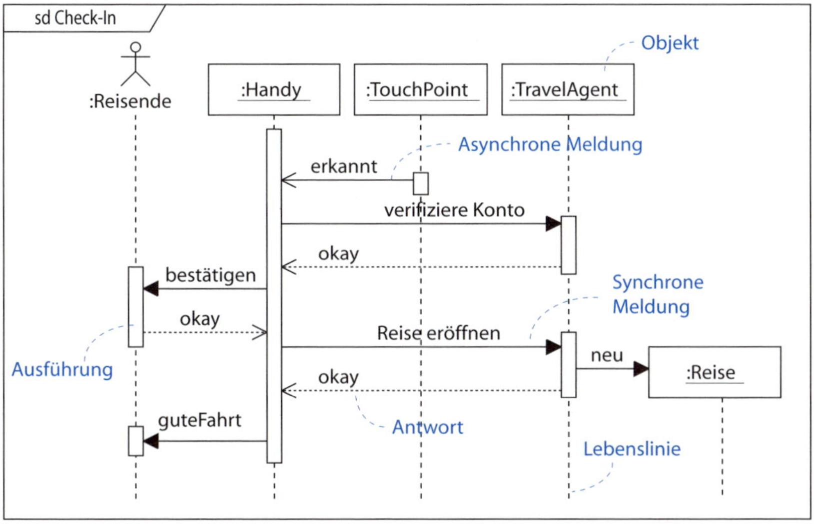

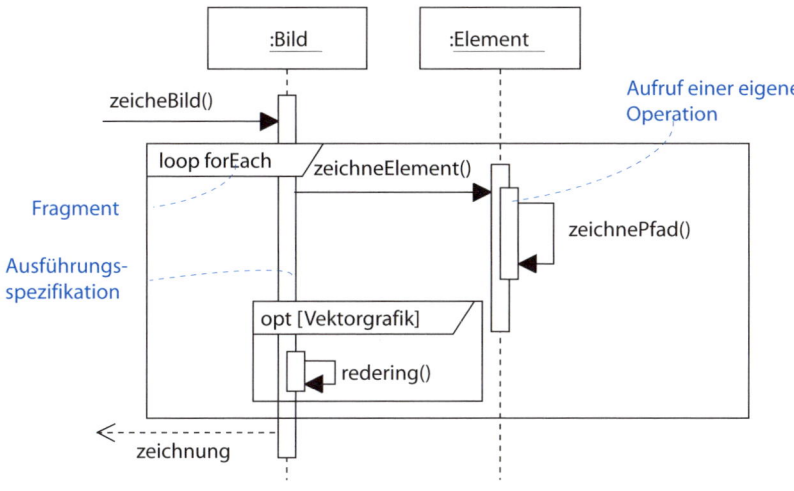

Abbildung 3.21
Sequenzdiagramm

Der vertikale Balken auf der Lebenslinie zeigt eine durchgehende Ausführung einer Funktion an. Der als Ausführungsspezifikation benannte Balken zeigt an, wo der momentane Fokus der Kontrolle liegt. Dies ist vergleichbar mit dem Aufrufstapel eines Programms. Alle darüber liegenden Aufrufe werden durch die darunterliegende Operation kontrolliert. Oder etwas bildlicher umschrieben: Wird die Funktion zeichneBild eines Objekts der Klasse Bild aufgerufen und diese ruft für alle seine Elemente deren Methode zeichne-Element auf, so liegt der Fokus bis zum fertigen Bild bei zeichneBild. Oft werden die Ausführungsspezifikationen auch weggelassen, weil es in einem losen Zusammenspiel kein steuerndes Zentrum gibt oder die Darstellung keinen zusätzlichen Nutzen oder Information bringt. So wäre das Beispiel der Abbildung 3.22 auch ohne Ausführungsbalken, also den vertikalen Balken, eindeutig,

Ausführungsbalken

Abbildung 3.22
Ausführungsspezifikation

Wie das Beispiel zudem zeigt, ist es nun auch im Sequenzdiagramm möglich, bedingtes und repetitives Verhalten zu modellieren. Seit UML 2 können Sequenzdiagramme in Bereiche aufgetrennt werden, diese bezeichnet man als *kombinierte Fragmente*. Ein solches als Fragment bezeichnetes Element besteht aus einem Operator mit einer Bedingungsklausel und einem Rahmen, der die davon betroffenen Meldungen umschließt. Diese Klausel (oder auch Wärter) wird als boolescher Ausdruck in eckige Klammern gesetzt. Die Fragmente lassen sich in Bedingungen, Schlaufen, Mehrfachverzweigungen und Referenzen aufteilen. Solche kombinierten Fragmente eröffnen neue Optionen in der Verwendung der bis jetzt etwas starren Sequenzdiagramme. Besonders ist hier die Möglichkeit von Interaktionsblöcken hervorzuheben. Sie erlauben es, Teile eines Szenarios in ein separates Diagramm auszulagern. Damit vereinfacht sich erstens das ursprüngliche Diagramm und zweitens werden dadurch wiederverwendbare Interaktionen geschaffen. Entscheidend an dieser Erweiterung ist weniger die Wiederverwendung als die Möglichkeit, eine komplexe Darstellung in mehrere kleinere und damit weniger fehleranfällige Interaktionsblöcke zerlegen zu können. Andernfalls wird das Arbeiten mit Sequenzdiagrammen schnell zum Albtraum. Das Verschieben einer Meldung bringt oftmals das ganze Diagramm durcheinander, wenn sich darauf unzählige Elemente befinden. Beispielsweise lässt sich der folgende Baustein zur Überprüfung der Bonität in das übergeordnete Szenario der Registrierung eines neuen Abonnementen der Abbildung 3.24 einbinden. Dabei funktioniert der Sequenzbaustein wie eine aufrufbare Operation. Es lassen sich Argumente als Parameter übergeben und das Resultat als Ergebnis zurücksenden. Die Signatur des Bausteins wird in der Kopfzeile des Fragments angegeben.

Abbildung 3.23
Definition eines Interaktionsbausteins

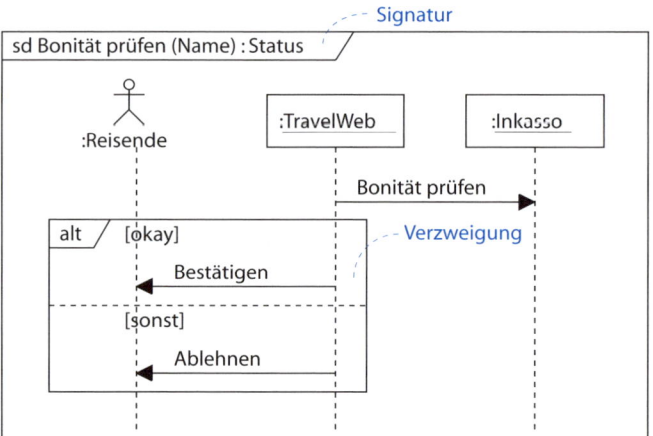

Tabelle 3.1 listet die wichtigsten Operatoren der kombinierten Fragmente auf. Je nach Typ hat ein Fragment ein oder mehrere Operanden, abgetrennt durch gestrichelte Linien. Ein Operand entspricht einer Ausführungssequenz. Die Bedeutung der Operanden hängt vom jeweiligen Operator ab. So sind es beim Operator *alt* Verzweigungen und bei *par* die gleichzeitige Ausführung

mehrere Programmfäden. Der Operator definiert, *wie* der Operand ausgeführt wird, und die Wächterbedingung sagt aus, *ob* er ausgeführt wird.

Tabelle 3.1
Fragment-Operatoren

Operator	Name	Beschreibung
opt	Optional	Optionale Ausführung, wenn die Bedingung wahr ist
alt	Alternative	Mehrfachverzweigung. Jener Operand wird ausgeführt, welcher wahr ist.
loop	Schlaufe	Wiederholung des Operanden solange die Bedingung wahr ist
ref	Referenz	Referenz auf eine andere Interaktion
par	Parallel	Parallele Ausführung der Operanden
critical	Exklusiv	Atomare Ausführung des Operanden ohne Unterbrechung

Ebenfalls lassen sich Zustände und deren Übergänge im Sequenzdiagramm darstellen. Dabei wird der durch bestimmte Meldungen forcierte Zustandswechsel hervorgehoben. Auch hier gilt, dieses Konstruktionselement sparsam zu verwenden und nur für die jeweilige Betrachtung relevante Zustandsänderungen einzusetzen. Beispielsweise zeigt die Abbildung 3.24, dass das Konto erst verfügbar ist, wenn die Handy-Applikation `TravelApp` installiert und die Bestätigung an den Kunden versandt ist.

Zustände

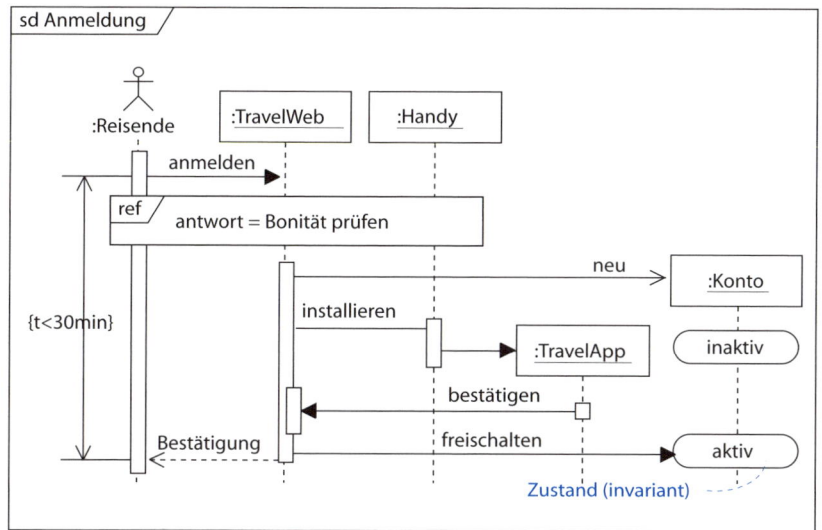

Abbildung 3.24
Referenz auf Interaktionsbaustein

Wie bereits zu Beginn des Kapitels angedeutet, sind Sequenzdiagramme für technisch unversierte Personen nicht immer ganz einfach zu verstehen. Die Erweiterung durch verschiedenste Fragmente machen Sequenzdiagramme zu einem mächtigen Werkzeug in der Modellierung, erschweren jedoch deren Verständlichkeit. Der intensive Gebrauch von Fragmenten führt zu kaum veränderbaren und außerdem zu schwer lesbaren Diagrammen. Manch verzweifelter Blick eines Modellierers geht auf den Versuch zurück, ein Fragment in einem überladenen Sequenzdiagramm verschieben zu wollen. Mein Rat: Verwenden Sie Sequenzdiagramme sparsam für die Darstellung wichtiger Szenarien und halten Sie sich an eine einfache Diagrammdarstellung. Eine Alternative zu den schwergewichtigen Sequenzdiagrammen stellen die im Folgenden aufgeführten Kommunikationsdiagramme dar.

3.4.2 Kommunikationsdiagramme

Kommunikationsdiagramme sind Objektdiagramme, in denen zusätzlich der Interaktionsverlauf durch nummerierte Meldungen eingezeichnet ist. Im Grunde sind die Kommunikationsdiagramme den zuvor beschriebenen Sequenzdiagrammen sehr ähnlich. Wurde in den Sequenzdiagrammen der zeitliche Verlauf über die horizontale Anordnung definiert, so sind es im Kommunikationsdiagramm Nummern und Pfeile, die den Meldungsfluss dokumentieren. Wie Abbildung 3.25 illustriert, sind mehrere, zeitlich voneinander getrennte Sequenzen in derselben Darstellung zu modellieren. Jede Sequenz wird in der Form *Sequenz.Schritt* nummeriert. So werden im gezeigten Beispiel im ersten Durchgang der Interaktionspfad des Eincheckens und im zweiten der des Auscheckens abgebildet.

Abbildung 3.25
Kommunikationsdiagramm

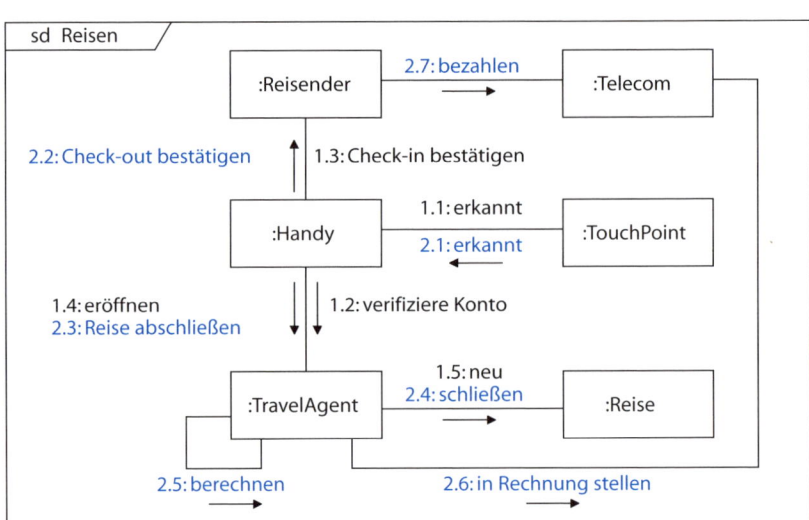

Bedingungen und Schleifen lassen sich als Klausel zwischen Nummer und Meldungstext in eckige Klammern stellen, wie in der folgenden Darstellung angedeutet. Gerade hier offenbart sich der Vorteil gegenüber den Sequenzdiagrammen.

Abbildung 3.26
Bedingte Meldungen

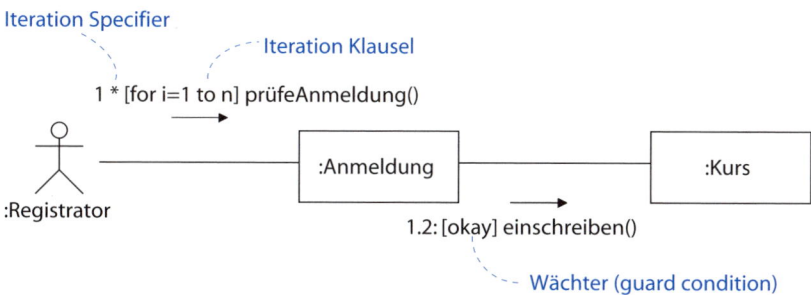

Ob man für die Darstellung von Interaktionen das häufiger verwendete Sequenzdiagramm einsetzt oder dem Kommunikationsdiagramm den Vorzug gibt, ist im Prinzip Geschmackssache. Der Unterschied liegt vor allem in der Erweiterbarkeit der Diagramme und der Eignung für Handskizzen. Kommunikationsdiagramme lassen sich zu allen Seiten hin erweitern und das Hinzufügen neuer Interaktionspfade ist keine Hexerei. Zudem sind sie auch von Hand während eines Workshops leicht zu zeichnen. Kommunikationsdiagramme eignen sich hingegen kaum für die Darstellung umfangreicher Meldungsverläufe. Hier beweisen die Sequenzdiagramme ihren Vorteil eines klar geordneten, von oben nach unten zu lesenden Interaktionspfads.

3.4.3 Timing-Diagramme

Timing-Diagramme sind ebenfalls eine Erweiterung des UML-2-Sprachumfangs. Damit sollte die Lücke für die Modellierung von Echtzeitsystemen geschlossen werden. Timing-Diagramme sind sehr einfach und bestehen nur aus wenigen Elementen. Auf der Vertikalen werden die möglichen Zustände eines Objekts und auf der Horizontalen die fortschreitende Zeit dargestellt. Eine Treppenkurve zeigt an, nach welcher verstrichenen Zeit, welches Ereignis einen Zustandswechsel hervorruft.

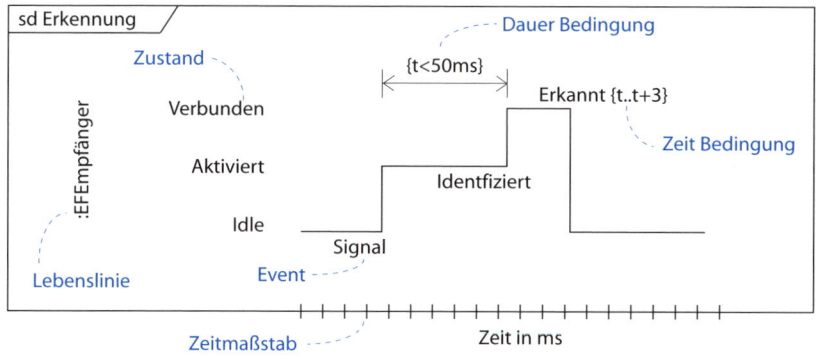

Abbildung 3.27
Timing-Diagramm

Das Diagramm wird von links nach rechts dem Zeitmaßstab folgend gelesen. Nach einer bestimmten durch eine Bedingung festlegbaren Maximaldauer hat die Komponente auf das Event oder den Stimulus zu reagieren. Als Antwort ändert die Komponente ihren Zustand. Mit dem Timing-Diagramm lassen sich, besser als im Zustandsdiagramm, getaktete Ereignis-Zustands-Wechsel illustrieren und dabei die maximale Dauer bis zu einer entsprechenden Reaktion darstellen. Indem mehrere Lebenslinien im Timing-Diagramm untereinandergelegt werden, ist die zeitliche Abhängigkeit zwischen mehreren Objekten sichtbar.

3.5   Objektorientierung

Die Ableitung, UML sei gleich Objektorientierung, gilt heute nicht mehr. UML ist eine Sprache mit einem breiten Einsatzspektrum. Trotzdem gehört zu UML ein Verständnis für objektorientierte Paradigmen. Im Schnelldurchgang werden wir nun die Grundkonzepte einer Welt aus Klassen und Objekten diskutieren. Dabei werden Begriffe der vorangehenden Einführung in UML nochmals aus dem Blickwinkel objektorientierter Sprachen reflektiert.

In den ursprünglichen – prozeduralen – Sprachen fand eine strikte Trennung zwischen Daten und den darauf angewendeten Operationen statt, wie die Abbildung 3.28 anhand eines Datenflussdiagramms illustriert. Die Verarbeitung glich einem Datenfluss, der an unzähligen Stellen vorbeiführte, die diese Daten bearbeiteten und sie dann weiterreichten. Im Zentrum standen die Daten und deren jeweiliger Informationsgehalt.

Abbildung 3.28
Datenfluss prozeduraler Sprachen

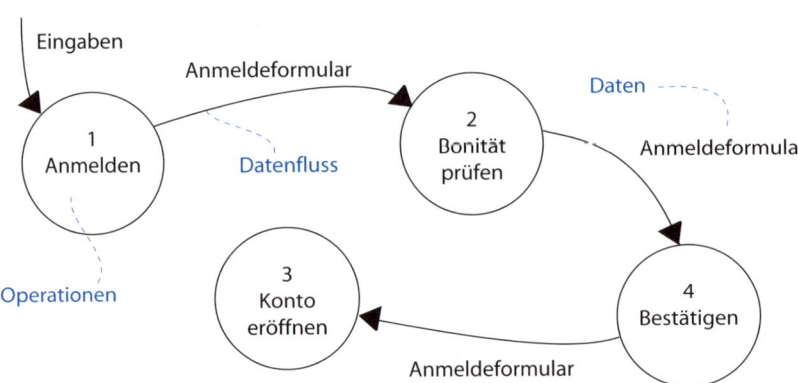

Objektorientierung ist eine neue Denkweise

Mit der wachsenden Größe der Programme und der damit verbundenen Aufteilung der Arbeiten auf verschiedene Entwicklungsgruppen waren die Daten zunehmend der limitierende Faktor. Eine weitgehend unabhängige Arbeitsweise war nur schwer möglich. Um dieser Komplexität zu begegnen, war eine höhere Abstraktion notwendig. Statt einer datengetriebenen, maschinenorientierten Programmierung sollte zukünftig in Verantwortlichkeiten gedacht werden. Nicht mehr die Daten standen im Vordergrund, sondern ein Bündel von zusammengehörigen Operationen, die sich auf dieselben Daten bezogen. Daten und Operationen sollten zu eigenständigen logischen Blöcken verschmelzen: zu Klassen und Objekten. Es geht dabei nicht, wie oft falsch verstanden, nur um einen kontrollierten Zugriff auf die zuvor globalen Daten. Objektorientierung fordert eine neue Denkweise. Wir fragen nicht mehr, durch welche Attribute sich ein Ding beschreiben lässt, sondern danach, was es für uns tun kann. Als Vorbild diente die Natur, in der die Teilnehmer selbstständig handeln und doch ein funktionierendes Ökosystem bilden konnten.

Obwohl die Objektorientierung diesem Anspruch nach eigenständigen Mikrosystemen nicht vollständig zu genügen vermag, veränderte dieses Konzept die Art und Weise unseres Vorgehens. Die Informationstechnologie befreite sich von der datenverarbeitenden Sichtweise hin zu einer servicegetriebenen Architektur. In einem datenorientierten Ansatz besteht ein Programm aus einer Sammlung verschiedener Prozeduren oder Operationen, welche auf mehr oder weniger dieselben zentralen Daten einwirken. Im Prinzip kann jede Prozedur alle Daten in beliebiger Weise verändern oder löschen. Die Daten sind öffentlich. In einer objektorientierten Sprache besteht hingegen ein Programm aus zusammengehörigen Funktionsblöcken, in denen die gemeinsamen Daten privat sind. Ein Programm setzt sich nun aus einer Vielzahl kleiner Prögrämmchen zusammen. In der Praxis sind jedoch Klassen zu feingranular und hängen zu stark voneinander ab, um im Sinne der Metapher von lebenden Zellen weitgehend selbstständig zu agieren. An deren Stelle trat wenig später das Konzept der Komponenten. Die Objektorientierung ist im Grunde eher ein Programmierstil und weniger ein Architektur- oder Entwurfsmuster.

Von daten- zu objektorientierten Programmen

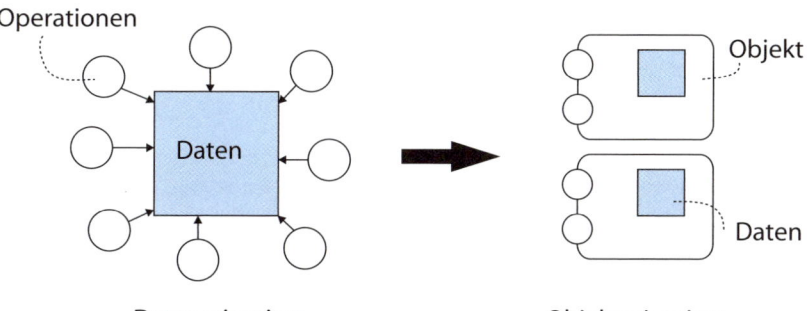

Operationen

Objekt

Daten

Datenorientiert　　　　Objektorientiert

Abbildung 3.29
Von der Daten- zur Objektorientierung

3.5.1 Klassen und Objekte

Objektorientierung ist das Denken in Klassen und Objekten: Eine Klasse ist ein Modell oder ein Muster, ein Objekt stellt eine konkrete Instanz dieses Modells dar. Alles klar? Unsere Sprache macht es nicht einfach, die bei-

Klassen sind Muster und Objekte sind konkrete Instanzen einer Klasse

den Begriffe auseinanderzuhalten. Wir sprechen von Objekten, um abstrakte Gegenstände zu benennen, und verwenden Klasse in der Bedeutung einer Klassifizierung. In der objektorientierten Welt ist eine Klasse ein Muster oder die Beschreibung für ein gemeinsames Verhalten aller davon abgeleiteten Instanzen. Eine Klasse existiert nur in unserer mentalen Vorstellung. Eigentlich so, wie unser Erbgut einen Bauplan der Zelle enthält, anhand dessen der Organismus wieder eine neue Zelle erstellen kann. Klassen sind aber auch Module im Sinne der kleinsten Einheit einer Software in objektorientierten Programmen. Eigentlich interessiert in einer reinen objektorientierten Betrachtung die konkrete Implementierung dieser kleinsten Einheiten, den Klassen, nicht. Nur das sichtbare Verhalten und deren Eigenschaften sind für den Entwurf relevant. Dabei ist eine höhere Abstraktion als mit einem datenorientierten Ansatz möglich.

Metaklassen

Puristen mögen jetzt einwenden, dass Klassen als solche, im Sinne einer Instanz in einer Programmiersprache durchaus adressierbar sind. Konkret handelt es sich dabei aber nicht um Klassen, sondern um Objekte einer Metaklasse. Metaklassen sind Klassen von Klassen. Die im Programm adressierbare Klasse ist die Instanz der Metaklasse aller *Klassen*. In Analogie zum zuvor verwendeten Beispiel einer Zelle ist das Erbgut, welches den Bauplan einer Zelle enthält, selbst auch ein konkretes Objekt auf einer anderen Betrachtungsebene. Klar?

Jedes Objekt hat einen Zustand, ein Verhalten und eine eindeutige Identifikation

Jedes Objekt hat einen Zustand, ein Verhalten und eine eindeutige Identifikation. Der Zustand ist durch seine Attribute, sein Verhalten durch dessen Operationen und die Identifikation durch seine Adresse gegeben. Eine Adresse kann explizit durch einen eindeutigen Schlüssel oder implizit durch die Speicheradresse gegeben sein. Die Klasse definiert, welche Attribute ein Objekt aufweisen kann, und legt das grundsätzliche Verhalten durch die Implementierung der Operationen fest. Die Objekte dieser Klasse unterscheiden sich nur durch die jeweiligen Werte ihrer Attribute, die Operationen übernehmen die Objekte von ihrer Klasse.

3.5.2 Objektorientierte Konzepte

Das Objektmodell basiert auf den Konzepten der Kapslung, Vererbung und des Polymorphismus.

Kapslung

Kontrollierter Zugriff auf private Daten

Die Kapselung verbirgt die Daten und sorgt für einen kontrollierten Zugriff auf diese. Das Objekt kann von außen nicht in einen undefinierten Zustand versetzt werden; oder sollte es zumindest nicht. Die Kapselung verdeckt die konkrete Implementierung der Operationen und stellt über Schnittstellen ein definiertes Verhalten und letztendlich den Zugriff auf die inneren Daten bereit. Diese Schnittstellen stellen einen Kontrakt zwischen der Klasse und der Außenwelt dar.

Abbildung 3.30
Schnittstellenspezifikation

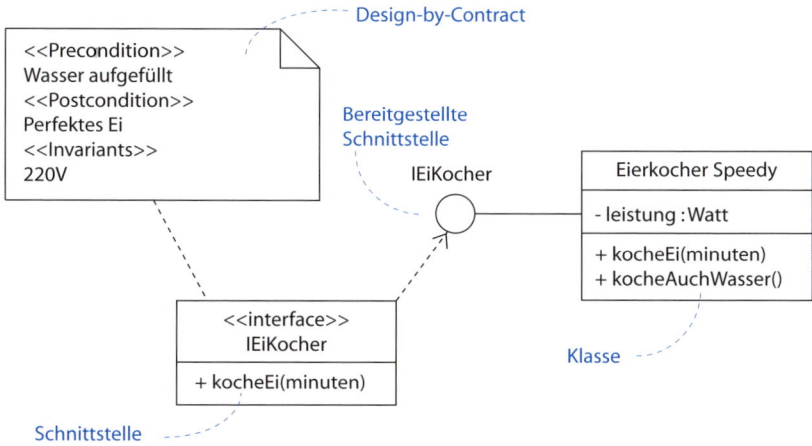

Bertrand Meyer hat unter dem Begriff *Design by Contract* oder kurz DBC definiert, dass eine Schnittstelle sich durch ihre Vor- und Nachbedingungen sowie die Invarianten exakt definieren lässt. Vorbedingungen sind Zustände und Voraussetzungen, die erfüllt sein müssen, damit eine Aktion durchführbar ist. Hierzu zählt auch die Gültigkeit der Übergabewerte. Nachbedingungen definieren den Zustand, in dem sich die Klasse nach der Ausführung der Operation befindet. Invarianten sind Aussagen, die unverändert über alle Instanzen und Methoden ihre Gültigkeit besitzen. Ursprünglich war der Begriff *Schnittstelle* die Spezifikation einer Operation im Sinne des von Bertrand Meyer postulierten Vertrags. Spätere Programmiersprachen wie Java führten eine explizite Unterscheidung zwischen der Definition einer Schnittstelle und deren Implementierung durch eine Klasse ein. Die Trennung zwischen Schnittstellenvertrag und deren konkreter Umsetzung ist die Basis für die zuvor angesprochene Serviceorientierung. Nicht mehr ein bestimmter Programmstil wie die Objektorientierung steht zur Diskussion, sondern die Bereitstellung von Leistungen über wohldefinierte Schnittstellen.

Design by Contract

Nicht nur in der Programmierung ist diese Trennung eine empfehlenswerte Praxis. Auch die Spezifikation der Leistungsmerkmale von Geräten lässt sich mit Schnittstellen dokumentieren. In Abbildung 3.30 definiert beispielsweise der Interfacetyp IEiKocher den Service kocheEi(minuten), ohne etwas über dessen konkrete Implementierung auszusagen. Der Schnittstellenvertrag definiert die Bedingungen, die für das Kochen eines Eis gelten, ohne eine bestimmte Implementierung zu nennen. Die Klasse EierkocherSpeedy ist dann eine mögliche Lösung.

Polymorphismus

Dynamische Bedingung

Polymorph bedeutet, dass eine Nachricht, welche an ein Objekt gesendet wird, unterschiedliche Operationen auslösen kann. Dieses Verhalten ist eng gekoppelt mit der Vererbung. Eine abstrakte Operation auf der Basisklasse wird in ihren abgeleiteten Klassen unterschiedlich implementiert. Wird die Operation der Basisklasse aufgerufen, so wird erst zur Laufzeit die tatsächlich aufzurufende Operation ermittelt und in der jeweiligen Subklasse aufgerufen. Wir sprechen dabei auch von einer dynamischen Bindung. Im Gegensatz zur statischen Bedingung in der Codierungsphase findet die Bindung erst zur Laufzeit statt. Im folgenden Beispiel wird in drawAll dynamisch in Abhängigkeit von der konkreten Instanz die jeweilige draw-Operation aufgerufen.

Listing 3.1
Polymorphismus

```
abstract class Shape {
    public abstract void Draw();
}

class Circle : Shape {
    override public void Draw() {
        // Zeichne ein Kreis
    }
}

class Rectangle : Shape {
    override public void Draw() {
        // Zeichne ein Rechteck
    }
}
//…
public void drawAll(Shape[] shapes) {
    foreach (Shape s in shapes) {
        s.Draw();
    }
}
```

Vererbung

Wiederverwendung von Gemeinsamkeiten

Hinter der Vererbung steht der Wunsch der Wiederverwendung. Gemeinsamkeiten sollen in einer übergeordneten Klasse implementiert und automatisch an die davon abgeleiteten Klassen vererbt werden. Damit sind Änderungen nur an einem einzigen Ort, in der Basisklasse, vorzunehmen und werden ebenfalls automatisch an die angeleiteten Klassen weitergegeben.

Wiederverwendung sollte nie treibender Faktor sein

Lange Zeit galt diese Vererbungsmöglichkeit als „Ei des Kolumbus", um Redundanz zu vermeiden und die Wiederverwendung zu fördern. Dabei entstanden häufig degenerierte Vererbungsbäume, deren Basisklassen künstlich geschaffene Gemeinsamkeiten enthielten. Die impliziten, oft unerwünschten Seiteneffekte in den abgeleiteten Klassen durch Änderungen in der Basisklasse machten die Sache nicht besser. Die Verwendung einer abgeleiteten Klasse glich einem Eisberg. Nicht immer war klar, was unter der Oberfläche auf einen wartete bzw. mit welchem Preis von nicht gewollter Funktionalität die Wiederverwendung erkauft werden musste. Die Möglichkeit, die zuvor geforderte Kapslung für abgeleitete Klassen teilweise aufzuweichen, war ein

Freischein für manch sonderbare Konstruktion. Daten sollten, um das hier zu erwähnen, immer privat sein. Alles andere ist eine Verletzung des geforderten Geheimnisprinzips und erzeugt gewollt oder ungewollt eine hohe Kopplung zwischen den Klassen. Wie kann ich als Basisklasse die Erfüllung des Schnittstellenvertrags garantieren, wenn ich meinen Nachkommen den direkten Zugriff auf meine Daten erlaube?

Die Vererbung ist aufgrund der aufgeführten Einschränkungen mit Bedacht einzusetzen und nur wirklich dort, wo eine Klasse eine Generalisierung im engeren Sinne darstellt. Eine solche liegt vor, wenn die abgeleitete Klasse im Grunde dieselben Fähigkeiten hat und diese durch ein zusätzliches Verhalten ergänzt werden. Beispielsweise zeigt Abbildung 3.31, dass die erweiterte Warteschlange die Fähigkeiten der Oberklasse nutzt und ihrerseits diese um zwei zusätzliche Operationen erweitert. In vielen Fällen, auch in der Literatur zitierte Beispiele, handelt es sich jedoch um abstrakte Klassen, welche die Implementierung einer Operation erzwingen. Hierdurch erhält die Oberklasse ein polymorphes Verhalten, was der eigentliche Zweck der missbräuchlichen Verwendung der Vererbung war.

Nur bei echter Vererbung anwenden

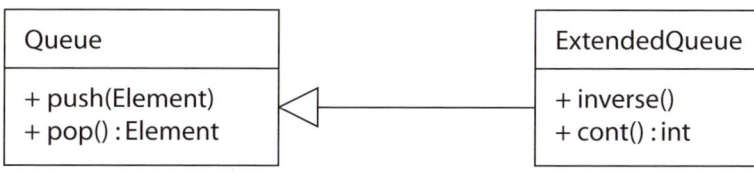

Oberklasse · Unterklasse

Abbildung 3.31
Beispiel einer echten Vererbung

Stattdessen ist für viele Klassen ein interfaceorientierter Ansatz vorzuziehen. Hierbei wird die Implementierung einer Fähigkeit (Operation) von deren Anbieten über definierte Schnittstellen (Interfaces) getrennt. Damit können verschiedene Klassen dieselbe Fähigkeit implementieren, ohne eine Gemeinsamkeit im engeren Sinne der Vererbung aufweisen zu müssen. Bietet eine Klasse die Implementierung eines Interfaces an, kann dieser Service ohne Wissen über die jeweilige Klasse aufgerufen werden. Auch hier findet eine dynamische Bindung statt. Mit Interfaces wird man beispielsweise dem Umstand gerecht, dass, wie in der Abbildung 3.32 gezeigt, alle Vögel fliegen und auch „Nicht"-Vögel sich in der Luft fortbewegen können. Eine gemeinsame Basisklasse zwischen Vögeln und Flugzeugen würde den Sinn einer Vererbung in der Tat arg strapazieren. Vielleicht ist der Vergleich etwas überzeichnet. Er sollte plakativ die Vorteile von Schnittstellen anstelle der propagierten Vererbungsmöglichkeiten objektorientierter Sprachen aufzeigen.

Interface statt Klassen

Abbildung 3.32
Beispiel Interface
statt Vererbung

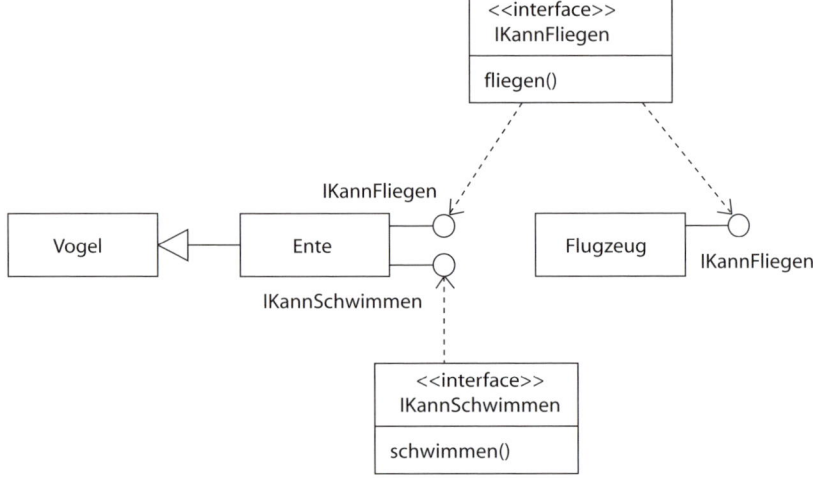

Um ein realistischeres Beispiel zu nennen: Das zuvor verwendete Code-beispiel in Listing 3.1 nutzt die Vererbung für ein polymorphes Verhalten zum Zeichnen beliebiger Formen. So weit, so gut, doch nun wollen Sie existierende Klassen verwenden, die Sterne und Spiralen zeichnen können. Dummerweise leiten sich diese bereits von einer anderen Oberklasse ab. Abhilfe schafft hier ein einheitliches Interface. Die existierenden Klassen für Sterne und Spiralen werden in eine umhüllende Klasse verpackt, welche das gemeinsame Interface implementiert und die bestehende, von der ursprüng-lichen Zeichnungsfunktion abweichende, Operation aufruft.

Die Trennung zwischen Schnittstelle und Implementierung ist Grundlage des *Dependency Injection*-Prinzips. Hier wird erst zur Laufzeit festgelegt, welche Komponente die Schnittstellen bedienen, gegen deren abstrakte Definition während der Entwicklungszeit programmiert wurde. Wir werden auf diesen Ansatz nochmals im Detail im Kapitel Pattern zurückkommen.

3.6 Anmerkungen

3.6.1 Textuelle Beschreibung

Diagramme sind eines, die sinnvolle Beschreibung das andere. Wie beim Kommentieren des Codes braucht es zur grafischen Darstellung textuelle Erläuterungen der Symbole. Andernfalls sind die Diagramme nichts weiter als Zeichnungen und meist nur für den Erstellter lesbar. Erst die Kombination von Text und grafischer Darstellung macht Modelle zu einem idealen Kom-munikations- und Dokumentationsmittel. Der Fokus ist nicht auf die Suche nach der perfekten Abbildung unter Ausnutzung des gesamten Sprach-umfangs von UML zu richten, sondern auf eine vollständige Beschreibung der für die jeweilige Betrachtung relevanten Elemente. Ihr Modell ist fertig, wenn jedes Element (Klasse, Verbindung, Interface, Operation, Attribut und vieles mehr) entweder durch dessen Namen oder durch seine Beschreibung erklärt ist. Eine Zeichnung ohne Kommentar ist nutzlos, egal wie perfekt diese sein mag. Vermeiden Sie es jedoch, bei der Beschreibung Informationen zu wiederholen. Das Attribut Vorname der Klasse Kunden kommentieren zu wollen, macht wenig Sinn. Deshalb ist die richtige und sorgfältige Wahl der Bezeichnungen bereits die halbe Miete. Die Benennung sollte dabei nicht die Art und Weise der technischen Umsetzung wiedergeben, sondern deren Verantwortlichkeit hervorheben.

3.6.2 UML Sketch

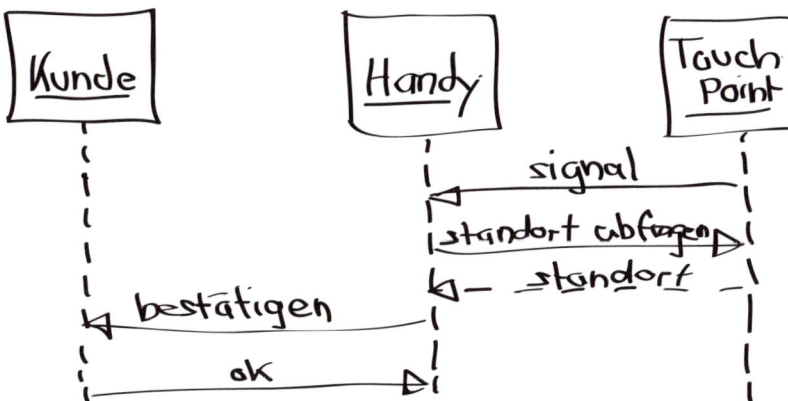

Abbildung 3.33
UML Sketch

UML ist eine Sprache. Eine Sprache, die dem gemeinsamen Verständnis dient und nicht zwingend eines Modellierungswerkzeugs bedarf. UML ist in erster Linie ein Kommunikationsmittel, dessen korrekte und vollständige Anwendung nicht an erster Stelle steht. Alle Methodiker werden mich für diese Aussage wohl mit Verachtung strafen. Dies soll kein Freibrief sein, die eigene UML-Notation zu erschaffen. Es ist eher ein Appell an den sinnvollen Einsatz und dabei den eigentlichen Zweck einer lauffähigen Software nicht aus den Augen zu verlieren. Oft scheitert der Einsatz von UML am Versuch, ein detailgetreues und vollständiges – nach Möglichkeit validiertes – Modell erstellen zu wollen. Innerhalb einer Arbeitsgruppe von Hand skizzierte Entwürfe dienen der Sache oft mehr als ein mit technischen Mitteln gefertigtes Modell, das nicht genutzt wird. Sind die Diagramme dann einmal im *Repository* erfasst, drucken Sie diese aus und kleben Sie damit Ihre Wand voll. Oft entstehen die besten Ideen, gemeinsam vor dieser Wand über die Konsequenzen der jüngsten Designentscheide zu diskutieren. Modelle sind praktische Hilfsmittel während der Entwurfsphase und keine einmal geschriebene, aber nie wieder gelesene Dokumentation. Dies funktioniert auch in einem formalen Prozess, wo die Erstellung schriftlicher Dokumente gesetzlich vorgeschrieben ist. Der beschränkte Platz einer Wand zwingt jeden zur Fokussierung auf die wesentlichen Dinge und die Modellierung der relevanten Aspekte. Die Präsentation des elektronisch erfassten Modells am Projektor ist nicht dasselbe.

3.7 Zusammenfassung

Eine Notation legt die Verwendung und Bedeutung von Symbolen fest, um Informationen schriftlich niederzuschreiben. Einer der umfangreichsten, heute als de facto geltender Standard für die Beschreibung von Softwaresystemen ist die Notation UML. Sie ist eine formale, durch ein Metamodell definierte Sprache, welche sich aus Dingen, Beziehungen und Diagrammen zusammensetzt. Jedes dieser Elemente hat eine bestimmte Bedeutung und ermöglicht es, ein System aus unterschiedlichen Perspektiven zu beschreiben. Diese Elemente lassen sich in die Gruppen Struktur, Verhalten und Interaktion aufteilen. Die Struktur schildert das System aus der statischen Perspektive und bedient sich der Klassen, Komponenten und Knoten. Das Verhalten beschreibt den dynamischen Aspekt eines einzelnen Dings der statischen Perspektive; es wirft einen Blick auf das Innenleben und die Funktionsweise. Die Interaktion zeigt das zeitliche Zusammenspiel und den Meldungsfluss der einzelnen Dinge wie Klassen und Komponenten auf, indem ein Szenario beschrieben wird.

UML legt keine Methode fest, wie eine Software zu modellieren ist und mit welchen Schritten eine Idee in ein fertiges Produkt transformiert wird. Sie definiert lediglich die Syntax und damit, wie diese Sprache einzusetzen ist. Es bedarf jedoch des gesunden Menschenverstands und einer Portion Pragmatismus, UML zweckmäßig einzusetzen. Die mit UML beschriebenen Modelle sind lediglich ein Hilfsmittel und Wissensspeicher, um einen für alle verständlichen Plan für den Bau einer Software zu entwerfen. UML bietet hierzu eine Vielzahl von Möglichkeiten, einen solchen Plan oder ein solches Modell zu visualisieren und mit standardisierten Symbolen zu erklären. UML ist für sich alleine für viele schwer verständlich, weshalb die Modelle entsprechend zu dokumentieren und zu ergänzen sind. In erster Linie zählt bei der Spezifikation die zu adressierende Leserschaft und weniger die formale Einhaltung einer bestimmten Notation.

3.8 Weiterführende Literatur

(Arlow & Neustadt, 2005) Das Buch von Arlow und Neustadt vereint eine ausführliche Diskussion über die Syntax von UML mit dem zweckmäßigen Einsatz in den entsprechenden Phasen und Disziplinen des iterativen Entwicklungsprozesses. Kein anderes Buch bietet eine solch vollständige und gut illustrierte Einführung in UML.

(Larman, 2005) Bereits in der dritten Auflage bietet das Buch eine umfassende Einführung in verschiedene Aspekte des Softwareentwurfs mit UML. Anhand der üblichen Phasen eines iterativen Prozesses in der Softwareentwicklung wird die Verwendung von UML für die jeweilige Aufgabe erklärt. Das Buch ist eine Fundgrube guter Ideen.

(Fowler & Scott, 2000) Auf wenigen Seiten vermag Martin Fowler auch in der dritten Ausgabe die essenziellen Punkte zu verdeutlichen und dabei eine pragmatische Verwendung vorzustellen. Für alle, die dicke Bücher abschrecken, der richtige Einstieg in eine Vertiefung der hier dargestellten Konzepte.

(Oestereich, 2006) Im deutschsprachigen Raum seit vielen Jahren der Standard für eine Einführung in die Modellierungssprache UML. Dabei fokussiert das Buch auf die Anwendung von UML und weniger auf eine ausführliche Beschreibung der Sprache selbst.

(OMG, 2009) Sollte Ihnen die zuvor empfohlene Literatur nicht genügen oder es bleiben immer noch offene Fragen, so ruht die letzte Hoffnung auf der offiziellen Dokumentation des Standards UML auf mehr als 700 Seiten. Obwohl nicht gerade ein Lesevergnügen, bietet sie Antworten auf viele Detailpunkte.

SysML

Die Rechenautomaten haben etwas von den Zauberern im Märchen.
Sie geben einem wohl, was man sich wünscht, doch sagen sie einem
nicht, was man sich wünschen soll. (Norbert Wiener)

Eine weitere Modellierungssprache? Ist dies wirklich notwendig, nachdem jahrelange Bemühungen zum heutigen Industriestandard UML geführt haben? UML ist aus der damaligen aufkommenden Welt objektorientierter Sprachen entstanden. Auf Daten konzentrierte, funktionale Zerlegung einer Software genügte den modernen Möglichkeiten von eigenständigen, in sich geschlossenen Klassen nicht mehr. UML war die Antwort auf den steigenden Bedarf nach einer allgemeingültigen Notation zur Modellierung solcher Systeme. Damit kehrte sich das Vorzeichen von der Dekomposition zur Komposition um. Systeme in erster Linie schrittweise in immer kleinere Elemente zu zerlegen, gehörte der Vergangenheit an. Nun galt es, aus autonomen Bausteinen durch geschicktes Kombinieren immer größere und komplexere Softwaresysteme zu kreieren. UML mit dem Fokus auf Klassen und Komponenten wurde diesem Anspruch gerecht.

UML konnte sich in den letzten zehn Jahren etablieren und fand auch Anklang außerhalb der Gemeinde von Softwareentwicklern. Doch zusehendes offenbarte sich der Mangel an Dekompositionsmöglichkeiten und der Modellierung von spezifischem Echtzeitverhalten bei den Ingenieuren hardwarenaher Systeme. Auf die Initiative von INCOSE, einer Vereinigung für System Engineering, sollte nun eine Sprache basierend auf UML entstehen, welche diesen Bedürfnissen stärker gerecht wird. Was dabei entstand, ist nicht nur eine Sprache für die Modellierung von Systemen bestehend aus Hardware, Mechanik und Software, sondern auch eine Sprache wie geschaffen für die Softwarearchitektur. Die Möglichkeiten der Dekomposition, des Beschreibens unterschiedlicher Schnittstellen – physische wie logische – und die Einführung von Zusicherungen sind Dinge, die Unternehmen- genauso wie Systemarchitekten in ihrer täglichen Arbeit nutzen können. Die kurze Einführung in SysML konzentriert sich deshalb auf jene Aspekte, die für

SysML ist eine Erweiterung von UML

einen Architekten sinnvoll sind, und lässt spezifische Erweiterungen für eine detaillierte Darstellung von Echtzeitverhalten außer Acht.

4.1   Vier Säulen von SysML

SysML hat Blöcke statt Klassen

Die Sprache SysML wurde 2006 durch die Vereinigung INCOSE basierend auf UML für System Engineering zusammen mit OMG entwickelt. Dabei wurde UML um verschiedene Formen wie Anforderungen, kontinuierliche Funktionen und Dekompositionsstrukturen ergänzt. Statt Klassen und Komponenten kennt SysML den Begriff Block für die Darstellung von Bausteinen. Solche Bausteine beinhalten neben den aus Klassen bekannten Attributen und Operationen physische wie logische Schnittstellen und Bedingungen. Vererbungen und andere Konzepte der objektorientierten Programmierung kennt SysML nicht. Der Fokus liegt in der schrittweisen Zerlegung in immer kleinere Bausteine und dabei die Verträge des übergeordneten Elements, dargestellt durch Schnittstellen, zu erfüllen. Im Prinzip können dabei physische wie logische Konzepte im selben Diagramm gleichzeitig dargestellt werden. In einer Internetapplikation kann die physische Sicht das verwendete Protokoll und die beteiligten Systeme darstellen; die logische Sicht bilden die Dienste in Form von Web-Services ab, die über diese physischen Schnittstellen angeboten werden.

SysML besteht aus neun verschiedenen Diagrammen

SysML besteht aus neun verschiedenen Diagrammen, welche sich in vier Gruppen aufteilen lassen. Die statische Struktur wird duch das Block-Definitions-, Internes-Block- und Paketdiagramm beschrieben. Das Block-Definitions-Diagramm entspricht weitgehend dem eines Klassendiagramms und das interne Block-Diagramm ist vergleichbar mit dem Kollaborationsdiagramm. Das Verhalten bedient sich der aus UML bekannten Elementen: Aktivitäts-, Zustands- und Sequenzdiagrammen. Das Aktivitätsdiagramm wurde um einige Elemente für die bessere Modellierung von Echtzeitverhalten erwetert. Auf der Anforderungseite ist das bestehende Use-Case-Diagramm um Symbole und zugehöriges Diagramm für die Darstellung von Anforderungen erweitert worden. Neu in SysML ist ebenfalls das Zusicherungsdiagramm. Damit können Gesetzmäßigkeiten und deren Einhaltung zwischen verschiedenen Blöcken zugesichert werden.

Abbildung 4.1
Vier Säulen von SysML

Paket-Diagramm (pkg)	Aktivitäts-Diagramm (ad)		
Internes Block Diagramm (ibd)	Zustands-Diagramm (stm)	Anforderungs-Diagramm (req)	
Block Definitions-Diagramm (bdd)	Sequenz-Diagramm (sd)	Anwendungsfall-Diagramm (uc)	Zusicherungs-Diagramm (par)
1. Struktur	2. Verhalten	3. Anforderungen	4. Zusicherung

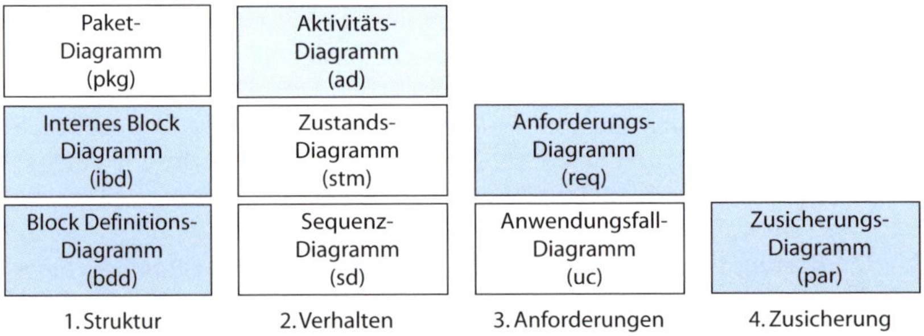

4.2 Struktur

Die Struktur eines Systems wird in SysML aus Blöcken und deren Innenleben beschrieben. Die Aufteilung in verschiedene Pakete dient wie bei UML lediglich der Schaffung einer zweckmäßigen Ordnung. Die Organisation unzähliger Artefakte in einer geeigneten Paketstruktur ist entscheidend für einen effizienten Umgang mit Modellen. Deshalb wendet sich das Kapitel am Ende der Besprechung einer zweckmäßigen Modellstruktur zu, die sich in der Praxis bei der Entwicklung von medizinischen Geräten bewährt hat.

Ein Block ist ein abgrenzbarer Bestandteil des Systems mit klar spezifizierten Schnittstellen und Leistungsfähigkeiten. Diese Leistungsfähigkeit manifestiert sich durch messbare Werte, die damit ausführbaren Operationen und einzuhaltenden Bedingungen sowie die Spezifikation der Schnittstellen. Eine Schnittstelle definiert sich als Anschluss (Flow-Port), über den Informationen, Material, Flüssigkeiten und dergleichen fließen, oder als Anbieter von Serviceleistungen (Standard-Ports). Werte des Blocks charakterisieren abzähl- oder messbare Eigenschaften und Merkmale wie beispielsweise die maximale Leistung eines Föns in kW; die Operationen listen die Verantwortlichkeiten auf oder das, was man mit dem Block tun kann, also dessen Funktionalität. Bedingungen repräsentieren Voraussetzungen, die durch den Block erfüllt oder sichergestellt sein müssen. So verlangt das folgende Beispiel eine Maximalgeschwindigkeit von 200 km/h und einen durchschnittlichen Verbrauch von 4,7 Liter pro 100 km. Im Gegensatz zu den Klassen in UML sind alle Elemente eines Blocks öffentlich. Deshalb werden auch nur jene genannt, welche für die Außenwelt relevant sind. Dies führt zu einer wohltuenden Verdichtung des Modells und der Blick wird auf die wesentlichen Dinge gerichtet. Ob das Automobil des hier verwendeten Beispiels nun einen Boxer- oder Wankelmotor verwendet, ist für unsere Betrachtungen auf dieser Ebene nicht von Bedeutung.

Block-Definition

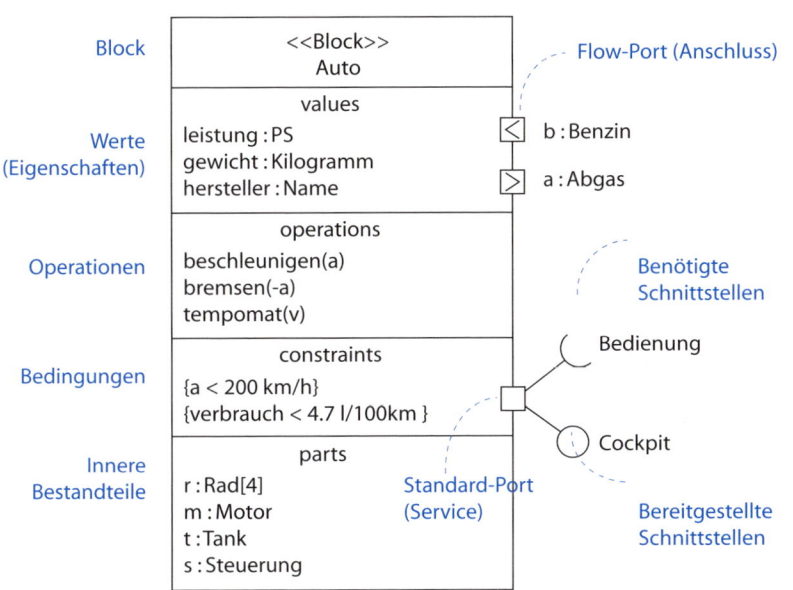

Abbildung 4.2
Block

Die inneren Bestandteile der Rubrik *Parts* zählen die Objekte auf, aus denen der Block aufgebaut ist. Diese als Parts bezeichneten Elemente sind dieselben, welche im internen Blockdiagramm des Blocks visuell dargestellt werden, vergleichbar mit dem Kompositionsdiagramm von UML. Dazu später mehr; vorerst zurück zur Definition der Bestandteile eines Blocks.

Block-Hierarchie

Das Block-Definitions-Diagramm definiert die strukturelle Hierarchie, indem für jeden Block aufgezählt wird, aus welchen Blöcken er seinerseits besteht. Diese Beziehung entspricht der Kompositionsverbindung von Klassen. Ausgehend von der Domäne werden die externen Entitäten und Akteure sowie das System selbst aufgelistet. Das interne Blockdiagramm der Domäne ist gleichzeitig das Kontextdiagramm des Systems. Es zeigt das System und deren Verbindungen zu den externen Entitäten auf, die in SysML als Akteure bezeichnet werden. Unterhalb der Domäne werden im Block-Definitions-Diagramm die Bestandteile des Systems hierarchisch aufgeführt. Eine Beziehung ohne Route signalisiert die Verwendung eines Blocks, der nicht Bestandteil des anderen ist. Damit kann auf Teile außerhalb des betrachteten Systems referenziert werden. Im Beispiel der Abbildung 4.3 nutzt das Auto ein Navigationssystem, ohne es zu besitzen. Bei dieser Veranschaulichung, welche als Gliederungsstruktur bezeichnet wird, werden die internen Details eines Blocks in der Regel nicht angezeigt. Es empfiehlt sich, für die ausführliche Darstellung eines Blocks jeweils ein eigenes Block-Definitions-Diagramm zu erstellen, wie in der Abbildung 4.2 gezeigt. Ich bezeichne diese detaillierte Zeichnung als Blockspezifikation. Damit lässt sich die Verwendung desselben Diagrammtyps für die Darstellung der Gliederungsstruktur sprachlich unterscheiden.

Abbildung 4.3
Block-Definitions-
Diagramm

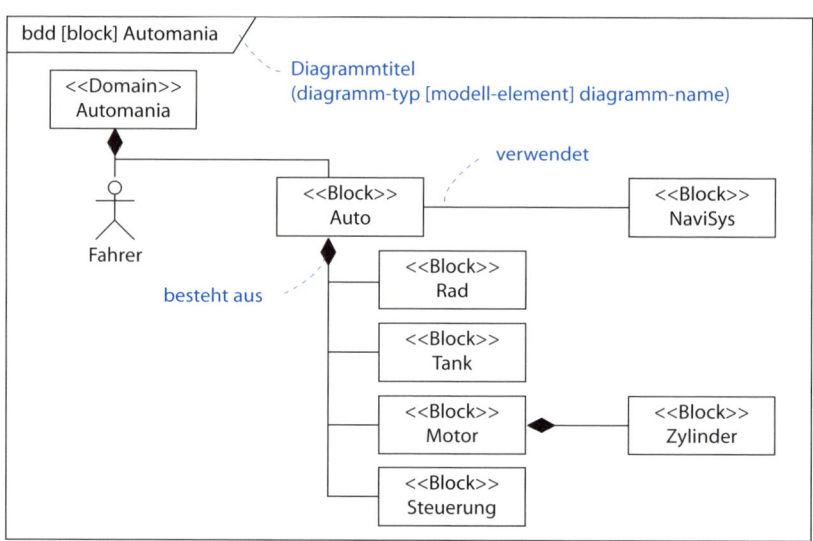

Die vorhergehende Abbildung zeigt zudem die Verwendung des standardisierten Diagrammrahmens, der auch inzwischen in UML Einzug gehalten hat. In der oberen linken Ecke des Rahmens werden der Diagrammtyp, das betrachtete Element und der Name der Darstellung angegeben. In der Regel wird dieser automatisch durch das entsprechende Werkzeug generiert.

Leben bekommt die ganze Sache jedoch erst durch das interne Blockdiagramm. Diente das Block-Definitions-Diagramm lediglich der hierarchischen Aufzählung seiner Bestandteile vergleichbar mit einer Stückliste, so stellt das interne Blockdiagramm dar, aus welchen konkreten Objekten ein Block besteht und wie diese miteinander kommunizieren. Dabei geht es prinzipiell um die Erfüllung der durch den Block spezifizierten Leistungsmerkmale und die Implementierung der Schnittstellen. Vereinfacht ausgedrückt behauptet unser Autokonstrukteur in der Abbildung 4.4, dass die Befriedigung des geforderten Fahrgefühls nicht mehr als ein Tank, vier Räder und ein Motor benötigt. Lassen wir ihn im Glauben und konzentrieren uns auf das erklärende Beispiel. Das interne Blockdiagramm des minimalistischen Autos illustriert die Verwendung der wichtigsten Symbole. Die Instanzen im SysML werden Parts genannt. Wie in UML ist der Instanzname durch einen Doppelpunkt vom Blocknamen getrennt, jedoch wird auf ein Unterstreichen der Bezeichnung in der Regel verzichtet. Der Name der Instanz kann weggelassen werden, wenn keine weitere Instanz desselben Blocks existiert und die Eindeutigkeit gewährleistet ist.

Internes Blockdiagramm

Die Schnittstellen des Blocks, zu dem das interne Blockdiagramm gehört, werden übernommen und auf dem Diagrammrahmen platziert. Diese werden durch Kommunikationspfade oder Konnektoren an die internen Parts weitergezogen, die den entsprechenden Input brauchen bzw. den gewünschten Output produzieren. Ist der durch einen Pfad angegebene Fluss allgemeiner Art, so kann mit dem übergelagerten Informationsfluss die Übermittlung konkreter Dinge spezifiziert werden. Beispielsweise bei einem Flüssigkeit transportierenden Pfad kann mit dem Informationsfluss angegeben werden, dass in diesem konkreten Fall Wasser übertragen wird. Die Anschlüsse stellen in der Regel physikalische Eingänge oder Ausgänge dar, über die greifbare Dinge wie Daten-, Material- oder Energieströme fließen. Die Pfeilrichtung im Port symbolisiert die Flussrichtung. Ein als invers dargestellter Port ist die Umkehrung des gegenüberliegenden Ports. Das heißt, die Eingangsdaten werden zu Ausgangsdaten und umgekehrt. Standard-Ports ohne Pfeile kennzeichnen hingegen die Nutzung oder Bereitstellung von Services, die im Allgemeinen durch ein Stück Software erbracht und genutzt werden.

Abbildung 4.4
Internes Blockdiagramm

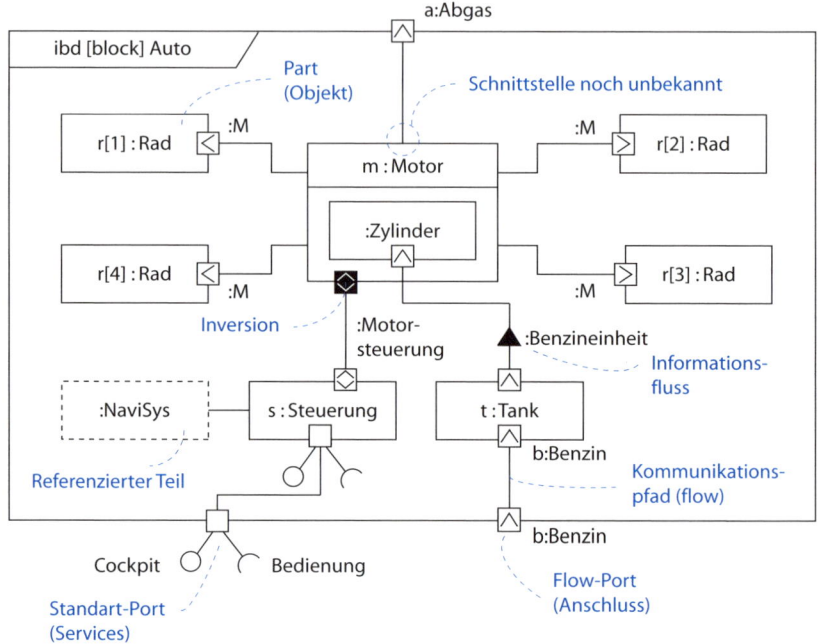

Abbildung 4.4
Internes Blockdiagramm

Anschlüsse bzw. Flow-Ports und die darüber fließenden Daten auf der einen Seite und Standard-Ports und die hierdurch angebotenen Services auf der anderen Seite können denselben Sachverhalt aus unterschiedlichen Perspektiven schildern. Bei einer serviceorientierten Applikation über das Internet stellen Anschlüsse beispielsweise das genutzte Protokoll wie *http* dar und die Standard-Ports die darüber angebotenen Webservices. So lassen sich in demselben Diagramm unterschiedliche Betrachtungen derselben Architektur illustrieren. Damit sind Sachverhalte auf der Architekturebene verständlich erklärbar, ohne einen Exkurs in die Konzepte einer objektorientierten Denkweise einschlagen zu müssen, was für viele abseits der Informatik ohnehin schwer verständlich ist. Blöcke über physische und logische Schnittstellen zu größeren Gebilden zu komponieren, ist auch für Domänenexperten verständlich und deren Lesart ist schnell erläutert. Dabei konzentriert sich die statische Struktur von SysML auf die Beschreibung der relevanten Komponenten, deren Schnittstellen sowie der Kommunikationspfade und überlässt die Details der Implementierung der jeweiligen Abteilung. So wird eine als Block bezeichnete Softwarekomponente anderweitig nach den dortigen Regeln – beispielsweise in UML – entworfen.

Services, Interface und Ports

Wir sind bereits den verschiedenen Formen begegnet, einen Block über Anschlüsse oder Serviceschnittstellen mit der Umwelt zu verbinden. SysML unterscheidet zwischen Fluss- oder Flow-Ports und Standard-Ports. So repräsentieren Flow-Ports einen Anschluss, über den konkrete Elemente wie Flüssigkeit, Energie, Material oder Datenströmen fließen. Ein einfacher oder doppelter Pfeil zeigt die Flussrichtung an. Über Standard-Ports, wie sie bereits UML kennt, werden hingegen Services angeboten, welche durch andere Komponenten aufrufbar sind. Diese Services werden über Interface-Klassen spezifiziert. Folgendes Beispiel mag den Unterschied verdeutlichen. Die Bestellung eines Buchs bei *amazon.com* nutzt Services eines Standard-Ports bei Amazon, die Zustellung hingegen erfolgt über einen Flow-Port der Post oder eines privaten Zustellers. Abbildung 4.5 verdeutlicht diese Unterscheidung am Beispiel des IPod von Apple.

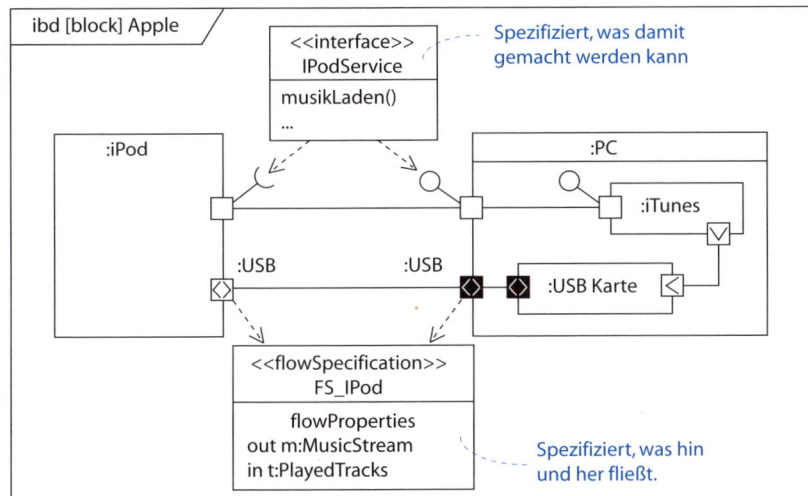

Abbildung 4.5
Service, Interfaces, Ports

Ein Flow-Port selbst sagt noch nichts darüber aus, welche Informationen darüber fließen bzw. welche Dienste durch ihn genutzt werden können. Es wird lediglich spezifiziert, was aus physikalischer Sicht übertragen wird, wie Daten, Energie und Materie. Erst die logische Sicht in Form von Services definiert, welche aufrufbaren Funktionen aus der Betrachtung des Nutzers der Block zur Verfügung stellt. Beispielsweise definiert die USB-Schnittstelle eines MP3-Players als Flow-Port das Protokoll und den anzuwendenden Standard auf der Bit-Ebene. Der Service definiert, was ich als Anwender damit machen kann bzw. welche Funktionen der Block der Außenwelt bereitstellt. Bedingungselemente wie Tastatur, Mäuse und Anzeigegeräte werden in SysML ebenfalls als Services dargestellt. Das Eingabemedium wird als erforderlicher Service (Gabel) und das Ausgabemedium als bereitgestellter Service (Lollipop) modelliert.

Nicht alle wollen ein Auto bauen oder den nächsten, ultimativen MP3 Player entwerfen, weshalb wir uns wieder dem ursprünglichen Beispiel zuwenden und die Möglichkeiten von SysML in einer Geschäftsapplikation veranschaulichen.

SysML für Geschäfts-architekturen

Abbildung 4.6
M-Ticket, internes
Blockdiagramm

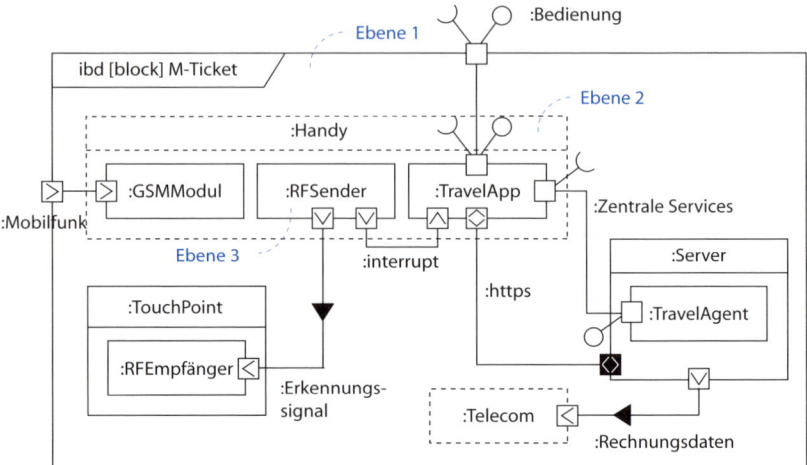

Ohne bereits jetzt auf die Details einzugehen, zeigt Abbildung 4.6 die grundsätzlichen Teilnehmer und deren Kommunikationswege auf. Das Beispiel illustriert die Dekomposition vom System als Blackbox hin zu den einzelnen Komponenten. Die Ebene 1 stellt das System und seine Schnittstellen nach außen dar. Auf der Ebene 2 findet die Auftrennung in Subsysteme statt und die dritte Ebene repräsentiert die Realisierung der Verantwortlichkeiten durch einzelne Komponenten. In SysML kann, wenn das Modell einfach genug ist, die Dekomposition über verschiedene Ebenen in einem einzigen Diagramm erfolgen. In der Regel werden in einem internen Blockdiagramm jedoch nur die unmittelbaren Parts des Blocks dargestellt und die Dekomposition jedes Parts wird an separater Stelle modelliert.

Wie bei allen zuvor gezeigten Diagrammen ist die visuelle Darstellung nur die halbe Wahrheit. Die Spezifikation der Anschlüsse, Schnittstellen und Verbindungen verbergen sich in den dahinterliegenden Beschreibungen. Es genügt auch hier nicht, eine Zeichnung zu skizzieren. Viel wichtiger ist die strukturelle und verbale Konkretisierung der verwendeten Elemente. So sind die zentralen Services, um beim Beispiel zu bleiben, als Schnittstellenklasse zu modellieren und die einzelnen darüber angebotenen Operationen textuell zu dokumentieren.

4.3 Verhalten

Entsprechen den
UML-Aktivitäts-,
Zustands- und
Sequenzdiagrammen

Das Verhalten in SysML beinhaltet die Beschreibung des dynamischen Ablaufs eines Elements durch Aktivitäts- und Zustandsdiagramme sowie der Darstellung der Interaktionen untereinander mit Sequenzdiagrammen. Die Notation entspricht weitgehend jener von UML. Das Aktivitätsdiagramm wurde um sogenannte kontinuierliche Funktionen erweitert. Dabei handelt es sich um durch Stereotypen erweiterte Objekte oder Aktionen, die je nach Bezeichnung diskret, mengenmäßig beschränkt oder kontinuierlich Werte abgeben. Die Spezifikation eines bestimmten Volumens oder eines kontinuierlichen Objektflusses erlaubt die Modellierung fortdauernder Aktionen. Beispielsweise ist die Aufzeichnung der Reiseroute mit dem Handy durch einen kontinuierlichen Fluss von Funkzellenerkennungen darstellbar. Die Aktion „Funkzellen erkennen" liefert so lange Impulse, bis die Reise durch ein Check-Out-Signal beendet wird. Diese Daten dienen der fortlaufenden Registrierung der gefahrenen Route.

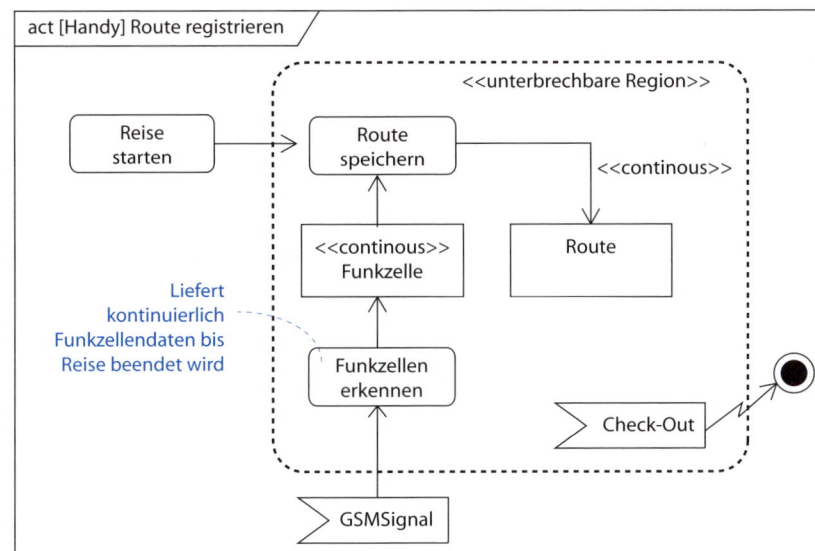

Abbildung 4.7
Kontinuierliche Aktionen

Der restliche Teil der Aktivitäts-, Zustands- und Sequenzdiagramme wurde unverändert von UML übernommen, weshalb hier auf eine Wiederholung der Notationen dieser Diagramme verzichtet wird. Zusammenfassend lässt sich sagen, dass Zustandsdiagramme das Verhalten und Zustände von Blöcken beschreiben, Aktivitätsdiagramme den Ablauf von Operationen und Sequenzdiagramme das Zusammenspiel zwischen den Elementen des internen Blockdiagramms.

4.4   Anforderungen

Eine Anforderung ist eine Leistungsfähigkeit oder Bedingung, welche erfüllt sein muss; eine Funktion, die ein System auszuführen in der Lage sein sollte, oder ein Qualitätsmerkmal, das es zu erreichen gilt. Wobei „muss" durch die Verbindlichkeit einer Anforderung definiert wird. Es gibt Anforderungen, die zwingend sind, und andere, deren Erfüllung wünschenswert bzw. optional ist. Anforderungen sind nur bedingt alleine durch die Anwendung von Use-Cases spezifizierbar. Use-Cases vermögen die erwartete Interaktion mit dem System zur Erfüllung einer bestimmten Funktion zu beschreiben. Damit lassen sich jedoch keine physischen Anforderungen oder die zu erreichenden Qualitätsanforderungen spezifizieren. So benötigt zum Beispiel ein MP3-Player eine USB-2.0-Schnittstelle mit einer Datenübertragungskapazität von 2 MBit/s.

Abbildung 4.8
Anforderungsdiagramm

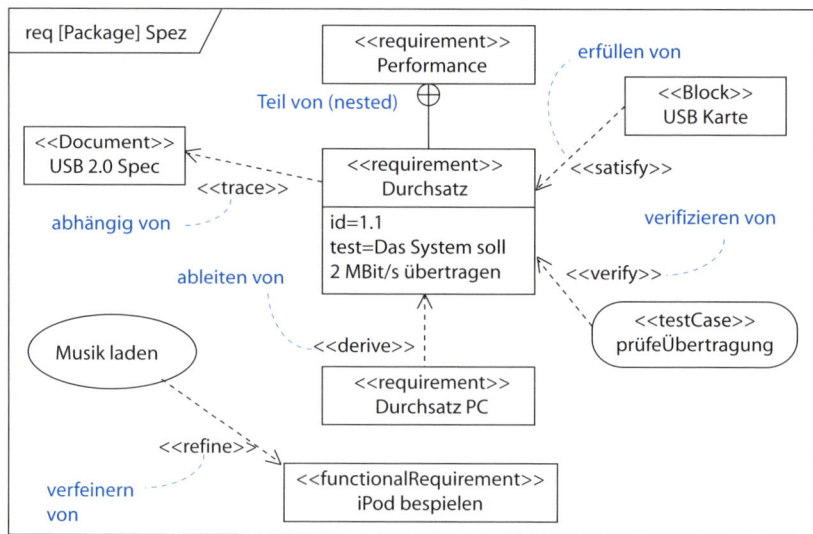

req [Package] Spez

<<requirement>>
Performance

erfüllen von

<<Block>>
USB Karte

Teil von (nested)

<<Document>>
USB 2.0 Spec

<<requirement>>
Durchsatz

<<satisfy>>

<<trace>>

id=1.1
test=Das System soll
2 MBit/s übertragen

verifizieren von

abhängig von

<<verify>>

ableiten von

<<testCase>>
prüfeÜbertragung

Musik laden

<<derive>>

<<requirement>>
Durchsatz PC

<<refine>>

<<functionalRequirement>>
iPod bespielen

verfeinern
von

Requirement als Element von SysML

UML Standard kennt die Erfassung solcher als „Das System soll ..." spezifizierte Anforderungen nicht. Erst die Erweiterung SysML führt den Typ *Requirement* ein, um geforderte Leistungsmerkmale als strukturierte Aussagen zu formulieren. Die Besonderheit liegt nun nicht darin, solche Texte erfassen zu können, sondern in der Möglichkeit, diese mit dem restlichen Modell zu verbinden. Damit lassen sich Anforderungen zu den Designentscheiden der Architektur verlinken, indem sie mit den jeweiligen Schnittstellen, Ports oder Blocks verbunden werden, die diese Forderungen erfüllen. Mit geeigneten Werkzeugen ist damit eine Aussage über den Erfüllungsgrad aller Anforderungen möglich. Zudem ist es wesentlich einfacher, die Auswirkungen von Änderungen in den Anforderungen in Bezug auf die gewählte Lösung festzustellen. Wird zum Beispiel der maximale Durchsatz eines Systems verdoppelt, sind die davon betroffenen Elemente und Testfälle über diese Verlinkung auf einfache Weise identifizierbar.

Verlinken von Requirements

Wie die Abbildung 4.8 zeigt, können Anforderungen auf unterschiedliche Weise verlinkt werden. Der Stereotyp der Verbindung gibt dabei die Art der Beziehung an. Eine Anforderung wird zum Element verknüpft, welches diese Forderung implementiert (satisfy), und zum Testfall, der dessen Erfüllung prüft (verify). Weiter können textuelle Anforderungen durch Use-Cases ergänzt (refine) oder durch eine Vererbung spezialisiert werden (derive). Die Verfeinerung betrifft in der Regel funktionale Anforderungen, die durch einen Use-Case detaillierter über die Beschreibung des stattfindenden Dialogs spezifiziert werden. Mit der *trace*-Verbindung sind Beziehungen und Abhängigkeiten zu beliebigen Elementen des Modells darstellbar. Das Verschachtelungssymbol lässt Anforderungen in Gruppen zusammenfassen, um eine hierarchische Struktur und damit eine bessere Übersicht zu erlangen. Im Beispiel wird die Anforderung „Durchsatz" der Kategorie Performance untergeordnet, durch eine USB-Karte realisiert und mit einem entsprechenden Testfall geprüft. Der Use-Case „Musik laden" ergänzt die Anforderung „iPod bespielen" durch die Beschreibung der dabei stattfindenden Interaktion zwischen Benutzer und System.

Jede Anforderung ist in unterschiedliche Kategorien unterteilbar. Eine gebräuchliche Klassifizierung ist unter dem Akronym FURPS (Grady, 1992) bekannt:

FURPS

- Functionality: Funktionale Anforderungen
- Usability: Bedienbarkeit, Benutzerführung, Ergonomie, Erscheinungsbild
- Reliability: Zuverlässigkeit, Verfügbarkeit, Ausfallsicherheit
- Performance: Antwortzeit, Durchsatz, Skalierbarkeit, Geschwindigkeit
- Supportability: Erweiterbarkeit, Testbarkeit, Wartbarkeit, Konfiguration und Installation

Die Besprechung der Use-Cases können wir uns hier schenken, da diese unverändert von UML übernommen wurde. Zu erwähnen sei hier nur die durch Tim Weilkiens vorgeschlagene Spezifikation der Essenz eines Anwendungsfalls durch einen beigefügten Kommentar wie in Abbildung 4.9 gezeigt. Dabei werden die wichtigsten Punkte eines Anwendungsfalls in wenige Punkte zusammengefasst. Ausnahmebehandlungen, Verzweigungen und Alternativabläufe werden bewusst weggelassen, um den Kern eines Use-Case hervorzuheben. Ein solcher, als pragmatische Beschreibung benannter Ablauf entspricht in der Praxis den Erläuterungen der Fachexperten und ist frei von jeglicher technischen Umsetzung. In einer ersten Iteration genügt oft die Beschreibung der Essenz, die in den nachfolgenden Iterationen dann zu einer vollständigen Beschreibung der Use-Case-Spezifikation ergänzt wird.

Use-Cases Essenz

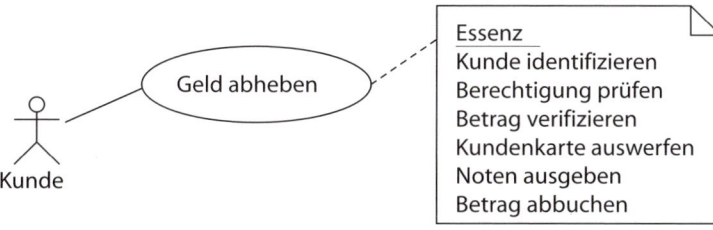

Abbildung 4.9
Essenzielle Beschreibung von Use-Cases

4.5 Zusicherung

Das Zusicherungsdiagramm ermöglicht die Integration mathematischer Funktionen aus der Analysis in das Design des Lösungsmodells. Dabei werden messbare Eigenschaften oder Werte eines Blocks zu den Variablen einer Funktion in Beziehung gesetzt. Der Zusicherungsblock als zentrales Element beinhaltet eine oder mehrere Bedienungen, die davon abgeleiteten Formeln und die darin enthaltenen Variablen als Parameter. Über diese Parameter werden die Werte von Blöcken mit der Formel verknüpft. Eine Zusicherung und das gleichnamige Diagramm sind ein neues Konstrukt von SysML. Es erlaubt, eine auf Formel oder Regel basierende Beziehung zwischen den Werten verschiedener Blöcke zu spezifizieren. Eine Zusicherung schützt uns davor, die Variablen eines Systems während des Entwurfs zu verändern, ohne dessen Konsequenzen und das unmöglich Machen der gewählten Lösung zu übersehen. Existiert beispielsweise ein gesetzmäßiger Zusammenhang zwischen der Anzahl der Benutzer eines Systems, dessen technischer Auslegung und der Antwortzeit einer Funktion, sichert eine Zusicherung uns vor einer zu schnell getätigten Verdopplung der Benutzerzahl, ohne weitere Maßnahmen einzuleiten. Zusicherungen warnen uns vor der Strapazierung einer Lösung über die physikalischen Grenzen hinweg.

Beispiel Tauchsieder

Als Beispiel soll ein einfacher Tauchsieder dienen, welcher Wasser erhitzt. Dabei interessiert das Zusammenspiel zwischen Leistung, Energiebedarf und Dauer, eine bestimmte Temperatur zu erreichen. Die notwendige elektrische Energie, die Leistungsfähigkeit des Tauchsieders, das zu erhitzende Volumen und die Zeit stehen auf Grundlage mehrerer physikalischer Formeln wie folgt zueinander:

Leistung des Tauchsieders (Watt) = Arbeit (Joule) / Zeit (t)

Um einen Liter Wasser um 1°C zu erhitzen, sind 4.184 kJ notwendig. Bei diesem Beispiel ignorieren wir den Wirkungsgrad des Tauchsieders und Umwelteinflüsse wie Meereshöhe und Reinheitsgrad des Wassers.

Abbildung 4.10
Tauchsieder Gliederungsstruktur

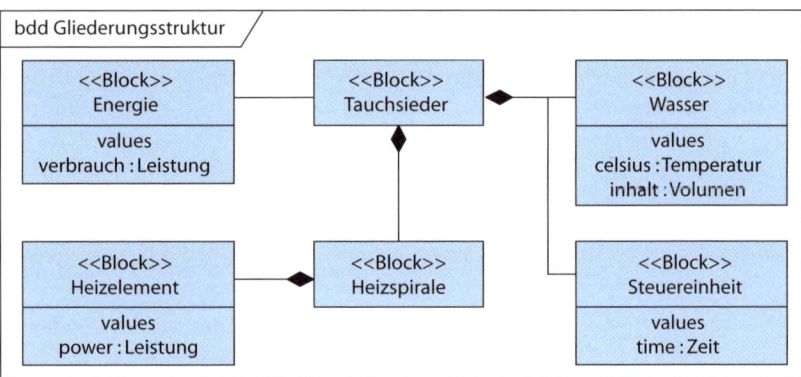

In einem ersten Schritt werden die richtigen Blöcke und deren Werte bestimmt, die für die Zusicherung relevant sind. Gerade die richtige Wahl der Werte auf den jeweiligen Blöcken ist hier von entscheidender Bedeutung. Ein Wert ist immer eine Eigenschaft oder ein Merkmal eines Blocks und lässt sich in einer Zahl oder in einem abzählbaren Zustand ausdrücken. Der Wert, welcher als Parameter in einer Zusicherung verwendet werden kann, leitet sich von einem generellen Wertetyp ab. Ein Wertetyp ist eine mehrfach verwendbare Definition einer Größe mit entsprechender Einheit. Als Werte sind die in der Formel verwendeten Variablen von Bedeutung, also die Leistung in Watt für den Tauchsieder, das zu erhitzende Volumen des Wassers sowie dessen Temperatur. Was uns im konkreten Fall interessiert, ist die daraus resultierende Zeit, das Wasser zu erhitzen. Die Abbildung 4.10 zeigt die Gliederungsstruktur des Tauchsieders und der relevanten Werte jedes Blocks.

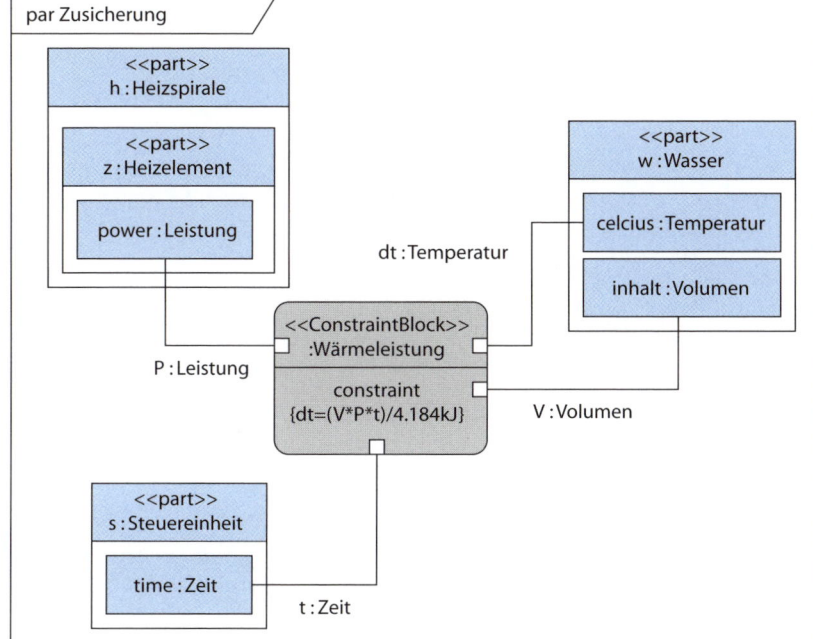

Abbildung 4.11
Tauchsieder, Zusicherungsdiagramm

Nachdem die Blöcke und deren Werte identifiziert wurden, können diese mittels eines Zusicherungsblocks zueinander in Beziehung gesetzt werden. Der in Abbildung 4.11 abgerundet dargestellte Zusicherungsblock beinhaltet in Form einer Bedingung die Formel und die daran beteiligten Variablen. Diese Bedingung des Zusicherungsblocks verbindet die verschiedenen Werte der einzelnen Blöcke über die als Ports dargestellten Eingangsparameter.

4.6   Modellstruktur

Die grundlegende Idee der Modellstruktur in Abbildung 4.12 liegt in der Auftrennung einer Domäne in mehrere, weitgehend voneinander unabhängige Systeme und innerhalb dieser die Aufteilung in Anforderungen, Use-Cases und strukturelle Bausteinen. Über die internen Blockdiagramme werden die Blöcke hierarchisch in ihre Sub-Blöcke dekomponiert. Die Spezifikation der einzelnen Blöcke, also deren Attribute, Operationen, Schnittstellen und Bedingungen, werden im Unterordner Spezifikation abgelegt. Da Blöcke im Sinne des Systems Engineering keinen eigenen Namensbereich aufweisen, dienen Pakete lediglich der Organisation eines Modells und alle Blöcke eines Systems befinden sich auf derselben Verzeichnisebene.

Abbildung 4.12
Modellstruktur

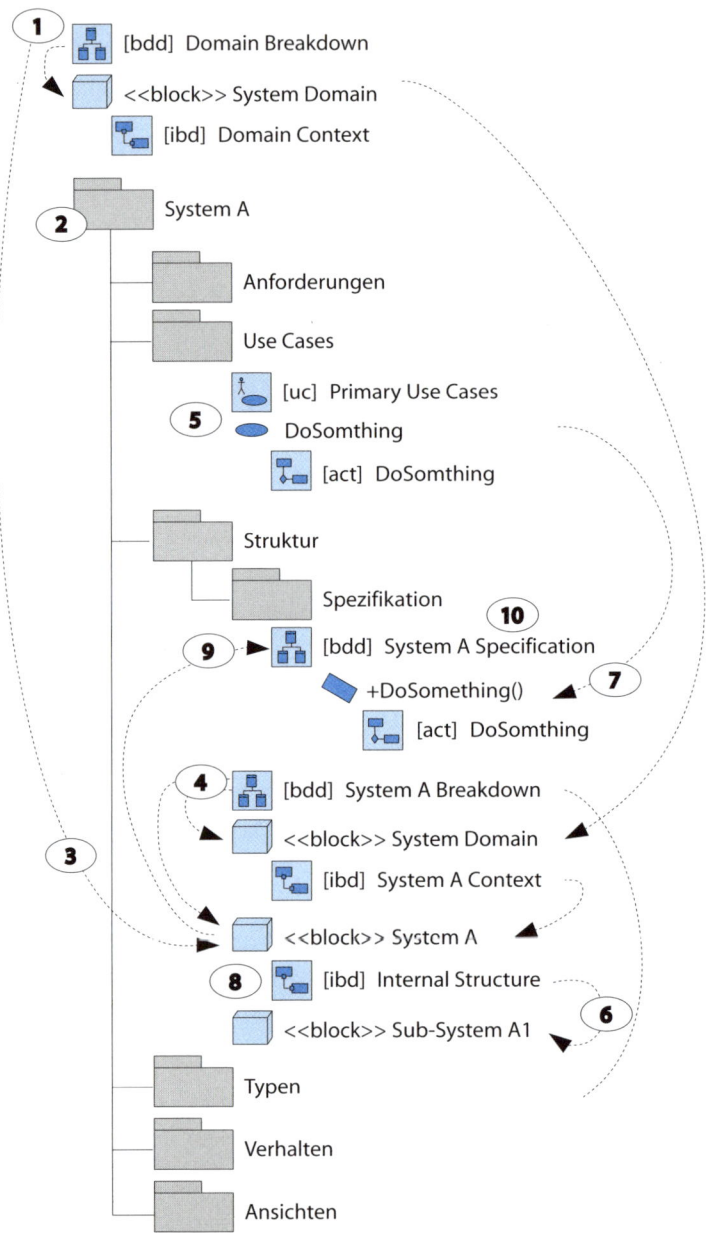

Der folgende Abschnitt ist eine detaillierte Beschreibung der zuvor dargestellten Modellstruktur. Die Nummern in den Klammern beziehen sich dabei auf jene in der Abbildung. Auf der Wurzelebene werden die Elemente der Domäne (Akteure, externe Entitäten und Systeme) als statische Struktur aufgezählt, die für die nachfolgende Betrachtung der zu bauenden Systeme von Bedeutung sind (1). Die Systemblöcke im Diagramm *Domain Breakdown*

definieren die in der Domäne betrachteten Systeme (2) und referenzieren auf den Systemblock im Unterordner „Struktur" des jeweiligen Systempakets (3). Der *System Breakdown* und *Kontext* dienen der Aufzählung der am System beteiligten Elemente und der Abgrenzung gegenüber seiner Umwelt (4). Die Use-Cases und deren detaillierte Beschreibungen (5). Daraus ergeben sich durch Dekomponieren (6) und Realisation der Use-Cases die Operationen des Systemblocks (7). Das interne Blockdiagramm des Systems (8) zeigt die konkreten Interaktionspfade (Flüsse und Ports) auf. Die Spezifikation eines Blocks wird im Unterordner „Spezifikation" abgelegt. Eine solche Spezifikation (9) zeigt alle Details eines Blocks (Operationen, Contraints, Ports, Schnittstellen, erfüllte Anforderungen usw.). Der Ordner „Typen" beinhaltet alle elementaren Blöcke und Basistypen sowie die Definition der Interface-Klassen, sofern diese nicht bereits Bestandteil des Strukturordners sind. Im Ordner „Verhalten" werden alle jene Diagramme abgelegt, welche einzelne Szenarien und Interaktionspfade über Komponenten hinweg beschreiben. Im Ordner „Ansichten" finden jene Skizzen und Diagramme Platz, welche sich keinem der zuvor aufgezählten Verzeichnisse zuordnen lassen.

4.6.1 Systemspezifikation

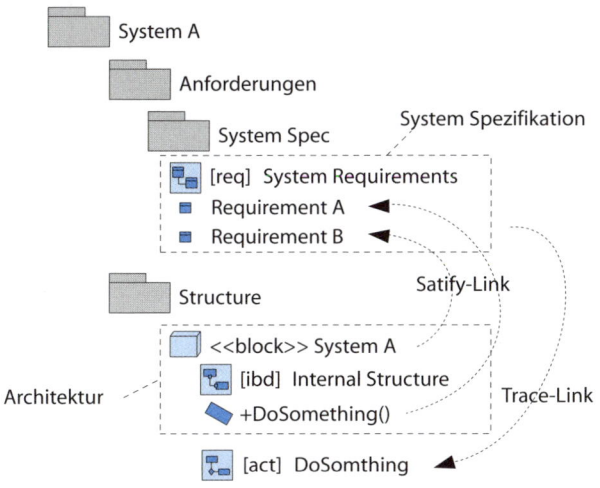

Abbildung 4.13
Mapping-Architektur zur Spezifikation

Auf Basis dieser Modellstruktur lassen sich nun die bereits vorgestellten Anforderungen eines SysML-Modells zum Entwurf der Lösung in Bezug bringen. Aus den Use-Cases wird eine Architektur des zukünftigen Systems entworfen, dessen Verhalten, Leistungsmerkmale und Schnittstellen den Inhalt der Systemspezifikation ausmachen. Erst diese Spezifikationen sagen dem Auftraggeber, was er konkret erhalten wird, und definieren, wie die fachspezifischen Komponenten zu realisieren sind, damit sie in ihrer Gesamtheit die geforderte Systemleistung erbringen.

In der Literatur ist eine Systemspezifikation eine lösungsneutrale Beschreibung dessen, was ein System als Ganzes zu leisten vermag. Lösungsneut-

ral bedeutet dabei, dass die konkrete Technologie und die zu verwendenden Werkzeuge nicht vorgegeben werden. Eine solche Systemspezifikation
umfasst neben der Auflistung der Funktionen und der Qualitätsaspekte auch
die getätigten Architektur- und Designentscheide. Statt der klassischen
Trennung zwischen den messbaren funktionalen wie auch nichtfunktionalen Anforderungen und den daraus abgeleiteten Designentscheiden bezieht
sich die Spezifikation der Leistungsmerkmale direkt auf die im Modell dokumentierte Architektur. Damit bezieht sich jeder Spezifikationspunkt und jede
Schnittstellenbeschreibung auf ein konkretes Element des Lösungsentwurfs.
Umgekehrt leitet sich jeder Designentscheid von einer bestimmten Anforderung ab, die es zu erfüllen gilt.

Abbildung 4.14
Satisfy-Link anzeigen

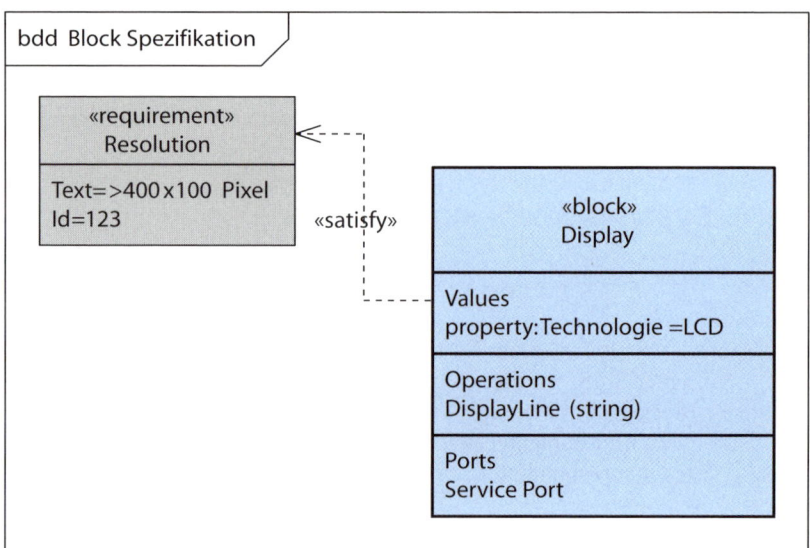

Die Spezifikation der Systemanforderungen erfolgt, wie in der Abbildung
4.13 angedeutet, direkt im Modell. Hierzu wird ein eigener Ordner geschaffen (System Spec), welcher nur Beschreibungen von Leistungsmerkmalen
beinhaltet. Ein Leistungsmerkmal oder eine Schnittstellenbeschreibung wird
hier als Systemanforderung bezeichnet. Mit einem *Trace-Link* wird definiert, durch welches Element innerhalb der Struktur des Lösungsentwurfs
eine Systemanforderung erfüllt wird. Eine solche Anforderung kann textuell in der klassischen Form „Das System soll ..." oder durch einen Link auf
eine grafische Darstellung (Aktivitäts- oder Zustandsdiagramm) innerhalb
der Struktur spezifiziert werden. Umgekehrt muss jedes Element in der Struktur entweder textuell beschrieben oder sich durch einen *Satsify-Link* auf eine
Anforderung beziehen. Die Erfüllung einer Anforderung kann beispielsweise
im Spezifikationsdiagramm eines Blocks sichtbar gemacht werden, in Form
von Textboxen oder Kommentaren. So muss in der folgenden Abbildung der
Betrieb in einem bestimmten Temperaturbereich in der Regel von allen Komponenten erfüllt werden.

4.7 SysML in der Architektur

Wir haben da und dort bereits über die Möglichkeit diskutiert, die Modellierungssprache SysML über das eigentliche Einsatzgebiet auch in der Architektur beliebiger Systeme einzusetzen. UML, das wissen wir bereits, entstammt der Modellierung objektorientierter Programme und eignet sich vor allem für den Entwurf von einzelnen Softwarekomponenten. Komplexe Systeme wie der Verbund unzähliger Applikationen, Datenbanken und Kommunikationsdienste lassen sich nur schwer mit UML darstellen, zumal eine eigentliche Dekomposition nur bedingt abzubilden ist. SysML vermag diese Lücke zu füllen und stellt eine ideale Ergänzung zu den bereits bekannten Notationen dar, die Architektur aus einem Verbund von Applikationen abzubilden. Dabei liegt der Fokus auf den Schnittstellen zwischen den Systemen und deren Bausteinen sowie der schrittweisen Zerlegung des betrachteten Gesamtsystems in seine, für die jeweilige Betrachtung relevanten Bausteine. Die Alternative, den physischen Datenfluss und die Bereitstellung von logischen Services im gleichen Diagramm zu dokumentieren, ist für viele anschaulicher als eine auf die Programmierung ausgerichtete, allgemeingültige Sprache wie UML. Es sind ja gerade die Kommunikationspfade zur Übermittlung der einzelnen Meldungen, die aus der Sicht der Architektur interessieren.

Fokus auf Schnittstellen

Der zweite wichtige Aspekt ist die Dekomposition, also das schrittweise Zerlegen eines Bausteins in seine Bestandteile und die Mitführung der Schnittstellen von einer Stufe auf die nächste, darunterliegende Ebene. Jede Ebene bzw. jeder Block einer Ebene lässt sich unabhängig von allen anderen Blöcken betrachten und implementieren. UML bietet zwar über Pakete und den Einsatz von entsprechenden Entwurfsmustern wie die Fassade ähnliche Möglichkeiten der Dekomposition. Es fehlt jedoch die aus den klassischen Datenflussdiagrammen bekannte, hierarchische Zerlegung eines Elements in seine Bestandteile unter gleichzeitiger Mitnahme seiner Ein- und Ausgänge. Zudem wird durch das Zusammenfassen der aus UML bekannten Pakete, Komponenten, Knoten und Klassen zum generischen Typ des Blocks eine bewusste mentale Trennung zwischen Lösungsentwurf und Implementation erreicht. Ob ein Block letztendlich einen Namensbereich eines Pakets, eine verteilbare Komponente, ein System oder gar eine Klasse einer spezifischen Programmiersprache repräsentiert, muss nicht bereits in einem frühen Stadium des Entwurfs festgelegt werden.

Hierarchische Dekomposition

Zusicherungen und die Verlinkung der Anforderungen mit dem Ort ihrer Erfüllung eröffnen neue Wege, die Qualität eines Modells auch dann zu garantieren, wenn ständige Änderungen von Anforderungen und Rahmenbedingungen die Norm sind. Die Verbindungen zwischen dem Entwurfsmodell und Werkzeugen zur Verwaltung der Anforderungen mögen zwar noch in den Kinderschuhen stecken und für etliche Mehrarbeit sorgen, doch ist dies der richtige Weg. Verletzungen des Systementwurfs durch Änderungen in den Anforderungen oder durch den Entwurf nicht adressierter Forderungen lassen sich so automatisch erkennen. Die Zusicherungen ihrerseits

Zusicherungen und Anforderungen

garantieren, dass durch mathematisch formulierbare Abhängigkeiten zwischen Eigenschaften verschiedenen Komponenten kein ungewollter Widerspruch entsteht.

Verschiedene Hersteller von Werkzeugen zur Kartografie von unternehmensweiten IT-Systemen verwenden ähnliche Konzepte wie SysML, legen jedoch stärker fest, welche Fragen Blöcke spezifischer Ebenen zu beantworten haben, beispielsweise, wer fachlich für die Applikation verantwortlich ist, welche grundlegenden Technologien eingesetzt werden, die aktuelle Version oder das Alter der Applikation.

4.8   Zusammenfassung

Die Notation UML hatte die Modellierung von objektorientierten Programmen bestehend aus Klassen, deren Operationen und Attributen im Fokus. Eine solche Welt besteht aus unzähligen, in sich eigenständigen Minisystemen, den Klassen. Diese kollaborieren zu größeren Verbünden und letztlich zum geforderten System. Außerhalb der Softwareentwicklung, gerade in der Architektur und dem Entwurf von komplexen Produkten, bestehend aus Hard-, Software und Mechanik, erwies sich die reine Lehre objektorientierter Systeme als wenig zweckmäßig. Es bedurfte einer eigenen Sprache, in der die schrittweise Dekomposition in immer kleinere Komponenten und deren Schnittstellen im Vordergrund stand. Mit SysML wurde eine auf UML basierende Notation geschaffen, welche dieser Forderung nachkommt. Statt von Klassen und Objekten handelt SysML von Blöcken und Parts. Blöcke sind Bausteine beliebiger Art, welche durch ihre mechanischen wie logischen Schnittstellen, Regeln, Merkmale und durch sie bereitgestellten Funktionalitäten beschrieben sind. Jeder Block lässt sich auf der nächsten Ebene in seine eigenen Bestandteile zerlegen, wobei die Schnittstellen und Operationen des Blocks auf seine Parts aufgeteilt werden. In Bezug auf diese hierarchische Zerlegung und die Konzentration auf den Meldungsfluss über Schnittstellen eignet sich SysML besser als UML für die Beschreibung von System- und Softwarearchitekturen.

4.9   Weiterführende Literatur

(Weilkiens, 2006) Als ich für die Entwicklung medizinischer Geräte eine neue Methode einsetzen wollte, fand ich mit SysML die ideale Entsprechung. Tim Weilkiens Buch und er selbst waren neben der offiziellen Beschreibung der Syntax von OMG unsere einzige Quelle. Inzwischen in der zweiten Auflage bietet es eine umfassende und gut verständliche Einführung in SysML.

(Friedenthal, Moore & Steiner, 2008) Einige Jahre später erschienen auch auf dem amerikanischen Kontinent die ersten Bücher über SysML, darunter auch jenes von Stanford Friedenthal und seinen Kollegen. Es ist eine ausgezeichnete Einführung in die Sprache SysML und in den modellbasierenden Ansatz eines System-Engineering.

Architekturbegriff

*Wie viele Trugschlüsse und Irrtümer gehen auf Kosten der Wörter
und ihrer unsicheren oder missverstandenen Bedeutung. (John Locke)*

Bevor wir mit dem eigentlichen Architekturentwurf beginnen, sollten wir
uns einig sein, wovon wir sprechen. Ein selbstverständlicher Anspruch, wollen wir uns doch die nächsten Seiten darüber unterhalten, was die Ingredienzien der Architekturkunst sind. Die Zutaten, aber zu was? Die Begriffe
Architektur und Architekt werden heute für die unterschiedlichsten Belange
verwendet, manchmal auch missbraucht. Deshalb beginnt das Buch den
zweiten Teil, jenen der Methoden, mit einer Klärung der Termini Architektur
und Architekt, bevor wir uns in den nachfolgenden Kapiteln dem eigentlichen Thema zuwenden.

5.1   Definition

In der ursprünglichen Bedeutung des Wortes Architektur lagen die Kunst und **Herkunft**
das Wissen von Zimmerleuten und Baumeister. Die Architektur beschäftigt sich
mit dem Entwerfen wie auch dem Gestalten von Dingen und verbindet damit
den Schaffungsprozess mit der Technik. Die klassische Architektur der Baukunst
setzte sich mit den Wechselwirkungen von Mensch, Zeit und Raum auseinander.
Die Architektur sollte den ästhetischen wie auch funktionellen Anforderungen
der Moderne genügen. Eine solche Architektur verstand sich als Ausdrucksspra-
che und war damit einem gewissen Zeitgeist unterworfen. Die wohlwollende
Architektur ist nicht nur zweckmäßig, sondern auch schön im Empfinden einer
ausgewogenen Harmonie. Im übertragenen Sinne steht die Architektur für die
strukturelle Beziehung von materiellen und ideellen Elementen zu einem Ganzen. Damit befreite sich der Begriff aus dem Korsett der Baukunst und wurde
fortan auf die unterschiedlichsten Bereiche wie Politik, Unternehmensstruktur
und eben auch Software angewendet. Als Folge davon verwässerte sich der
Begriff Architektur und die Abgrenzung zu den benachbarten Tätigkeitsfeldern.
Eine Klärung gerade in Bezug auf die Softwareentwicklung ist notwendig und
unabdingbar, wollen wir uns fortan über die Architektur unterhalten.

Definition Der Versuch, aus dieser Herkunft des Architekturbegriffs die Bedeutung für die Software abzuleiten und in wenige Worte zu fassen, ist immer eine Gratwanderung zwischen Prägnanz und wenig verständlichen Allgemeinaussagen. Als erste grobe Näherung lässt sich die Architektur auf die elementare Struktur, Prinzipien und Interaktion untereinander und gegenüber der Umwelt zusammenfassen. In der Software ist die Architektur die grundlegende Organisation eines Systems, verkörpert durch seine Komponenten und deren Interaktionspfade nach innen wie nach außen. Sie spiegelt dabei die Prinzipien und wichtigen Designentscheide wieder, nach denen das System entworfen wurde. Die Architektur fokussiert sich im Gegensatz zum Softwaredesign auf die für die Lösung signifikanten Elemente und deren Einbettung in die umliegenden Systeme. Eine klare Abgrenzung zum Softwareentwurf ist nicht immer möglich, sind doch die Grenzen zwischen Architektur und Design fließend. Es liegt im Ermessen des Betrachters, diese Grenzen zu ziehen und Design von der eigentlichen Architektur zu trennen. Auch wenn dieses Buch eine klare Trennung zwischen den beiden Disziplinen fordert, lassen sich die Fragen, denen sich ein Architekt zu stellen hat, auch auf das Softwaredesign anwenden. Dies gilt umso mehr für die im Folgenden vorgestellten Methoden. Doch zurück zum Begriff Architektur. Die Autoren Mary Shaw und David Garlan (Shaw & Garlan, 1996) definierten den Architekturbegriff sehr treffend wie folgt:

> *Abstractly, software architecture involves the description of elements from which the system is built, interaction among those elements, patterns that guide their compositions, and constraints on those pattern. In general, a particular system is defined in terms of a collection of components, and interaction among those components.*

Die Softwarearchitektur adressiert Themen wie die Kapslung der Daten, die Aufteilung in Komponenten und Programme, deren Zusammenspiel in Form von Prozessen und dem Datenzugriff sowie die Interaktionen gegenüber Drittsystemen. Sie bildet das Fundament für den Detailentwurf und stellt die Integration in das übergeordnete Gesamtsystem sicher. Es gibt nicht *die* richtige Architektur. Eine Architektur muss immer auf Basis der geforderten Qualitätsattribute und der verfügbaren Ressourcen entworfen werden. In erster Linie bestimmt der Zweck der Lösung die grundlegende Richtung der Architektur, doch im Zentrum steht die Beantwortung der Qualitätsanforderungen und der langfristigen Ausrichtung an heute noch nicht bekannten Bedürfnissen. Die Architektur definiert das Fundament oder die Struktur des zukünftigen Systems, dessen grundsätzliches Verhalten und folgt dabei elementaren Prinzipien. Der Standard IEEE 1471 versucht letztlich, diese Begriffe rund um die Architektur in Bezug zu setzen und Klarheit für die spätere Besprechung zu schaffen.

5.1.1 Architektur definiert Struktur

Die Architektur einer Software wird aus statischer Sicht durch seine Struktur bestehend aus Subsystemen, Komponenten und Modulen definiert. Dabei fokussiert sich die Architektur auf die signifikanten Elemente. Auf Elemente, die entscheidend für das Verstehen und Funktionieren des Systems als Ganzes sind. Sie blickt dabei von außen auf das System und erklärt anhand der Beschaffenheit dessen Funktionsweise. Diese Beschaffenheit wird durch seine Subsysteme, Prozesse, Bibliotheken, Datenbanken, Standardkomponenten und Schnittstellen zu den Umsystemen beschrieben. Die Größe und der Umfang wie auch die Verantwortlichkeit der einzelnen Elemente hängen dabei von der jeweiligen Betrachtungsebene ab. Auf der Ebene von Unternehmensarchitekten sind die Elemente beispielsweise Geschäftsprozesse, auf der Systemebene Applikationen oder gar Applikationsverbunde und auf der Ebene einzelner Softwaresysteme sind es Komponenten, Datenbanken und Kommunikationsprotokolle.

Die Architektur beschäftigt sich im Allgemeinen nicht mit dem inneren, feinkörnigen Aufbau von Komponenten wie Klassen und Datenstrukturen. Dies ist Sache des Softwaredesigns. Die Architektur verleiht der geforderten Funktion eine Form und kommuniziert für alle verständlich einen groben Lösungsentwurf. Architektur ist vor allem ein Kommunikationsmittel, indem es ein Modell des späteren Systems aus dem Blickwinkel verschiedener Stakeholder liefert. Die Softwarearchitektur ist vergleichbar mit einem Stadtplan. Hier interessiert nicht, wie die einzelnen Häuser und Gebäude im Detail aussehen oder betrieben werden. Der Fokus liegt im Zusammenspiel der Elemente, verbunden durch Kommunikationswege wie Straßen, Eisenbahnlinien und Abwasserkanäle. Wie der Stadtplaner so beschäftigt sich der Softwarearchitekt nicht damit festzulegen, wie die einzelnen Elemente letztlich gebaut werden. Er interessiert sich aber sehr wohl für den Aufbau einer gemeinsamen Infrastruktur und von Verbindungswegen, die das Funktionieren des Systems als Ganzes gewährleisten. Die Struktur der Architektur ist hierbei Orientierungshilfe.

Architektur ist vergleichbar mit einem Stadtplan

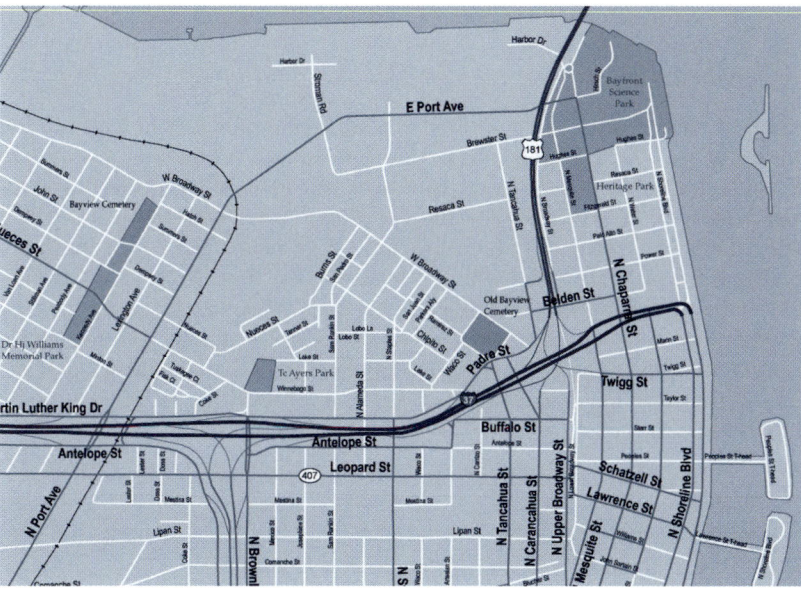

Abbildung 5.1
Stadtkarte

5.1.2 Architektur folgt Prinzipien

Prinzipien sind Leitsätze

Architektur baut auf grundlegende Prinzipien wie Abstraktion, Modularität und Kopplung. Den Prinzipien ist gemeinsam, dass sie beabsichtigen, die Komplexität von Systemen durch Vereinfachung zu reduzieren. Vereinfachen heißt, die simpelste Lösung für ein Set von Anforderungen zu finden. Eine solche Lösung kann immer noch komplex sein, jedoch nicht komplizierter als für die jeweilige Problemstellung notwendig. Es ist der einfachste Weg, die geforderten Bedürfnisse zu erfüllen. Dies ist eine nicht zu unterschätzende Aufgabe und erfordert sowohl gegenüber Auftraggeber wie auch Programmierer einiges an Mut und Stehvermögen. Wieso soll es nicht die neueste Technologie sein, das Produkt eines anderen Herstellers oder zusätzliche, dem Systemzweck nicht dienliche Funktionen? Nichts gegen Fortschritt, doch jeder Fortschritt hat seinen Preis. Es braucht aber auch Mut, notwendige, längst überfällige Veränderungen in die Wege zu leiten, obwohl heute niemand ein offenes Ohr hierfür hat. Systeme brauchen Jahre zur Entwicklung und konzeptionelle Änderungen benötigen Jahrzehnte. Wir müssen uns bereits jetzt Gedanken über die ferne Zukunft machen und unangenehme Wahrheiten ansprechen.

Neben diesen Prinzipien oder Geboten einer guten Softwarearchitektur sollten Designentscheide auf der Basis von elementaren Architekturmustern, Referenzarchitekturen und erprobten Lösungsansätzen basieren. Diese Muster oder Pattern bieten etablierte Lösungsstrategien für ein bestimmtes Set von Anforderungen. Jedes dieser Entwurfsmuster folgt dabei den zuvor beschriebenen Prinzipien und sorgt damit automatisch für eine verbesserte, einfachere Architektur. Die überschwängliche Begeisterung für Patterns und der Versuch, jede Designentscheidung darauf zurückführen zu wollen, sind genauso falsch wie diese nicht in Betracht zu ziehen. Muster und Lösungsansätze sind Werkzeuge für einen guten Softwareentwurf und ein Fundus von Ideen. Sie verbieten es jedoch nicht, eigene Wege zu beschreiten.

Architektur folgt einer bestimmten Notation

Die Architektur bzw. deren Dokumentation folgt auch einer bestimmten Notation und basiert auf einem standardisierten Vorgehen. Zu diesem Vorgehen gehört, aus welchen Blickwinkeln eine Architektur beschrieben wird und welche Aspekte dabei angesprochen werden. Aber auch, wie eine Architektur dokumentiert und gegenüber den Anforderungen verifiziert wird. Trotz des hohen Anspruchs an eine Architektur ist ein einfaches, aus möglichst wenigen Elementen bestehendes Vorgehen zu wählen. Die Architektur dient dem Verstehen und ist keine Wissenschaft, mit deren Anwendung der Erfolg garantiert ist. Deshalb richtet sich die Beschreibung einer Architektur in erster Linie an die zu adressierende Leserschaft.

5.1.3 Architektur beschreibt Verhalten

Auch die Baukunst kann kaum ein Objekt nur aus dem Wissen seiner statischen Perspektive unter Berücksichtigung der dortigen Prinzipien bauen. Ein Gebäude dient einem Zweck, einem Zweck wie darin zu wohnen oder zu arbeiten. Der Zweck summiert sich aus dem dynamischen Verhalten. So impliziert das Wohnen eine Heizung, die sich einschaltet, wenn eine bestimmte Temperatur unterschritten wird, oder dass uns der Lift in die oberen Stockwerke befördert. Die Architektur hat aufzuzeigen, wie sich die gewählte Lösung bei solchen Szenarien verhält und durch das Zusammenspiel ihrer Komponenten den Anforderungen genügt. Denn die beste Lösung nützt nichts, wenn sie den eigentlichen Zweck nicht erfüllen kann.

Verhalten erklärt die Funktionsweise einer Lösung

In der Architektur von Softwaresystemen ist der dynamische Aspekt weniger offensichtlich als der statische. Mag die statische Struktur für viele Beteiligten noch verständlich sein, so bereitet die Darstellung des zeitlichen Verhaltens der Komponenten und das der Subsysteme oft mehr Kopfzerbrechen. Gerade das dynamische Verhalten aus verschiedenen Perspektiven und unter veränderten Bedingungen zu modellieren, ist zeitweilig keine einfache Sache. Der parallele Betrieb unter Laufzeitbedingungen, die Reaktion des Systems auf äußere Ereignisse und das komplexe Zusammenspiel der Komponenten bringen eine vierte Dimension, die Zeit, ins Spiel. Genau dieses dynamische, oft nicht vollständig abschätzbare Verhalten verlangt viel Erfahrung und die Konzentration auf das Wesentliche.

Das Verhalten einer Architektur lässt sich grundsätzlich aus zwei Sichtweisen beschreiben. Erstens aus der Sicht der einzelnen Komponenten, indem die inneren Abläufe und Zustandsänderungen betrachtet werden, wobei ausschließlich das betrachtete Subsystem oder eine einzelne Komponente interessiert. Die zweite Sichtweise folgt dem Pfad einer Meldung durch das System. Das heiß, es wird das Zusammenspiel aller Komponenten an der Verarbeitung eines Ereignisses dargestellt. Ein solches Ereignis kann der Aufruf eines Systemservices oder die Reaktion auf eine Benutzeranfrage sein.

Verhalten beschreibt eine einzelne Komponente wie auch deren Zusammenspiel

5.1.4 IEEE 1471

Verschiedene Normierungsgremien bemühen sich, die Architektur und deren Beschreibung als Metamodell zu definieren. Der Standard IEEE 1471 ist einer davon, welcher es wert ist, besprochen zu werden. Dieser Standard ist eine Sammlung von empfohlenen Praktiken zur Beschreibung der Softwarearchitektur. Dabei konzentriert sich diese Norm vorerst nur auf eine einheitliche Benennung der Elemente einer Softwarearchitektur und der Aufzählung der relevanten Punkte einer Architekturdokumentation. Das konzeptionelle Framework des Standards setzt dabei die einzelnen Elemente zueinander in Beziehung.

Offizieller Standard für die Architekturdokumentation

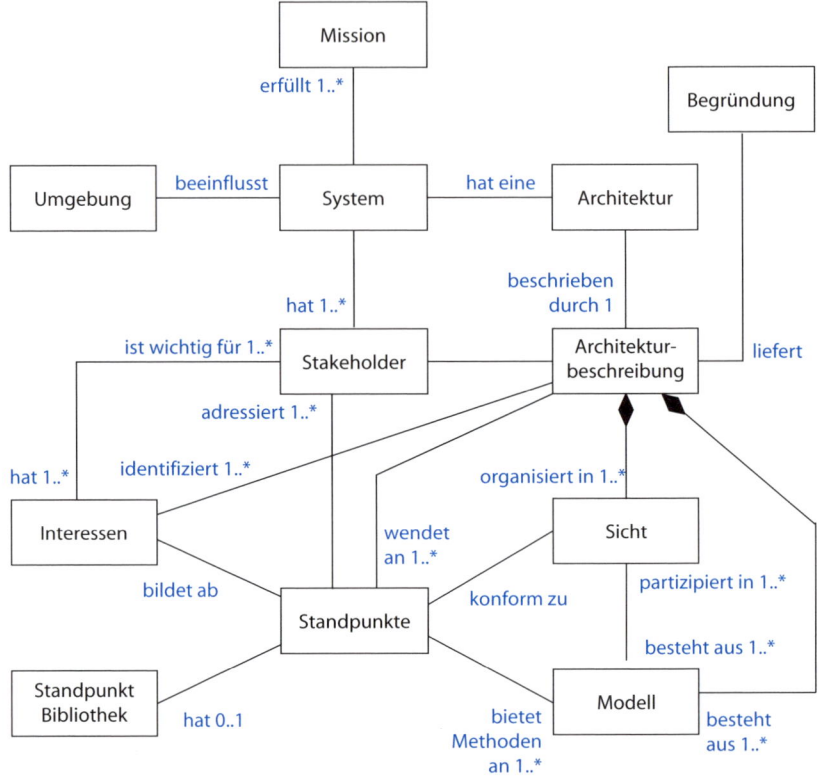

Abbildung 5.2 zeigt die Schlüsselelemente des konzeptuellen Modells für die Beschreibung einer Architektur. Es ist ein Metamodell zur Festlegung des Architekturmodells. Wie das Metamodell MOF die Elemente von UML definiert, so legt der IEEE-1471-Standard die Elemente einer Architekturbeschreibung fest. Diese Empfehlungen sind inzwischen in den ISO-42010-Standard übernommen worden, was der Bedeutung dieses Ansatzes zusätzliches Gewicht verleiht. Das Framework besteht aus folgenden Elementen:

- *System*: das, was es gilt, mit der Architektur zu beschreiben. Was genau ein System jedoch ist, hängt wie so oft von der jeweiligen Betrachtung ab. Ein System kann eine Organisation, eine Applikation oder ein einzelner Service sein.

- *Mission*: Die Mission artikuliert mit wenigen Worten, wozu das System dient. Es beinhaltet die hauptsächlichen Features und das eigentliche Ziel, dem es genügen sollte.

- *Umgebung*: Das System ist Teil eines höheren Systems, mit welchem es sich austauscht. Dabei sind die Interaktionen und deren Schnittstellen zur Umgebung zu benennen und darzulegen, wie die Umgebung das System beeinflusst.

- *Architektur*: Jedes System hat eine Architektur, ob nun dokumentiert oder nicht. Die Architektur ist eine Konzeption des Systems. Durch die Architekturbeschreibung wird eine mögliche Architektur dokumentiert, das heißt schriftlich formuliert.

- *Architekturbeschreibung*: Die Architekturbeschreibung (AD) ist der eigentliche Sinn des Standards. Eine AD ist eine Sammlung von Artefakten mit unterschiedlichem Inhalt wie: Identifikation der Stakeholder, Architekturkonzept, Standpunkte, Sichten und Modelle.

- *Standpunkt*: Ein Standpunkt ist eine Übereinkunft oder Konvention, wie eine bestimmte Sicht konstruiert, interpretiert und analysiert wird. Dabei werden Methoden, Notationen und Analysetechniken definiert, um ein oder mehrere Interessen der Stakeholder zu erfassen und zu beschreiben.

- *Sicht*: Eine Sicht repräsentiert das ganze System aus einer gewissen Perspektive und adressiert dabei bestimmte Interessen. Jede Sicht ist dabei genau zu einem Standpunkt konform.

- *Standpunkt Bibliothek*: Dies sind wiederverwendbare, vordefinierte Standpunkte, die systemunspezifisch sind. Solche vordefinierten Standpunkte ermöglichen es über das jeweilige Projekt hinaus, eine einheitliche Anwendung und damit vergleichbare Architekturdokumentationen zu erhalten.

- *Stakeholder*: Interessensgruppen, Organisationen oder Einzelpersonen. Stakeholder haben spezifische Interessen am System. Beispiele für Stakeholder sind: Architekt, Designer, Kunde, Anwender, Betreiber, Staat als Regulator und viele mehr.

- *Interesse*: Ein Interesse stellt einen spezifischen Aspekt dar, an dem ein Stakeholder interessiert ist. Dabei ist ein Interesse im Sinne des *Separation-of-Concern*-Prinzips gemeint, also Features oder bestimmte Belange wie die Korrektheit eines Systems, die Performance, Sicherheit oder Datenhaltung, um nur einige davon zu nennen.

- *Begründung*: Gründe für einzelne Designentscheide. Im Nachhinein ist es ohne diese Argumente schwierig nachzuvollziehen, weshalb bestimmte Lösungen verworfen oder gewisse Standpunkte nicht beleuchtet wurden.

- *Modelle*: Eine Architektur kann aus mehreren Modellen bestehen. Jedes Modell kann dabei verschiedene Modellierungssprachen verwenden, um damit spezifische Interessen adäquat adressieren zu können.

Im Gegensatz zu anderen Ansätzen wie jene von Kruchten, Clements oder Hofmeister definiert der IEEE 1471 kein fixes Set von Standpunkten oder Sichten, aus deren Blickwinkeln ein System zu beschreiben ist. Trotzdem ist das konzeptionelle Framework oder Metamodell einer Architekturbeschreibung ein nützliches Instrument, die Elemente einer Architektur zueinander in Beziehung zu setzen und damit etwas Ordnung in den Dschungel von Begriffen zu bringen. So macht der Standard klar, dass eine Architekturbeschreibung eine mögliche Architektur unter Verwendung verschiedener Modelle dokumentiert. Die Modelle beschreiben eine bestimmte Sicht auf das System. Die für uns wichtigste Unterscheidung ist jene zwischen Standpunkt und Sichten, die in der Literatur nicht einheitlich angewendet wird.

Abbildung 5.3
Standpunkt und
Sichten nach IEEE

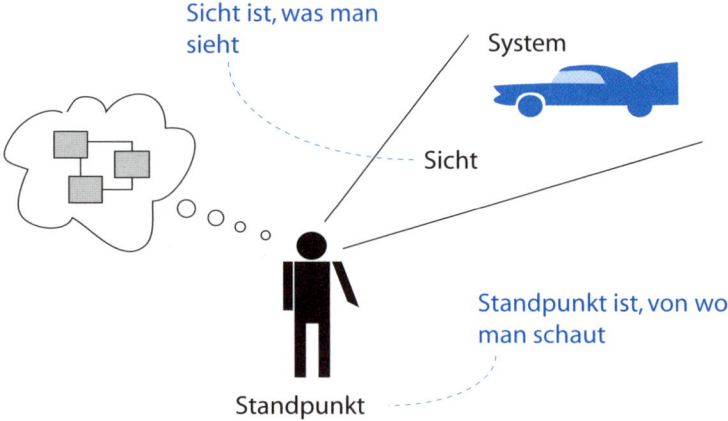

Standpunkte und Sichten

Ein Standpunkt besagt, von wo man schaut beziehungsweise welcher Blickwinkel einzunehmen ist, um einen bestimmten Aspekt eines beliebigen Systems wahrzunehmen. Die Sicht ist dann das, was von einem bestimmten System aus der Perspektive eines Standpunkts gesehen wird. Dabei legt der Standpunkt fest, mit welcher Methode und welchen Modellen welche Teilaspekte eines Systems zu betrachten sind. Ein Teilaspekt adressiert spezifische Interessen der Stakeholder. In den Worten der Objektorientierung entspricht der Standpunkt der Klasse und eine Sicht ist das Objekt oder die Instanz einer solchen Klasse. So definiert der Grundriss in der klassischen Architektur einen Standpunkt, der auf jedes Gebäude anwendbar ist und eine konkrete Sicht darauf liefert. So liefert der Grundriss meiner Bleibe sicher eine etwas andere Sicht als die meines Nachbarn.

Sicht im Sinne einer Ansicht

Architekten – auch ich selbst – verwenden den Begriff Sicht oft im Sinne eines Standpunkts. Die Bezeichnungen sind womöglich etwas unglücklich gewählt worden. Vielleicht sollten wir statt der Sicht eher von einer Ansicht sprechen, welche eher das zum Ausdruck bringt, etwas Spezifisches aus einem Standpunkt zu sehen.

5.2 Architektur ist ein Kompromiss

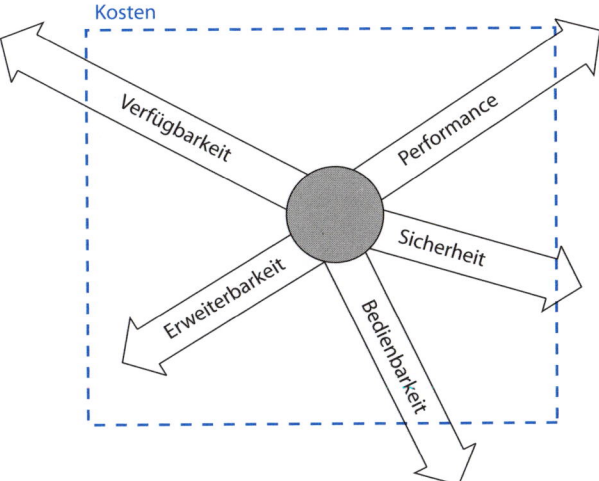

Abbildung 5.4
Beispiel eines Architekturkompromisses

Die Architektur ist das Ergebnis eines akzeptablen und zahlbaren Kompromisses zwischen den – oft gegenläufigen – Qualitätsattributen. So wirkt sich zum Beispiel eine erhöhte Sicherheit negativ auf Performance sowie Bedienbarkeit aus und die Verbesserung der Performance auf die Erweiterbarkeit durch die Schaffung von Redundanzen. Die richtige und ausgewogene Berücksichtigung der Qualitätsattribute bildet ein Hauptaugenmerk der Architektur. Im Lösungsentwurf sind sodann Kompromisse einzugehen und die Qualitätsanforderungen nach ihrer Wichtigkeit gegeneinander aufzuwiegen. Dabei bildet der Kostenrahmen die entscheidende Größe, inwieweit die Architektur letztlich den einzelnen Anforderungen genügen kann. Die gewählte Architektur entscheidet damit in hohem Masse über deren Erfüllungsgrad; heute wie auch morgen. Gerade das Miteinbeziehen zukünftiger Entwicklungen im Hinblick auf die geforderte Qualität ist ein wichtiger Erfolgsfaktor eines einmal gewählten Lösungsansatzes. Bei einer abschließenden Architekturbewertung geht es dann darum, herauszufinden, ob diese *Tradeoffs* oder Kompromisse den relevanten Qualitätsanforderungen noch zu genügen vermögen und die entworfene Architektur zweckmäßig ist.

Architektur ist ein akzeptabler Kompromiss zwischen gegenläufigen Anforderungen

5.2.1 Qualitätsattribute

Bei Qualitätsattributen handelt es sich um Basisanforderungen, die in der Regel implizit erwartet werden und bei deren Absenz der Anwender unbefriedigt ist. Es ist in der Regel nicht das Fehlen einer bestimmten Funktion oder eines Features, sondern die nicht fehlerfreie Ausführung, die ein Ärgernis für den Benutzer darstellt. So mag vielleicht das Fehlen einer bestimmten Zahlungsart in einem Online-Shop unschön oder ärgerlich sein, die nicht fehlerfreie Abwicklung der angebotenen Zahlungsformen stellt jedoch ein großes Problem dar.

Abbildung 5.5
Qualitätsattribute

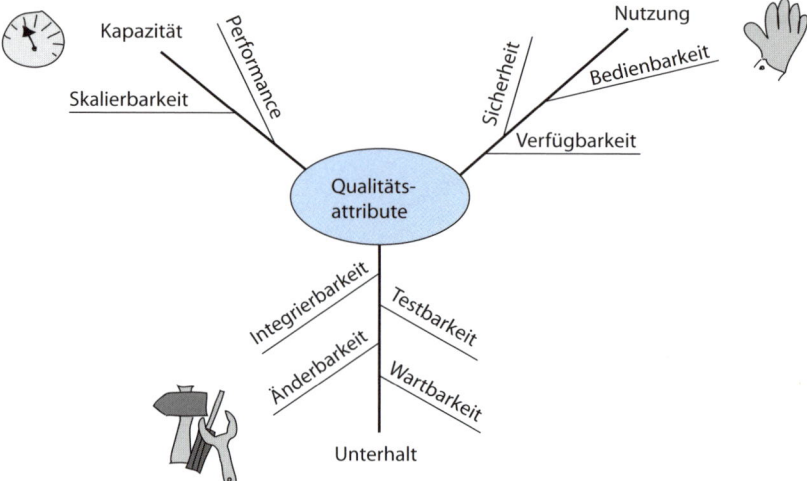

Die Qualitätsattribute lassen sich, wie aus dem Mindmap der Abbildung 5.5 ersichtlich, in die drei Gruppen Kapazität, Nutzung und Unterhalt unterteilen. Die Kapazität nennt die Ansprüche an eine wachsende Systemlast, die Nutzung die Qualitätsansprüche in Bezug auf deren Einsatz und die Gruppe des Unterhalts alle jene Aspekte, welche den Betrieb und die Weiterentwicklung betreffen.

Performance

Performance definiert Durchsatz und Antwortzeiten

Das Qualitätsattribut Performance erhält immer die größte Aufmerksamkeit, obwohl es das am besten kontrollierbare und messbare Attribut ist. Eigentlich dürfte das Thema Performance heute kein Problem mehr darstellen. Die Möglichkeiten, die Leistung einer Applikation zu steigern, sind vielfältig und deren Zusammenhänge sind meistens bestens bekannt. Trotzdem kommt es gerade in der Anfangsphase einer neuen Software hier oft zu bösen Überraschungen. Die Entwicklung fand im lokalen Netz mit wenigen Datensätzen statt und muss nun durch allerlei Firewalls und Verschlüsselungen über entfernte Verbindungen kommunizieren oder die Tests wurden mit einem Bruchteil der Daten durchgeführt. Aber auch in der Spezifikation der noch akzeptablen Antwortzeiten überlässt man vieles dem Zufall, indem die Grenzen des noch Annehmbaren nicht oder nicht messbar genannt werden. Dennoch stellt die Performance das kleinste Risiko aller Qualitätsattribute dar, auch wenn es das Erste ist, was ein Benutzer feststellt.

Durchsatz

Die Performance manifestiert sich als Durchsatz und Antwortzeit. Der Durchsatz definiert, welche Arbeitslast in einer bestimmten Zeit zu bewältigen ist. So definiert der Durchsatz bei einem Netzwerk die Menge der Daten, die pro Sekunde mindestens zu übermitteln sind. Beim Spezifizieren des Durchsatzes ist die Tages- oder Wochenzeit einzubeziehen. Es macht einen relevanten Unterschied, ob eine bestimmte Last während der allgemeinen Bürostunden oder zu Randzeiten zu verarbeiten ist. Es wäre aber unsinnig, sporadisch auftretende Spitzen über denselben Kamm zu brechen. Ein System sollte für eine akzeptable, durchschnittliche Last konzipiert werden. Doch keine Regel ohne Ausnahme, Echtzeitsysteme erfordern im Allgemeinen eine definierte Leistungsfähigkeit über die ganze Bandbreite auch zu Spitzenzeiten. Hier hat das zukünftige System ein deterministisches Antwortzeitverhalten zu garantieren.

Die Antwortzeit oder auch Latenz genannt ist die Zeit zwischen Anfrage und Antwort. Kurze Antwortzeiten ermöglicht in der Regel eine effizientere Arbeitsweise des Benutzers. Die gesamte Zeit einer Tätigkeit jedoch alleine von der Antwortzeit einzelner Transaktionen abhängig zu machen, greift zu kurz. Die Usability, also die Bedienbarkeit eines Geräts oder einer Software wie auch die Erfahrung des Anwenders beeinflussen die gefühlte Performance eines Systems wesentlich. Trotzdem hängt die Akzeptanz eines Systems stark vom Antwortzeitverhalten einer Applikation ab. Eine noch so ergonomische und moderne Oberfläche mag nicht über die oft zitierten Lieferfristen eines Systems hinweg trösten. Obgleich auch die Benutzerführung zur subjektiv wahrgenommenen Langsamkeit beiträgt. Antwortzeiten von mehreren Sekunden werden in der Regel erst zum Ärgernis, wenn der Benutzer im Unklaren darüber gelassen wird, ob das System nun etwas macht oder nicht. Bereits eine Sanduhr oder ein Fortschrittsbalken schafft hier Klarheit.

Antwortzeit

Skalierbarkeit

Skalierbarkeit ist ein Maßstab dafür, wie gut ein System seine Aufgaben noch zu lösen vermag und an neue Gegebenheiten angepasst werden kann, wenn die Größe des Problems zunimmt. Kann beispielsweise einer anwachsenden Last durch zusätzliche Benutzer oder einer Zunahme des Datenbestands nur mit zusätzlicher Hardware begegnet werden, ohne nennenswerte Performanceeinbußen in Kauf zu nehmen. Generell lässt sich zwischen horizontaler und vertikaler Skalierbarkeit unterschieden. Horizontal erfolgt die Skalierung durch Verteilen der Last auf mehrere, identische Rechner; vertikal wird der Server durch zusätzliche Hardware wie Speicher und CPU leistungsfähiger gemacht. Beide Möglichkeiten müssen bereits in der Architektur mitberücksichtigt werden. Eine horizontale Skalierung bedarf des gleichzeitigen Betriebs mehrerer Instanzen einer Applikation und einer geeigneten Lastenverteilung. So stellt eine Webfarm ein Konzept dar, dieselbe Webapplikation auf beliebig vielen Rechnern gleichzeitig zu starten und die eingehende Anfrage auf die als nächst verfügbare Instanz weiterzuleiten. Dies verlangt nun beispielsweise die Speicherung von temporären Daten innerhalb einer Session auf einer gemeinsamen Datenablage. Bei der vertikalen Skalierung sollte die Applikation fähig sein, die zusätzlichen Prozessoren zu nutzen. Dies erfordert, eine Software bereits im Entwurf in parallel ausführbare Programmfäden aufzuteilen. Skalierbarkeit verlangt auch einen sensitiven Umgang mit Ressourcen. Eine Datenbankverbindung oder eine Instanz eines Objekts sollte nur so lange bestehen wie unbedingt notwendig. Solche Versäumnisse sind oft Jahre später erst zu erkennen, wenn die Anzahl gleichzeitiger Benutzer oder der gesamte Speicherbedarf eine kritische Größe erreicht.

Skalierung ist die Fähigkeit, sich an wachsende Probleme anzupassen

Änderbarkeit

Reaktionszeit auf Unvorhergesehenes

Die Änderbarkeit ist ein Maß für die Erweiterbarkeit einer Software. Das Qualitätsattribut definiert, wie einfach und schnell eine Applikation auf sich verändernde Bedürfnisse zu reagieren hat. Eine eingebettete Software in einer Marssonde oder Waschmaschine hat andere Anforderungen an die Anpassfähigkeit als beispielsweise eine Geschäftsapplikation. Steht bei eingebetteter Software eher die Wiederverwendbarkeit in Form von Softwareproduktlinien im Vordergrund, so ist es bei Geschäftsapplikationen die Fähigkeit, flexibel auf nicht vorhersehbare Änderungen der Rahmenbedingungen und Geschäftsregeln reagieren zu können. Die Änderbarkeit hängt direkt vom Grad der Modularisierung und Stärke der Kopplung zwischen den einzelnen Modulen ab. Eine hohe Abhängigkeit führt zwangsläufig zu schwer erweiterbaren Systemen. Wie wir noch sehen werden, sollte der Entwurf die Elemente mit einer hohen Variabilität von solchen Elementen trennen, die in Bezug auf die Häufigkeit von Anpassungen stabil sind.

Auswirkung auf andere Qualitätsattribute

Bis zu einem gewissen Grad hängt die Fähigkeit aller anderen Qualitätsattribute, sich an neue Gegebenheiten anzupassen, auch vom Maß der Änderbarkeit ab. Eine ungenügende Performance oder erkannte Sicherheitslücken lassen sich dann rasch beheben, wenn der Code oder die Struktur des Programms an diese Umstände anpassbar ist, bestenfalls während der Laufzeit ohne Änderung des Quellcodes. Lässt sich eine Applikation nicht oder nur ungenügend an sich veränderte Bedingungen oder erkannte Mängel anpassen, bleiben leider nur der Gang zum Schafott und der Bau eines neuen Systems. Im Gegensatz zu einem gewöhnlichen Konsumgut wird eine Software nicht durch Abnützung unbrauchbar, sondern degeneriert durch laufende Codeänderung zur Erweiterungsunfähigkeit. Unveränderbarkeit heißt, nicht mehr mit vernünftigem Zeit- und Kostenaufwand anpassbar zu sein.

Evolution

Unter dem Begriff Evolution hat sich in der Informatik ein neues Feld eröffnet, welcher der Frage nachgeht, wie sich große Systeme und unternehmensweite Architekturen über die Zeit weiterentwickeln und an neuen Gegebenheiten ausrichten können. So ist beispielsweise das Konzept serviceorientierter Plattformen eine begrüßenswerte Entwicklung, birgt aber ähnliche Probleme wie die in der Vergangenheit entstandenen, siloartigen Applikationen. Wie soll ein Service, welcher bereits durch unzählige Systeme und Prozesse genutzt wird, um neue Anforderungen erweitert werden, ohne die bestehenden Verträge zu verletzen? Auch bei herstellerspezifischen Produkten und Standards sind ähnliche Überlegungen anzustellen.

Portabilität

Ein Teilaspekt der Änderbarkeit ist die Portabilität und damit die Fähigkeit, ein bestehendes System auf eine andere Software- oder Hardwareplattform zu portieren. Betraf dieser Aspekt in der Vergangenheit nur kommerzielle Produkte wie Editoren und Büroapplikationen, so nimmt die Portabilität auch für Geschäftsapplikationen an Bedeutung zu. Umgebende Systeme, Technologien und Plattformen ändern sich oft schneller als die Applikation selbst. Wurde bis jetzt eine Software nur für ein bestimmtes Betriebssystem geschrieben und für eine spezifische Hardware optimiert, so wird heute eine flexible Anpassung an sich veränderte Umgebungsvariablen gefordert. Dies ist sicher auch

mit ein Grund für die Rückkehr zu interpretierten, weitgehend plattformunabhängigen Sprachen wie Java und zu einem gewissen Teil auch .Net.

Wartbarkeit

Die Wartbarkeit definiert, wie einfach es ist, eine in Betrieb genommene
Applikation zu unterhalten. Hierzu gehören die Datensicherung und die Wiederherstellung, die Überwachung der Performance und die Verfügbarkeit des
Systems sowie das Reproduzieren von Fehlern. Ist beispielsweise der telefo-
nische Support in der Lage, ein geschildertes Problem nachzuvollziehen und
aus Sicht des Anwenders zu verfolgen? Die Wartbarkeit ist zusammen mit
der Änderbarkeit langfristig der bestimmende Kostenfaktor.

Wartbarkeit bestimmt Kosten des Betriebs

Testbarkeit

Dieses Qualitätsattribut fehlt in den meisten Aufzählungen, obwohl die Fähigkeit, die korrekte Funktionsweise eines Produktes zu beweisen, bereits während des Baus zu berücksichtigen ist. Dazu gehören nicht nur die Bereitstellung
von geeigneten Testdaten und das Durchführen von sogenannten Stresstests,
sondern auch die Durchführung von weitgehend automatischen Regressions-
tests. Im weitesten Sinn zählen hierzu auch die Möglichkeiten, einen Fehler-
fall durch entsprechende Aufzeichnungen oder Überwachung reproduzieren
zu können. Kein System wird fehlerfrei sein, egal wie viel Zeit Sie in dessen
Entwicklung und die Abnahmetests gesteckt haben. Deshalb ist eine lückenlose Rekonstruktion des Vorgangs, der zum Fehler geführt hat, unabdingbar.

Lässt sich die korrekte Funktions-weise beweisen?

Integrierbarkeit

Die Integrierbarkeit beschreibt, wie einfach es ist, ein neues Produkt oder die
Applikation in eine bestehende Systemlandschaft zu integrieren. Sind hierzu
spezifische Adapter notwendig, die inkompatible Schnittstellen verbinden,
oder bedarf es einer Datenmigration oder gar des Ersatzes bestehender Teile?
Generell kann zwischen zwei Formen von Integration unterschieden werden:
Datenintegration oder die Integration über eine programmierbare Schnittstelle (API). Die Integration über Daten ist in der Regel einfacher, jedoch mit
einer stärkeren Kopplung zweier Systeme verbunden.

Integration über Schnitt-stellen oder Daten

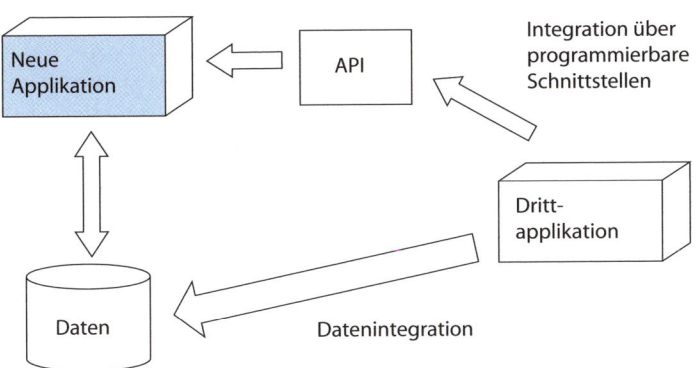

Abbildung 5.6
Integrationsmöglichkeiten

Verfügbarkeit

Verfügbarkeit ist die kritische Größe für den Endbenutzer

Die Verfügbarkeit definiert die absolute oder relative Zeit, in der eine Applikation für die Benutzung einsatzbereit sein muss. Bei Büroautomationssoftware mögen die normalen Arbeitszeiten genügen, bei einer öffentlich zugänglichen Internetapplikation ist eine nahezu hundertprozentige Aufrufbarkeit gefordert. Die Verfügbarkeit sagt etwas darüber aus, wie hoch die Wahrscheinlichkeit ist, während der vereinbarten Zeiten die geforderte Leistung zu erbringen. Neben der Festlegung eines statistischen Mittelmaßes der Betriebszeit gehört in der Regel auch die Definition der Zeit dazu, die notwendig ist, ein System nach einem Ausfall wieder nutzbar zu machen, das heißt die Angabe der Wiederherstellungszeit. Im Zusammenhang mit der Verfügbarkeit wird gerne auch der Begriff MTBF für die mittlere Betriebsdauer zwischen zwei Ausfällen (Mean Time Between Failure) genannt. Es ist ursprünglich ein Maß für die Zuverlässigkeit von Baugruppen und Geräten und sagt beispielsweise, dass die mittlere unterbrechungsfreie Zeit mindestens so viele Stunden und Tage betragen soll.

FMEA

Die Produktentwicklung kennt mit FMEA, um ein weiteres Akronym einzuführen, ein strukturiertes Vorgehen, mögliche Fehlerquellen und Schwachstellen zu identifizieren und deren Auswirkungen zu quantifizieren. FMEA steht für Fehlermöglichkeits- und Einflussanalyse. Dabei wird ein zu betrachtendes Objekt auf mögliche Fehler und deren Folgen und zugrunde liegenden Ursachen untersucht. Aus der Analyse der Bedeutung eines Fehlers für den Kunden und der Bestimmung des Risikopotenzials werden entsprechende Maßnahmen abgeleitet. Welche Folgen hat beispielsweise eine Fehlfunktion eines Navigationsgeräts für ein Schiff und lässt sich das Risiko durch ein redundantes Gerät oder einen Kompass mindern?

Sicherheit

Schutz vor Angriffen, Spionage und Manipulation

Auch im Zeitalter globaler Vernetzung wird das Thema Sicherheit in vielen Firmen immer noch stiefmütterlich behandelt. Das mag daran liegen, dass eine Investition in die Sicherheit keinen sofortigen spürbaren Nutzen bringt. Sicherheit reduziert nur die Wahrscheinlichkeit eines potenziellen Schadens durch Zerstörung von Daten durch Manipulation oder Spionage. Feindliche Attacken finden zusehends am Entstehungsort der Daten statt und weniger durch direkten Angriff von außen. Mit harmlos aussehenden und auf den jeweiligen Empfänger zugeschnittenen Mails wird beispielsweise ein Stück Software, ein sogenannter Trojaner, auf den feindlichen Rechner installiert. Dieser leitet fortan oft ohne Wissen des Eigentümers dessen Daten an Dritte weiter. So geschehen zwischen Tibet und China, wo eine Mail mit dem Absender „campaigns@freetibet.org" den Trojaner über eine beigefügte Word-Datei auf dem Rechner des Empfängers installiert hatte. So war China stets über die Schritte des Dalai Lamas informiert. Laut Aussage kanadischer Forscher waren damals nur ein Drittel der Virenschutzprogramme in der Lage, diesen Trojaner zu erkennen. (NZZ, 1. April 2009)

Sicherheit umfasst folgende Anforderungen:

- *Authentifikation*: Eine Applikation kann einen Benutzer oder ein anderes Programm identifizieren bzw. diese können sich gegenüber dem System ausweisen.

- *Autorisierung*: Benutzer lassen sich in verschiedene Gruppen mit unterschiedlichen Berechtigungen aufteilen, die den Zugriff auf die jeweiligen Ressourcen regeln. Es dient nicht nur dem Schutz der Daten, sondern ist auch im Sinn des Benutzers, minimale Zugriffsrechte zu vergeben. Damit wird ein unbeabsichtigtes Löschen oder Verändern von kritischen Daten verhindert.

- *Verschlüsselung*: Bereits Julius Cäsar hat ein einfaches Verfahren verwendet, um seine Befehle an die Heerführer zu verschlüsseln. Im Gegensatz zum damaligen zyklischen Verschieben der Buchstaben werden heute symmetrische, durch die Verwendung eines fixen Schlüssels, und asymmetrische Verfahren, bestehend aus einem Schlüsselpaar, eingesetzt.

- *Integrität*: Es soll einem Empfänger möglich sein, sicherzustellen, dass eine Meldung während der Übertragung nicht manipuliert oder durch eine andere ersetzt wurde.

- *Unverleugbarkeit*: Sowohl der Absender als auch der Empfänger können nicht leugnen, die Meldung gesendet bzw. empfangen zu haben. Das bedeutet, keiner kann anfechten, am Datenaustausch beteiligt gewesen zu sein.

Bedienbarkeit

Die Bedienbarkeit ist einerseits ein Maß für die Erlernbarkeit des Systems wie auch dessen effiziente Nutzung und den persönlichen Schutz vor falschem Gebrauch. Dabei sind verschiedene Personengruppen mit unterschiedlichem Anspruch sowie eingeschränkten motorischen und sensorischen Fähigkeiten zu berücksichtigen. Ein erfahrener Anwender jugendlichen Alters hat andere Ansprüche an die Bedienung als ältere Leute mit reduzierter Sehkraft und Berührungsängsten gegenüber moderner Technologie. In vielen Kommunen gibt es bereits gesetzliche Vorschriften in Bezug auf Personen mit körperlicher Behinderung und Gesundheitsbehörden verlangen null Fehlertoleranz gegenüber lebenserhaltenden Systemen.

Ergonomie eines Systems

5.3 Architekturprinzipien

Welches sind die Merkmale, die eine Architektur als gut oder schlecht qualifizieren? Sicher, eine Architektur dient in erster Linie der optimalen Erfüllung der zuvor vorgestellten Qualitätsattribute wie die Performance, Skalierbarkeit und andere Merkmale. Generell wird die Güte einer Architektur daran gemessen, wie gut sie diese Attribute zu erfüllen vermag. Doch eine Architektur wird nicht einfach gut, wenn der Entwurf diesen Kriterien genügt. Wie ein Programmcode, der erst wirklich gut ist, wenn er auch strukturiert und lesbar ist, so gelten in der Architektur ebenfalls grundlegende Prinzipien.

Prinzipien sind die Grundgesetze einer Architektur

Die Berücksichtigung dieser Prinzipien – so allgemein sie auch sein mögen – bildet das Fundament jeder guten Architektur. Dies galt bereits vor mehr als dreißig Jahren, als die meisten Prinzipien entstanden sind; und sie gelten heute angesichts einer zunehmenden Komplexität fast noch mehr.

So einfach wie möglich, aber nicht einfacher

Die Beherrschung einer wachsenden Komplexität in der Informatik gelingt nur, indem beispielsweise ein System in voneinander weitgehend unabhängige Elemente zerlegt werden kann. Die hierarchische Gruppierung in Module, das Bilden von zusammengehörigen Funktionsblöcken und das Geheimnisprinzip sind Mittel des Softwareentwurfs, der Komplexität zu begegnen und diese zu vereinfachen. In Anlehnung an den Ausspruch von Albert Einstein ist es das Ziel des Designs, die Dinge so einfach wie möglich zu gestalten, jedoch nicht einfacher. Die Reduktion der Komplexität und damit das Auffinden der einfachsten Lösung für die gegebenen Anforderungen zählen mitunter zu den wichtigsten Aufgaben des Architekten. Ein Entwurf ist dann zweckmäßig und vollständig, wenn sich nichts mehr entfernen lässt. Hierzu dienen die nachfolgend aufgeführten Prinzipien, welche die Abbildung 5.7 grafisch zueinander in Beziehung setzt.

Abbildung 5.7
Architekturprinzipien

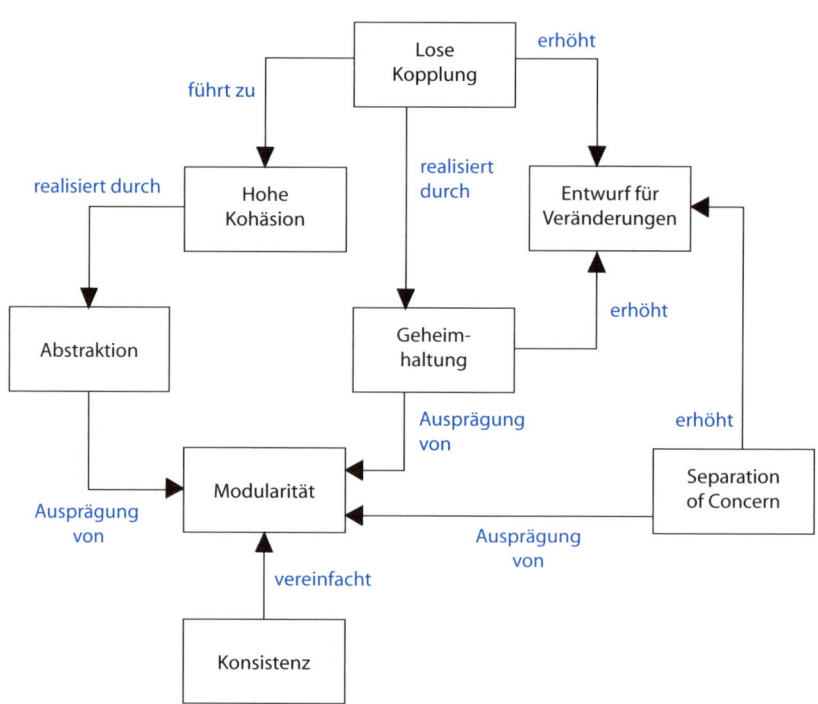

5.3.1   Entwurf für Veränderungen

Unabhängigkeit ermöglicht Flexibilität

Auch in der Softwareentwicklung gilt, dass nur die Veränderung die einzige Konstante ist. Oft existieren bezüglich der technischen Machbarkeit nicht abschätzbare und exakt quantifizierbare Unsicherheiten, die eine Anpassung des ursprünglichen Entwurfs erfordern. Zudem soll das System auch zukünftigen Anforderungen genügen, die heute noch nicht bekannt sind. Die Fähigkeit, flexibel auf solche Veränderungen reagieren zu können, ist ein entscheidender Erfolgsfaktor für moderne Systeme. Die lose Kopplung und die eng damit verbundenen Ansätze einer komponenten- und serviceorientierten Architektur sind Schlüsselfaktoren dazu. Aussagen wie „wir starten mal und schauen später nach einer *richtigen* Architektur" ist ein erstes Anzeichen einer weiteren, kaum noch ausbaubaren Insellösung. So verlockend der schnelle Erfolg auch sein mag, hinterfragen Sie den gewünschten Zustand in einigen Jahren. Einmal eingeführte Applikationen – und mögen diese noch so klein und vorübergehend sein – haben die Tendenz, zu einer Dauerlösung zu werden. Die Abhängigkeit durch herstellerspezifische Technologien und Programmiersprachen ist beim Entwurf einer Lösung in Bezug auf spätere Veränderungen ebenfalls nicht zu unterschätzen. Applikationen haben nicht selten eine Lebensdauer von mehreren Jahrzehnten und die gewählte Technologie sollte dieser Tatsache Rechnung tragen. Vor etwas mehr als zehn Jahren stand das Betriebssystem VMS der Firma Digital hoch im Kurs und Java steckte, von der IT kaum wahrgenommen, noch in den Kinderschuhen. Heute gibt es das eine nicht mehr oder nur noch als Auslaufmodell und das andere hat wie keine andere Programmiersprache unser Denken und die Art des Softwarebaus verändert.

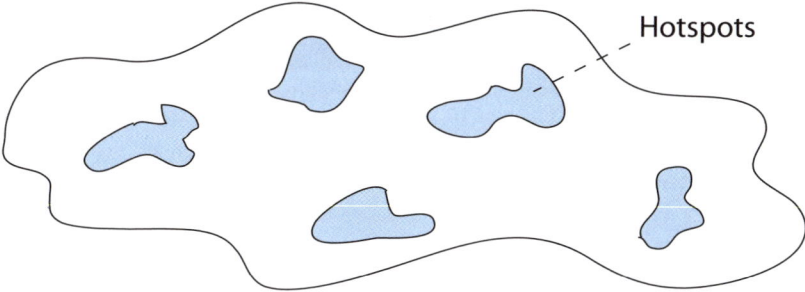

Abbildung 5.8
Hotspots

Dem Prinzip *Design for Chance* ist in einer ersten Näherung durch die klare Trennung von Komponenten größerer Unsicherheit und die Veränderung von solchen Bausteinen stabiler Beschaffenheit zu begegnen. Hierzu zählen beispielsweise die Aufteilung in die klassischen Sichten Präsentation, Logik und Datenhaltung sowie die Kapselung von spezifischen Technologien und Plattformen. Neben der groben Aufteilung in Schichten sind Orte größerer Variabilität und Abhängigkeit zu herstellerspezifischen Lösungen von jenen Modulen hoher Stabilität zu trennen. Wolfgang Peer spricht dabei vom Auffinden der Hotspots einer Applikation, also den Aspekten und Orten, die flexibel in Bezug auf ihre Veränderbarkeit gehalten werden müssen (Press, 1994). Zum Aufspüren der Bereiche großer Variabilität bedarf es domänenspezifischen Wissens und es sollte Teil bei der Erarbeitung eines Domänenmodells sein, diese Gebiete einer Architektur zu identifizieren. Domänenspezifisches Wissen deshalb, da Veränderungen in der Regel durch Änderungen bestimmter Geschäftsprozesse und -regeln initiiert werden.

Sichten und Hotspots

5.3.2 Separation of Concern

Verschiedene Aspekte separat betrachten und lösen

Dieses Prinzip sagt allgemein aus, verschiedene Aspekte eines Problems voneinander zu trennen und jedes dieser Teilgebiete für sich zu behandeln. Bei der Separation werden Dinge nach ihrem Zweck zusammengefasst, so dass diese in Bezug auf ihre Funktionalität minimal überlappen. Die Dinge werden nach dem generellen Zweck oder spezifischen Aspekten getrennt. *Separation of Concern* (SoC) folgt dem Grundsatz „Teile und herrsche", indem ein gegebenes Problem in Teilprobleme zerlegt wird, die unabhängig voneinander und in der Regel gleichzeitig gelöst werden können. Das Prinzip ermöglicht es damit, ein Gesamtproblem arbeitsteilig zu behandeln. Die Trennung erfolgt grundsätzlich nach fachlichen oder technischen Aspekten. Aus der fachlichen Sicht wird ein Problem entlang seiner Funktionalität in Subsysteme geteilt, die weitgehend unabhängig voneinander funktionieren. Aus dem technischen Blickwinkel wird ein System nach verschiedenen Aspekten wie Performance, Sicherheit, Nachvollziehbarkeit und Nutzbarkeit einzeln betrachtet.

Durch die Aspektorientierung (AOP) erfolgt eine Separation mehrdimensional. Dabei werden technische Aspekte wie in der Abbildung 5.9 separat betrachtet und später, wenn möglich automatisch, zum lauffähigen System hinzugefügt. Die mehrdimensionale Auftrennung bestimmter Sachverhalte splittet die gesamte Applikation in Teile, vergleichbar einer Brotscheibe. Jede dieser Scheiben stellt einen Blick auf das Gesamtsystem dar, in dem nur ein Aspekt sichtbar wird. SoC hilft in Varianten zu denken und verschiedene Lösungsansätze zu entwerfen und zu vergleichen, indem die Aspekte unabhängig, einer vom anderen getrennt, betrachtet und gelöst werden. Dieses Konzept wird uns später nochmals begegnen, wenn wir die verschiedenen Perspektiven besprechen, aus denen eine Architektur betrachtet werden kann. Auch dort werden verschiedene Aspekte des Systems für sich beleuchtet und separat beschrieben.

Abbildung 5.9
Separation of Concern

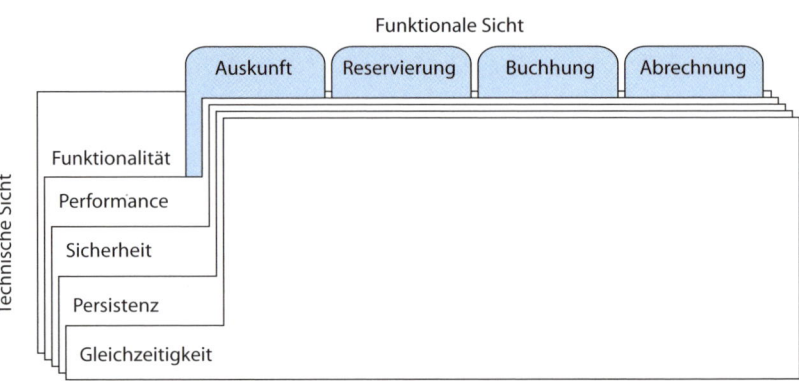

5.3.3 Geheimhaltung

Geheimhaltung oder *Information Hiding* ist das Prinzip, der Außenwelt nur gerade so viel preiszugeben, wie notwendig ist. Interne Datenstrukturen und Algorithmen werden verborgen. Die Datenkapselung als Teilaspekt des Geheimhaltungsprinzips wurde erstmals von David Parnas als Programmierparadigma vorgestellt, wesentlich besser modifizierbaren Code zu schreiben. Damals forderte er, noch für prozedurale Sprachen, globale Daten zu eliminieren und Programme in Module aufzutrennen. Designentscheide mit hoher Veränderungswahrscheinlichkeit sollten zudem hinter einer stabilen Fassade verborgen werden. Information Hiding oder Datenkapselung ist heute ein Basiskonzept objektorientierter Sprachen. Informationen in Form von Daten, Algorithmen und Interna sind gegenüber anderen Objekten abzuschotten. Wie bei einem Eisberg ist nur der öffentliche, an der Oberfläche sichtbare Bereich zugänglich; der private Teil bleibt verborgen. Dieser Teil kann sich unabhängig von allen anderen Programmelementen wandeln, solange die Schnittstellen und das Verhalten des öffentlichen Bereichs unverändert bleiben. Beim Entwurf der nach außen sichtbaren Schnittstellen ist unbedingt darauf zu achten, mit den übergebenen Daten nicht implizit Interna über Datenmodelle oder eingesetzte Technologien weiterzugeben. Heutige Werkzeuge ermöglichen es auf einfache Weise, Strukturen einer Datenbank direkt an die Präsentationsschicht weiterzuleiten. Damit entsteht jedoch eine enge Kopplung zwischen Datenbank und Präsentationsschicht.

Der Umwelt nur so viel wie notwendig preisgeben

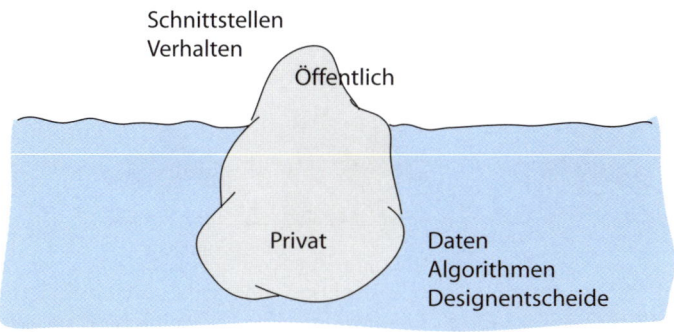

Schnittstellen
Verhalten

Öffentlich

Privat

Daten
Algorithmen
Designentscheide

Abbildung 5.10
Information Hiding

Information Hiding findet nicht nur auf der Ebene der Objekte statt. Auch in unserer täglichen Arbeit wissen wir von Partnern, Lieferanten und anderen Abteilungen nur so viel, wie für die eigenen Belange notwendig ist. Diese Beschränkung auf das Notwendige verhindert, sich in einer Fülle von Detailinformationen zu verlieren. In der Architektur findet das Prinzip der Geheimhaltung vor allem im Schichtenmodell und im Fassadenmuster seinen Niederschlag. Im Schichtenmodell sieht die darüberliegende Schicht jeweils nur den öffentlichen Bereich und nutzt diesen, ohne deren konkrete Implementation und die darunterliegenden Schichten zu kennen. Beispielsweise kennt die Präsentationsschicht nicht die Mechanismen und das Datenschema, mit dem die üblicherweise unterste Ebene die Daten ablegt und wiederfindet. Im Fassadenmuster repräsentiert ein Objekt die Schnittstellen eines ganzen Subsystems. Der Zugriff auf Elemente des Subsystems wird über dieses Fassadenobjekt kanalisiert. So werden exemplarisch die Details der Datenschicht über sogenannte *Data-Access-Layer*-Klassen abgeschottet.

5.3.4 Abstraktion

Bewusstes Weglassen und Reduktion auf das Wesentliche

Abstraktion ist das bewusste Weglassen von bestimmten Informationen und Teilaspekten, um bestimmte Ausprägungen und Eigenschaften in der jeweiligen Betrachtungsebene hervorzuheben. Die verschiedenen Sichten der Architektur heben für sich alleine betrachtet jeweils bestimmte Aspekte hervor. Erst die Summe aller Ansichten ergibt ein vollständiges Bild des Systems. Abstraktion findet auch auf hierarchischer Ebene statt, indem Einzelheiten der darunter liegenden Ebene ignoriert werden, um Gesamtzusammenhänge zu veranschaulichen. Die Kunst der Abstraktion ist es, die richtigen Dinge wegzulassen, um dennoch die für die jeweilige Betrachtungsebene wesentlichen Eigenschaften unmissverständlich zu erkennen.

Der Begriff Abstraktion bedeutet in seiner ursprünglichen Bedeutung das Abziehen, Entfernen und Auftrennen. Er bezeichnet einen induktiven Denkprozess, indem durch beabsichtigtes Weglassen des Einzelfalls auf etwas Allgemeines oder Einfacheres geschlossen wird. Nicht nur die Wissenschaft oder Informatik sucht nach Wegen, die Essenz einer Aussage durch Reduktion des Informationsgehalts hervorzuheben. Auch die bildenden Künste abstrahieren Bilder auf eine Kernbotschaft, die dem Beobachter überbracht werden soll. Der Mensch selbst bedient sich bei der Entscheidungsfindung in erheblichem Masse der Reduktion eines Sachverhalts auf wenige, für die jeweilige Situation relevante Merkmale.

Abbildung 5.11
Abstraktion

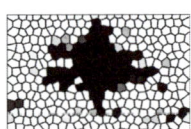

In der Informatik findet Abstraktion einerseits durch Schnittstellenbildung und andererseits durch Konzentration auf wesentliche Dinge statt. Im Ersteren wird, wie bereits im Information Hiding, das Innenleben durch den Fokus auf seine sichtbaren Schnittstellen abstrahiert. Damit wird eine Trennung der Schnittstellen von deren Implementation erreicht. Das Verhalten einer Komponente wird alleine durch den Schnittstellenvertrag und nicht durch ihr Innenleben erklärt. Die Schnittstellenbildung ist ein wichtiges Konzept des Softwareentwurfs und der Architektur. Die Abstraktion findet dabei nicht durch das Weglassen von Teilaspekten, sondern durch Verstecken der Implementierungsdetails hinter der Spezifikation ihrer Schnittstellen statt. Anders die Abstraktion durch die Konzentration auf die wesentlichen Dinge. Dabei werden bestimmte Aspekte eines Systems ausgeblendet, die für die Beantwortung eines gewissen Verhaltens nicht bedeutsam sind. Abstraktion kann auch eine Konzentration also das Verdichten eines Leistungsmerkmals auf seine Kernaussage bedeuten. Beispielsweise verbergen sich hinter der sehr generellen Forderung nach einer ergonomischen Bedienungsoberfläche ein Layoutkonzept der Bildschirmmasken sowie ein Klassenmodell der Präsentationsschicht.

Im Unterschied zum Prinzip der Modularität und der Dekomposition in immer kleinere Bestandteile handelt es sich bei der Abstraktion um eine Konkretisierung einer allgemeinen Aussage. Umgekehrt bedeutet es, aus einer konkreten Tatsache eine allgemeine Aussage zu formulieren. So entsteht aus einer Geschäftsvision eine Spezifikation eines zukünftigen Systems und daraus über die Architektur Lösungsvorschläge für dessen Umsetzung, bis zum Code als Grundlage daraus die Maschinenbefehle zu generieren. Abstraktion ist der Weg, komplexe Dinge für den menschlichen Geist fassbar zu machen.

Abstraktion macht Dinge fassbar

5.3.5 Modularität

Modularität ist ein Bausteinprinzip; aus einzelnen Elementen oder eben Bausteinen entsteht eine übergeordnete Baugruppe, die mehr ist als ihre Einzelteile. Je nachdem, von welcher Perspektive ein Produkt betrachtet wird, findet eine Zerlegung in feinkörnigere Komponenten oder eine Komposition solcher Bausteine zu Baugruppen bis zum letztendlichen System statt. Von oben betrachtet wird das System schrittweise in voneinander getrennte Bausteine zerlegt. Die Trennung kann entweder aus der funktionalen oder der technischen Sicht erfolgen. Jeder Baustein ist dabei eine in sich geschlossene Einheit mit klarer Zuständigkeit und wenigen Schnittstellen zur Außenwelt. Von unten betrachtet werden hingegen Elemente zu größeren Einheiten zusammengefasst. Dabei entstehen höherwertige Bausteine, die ihr komplexes Innenverhalten verbergen. Dieser auch als Blackbox bekannte Ansatz fasst Dinge zu klar abgrenzbaren Einheiten zusammen. Das Innenleben sichert die Funktionalität, welche über die erwähnten Schnittstellen angeboten wird, ohne deren genauen Aufbau kennen zu müssen.

Modularität entspricht dem Baukastenprinzip

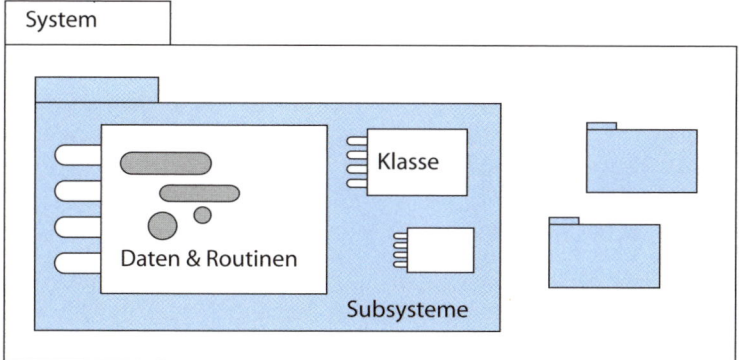

Abbildung 5.12
Modularität

Entstehen in der Biologie aus Zellen Organe und daraus ein hoch komplexes Lebewesen, so sind es in der Software die Daten und Routinen, die zu Klassen, Subsystemen und letztlich zu Systemen zusammengefasst werden. Dabei ist das Prinzip der Modularität und Auftrennung in weitgehend eigenständige Bausteine eng gekoppelt mit der Abstraktion durch Schnittstellen. Eine höhere innere Komplexität wird hinter wenigen Leistungsmerkmalen oder Funktionen zusammengefasst, die über wohldefinierte Schnittstellen der Außenwelt zur Verfügung gestellt werden. Die einzelnen Module und Komponenten sind so zu wählen, dass innerhalb der Bausteine eine größtmögliche Eigenständigkeit entsteht und nach außen minimale Abhängigkeiten vorliegen. Nach Bertrand Meyer hat ein modularer Entwurf folgende fünf Kriterien zu erfüllen:

- *Dekomposition*: Eine Konstruktion erfüllt das Kriterium der Dekomposition, wenn das System oder Teile davon in eine überblickbare Anzahl weniger komplexer Subkomponenten zerlegbar ist, die weitgehend unabhängig und selbstständig funktionieren. Die Dekomposition ist gleichbedeutend wie ein *Top-Down*-Entwurf, in dem ein System schrittweise in immer kleinere Funktionseinheiten aufgetrennt wird.

- *Kombinierbarkeit*: Einzelne Systemelemente sind beliebig zu neuen Systemen kombinierbar. Die Elemente sind weitgehend autonom voneinander. Das Kriterium sichert den zur Dekomposition gegenteiligen Weg. Ein System ist damit *Bottom-Up* unter Verwendung bestehender Komponente konstruierbar.

- *Verständlichkeit*: Die einzelnen Module sind auch für einen Menschen lesbar und können ohne das Wissen aller anderen Module und Komponenten verstanden werden. Die Module geben im jeweiligen Kontext Sinn und entstammen weitgehend dem Vokabular des entsprechenden Geschäftsbereichs. Module sollten weitgehend selbst erklärend sein und das tun, was ihr Name verspricht.

- *Kontinuität*: Das Kriterium der Kontinuität fordert, dass eine Systemarchitektur auch bei kleineren Änderungen der Spezifikation fortbesteht und keine grundsätzliche Überarbeitung verlangt. Zudem sollten Komponenten offen für Erweiterungen, aber geschlossen für Änderungen sein (Open-Close-Prinzip), das heißt, neue Anforderungen erzeugen neuen Code, verlangen aber nicht die Änderung bestehender Programmteile, die bereits funktionieren und getestet wurden.

- *Robustheit*: Laufzeitfehler einzelner Module sollte nicht zu einem anormalen Verhalten des ganzen Systems führen. Sie sollen sich auf wenige, benachbarte Module beschränken.

5.3.6 Konsistenz

Durchgängigkeit in den Designentscheiden

Das Prinzip der Konsistenz verlangt, dass Strukturen, Muster, Vorgehensweisen und Entwurfsentscheidungen einheitlich und durchgehend sind. Punktuelle Ausnahmen und Tricks sind zu vermeiden. Dieses als konzeptionelle Integrität bezeichnete Prinzip lässt sich an einem konsistenten, in sich widerspruchsfreien Entwurfsgedanken erkennen. Zur Konsistenz gehört auch die Rückverfolgung von Architekturentscheiden auf gegebene Rahmenbedingungen und Anforderungen. Bereits die einheitliche Verwendung von Namen und Bezeichnern erleichtert es, Operationen und Klassen der Codeebene auf die Architektur und Spezifikation zurückzuführen. Zudem ermöglichen es heutige Programmiersprachen, beispielsweise Metadaten einzubetten, mit denen die Anforderungen referenziert werden können.

5.3.7 Lose Kopplung

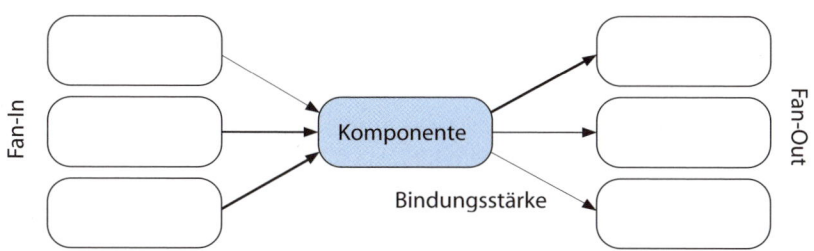

Abbildung 5.13
Kopplung

Die zuvor beschriebenen Prinzipien erfolgen nach den Grundregeln der geringen Kopplung und hohen Kohäsion. Dabei ist die Kopplung das Maß für die Abhängigkeit eines Elements von seiner Umgebung und die Kohäsion für den inneren Zusammenhalt eines Elements. Einzelne Bausteine sollten weitgehend unabhängig voneinander arbeiten und über möglichst wenig Wissen der anderen Bausteine verfügen. Die Kopplung hängt von der Anzahl und von der Stärke der Verbindungen zu anderen Elementen ab. Die Stärke ist durch die inhaltliche Bindung gegeben; also wie weit die Bindung von internen Strukturen, der Reihenfolge der Aufrufe und von spezifischen Technologien abhängt.

Abhängigkeit zwischen Komponenten auf ein Minimum reduzieren

Eine Messzahl für den Grad der Kopplung ist der *Fan-In* und *Fan-Out*. Der Fan-In ist die Anzahl von Modulen, die eine bestimmte Komponente verwendet, der Fan-Out ist die Menge an Modulen, von denen eine Komponente selbst abhängt. Ein Modul sollte im Allgemeinen einen hohen Fan-In haben, wird also von vielen benutzt, und einen niedrigen Fan-Out, was eine hohe Selbstständigkeit attestiert. Jede Verbindung kann zudem gewichtet werden. So lässt sich die Kopplung über das gesamte System messen und als Zahl ausdrücken.

Eine tiefe Zahl und damit eine lose Kopplung sorgen dafür, dass die einzelnen Bausteine weitgehend – sowohl in inhaltlicher wie zeitlicher Hinsicht – unabhängig voneinander sind. Als einfacher Maßstab gilt, dass die beste Kopplung keine Kopplung ist, ohne das Prinzip der Redundanzfreiheit zu verletzen. Alle anderen Arten von Kopplungen finden auf folgende Weise statt:

- *Kopplung durch Aufruf*: Ein Baustein ist vom direkten Aufruf einer Methode eines anderen Bausteins abhängig. Die Stärke der Kopplung ergibt sich einerseits durch die Anzahl der Verbindungen zu anderen Komponenten und andererseits durch die Abhängigkeit von der Struktur der Parameter.

- *Kopplung durch Middleware*: In einer Kopplung zwischen entfernten Systemen über eine verbindende Schicht wie Webservices oder CORBA hängt die Stärke von der Art der Parameterübergabe ab. Die Übergabe einzelner Argumente ist eine engere Bindung als über Dokumente wie beispielsweise eine XML-Struktur, in denen der Empfänger selbst die notwendigen Informationen entnimmt.

- *Kopplung durch Daten*: Mit globalen Daten, komplexen Parameterdatenstrukturen und Wissen von internen Datenstrukturen der Bausteine findet eine enge Kopplung statt.

- *Kopplung durch Erzeugung*: Ist der Baustein selbst für die Erzeugung einer Instanz verantwortlich oder kann dies an eine Factory-Klasse oder an ein Framework (Dependency Injection) ausgelagert werden?

- *Kopplung durch Infrastruktur*: Definiert, inwieweit die Module von einer bestimmten Rechnerarchitektur oder Technologie abhängig sind. Muss beispielsweise die Software im gleichen Adressraum laufen oder lässt sie sich auf verschiedene Systeme verteilen.

- *Kopplung durch Zeit*: Die Einhaltung einer bestimmten zeitlichen Reihenfolge der Aufrufe erhöht die Abhängigkeit. In einer meldungsorientierten Architektur werden Komponenten durch eine asynchrone Kommunikation über Warteschlangen voneinander entkoppelt.

5.3.8 Hohe Kohäsion

Was zueinander gehört, sollte zusammen sein

Die Kohäsion gibt an, wie sehr die Elemente eines Bausteins inhaltlich zueinandergehören. Inhaltlich bedeutet, dass alle Elemente demselben Zweck dienen und ein einzelner Baustein eine klare Zuständigkeit hat. Dieser ist genau für ein *Ding* verantwortlich. Abhängigkeiten zu anderen Elementen sind minimal und dürfen nur die Abstraktion, sprich Spezifikation der Schnittstellen, jedoch nicht die konkrete Implementierung betreffen. Für eine bestimmte Funktionalität sollte es im Grunde genau eine einzige Zuständigkeit bzw. einen Baustein geben. Der Zusammenhalt erfolgt vergleichbar mit der Kopplung auf verschiedene Weisen. Module können inhaltlich, also über ihre Funktionalität, zeitlich durch die Sequenz einer Abfolge, über die Daten oder ortsgebunden durch die physische Zusammenfassung einzelner Module zu verteilbaren Einheiten erfolgen. Kohäsion kann auch aus der Optik verschiedener Abstraktionsstufen betrachtet werden. So nimmt der Grad der Zusammengehörigkeit in Richtung der Geschäftslogik und -regeln zu. Auf der untersten Ebene haben Datentypen eine geringe Kohäsion und teilen im besten Fall gemeinsame Datentypen. Die Struktur fasst Daten und darauf wirkende Operationen der Logik zusammen, die dann über Services der Orchestrierung von Geschäftsprozessen bereitgestellt werden (Bieberstein, 2005).

Abbildung 5.14
Kohäsion auf verschiedenen Stufen

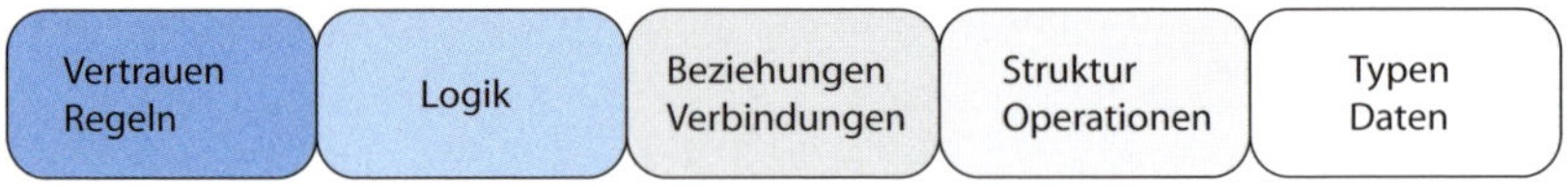

| Vertrauen Regeln | Logik | Beziehungen Verbindungen | Struktur Operationen | Typen Daten |

Kohäsion und Kopplung stehen sich im Allgemeinen diametral gegenüber. Eine niedrige Kopplung impliziert eine hohe Kohäsion und umgekehrt. Es ist also kaum möglich, eine hohe Kohäsion ohne eine lose Kopplung zu erreichen, wie alle anderen Prinzipien auch weitgehend vom Grad einer losen Kopplung abhängen. Modularität, Abstraktion, Separation of Concern und der Entwurf für Veränderungen reduzieren in der Regel auch die Abhängigkeit zwischen den Komponenten. Eine hohe Kohäsion bedeutet jedoch nicht, schwergewichtige Klassen zu schaffen, in denen fast die gesamte Logik der Applikation vereint ist. Kohäsion darf nicht auf Kosten eines ausgewogenen Komponenten- und Klassenentwurfs angestrebt werden.

5.4   Architektenrollen

Abbildung 5.15
Architekturbüro

In manchen Unternehmen ist das Architekturbüro verweist oder der Architekt hat sich ganz dem Modellieren aller Feinheiten eines Systems und technischen Problemstellungen verschrieben. Dabei ist der Architekt weder eine überflüssige Stelle zwischen Anforderungsanalyse und Programmieren, noch ist er dafür angestellt, als Haupttätigkeit Modelle zu zeichnen. Der Architekt ist in erster Linie ein Vermittler zwischen verschiedenen Interessengruppen, ein Fahnenträger des Lösungskonzepts und Berater für Business-Analysten gleichermaßen wie für Programmierer und Projektleiter. Der Architekt ist nicht einfach der beste Programmierer und damit der logische Karriereschritt eines Entwicklers in der Informatik. Die Rolle des Architekten verlangt neben ausgeprägten fachlichen und technologischen Fähigkeiten eine große Portion Sozial- und Kommunikationskompetenz. Hier werden Präsentationen vor Geschäfts- oder Projektausschüssen genauso gefordert wie diplomatisches Geschick, einen Konsens zwischen allen Beteiligten bezüglich der besten Lösung herbeizuführen. Methodische Fähigkeiten und Dinge verständlich darzustellen, runden das Profil ab.

Architekt ist ein Vermittler

Nicht dass ich irgendjemanden von dem Schritt, Architekt zu werden, abhalten möchte. Ich habe viele Personen begleiten dürfen, diesen Weg zu beschreiten und genau diese Fähigkeiten zu erlangen. Es ist eher ein Appell an das Management, ihre Architekten in ihrer Entwicklung dorthin zu begleiten und zu schulen. Von einem zukünftigen Architekten erwarte ich die Bereitschaft und das Engagement, sich mit Konzepten, Methoden und Gedanken unserer Gilde zu beschäftigen. Der Rest lässt sich lernen. Die Architektur ist eine interessante und anspruchsvolle Tätigkeit. Sie verlangt, das eigene Handeln und seine Fähigkeiten stetig zu reflektieren und zu verbessern. Dabei ist genauso auf Gepflogenheiten und existierende Standards Rücksicht zu nehmen, wie gleichzeitig deren Weiterentwicklung voranzutreiben. Als Architekt haben Sie die direkte Verantwortung, eine optimale Lösung für Ihre Auftraggeber zu finden und voranzutreiben, in Bezug auf Funktionalität, Qualitätsattribute und Kosten. Nicht mehr die technisch beste Lösung oder der Einsatz der neuesten Technologie steht im Vordergrund, sondern die Erreichung der Projektziele. Dabei dominiert die Nachhaltigkeit hinsichtlich der Wart- und Erweiterbarkeit. Es ist nicht immer eine einfache Aufgabe, das Mögliche zugunsten des zeitlich Machbaren zu opfern und die richtigen Kompromisse herbeizuführen, um das letztendliche Ziel dennoch zu erreichen.

Abbildung 5.16
Architektenrollen

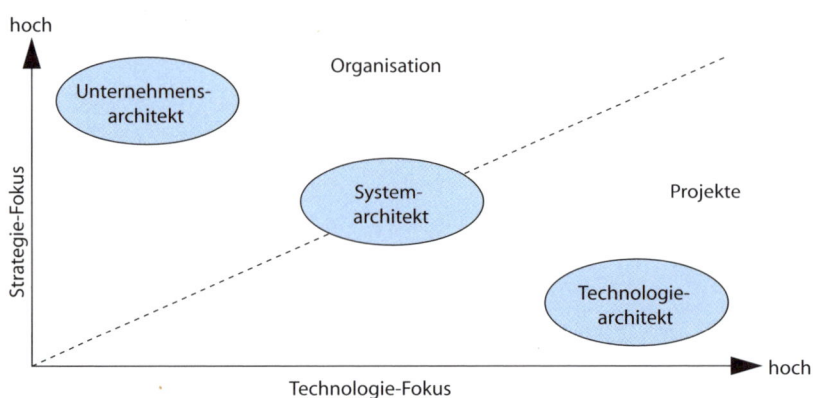

Unternehmensarchitekt   Im nachfolgenden Kapitel über den Architekturwürfel werden wir von drei Abstraktionsebenen sprechen: Geschäfts-, System- und Technologieebene. Zugehörig zu diesen drei Ebenen existieren unterschiedliche Rollen und Aufgabengebiete von Architekten. Auf der obersten Ebene wirkt ein Unternehmensarchitekt, die Visionen und die Strategie des CIO umzusetzen. Dabei stehen die Festlegung der zukünftigen Ausrichtung und damit die Bestimmung der Programme, Technologien und Konzepte der nächsten Jahre im Vordergrund. Es gilt, die Bedürfnisse der jeweiligen Geschäftswelt auch langfristig zu erfüllen. Es ist aufzuzeigen, wie sich die Investitionen in die IT an der Geschäftsstrategie ausrichten und damit die Organisation für die nächsten Jahre wettbewerbsfähig machen. Diese anzustrebende Harmonie zwischen IT und Business wird als *IT-Alignment* bezeichnet. Daneben ist der Unternehmensarchitekt für Themen des *IT-Governance* wie Standards, das Minimieren von Risiken, die strategische Ausrichtung und das Optimieren des Nutzens zuständig.

Systemarchitekt   Der Solution- oder Systemarchitekt ist für den Entwurf und die Implementierung zentraler Programme zuständig. Ein Programm bündelt Dienstleistungen zu vertikalen Serviceleistungen, welche verschiedene Technologien, Plattformen und Prozesse umfassen. Der Systemarchitekt bringt Technologie und Geschäftsstrategie in Einklang und nimmt in dieser Funktion eine zentrale Rolle sowohl in Bezug auf die letztendliche Entscheidung bei Technologiekonflikten wie auch der langfristigen Entwicklung „seiner" Plattform ein. Er verkörpert das, was wir gemeinhin als Architekten in der Softwareentwicklung bezeichnen. Neben der generellen Aufgabe des Solution-Architekts gibt es spezialisierte Tätigkeiten wie Daten- oder Kommunikationsarchitekt, welche sich um Teilaspekte der Systemarchitektur kümmern.

Auf der untersten Ebene befindet sich der Technologiearchitekt. Er ist Spezialist für eine spezifische Technologie sowie deren Implementierung und kennt die Stärken wie auch Schwächen der unterschiedlichen Produkte und Werkzeuge verschiedener Anbieter. Der Technologiearchitekt ist letzten Endes für die konkrete Umsetzung verantwortlich. Zudem unterstützt er in seiner Funktion das Team bei der Implementierung dieser Lösung. Die Unterscheidung zwischen Technologiearchitekt und Softwaredesigner ist nicht immer klar zu ziehen, beschäftigen sich doch beide Rollen mit dem Detailentwurf einzelner Softwarekomponenten.

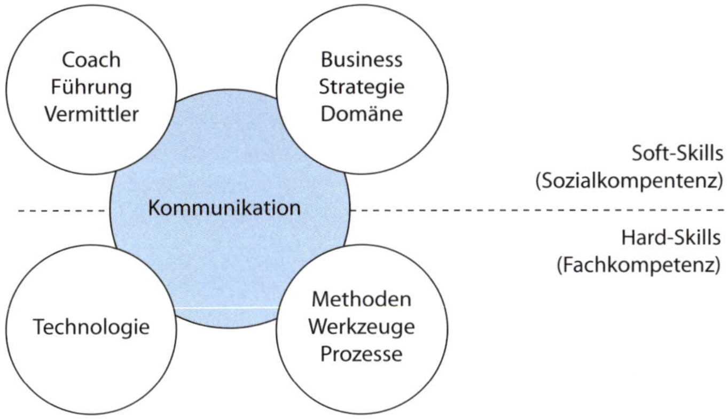

Technologiearchitekt

Abbildung 5.17
Architektenkompetenzen

Vom Architekten werden vielfältige Fähigkeiten abverlangt, um die verschiedenen Aufgaben zwischen Technologie und Business wahrnehmen und die Verantwortung für die langfristige IT-Strategie übernehmen zu können. Ein Architekt bringt dabei sowohl Fachkompetenz wie auch Sozialkompetenz in gleichen Teilen mit, wobei der Bereich der sogenannten Soft Skills in Richtung Unternehmensarchitekt zunimmt. Gerade die Fähigkeit, alle Elemente gleichermaßen in Überstimmung zu bringen, zeichnet einen Architekten aus. Die Fachkompetenz, bestehend aus Methoden, Werkzeugen, Prozessen und Technologien, ist Hauptthema dieses Buchs. Das Kapitel Businessanalyse wird sich hingegen eher den weichen Faktoren aus Sicht der Prozessmodellierung und Anforderungsanalyse annehmen.

Soft und Hard Skills

Die Technologiekompetenz ist sicher eine Schlüsselkomponente eines erfolgreichen Architekten und oft der Grund, weshalb er die Position bekleidet. Ob er nun Erfahrung als Programmierer mitbringen sollte, darüber gehen die

Meinungen auseinander. Für den Technologiearchitekten ist diese Fähigkeit fast unumgänglich. Sie stellt die Akzeptanz beim Entwicklungsteam sicher und ermöglicht eine kompetente Beratung derer, geht es doch auf der Technologieebene oft um Entscheidungen auf Codeebene. In Richtung Unternehmensarchitekt nimmt der Anspruch an das Wissen über technische Einzelheiten zugunsten der Methodenkompetenz ab. Jeder Architekt benötigt, unabhängig von der Ebene, einen prall gefüllten Koffer voller Methoden, Werkzeuge sowie Wissen über Vorgehensmodelle und die Erfahrung, diese in geeigneter Weise einzusetzen und zu schulen. UML zu kennen, ist eine Sache, Probleme strukturiert in Angriff zu nehmen und zu lösen, ist eine andere. Weiter gehören auch Kompetenzen im Projektmanagement, in der Anforderungsanalyse und in Testmethoden in diesen Koffer. Der Architekt steht an der Grenze zwischen der Anforderungserhebung und der Architekturdefinition, aber auch zwischen Detaildesign und Architekturentwurf. Er muss entscheiden, was signifikant für die Architektur ist und einer erhöhten Aufmerksamkeit bedarf. Deshalb benötigt er das Wissen vieler Disziplinen und sollte fähig sein, deren Sprache zu sprechen.

Auf der Seite der weichen Faktoren erfordert es die Tätigkeit des Architekten, als Mediator zu wirken wie auch das Team auf fachlicher Ebene zu führen und zu unterstützen. Dies verlangt Erfahrung und ein gewisses Einfühlungsvermögen, um die notwendige Akzeptanz zu erlangen sowie Signale auf der zwischenmenschlichen Ebene frühzeitig zu erkennen. Hinter unerbittlich geführten Diskussionen über die „beste" technische Lösung verbirgt sich nicht selten ein unterschwelliger Konflikt oder unausgebrochene Ängste. Solche Probleme müssen angesprochen werden, was eine große Portion Mut und Empathie verlangt. Andererseits beinhalten die weichen Faktoren auch die Begabung, die Bedürfnisse in der Sprache der Geschäftswelt zu verstehen, und eine Portion strategischer Denkweise. Er, der Architekt, verfügt aber auch über die Fertigkeit, die Handlungen und Entscheidungen in Bezug auf die zukünftige Entwicklung abzuschätzen und mit der Vision abzugleichen. Dies erfordert auch ein entsprechendes Fachwissen der jeweiligen Domäne.

Kommunikation ist der Erfolgsfaktor
Der verbindende Faktor zwischen diesen Fähigkeiten ist die Kommunikation, sowohl vertikal über verschiedene Hierarchiestufen hinweg als auch horizontal über unzählige Abteilungen und unterschiedliche Mentalitäten. Dabei bedarf es sowohl der Kunst, Dinge stufengerecht zu präsentieren wie auch adressatengerecht zu dokumentieren. Ein siebter Sinn, das Wesentliche aus einem babylonischen Sprachengewirr herauszuhören und die richtigen Fragen zu stellen, ist sehr hilfreich. Die wirklich entscheidenden Qualifikationen eines Architekten liegen im Umgang mit Menschen verschiedener Couleurs und weniger in den technischen Herausforderungen.

VRAPS-Modell
David Dinkel et al (Dinkel, Kane, & Wilson, 2001) präsentierten mit dem VRAPS-Modell fünf Prinzipien, den organisatorischen Aspekt einer Architektur zu beleuchten. Das Modell ist hier deshalb erwähnenswert, da es zentrale Themen der weichen Faktoren zueinander in Beziehung bringt und einprägsam darstellt.

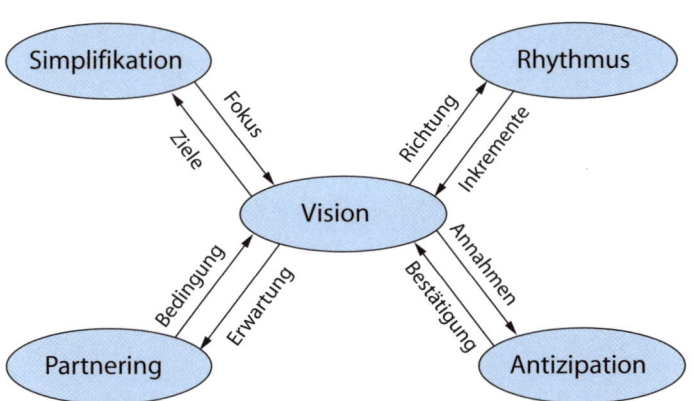

Abbildung 5.18
VRAPS-Modell

Eine gemeinsame *Vision* ist die treibende Kraft und garantiert ein geteiltes Verständnis über die angestrebten Ziele. Eine Vision muss klar, erreichbar und flexibel sein. Sie soll authentisch und kongruent zu den übrigen Geschäftszielen und der Firmenkultur sein. Der *Rhythmus* sorgt für einen innerbetrieblichen Takt, an dem sich alle Abteilungen ausrichten, ohne sich ständig zu koordinieren. So sorgen einheitliche Termine für das Einspielen neuer Versionen der Software für ein reibungsloses Zusammenspiel und klare Fixpunkte für alle innerhalb wie auch außerhalb des Projektteams. Diskussionen, ob das neueste Feature nach Redaktionsschluss doch noch eingeführt wird, gehören der Vergangenheit an. Die *Antizipation* ist die bereits besprochene Fähigkeit, die Zukunft vorwegzunehmen und flexibel auf neue Anforderungen, Technologien und Standards zu reagieren, ohne diese bereits heute zu kennen. Die Agilität eines Unternehmens entscheidet über dessen dauerhafte Überlebensfähigkeit. Dies wird zu großen Teilen heute durch eine IT ermöglicht, die diesem Tempo zu folgen vermag – eine Forderung, der viele existierende Architekturen und Systemlandschaften noch nicht gerecht werden. *Partnering* bedeutet ein erfolgreiches Miteinander statt eines Gegeneinanders und zwar über Abteilungs- wie Unternehmensgrenzen hinweg. Der Architekt pflegt ein weitreichendes Beziehungsnetz, kennt die verschiedenen Stakeholder und deren Erwartungen. Entscheidungen sind für alle transparent und bauen auf gegenseitigem Vertrauen auf. *Simplifikation* ist das Prinzip, den Fokus auf die wesentlichen Dinge zu lenken. Die Architektur bemüht sich um eine einfache und klar verständliche Lösung, die Bedürfnisse und Visionen zu erfüllen. Mag eine Architektur im Detail noch so komplex sein, ist sie dennoch im Konzept mit wenigen Worten erklärbar. Die Simplifikation ergibt sich aus der Anwendung der zuvor aufgezählten Architekturprinzipien.

5.5 Zusammenfassung

Architektur definiert die Form als Antwort auf die geforderte Funktion, wobei die Funktion mehr ist als nur der eigentliche Zweck. Sie umschließt genauso die Qualitätsattribute wie Performance, Verfügbarkeit oder Wartbarkeit. Die

Architektur ist der bestmögliche Kompromiss, diesen zum Teil widersprüchlichen Anforderungen an die Qualität des Produkts unter einem gegebenen Kostenrahmen gerecht zu werden. Dabei handelt der Architekt als Vermittler zwischen den beiden Welten Business und IT, indem die Architektur den Geschäftsanforderungen und dem zu bauenden Werk eine Kontur gibt.

Abbildung 5.19
Architektur als
Schnittmenge

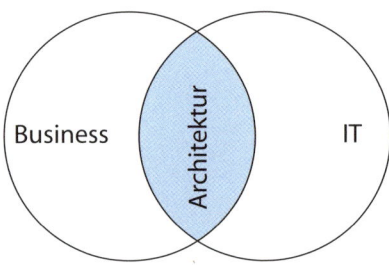

Eine Architektur folgt bestimmten Prinzipien zur Beherrschung der Komplexität wie lose Kopplung, Modularisierung und Abstraktion. Diese Prinzipien bauen auf dem grundlegenden Konzept des Teilens und Herrschens auf. Dinge zu vereinfachen, bedeutet, sie in „verdaubare" Einheiten aufzutrennen, ohne das Ganze aus dem Blick zu verlieren.

5.6 Weiterführende Literatur

(Gorton, 2006) Ian Gortons Buch ist eine kompakte Einführung in die essenziellen Elemente, Wissen und Fähigkeiten eines Softwarearchitekts. Dabei stehen nicht eine bestimmte Methode oder ein Vorgehensmodell im Vordergrund, sondern eine ausführliche Diskussion der Qualitätsattribute und die Aufzählung der wichtigsten Middleware sowie Technologien.

(Vogel, 2009) Das Buch von Oliver Vogel und seinen Kollegen ist eine umfassende Einführung in die verschiedenen Themen rund um den Begriff der Architektur in der Softwareentwicklung. Besondere Erwähnung verdient die ausführliche Darlegung der Architekturprinzipien und Muster.

(Dikel, Kane & Wilson, 2001) Die drei Autoren bringen technische und soziale Aspekte zueinander in Bezug, denen sich ein Architekt in einem komplexen Umfeld gegenübersteht. Dabei bedarf es nicht nur der fachlichen Expertise, sondern auch der Fähigkeit, zukünftige Entwicklungen vorwegnehmen zu können und aus geschäftlichen Anforderungen Visionen über mögliche Lösungen zu entwerfen.

Architekturwürfel

Objektivität. Es hat alles zwei Seiten. Aber erst wenn wir erkennen, dass es drei sind, erfasst man die Sache. (Heimito von Doderer)

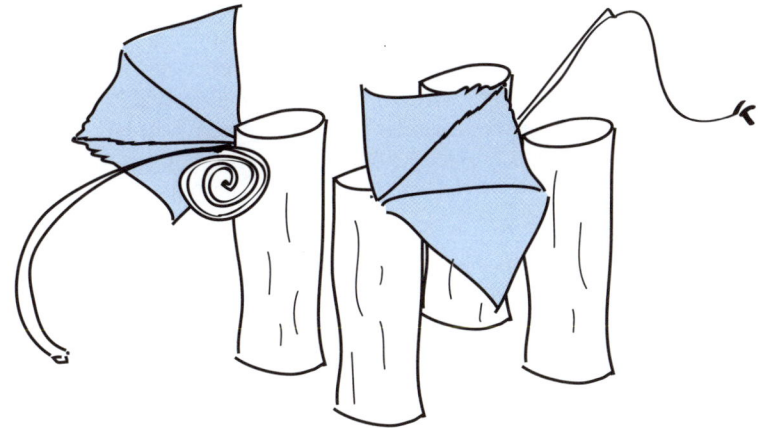

Abbildung 6.1
Elefant der Blinden

Genauso wenig wie eine Stadt oder ein Gebäude mit *einer* Darstellung in ihrer Gesamtheit erfassbar ist, so bedarf es auch in der Beschreibung einer Softwarearchitektur verschiedener Ansichten. Das Gleichnis der Blinden und des Elefanten steht für die Tatsache, dass jede Perspektive die Realität aus einem anderen Blickwinkel aufzuzeigen vermag. Dabei ist nicht eine Perspektive oder der Blickwinkel richtig oder falsch; nur die Summe aller Betrachtungen ergibt ein vollständiges Bild. Doch wie viele Blinde braucht es, um aus den Aussagen, es handle sich um einen Wasserschlauch, einen Fächer, eine Säule oder Peitsche, ein Bild eines Elefanten zu konstruieren? Oder anderes gefragt, wie viele Perspektiven sind notwendig, das Wesen und die Funktionsweise eines Systems aus der Abstraktion eines Modells zu erkennen?

Es wäre nicht sehr ergiebig, müssten wir uns diese Frage bei jedem Entwurf eines Systems stellen. Das Fehlen einer Perspektive könnte fatale Folgen haben. Vergisst der Stadt- und Gebäudeplaner die Ausführung der Kanalisation oder der Elektrifizierung, sind die neu erbauten Bürogebäude und Häuser nicht bewohnbar. Jeder Stadtplaner weiß deshalb, welche Perspektiven einzunehmen und zu beschreiben sind. Auch in der Softwarearchitektur sind Bestrebungen im Gange, den richtigen Blick festzulegen und damit allgemeingültige Empfehlungen und Vorgaben zu schaffen. Wie die Übersicht der verschiedenen Frameworks und Konzepte im Anhang zeigt, wird es eine einheitliche Sichtweise wohl nie geben. Doch wir lernen fortwährend auf der stetigen Suche nach besseren Konzepten und gewinnen an neuen Erfahrungen. So ist aus ersten Ideen im Laufe der Zeit der folgende in der Praxis bewährte „3-mal-3"-Ansatz entstanden.

6.1 Architekturdimensionen

Softwarearchitektur ist eine junge Disziplin und dementsprechend befinden sich viele der Konzepte zur Architekturbeschreibung in einem noch frühen Reifegrad. Die Ansätze entstanden entweder aus erfolgreichen, domänenspezifischen Projekten oder wissenschaftlichen Studien. Diese Ideen im eigenen Umfeld umzusetzen, entpuppte sich nicht selten als aussichtsloses oder zumindest schwieriges Unterfangen. Diese Konzepte stellten eben oft nur grobe Näherungen dar, die nicht ohne Weiteres auf die eigene Situation adaptierbar waren. Wie sollten demzufolge Entwickler, Projektleiter und Manager überzeugt werden, wenn diese Konzepte löchrig wie ein französischer Käse und selbst für Architekten schwer verdaulich waren? Nicht selten landeten solche Initiativen auf dem Friedhof ausgedienter, praxisfremder Prozesse und Methoden.

Gesucht war ein einfacher Ansatz. Ein Ansatz, der bei den unterschiedlichsten Kunden und Projekten einzusetzen war. Er sollte den Bedürfnissen der Softwareentwicklung wie auch der Modellierung von unternehmensweiten Architekturen genügen. Der Ansatz musste den Anforderungen einer einfachen Erlernbarkeit und Anwendung sowie dem Anspruch nach Verständlichkeit eines breiten Publikums genügen. Repräsentierten Design-Patterns erprobte Lösungsansätze für den Softwareentwurf, war ein vergleichbares Service-Pattern für den Entwurf von Architekturen unterschiedlichster Couleur hervorzubringen. Die Motivation entstand aus dem Bedürfnis nach einer Vereinfachung der Entwicklungsprozesse, der Fokussierung auf den Lösungsentwurf und damit der Architektur. Darin widerspiegelte sich auch die Erfahrung, dass zu starre Vorgaben der Dynamik der Softwareentwicklung zuwiderlaufen. Prozessvorgaben und Methodik sollten in erster Linie der Effizienz und dem letztendlichen Zweck einer lauffähigen Software dienen.

Abbildung 6.2
Architekturdimensionen

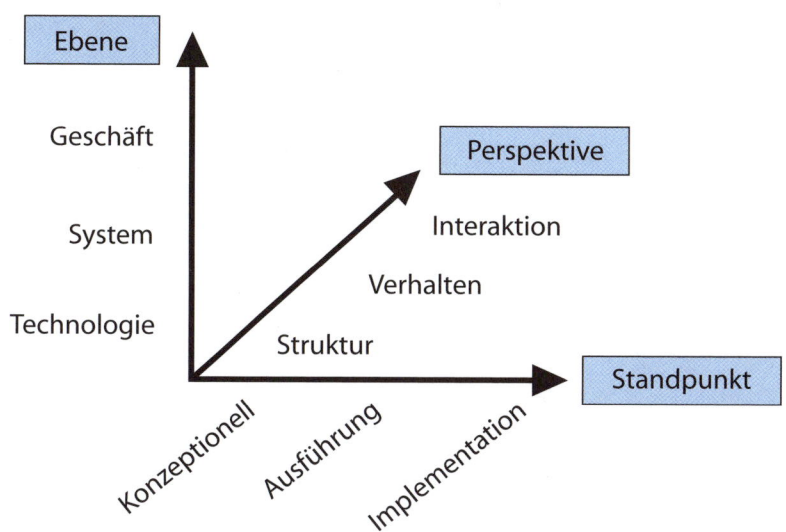

So entstand die Vorstellung, die Architektur aus drei Dimensionen und jede Dimension wiederum aus drei Ebenen zu betrachten. Drei, weil es einfach zu merken ist, schnell erklärbar war und die Diskussionen strukturierte, ohne in methodische Grundsatzdebatten abzuleiten. Die drei Dimensionen können genauso am Mittagstisch auf einem Stück Papier erklärt wie an der Wandtafel einem größeren Plenum präsentiert werden. Der Architekt fungiert, wie wir wissen, in erster Linie als Mittelsmann zwischen den unterschiedlichsten Interessensgruppen. Deshalb sollte sein Werkzeug wie ein Schweizer Taschenmesser einfach, mobil und doch effektiv sein. Der „*3-mal-3*"-Architekturansatz erfindet keine neuen Standpunkte oder Notationen. Es werden „nur" bewährte Konzepte in einen neuen Kontext zueinander in Beziehung gestellt.

**Drei Dimensionen:
Ebene, Standpunkt
und Perspektive**

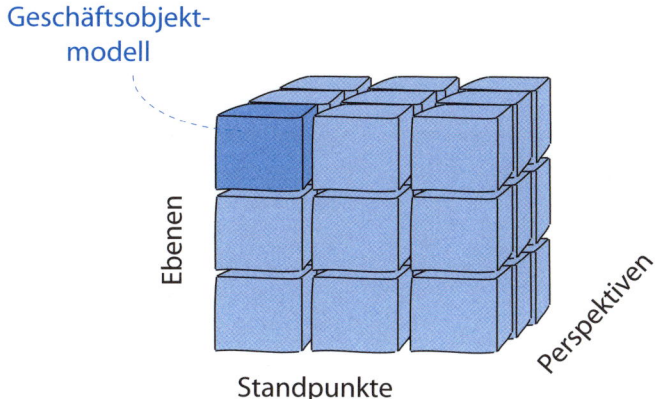

Abbildung 6.3
Architekturwürfel

Die drei Architekturdimensionen, wie in Abbildung 6.2 dargestellt, sind die Ebene, der Standpunkt und die Perspektive. Die *Ebene* steht für die verschiedenen Abstraktionsebenen – Geschäft, System und Technologie. Es ist die Weite des Blickwinkels, den wir einnehmen: Wird dabei nur eine einzelne Applikation betrachtet, ein Systemverbund, eine Domäne oder gilt der Betrachtungswinkel der ganzen Unternehmung? Der *Standpunkt* ist die Blickrichtung, aus der das System betrachtet wird. Diese Dimension unterscheidet zwischen dem konzeptionellen, dem Ausführungs- und dem Implementationsstandpunkt. Der konzeptionelle Standpunkt sieht das System aus der logischen Sicht. Also was das System funktionell erledigen sollte bzw. welche Leistungen es anzubieten hat. Der Ausführungsstandpunkt schildert das System aus dem zeitlichen Verhalten und der Interaktion untereinander und damit wie das System die Sache abhandelt. Der Implementationsstandpunkt umfasst in der Hauptsache die Organisation des Codes in verteilbare Module. Dieser Standpunkt schildert, aus welchen physischen Bestandteilen sich das System zusammensetzt und welche Technologien eingesetzt werden. Er fragt nach dem Womit. Die letzte Dimension, die *Perspektive*, bietet geeignete Notationen oder Diagramme, um verschiedene Aspekte eines Standpunkts hervorzuheben und zu modellieren. Betrachten die Standpunkte das Gesamtsystem aus unterschiedlichen Blickpunkten, so geben die Perspektiven Werkzeuge und Mittel an die Hand, diesen Blickpunkt aus der jeweiligen Optik einzunehmen. Die Perspektiven entsprechen den drei Sichtweisen von UML: Struktur, Verhalten und Interaktion. Die Struktur sieht die statische Perspektive, das Verhalten die dynamische und die Interaktion das Zusammenspiel aller.

Aus dem „3-mal-3"-Ansatz ergeben sich durch entsprechende Kombination 27 Einzelelemente eines Würfels, die aufeinander aufbauen und zueinander in Beziehung stehen. Daraus wählt der Architekt in Abhängigkeit von der Problemstellung, des Betrachtungswinkels und seiner Aufgaben die zweckmäßigen Elemente dieses Würfels aus. Der Systemarchitekt nutzt vielleicht nur die neun Elemente seiner Ebene und der Datenarchitekt die neun Elemente einer vertikalen Tranche des konzeptionellen Standpunkts. Jedes Element adressiert bestimmte Aspekte oder Interessen der Stakeholder. So verbirgt sich beispielsweise hinter der statischen, konzeptionellen Geschäftsebene das Geschäftsobjektmodell. Die Tabelle 6.1 fasst die drei Dimensionen und deren Elemente summarisch zusammen.

Tabelle 6.1
Dimensionen des Würfels

	Dimension	Kurzbeschreibung
Ebene	Geschäft	Blick auf das ganze Unternehmen oder die Organisation aus der Sicht des Business und dessen Geschäftsprozesse
	System	Blick auf den Verbund von Systemen sowie einzelne Applikationen und deren Zusammenspiel aus Sicht der IT
	Technologie	Blick auf ein einzelnes System, eine Infrastruktur oder Technologie wie Datenbanksysteme, Middleware und Netzwerke aus Sicht der Technik

	Dimension	Kurzbeschreibung
Standpunkt	Konzeptionell	Betrachtet das System aus dem Blickwinkel der logischen Funktionsblöcke, Schnittstellen und Verbindungen
	Ausführung	Sieht das System aus dem Blickwinkel der Laufzeitumgebung, des zeitlichen Verhaltens und der Interaktionspfade
	Implementation	Betrachtet das System aus dem Blickwinkel der Codeorganisation in verteilbare Module und Komponenten
Perspektive	Struktur	Sieht aus dem jeweiligen Blickwinkel die statische Struktur als Aufzählung der Bestandteile und Elemente
	Verhalten	Sieht aus der betrachteten Optik das dynamische Verhalten einer bestimmten Komponente oder eines einzelnen Elements
	Interaktion	Sieht aus dieser Perspektive die Verbindungen, Meldungsflüsse und Interaktionspfade der Komponenten untereinander

Tabelle 6.1 (Forts.)
Dimensionen des Würfels

Die horizontalen Ebenen unterscheiden sich dabei nur insofern, dass von unten nach oben der Betrachtungswinkel größer wird und damit der betrachtete Ausschnitt wächst. Jede Ebene bedient sich mehr oder weniger derselben Werkzeuge und Standpunkte. Ob nun eine einzelne Applikation oder die gesamte Organisation beleuchtet wird, spielt keine wesentliche Rolle vom methodischen Gesichtspunkt her. Die Methoden sind dieselben, nur die Sichten werden andere sein, also das, was aus dem Standpunkt für die jeweilige Ebene konkret gesehen wird. Beispielsweise werden aus dem Implementationsstandpunkt für die einzelne Applikation die Softwarekomponenten und für die Unternehmensarchitektur die Organisationseinheiten sichtbar. Komponenten wie Organigramme werden hierbei aus statischer Perspektive mithilfe der Klassendiagramme von UML modelliert.

Der Architekturwürfel verkörpert in sich verzahnte Methoden und Instrumente, um damit Fragen an die Architektur aus dem Fokus verschiedener Akteure beantworten zu können. Diese Fragen sind nach dem IEEE 1471 Framework die Interessen oder *Aspekte*, deren Beantwortung eine bestimmte Personengruppe Bedeutung schenkt. Edsger W. Dijkstra, ein Pioneer in den Informationswissenschaften, hat mit dem Begriff „Separation-of-Concern" gefordert, ein gegebenes Problem in verschiedene, voneinander weitgehend unabhängige Aspekte aufzugliedern. Ein Aspekt umschließt ein bestimmtes Interessengebiet wie die Datenhaltung, Sicherheit, Kommunikation und vieles mehr. Sie blenden bewusst die für die jeweilige Betrachtung irrelevanten Teile der Gesamtarchitektur aus und fokussieren sich auf die Beschreibung der für diesen Aspekt signifikanten Elemente. Es ist wie der Blick durch einen Scherenschnitt: Nur Fragmente des Würfels werden beleuchtet. Das Muster des Scherenschnitts hängt vom jeweiligen Aspekt ab. Jeder Aspekt kann

Aspekte

einem bestimmten Standpunkt und bis zu einem gewissen Grad auch einer spezifischen Ebene zugeordnet werden. Welche Perspektiven, sprich welche Diagramme sinnvoll für den jeweiligen Aspekt sind, hängt wesentlich von diesem selbst und der gewählten Methode ab. So findet beispielsweise die Beschreibung der Geschäftsregeln aus dem konzeptionellen Standpunkt auf der Geschäftsebene statt und bedient sich dazu der Diagramme der statischen Perspektive.

Abbildung 6.4
Frontansicht des
Architekturwürfels

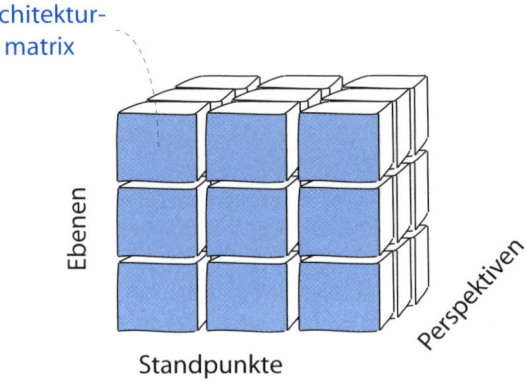

Matrix Wird der Architekturwürfel von vorne betrachtet, tritt das Zusammenspiel zwischen den Ebenen und den drei Standpunkten in den Vordergrund. In der Frontansicht lässt sich jedes Element einem bestimmten Modell zuordnen. Die einzelnen Modelle lassen sich auf der Vertikalen wie auch der Horizontalen miteinander verknüpfen. So entsteht ein zusammengehöriges Gesamtmodell, in dem die einzelnen Elemente Puzzleteile eines Ganzen repräsentieren. Diese Ansicht bezeichnen wir als Architekturmatrix. Es ist im Grunde eine Vereinfachung des Architekturwürfels, indem die Dimension der Perspektiven ausgeblendet wird. Perspektiven sind wie Farbfilter, die bestimmte Wellenlängen und damit bestimmte Teile des Bilds ausblenden. Die Blau-, Gelb- und Rotperspektive zusammen ergeben wieder die vollständige Sicht eines Standpunkts einer bestimmten Ebene. Die Perspektiven sind die Farben, ein Bild zu malen; für den außenstehenden Betrachter ist jedoch nur das Gesamtbild von Interesse. Deshalb lässt sich der Würfel für die Stakeholder auf die Frontansicht reduzieren, um ein komplettes Bild des Systems zu vermitteln.

6.2 Architekturstandpunkte

Der Mensch aus verschiedenen Perspektiven Wenn wir die Funktionsweise des Menschen erklären wollten, würden wir dies aus verschiedenen Standpunkten tun. Der eine Standpunkt dient der Definition, aus welchen Elementen – Zellen, Organen und Subsystemen – ein Mensch besteht, also eine Inventarisierung seiner Bestandteile, ohne vorerst deren Zusammenwirken zu betrachten. Doch ein Mensch ist schwerlich nur durch eine solche Aufzählung erklärbar. Deshalb wendet sich der zweite Standpunkt dem zuvor ausgeblendeten Zusammenspiel zwischen den Bestandteilen zu. Wir beschreiben, wie aus Nahrung und Sauerstoff der Motor des Lebens betrieben wird; wie Signale und Informationen durch unsere Schaltzentrale verarbeitet werden und uns befähigen, wunderbare Dinge wie einen Elfmeter zu versenken – oder eben nicht. Beabsichtigen wir noch zu verstehen, womit der Körper Signale weiterleitet und Energie mit dem Citratzyklus gewinnt, schildern wir, wie die Zellen und Organe aufgebaut sind, wie beispielsweise die einzelnen Stoffwechselvorgänge implementiert sind und welche zusätzlichen Helfer in Form von Nahrungsbestandteilen und Bakterien er dazu benötigt. Kaum jemand würde versuchen, das komplexe Wesen Mensch als Ganzes in einer einzigen Darstellung zu beschreiben. Wir teilen das Problem in verschiedene, voneinander weitgehend unabhängige Betrachtungen auf, wie die Funktionsweise des Bluts, des Verdauungs- oder des Bewegungsapparats. Diese Betrachtungen adressieren spezifische Interessen unterschiedlicher Stakeholder. Es sind nach unserer Terminologie die Aspekte einer Lösungsbeschreibung.

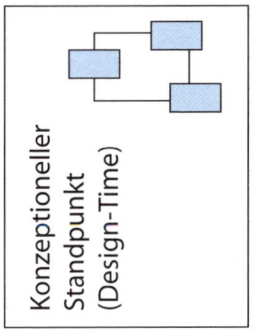

Konzeptioneller Standpunkt (Design-Time)

Was die Elemente sind

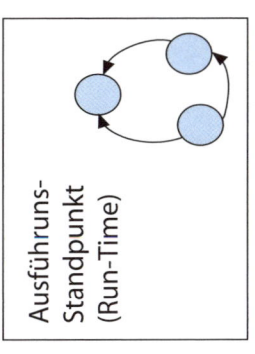

Ausführungs- Standpunkt (Run-Time)

Wie es funktioniert

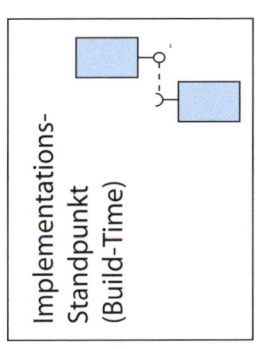

Implementations- Standpunkt (Build-Time)

Wer führt es aus

Abbildung 6.5
Architekturstandpunkte

Konzentration auf wenige Standpunkte

So oder ähnlich ist es mit jeder anderen Disziplin auch. Eine komplexe Sache wird aus verschiedenen, in der Regel standardisierten Blickwinkeln dokumentiert. Dabei konzentriert sich eine Betrachtung auf einen für die momentane Problemstellung relevanten Aspekt. Wie viele Standpunkte und Aspekte dabei notwendig sind, hängt von unterschiedlichen Faktoren ab, wie auch den persönlichen Präferenzen jedes Einzelnen. Der hier vorgestellte Ansatz konzentriert sich bewusst auf wenige solcher Standpunkte. Sie stellen nur die primären Blickwinkel dar, aus denen die einzelnen Aspekte wie Sicherheit, Datenhaltung, Skalierbarkeit und vieles mehr betrachtet werden. Damit ist der Ansatz offen für Erweiterungen in Form von anderen Aspekten, aber geschlossen gegenüber Änderungen durch ein fixes Set von Standpunkten. So hat eine Webapplikation andere Schwerpunkte als die Realisierung einer Raketensteuerung. Die Standpunkte bleiben jedoch identisch, aus denen eine Architektur dokumentiert wird. Eine Architektur wird immer aus dem Blickwinkel des konzeptionellen Entwurfs, des Verhaltens und Zusammenwirkens der Elemente während der Laufzeit sowie aus der Sicht der Implementierung betrachtet. Der konzeptionelle Standpunkt umfasst die Darlegung der logischen Struktur bestehend aus Funktionsblöcken in den Begriffen der Domäne. Der Ausführungsstandpunkt erklärt das System aus der Interaktion der einzelnen Elemente in der Laufzeitumgebung und damit wie eine bestimmte Aufgabe über die Zeit erfüllt wird. Der dritte Standpunkt betrachtet schließlich das System aus dem Blickpunkt der Codeorganisation und der verteilbaren Softwarekomponenten. Die Granularität und damit was aus dem jeweiligen Standpunkt gesehen wird, hängt von der jeweiligen Ebene ab. Auf der Ebene des Unternehmens sind es exemplarisch weniger die Technologien als vielmehr die Festlegung der Rollen und Regeln, um den Prozess zu betreiben.

Komponenten werden durch jeden Standpunkt um bestimmte Aspekte erweitert

Die Gemeinsamkeit der drei Standpunkte bilden die kleinsten Bausteine der jeweiligen Architekturebene. In der Terminologie von UML sind dies Klassen, die für unterschiedliche Dinge in Abhängigkeit des eingenommenen Abstraktionsgrads stehen. So sind es auf der Unternehmensebene die Geschäftsobjekte, auf der Systemebene die Komponenten oder Subsysteme und auf der Technologieebene die Klassen im Sinne einer Objektorientierung. Diese Komponenten oder Klassen verbinden die verschiedenen Standpunkte, indem jeder Standpunkt den Baustein um dessen jeweilige Betrachtung ergänzt. Die logischen Komponenten des konzeptionellen Standpunkts sind frei jeglicher Betrachtung der Laufzeitumgebung und deren konkreter Implementation. Es wird dargelegt, was die Architektur, gruppiert in sinnvolle Komponenten, an Funktionalität bereitstellt. Der Standpunkt der Ausführung macht aus den logischen Komponenten Bausteine einer bestimmten Laufzeitumgebung und die Implementation ergänzt diese Bausteine zu verteilbaren und ausführbaren Programmen.

Abbildung 6.6
Vom Konzept zur Implementation

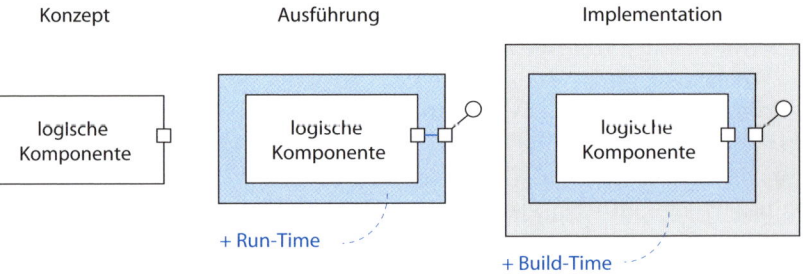

6.2.1 Konzeptioneller Standpunkt

Ein Konzept ist ein Plan für eine Lösung oder ein Gedankengerüst. Der konzeptionelle Standpunkt ist sinngemäß eine Ansicht, den grundlegenden Plan über den Aufbau und die Funktionsweise des zukünftigen Systems zu skizzieren. Diese Sicht interessiert sich noch nicht für eine konkrete Umsetzung, sondern nur dafür, das zu lösende Problem zu verstehen und als logische Struktur abzubilden. Dabei werden die funktionellen Anforderungen aus den Anwendungsfällen und den Begriffen der Domäne mit den verlangten Qualitätsattributen zu einem Lösungsansatz vereint. Der Standpunkt schildert einen Ansatz, die geforderte Funktionalität mit den Prinzipien der Architektur und Einflussfaktoren wie Performance, Erweiterbarkeit oder Sicherheit in Einklang zu bringen. Am Ende sind die konzeptionellen oder logischen Komponenten als Funktionsblöcke sowie deren Verbindungen und das grundsätzliche Zusammenspiel bekannt. Es werden hierbei ebenso der zugrunde liegende Architekturstil wie auch die Separation in Schichten wie die der Präsentation, Applikationslogik und Daten benannt.

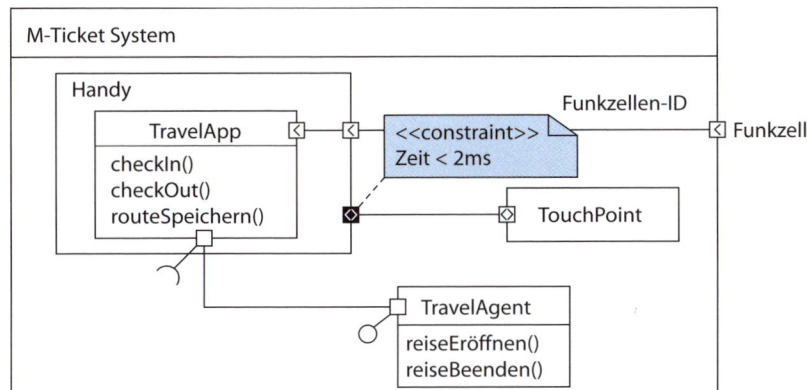

Abbildung 6.7
Beispiel konzeptioneller Standpunkt

Das mit der SysML-Notation entworfene Beispiel der Abbildung 6.7 illustriert die Beschreibung des konzeptionellen Standpunkts eines Systems. Dabei werden Komponenten und die damit zur Verfügung gestellten Operationen sowie deren Interaktionspfade aufgezeigt, ohne eine konkrete technische Lösung zu benennen. Aus dem konzeptionellen Blickwinkel stehen noch nicht die abschließende Definition der Schnittstellen und damit die Festlegung des Vertrags im Zentrum. Hier ist vorerst wichtig, den Meldungsfluss zu verstehen und das gemeinsame Wirken in seiner Gesamtheit zu erkennen. Erst aus dem Standpunkt der Ausführung heraus sind die Schnittstellen dingfest zu machen und im Detail zu spezifizieren.

6.2.2 Ausführungsstandpunkt

Im Ausführungsstandpunkt werden die Elemente der konzeptionellen Sicht nun in Szene gesetzt. Hier geht es um die Beschreibung des Laufzeitverhaltens des Systems und des zeitlichen Zusammenwirkens der Komponenten. Die Schnittstellen und deren Verträge werden nun konkretisiert und die logischen Bausteine um Aspekte der Sicherheit, Kommunikation und Gleichzeitigkeit ergänzt. Zudem wird die notwendige Infrastruktur und Laufzeitumgebung benannt, soweit diese für die Ausführung der Programme relevant ist. Ging es im konzeptionellen Standpunkt bei der Beschreibung der Interaktion um die grundlegende Meldungssequenz, so wird jetzt der tatsächlich stattfindende Informationsfluss aufgezeigt inklusive der dabei eingesetzten Standards und verwendeten Protokolle. Der Ausführungsstandpunkt ist eine reine Außensicht. Es interessiert, wie die Komponenten miteinander kollaborieren, jedoch nicht, womit sie gebaut werden. Auf der Ebene des Unterneh-

Ausführungsstandpunkt betrachtet das Laufzeitverhalten des Systems

mens sind dies zum Beispiel die Geschäftsprozesse, auf der Systemebene das Zusammenspiel in einem Applikationsverbund und auf der Ebene der Technologie die Synchronisation einzelner Programmfäden und Systemprozesse.

Abbildung 6.8
Beispiel Ausführungsstandpunkt

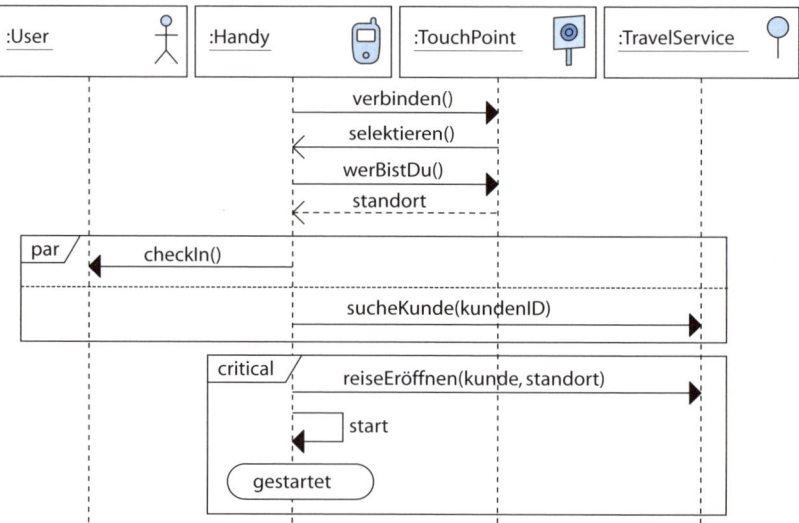

Abbildung 6.8 zeigt eine verkürzte Variante der sich abspielenden Interaktion beim Einchecken eines Reisenden am Touch-Point. Nach dem Verbindungsaufbau findet die Suche des Kunden im Hintergrundsystem gleichzeitig mit der Aufforderung statt, den Vorgang durch den Anwender zu bestätigen. Anschließend wird in einer kritischen, nicht unterbrechbaren Sequenz die Reise eröffnet und im Handy vermerkt.

6.2.3 Implementationsstandpunkt

Implementationsstandpunkt beantwortet die Frage, womit das System gebaut wird

Der Standpunkt der Implementation betrachtet das System aus der Perspektive, womit es zu bauen ist. Hier wird der Baustoff in Form von Technologien und einzusetzender Systemsoftware definiert. Dazu gehören Programmiersprachen, Frameworks, kommerziell erwerbbare Komponenten, Laufzeitumgebungen für Komponenten und Protokollierungswerkzeuge, um nur einige zu nennen. Zudem definiert der Standpunkt das Verfahren, nach dem gebaut wird. Also, welche Codierungsrichtlinien gelten, wie der Code zu organisieren ist und mit welchen Methoden dieser geprüft wird. Im Weiteren beschäftigt sich die Implementation mit der nicht unerheblichen Frage der Verteilung und des Betriebs der fertigen Software. Diese beiden Punkte beeinflussen die Gesamtkosten wesentlich, fallen doch die meisten Ausgaben erst nach Fertigstellung des Projekts an. Die Wartbarkeit und zu einem gewissen Teil auch die Erweiterbarkeit einer Lösung werden durch die richtige Wahl der Baustoffe und Verfahren entscheidend beeinflusst.

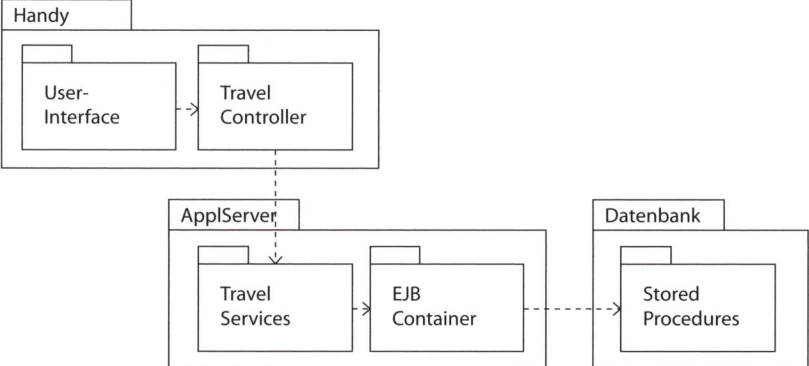

Abbildung 6.9
Beispiel Implemen-
tationsstandpunkt

6.3 Architekturmatrix

Architektur findet, wie bereits mehrfach erwähnt, auf verschiedenen Abstraktionsebenen statt. Eine Ebene definiert die Weite des eingenommenen Blickwinkels und damit den Fokus unserer Interessen. Auf der obersten Ebene ist es die gesamte Organisation, auf der mittleren Ebene sind es die Domänen oder Quartiere und zuunterst die einzelnen Applikationen. In Verbindung mit den drei Standpunkten entsteht eine Matrix, die das Zusammenwirken von Abstraktionsebenen und Blickwinkeln illustriert. Dieses als 3-mal-3-Architekturmatrix bezeichnete Modell ist vergleichbar mit dem Zachman Framework; statt sechs stehen hier nur jeweils drei Kolonnen und Zeilen gegenüber. Obwohl naheliegend, bildete sich das 3-mal-3-Modell nicht aus einer Vereinfachung des Zachman Frameworks heraus. Es entstand vielmehr aus der Erkenntnis, dass sich die Standpunkte der Systemebene sowohl auf die darüber liegende Unternehmens- wie auch auf die darunter befindliche Technologieebene übertragen lassen.

Architekturmatrix stellt Standpunkt und Abstraktionsebene gegenüber

Zachman Framework

John A. Zachman definierte einen weitverbreiteten Ansatz, die Architektur eines Unternehmens aus verschiedenen Abstraktionsebenen und Standpunkten zu betrachten. Die Zeilen repräsentierten die Höhe oder den Abstraktionsgrad, aus der bzw. dem ein bestimmtes System betrachtet wird, und die Kolonnen den Standpunkt, aus dem die jeweilige Ebene zu beschreiben ist. Dabei entsteht eine „6-mal-6"-Matrix. In dieser Matrix repräsentiert jede Zelle ein entsprechendes Modell, das einen Teilaspekt aus einer bestimmten Abstraktionsebene adressiert. Das Zachman Framework (ZF) ist jedoch weniger ein Framework im engeren Sinne, als vielmehr ein Klassifikationsschema für die verschiedenen Artefakte einer unternehmensweiten Architektur. Dabei wird definiert, welche Informationen oder Aussagen über eine Architektur für welche Interessengruppen in welcher Granularität erforderlich sind. Die einzelnen Ebenen bauen aufeinander auf und ergänzen sich in der horizontalen Richtung. Die Kolonnen dokumentieren eine bestimmte Sicht auf eine Ebene aus einem Standpunkt heraus.

Standpunkte

Ebenen	Daten (Was)	Aktivität (Wie)	Ort (Wo)	Personen (Wer)	Zeit (Wann)	Motivation (Wieso)
Geschäfts-strategie	Geschäfts-ziele	Kern-prozesse	Geschäfts-lokationen	Organi-sations-modell	Geschäfts-strategie	Geschäfts-vision
Business-modell	Domänen Modell	Geschäfts-prozesse	Netzwerk-topologie	Organi-sations-struktur	Operativer Plan	Geschäfts-plan
System-modell	Logisches Daten-modell	Applikation Archiektur	Architektur-stil	Use-Cases	System Interaktion	Geschäfts-regeln
Technologie-modell	Physikal. Daten-modell	System Design	Hardware	User-Interface	Kontroll-strukturen	Ablauf
Implementations-modell	Daten-definition	Programm	Protokolle	Sicherheit	Zeittabelle	Programm-logik
Funktionierendes System	Daten	Funktion	Netzwerk	Organi-sation	Ausführen	Prozess-regeln

Die Strategieebene definiert die Geschäftsbetreiber und das Unternehmensziel. Deren Aussagen leiten sich aus der langfristigen Strategie des Managements ab. Das Business- oder Geschäftsmodell definiert in Begriffen der Geschäftswelt die Struktur und Prozesse sowie die Organisationsstruktur und Rollen der Firma. Das Systemmodell setzt den Fokus etwas enger und betrachtet den konzeptionellen Ansatz aus Sicht des Architekten für ein einzelnes System. Auf der Technologieebene wird aus dem konzeptionellen Modell ein detaillierter Entwurf. Jetzt werden die einzusetzenden Technologien festgelegt und es wird beschrieben, wie das logische Modell zu implementieren ist. Anschließend wird das so spezifizierte und entworfene System implementiert. Die letzte Ebene stellt die fertige, in Betrieb genommene Applikation dar.

Die 3-mal-3-Architekturmatrix der Abbildung 6.11 stellt den Zusammenhang zwischen den drei Abstraktionsebenen Geschäft, System und Technologie und den drei Standpunkten Konzept, Ausführung und Implementation dar. Die oberste Ebene blickt aus der Geschäftsoptik auf die Architektur. Der konzeptionelle Standpunkt fragt hier nach den treibenden Kräften sowie den über Geschäftsleistungen erbrachten Mehrwert oder der Kernkompetenz eines Unternehmens. Deren Funktionsweise wird durch das Zusammenwirken von Geschäftsobjekten erklärt. Ein solches Geschäftsobjekt ist ein Begriff der jeweiligen Domäne. So ist beispielsweise der Kunde für die Bahn ein Reisender und für den Staat ein Bürger. Aus der Sicht der Ausführung beschreiben die Geschäftsprozesse die Reaktion der Organisation auf ein äußeres Geschäftsereignis. Diese Geschäftsprozesse werden durch entsprechende Rollen implementiert, die dabei für die Ausführung ihrer Tätigkeiten Applikationen bzw. Subsysteme der Systemebene nutzen.

Ein Geschäftsprozess besteht aus einer Sequenz von Aktivitäten, die bestimmte Geschäftsfunktionen für die Bewältigung der jeweiligen Aufgabe nutzen. Die Geschäftsfunktionen entsprechen den Funktionen, die ein

System bereitstellt und die üblicherweise als Use-Cases modelliert werden. Es sind die Applikationsservices der nächsten Ebene. Ein Service der Systemebene repräsentiert eine Komponente der Laufzeitumgebung, die solche Applikationsservices implementiert und zur Verfügung stellt. Ein Subsystem in der hier verwendeten Terminologie ist ein mehr oder weniger selbstständiger Baustein eines Systems mit klar definierten Schnittstellen und darüber angebotenen Leistungen. Ein Subsystem kann beispielsweise eine Webapplikation, ein Hintergrundprozess oder ein Bauteil eines Mobiltelefons sein.

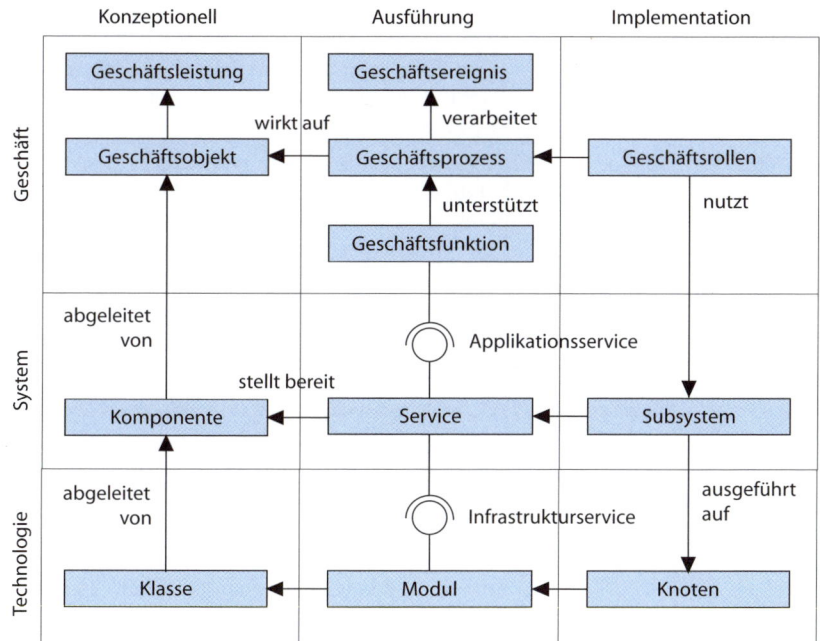

Abbildung 6.11
Architekturmatrix

Der etwas unglückliche und vielsagende Begriff *System* wurde für die zweite Ebene gewählt, da es sowohl für einen Applikationsverbund einer unternehmensweiten IT, ein Gerät des Konsumgütermarkts wie auch eine für sich allein funktionierende Software stehen kann. Die Systemebene ist der Brückenschlag zwischen Geschäftsprozessen und den konkreten Technologien. Dabei werden die aus der darüberliegenden Ebene abgeleiteten Geschäftsobjekte aus dem konzeptionellen Standpunkt als Komponenten modelliert. Eine Komponente stellt einen Funktionsblock von zusammengehörigen Operationen dar, wie die Registrierung und Verwaltung von Kundendaten eines Webshops. Auf der Technologieebene werden diese Funktionen durch Klassen implementiert und als Module einer entsprechenden Laufzeitumgebung verteilt und ausgeführt. Die Knoten der untersten Ebene stehen für die physikalische Infrastruktur in Form von Server, Netzwerk oder einem Prozessor eines hardwarenahen Systems. Durch den hierarchischen Aufbau der Architekturmatrix lassen sich komplexe, unternehmensweite Geschäftsprozesse schrittweise in deren durch die IT bereitgestellten Systeme und weiter in die konkreten, durch eine entsprechende Technologie implementierten Bausteine

Systemebene steht für einen Verbund von Systemen oder Subsystemen

zerlegen. Die Matrix ist ein einfaches Erklärungsmuster, um die verschiedenen Ebenen und Standpunkte über ein gemeinsames Modell zu verbinden.

Folgende Tabelle fasst den Fokus der einzelnen Zellen zusammen.

Tabelle 6.2
Zusammenfassung Fokus
der Architekturmatrix

	Standpunkt	Fokus
Geschäft	Konzeptionell	Geschäftsbetreiber und die Leistungen der Organisation, davon abgeleitet die vernetzten Begriffe der jeweiligen Domäne in der Form eines Geschäftsobjektmodells
	Ausführung	Mit welchen Geschäftsprozessen soll auf die Geschäftsereignisse, also den Bedürfnissen der Kunden, reagiert werden? Welche Geschäftsfunktionen sind dazu notwendig?
	Implementation	Welche Geschäftsrollen und Akteure des Unternehmens sind für die Ausführung der Geschäftsprozesse notwendig und wie wird der Prozess im Unternehmen installiert?
System	Konzeptionell	Welche Services abgeleitet von den Geschäftsobjekten müssen durch das System bereitgestellt werden und wie sind diese untereinander verbunden?
	Ausführung	Zu welchen weitgehend unabhängigen und parallel ausführbaren Subsystemen lassen sich die Services zusammenfassen? Welche aufrufbaren Funktionen stellen diese bereit?
	Implementation	Durch welche Applikationen und Hardwarebausteine werden die Subsysteme implementiert. Wie wird kommuniziert und welches ist die Laufzeitumgebung?
Technologie	Konzeptionell	Aufzählen der Komponenten als kleinste konzeptionelle Einheit einer Architektur und Darstellen der Funktionsweise sowie Interaktionspfade
	Ausführung	Zu welchen Modulen werden die Komponenten zusammengefasst? Benennen der einzusetzenden Middleware und Technologie sowie der notwendigen Infrastruktur.
	Implementation	Auf welchen physikalischen Geräten und Server laufen welche Module, wie sieht das Netzwerk aus und mit welchen Hilfsmitteln wird entwickelt?

Abbildung 6.12 visualisiert die Verwendung verschiedener Diagramme pro Ebene und Standpunkt. Es wäre jedoch eine falsche Aussage, damit bestimmte Darstellungsformen auf einzelne Zellen zu fixieren. Jede dieser Zellen kennt unterschiedliche Diagramme in Abhängigkeit des jeweiligen Aspekts und der Projektart.

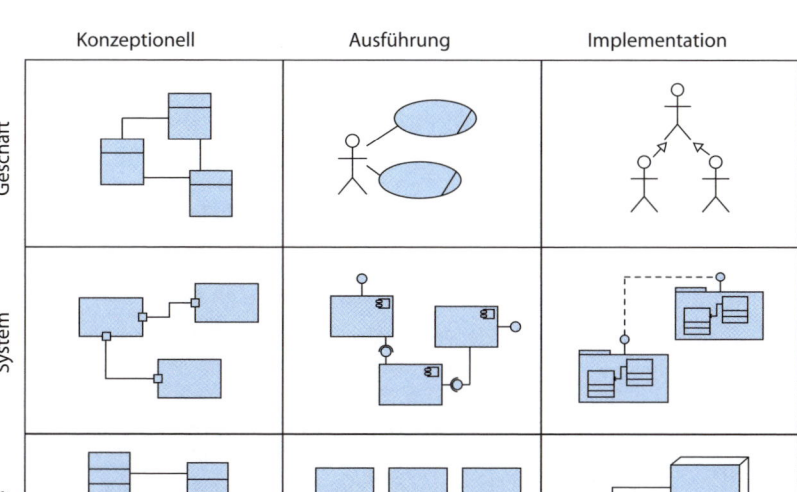

Abbildung 6.12
Diagramme der
Architekturmatrix

Die Architektur hört dort auf, wo die Komponenten durch das Detaildesign weiter in einzelne Klassen oder Bauteile zerlegt werden. Wichtig ist hier, den Zusammenhang zwischen den verschiedenen Ebenen herzustellen und die Fokussierung auf die signifikanten Dinge sowie den Lösungsansatz einem breiten Publikum näherzubringen.

6.4   Architekturaspekte

Die hier vorgestellten Aspekte sind nicht als abschließende Aufzählung zu verstehen. Es handelt sich lediglich um die gängigsten Themen, mit denen sich eine Architektur auseinanderzusetzen hat. Die Aspekte werden getrieben durch die am Projekt interessierten Gruppen. So hat ein Datenbankadministrator einen ganz anderen Schwerpunkt als der Entwickler oder Auftraggeber. Es ist, wie im nachfolgenden Kapitel beschrieben, die erste Aufgabe eines Architekten, seine Stakeholder zu identifizieren. Dies sind nicht zwingend dieselben Gruppen, wie die des Business-Analysten aus Sicht der Anforderungsanalyse. Die Stakeholder der Architektur gehören eher zu den direkt Betroffenen, sei es als Anwender, Betreiber oder Systemerbauer. Diese Stakeholder definieren letztendlich, welche Aspekte die Architektur anzusprechen hat.

Die Aspekte lassen sich, wie bereits erwähnt, den einzelnen Standpunkten zuordnen, in denen die spezifischen Interessen aus dem jeweiligen Blickwinkel betrachtet werden. Damit erhält jeder Standpunkt vier Aspekte, die in der folgenden Tabelle summarisch aufgeführt sind und anschließend im Detail besprochen werden.

Tabelle 6.3
Zusammenfassung
der Aspekte

	Aspekt	Fokus
Konzeptionell	Funktionalität	Welchen Zweck erfüllt die Lösung und in welche Funktionsblöcke sowie Subsysteme teilt sich diese auf?
	Ergonomie	Was ist die grundsätzliche Bedienungsphilosophie? Müssen bestimmte Auflagen zur Vermeidung von Fehlbedienungen beachtet werden und wie ist das Produkt durch Personen mit einer körperlichen Behinderung zu bedienen?
	Daten	Wie werden die Daten gespeichert, wie erfolgen das Backup und eine mögliche Wiederherstellung? Wie werden die Datenintegrität sichergestellt und der Zugriff geregelt, sind bestimmte Aspekte zur Optimierung der Datensuche zu beachten?
	Geschäftsregeln	Rahmenbedingungen, Gesetze, Patente und technische Limitationen schränken das mögliche Lösungsspektrum ein. Wie werden diese Auflagen erfüllt?
Ausführung	Gleichzeitigkeit	Viele Abläufe finden gleichzeitig statt und werden über verschiedene Mechanismen synchronisiert. Wie sehen diese aus und wie wird das System gestartet und gestoppt?
	Kommunikation	Wird ein synchrones Kommunikationsmuster über den Aufruf entfernter Prozeduren verwendet oder wird asynchron über Warteschlagen kommuniziert?
	Sicherheit	Welche Sicherheitsauflagen sind zu berücksichtigen? Wie erfolgt die Authentifizierung und Autorisierung, sind die Daten zu verschlüsseln und wie schützt sich das System gegen außen?
	Infrastruktur	Ist zusätzliche Hardware notwendig oder wird bestehende Infrastruktur genutzt? Netzwerktopologie und Technologieabhängigkeiten sind zudem Fragen dieses Aspekts.
Implementation	Entwicklung	Welcher Bauplan liegt der Architektur zugrunde? Ist ein bestimmtes Framework notwendig und gibt es einzuhaltende Technologie- und Codierungsrichtlinien?
	Verteilung	Wie wird die Software verteilt und installiert? Ist der Vorgang reversibel und wenn ja wie? Wie erfolgt eine mögliche Migration der Daten?
	Betrieb	Wie wird die Applikation betrieben, überwacht und konfiguriert? Wie sieht ein möglicher Support aus?
	Wiederverwendung	Auf welcher Ebene und wie findet Wiederverwendung statt? Welche Komponenten werden eingekauft, welche selbst gebaut? Wie wird die Wiederverwendung organisatorisch sichergestellt?

6.4.1 Funktionalität

Die Architektur ist in erster Linie eine Frage der Erfüllung nichtfunktionaler Anforderungen. Keine Funktion vermag langfristig zu überzeugen, wenn deren minimalen Qualitätsansprüche nach Antwortzeiten und Sicherheit – um nur ein paar zu nennen – nicht gewährleistet werden. Und trotzdem steht vor alle dem die Adressierung der funktionalen Bedürfnisse. Ohne ein Verständnis vom eigentlichen Zweck eines Systems und von der optimalen Bereitstellung der geforderten Leistungsmerkmale ist jede weitere Diskussion über Betrachtungen hinsichtlich der Sicherheit und Skalierbarkeit sinnlos. Der Aspekt der Funktionalität steht gewollt am Anfang der Aufzählung von Anliegen, derer sich eine Architektur annehmen muss. Habe ich wirklich verstanden, was das System aus Sicht der zukünftigen Anwender zu leisten hat, ist die erste Frage, die sich eine Architekturbeschreibung zu stellen hat.

Der funktionale Aspekt listet die logischen Komponenten auf, ohne bereits die darunterliegende Infrastruktur zu betrachten. Er nennt die Schnittstellen und die Verbindungen zwischen den Elementen sowie die externen Entitäten. Die Philosophie des Entwurfs folgt bei der Komponierung in sinnvolle Funktionsblöcke den grundsätzlichen Architekturprinzipien wie dem Separieren von Teilaspekten, einer losen Kopplung und hoher Kohäsion. Neben der richtigen Auslegung und Verteilung der Funktionalität auf Subsysteme und essenziellen Bausteinen steht die Beschreibung der Schnittstellen zwischen diesen und gegenüber den angrenzenden Systemen im Zentrum. Das Schwergewicht der funktionalen Betrachtung in der Architektur liegt auf der korrekten und vollständigen Definition der Interfaces zwischen den Subsystemen und Hauptkomponenten und weniger auf einer detaillierten Beschreibung der Funktionsblöcke. Der Entwurf sollte ausgewogen und die Funktionalität gleichmäßig auf die verschiedenen Komponenten verteilt sein. Allzu leicht degeneriert ein solcher Entwurf zu einem zentralen, alles bestimmenden Megaobjekt. Bekannt als *Blob* Antipattern oder als göttliches Element vereint es die vollständige Steuerung und überlagert im Umfang alle anderen, nur am Rand anzutreffenden Hilfsobjekte. Bruce Tate sprach davon, dass die gesamte Funktionalität an der Operation des magischen Pushbuttons klebe, der auf ein Ereignis der Benutzeroberfläche reagiere (Tate, 2002).

Funktionalität listet Blöcke zusammengehöriger Dienste auf

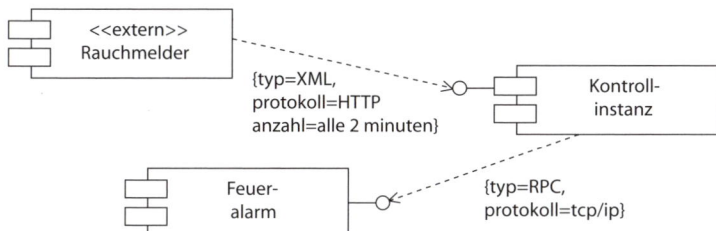

Abbildung 6.13
Beispiel funktioneller Struktur

Für die Darstellung des funktionalen Aspekts eignen sich ein internes Blockdiagramm der Modellierungssprache SysML, Komponentendiagramme und Schnittstellenbeschreibungen in UML oder eine einfache Geschäftsgrafik, welche die Subsysteme und deren Verbindungen als Rechtecke und Linien zeigt.

6.4.2 Ergonomie

Ergonomie beschäftigt sich mit der Gestaltung des Arbeitsplatzes

Die Ergonomie beschäftigt sich mit der Erforschung und Gestaltung optimaler Arbeitsbedingungen. Sie geht einen Schritt weiter als die im Kapitel Businessanalyse zu diskutierende Usability und umfasst das gesamte Arbeitsumfeld inklusive Eingabe- und Ausgabemedien. Die Ergonomie aus dem Aspekt der Informationsverarbeitung fokussiert sich auf die sogenannte Mensch-Maschinen-Schnittstelle und damit den Fragen, wie ein technisches System bedient und über welche Sinneskanäle kommuniziert wird. Es steht nicht nur der Komfort für den jeweiligen Benutzer zur Diskussion, sondern auch die Sicherheit und Fehlertoleranz in deren Bedienung. Verlassen wir kurz das breite Spektrum von Benutzerschnittstellen und engen den Blick auf grafische Oberflächen ein, so lassen sich zwei unterschiedliche Philosophien ausmachen. Diese Unterscheidung ist durchaus auf andere Produkte übertragbar. Auf der einen Seite steht ein ingenieurgetriebener Ansatz, wie er typischerweise bei Microsoft oder Unix-Systemen zu finden ist, auf der anderen Seite die künstlerische Herangehensweise von Apple und Walt Disney. Bei Ersteren liegt das Schwergewicht auf der Vielfalt der technischen Möglichkeiten und der Erweiterbarkeit durch versierte Anwender. Bei Apple herrschen hingegen die spielerische Herangehensweise und das bewusste Verstecken komplexer Vorgänge vor. So unterschiedlich diese beiden Ansätze sind, ist beiden doch gemeinsam, dass die Qualität der Benutzerschnittstelle von der konsistenten, an der Aufgabe orientierten Bedienung abhängt. Es hängt also vom Zielpublikum und der zu lösenden Aufgabe ab, welche Philosophie zweckmäßig ist.

Im Rahmen des Architekturentwurfs werden die prinzipielle Form der Interaktion, das Medium sowie die User-Interface-Architektur festgelegt. Dabei interessieren die Struktur und die Organisation in deren Gesamtheit sowie das konzeptionelle Modell des Dialogs zwischen Mensch und Maschine. Eine Geschäftsapplikation für Experten wird anderen Ansprüchen genügen müssen als eine Webapplikation für ein breites Publikum oder gar die Steuerung von lebenserhaltenden Systemen der Medizintechnik. Es steht die Funktion und deren Bedienung aus der Sicht des Anwenders im Vordergrund und wie die Architektur diesem Anspruch grundsätzlich begegnet. Der Entwurf der einzelnen Bildschirmmasken, Kontrollelemente und Eingabefelder ist Teil des Usability Engineering, auf das wir später bei der Besprechung der Anforderungsanalyse zurückkommen werden.

Zustandsdiagramme für die Beschreibung der Dialogabläufe

Die einzelnen Aufgaben innerhalb des Entwurfsprozesses einer Benutzeroberfläche lassen sich, wie in der Abbildung 6.14 dargestellt, in die Phasen eines Vorgehensmodells aufteilen. In der ersten Phase wird die eigentliche Zielgruppe identifiziert und deren Arbeitsweise wird in Form von Szenarien dokumentiert. Damit erhält der Architekt oder Interaktionsdesigner eine Idee von den späteren Anwendern und deren Arbeitsweise. Daraus entsteht ein grundlegendes Konzept der Bedienung mit ihren Eingabe- und Ausgabemedien sowie der prinzipiellen Organisation und Ablaufsteuerung. Für deren Dokumentation eignen sich beispielsweise Zustandsdiagramme, in denen jeder Zustand eine Maske oder einen Dialog darstellt und die Übergänge Benutzereingaben symbolisieren. In der nachfolgenden Analysephase wird der Inhalt der Dialoge durch Prototypen und Storyboards konkretisiert. Vorerst werden die einzelnen Interaktionsschritte auf Papier gezeichnet und an einer Wand zu einem gesamten Ablauf aufgereiht. Nach dieser Kreativphase wird der Inhalt der Dialoge und Ausgabemasken im Detail spezifiziert. Als letzte Handlung wird das Ergebnis geprüft und die Qualität der Bedienung gemessen. Wichtig ist, den eigentlichen Benutzer in allen Phasen zu involvieren. Nicht wir (und auch nicht unser Chef), sondern der spätere Anwender sollte darüber entscheiden, ob die Software seinen Arbeitsablauf optimal unterstützt und das Bedienungskonzept zu überzeugen und zu begeistern vermag.

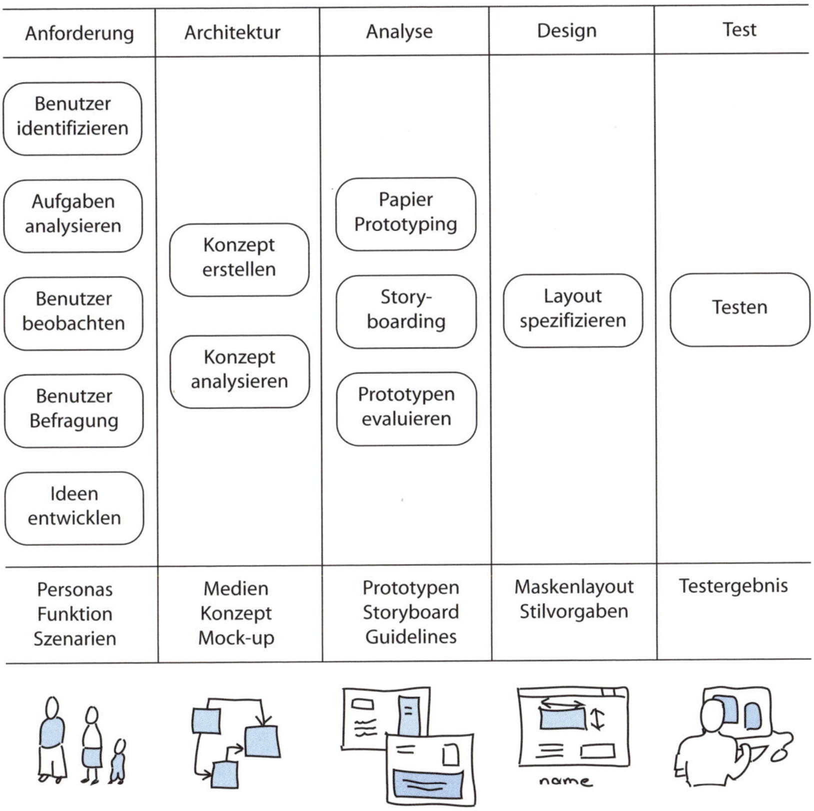

Abbildung 6.14
UI-Entwurfsprozess

Anforderung	Architektur	Analyse	Design	Test
Benutzer identifizieren				
Aufgaben analysieren	Konzept erstellen	Papier Prototyping		
Benutzer beobachten		Story-boarding	Layout spezifizieren	Testen
Benutzer Befragung	Konzept analysieren	Prototypen evaluieren		
Ideen entwicklen				
Personas Funktion Szenarien	Medien Konzept Mock-up	Prototypen Storyboard Guidelines	Maskenlayout Stilvorgaben	Testergebnis

Die Architektur der Benutzerschnittstelle umfasst neben der Spezifikation der Dialoge die Organisation der Informationen sowie die Festlegung der physischen Struktur der Ausgabemedien. Daten können nach *Dingen*, *Aktionen*, *Kategorien* oder nach den darauf anzuwendenden *Werkzeugen* organisiert werden. So gliedern sich beispielsweise eine Webseite nach den darüber angebotenen Objekten oder Dienstleistungen und ein Handy nach den ausführbaren Aktionen. Das Konzept der Kategorien erlaubt es, große Mengen von Daten nach bestimmten Kriterien zu ordnen. Die physische Struktur legt basierend auf der Organisationsform den fundamentalen Aufbau des Dialogs fest. Hier kann grob zwischen multiplen, gekachelten Fenstern

Organisation der Informationen nach Dingen, Aktionen oder Kategorien

oder einer Ein-Fenster-Seitenfolge unterschieden werden. Multiple Fenster erlauben es, verschiedene Daten nach individuellen Bedürfnissen gleichzeitig am Bildschirm darzustellen. Diese Freiheit wird oft als irritierend empfunden und überfordert schnell unerfahrene Anwender. Der gekachelte Ansatz wie bei Outlook und vielen Webanwendungen teilt ein Fenster in mehrere Abschnitte mit fixen Funktionen auf. So befinden sich häufig auf der linken Seite die Navigation, am oberen Seitenrand die Liste der Objekte und rechts unterhalb die Detailinformationen oder der Inhalt des gerade selektierten Objekts. Der Nachteil der gekachelten Fenster liegt im Platzbedarf und der damit notwendigen Beschränkung auf wenige Abschnitte. Das Einzelfenster eignet sich besonders für die optimale Ausnützung kleiner Geräte, aber auch um eine bestimmte Reihenfolge einer sequenziellen Abfolge zu erzwingen. Hier hat sich beispielsweise das Bedienungskonzept *One-Window-Drill-Down* beim iPod mini bewährt. Dabei hangelt sich der Nutzer schrittweise vom Hauptmenü zum gewünschten Blatt und wieder zurück.

Die konzeptionelle Organisation und Struktur des Dialogs lässt sich, wie bereits angedeutet, mit einem UML-Zustandsdiagramm sehr gut illustrieren. Das Beispiel der Abbildung 6.15 stellt eine stark vereinfachte und unvollständige Navigation eines MP3 Players dar. Die Pfeile symbolisieren die durch die Bedienungselemente ausgelösten Ereignisse und die Zustände beschreiben einen bestimmten Dialogschritt eines Drill-Down-Konzepts.

Abbildung 6.15
Beispiel UI-Navigation

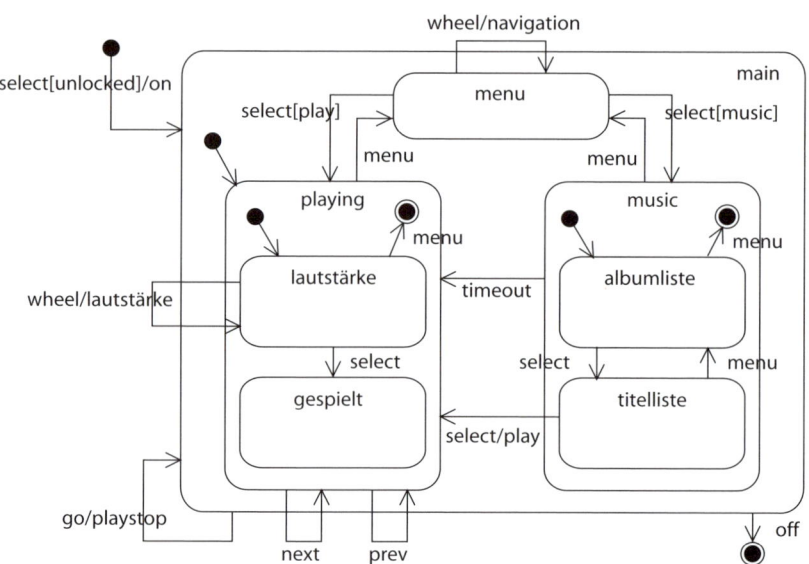

6.4.3 Daten

In der Informatik geht es letztendlich immer um Daten

Die ursprüngliche Bezeichnung der Informationstechnologie als Datenverarbeitung oder das Akronym EVA für Eingabe, Verarbeitung und Ausgabe verdeutlicht, dass es immer schon um Daten in der Informatik ging. Daten sind gegebene Fakten in Form von gespeicherten, wieder aufrufbaren Informationen oder einer transienten Meldung zwischen zwei Systemen. Ein Ereignis ist nichts anderes als eine Aussage über eine Zustandsänderung einer Komponente, die im gegebenen Fall eine entsprechende Reaktion in einem anderen System auslöst. Daten sind der Gegenstand, auf welchen Funktionen einwirken. So wird aus der Tastatursequenz eines Menschen der Fakt einer Bestellung, um daraus die Produktion des gewünschten Artikels, dessen Auslieferung und die abschließende Rechnungsstellung anzustoßen. Daten repräsentieren Zustände, abgeleitet durch den jeweiligen Inhalt, und damit das abrufbare Wissen, Wissen zur Steuerung von Geräten oder der Informationsbeschaffung. Daten sind für sich im Grunde nutzlos, erst die entsprechende Interpretation durch eine Operation macht aus der Sequenz von Bit und Bytes dieses Wissen, wie beispielsweise ein kodifizierter Datensatz auf einem bestimmten System dort eine Bestellung eines chilenischen Rotweins von Baron Rothschild darstellt. Da die meisten Daten kein sofort zu behandelndes Ereignis darstellen, müssen solche Informationen bis zu deren Bedarf oder der weiteren Verarbeitung dauerhaft gespeichert werden. Der Aspekt der Daten ist mit der Frage einer effizienten Speicherung, dem nachträglichen Auffinden und deren interner Darstellung konfrontiert. Blicken wir 100 oder auch nur 50 Jahre in die Zukunft, offenbart sich die ganze Problematik der Datenhaltung. Wie stellen wir sicher, dass die Daten auch jenseits unseres Daseins oder nach Ausscheiden aus einer Organisation auffindbar sind und deren Informationsgehalt interpretierbar ist.

Zum Glück haben die wenigsten Systeme einen solchen langen Zeithorizont zu berücksichtigen, doch auch zehn Jahre und mehr sind in der Informatik eine halbe Ewigkeit. Der Datenaspekt hat nicht nur Fragen zur Informationsstruktur und zum Inhalt zu beantworten, sondern auch solche über den Informationsfluss, das Transaktionsmanagement, das Datenvolumen, die Latenzzeit und die physische Datenhaltung. Dem Aspekt ist letztendlich ein besonderes Augenmerk zu widmen. Daten und deren Struktur haben einen relevanten Einfluss auf die Performance des Gesamtsystems, sind aber träge gegenüber Änderungen. Obwohl moderne Datenbanksysteme eine Vielzahl von Optimierungsmöglichkeiten bieten, können sie nicht grundlegende Fehler beim Datenbankentwurf neutralisieren. Solche Fehler bedürfen oft einer kompletten Neugestaltung der Informationsstruktur und damit weitreichenden Änderungen in den restlichen Schichten der Applikation. Zudem ist zu bedenken, dass Datenbanksysteme die Tendenz haben, mit zunehmender Anzahl von Datensätzen zu „kippen". Die angedachte Zugriffsstrategie verändert sich im Laufe der Zeit oder die Menge der Daten führt nun zu einer spürbaren Verschlechterung der Gesamtsituation. Nicht nur die Zunahme der Daten ist in den Entwurf einzubeziehen, auch die Tatsache, dass möglicherweise zwischen Anwender und Datenbank mehrere Systeme, Firewalls und Verschlüsselungsprotokolle liegen könnten. So werden aus gerade noch akzeptablen schnell einmal unzumutbare Antwortzeiten.

Datenbanken beeinflussen die Gesamtperformance maßgeblich

Das Datenbankmodell oder die Informationsarchitektur lässt sich durch zwei Modelle beschreiben: das logische und das physische. Das logische Modell

Informationsarchitektur

zeigt, wie die Informationen in Tabellen mit ihren Attributen aufgeteilt werden und wie diese untereinander zusammenhängen. Das ist das, was wir üblicherweise mit einem Klassen- oder ER-Diagramm darstellen. Innerhalb der Architektur liegt der Fokus nur auf den für die Stakeholder signifikanten und bedeutungsvollen Entitäten. Oft genügt es, nur die Entitäten und deren Beziehungen untereinander aufzuzeigen, ohne die Felder oder Attribute bereits nennen zu wollen. Es ist Aufgabe des anschließenden Detaildesigns, das Datenschema zu vervollständigen und die Einzelheiten jeder Entität zu nennen.

Logische Datenmodell

Für die Modellierung des logischen Datenmodells aus eben diesen Entitäten und Beziehungen existieren eine Vielzahl von Notationen. Die einfache, auf klare Symbole beschränkte Darstellungsform von James Martin (Martin & Odell, 1998), wie in der Abbildung 6.16 gezeigt, ist nach wie vor eine praktikable Notation für *Entity-Relationship*-Diagramme (ERD). Die Rechtecke zeigen die Relationen oder Entitäten und die Verbindungen die mengenmäßige Beziehung zwischen diesen. Ob und in welcher Granularität die wichtigsten Attribute innerhalb der Entitäten aufgezählt werden, hängt vom gewünschten Detaillierungsgrad ab.

Abbildung 6.16
Logisches Datenmodell nach Martin

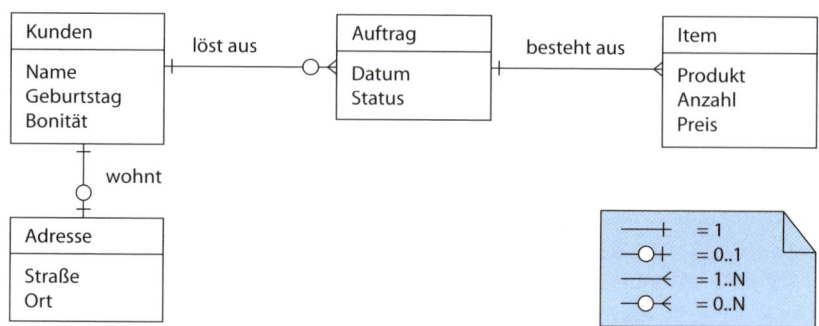

Physisches Datenmodell

Ging es im logischen Modell um die Festlegung des Datenschemas bestehend aus Tabellen und Attributen, so spezifiziert das physische Modell die Organisation der Datenablage. Also wo welche Daten in welcher Form gespeichert und welche Maßnahmen zur Optimierung des Datenzugriffs getroffen werden. Dazu gehört die Definition der Indexe, Speicherstrategien und Datenbankstrukturen. Im Gegensatz zum logischen ist das physische Datenmodell in der Regel leichter zu ändern und an neuen Bedürfnissen auszurichten. Um eine solche Flexibilität zu erhalten und sich nicht von einem bestimmten Produkt abhängig zu machen, sollte auf herstellerspezifische Besonderheiten verzichtet werden. Oft haben die Daten unterschiedliche Datenbanksysteme oder zumindest eine Vielzahl von Produktversion zu überleben. Aus Sicht der Architektur interessiert neben den Möglichkeiten der Skalierung die Verteilung der Daten auf verschiedene Datenbanken. Replikation oder Spiegelung von Daten sind von Anfang an zu berücksichtigen. Sie drängen sich nicht selten auf, um eine bestimmte Verfügbarkeit oder den Datendurchsatz zu garantieren. Möglicherweise ist ein Teil der zentralen Daten lokal zu speichern, um eine hohe Verfügbarkeit zu garantieren. Solche Überlegungen sind bereits zu Beginn mit einzubeziehen, auch wenn sie heute noch kein Thema sind. Andernfalls kann eine spätere sich oftmals aufdrängende Optimierung durch redundante Datenhaltung sehr kostspielig werden.

Direkt in die Darstellung einer Datenbankorganisation lässt sich der grobe Informationsfluss einzeichnen, wie in der Abbildung 6.17 ansatzweise veranschaulicht. So wird klar, wo die Daten entstehen, verändert und lesend konsumiert werden. Ein exakteres Bild ist beispielsweise mit einem Sequenzdiagramm oder Kommunikationsdiagramm von UML zu erreichen, in dem das Zusammenspiel der produzierenden und konsumierenden Systeme zusammen mit den Datenbankinstanzen illustriert wird. Sie werden zu Recht einwenden, das physische Datenmodell sei grundsätzlich eher dem Aspekt der Verteilung zuzuordnen. Die Zusammenfassung der beiden Modelle hat jedoch eher didaktische Gründe. Konzentriert auf einen Aspekt liefert die Informationsarchitektur ein abschließendes Bild über die konzeptionelle Datenhaltung in Form eines logischen Datenschemas und der physischen Verteilung der Daten.

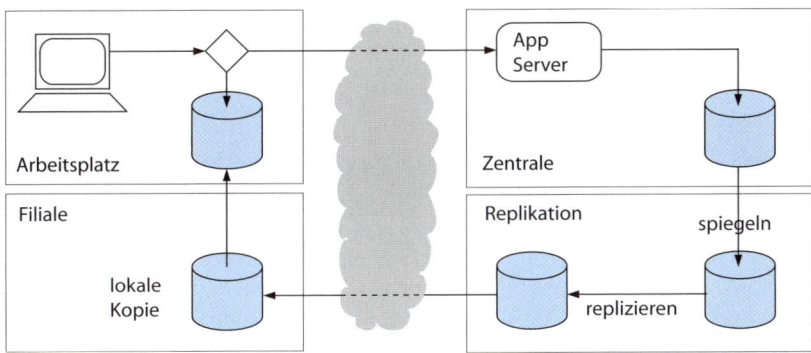

Abbildung 6.17
Datenbankorganisation

Neben diesen beiden Modellen sind die Punkte Transaktionsmanagement, Datenvolumen und Latenzzeit anzusprechen. Das Transaktionsmanagement ist Teil jedes Datenbanksystems und interessiert eigentlich erst bei verteilten Daten. Müssen beispielsweise Einträge innerhalb einer Transaktion auf zwei entfernten Systemen aktualisiert werden, bedarf es Techniken wie das *Two-Phase-Commit*. Ein solches Verfahren hat jedoch eine spürbare Mehrbelastung und Verlängerung von Antwortzeiten zur Folge. Hier wird eine Transaktion in zwei Phasen abgeschlossen. Erst wenn alle Datenbanken die erste und dann die zweite Phase bestätigt haben, werden die Änderungen wirksam. Bei den Überlegungen verteilter Daten ist das Handling mit einfachen Dateien einzubeziehen. Werden Datensätze von einer Datei importiert, ist beispielsweise zu klären, wo die Transaktionsgrenzen liegen. Was passiert, wenn einer unter vielen Einträgen ungültig ist oder der Verarbeitungsprozess im ungünstigsten Fall unterbrochen wird.

**Transaktions-
management**

Die Bestimmung des Datenvolumens, dessen Wachstum, Übertragungszeiten und die Gesamtdauer von nächtlichen Batch-Jobs sind entscheidend für die richtige Auslegung der Datenarchitektur. Sind eine Million Datensätze

Datenvolumen

in der Nacht zu verarbeiten und die Datenbank wächst dabei jeweils um 5 %, kann dies schnell zu einem erheblichen Problem führen, auch wenn die Verarbeitung eines Datensatzes gerade einmal zehn Millisekunden dauert. Dasselbe gilt für die gesamte Übertragungsdauer von großen Datenmengen zwischen Systemen über das öffentliche Netz. Nicht selten reicht bald einmal die Nacht nicht mehr aus, alle Daten zu verarbeiten, zu verteilen und zu sichern.

Latenzzeit   Bei klassischen Geschäftsapplikationen, sei dies über das Internet oder eine Windows-basierende Applikation, liegen zwischen dem Lesen eines Datensatzes, dessen Änderung und Speichern gerne einmal mehrere Minuten. Die betroffenen Daten über die gesamte Dauer durch eine Transaktion zu blockieren, ist weder sinnvoll noch praktikabel. Transaktionen sollten immer möglichst kurz und aus zeitlicher Sicht absehbar sein. Werden die Daten am Frontend – beim Benutzer – angezeigt, ist nicht abzuschätzen, ob die Daten geändert werden und wann. Es bedarf deshalb Mechanismen, diese Daten zu reservieren oder vor zwischenzeitlich durchgeführten Veränderungen derselben zu warnen. Bei der Reservation wird der Datensatz mit dem Kürzel des Benutzers markiert und für die Warnung vor nicht mehr aktuellen Daten mit einem Zeitstempel der letzten Änderung versehen. In der Architektur ist die Strategie der gleichzeitigen Änderung von Datensätzen festzulegen.

Datensicherung   Als weitere Punkte des Datenaspekts sind die generelle Verfügbarkeit, Datensicherung und deren Wiederherstellung sowie Konzepte durch Archivierung oder Löschen veralteter Datensätze zu beantworten. Genügt ein tägliches Backup oder wird ein redundantes System benötigt, das auch örtlich getrennt ist, um die Datensicherheit zu gewährleisten?

6.4.4 Geschäftsregeln

Eine Geschäftsregel ist ein Statement, das einen bestimmten Aspekt des Business definiert oder beschränkt. Es legt eine Bedingung fest, die durch jemanden oder etwas erfüllt werden muss. Die Kenntnisse dieser Regeln und Rahmenbedingungen ist Voraussetzung, um ein System zu entwerfen, das den Erwartungen der späteren Anwender und anderen Stakeholder genügt. Im Englischen als *Constraints* bezeichnete Konditionen legen den Vertrag zwischen einem Nutzer und dem System fest. Sie regeln die Rechte und Pflichten der Parteien. Die Regeln unterscheiden sich zwischen Bedingungen der Ausgangslage, des gewünschten Endzustands und der Invarianz in der Durchführung. Zusammen ergeben sie den Vertrag einer Schnittstelle, was der Spezifikation für eine Funktion oder einem Systemelement entspricht. Die Architektur zeigt auf, durch welche Komponenten diese Regeln erfüllt werden.

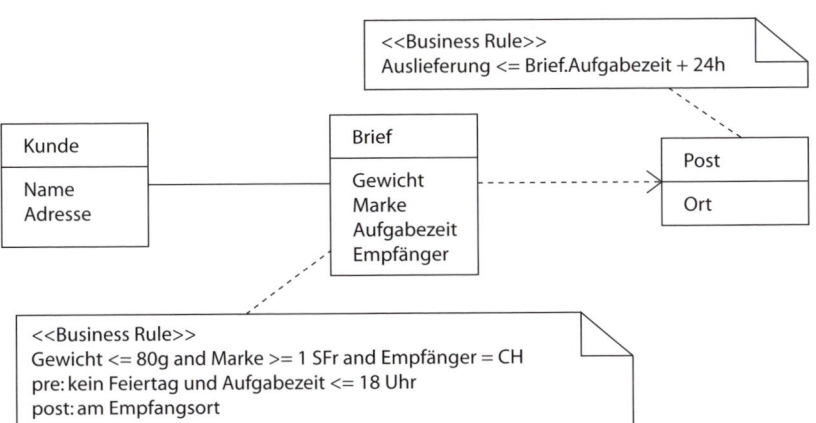

Abbildung 6.18
Geschäftsregeln

Beispielsweise existieren zwischen dem Kunden, der einen Brief aufgeben will, und der Post, die sich verpflichtet, diesen zu versenden, verschiedene Rechte und Pflichten. Diese definieren als Regeln die Bedingungen des Vertrags zwischen dem Kunden und der Post. So gilt für die Schweiz zum Preis von einem Franken eine garantierte Auslieferungszeit von 24 Stunden für einen inländischen Brief bis zu 80 Gramm. Eine der Möglichkeiten, solche Regeln zu formulieren und mit dem Modell in Verbindung zu bringen, ist OCL. Es ist eine formale Sprache, um Bedingungen als boolesche Ausdrücke den UML-Elementen zu hinterlegen. OCL steht für *Object Constraint Language* und wurde 1997 durch die Object Management Group als ergänzender Teil von UML in den offiziellen Standard übernommen. Dabei sollte eine Sprache geschaffen werden, die einfach anwendbar ist und nur mit wenigen, allgemein bekannten Ausdrücken auskommt. Sie gleicht in der Struktur der Programmiersprache Visual Basic oder Pascal. Diese Sprache wird heute vor allem für das Definieren von Transformationsregeln in einer modellgetriebenen Architektur verwendet. Sie eignet sich aber auch – in einer etwas vereinfachten Form – für die Beschreibung der Geschäftsregeln. Dabei werden die Regeln als UML-Notizen erfasst und der zugehörigen Klasse oder Komponente angehängt.

OCL

6.4.5 Gleichzeitigkeit

Gleichzeitigkeit oder die parallele Ausführung von mehreren Programmen durch einen Computer ist fester Bestandteil heutiger Betriebssysteme. Kaum mehr vorstellbar sind die Zeiten, als jedes Programm streng nacheinander auszuführen war. Trotzdem tun wir uns mit der zeitgleichen Ausführung von Programmen und dem geteilten Zugriff auf gemeinsame Ressourcen schwer. Wir begnügen uns mit den Synchronisationsmechanismen moderner Datenbanksysteme und meldungsorientierter Middleware. Gleichzeitigkeit außerhalb dieser Systemprodukte ist aber nicht mehr länger nur ein Thema für Entwickler von Echtzeitsystemen eingebetteter Software. Es hat seit geraumer Zeit auch das Arbeitsgebiet der Geschäftsapplikationen erreicht. Die Skalierbarkeit und effiziente Nutzung der verfügbaren Hardwareressourcen

Parallele Ausführung bedarf eines wohlüberlegten Designs

ist nur durch eine geschickte Choreografie von nebenläufigen Aktivitäten möglich. Gleichzeitigkeit findet dabei sowohl innerhalb eines Systemprozesses als auch zwischen diesen statt. Innerhalb sind es sogenannte Programmfäden oder Threads, die für die parallele Ausführung von Aufgaben sorgen. Trotz der Allgegenwärtigkeit und der damit verbundenen Vorteile ist es kein Steckenpferd vieler Softwareingenieure. Zu unberechenbar und komplex erscheint das Dirigieren solcher Systeme und Programme. Faktum ist, es bedarf eines wohlüberlegten Designs, da Gleichzeitigkeit weder vollständig getestet werden kann noch ein auftretender Fehler jederzeit reproduzierbar ist. Es ist das Zusammentreffen nicht vorhersehbarer Ereignisse und Umstände, die das Auffinden von zeitlich bedingten Fehlern so schwierig machen. Diese werden in der Fachsprache als Wettlaufsituation oder als *Race Condition* bezeichnet. Das jeweilige Verhalten ist unvorhersehbar. Abbildung 6.19 illustriert exemplarisch ein solches Verhalten. Der Ausführungsfaden A verändert den zuvor inkrementierten Wert von B und führt damit zu einer falschen Zuweisung der Variable z.

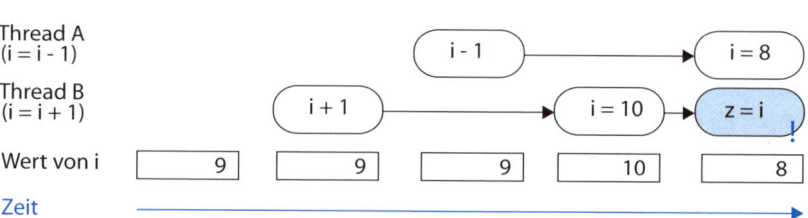

Abbildung 6.19
Race Condition

Der Zugriff auf eine geteilte Ressource muss deshalb atomar sein, das heißt nicht durch einen anderen Ausführungsfaden unterbrechbar. Dies wird durch eine Datensperre oder einen Lock erreicht. Nur jener Thread, welcher im momentanen Besitz der Datensperre ist, kann auf die Daten zugreifen und diese verändern. Alle anderen Threads, die an denselben Daten interessiert sind, warten währenddessen auf die Freigabe dieser Sperre. Der gleichzeitige Zugriff auf eine gemeinsame Ressource erzwingt damit ein Nacheinander der zuvor parallel ausgeführten Ausführungsfäden. Es entsteht ein Engpass, den jeweils nur ein einziger Thread passieren kann. Deshalb ist es nicht damit getan, nun jeden Zugriff durch einen sogenannten Lock in (un-)weiser Voraussicht schützen zu wollen. Es erfordert ein ausgewogenes Verhältnis zwischen Parallelität und der Synchronisation auf gemeinsam genutzten Daten und Ressourcen.

Petri-Netze Petri-Netze sind eine bewährte Methode, solche Nebenläufigkeiten und den gleichzeitigen, durch Datensperren synchronisierten Zugriff darzustellen und zu simulieren. Ein Token in einem Petri-Netz repräsentiert dabei eine solche Datensperre. Nur jener Prozess oder Thread, der im Besitz des jeweiligen Tokens ist, hat das Recht, die Daten zu verändern. Durch die Simulation solcher Netze lassen sich Anomalien feststellen, wie das Verhungern eines Prozesses oder der gegenseitige Ausschluss (Dead-Lock).

Petri-Netze

Petri-Netze sind eine einfache, aber effektive Methode, um konkurrierendes Echtzeitverhalten zu modellieren. Sie bestehen aus Stellen, Transitionen, gerichteten Kanten, dargestellt durch Pfeile und Tokens. Jede Stelle hat eine Kapazität, die aussagt, wie viele Tokens sie gleichzeitig aufnehmen kann. Ist eine solche Kapazität nicht angegeben, so kann die jeweilige Stelle unendlich viele Tokens aufnehmen. In manchen Notationen wird die Synchronisation explizit durch einen senkrechten Balken illustriert.

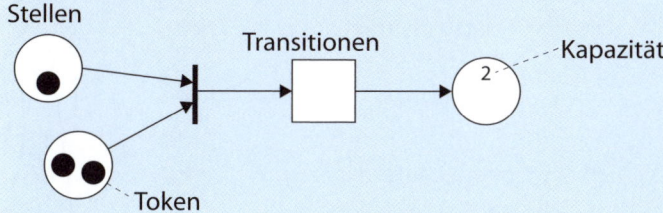

Abbildung 6.20
Symbole von Petri-Netzen

Eine Transition ist eine Aktion, die feuerbereit ist, wenn in jeder Eingangsstelle mindestens ein Token ist. Wenn gefeuert wird, konsumiert eine Transition von jeder Eingangsstelle ein Token und generiert in jeder Ausgangsstelle ein Token. Die Pfeile geben dabei die Richtung an. So ist die Transition in der Abbildung 6.20 feuerbereit, da an jeder Stelle mindestens ein Token anliegt. Nach dem Feuern befinden sich ein Token in der Ausgangsstelle und noch ein Token in der unteren Eingangsstelle. Die formale Beschreibung eines Petri-Netzes erlaubt es, solche Modelle mit einfachen Mitteln zu simulieren. Damit lässt sich im Labor das Verhalten von parallel stattfindenden Prozessen und deren Synchronisation testen. Mit statistischen Methoden sind damit Aussagen über das deterministische Verhalten möglich. Das heißt, es kann eine exakte Aussage darüber gemacht werden, mit welcher Wahrscheinlichkeit welche Antwortzeiten zu erwarten sind. Petri-Netze werden heute nicht nur für die Darstellung von Echtzeitverhalten eingesetzt, sondern zunehmend auch für die Simulation von Abläufen auf der Geschäftsebene. Dabei sind Transitionen beispielsweise Arbeitsschritte und Stellen die Kommunikationspfade.

6.4.6 Kommunikation

Der Psychotherapeut Paul Watzlawick prägte den Satz, wir können nicht *nicht* kommunizieren. Er meinte damit, dass selbst Schweigen ein Akt der Kommunikation ist. So ähnlich verhält es sich auch in der Informationstechnologie. Es gibt kaum ein System, das nicht mit anderen Systemen Daten austauscht oder dessen Dienste nutzt. Die Form dieser Kommunikation definiert den zugrunde liegenden Architekturstil beziehungsweise geht aus diesem hervor. So steht das Konzept des Client-Servers für einen synchronen, gepaarten und die des Publish-Subscribe für einen asynchronen Meldungsaustausch. Für die Architektur ist es von zentraler Bedeutung, mit welchen Systemen das zu betrachtende System über welche Kanäle kommuniziert und wie die Komponenten innerhalb dieses Systems miteinander gekoppelt sind. Die Wahl der Kommunikationsform und der einzusetzenden Technologien trägt wesentlich zur Qualität des Architekturentwurfs bei. Die lose, zeitlich entkoppelte Verbindung über eine strukturierte Datei erfüllt andere Ansprüche als der feingranulare Aufruf zwischen Client und Server über Web-Services.

Abbildung 6.21
Kommunikationsebenen

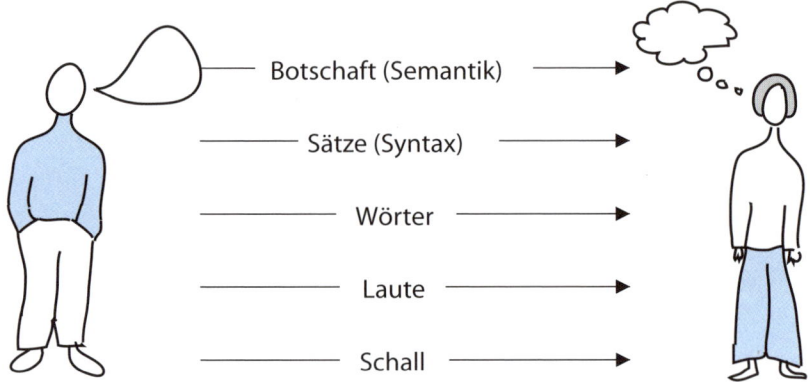

Kommunikationsebenen Kommunikation findet auf verschiedenen Abstraktionsebenen statt. Wie Abbildung 6.21 das Zustandekommen der zwischenmenschlichen Verständigung illustriert, entsteht in der Informationstechnologie aus physischen Signalen, Datenpaketen und Netzwerkprotokollen letztendlich die Übertragung applikationsspezifischer Meldungen. Hier hat sich das OSI-Modell etabliert, das aus sieben, aufeinander aufbauenden Schichten besteht. So sorgt beispielsweise das Protokoll HTTP auf der obersten Schicht dafür, dass die Beschreibungen von Webseiten über eine logische Verbindung der Sitzungsschicht ausgetauscht werden. Auf der Transportschicht finden wir TCP für die End-to-End-Kommunikation und auf der Vermittlungsschicht IP für das Routing und Paketieren der Daten. Die Sicherungsschicht auf der zweiten Ebene garantiert die fehlerfreie Übertragung und die physikalische Schicht übermittelt das elektrische Signal. Das OSI-Modell sagt auf den untersten fünf Ebenen nichts über die Bedeutung der übermittelten Daten aus. Erst die darauf aufbauenden Schichten definieren die für die Architektur relevanten Protokolle und Kommunikationsmethoden. Deshalb können wir dieses oft zitierte Modell wieder beiseite legen und auf den eigentlichen Kommunikationsaspekt zurückkommen.

Wo, Wie, Was Dieser Aspekt lässt sich auf die Formel wo, wie und was reduzieren. *Wo* sind die einzelnen Systeme und über welche Adressen werden sie angesprochen. *Wie* erfolgt die Datenübertragung oberhalb des OSI-Modells, welche Protokolle und Middleware werden genutzt und wie erfolgt die Datenübertragung aus zeitlicher Sicht. *Was* wird durch die einzelnen Systeme über welche Schnittstellen angeboten und wie sieht deren Signatur im Detail aus.

Kommunikationsart Der Kommunikationsaspekt entspricht weitgehend dem, was Paul Clements (Clements, 2003) unter dem Komponenten- und Konnektorenstandpunkt versteht. Es definiert die Elemente und deren Interaktion aus der Sicht der Laufzeit. Im Gegensatz zu Clements unterscheidet der in diesem Buch vertretene Ansatz bewusst zwischen dem Aspekt der Gleichzeitigkeit und der Kommunikation aus dem Standpunkt der Ausführung. Die Kommunikation fokussiert sich auf den stattfindenden Meldungsfluss und die dabei eingesetzten Protokolle. Dabei entstammen die Komponenten dem konzeptionellen Standpunkt, die nun um den konkreten Datenfluss ergänzt werden. Die Konnektoren stellen als Verbindungen zwischen den Komponenten den Interaktionspfad dar. Ein solcher Konnektor kann für ein einfaches Netzwerkprotokoll oder einen asynchronen Meldungsaustausch über eine entsprechende Middleware stehen. Abbildung 6.22 zeigt ein Beispiel einer erweiterten Notation basierend auf der SysML. Die Kommunikationsart wird dabei mit unterschiedlichen Linien illustriert.

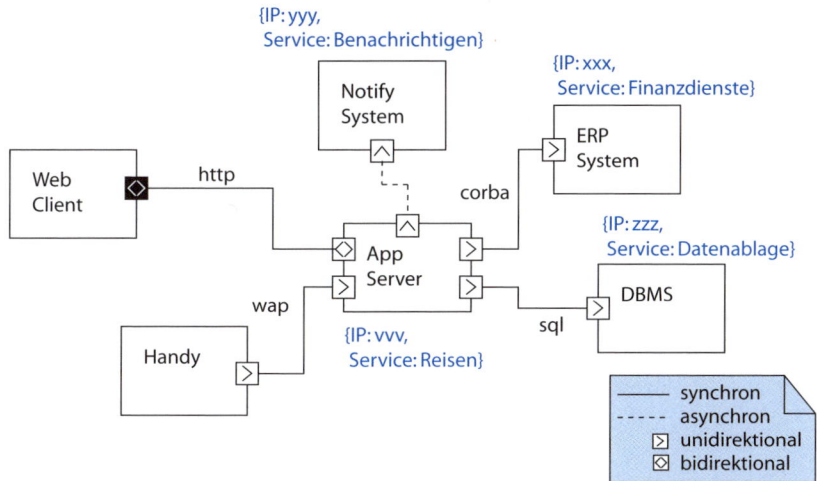

Abbildung 6.22
Komponenten und
Konnektoren

Neben der Art und Weise der Kommunikation hat der Aspekt auch das zu übertragende Datenvolumen und die limitierenden Kapazitäten der bestehenden oder neu zu beschaffenden Infrastruktur zu berücksichtigen. Die Datenmenge hat indirekt auch Einfluss auf die geeignete Wahl der Kommunikationsart und der Protokolle. Große Datenmengen als XML-Struktur über eine zu verschlüsselnde, öffentliche Leitung zu senden, bedarf anderer Kapazitäten, als binäre Meldungen zwischen zwei angrenzenden Systemen auszutauschen.

Datenvolumen

6.4.7 Sicherheit

Denken wir an Sicherheit, so denken wir an die Verschlüsselung und den Zugriffsschutz. Doch Sicherheit ist weit mehr; Sicherheit ist, aktiv den möglichen Risiken von Außen zu begegnen. Das beinhaltet nicht nur die Gefahren von feindlichem Angriff oder Spionage. Risiken betreffen auch die Verfügbarkeit von Systemen und den gewollten sowie zufälligen Missbrauch von Daten. Der Aspekt der Sicherheit ergibt sich aus dem möglichen Risikoportfolio und den notwendigen Vorkehrungen, diesem aktiv begegnen zu können. Hierzu sind zuerst einmal die Risiken zu ermitteln, welche das zu

Sicherheit ist Risikomanagement

entwerfende System in seiner erwarteten Funktionsweise bedrohen. Diese Risiken sind sodann zu bewerten und den Anforderungen gegenüberzustellen, um daraus die geeigneten Maßnahmen abzuleiten. Wie groß ist beispielsweise das quantifizierbare Risiko eines feindlichen Angriffs durch das Internet und wie hoch sind die Barrieren, für einen geeigneten Schutz zu legen. Ist beispielsweise das Risiko bei einem öffentlich zugänglichen Webserver groß, die Anforderung an die Verfügbarkeit jedoch gering, so genügt eine demilitarisierte Zone. Dabei wird der eigentliche Webserver durch eine Firewall vom restlichen Firmennetz abgetrennt. Bei der Analyse und Bewertung der Risiken ist zu bedenken, dass Risiken nicht statisch sind und sich eine Gefahrenlage über die Zeit verändern kann und wird. Die Flut von Viren, Würmern und Trojanern spricht hier eine klare Sprache.

Abbildung 6.23
Sicherheitsaspekte

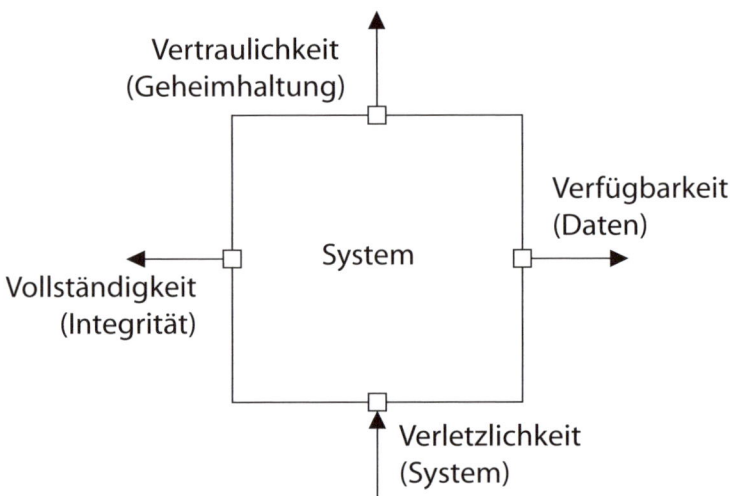

Sicherheitsaspekte   Die Sicherheitsaspekte lassen sich, wie in Abbildung 6.23 visualisiert, in vier Aspekte aufteilen. Die Vertraulichkeit beinhaltet Aspekte der Geheimhaltung, also der Verschlüsselung der Daten und der Festlegung der Zugriffsrechte. Die Vollständigkeit stellt die Integrität der Daten gegen ein nicht autorisiertes Verändern über ein Netzwerk sicher. Die Vollständigkeit und Vertraulichkeit gewährleisten, dass Daten durch Dritte weder gelesen, verändert noch gelöscht werden können. Die Verfügbarkeit garantiert den Schutz der Daten gegenüber Dritten aber auch gegenüber Systemausfällen und Missbräuchen. Die Verletzlichkeit als vierter Punkt stellt sicher, dass ein System nicht durch äußere Einflüsse und Angriffe für den Benutzer unverfügbar wird.

6.4.8 Infrastruktur

Irgendwann kommt jede Architektur zum Punkt, welche Hardware, Betriebssysteme und Middleware für die Umsetzung der Lösung einzusetzen ist. Die Bereitstellung der richtigen Infrastruktur hat einen nicht unwesentlichen Einfluss auf die Erfüllung der Qualitätsattribute und die langfristigen Kosten. Dabei geht es um die Definition, welche Leistungskapazität die Infrastruktur in Form von Servern, Datenbanken, Middleware und Clients bieten sollte. Beim Entwurf der Infrastruktur geht es aus Sicht der Architektur vordergründig nicht um die Festlegung der exakten Typenbezeichnung eines Servers oder einer Betriebssystemversion. Der Aspekt der Infrastruktur nennt stattdessen die notwendigen Systemressourcen, die für die Tests und die Produktion bereitzustellen sind.

Die Daten für das Bestimmen der Systemkapazitäten entstammen den Aspekten Daten, Kommunikation, Sicherheit und Entwicklung. Der Datenaspekt definiert das Datenvolumen, die Datenwiederherstellung und Verteilung. Die Kommunikation legt die gewünschte Middleware und den geforderten Datendurchsatz fest. Der Aspekt der Sicherheit wirkt sich letztlich auf diese Zahlen wie ein Multiplikator aus. Die Verschlüsselung des Datentransfers, der notwendige Datenschutz und die Garantie einer bestimmten Verfügbarkeit durch Abschottung und Überwachung ist eine nicht zu unterschätzende Mehrbelastung, die in die Kalkulation einfließen muss. Der Aspekt macht deutlich, welche Systeme, Frameworks und Entwicklungsumgebungen für die Realisierung, die Tests und den Betrieb zu beschaffen sind. Die erhaltenen Zahlen sind unbedingt auf ihre Machbarkeit hin zu prüfen. Alleine sich auf das Mooresche Gesetz zu verlassen, dass sich die Leistungsfähigkeit alle zwei Jahre verdoppelt, wäre definitiv keine vernünftige Lösung.

Das Laufzeit-Plattform-Modell ist eine zweckmäßige Möglichkeit, die notwendige Hardware und deren Vernetzung aufzuzeigen, wie in Abbildung 6.24 exemplarisch dargestellt. In Form eines UML-Verteilungsdiagramms lassen sich so die ausführbaren Einheiten und deren Leistungsmerkmale konkretisieren. Im später zu diskutierenden Aspekt der Verteilung dient dieses Diagramm dazu, die darauf zu installierenden Softwareteile zu illustrieren. Eine Plattform umfasst die Nennung der primären Verarbeitungsknoten, den dezentralen Klienten, Netzwerkkomponenten, Speicherkapazitäten und spezielle Hardware wie beispielsweise zur Authentifizierung und zur sicheren Übertragung. Jeder Computer im System, der nicht eine spezielle Rolle eines Datenbankservers oder einer externen Entität einnimmt, wird als verarbeitender Knoten mit den geforderten Leistungsdaten und der Modellbezeichnung abgebildet. Bei Clustern bestehend aus mehreren identischen Instanzen derselben Maschine, wie in einer Webfarm, kann die Anzahl der Instanzen als Merkmal angegeben werden, um das Diagramm zu vereinfachen. Der Client-Knoten beschreibt die Infrastruktur seitens des Anwenders bestehend aus dem persönlichen Computer, Drucker und Interaktions-Hardware wie Touch-Screens oder Kartenleser. Dabei steht ein solcher Client-Knoten stellvertretend für alle Instanzen desselben Arbeitsplatzes. Der Detaillierungsgrad der Leistungsmerkmale kann geringer sein als der der Verarbeitungsknoten, insbesondere dann, wenn die konkrete Hardware des Benutzers nicht abschätzbar ist. Neben den ausführenden Einheiten sind die Speichermedien als direkt adressierbare Disk-Arrays oder Archivierungsmedien wie Industriebänder und Tapes aufzuzählen. Hier interessieren die maximale Speicherkapazität sowie die Schreib- und Leserate. Weiter sind Netzwerkkomponenten wie Firewalls und Verschlüsselungsboxen zu nennen. Bei einigen

Laufzeit-Plattform-Modell

Systemen wie bei einem Geldautomaten oder dem M-Ticket-Projekt zum Lösen von Fahrkarten mit dem Handy kommt spezifische Hardware hinzu, die aufzulisten ist.

Abbildung 6.24
Laufzeit-Plattform-Modell

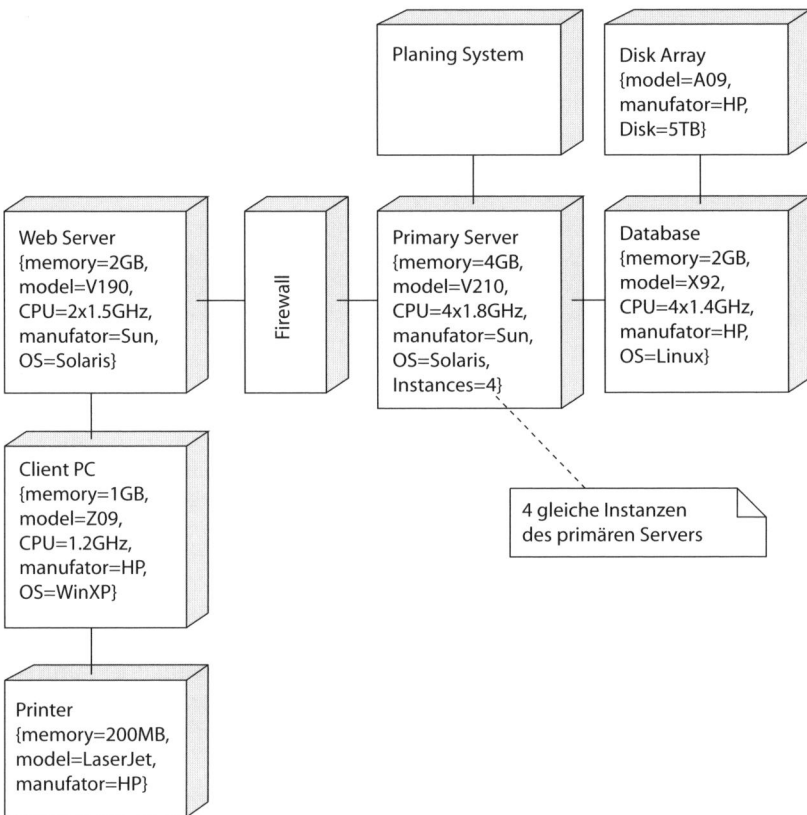

Nicht immer ist ein solch detailliertes Plattformmodell zweckmäßig oder gar möglich. Eine praktikable Alternative zur exakten Vorgabe der Infrastruktur durch den Architekten ist, das Kommunikationsdiagramm des vorherigen Aspekts zu ergänzen. Dabei werden Kriterien wie Speicherbedarf, Prozessorleistung, Datenbanken sowie Anzeigesysteme in das Diagramm eingetragen und die konkrete Dimensionierung dem zuständigen Betrieb überlassen. Mit der zunehmenden Virtualisierung werden die Applikationsarchitektur und die hierfür notwendigen Systemleistungen von der darunterliegenden Infrastruktur getrennt. Die Architektur beschränkt sich damit auf die Nennung der notwendigen Leistungskapazitäten. In den vergangenen Jahren rückte neben der optimalen Auslegung und Zurverfügungstellung der geforderten Kapazitäten der ökologische Aspekt zusehends in den Vordergrund. Der Energiebedarf von oft nicht ausgelasteten Serverlandschaften ist beträchtlich. Dies ist ein weiterer Grund für die voranschreitende Virtualisierung und damit eine optimale Nutzung der vorhandenen Ressourcen.

6.4.9 Entwicklung

Im Brennpunkt des Aspekts der Entwicklung liegt die Festlegung von Verfahren für den Bau des Systems. Wie soll der Code organisiert werden, welche Werkzeuge werden eingesetzt und welche Richtlinien sind zu beachten. Die Architektur hat dabei nur die groben Rahmenbedingungen festzulegen, welche die Zusammenarbeit zwischen den Teams ermöglichen und die Erfüllung der Qualitätsattribute wie Wartbarkeit, Erweiterbarkeit und Verfügbarkeit sichern. Es ist nicht Aufgabe der Architektur, das Detaildesign zu definieren oder den einzusetzenden Algorithmus einer Implementation zu bestimmen. Es ist gerade für erfahrene Softwareentwickler nicht immer einfach, sich solchen Detailfragen zu entziehen.

Die Entwicklungsumgebung als Aspekt der Architektur mag auf den ersten Blick überraschen, geht es doch beim Entwurf um die Struktur des zukünftigen Systems. Gerade für größere Projekte ist die Frage einer optimalen Entwicklungsstrategie und spezifischer Werkzeuge von zentraler Bedeutung und deshalb frühzeitig zu beantworten. Wie werden beispielsweise eine kontinuierliche Integration neuer Module und deren stetige Weiterentwicklung sowie die Verteilung sichergestellt? Wie erfolgt die Zusammenarbeit von der Eingabe einer Anforderung oder eines Fehlerrapports bis hin zur Übergabe an den Testmanager? Bestenfalls ist dies bereits als Teil des Entwicklungsprozesses definiert.

Entwicklungsumgebung

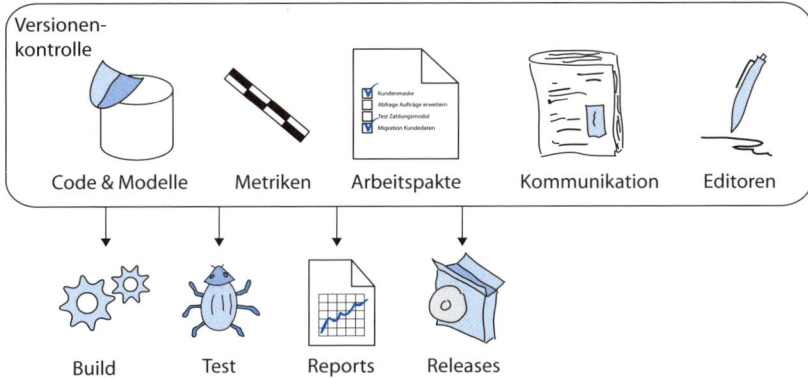

Abbildung 6.25
Entwicklungsumgebung

Die einzelnen Werkzeuge sind zu einer durchgängigen, integrierten Entwicklungsumgebung zusammenzufassen, in der kein Medienbruch zwischen den einzelnen Aktivitäten existiert. Die Etablierung eines dauerhaften Prozesses erfordert eine hohe Disziplin und Bereitschaft der Beteiligten. Sind die einzelnen Tätigkeiten voneinander getrennt – oft redundant – durchzuführen, wird die Lenkung und Steuerung eines Projekts zum Blindflug und für die Beteiligten zur Tortur. Erst die Integration der verschiedenen Aktivitäten in eine einzige Werkzeugbank auf der Basis einer zentralen Projektdatenbank bietet die Grundlagen, dass ein Entwicklungsprozess dauerhaft gelebt wird. Alle Tätigkeiten, von der Projektleitung bis hin zu den Tests und der Verteilung der Software, erfolgen nach Möglichkeit nahtlos.

Nahtlose Zusammenarbeit

**Konfigurations-
management und
Versionenkontrolle**

Die wichtigsten Elemente einer Entwicklungsumgebung sind das Konfigurationsmanagement und die Versionenkontrolle. Sie stellen die Nachvollziehbarkeit jeder Änderung, die Identifikation jedes Elements innerhalb eines Projekts und deren Integration über verschiedene Versionen des Produkts sicher. Das Herzstück ist dabei ein Repository, in welchem alle Artefakte wie Code, Modelle und Dokumente inklusive den vorgenommenen Änderungen durch das jeweilige Teammitglied abgelegt werden. Eine Entwicklung ohne eine solche Versionenkontrolle ist nicht nur fahrlässig, sondern in einigen Branchen sogar gesetzeswidrig. Moderne Werkzeuge wie *Subversion* machen die Nutzung einer Versionenkontrolle für alle erzeugten Artefakte inzwischen denkbar einfach. Trotzdem ist es immer wieder überraschend, wie viele Projekte gerade in der Entwurfs- oder Spezifikationsphase auf solches verzichten. Ein Verwaltungssystem zur Versionenkontrolle sollte die gleichzeitige Bearbeitung und das anschließende Zusammenführen unterstützen. Werkzeuge, die Dateien exklusiv sperren, können in größeren Teams schnell zum Flaschenhals werden.

Fortschrittskontrolle

Eine Fortschrittskontrolle bestehend aus Metriken, dem Rapportieren und Nachverfolgen von Arbeitspakten sowie einer Kommunikationsplattform dienen der Steuerung des Projekts. Dabei umfassen Arbeitspakte Projektaufgaben, Änderungswünsche und Fehlerrapporte. Mit der Kopplung einer Versionenkontrolle lassen sich Korrekturen im Code oder Modell auf den jeweiligen Auftrag zurückführen. Notwendige Statusrapporte und Statistiken lassen sich damit auf einfache Weise generieren, ohne zusätzliche Rapportierung von jedem zu verlangen. Kommunikationsmittel wie eine Webprojektseite oder nur eine einfache Wandtafel sind wichtige Hilfsmittel um aktuelle Informationen, Wissenswertes und Projektpläne für alle zugänglich zu machen. Es ist Aufgabe des Projektleiters und des Architekten, diese Daten bereitzustellen, und nicht eine Pflicht jedes Einzelnen, diese Informationen zu holen.

Editor

Das häufigste Werkzeug werden wohl Editoren sein, sowohl für die Programmierung wie auch die Modellierung oder für das Erstellen von Dokumenten. Allen gemeinsam ist, dass sie über einen fast unerschöpflichen Vorrat von Funktionen und Möglichkeiten verfügen. Es lohnt sich gerade für die täglich eingesetzten Arbeitsmittel, diese im Detail kennenzulernen. Hier offenbart sich die Volksweisheit, dass man den Handwerker an seinen Werkzeugen erkennt! Editoren wie Eclipse sind fast beliebig erweiterbar und das Aufsetzen solcher Umgebungen ist schon bald ein Projekt für sich. Wie jedes andere Hilfsmittel sind sie ein Teil des Projekts und unterliegen denselben Anforderungen nach Wartbar- und Erweiterbarkeit.

Codeorganisation

Zum Aspekt der Entwicklung gehört zudem die Festlegung der allgemeinen Codeorganisation. In welche Verzeichnisstruktur ist der gesamte Code aufzutrennen. Damit eng verknüpft ist die Definition der zu verwendenden Namensräume. Für die Architektur ist dies nur insofern relevant, als es die Aspekte der Verteilung, des Betriebs und der Infrastruktur betrifft. Das Paketdiagramm von UML ist eine geeignete Darstellungsform, um die grobe Code- oder Modulorganisation abzubilden, wie die der Abbildung 6.26.

Internationalisierung

Neben den bereits aufgezählten Punkten sind Fragen der Internationalisierung und das Aufzeichnen von Ereignissen zu beantworten. Als Schweizer mit vier Landessprachen sind wir mit der Herausforderung einer mehrsprachigen Oberfläche bestens vertraut. Die unterschiedliche Länge der Texte, die Verwendung von Sonderzeichen und der Satzaufbau für das Generieren von Meldungen ist beim Softwareentwurf insbesondere beim Aufbau der Dialoge mit einzubeziehen. Auch Farben und Symbole werden durch verschiedene Kulturen anders wahrgenommen und sollten einfach austauschbar bzw. konfigurierbar sein.

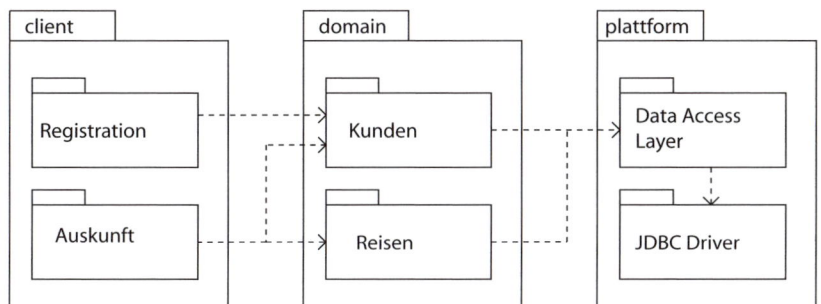

Abbildung 6.26
Modulorganisation

Logging

Das Aufzeichnen von Ereignissen stellt letztendlich sicher, Fehler aus dem Betrieb nachvollziehen zu können. Für die Behebung eines Bugs muss dieser in der Test- oder Entwicklungsumgebung reproduzierbar sein. Oft ist es deshalb wichtig, auch den Hergang aus dem Protokoll der aufgezeichneten Ereignisse rekonstruieren zu können. Es braucht ein gewisses Fingerspitzengefühl, wann welche zusätzliche Informationen zu loggen sind. Die Meldungen sind dabei nach ihrer Schwere einzuteilen, beispielsweise in Fatal, Error, Warnung, Information und Debug. Dies erlaubt ein Filtern der Ereignisse nach ihrer Ernsthaftigkeit.

6.4.10 Verteilung

In vielen Büchern werden die Aspekte der Infrastruktur und die Verteilung der Software zusammengefasst und eher im Sinn der Bereitstellung der notwendigen Hardware und Abbildung der Softwarekomponente auf die ausführbaren Knoten verstanden. Diese Zuordnung wollen auch wir nutzen, um die Softwareteile den jeweiligen Hardwareelementen gegenüberzustellen. Doch die Verteilung ist weit mehr als eine momentane Sicht auf den gewünschten Endzustand. Die Verteilung muss klären, wie die Software mit jeder neuen Version auf die Zielsysteme verteilt und installiert wird und eine eventuell notwendige Migration der örtlichen Datenbanken durchzuführen ist. Für die Visualisierung eignet sich beispielsweise das Verteilungsdiagramm von UML wie in der Abbildung 6.27 dargestellt.

Die Wahl der Architektur und die Verteilung der ausführbaren Programme hängen, wie kaum ein anderer Aspekt, voneinander ab. Ein lokal installierter Client, welcher die Leistungsfähigkeit eines Personal Computers nutzt und zentrale Dienste aufruft, bedarf eines ganz anderen Verteilungskonzepts als bei einer Webapplikation. Neuere Technologien wie Ajax oder Silverlight von Microsoft verlangen wiederum die Installation von Basisbibliotheken auf dem jeweiligen Client. Bei mobilen Applikationen sieht die Sache noch schwieriger aus. Hier buhlen bereits vier verschiedene Plattformarchitekturen um die Gunst der Käuferschaft. Der Aspekt der Verteilung hat aufzuzeigen, wie neue Versionen verteilt und installiert werden. Wie wird dabei mit unterschiedlichen Versionen und einer mögliche Übergangsphase umgegangen? Wenn Datenbankstrukturen anzupassen sind, ist zudem ein entsprechender Migrationsplan notwendig. Nicht selten ist die Migration aufwändiger als die Entwicklung der neuen Softwareversion.

Abbildung 6.27
Verteilungsdiagramm

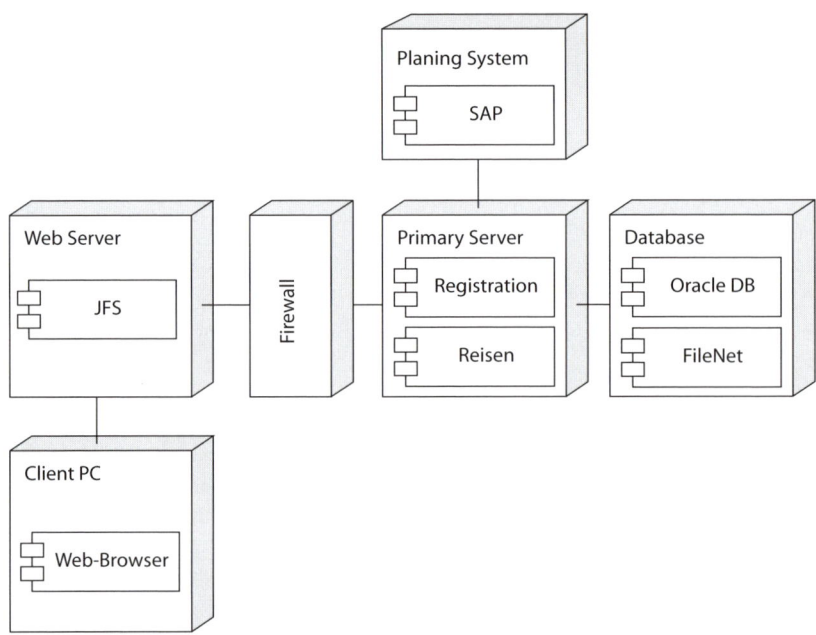

6.4.11 Betrieb

IT-Governance   Der Betrieb eines IT-Systems oder einer ganzen Landschaft ist ein weites Feld und dessen Bedeutung für die Architektur hier nur ansatzweise diskutierbar. Der Aspekt des Betriebs geht heute weit über die Frage der Bereitstellung und den Unterhalt der geforderten Infrastruktur sowie die Sicherstellung der Verfügbarkeit hinaus. Die jüngsten Diskussionen unter dem Begriff IT-Governance berauben die Informatik der Möglichkeit einer reinen technologieorientierten Betrachtungsweise. Governance steht für die Leitung und Überwachung von Organisationen, einen bestimmten, extern geforderten Wertebeitrag zu ermöglichen und zu erbringen. Eine IT muss heute aus dem Gesichtspunkt der Wirtschaftlichkeit betrachtet werden und weniger aus dem Blickwinkel einer bestmöglichen technischen Lösung. Neuerdings zählen Faktoren wie Effektivität, also *die richtigen Dinge tun*, genauso wie die Effizienz und damit *die Dinge richtig zu tun* – Dinge richtig zu tun im Sinne einer optimalen Kapitalnutzung und langfristigen Kostenersparnis. Dies heißt für uns, die richtige, vom Business geforderte Software mit geeigneten Methoden und Werkzeugen kostengünstig zu entwickeln.

John Baschab und auch Nicholas G. Carr (Baschab, Piot, & Carr, 2007) argumentierten, dass die IT verglichen mit anderen Serviceleistungen eines Unternehmens viel Geld für suboptimale Lösungen verbrenne. Es bedarf deshalb einschneidender Maßnahmen zur Kosteneindämmung und Metriken zur Leistungsüberwachung. Der wettbewerbsdifferenzierende Effekt einer IT, so Nicholas G. Carr, wird generell überschätzt. Es wäre jedoch fatal, die IT nur noch als durch das Business getriebene Zulieferer zu sehen. Viele Produkte und Dienstleitungen sind heute technikinduziert und es bedarf einer innovativen IT, die anstehenden Probleme zu lösen und neue Kundenbedürfnisse zu befriedigen.

In den letzten Jahren haben sich verschiedene Referenzmodelle wie COBIT und ITIL etabliert, die einen systematischen Ansatz zur methodischen Unterstützung einer effektiven und effizienten IT bieten. Ohne im Detail auf diese Konzepte eingehen zu wollen, dienten sie als Inspirationsquelle zur Formulierung des hier zu betrachtenden Betriebsaspekts. So definiert ITIL fünf Supportprozesse: Störungs-, Problem-, Change-, Release- und Konfigurationsmanagement. Damit sind die wichtigsten Punkte des Betriebs genannt, die aus Sicht der Architekturbeschreibung zu adressieren sind.

ITIL

Das Störungsmanagement umfasst die Klärung einer effizienten Systemwiederherstellung beim Auftreten von Beeinträchtigungen im Betrieb. Ein Ticketsystem gewährleistet die Nachverfolgbarkeit von Störungsmeldungen und deren zeitgerechte Behandlung. Das Problemmanagement dient der tieferen Problemanalyse von aufgetretenen Störungen mit dem Hauptziel, durch geeignete Maßnahmen eine Wiederholung zukünftig zu vermeiden. Dabei ist das entstandene Know-how in einer Art Wissensdatenbank abzulegen und für zukünftige Störungsanalysen verfügbar zu machen. Aus der Problemanalyse ergeben sich allenfalls Änderungsaufträge, sogenannte *Request of Change* (RFC). Diese werden durch das Änderungsmanagement verwaltet und deren Umsetzung wird ausgelöst. Das Änderungsmanagement definiert standardisierte Vorgehensweisen, wie beispielsweise periodische Releases zu fixen Terminen. Das Releasemanagement beinhaltet die Planung, den Entwurf und die Koordination einer neuen Softwareversion und den Ersatz von Hardware. Das Konfigurationsmanagement letztendlich dient der Verwaltung sämtlicher Informationen über die Konfiguration von Hard- und Software. Eine solche Konfigurationsdatenbank verfügt nicht nur über technologischen Informationen, sondern liefert auch Zahlen zu betriebswirtschaftlichen Aspekten wie Kosten, Verfügbarkeit und Auslastung.

6.4.12 Wiederverwendung

Wiederverwendung findet, wie in Abbildung 6.28 dargestellt, auf verschiedenen Stufen statt. Das Augenmerk gilt nicht mehr ausschließlich der Codeebene. Zunehmend ist es das Ziel, Wiederverwendung auf höherer Ebene durch den Einsatz von erprobten Mustern und Referenzarchitekturen zu etablieren. Doch weshalb ist Wiederverwendung erneut ein Thema der Architektur nach einer ernüchternden Bilanz der letzten Jahre? Weder die Programmierung mit objektorientierten Sprachen noch eine komponentenbasierende Entwicklung schienen die Erwartungen zu erfüllen. Die Erwartungen waren durch die Versprechen der Anbieter von solchen Werkzeugen vielleicht auch zu hoch. Eine spürbare Nutzung von Bestehendem findet erst ab der Stufe Produkte statt. Die Erfahrung zeigt, dass Wiederverwendung in erster Linie ein Vermeiden von Redundanzen sein sollte, also das Verhindern, unterschiedliche Werkzeuge und Produkte für denselben Zweck einzusetzen. Jedes Projekt hat die Tendenz, seine eigene, bevorzugte Technologie verwenden zu wollen. Der Architekt steht hier in der direkten Verantwortung, einen solchen Wildwuchs zu verhindern. Die Wiederverwendung von Code ist eine andere Sache. Entsprechende Konzepte und brauchbare Werkzeuge für Produktlinien, serviceorientierter Architekturen oder modellgetriebener Entwicklung entstehen erst jetzt und bedürfen Jahrzehnte der Reifung. Es erfordert, wie wir noch sehen werden, nicht nur entsprechende Werkzeuge, sondern auch organisatorische Maßnahmen.

Abbildung 6.28
Ebenen der Wiederverwendung

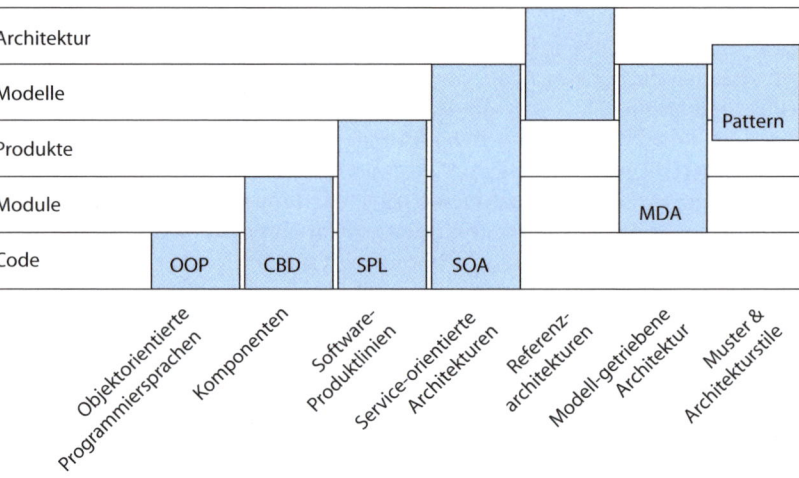

Objektorientierung   Der erste Rummel auf der Codeebene entstand mit dem Aufkommen objektorientierter Sprachen. Dies vereinfachte die Wiederverwendung von Codeelementen durch das Konzept der Klassen und die Möglichkeit der Vererbung. Die nochmalige Verwendung auf Ebene der Klassen beschränkt sich jedoch in der Regel auf das jeweilige Projekt. Die Codeeinheiten waren zu feinkörnig und nur mit dem Wissen der internen Funktionsweise anwendbar, um für Dritte wirklich von Nutzen zu sein. Wiederverwendbare Klassen finden sich heute vor allem in Form von Standardbibliotheken als Bestandteil von Entwicklungsumgebungen (.NET, J2SE). In der Tat bieten diese Frameworks eine kaum mehr überblickbare Menge an Bibliotheken und Klassen. Bereits das Wissen um die Existenz entsprechender Standardklassen reduziert vielfach den Anteil von Eigenentwicklungen.

Der komponentenbasierte Ansatz löst dieses Problem einer Vielzahl feingranularer Klassen, indem ausführbare Codeeinheiten mit klaren Schnittstellen zu höherwertigen Geschäftsfunktionen zusammengeführt werden. In welcher Sprache die Komponenten programmiert sind, ist hier unerheblich. So lassen sich genauso gut alte COBOL-Anwendungen wie mit objektorientierten Konzepten entwickelte Programme zu solchen Bausteinen ausbauen. Komponenten sind unabhängig voneinander verteilbare Einheiten, die Geschäftslogik über klar definierte Schnittstellen anbieten. Sie sind austauschbare Elemente einer Applikation, deren Implementierung hinter einem Schnittstellenvertrag verborgen bleibt. Die Komponenten bedürfen einer Laufzeitumgebung, welche Basisdienste wie Transaktionen, Sicherheit, Persistenz und Verteilung bereitstellen. Beispiele hierfür sind Standards wie Microsofts COM+, Java EJB oder CORBA. Hier liegt auch der Nachteil eines komponentenbasierenden Ansatzes. Solche Standards und gerade deren individuelle Umsetzung bieten eine Vielzahl von proprietären Zusatzfunktionen, um die eigene Entwicklung zu beschleunigen. Damit entsteht oft eine ungewollt hohe Abhängigkeit von einem bestimmten Komponentenmodell.

Komponentenbasierte Entwicklung

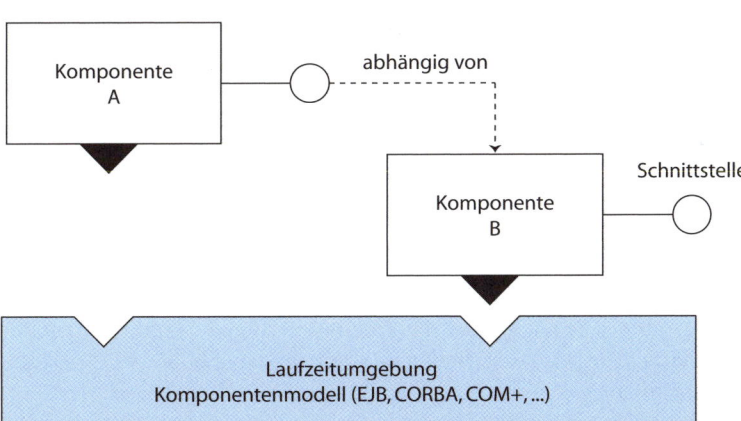

Abbildung 6.29
Komponentenmodell

Software-Produktlinien bestehen aus einer Familie von Softwaresystemen, die eine gemeinsame Funktionalität haben und sich in deren Ausprägung unterscheiden. Die alten Ägypter pflegten mit ihren Pyramiden solche Produktlinien. Alle hatten den Zweck einer Grabstätte, unterschieden sich aber in ihrer Größe und den Sicherheitsmechanismen vor Grabräubern. Im Kontrast zur Wiederverwendung einzelner Komponenten basiert bei Produktlinien die Folgenutzung auf einem gemeinsamen Design und Subsystemen aus interagierenden Elementen. Statt eine neue Software aus Komponenten zu komponieren, wird ein gemeinsames Fundament punktuell erweitert. Systeme einer Produktlinie kennzeichnen sich durch einen hohen Grad an kollektiv genutz-

Software-Produktlinien

ten Features. Ein Feature stellt dabei einen Mehrwert aus Sicht des Anwenders dar, vergleichbar mit einem Use-Case. Die einzelnen Produkte differenzieren sich durch die offerierten Features. So leiten sich die einzelnen Ausprägungen einer Handy-Produktlinie vom selben Betriebssystem ab und unterscheiden sich nur durch die Features, welche freigeschaltet sind. Softwareproduktlinien sind also dort sinnvoll, wo dieselbe Software mit unterschiedlichen Leitungsmerkmalen für verschiedene Zielsysteme entwickelt wird. Produktlinien bestehen aus einer gemeinsamen Basisarchitektur und mehrfach verwendbaren, den jeweiligen Bedürfnissen anpassbaren Subsystemen. Die Herausforderungen sind vor allem organisatorischer und architektonischer Natur, die sicherstellen, dass dieselbe Software gleichzeitig unterschiedlichen Produktvarianten zu genügen vermag, ohne Redundanzen zu erzeugen.

Serviceorientierte Architekturen

Serviceorientierte Architekturen oder serviceorientierte Komponenten gehen einen Schritt weiter und bieten Dienstleistungen für verschiedene Geschäftsprozesse an, ohne sich dabei selbst zu duplizieren. Sind Produktlinien ein zweckmäßiges Mittel, um Wiederverwendung für eigenständige Geräte und Apparate zu gewährleisten, so stellen gemeinsam genutzte Services die Ausgangslage für eine effektive Folgenutzung bei Geschäftsapplikationen und Dienstleistungen dar. Wie wir kaum mehr unsere Post selbst austragen würden und die Dienste eines Treuhänders für unsere Steuererklärung nutzen, stellen Services in sich geschlossene Prozesse oder Teilaufgaben dar, die zu höherwertigen Dienstleistungen orchestriert werden. Die Pflege und Weiterentwicklung eines solchen Services werden auf den jeweiligen Provider ausgelagert. Über sogenannte Service-Level-Agreements (SLA) wird die zu erbringende Leistung definiert. Eine auf Service basierende Architektur erfordert jedoch eine neue Denkhaltung und die Bereitschaft, alte Machtstrukturen und Datenhoheiten einzureißen. Es ist in einem gewissen Sinne eine Demokratisierung der IT-Landschaft und verlangt ein kollegiales Miteinander, statt sich als Herr der Daten zu brüsten. Das folgende Beispiel verdeutlicht die Möglichkeiten, aus bestehenden Services neue Dienstleistungen aufzubauen.

Immer mehr Dienste von öffentlichen Ämtern und Unternehmen sind heute als aufrufbare Services über das Internet verfügbar. Damit lassen sich neue Geschäftsideen verwirklichen, wie den in der Abbildung 6.30 gezeigten Umzugsdienst.

Abbildung 6.30
Beispiel Wiederverwendung von Services

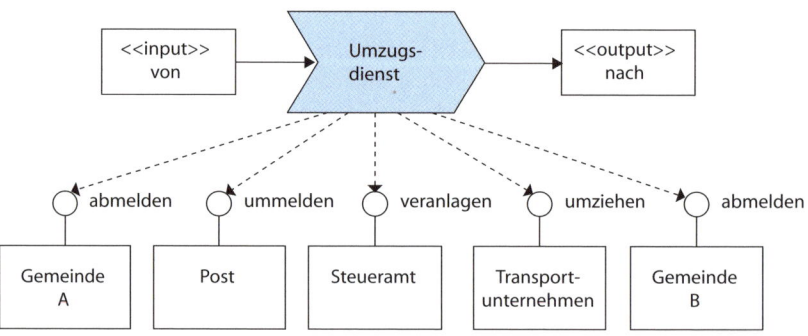

Konzepte wie Referenzarchitekturen, modellgetriebene Ansätze und die Entwicklung eigener Lösungsmuster ermöglichen die Wiederverwendung von Modellen und Architekturen. Gerade hier liegt ein hohes Potenzial, auf intellektuelle Leistungen zurückzugreifen. Die Verwendung bestehender Lösungsansätze kann den eigenen Projekterfolg wesentlich beeinflussen. Wichtig bei der Initiierung von Modellen und Mustern als Grundlage für die Verwendung in zukünftigen Projekten sind eine einheitliche Notation und der Einsatz eines unternehmensweiten Repositories. Der Entwurf der Architektur ist nicht mehr länger über unzählige Dokumente auf dem lokalen Server verteilt, sondern für alle zugänglich als grafisches Modell abrufbar. Dies verlangt, Architektur als zentralen Dienst aufzubauen und deren Leistungen in einzelnen Projekten über Beratung, Coaching und den Unterhalt eines gemeinsamen Unternehmensmodells zugänglich zu machen. Es ist die Grundlage einer modellgetriebenen Entwicklung.

Wiederverwend-bare Modelle

Wiederverwendung entsteht nicht aus Zufall und bedarf mehr als einer bloßen Willensäußerung. Sie muss eingeplant und aktiv betrieben werden: Auf der Codeebene ist der einzelne Entwickler für Komponenten sowie das Projekt verantwortlich und für Produktlinien und serviceorientierte Architekturen ist das Unternehmen zuständig. Der Architekt bestimmt weitgehend den Einsatz bestehender oder standardisierter Komponenten. Dies wird unter anderem durch eine entsprechende Entwicklungsinfrastruktur sowie die Unterstützung der Programmierer ermöglicht. Allein schon eine weitreichende Kenntnis der jeweiligen Entwicklungsbibliothek und die stetige Auseinandersetzung mit Erneuerungen bietet für den Entwickler eine Fülle von Wiederverwendungsmöglichkeiten. Wiederverwendung sollte auch Teil des Entwicklungsprozesses sein.

Wiederverwendung bedarf organisatorischer Maßnahmen

6.5   Zusammenfassung

Eine Architektur zu beschreiben, erfordert unterschiedliche Perspektiven, die verschiedenen Interessen der am Projekt beteiligten Personen und anderen Anspruchsträger zu adressieren. Jede dieser Perspektiven fokussiert sich auf einen ganz bestimmten Aspekt und nutzt zur Visualisierung und Dokumentation spezifische, für die jeweilige Darstellung zweckmäßige Modelle und Diagramme. Erst die Summe aller Ansichten ergibt ein vollständiges Bild des Systems. Eine solche Gesamtsicht umfasst drei Dimensionen: Abstraktionsebenen, Standpunkte und Perspektiven. Die Ebene steht für die Größe des Betrachtungswinkels, also ob das gesamte Unternehmen, ein Systemverbund, die jeweilige Technologie oder Applikation betrachtet wird. Der Standpunkt definiert eine Position, aus deren Blickrichtung das System betrachtet wird. Hier unterscheiden wir zwischen dem konzeptionellen Ausführungs- und Implementationsstandpunkt. Die Perspektiven oder Sichtweisen stehen für den strukturellen, dynamischen und Interaktionsteil eines Modells. Die drei Dimensionen lassen sich zu einem „3-mal-3"-Würfel versinnbildlichen. Die Architektur dient jedoch letztendlich der Beantwortung spezifischer Interessen der Stakeholder, den sogenannten Aspekten. Jeder Standpunkt beinhaltet vier solcher Aspekte. Insgesamt ergeben sich so ein Dutzend Aspekte, anhand derer eine Architektur dokumentiert wird.

6.6 Weiterführende Literatur

(Starke, 2008) Gernot Starke hat zusammen mit Peter Hruschka die Softwarearchitektur im deutschsprachigen Raum entscheidend mitgeprägt. Bald in der vierten Auflage bietet das Buch der effektiven Softwarearchitekturen eine umfassende Einführung in die Aufgaben des Architekten und ein standardisiertes Vorgehen beim Entwurf solcher Architekturen.

(Reekie, 2006) Für alle jene, welche sich eine kompakte Einführung in die Architektur wünschen, sei das Buch von John Reekie und Rohan McAdam empfohlen. Ihre Beschränkung auf drei Standpunkte beeinflusste meine Überlegungen ebenso wie die Einführung in die Verwendung der Use-Case-Maps für die Beschreibung von Szenarien.

(Bass, 2003) Das Buch von Bass, Clements und Kazman, welche am Software Engineering Institute (SEI) arbeiten, ist eine der ersten und wegweisenden Arbeiten zum Thema Architektur, Methoden des Entwurfs und Verfahren, diese zu prüfen. Es bietet eine ausführliche Diskussion der Standpunkte, jedoch fehlt eine konkrete Methode, die sich ohne Weiteres auf die eigenen Bedürfnisse übernehmen lässt.

(Hofmeister, 2000) Auch wenn die bei Hofmeister und ihren Kollegen verwendeten Beispiele nur schwer verständlich sind, bietet das Buch erstmals eine fundierte Methode, die sich gut übernehmen und an die eigenen Anforderungen anpassen lässt. Die Notation weicht jedoch erheblich von Standards wie UML ab, weshalb es etwas Fantasie braucht, die Modelle auf ein bestimmtes Werkzeug abzubilden.

Architekturentwurf

Was immer du schreibst – schreibe kurz, und sie werden es lesen,
schreibe klar, und sie werden es verstehen, schreibe bildhaft, und sie
werden es im Gedächtnis behalten. (Joseph Pulitzer)

Das vorherige Kapitel schärfte den Blick für die Architektur, indem die verschiedenen Perspektiven aufgezählt und in Zusammenhang gebracht wurden, aus denen der Architekt ein System betrachtet. Mitsamt dieser Begriffsdefinition liegt nun ein Schema vor, das ein strukturiertes Vorgehen in der Beschreibung des Architekturentwurfs ermöglicht. Dabei soll der Schwerpunkt nicht in der Erstellung einer Architekturdokumentation per se liegen, sondern in der Schaffung einer Kommunikationsbasis, um die Aspekte verschiedener Stakeholder mit dem Lösungsentwurf in Einklang zu bringen. Die Architektur ist nicht eine Frage unzähliger Dokumente, Modelle und Diagramme; die Architektur stellt sicher, dass die Interessen aller Beteiligten verstanden und durch die beste Lösung umgesetzt werden. Dabei liegt das eigentliche Ziel auf der einfachsten Lösung, welche die geforderten Qualitätsansprüche und Bedürfnisse zu erfüllen vermag. Nicht mehr, aber auch nicht weniger. Architektur, wie sie in diesem Buch verstanden wird, ist nicht das Streben nach einer perfekten, mit den neuesten Möglichkeiten der Informationstechnologien realisierten Software. Stattdessen steht die Architektur für die Vermittlung eines Gesamtbilds. Zudem stellt sie sicher, dass die einzelnen Teile letztendlich zusammenpassen.

Die Suche nach einer geeigneten Lösung und deren zweckmäßige Dokumentation sind Themen der Entwurfsphase. Dabei werden die relevanten Komponenten und Subsysteme identifiziert, um deren Zusammenwirken aus verschiedenen Perspektiven zu beschreiben. Dabei werden die einzelnen Elemente einer Architektur schrittweise, über mehrere Iterationen hinweg konkretisiert. Nach dem Prinzip von „teile und herrsche" wird ein komplexes System in einfachere, weitgehend selbstständige Subsysteme und Komponenten zerlegt. Die in einer Ebene identifizierten Elemente werden auf der darunterliegenden Stufe in deren Bestandteile aufgetrennt, ohne Wissen um die Funktionsweise der angrenzenden Elemente derselben Ebene. Am Ende dieser Dekomposition liegen Puzzleteile vor. Diese können nun einzeln, unabhängig von anderen Teilen, im Detail entworfen, implementiert und getestet werden. Damit definiert der Architekturentwurf die Basis für das nachfolgende Softwaredesign. Hier entstehen dann aus den logischen Komponenten konkrete Klassen und Datenbankentitäten.

Das Kapitel führt in ein strukturiertes Vorgehen zur Erstellung einer Architekturdokumentation ein und legt dar, welche Punkte darin zu beantworten sind. Es werden verschiedene Methoden vorgestellt, um aus dem Ausgangsmaterial – den Anforderungen – Komponenten und Klassen zu identifizieren und diese zu beschreiben. Am Ende des Kapitels stellen wir uns die Frage, was eine gute Dokumentation ausmacht und wie der darin beschriebene Entwurf beurteilt und bewertet werden kann. Architekturen, wie jedes andere Ergebnis auch, sind gegenüber den ursprünglichen Anforderungen zu prüfen und deren Qualität ist sicherzustellen.

7.1 Architekturbeschreibung

Abbildung 7.1
Ablauf Architektur-
beschreibung

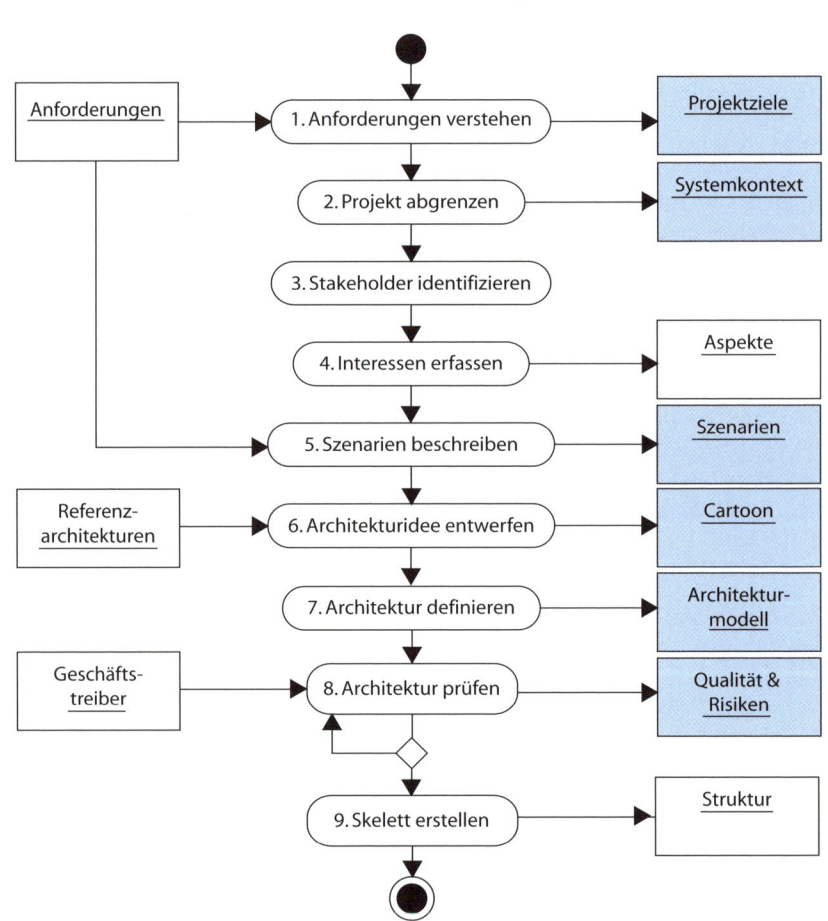

Der Entwurf und die Beschreibung einer Architektur lassen sich in verschiedene Schritte aufteilen, die jeweils ein bestimmtes Teilergebnis der gesamten Dokumentation liefern. Abbildung 7.1 zeigt die Aktivitäten und die dabei erarbeiteten Artefakte auf, welche den Weg zum Architekturentwurf säumen. Entgegen der Darstellung laufen die einzelnen Aktivitäten für die Erstellung eines Lösungskonzepts nicht zwingend sequenziell in der aufgezeigten Reihenfolge ab. Viele Dinge, wie die Beschreibung der Szenarien, der Entwurf einer ersten Architekturidee und die Definition der Architektur finden in der Regel gleichzeitig statt. Dabei sind die Ergebnisse der einzelnen Schritte jeweils auch Input für die nachfolgenden Aktivitäten.

1. *Anforderungen verstehen*: Am Anfang jedes Architekturentwurfs steht das Verstehen der Problemstellung. Welche Bedürfnisse, sowohl funktional wie auch nichtfunktional, sollen mit dem Bau des Systems befriedigt werden? Hierzu bedient sich der Architekt der Anforderungsspezifikation und des Visionsdokuments, um daraus die Projektziele aus der Sicht des Lösungsentwurfs zu definieren.

2. *Projekt abgrenzen*: Abstecken des Projektkontexts und damit Festlegen, was Teil des Systems sein wird. Hierzu gehören auch die Identifikation der relevanten Umsysteme und die Beschreibung der Schnittstellen zu den externen Entitäten. Der daraus resultierende Systemkontext schildert das System als Blackbox und zeigt die Schnittstellen zur Umwelt in Form von Eingängen und Ausgängen.

3. *Stakeholder identifizieren*: Wie beim Anforderungsmanagement ist die Nennung der relevanten Anspruchsträger, die Stakeholder, entscheidend, um damit die Interessen aller Betroffenen einzubeziehen. Neben den primären Nutzern sind dies auch Betreiber, Entwickler und Gremien, welche Standards und Strategien vorgeben.

4. *Interessen erfassen*: Beantworten der Frage, welche Aspekte des Systems durch die verschiedenen Interessengruppen gefordert sind. Der Auftraggeber sieht das Projekt aus einem anderen Blickwinkel als beispielsweise der Entwickler und verlangt deshalb nach anderen Aspekten, die im Rahmen des Architekturentwurfs beantwortet werden.

5. *Szenarien beschreiben*: Die Idee der Szenarien ist die Identifikation der für die Architektur relevanten Anforderungen. Dabei wird aufgezeigt, wie eine bestimmte Anforderung oder ein Anwendungsfall aus der Sicht des Systems abgearbeitet wird. Was muss dieses tun, um das gewünschte Ergebnis zu erbringen.

6. *Architekturidee entwerfen*: Aus der Gedankenakrobatik der Szenarien entsteht eine erste konkrete Idee des Lösungsentwurfs. Die hier als Cartoon bezeichnete Architekturskizze zeigt den grundlegenden Ansatz und die dabei verwendeten Architekturprinzipien und -stile auf. Diese erste Architekturidee bildet die Basis des weiteren Architekturentwurfs und wird, wie es das Visionsdokument für das gesamte Projekt tut, die Umsetzung leiten.

7. *Architektur definieren*: Dahinter verbirgt sich nun der komplette Entwurf der Architektur durch die verschiedenen Standpunkte und die Beschreibung, wie die zuvor identifizierten Interessen der Stakeholder adressiert

bzw. erfüllt werden. Das Ergebnis der Hauptaktivität des gesamten Entwurfsprozesses ist ein Architekturmodell, das die Lösung aus verschiedenen Sichten beleuchtet.

8. *Architektur prüfen*: Dieser Punkt wird gerne vergessen. Auch eine Architektur ist ein Projektergebnis, welches gegenüber den ursprünglichen Anforderungen und Geschäftstreibern zu prüfen ist. Dabei wird festgestellt, wie und in welchem Maß die Lösung die Qualitätsattribute zu erfüllen vermag und welche Risiken der gewählte Weg offenbart. Kaum eine Lösung wird perfekt sein, doch sollten die sensiblen Punkte identifiziert werden.

9. *Skelett erstellen*: Ein Skelett ist das Gerüst oder Gerippe eines Systems und zeigt eine konkrete Umsetzung mit den jeweiligen Technologien und Programmiersprachen auf. Ein solches Skelett vereinfacht es, die Ideen und die Funktionsweise einer Architektur der nachfolgenden Softwarekonstruktion zu vermitteln.

7.1.1 Anforderungen verstehen

Abbildung 7.2
Anforderungen verstehen

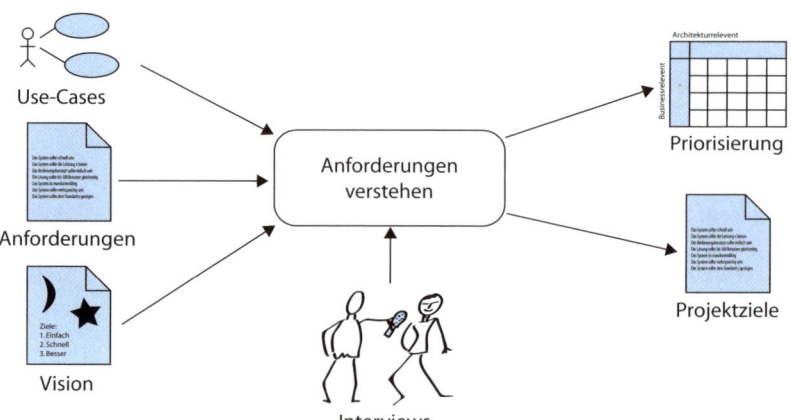

Es ist immer wieder erstaunlich, wie viele Vorhaben – nicht nur in der Informatik – gestartet werden, ohne die konkreten Anforderungen und Rahmenbedingungen zu kennen. Vor jedem erfolgreichen Projekt stehen die Ermittlung der Anforderungen und die Sicherstellung, diese verstanden zu haben. Auch oder gerade als Architekt und ohne Frage in der Rolle eines Business-Analysten ist es unsere Aufgabe, den Brückenschlag zwischen Business und Technik herzustellen, indem die dortigen wie hiesigen Probleme erfasst sind. Wir werden auf dieses Thema im Kapitel *Businessanalyse* ausführlich zu sprechen kommen.

**Priorisieren der
Use-Cases**

Wenn nicht bereits getan, sind die Anforderungen und Anwendungsfälle in funktionale Anforderungen, Qualitätsattribute und Rahmenbedingungen aufzuteilen und anschließend zu priorisieren. Welches sind die essenziellen Use-Cases und welche beinhalten die für die Architektur relevanten Funktionen und Qualitätsattribute? Die Beschränkung auf einige wenige Anwendungsfälle und zentrale, für die letztendliche Lösung kritische Anforderungen ist gerade bei größeren Projekten entscheidend. Überlassen Sie die Details dem nachfolgenden Softwareentwurf und konzentrieren Sie sich stattdessen auf den eigentlichen Kern der gewünschten Lösung.

Eine einfache, aber zweckmäßige Methode, die Use-Cases zu priorisieren, ist, diese nach ihrer Relevanz für die Architektur und das Business in einer Matrix gegenüberzustellen. Auf der Vertikalen in absteigender Reihenfolge werden die aus der funktionalen Sicht für das Business wichtigen Anwendungsfälle aufgelistet. In der Horizontalen ist von links nach rechts, ebenfalls in absteigender Reihenfolge, die Wichtigkeit der Use-Cases aus Sicht der Architektur aufzuführen. So sind die Anwendungsfälle mit der höchsten Relevanz sowohl für das Business wie auch für die Architektur in der oberen, linken Ecke und die unwichtigsten in der unteren, rechten Ecke der Matrix zu finden. Die Einschätzung kann der Architekt schwerlich alleine vornehmen. Hierzu sind der Auftraggeber und die Entwickler mit einzubeziehen. Dasselbe gilt auch für das Verstehen der Anforderungen. Laden Sie die Autoren der Anwendungsfälle ein, ihnen diese persönlich näherzubringen und die Vision des zukünftigen Systems zu erklären.

Use-Cases nach Relevanz für Architektur und Business bewerten

7.1.2   Projekt abgrenzen

Nachdem die wichtigsten Anforderungen und Anwendungsfälle aus Sicht der Architektur bekannt und die Projektziele für den Lösungsentwurf formuliert sind, ist die erste Tätigkeit, die Systemgrenzen zu ziehen. Was ist Teil des Projekts und im Rahmen der technischen Möglichkeiten direkt beeinflussbar; was ist außerhalb des Wirkungsfelds und muss als gegeben hingenommen werden? Dabei interessieren nur jene Dinge, die einen unmittelbaren wie auch mittelbaren Bezug zum System haben, also im Kontext des Systems stehen.

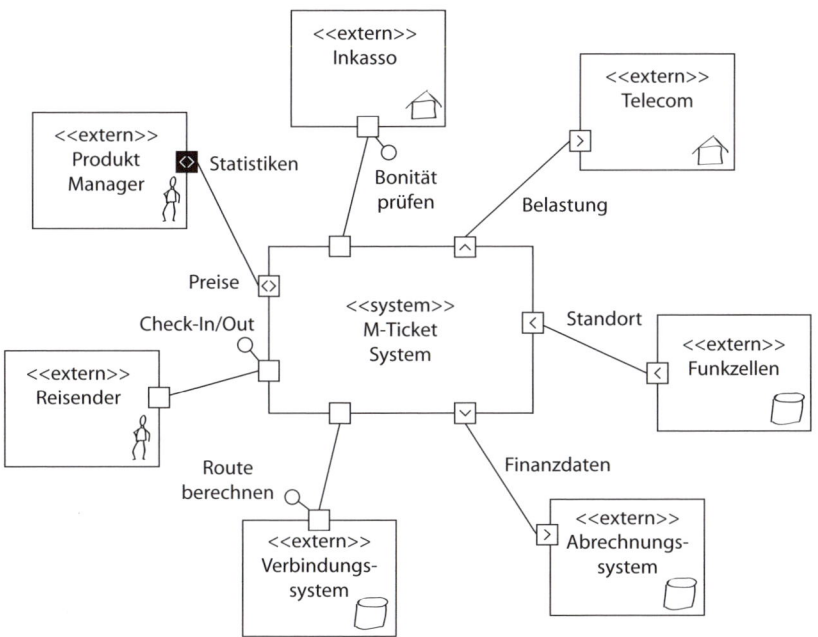

Abbildung 7.3
Systemkontext

Der Systemkontext beschreibt die Umgebung, in der das System eingebettet ist. Es definiert durch die Abgrenzung zur Umwelt den Systemumfang. Die Grenzen sind dabei exakt zu ziehen und die Schnittstellen zu den Umsystemen müssen bereits im Detail bekannt sein. Hüten Sie sich vor sogenannten Grauzonen, wie es die SOPHISTen (Rupp, 2007) bezeichnen. Unklarheiten zwischen dem System und seiner Umwelt sind bereits zu Beginn zu klären. Es ist nicht immer einfach, die Grenze zwischen innen und außen widerspruchsfrei zu ziehen und alle externen Akteure zu ermitteln. Ein System ist im Grunde nichts anderes als ein Regelwerk, welches die eingehenden Informationen und Ressourcen verarbeitet, um am anderen Ende einen Mehrwert in Form von materiellen und immateriellen Dingen auszustoßen. Geschäftsprozesse sind ein guter Startpunkt, die angrenzenden Systeme und deren Schnittstellen zu ermitteln; sofern die Anforderungsanalyse nicht bereits einen solchen Systemkontext definiert hat.

7.1.3   Stakeholder identifizieren

Stakeholder sind Personen, die ein bestimmtes Interesse am Resultat des zu bauenden Produkts haben oder auf dessen Entstehen Einfluss nehmen. Anders als bei der Anforderungsanalyse sind die Stakeholder für die Architekten nicht Quelle von weiteren Anforderungen, sondern Empfänger von Informationen und Beteiligte beim Bau und späteren Betrieb der Lösung. Stakeholder entscheiden auf der Basis dieser Informationen über die Richtigkeit der gewählten Architektur oder wirken auf den Entscheidungsvorgang ein. Sie bringen keine neuen Anforderungen über diesen Weg ein oder sollten es zumindest nicht. Hierfür ist die Anforderungsanalyse zuständig, auch für technische Belange wie die Forderung nach bestimmten Technologien und die Einhaltung von Standards. Ein Stakeholder muss über das notwendige Fachwissen und die Erfahrung verfügen, die richtigen Entscheidungen zu treffen, und auch bereit sein, sich entsprechend einzubringen und vorzubereiten. Personen, die diesen Kriterien nicht genügen, sind eine Tortur. Sie bremsen, bewusst oder unwissentlich, den Fortschritt des Architekturentwurfs aus.

Abbildung 7.4
Stakeholder-Karte

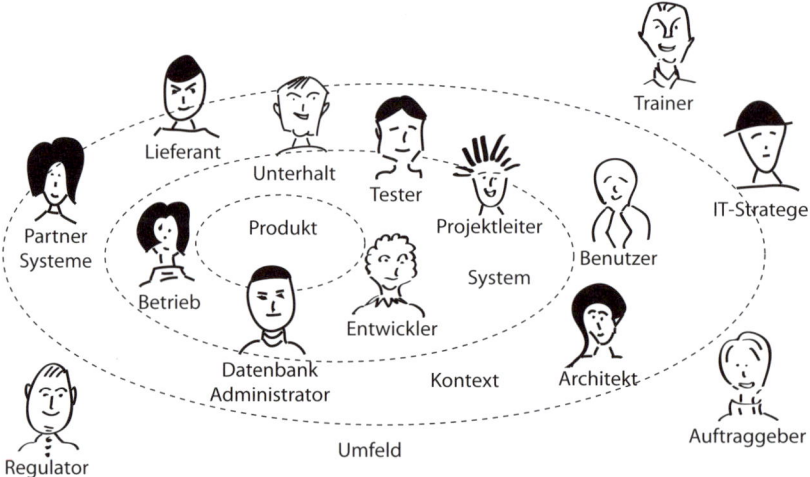

Die Identifikation aller, auch den nicht auf den ersten Blick erkennbaren Stakeholder, ist entscheidend für den Erfolg des Projekts. Leider gibt es keine objektiven Kriterien für die Wahl der relevanten Personen und Interessengruppen. Ein bewährtes Hilfsmittel ist die Stakeholder-Karte. Sie unterteilt die Umwelt und damit die Stakeholder in unterschiedliche Bereiche. Im Inneren befinden sich jene Personen, welche direkt mit der Entwicklung oder dem Betrieb des Produkts befasst sind. Im Kontext sind jene, die das Produkt nutzen oder dieses als Teil eines größeren Ganzen sehen. Im Umfeld platzieren sich alle jene, die Einfluss nehmen, jedoch nicht direkt vom Produkt betroffen sind. Jede dieser Rollen sollte durch eine entsprechende Person vertreten sein und die Autorität besitzen, die Architektur aus dem jeweiligen Aspekt zu prüfen. So prüft der Architekt der übergeordneten Ebene, ob die Lösung in deren Gesamtkontext passt. Der Benutzer interessiert sich hingegen mehr für die funktionalen Belange und beurteilt die Ergonomie des Architekturansatzes.

7.1.4　Interessen erfassen

Jeder Stakeholder interessiert sich für bestimmte Aspekte der Lösung. Der Entwickler blickt ganz anders auf den Architekturentwurf, als dies ein Regulator tut, der eher auf die Einhaltung von formalen Vorschriften und Gesetzen bedacht ist. Ein bestimmtes Interesse haben wir als Architekturaspekt bezeichnet und im vorherigen Kapitel ausführlich diskutiert. Der Vollständigkeit halber und um diese den jeweiligen Stakeholders zuordnen zu können, fasst die Tabelle 7.1 diese Aspekte nochmals aus der Sicht der Interessengruppen zusammen.

Aspekt	Stakeholder	Interesse
Funktionalität	Benutzer Entwickler Trainer	Durch welche Komponenten und welchen Architekturstil die Funktionalität umgesetzt wird und wie diese zueinander in Beziehung stehen
Ergonomie	Benutzer Entwickler	Welches Bedienerkonzept liegt der Lösung zugrunde, wie sieht die zukünftige Benutzerschnittstelle aus?
Daten	Datenbank Entwickler	Wie sieht das Datenschema aus, wo werden die Daten gespeichert und wie wird einem möglichen Datenverlust begegnet? Wie erfolgen die Sicherstellung der Integrität und die Zugriffsregelung?
Geschäftsregeln	Regulator IT-Stratege	Rahmenbedingungen, Gesetze, Patente und technische Limitationen schränken das mögliche Lösungsspektrum ein. Wie werden solche Auflagen und Standards erfüllt?
Gleichzeitigkeit	Entwickler Architekt	Viele Abläufe finden gleichzeitig statt und werden über verschiedene Mechanismen synchronisiert. Wie sehen diese aus und wie wird das System gestartet und gestoppt?

Tabelle 7.1
Aspekte pro Stakeholder

Tabelle 7.1 (Forts.)
Aspekte pro Stakeholder

Aspekt	Stakeholder	Interesse
Kommunikation	Architekt Tester Partner	Wird ein synchrones Kommunikations-muster verwendet oder wird asynchron über Warteschlagen kommuniziert. Nach welchen Architekturmustern wird kommuniziert?
Sicherheit	Regulator IT-Stratege Auftraggeber	Welche Sicherheitsauflagen sind zu berücksichtigen? Wie werden die Daten geschützt und unberechtigter Zugriff verhindert? Wie und auf welcher Ebene erfolgt die Authentifizierung?
Infrastruktur	Betrieb Projektleiter	Ist zusätzliche Hardware notwendig oder wird bestehende Infrastruktur genutzt? Netzwerktopologie und Technologie-abhängigkeiten sind zudem Fragen dieses Aspekts.
Entwicklung	Entwickler Projektleiter	Welcher Bauplan und welche Organisationsform liegen der Architektur zugrunde? Ist ein bestimmtes Framework notwendig und gibt es einzuhaltende Technologie- und Codierungsrichtlinien? Wie und mit welchen Werkzeugen wird implementiert?
Verteilung	Betrieb Entwickler Unterhalt	Wie wird die Software verteilt und installiert? Ist der Vorgang reversibel und wenn ja wie? Wie erfolgt eine mögliche Migration der Daten?
Betrieb	Betrieb Unterhalt	Wie wird die Applikation betrieben, überwacht und konfiguriert? Wie sieht ein möglicher Support aus?
Wiederverwendung	Entwickler Auftraggeber Projektleiter	Auf welcher Ebene und wie findet Wiederverwendung statt. Welche Komponenten werden eingekauft, welche selbst gebaut? Wie wird die Wiederverwendung organisatorisch sichergestellt.

Die Interessen und damit die Aspekte variieren zwischen den einzelnen Projekten und Branchen. So haben regulatorische und patentrechtliche Belange in der Medizintechnik einen anderen Stellenwert, als in der Entwicklung einer Webapplikation für ein breites Publikum. Bevor mit dem Entwurf der Architektur begonnen werden kann, ist zu klären, welche Fragen bei den jeweiligen Aspekten zu beantworten sind und in welcher Form zu dokumentieren ist. Zudem sind Methoden und Vorgehen festzulegen, um die gewünschten Informationen zu erheben. Die folgende Aufzählung mag hierfür eine Hilfe sein:

- *Stakeholder*: Wer sind die Stakeholder des jeweiligen Aspekts. Diese sind namentlich aufzuführen und ihr Hintergrund, Einfluss und mögliche verdeckte Absichten sind zu nennen. Solche Absichten müssen nicht böswillig sein, sondern liegen in der Natur der Sache, dass jeder primär seine eigenen Interessen oder die seiner Abteilung vertritt. Der Auftraggeber möchte beispielsweise mit einem innovativen und mutigen Projekt brillieren, verdrängt dabei aber mögliche Risiken.

■ *Inhalt*: Welche konkreten Interessen und Fragen hat die Architektur für diesen Aspekt zu beantworten. Gerade hierfür ist es wichtig, sein Zielpublikum zu kennen. Die Dokumentation der Architektur dient alleine dem Zweck, diese Interessen zu befriedigen. Der Betrieb wünscht sich ein abstraktes Modell des Laufzeitverhaltens. Mit einem detaillierten Klassenmodell ist ihm kaum geholfen.

■ *Modell*: Welche Modelle und Diagramme sind zweckmäßig, um den Inhalt zu veranschaulichen. Da jeder Aspekt eine bestimmte Sicht auf die Architektur eines Systems repräsentiert, sollte eine gemeinsame Modellbasis genutzt werden, um die Integrität über das Gesamtsystem zu sichern. Moderne Modellierungswerkzeuge ermöglichen es, bestimmte Sachverhalte einer gemeinsamen Datenbasis für das entsprechende Publikum sichtbar zu machen und nicht rRelevantes auszublenden.

■ *Vorgehen*: Wer erbringt die notwendigen Informationen und welche zusätzlichen Analysen und Klärungen müssen geplant werden. Wie wird beispielsweise die Benutzerinteraktion modelliert? Ist hierzu ein spezielles Werkzeug zur Simulation notwendig oder der Beirat von Spezialisten? Der Architekt ist kaum in der Lage, alle Aspekte selbst zu beantworten. Hier bedarf es weiterer Unterstützung, die geplant und deren Mitwirken koordiniert werden will.

7.1.5 Architekturidee entwerfen

Alles beginnt mit einem Bild!

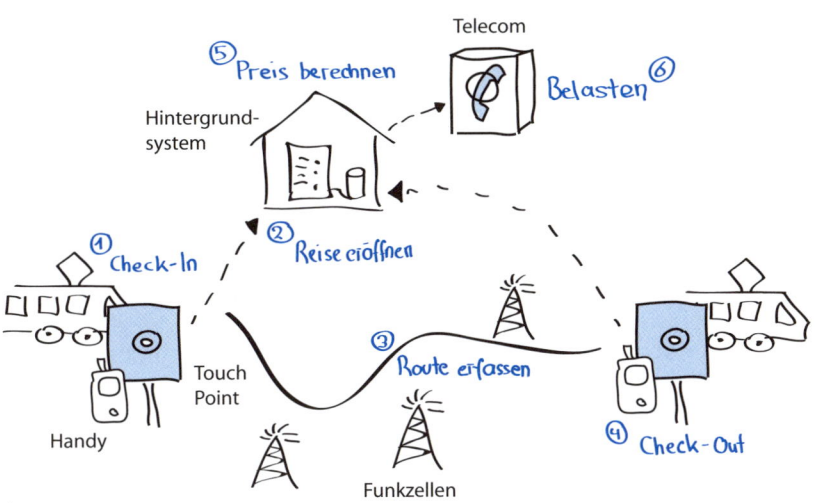

Abbildung 7.5
Cartoon

Sollten Sie auf alles verzichten wollen, verzichten Sie nie auf ein leitendes Bild

Die Architektur oder besser gesagt die Dokumentation dieser Architektur ist, wie schon oft zitiert, in erster Linie ein Kommunikationsmittel. Nichts ist dabei stärker als eine gemeinsame Vision und Vorstellung über das zukünftige System. Sollten Sie auf alles verzichten wollen, verzichten Sie nie auf ein leitendes Bild. Der Bau eines Systems beginnt immer mit einer einfachen und prägnanten Zeichnung. Diese Zeichnung oder Cartoon zeigt mit allgemein verständlichen Symbolen die wichtigsten Elemente des Lösungsentwurfs auf. Eine solche Darstellung wird auch als *Marketecture* (Kombination aus Marketing und Architektur) oder Buy-in-Modell bezeichnet.

Gemeinsames Verständnis

Ob es sich um eine Handzeichnung, ein formales UML-Diagramm oder ein gestyltes Hochglanzplakat handelt, ist unwesentlich. Wichtig ist, damit ein gemeinsames Verständnis sowohl zwischen Auftraggeber, Benutzer und Entwickler zu erlangen. Dieses Bild drückt sowohl die Vision als auch die Eleganz einer Lösung aus und wirkt als treibende Kraft. Fortan wird der Cartoon eine wichtige Grundlage bilden, um verschiedenen Stakeholders den wesentlichen Lösungsansatz zu illustrieren, und jede Diskussion eröffnen. Es ist nicht das perfekte und formal richtige Modell, das Personen für ein Ziel zu begeistern und zu motivieren vermag. Es ist die Vorstellung über die Zukunft, ausgedrückt in wenigen Worten. Der Fortgang eines Projekts, die tägliche Hektik sowie manchmal lautstark geführte Diskussionen bergen die Gefahr, das eigentliche Ziel aus den Augen zu verlieren. Der Cartoon holt dieses Ziel wieder in unser Bewusstsein.

Der Entwurf einer ersten Idee legt zudem die tragenden Architekturprinzipien und den einzusetzenden Architekturstil fest. Er vermittelt auf einfache Weise den grundsätzlichen Lösungsansatz.

7.1.6 Architektur definieren

Nun sind wir dort angekommen, wo die eigentliche Arbeit beginnt: die Architektur zu definieren und die Aspekte zu beschreiben. In der Praxis bedeutet gerade der Einstieg in den Entwurf einer Architektur die größte Hürde, die es gilt zu nehmen. Deshalb konzentrieren sich die folgenden Seiten auf verschiedene Methoden, diesen Einstieg zu vereinfachen. Wie soll aus unzähligen Anwendungsfällen und noch mehr nichtfunktionalen Anforderungen sowie einschränkenden Rahmenbedingungen ein Lösungsentwurf entstehen, ohne sich im Detail zu verlieren? Den ersten Schritt haben wir mit der Priorisierung der Use-Cases und dem Visualisieren einer Lösungsidee in Form eines Cartoons bereits genommen. Nun sollen der Kern des Systems schrittweise verfeinert und die Aspekte der Stakeholder adressiert werden. Wie das zu bauende Produkt selbst entsteht auch die Architektur iterativ. In jedem Durchlauf wird das Modell durch die drei Standpunkte geschärft und das Ergebnis den jeweiligen Stakeholders präsentiert.

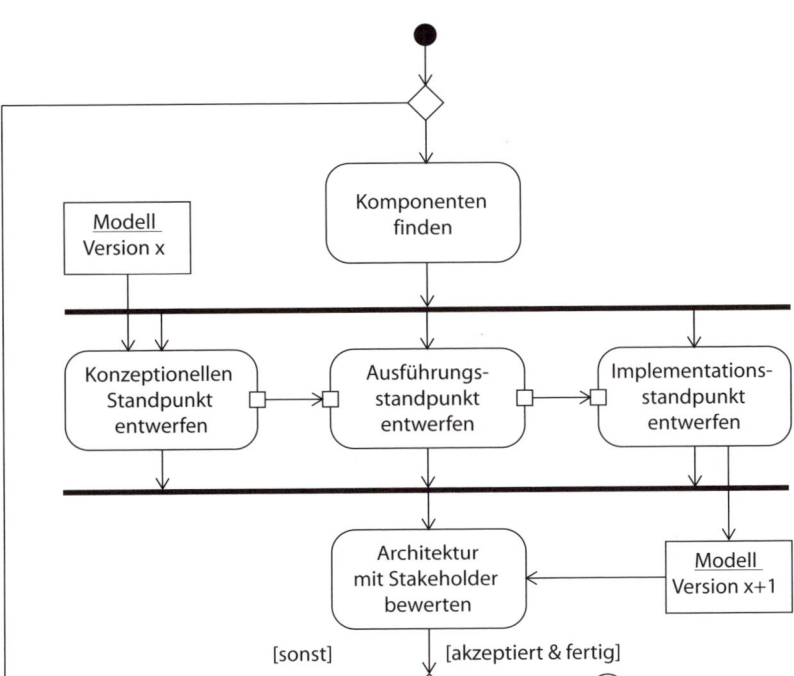

Abbildung 7.6
Ablauf der Architektur definieren

Komponenten finden

Bevor das System aus einem anderen Standpunkt heraus betrachtet werden kann, ist der konzeptionelle Lösungsansatz zu definieren. Lassen Sie sich dabei nicht vom Umfang eines Pflichtenhefts erdrücken und fragen Sie stattdessen nach dem prinzipiellen Zweck des zu lösenden Problems. Jedes System sollte genau *einen* solchen Zweck haben. Der größte zurzeit im Bau befindliche Staudamm „Jinping" soll Strom aus Wasserkraft liefern, das Spaceshuttle soll Weltraumtransporte ermöglichen und das Projekt M-Ticket soll die nachträgliche Bezahlung einer Bahnreise mit dem Handy als neuen Verkaufskanal etablieren. Dieser Zweck impliziert einen bestimmten Lösungsansatz und damit die Hauptkomponenten des zu bauenden Systems. Für das Auffinden dieser Komponenten oder Klassen werden im Folgenden drei Methoden vorgestellt: Klassifikation, Geschäftsarchitektur und Dekomposition. Die Klassifikation extrahiert Begriffe aus den Anforderungen und bündelt diese zu Gruppen oder Klassen; die Geschäftsarchitektur leitet die Komponenten aus den Geschäftsprozessen ab und bei der Dekomposition wird ein System schrittweise in seine Bestandteile zerlegt.

Die erste Methode, die Klassifikation, versucht das Wissen und die verlangten Fähigkeiten aus der Anforderungsanalyse zu gruppieren. Jeder Anwendungsfall wird auf das Zusammenspiel von ein oder mehreren Objekten abgebildet. Dabei bilden Fachbegriffe Kandidaten solcher Klassen oder Komponenten und die Verben mögliche Operationen. Beschreibende Hauptwörter werden zu Attributen der Klassen. Bei diesem, auch als Use-Case Realisation

Klassifikation

bezeichneten, Vorgehen schärft sich das Bild der konzeptionellen Klassen mit jedem weiteren Anwendungsfall. Abbildung 7.7 zeigt exemplarisch, wie die Anwendungsfälle zuerst einzeln in zusammengehörige Begriffe zerlegt und anschließend zu einem gemeinsamen Klassen- oder Komponentenmodell vereint werden. Neben der Suche nach entsprechenden Hauptwörtern bietet sich die Methode der CRC-Karten an, um diese Begriffe zu identifizieren und zueinander in Beziehung zu setzen.

Abbildung 7.7
Use-Case-Realisation

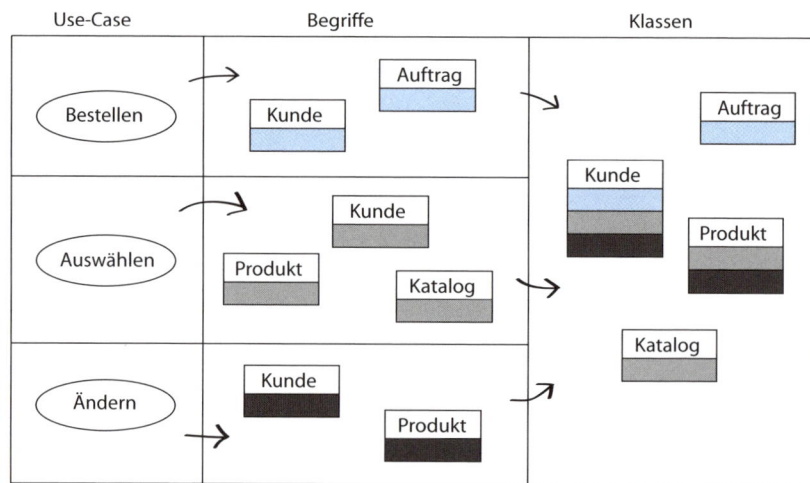

CRC-Karten

Die von Kent Beck und Ward Cunningham eingeführten CRC-Karten sind ein unkompliziertes und effektives Mittel, auf spielerische Art Klassen zu finden und deren Beziehungen untereinander aufzuzeigen. CRC steht für *Class-Responsibility-Collaboration*. Dabei werden auf der Vorderseite einer postkartengroßen Karte der Zweck einer Klasse als Kurzbeschreibung und auf der Rückseite deren Zuständigkeit sowie die Angabe, mit welchen anderen Klassen diese in Verbindung tritt, aufgeführt. Unterhalb der Beschreibung der Klasse auf der Vorderseite wird ein angewendetes Entwurfsmuster erwähnt. Die Zuständigkeit auf der Rückseite sind Operationen und Attribute, die dokumentieren, was eine Klasse tut und was sie weiß.

Abbildung 7.8
CRC Karten

Vorderseite

Name der Klasse	Superklasse
Kurzbeschreibung der Klasse, Übersicht über deren Aufgaben	
Anzuwendende Muster	

Rückseite

Zuständigkeit	Zusammenarbeit
Operationen Attribute	Andere Klassen

Da die Methode nicht an ein spezifisches Werkzeug auf dem Computer gebunden ist und deren Anwendung innerhalb weniger Minuten erklärt werden kann, eignet sie sich hervorragend, um innerhalb eines Workshops gemeinsam ein initiales Klassendesign zu entwerfen. In einer ersten Phase werden mögliche Kandidaten gesammelt, ohne diese zu bewerten. Erst nach dem wertungsfreien Brainstorming werden die Vorschläge geprüft und das Klassendesign konsolidiert. Dabei werden technologiespezifische Klassen, die eine Implementierung ausdrücken, eliminiert und Doppelnennungen zusammengeführt. Sodann lassen sich die Karten auf Packpapier festmachen und deren Interaktionspfade oder statischen Beziehungen einzeichnen.

Die Geschäftsarchitektur, als zweite Methode, wirkt als Scharnier zwischen Business und IT. Sie konsolidiert deren Interessen und Anforderungen, um der langfristigen Ausrichtung zu genügen. Zudem ist die Geschäftsarchitektur für die Qualität des Gesamtsystems verantwortlich und nimmt damit direkten Einfluss auf die IT-Strategie und Architektur. Aus der Geschäftsarchitektur definiert sich die Service-Architektur, daraus die IT-Infrastruktur-Architektur und letztendlich die Implementierung. Deshalb bietet sich die Geschäftsarchitektur an, als Ausgangspunkt für die Modellierung des Systems zu dienen. Dabei wird aus dem Ablauf eines Geschäftsfalls und dem Geschäftsobjektmodell der Geschäftsprozess komponiert. Die einzelnen Schritte oder Aktivitäten eines solchen Prozesses bedienen sich Services der Systemebene. Diese Services oder Geschäftsfunktionen lassen sich sodann zu Komponenten zusammenfassen. Damit liegen die logischen Komponenten für die weitere Architekturbeschreibung vor.

Geschäftsarchitektur

Ziel der Geschäftsmodellierung ist die Identifikation der Services, welche durch die Systeme der IT bereitzustellen sind. Hierzu wird in einem ersten Schritt (1) das Geschäftsobjektmodell erstellt. Dies sind Begriffe aus der jeweiligen Fachdomäne frei jeglicher technischen Belange. Das Kapitel Businessanalyse wird im Detail auf die Erstellung eines solchen Begriffsmodells zurückkommen. Gleichzeitig werden die Geschäftsfälle aus Sicht der Kunden einer Organisation ermittelt (2) und durch Aktivitätsdiagramme beschrieben (3). Diese Abläufe dokumentieren die stattfindenden Sequenzen oder Dialoge zwischen dem Akteur – dem Kunden – und der Organisation. Die Geschäftsprozesse zeigen aus dem Blickpunkt einer Organisation, wie der Geschäftsfall umgesetzt wird und welche Services der IT die einzelnen Aktivitäten benötigen (4). Diese Services werden sodann zu sinnvollen Komponenten gruppiert (5). Diese Komponenten oder Geschäftsfunktionen sind der Ausgangspunkt für die weitere Modellierung des konzeptionellen Standpunkts eines Systems.

Abbildung 7.9
Geschäftsarchitektur-
Methode

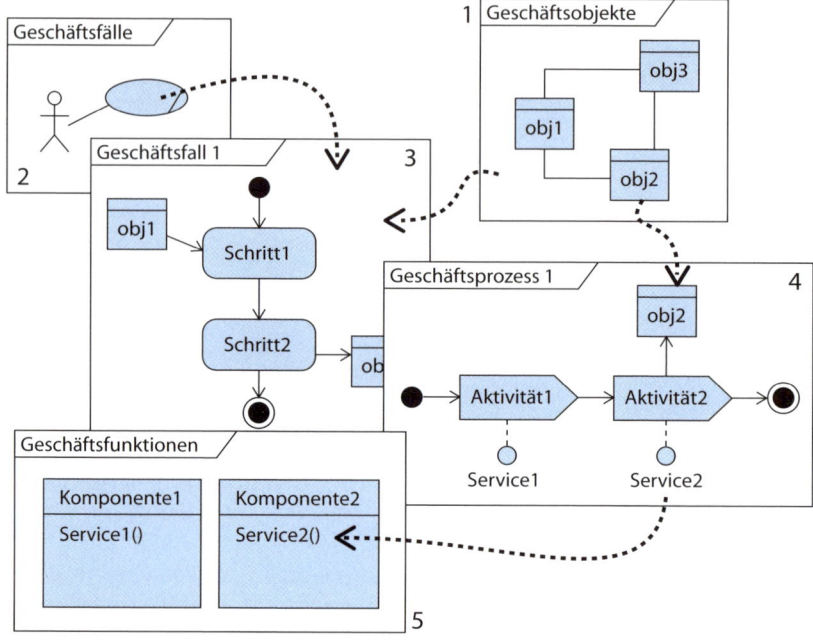

Dekomposition

Der Weg über die Geschäftsarchitektur ist vor allem bei unternehmensweiten Applikationen zweckmäßig, die eine bestimmte Geschäftstätigkeit unterstützen. Bei isolierten Systemen wie Geräten der Medizintechnik oder Konsumgütern bietet sich die Dekomposition an. Die Dekomposition zerlegt das System in immer kleinere Bausteine. Ein solcher Baustein kann ein abstrakter Funktionsblock sein, der zusammengehörige Leistungsmerkmale umfasst, oder Bauelemente, die im fertigen Produkt wiederzufinden sind (physikalische Bausteine). Die Dekomposition kann entweder funktional oder strukturell sein. Bei der funktionalen Dekomposition erfolgt die Zerlegung ausgehend von einem Anwendungsfall oder einer Operation, indem diese in ihre Ablaufschritte aufgetrennt werden.

Strukturelle Dekomposition

Bei der strukturellen Dekomposition wird ein Block in Sub-Blöcke zerlegt. Dabei wird der übergeordnete Block in logische Funktionsblöcke oder physikalische Elemente aufgetrennt. Die strukturelle Dekomposition beruht auf der Erfahrung vergleichbarer oder vergangener Produkte. Das Ziel beider Dekompositionen ist es, die Systemleistungen als verifizierbare Systemspezifikation zu beschreiben. Gleichzeitig werden die Leistungsmerkmale der fachspezifischen Elemente genannt, die in ihrer Summe die Systemleistungen ermöglichen. Ein komplexes System kann in der Regel nicht ohne Weiteres vollständig spezifiziert werden. Mit der Dekomposition wird das System schrittweise in beherrsch- und beschreibbare Elemente zerlegt, um daraus die Gesamtheit des Systems zu ermitteln. Die Ebenen zwischen system- und fachspezifischen Elementen sind quasi Hilfskonstrukte, die jedoch nicht gelöscht oder übersprungen werden sollten, um die Nachvollziehbarkeit zu sichern.

Die funktionale Dekomposition ist ein bewährter Weg, um ein unbekanntes System schrittweise in seine Subkomponenten und deren Operationen zu zerlegen. Ausgehend von einem Anwendungsfall wird das System so lange erweitert, bis alle funktionalen Anforderungen durch das System erfüllt werden. Nicht immer ist eine rein funktionelle Dekomposition zweckmäßig. Oft ist das zu bauende System eine Weiterentwicklung eines bestehenden Produkts oder es existieren vergleichbare Produkte, auf deren Lösungsansatz aufgebaut werden kann. Hier ist die strukturelle, parallel zur funktionalen durchgeführte Dekomposition zweckdienlich. Das System lässt sich dabei auf der Basis von Erfahrung und Wissen bereits zeitlich vor der funktionalen Dekomposition in die wichtigsten Komponenten auftrennen. Die funktionale Dekomposition ist dann die Feinjustierung des Entwurfs. Gerade die nichtfunktionalen Anforderungen (Qualitätsattribute und Rahmenbedingungen) zwingen eine bestimmte Lösung und damit eine gewisse Dekomposition auf, die es zu beachten gilt.

Die funktionale Dekomposition startet bei einer durch das Produkt zu erbringenden Leistung oder einem Service. Ausgehend von einem solchen Service, welcher die vom Use-Case geforderte Funktionalität auf Systemebene bereitstellt, findet eine schrittweise Zerlegung statt. Hierzu wird die Essenz eines Use-Case aus technischer Sicht in Form eines Aktivitätsdiagramms spezifiziert. Dies ist eine Verfeinerung der einzelnen Schritte aus der Perspektive des Systems oder der jeweiligen Komponente. Nun wird jede dieser Aktivitäten der Systemseite als Operation auf eine bestehende oder neu zu schaffende Komponente abgebildet. Der Ablauf dieser Operationen wird nun wiederum als Aktivitätsdiagramm beschrieben, um daraus die Komponenten der nächsten Ebene zu erhalten. Im Unterschied zur Klassifikation wird nicht nach prägnanten Hauptwörtern und Begriffen gesucht. Die Subsysteme und Komponenten ergeben sich aus der entsprechenden Zuordnung der Aktivitäten der Ablaufbeschreibung einer Operation zu möglichen Bausteinen. Es gibt keine vorgegebene Anzahl Dekompositionsstufen und die Anzahl kann von System zu System unterschiedlich sein. Eine Dekomposition hört dort auf, wo eine Komponente eindeutig einer bestimmten Fachabteilung zugeordnet werden kann, das heißt, es liegt entweder ein reiner Software-, Hardware- oder Mechanikblock vor.

Die intensive Auseinandersetzung mit den funktionalen Anforderungen zu Beginn jeder Dekomposition eines Use-Case fördert das Verständnis zwischen Business-Analysten und Architekten. Sehr schnell offenbaren sich Fragen und Unklarheiten, die zusammen mit den Business-Analysten in einer frühen Phase des Architekturentwurfs geklärt werden können. Es zwingt alle Beteiligten, sich darauf zu einigen, was genau zu bauen ist und wie das System im Einzelfall zu reagieren hat.

Als ich vor einigen Jahren verschiedene Schulungen und Beratungen für ein modellbasiertes Systemengineering mit SysML durchführte, diente das Beispiel eines sprechenden iPod als Übungsgrundlage, die Methode der Dekomposition an einem allseitig bekannten Objekt zu erlernen. Inzwischen hat die Wirklichkeit auch dieses Beispiel eingeholt und ein solcher iPod ist nun auch

Funktionale Dekomposition

Sprechendes iPod

erhältlich. Bei diesem Beispiel ging es nicht um eine technisch perfekte oder funktionierende Lösung. Hierzu würde mein Wissensstand der Mikroelektronik auch nicht ausreichen. Trotzdem erfüllte es den beabsichtigten Zweck einer Lernhilfe. Abbildung 7.10 zeigt eine vereinfachte Lösung davon, wie durch Dekomposition aus dem Use-Case und dessen Beschreibung in Form eines Aktivitätsdiagramms die Systemelemente der ersten Ebene identifiziert werden.

Abbildung 7.10
Beispiel Dekomposition

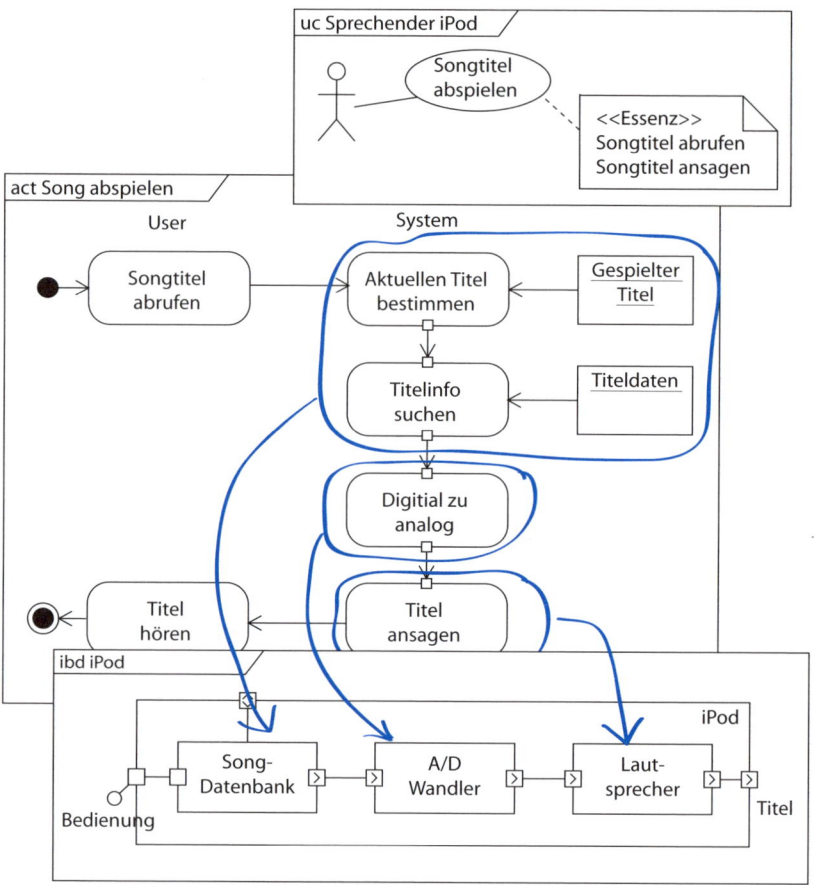

Use-Case Map   Nichts ist schwieriger als die erste Definition der Subsysteme und Komponenten, denn sie entscheidet wesentlich über die Güte des Architekturentwurfs. Sie wird geleitet durch die anzustrebenden Prinzipien einer losen Kopplung und hohen Kohäsion. Solche Komponenten haben wenige, einfache Schnittstellen und sind weitgehend unabhängig von anderen Systemelementen. Dabei ist der Lösungsentwurf nicht im Hinblick auf eine bestimmte Technologie oder Implementation zu gestalten. Und egal wie viele Architekturstile und Entwurfsmuster zur Anwendung kommen, ist eine klare Auftrennung in verschiedene Schichten von der Präsentation der Informationen bis hin zur Ablage der Daten anzustreben. Am Ende des konzeptionellen Standpunkts liegen ein logisches Modell der Komponenten, deren Funktionalität sowie Verbindungen untereinander vor. Es interessieren neben der Zuständigkeit und Verantwortlichkeit der Bausteine der Datenfluss und damit die Interaktionen durch all diese Schichten. Dieses Zusammenspiel zwischen den Komponenten innerhalb eines Anwendungsfalls lässt sich als erste Näherung beispielsweise, wie in der Abbildung 7.11 dargestellt, direkt in die statische Struktur einzeichnen. Dabei geben die Pfeile den Interaktionspfad oder Meldungsfluss durch die verschiedenen Komponenten an.

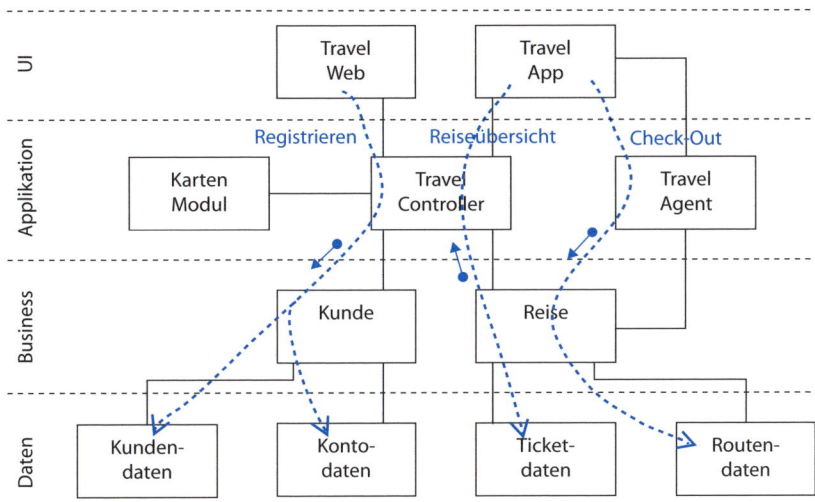

Abbildung 7.11
Konzept UI M-Ticket

Statische Diagramme mit Szenarien zu überlagern, wurde erstmal von R. Buhr als Use-Case Map vorgestellt. Dabei werden strukturelle Aspekte gleichzeitig mit der dynamischen Betrachtung in Form des Interaktionspfads in Verbindung gebracht. Die Notation eignet sich bestens dazu, die verschiedenen Szenarien durch das System innerhalb einer Arbeitsgruppe zu diskutieren. Sie ist wesentlich einfacher zu handhaben und intuitiver erfassbarer als umfangreiche UML-Sequenzdiagramme. Gerade in den ersten Iterationen eines Architekturentwurfs, in denen verschiedene Lösungsvarianten erforscht und durchgespielt werden, ist ein solches Vorgehen empfehlenswert. Es liegt in der menschlichen Natur, dass aufwändig erstellte Modelle nur ungern verworfen werden und sich der Architekt an die mühsam gezeichneten Diagramme klammert, statt diese infrage zu stellen. Deshalb sollten arbeitsintensive Sequenzdiagramme erst erstellt werden, wenn der Architekturentwurf eine bestimmte Reife erlangt hat.

Use-Case Map

R. Buhr präsentierte 1995 einen interessanten Ansatz, die Sequenz eines Use-Case auf die statische Architektur abzubilden. Die als *Use-Case Map* (UCM) bezeichnete Methode verbindet die dynamische mit der statischen Perspektive, indem der Interaktionspfad der Struktur des Systems überlagert wird. Buhr bezeichnete sie als den fehlenden Teil zwischen der Struktur, den Anwendungsfällen und dem dynamischen Verhalten der Komponenten. Die Notation besteht aus einem gerichteten Graphen beginnend mit einem Kreis und endet mit einem Querbalken. Der Graph kann sich verzweigen oder durch ein weiteres Ereignis abgelöst werden. Dieser Graph zeigt die Ablaufsequenz eines Szenarios, indem die involvierten Subsysteme und Komponenten in zeitlicher Reihenfolge miteinander verbunden werden. Als nützliche Erweiterung lassen sich die dabei genutzten Services an den Schnittpunkten zwischen Interaktionspfad und Komponenten einzeichnen.

Abbildung 7.12
Use-Case Map

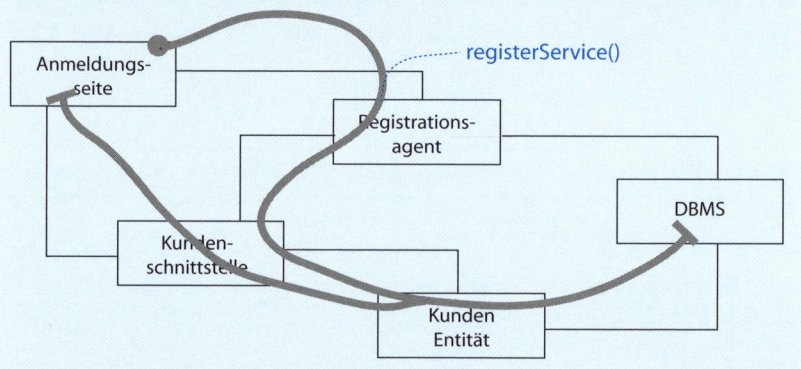

Wir haben auf den vergangenen Seiten verschiedene Vorgehensweisen und Methoden kennengelernt oder zumindest deren Verwendung angeschnitten, die essenziellen Subsysteme und Komponenten zu identifizieren. In dieser kreativen Phase steht nicht eine bestimmte, notwendigerweise einzuhaltende Notation im Vordergrund. Papier, Bleistift und eine Wandtafel sind oft die besten Werkzeuge, um gemeinsam Ideen zu sammeln und zu bewerten, bevor im nächsten Schritt das eigentliche Modell erstellt wird.

Modell n+1 erstellen

Nachdem die Komponenten gefunden wurden, bestehen die nächsten Aktivitäten daraus, das Modell aus den verschiedenen Standpunkten zu beschreiben. Dabei wird das zu bauende System aus den unterschiedlichen Aspekten, wie sie im vorherigen Kapitel im Detail besprochen wurden, betrachtet. Abbildung 7.13 dient als Orientierungshilfe, wobei der beste Weg von oben links nach unten rechts führt. Zuerst werden die konzeptionellen Aspekte wie die Beschreibung der Funktionsblöcke, deren Schnittstellen, Geschäftsregeln und Datenstrukturen sowie die Arbeitsabläufe aus Sicht des späteren Anwenders modelliert. Nach dem Blick aus dem konzeptionellen Standpunkt erfolgt die Betrachtung aus den Laufzeitaspekten wie die Gleichzeitigkeit von Abläufen, die Kommunikation innerhalb des Systems wie auch nach außen, die Sicherheit und die Bestimmung der hierfür notwendigen Infrastruktur.

Konzeptionell	Ausführung	Implementation
Funktionalität	Gleichzeitigkeit	Entwicklung
Ergonomie	Kommunikation	Verteilung
Daten	Sicherheit	Betrieb
Geschäftsregeln	Infrastruktur	Wiederverwendung

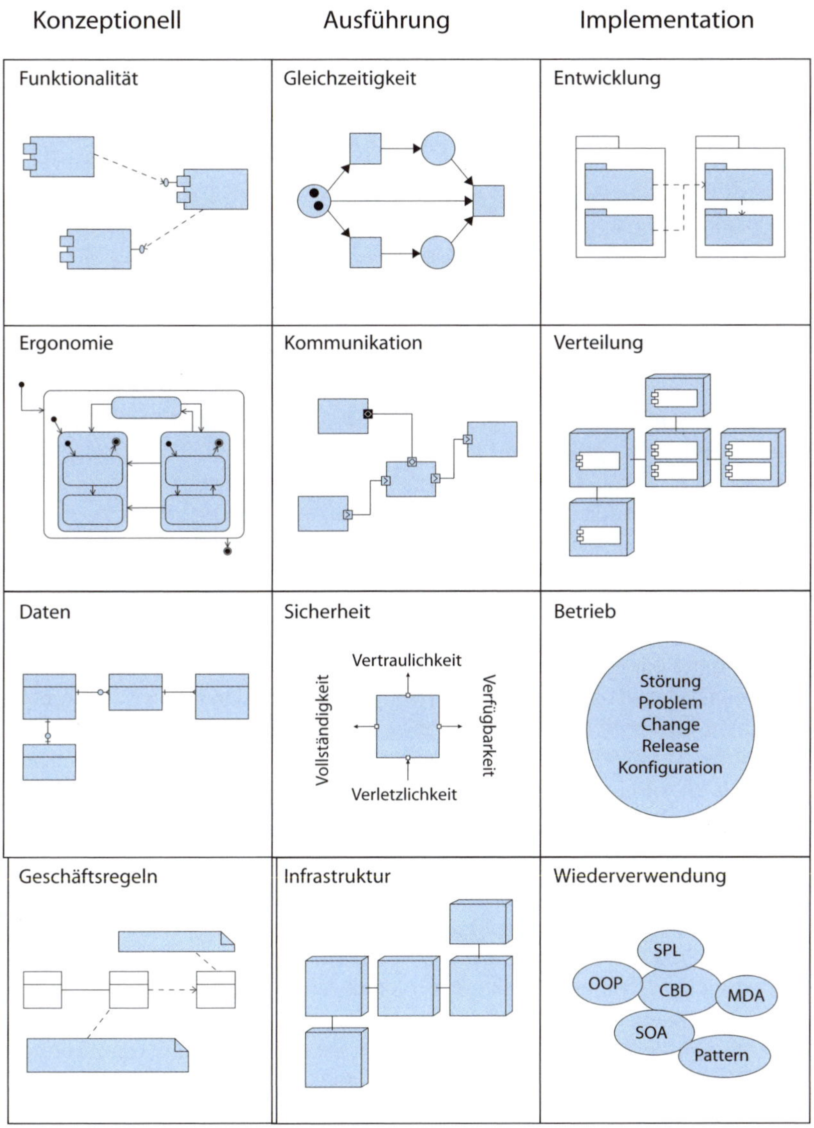

Abbildung 7.13
Aspektübersicht

Nach dem Blick durch den Ausführungsstandpunkt werden die Aspekte der Implementierung adressiert. Es werden die Organisation des Codes, die spätere Entwicklungsumgebung sowie verschiedene Punkte des Betriebs und der Wiederverwendung festgelegt.

In den ersten Iterationen stehen in der Regel die konzeptionellen Aspekte im Vordergrund, später jene der Ausführung und der Implementierung. Mit jedem Durchgang verfeinert und vervollständigt sich kontinuierlich das Modell. Es wäre falscher Ehrgeiz, die Architektur bereits zu Beginn in der final geforderten Tiefe beschreiben oder dem Anspruch eines bereits

Iteratives Vorgehen

187

perfekten Ansatzes genügen zu wollen. Es ist umso wichtiger, die Ideen und Konzepte regelmäßig mit den Stakeholdern abzugleichen und daran auszurichten. Eine Architektur entsteht weder ohne noch für, sondern *mit* den Stakeholdern. Das durch die Betrachtung der verschiedenen Aspekte entworfene Modell dient in erster Linie als Ausgangspunkt, um eine geeignete Lösung zu finden. Dabei ist eine ausgewogene Sichtweise aus allen Standpunkten und Aspekten anzustreben und weniger, bestimmte Punkte bereits in der Architektur im Detail zu erörtern. Haben Sie Mut zur Lücke und Vertrauen in Ihre Softwaredesigner und Entwickler, um das Modell um diese Einzelheiten im nachfolgenden Softwareentwurf zu ergänzen.

Architektur bewerten

Am Ende jeder Iteration ist das bereits Erreichte einer kritischen Würdigung zu unterziehen, ohne jedoch alles wieder infrage zu stellen. Wurden die Prinzipien genügend berücksichtigt und ist die Architektur wirklich die beste Lösung unter Berücksichtigung der gegebenen Rahmenbedingungen? Verfallen Sie dabei auf keinen Fall den verheißungsvollen Versprechungen eines Lieferanten, um sich damit langfristig zum Knecht eines bestimmten Werkzeugs zu machen. Ist ihre Architektur nur tragfähig mit einer bestimmten Technologie oder einer kommerziellen Softwarelösung, muss dies als entsprechendes Risiko bewertet werden. Manchmal erzwingen jedoch politische Sachverhalte oder bereits eingesetzte Werkzeuge solche Kompromisse. Sie zu ignorieren oder nicht aufzuzeigen, wäre dann Ihr Fehler. Verstehen Sie mich aber nicht falsch. Neue Werkzeuge und Frameworks sollten mit Bedacht Einzug in die Applikationslandschaft halten. Jedes weitere Produkt erhöht die Komplexität und läuft damit den geforderten Architekturprinzipien zuwider.

Präsentation und Freigabe

Den Abschluss einer Iteration bilden die Präsentation der Ergebnisse und das Überprüfen der Aspekte durch die jeweiligen Stakeholder. Aus der Stakeholder-Analyse sind die Entscheider, Meinungsmacher und Mitläufer bekannt und können nun entsprechend angesprochen werden. Hier ist diplomatisches Geschick gefordert, um die Lösung und die dabei gemachten Kompromisse einem breiten Publikum zu verkaufen. Als Ingenieure oder Architekten schenken wir diesem Punkt gerne zu wenig Beachtung und hoffen, jeder möge die Genialität und Schönheit des Lösungsentwurfs erkennen. Jeder Entwurf ist – leider – nur so gut, wie er aus der subjektiven Perspektive des jeweiligen Betrachters wahrgenommen wird. Es ist deshalb wichtig, die Resultate für Adressaten verständlich aufzubereiten. Umfangreiche Diagramme und Codesequenzen mögen durch den Entwickler verstanden werden, ernten aber bei Kunden und Auftraggebern nicht selten nur ein Schulterzucken. Oft erfüllen einfache Zeichnungen den Zweck besser, die Ideen des Lösungsentwurfs einem gemischten Publikum zu veranschaulichen.

Bei der Präsentation des aktuellen Stands oder dem Versenden der erforderlichen Dokumente sind der in der letzten Iteration erarbeitete Ertrag, die identifizierten Risiken und das weitere Vorgehen hervorzuheben. Als Einstieg ließen sich beispielsweise die bereits betrachteten und aktuell entworfenen Bereiche farblich im Cartoon hervorheben. Für die Bewertung eines kompletten Modells empfiehlt sich ein eigener Workshop, in dem der Architekt Rede und Antwort steht und Designentscheide kommentieren kann. Es ist nicht, wie zuvor angedeutet, jedermanns Sache, umfangreiche UML-Diagramme oder anderweitige Modelle selbstständig zu erarbeiten und zu verstehen. Und keine Antwort aufgrund dessen zu erhalten, darf nicht als implizite Freigabe gedeutet werden.

7.1.7 Architektur prüfen

Am Ende des Entwurfsprozesses wird nun die Architektur den Qualitätsattributen aus der Anforderungsanalyse gegenübergestellt und deren Erfüllungsgrad bewertet. Die Überprüfung der Architektur sollte genauso ein Bestandteil eines Entwicklungsprozesses sein, wie es Unit- oder Abnahmetests für die Verifikation der Funktionalität darstellen, auch wenn es bei der Beurteilung und Messung der erreichten Qualität manchmal an exakten Metriken oder Methoden mangelt. Die Prüfung der Architektur versucht, eine Aussage darüber zu erhalten, wie sich Designentscheide im zu bauenden Produkt auswirken werden und ob diese den formulierten Erwartungen gerecht werden. Wie Abbildung 7.14 zeigt, erfolgt die Bewertung der Architektureigenschaften über eine Vorhersage der späteren Qualitätseigenschaften des zu implementierenden Systems. Damit wird indirekt die Erfüllung der geforderten Qualitätsattribute aus der Anforderungsanalyse beurteilt. Der Abschnitt 7.3 stellt in der Praxis bewährte Methoden vor, eine solche Bewertung oder Vorhersage zu machen.

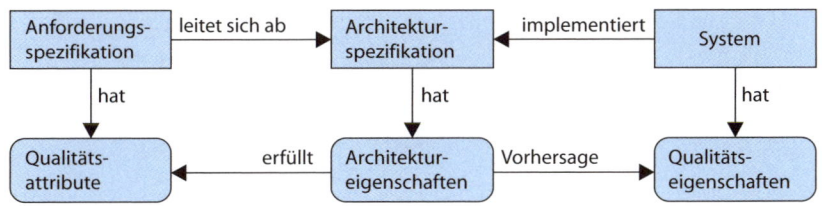

Abbildung 7.14
Architektur erfüllt
Qualitätsattribute

7.1.8 Skelett erstellen

Das Erstellen von Prototypen und damit die Überprüfung von im Entwurf gemachten Annahmen ist eine essenzielle Tätigkeit jeder Disziplin im Ingenieurswesen. Prototypen werden erstellt, um Wissen über das zu entwickelnde System und die dabei einzusetzenden Materialen und Verfahren zu erlangen. Dieses Wissen bestätigt im positiven Fall die in der Modellierung aufgestellten Hypothesen und beweist die Machbarkeit eines Lösungskonzepts. Im negativen Fall machen Prototypen auf Schwachstellen einer Architektur aufmerksam. Es ist eine aktive und frühzeitige Auseinandersetzung mit möglichen Risiken. Gerade bei innovativen Projekten mit hoher Unsicherheit und dem Einsatz neuer, wenig erprobter Technologien sind Prototypen ein unabdingbares Hilfsmittel unrealistische Zeit- und Budgetvorgaben zu erkennen. Da viele Softwareprojekte einen innovativen Charakter aufweisen, also in einem gewissen Sinn einmalig und neuartig sind, gilt die Empfehlung für die Verwendung von Prototypen fast durchgehend.

Evolutionäre und explorative Prototypen

Es gibt eine Vielzahl von Prototypen, von passiven Bildschirmlayouts bis hin zu aktiven, ausführbaren Programmskeletten. Für die Architektur genügt die Unterscheidung zwischen technischen, auch als explorativ bekannten Prototypen und ausführbaren, evolutionären Prototypen. Ein explorativer Prototyp dient der Verifizierung einzelner Designentscheide und der Durchführbarkeit bestimmter Konzepte. Es sind Wegwerf-Implementationen, die nur der Wissensbeschaffung dienen und deshalb keinen hohen Anspruch auf die Qualität der Codierung haben. Eine manchmal anzutreffende Unart, diese Prototypen trotzdem weiterzuverwenden und zu fertigen Komponenten weiter zu entwickeln, ist zu vermeiden. Ausführbare oder evolutionäre Prototypen sind hingegen nicht als Wegwerflösung gedacht. Diese implementieren ein Gerüst des späteren Systems und beweisen damit die grundsätzliche Richtigkeit des Architekturkonzepts. Dieses Gerüst oder Skelett ist die Basis für den nachfolgenden Softwareentwurf und die Programmierung. Es definiert die fundamentale Codestruktur und den Implementierungsansatz, der sich zum finalen Produkt weiterentwickelt.

Abbildung 7.15
Arten von Prototypen
für die Architektur

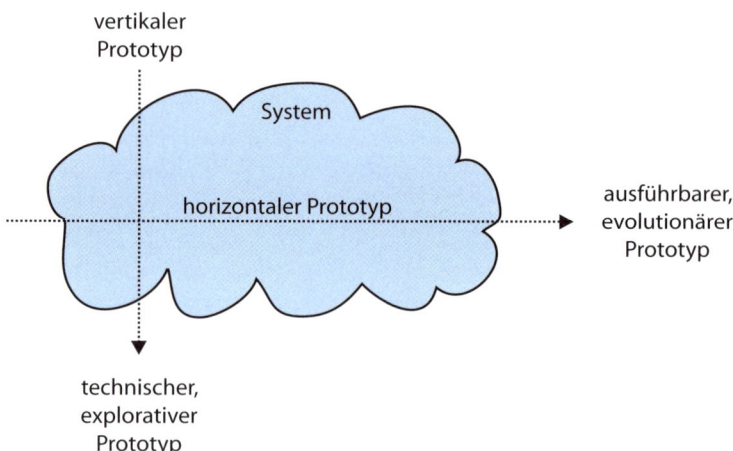

Der ausführbare Prototyp wird auch als horizontaler Prototyp bezeichnet und deutet damit an, dass eine solche Implementation die generelle Funktionsweise quer durch das ganze System emuliert. Im Gegensatz dazu steht auf der Vertikalen die punktuelle Umsetzung bestimmter konzeptioneller Fragen. Dies wird im Englischen auch als *Proof of Concept* betitelt.

7.2 Architekturdokumentation

Die Dokumentation fasst die im Entwurfsprozess erarbeiteten Ergebnisse zusammen. Dabei nimmt die Beschreibung des Architekturmodells, durch die verschiedenen Standpunkte und deren Aspekte, den Hauptteil der Architekturdokumentation ein. Die Architekturdokumentation (AD) führt den Leser in die Problematik ein, vermittelt den grundsätzlichen Lösungsentwurf und bietet eine Einführung in die wichtigsten Szenarien, auf die das System ausgelegt ist. Die im AD enthaltenen Aspekte richten sich nach der jeweiligen Leserschaft. Idealerweise sollte dieser Teil der Dokumentation automatisch aus einem zentralen Modell extrahiert werden. Moderne Werkzeuge zur Modellierung bedürfen zwar einer gewissen, oft unterschätzten Lern- und Gewöhnungsphase, langfristig jedoch lohnt sich eine solche Investition. Zentrale, über die Projektgrenzen hinweg gepflegte Modelle ermöglichen es, Informationen und Darstellungen spezifisch für den jeweiligen Aspekt zu extrahieren und in eine gewohnte, für viele lesbarere Form zu wandeln. Hier offenbart sich die Qualität des Modells. Wurden nur Diagramme gezeichnet, aber auf die eigentliche Beschreibung der Elemente wie Klassen, Komponenten und Operationen verzichtet, ist die daraus generierte Dokumentation wenig verständlich und kaum hilfreich, um daraus das Detaildesign abzuleiten.

7.2.1 Dokumentationsstruktur

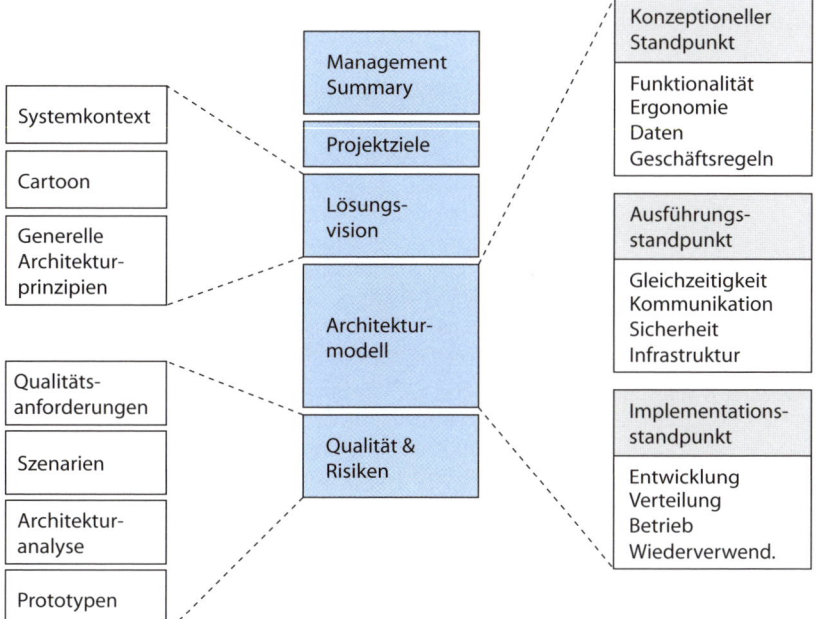

Abbildung 7.16
Dokumentationsstruktur

Abbildung 7.16 zeigt eine allgemeine Struktur einer solchen Dokumentation. Der Inhalt der einzelnen Punkte der Dokumentation wurde mehrheitlich bereits im vorhergehenden Abschnitt über die Architekturbeschreibung behandelt. Die folgende Tabelle fasst die wichtigsten Punkte summarisch zusammen.

Tabelle 7.2
Inhalt der Architekturdokumentation

Thema	Beschreibung
Management Summary	Zusammenfassung des Dokuments auf maximal einer Seite, welche die wichtigsten Punkte wie Lösungsvision, genereller Architekturansatz und Risiken beleuchtet
Projektziele	Das eigentliche Projektziel und die wichtigsten Anforderungen an das System werden wiederholt. Dabei wird auf das Visionsdokument aus der Anforderungsphase Bezug genommen. Zudem ist die grundsätzliche Motivation für den Bau des Systems und den daraus resultierenden Zusatznutzen zu nennen. Gegebenenfalls sind ökonomische Überlegungen in Form eines Businessplans mit einzubeziehen. Zu den Zielen gehören auch die Auflistung der Stakeholder und deren im Architekturdokument beschriebenen Interessen.
Lösungsvision	Auflistung von generellen Prinzipien und Überlegungen, auf denen die Architektur aufgebaut wurde. Mittels eines Cartoons lassen sich die wichtigsten Architekturentscheide wie auch deren Funktionsweise zusammenfassen und visualisieren. Ein Systemkontext grenzt das System von seiner Umwelt ab und nennt die relevanten Umsysteme.
Architekturmodell	Das System wird aus dem Blickwinkel des Konzeptions-, Ausführungs- und Implementierungsstandpunkts modelliert. Dabei werden die relevanten Architekturaspekte betrachtet und die damit adressierten Interessengruppen benannt. Wie bereits erwähnt, wird dieser Teil idealerweise automatisch aus einem Modell extrahiert und für die Verwendung in einem Textdokument formatiert.
Qualität & Risiken	Auflistung der Qualitätsattribute und wie diese durch die gewählte Architektur sichergestellt werden. Kritische Aspekte dabei in einem Prototyp verifizieren zu lassen, ist eine einfache und effiziente Methode, um Unsicherheit zu reduzieren und komplexe Zusammenhänge zu veranschaulichen. Das AD nimmt dabei Bezug auf die Ergebnisse der Prototypen. Zudem werden eine möglicherweise durchgeführte Architekturbewertung und die wichtigsten Szenarien aufgeführt. Konkrete Abläufe helfen, die eher abstrakte Form eines Modells besser zu verstehen.

7.3 Architekturbewertung

Während der Entwurfsphase ging es bei der Überprüfung der Architektur in erster Linie nur um eine punktuelle Justierung der Architektur gegenüber den Erwartungen der verschiedenen Interessengruppen. In der abschließenden Architekturbewertung wird nun der gesamte Lösungsentwurf der Anforderungsspezifikation gegenübergestellt. Es wird geprüft, inwieweit die gewählte Architektur die in den Anforderungen spezifizierten Qualitätseigenschaften zu erfüllen vermag. Voraussetzung hierfür ist eine vollständige Architekturspezifikation, weshalb die hier aufgezeigte Architekturbewertung erst am Ende der Entwurfsprozess durchführbar ist. Die Bewertung hat den Nachweis zu erbringen, dass die Lösung den formulierten Qualitätsanforderungen genügt. Zudem hat die Analyse mögliche Schwachstellen zutage zu fördern. Anforderungen können gegenläufig sein und sich damit aufheben oder behindern. Die Überprüfung der Architektur hat auf solche sensitive Punkte, Widersprüche und nicht realisierbare Ansprüche aufmerksam zu machen. So wirken sich beispielsweise eine hohe Sicherheit und die damit geforderte Verschlüsselung der Daten auf die Performance aus. Ein ausgeprägter Schutz der Daten kann also den verlangten Antwortzeiten zuwiderlaufen oder diese gar unmöglich machen.

Die Literatur kennt viele verschiedene Formen von Architekturbewertungen, die zum Teil spezifische Qualitätsattribute überprüfen oder sich nur für bestimmte Arten von Projekten eignen. In meiner Tätigkeit als Architekt haben sich ein szenarienbasierter Ansatz und die Verwendung einfacher Checklisten bewährt. Es sind allgemeingültige Methoden, die sich für ein breites Spektrum von Systemen und Qualitätseigenschaften eignen.

7.3.1 Szenarienbasierte Architekturbewertung

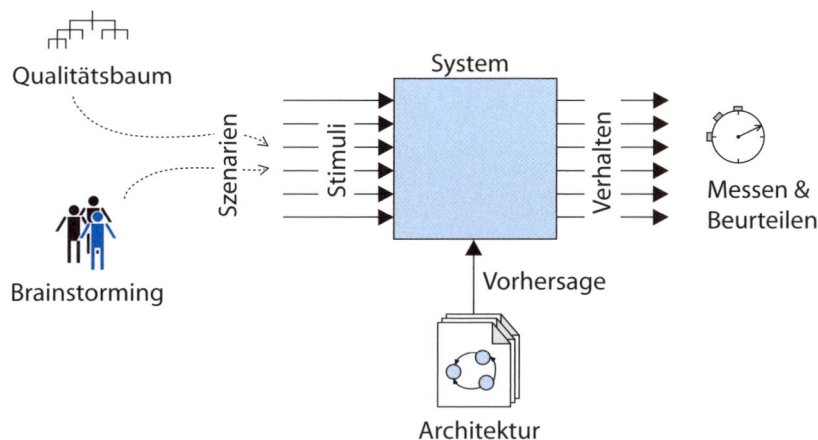

Abbildung 7.17
Szenarienbasierte
Architekturbewertung

In einer szenarienbasierten Architekturbewertung werden bestimmte, für die Lösung relevante Ereignisse simuliert und das jeweilige Verhalten des Systems auf solche Stimuli gemessen und beurteilt. Ein Szenario beschreibt ein spezifisches Ereignis, welches einen relevanten Einfluss auf die Architektur

Szenarien als Basis der Architekturbewertung

hat und von dem ein bestimmtes Verhalten erwartet wird. Beispielsweise wird die Reaktion des Systems auf eine erhöhte Arbeitslast bei einer über der Norm liegenden Anzahl von Benutzer beurteilt. Wir können zwischen drei grundsätzlichen Gruppen von Szenarien unterscheiden: den Use-Case-, Wachstums- und Stressszenarien. Die Use-Cases beschreiben Funktionen als erwartete Interaktion mit dem System. Dabei definiert die im englischen als *Fit Criteria* bezeichnete Qualifizierung der Anforderungen die Bemessung der Szenarien. Die Wachstumsszenarien als zweite Gruppe antizipieren die Zukunft und den damit verbundenen möglichen Zuwachs an Benutzer, Daten und Ereignisse. In den Stressszenarien werden letztlich die Limits des Systems erforscht und das Verhalten auf Extremsituationen beurteilt.

Brainstorming und Qualitätsbaum

Szenarien lassen sich in der Regel über die Erstellung eines Qualitätsbaums und durch ein Brainstorming aller Stakeholder ermitteln. Ein Qualitätsbaum ist eine schrittweise Verfeinerung der Qualitätsattribute, an deren Ästen sich konkrete Szenarien befinden, die das System aus dem Aspekt einer einzigen Qualitätseigenschaft beurteilt. So misst das zuvor ausgeführte Beispiel einer erhöhten Arbeitslast den Durchsatz als Teil des Qualitätsattributs Performance. Im Gegensatz zum Brainstorming kann ein solcher Qualitätsbaum durch den Architekten selbst erstellt werden. Die Ermittlung von Szenarien durch ein Brainstorming erfolgt innerhalb von Arbeitsgruppen und bedarf der Anwesenheit aller Interessensvertreter. Dabei findet im Unterschied zum Qualitätsbaum die Bestimmung der Szenarien bottom-up statt. Ausgehend von unstrukturierten Aussagen zum erwarteten Verhalten des Systems werden diese zu Qualitätsattributen gruppiert und dem Qualitätsbaum angefügt.

Abbildung 7.18
Qualitätsbaum

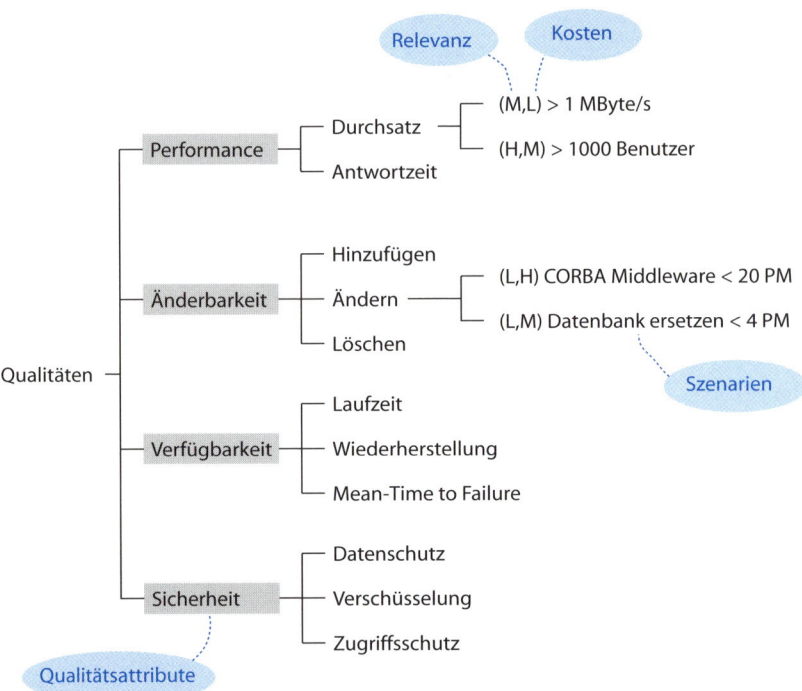

Nachdem der Qualitätsbaum, top-down oder bottom-up, erstellt ist, werden die einzelnen Szenarien hinsichtlich ihres geschäftlichen Nutzens beurteilt. Dabei werden die Äste des Qualitätsbaums nach deren Relevanz für den Erfolg der Software und die Kosten für deren Erreichen taxiert. Es genügt, wenn bei der Beurteilung zwischen Hoch (H), Medium (M) und Leicht (L) unterschieden wird. In Abbildung 7.18 ist der Durchsatz von über tausend Benutzern entscheidend und damit hoch relevant, die Kosten hingegen werden als Mittel für die Umsetzung dieser Qualitätseigenschaft beurteilt. Anhand dieser ersten Qualifizierung nach Relevanz und Kosten lassen sich die Szenarien priorisieren. Solche mit (H,H) gehören der ersten Priorität an, jene mit (H,M) der zweiten und (M,H) sowie (M,M) der dritten. Alle anderen Szenarien werden nicht weiter beachtet, da sie für die Architektur nicht entscheidend sind oder deren Umsetzung keine größeren Kosten verursacht. Die verbleibenden Szenarien werden in der Reihenfolge nun nach ihrer Priorität analysiert. Dabei wird geprüft, inwieweit die Architektur die gestellten Forderungen zu erfüllen vermag, welche möglichen Risiken und sensitiven Punkte dabei bestehen.

Für die Analyse sind das Verstehen der Struktur und die Funktionsweise der Architektur und die dabei gemachten Designentscheide zwingend. Hierzu präsentiert der leitende Architekt zu Beginn der Bewertung den Lösungsentwurf, erklärt die dahinter stehenden Überlegungen und stellt die Modelle sowie die Architekturdokumentation für die Analyse der Szenarien zur Verfügung. In manchen Projekten ist die erste Hürde, die es zu nehmen gilt, bereits eine fehlende oder nicht aktualisierte Dokumentation der Architektur.

7.3.2   Checkliste

Eine szenarienbasierende Architekturbewertung dauert in der Regel mehrere Tage und benötigt eine entsprechende Vorbereitung und Planung. Die folgende Checkliste hat sich aus dem Bedürfnis entwickelt, ein einfaches Instrument in der Hand zu haben, um eine Architektur innerhalb von zwei bis drei Stunden prüfen zu können.

1	**Business-Driver**
	Sind die Geschäftsziele, die mit dem Bau des Systems erreicht werden sollen, in der Visions- oder Architekturdokumentation aufgezählt? Gehen daraus die Motivation für den Bau des Systems und dessen Geschäftsnutzen klar hervor?
2	**Stakeholder**
	Sind die Stakeholder bekannt und werden diese entsprechend adressiert? Stakeholder sind nicht nur die Auftraggeber und Nutzer, sondern auch Betreiber und an der Entwicklung beteiligte Personen.
3	**Anforderungen**
	Sind die funktionellen Anforderungen (z. B. in Form von Use-Cases) dokumentiert? Wurde das Anforderungsdokument offiziell freigegeben? Existieren ein Visionsdokument und eine Beschreibung der Geschäftsprozesse, auf die sich die Designentscheide zurückführen lassen?

Tabelle 7.3
Checkliste Architekturbewertung

4	**Qualitätsaspekte**
	Sind die Qualitätsaspekte und Rahmenbedingungen (nichtfunktionale Anforderungen) bekannt und wurden diese priorisiert? Hierzu gehören Anforderung an Performance, Verfügbarkeit, Skalierbarkeit, Bedienbarkeit, Sicherheit und Erweiterbarkeit sowie rechtliche und technische Vorgaben.
5	**Systemübersicht**
	Existiert eine Systemübersicht (Cartoon), die das System und die externen Entitäten für alle verständlich visualisiert? Ein Cartoon muss nicht unbedingt ein standardisiertes UML-Diagramm sein. Es genügt bereits eine einfache Zeichnung.
6	**Systemkontext**
	Existiert ein Systemkontext, der klar das System von seiner Umwelt abgrenzt und die externen Einflüsse (Entitäten und Beziehungen) aufzeigt? Sind alle angrenzenden Systeme und deren Schnittstellen bekannt?
7	**Dekomposition**
	Wurde das System sowohl aus funktioneller Sicht als konzeptionelles Modell wie auch aus Systemsicht als Komponentenmodell dekomponiert? Wurden dabei Architekturprinzipien wie Kopplung, Kohäsion und Separation of Concern berücksichtigt?
8	**Systemsichten**
	Wurde das System aus unterschiedlichen Perspektiven und Standorten betrachtet und modelliert? Werden dabei die für die jeweiligen Stakeholder relevanten Aspekte beschrieben? Sind die verschiedenen Modelle durchgängig und hinsichtlich ihres Abstraktionsniveaus passend?
9	**Architekturdokumentation**
	Existiert eine Dokumentation der Architektur. Wurde die Architektur als Modell mittels eines entsprechenden Werkzeugs entwickelt? Eine effektive Architekturdokumentation muss ausgewogen sein zwischen den Eigenschaften Korrektheit, Vollständigkeit, Prägnanz, Klarheit, Ausgewogenheit und Konsistenz.
10	**Architekturentscheide**
	Sind die Architekturentscheide dokumentiert und nehmen sie Bezug auf die Qualitätsattribute und Rahmenbedingungen, die damit adressiert wurden? Sind die gemachten Designentscheide nachvollziehbar?
11	**Aktualität**
	Sind die Modelle und Dokumente aktuell? Das heißt, entsprechen sie dem momentanen Entwicklungsstand? Wie wird die Aktualität sichergestellt und Redundanz vermieden? Sind die einzelnen Modelle miteinander verknüpft und dienen sie der nachfolgenden Disziplin als Input?
12	**Architekturstile**
	Sind gängige Architekturstille und Entwurfsmuster angewendet worden? Wenn ja, welche und wurden diese als solche benannt? Basiert die Lösung auf bestimmten Referenzarchitekturen oder Musterlösungen?

		Tabelle 7.3 (Forts.)
13	**Architekturbewertung**	Checkliste Architekturbewertung
	Wurde die Architektur nach einem standardisierten Vorgehen wie dem der szenarienbasierten Architekturbewertung überprüft? Fand bereits eine Prüfung durch die Stakeholder statt und wurde der Entwurf durch diese freigegeben?	
14	**Wiederverwendung**	
	Wurde die Architektur auf Basis wiederverwendbarer Komponenten und Subsysteme mit klaren Schnittstellen aufgebaut. Wie wird die Wiederverwendung organisatorisch sichergestellt?	
15	**Technologieneutral**	
	Ist die Architektur weitgehend unabhängig von einer gewählten Technologie und Hersteller? Könnten einzelne Komponenten und Subsysteme wie Datenbank oder Applikationsserver ohne Probleme ersetzt werden?	
16	**Einfachheit**	
	Wurde die einfachste Lösung in Hinblick auf eine spätere Erweiterbarkeit gewählt? Bedarf es für das zu bauende System neuer Werkzeuge, Frameworks oder Standardkomponenten? Wenn ja, ist keine Lösung denkbar mit bereits vorhandenen Produkten?	

Obwohl die Fragen einfacher und grundsätzlicher Natur sind, hat sich diese Checkliste in der Praxis mehrfach bewährt. Sie gibt einen ersten Hinweis auf die Qualität der Architektur und macht auf wunde Punkte sowie fehlende Artefakte aufmerksam. Die Bewertung dient dazu, Lücken sowohl in der Architektur wie auch in den Anforderungen zu erkennen und falsche Annahmen aufzudecken. Sie ist keine Qualifizierung des Architekten, sondern bezieht sich allein auf die Sache selbst.

7.4 Zusammenfassung

Lange haben wir uns darüber unterhalten, was Architektur ist und aus welchen Perspektiven sie sich beschreiben lässt. Doch wie setzen wir dieses Wissen in Szene, um zu einer solchen Beschreibung zu gelangen? Ausgehend von einem generellen Ablauf dokumentiert dieses Kapitel ein standardisiertes Vorgehen, eine Architektur und einen Softwareentwurf schrittweise zu entwerfen. Dabei werden zuerst die architekturrelevanten Anwendungsfälle und Anforderungen identifiziert und daraus wird eine Idee einer ersten Lösung entwickelt. Sodann werden iterativ die relevanten Komponenten und Subsysteme ermittelt und die Architektur aus den verschiedenen Standpunkten modelliert. Der Abschnitt über die Architekturdokumentation nennt eine zweckmäßige Struktur, die Architektur der Software zu dokumentieren. Letztlich widmet sich das Kapitel der Frage, wie eine Architektur geprüft werden kann. Die szenarienbasierte Architekturbewertung bietet einen in der Praxis bewährten Ansatz, eine Architektur über das Durchspielen einzelner Szenarien zu beurteilen.

7.5 Weiterführende Literatur

(Clements et al., 2003) Paul Clements et al. liefern mit diesem Buch eine Ergänzung zum Standardwerk *Software Architecture in Practice* von Bass, Clements und Kazman. Dabei wird detailliert beschrieben, wie die verschiedenen Standpunkte mit unterschiedlichen Methoden und Notationen zu dokumentieren sind.

(Reussner & Hasselbring, 2006) Dieses Buch über Softwarearchitekturen ist eine Sammlung verschiedener Themen rund um die Konstruktion, das Management und die Bewertung von Architekturen. Es ist eines jener Bücher, die über die Auseinandersetzung einer Methode hinaus wichtige Aspekte der Evolution und Wiederverwendung von Architektur adressieren.

(Garland & Anthony, 2003) Neben einer Einführung in die Begriffe der Architektur wartet das Buch von Jeff und Richard mit einer eingehenden Besprechung des Architekturentwurfs auf. Basierend auf UML wird beschrieben, wie aus einem Set verschiedener Standpunkte eine Architektur zu entwerfen und zu dokumentieren ist.

(Bosch, 2000) Das Buch von Jan bietet nach einer allgemeinen Einführung in die Architektur und deren Bewertung eine ausführliche Diskussion von Produktlinien der Software. Besonders das Kapitel über die Transformation von Anforderungen zu einer Architektur und die Besprechung eines komponentenbasierenden Ansatzes sind es wert, das Buch zu lesen.

Pattern

Schöne Bauwerke sind mehr als exakte Wissenschaft; sie sind wirkliche Organismen, spirituell empfangen, Kunstwerke unter Anwendung der besten Technik. (Frank Lloyd Wright)

Das letzte Kapitel führte über verschiedene Epochen der Architekturbeschreibung zu einem in der Praxis bewährten Ansatz, eine Architektur aus drei verschiedenen Standpunkten zu betrachten. Damit konnten die Interessen oder Aspekte eines breiten Publikums auf entsprechende Weise adressiert werden. Nun kennen wir die Techniken, ein System nach der Kunst unseres Berufsstandes zu beschreiben, doch wo fangen wir mit dem Lösungsentwurf an? Bei Architekturstilen und Musterlösungen!

Architektur ist mehr als die Wahl der richtigen Perspektiven und die Erfüllung eines bestimmten Standards und der damit verbundenen Modellierungsvorgaben. Der Entwurf einer Architektur ist auch die Fähigkeit, aus unzähligen Stellgrößen und Rahmenbedingungen eine Lösung zu entwerfen, welche den heutigen wie auch zukünftigen Anforderungen zu genügen vermag. Dabei befruchtet unsere Vorstellung nichts mehr als Musterlösungen und Referenzarchitekturen. Bekannte Namen der klassischen Architektur orientieren sich immer wieder an bestimmten Baustilen der Vergangenheit oder ließen sich durch unterschiedlichste Einflüsse inspirieren.

Patterns und Konzepte sind Inspirationsquellen und können als solche eine Ausgangslage für eigene Lösungsansätze darstellen; nicht nur in der klassischen, sondern zunehmend auch in der Architektur von Softwaresystemen. Orientierten wir uns in der grauen Vorzeit an den Überlieferungen unserer Vorfahren, tun wir es heute über bewährte Muster. Wie unsere Ahnen kein fertiges Rezept zur Hand hatten, sind Muster keine pfannenfertigen Lösungen, deren Befolgung den Erfolg garantiert. Sie ersparen es uns – richtig angewendet –, die bitteren Erfahrungen unserer Kollegen nochmals machen zu müssen. Folglich widmet sich ein ganzes Kapitel einigen dieser Erfahrungen und die daraus gewonnenen Erkenntnisse als Patterns und Konzepte zu präsentieren. Zudem bilden Patterns die Ausgangslage für eine modellgetriebene Architektur. Der unter dem Akronym MDA bekannte Ansatz ermöglicht eine auf Modellen basierende Codegenerierung. Wir werden auf dieses Thema nach der Besprechung der Entwurfsmuster zurückkommen.

Die Bezeichnungen Architekturmuster, Architekturstile und Basisarchitektur werden in der Literatur nicht einheitlich verwendet. Vielfach benennen sie dasselbe oder sind kaum von dem als Design-Pattern bezeichneten Muster für den Softwareentwurf zu unterscheiden. Eine klare Unterscheidung ist in der Tat schwierig zu machen, gibt es doch viele Entwurfsmuster, die einem Architekturstil ähnlich sind. So ist das Schichtenkonzept, also die Auftrennung eines Systems in aufeinander aufbauende Layer, sowohl ein Muster des Softwaredesigns wie auch der Architektur. Es kommt lediglich auf den Blickwinkel an, aus dem eine Sache betrachtet wird. In den Augen eines Designers sind Entwurfsmuster wiederverwendbare Programmierkonzepte; für einen Architekten hingegen sind es Ansätze für die grundsätzliche Struktur der Architektur. Im Bewusstsein um die fließenden Übergänge ist eine klare Abgrenzung zwischen Entwurfsmustern und Architekturstilen kaum möglich. Es sind didaktische Gründe, die ungeachtet dessen eine Trennung fordern. Das Kapitel startet mit den für die Architektur wichtigsten Entwurfsmustern und endet mit einer Besprechung verschiedener Basisarchitekturen.

8.1   Entwurfsmuster

Pattern sind wiederverwendbare Lösungsansätze

Alles begann vor dreißig Jahren mit dem Werk von Christopher Alexander. Es befasste sich mit den elementaren Mustern in der klassischen Architektur. Er definierte 253 solcher Muster für die Architektur und Stadtplanung. Damit sollten Ordnung und Struktur in den Entwurf von Bauwerken gebracht werden, wie es klare Worte in einem Satz vermögen. Es war der Versuch, eine einheitliche Sprache zu schaffen, um komplexe Architekturen durch Verwendung von standardisierten Lösungsbausteinen zu entwerfen. Wie zur damaligen Zeit seine Gedanken die Architektur revolutionierten und auch Anlass für heftige Kritik gaben, veränderte dieses Konzept zwanzig Jahre später die Softwareindustrie. Erich Gamma und kurz darauf Frank Buschmann griffen den Ansatz auf und formulierten eine Metasprache für den Softwareentwurf. Etwas mehr als 20 Patterns prägten nun die Softwarearchitektur und Programmierung. Das Konzept der Entwurfsmuster wurde geradezu euphorisch aufgenommen und schon bald war jedes Thema als Pattern formulierbar. Dies war sicher nicht immer im ursprünglichen Sinn von Christopher Alexander. Die inflationäre Anwendung des Begriffs Pattern warf uns geradewegs wieder zurück in das babylonische Sprachgewirr.

Pattern ermöglichen eine klare Sprache

Trotz alledem sind Entwurfsmuster ein wichtiges Instrument sowohl in der Architektur wie auch im Softwaredesign. Patterns helfen dabei, wiederkehrende, spezifische Problemstellungen und Anwendungsfälle mit Hilfe von erprobten und standardisierten Mustern zu lösen. Der Grundgedanke dahinter ist, die gleiche Aufgabe nicht jedes Mal von Grund auf neu zu lösen. Stattdessen sollte die Lösung auf den Einsatz bewährter und dokumentierter Muster zurückgreifen. Pattern beschreiben für generelle Probleme in einem bestimmten Kontext erprobte Lösungsansätze. Sie bringen Ordnung und Struktur in unseren Softwareentwurf und vereinfachen durch eine klare Sprache die Kommunikation innerhalb des Entwicklungsteams. Anstelle in einer mühsamen, fehleranfälligen Erklärung sicherzustellen, dass für eine Klasse nur eine Instanz existiert, werden wir auf das Entwurfsmuster Singleton verweisen.

Design Patterns sind auch eine Fundgrube guter Ideen, um den eigenen Entwurf besser oder eleganter zu gestalten. Auf der Suche nach einer geeigneten Lösung bieten sich Muster geradezu an. Dabei dienen neben den öffentlich publizierten Ansätzen auch eigene Vorlagen und Musterlösungen als Inspirationsquelle. Gerade Entwurfsmuster einer spezifischen Domäne bieten optimale, unter dem Begriff Referenzarchitektur bekannte, Lösungsansätze für wiederkehrende Probleme eines spezifischen Geschäftsfelds. Patterns stehen aber nie isoliert da. Wie Wörter zueinander in Beziehung stehen und damit einen verständlichen Satz bilden, sind Muster auf vielfältige Weise untereinander verwoben. Aus der Komposition von Patterns entstehen Applikationen und daraus Systemverbunde. Entwurfsmuster sollten trotz ihrer unverkennbaren Vorteile aber nie Selbstzweck sein und nicht nur um ihrer Selbstwillen eingeführt werden. Unsere Städte wären Steinwüsten, würden sich alle Architekten und Stadtplaner nur auf die Vorgaben von Christopher Alexander stützen.

Pattern sind eine Fundgrube guter Ideen

Klassifizierung

Die klassischen Entwurfsmuster von der „Gang-of-Four" (Gamma, Helm, Johnson & Vlissides, 1995) lassen sich in die Gruppen Erzeugung, Struktur und Verhalten aufteilen. Zu den für die Architektur relevanten Mustern gehören alle der Gruppe Struktur, die Fabrik zur Instanzierung von Objekten sowie der Observer, Mediator, Command und Visitor der Verhaltensgruppe. Diesen und weiteren Mustern wie MVC, Layering und Broker widmen sich die folgenden Seiten.

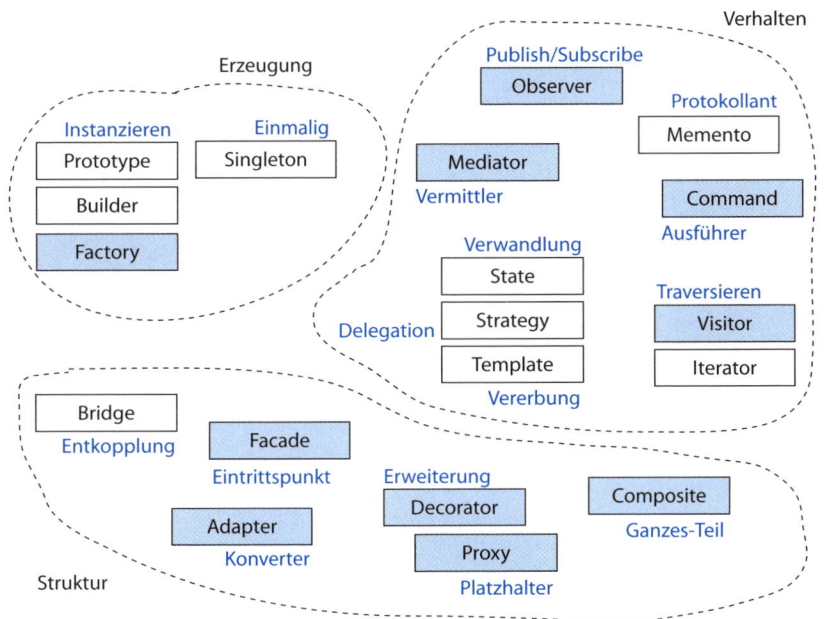

Abbildung 8.1
Pattern-Landkarte

8.1.1 Erzeugungsmuster

Factory

Das Erzeugen von verwandten, sich ähnlich verhaltenden Objekten wird an eine unabhängige Stelle außerhalb der eigentlichen Verwendung ausgelagert. Ursprünglich hieß das Entwurfsmuster abstrakte Fabrik, da nicht Schnittstellen in der heutigen Terminologie, sondern abstrakte Klassen die Basis dazu legten. Eine abstrakte Klasse ist eine unvollständige Klasse, deren fehlende Funktionalität durch die davon abgeleiteten Klassen zu implementieren ist. Heute sind es eher Schnittstellenklassen, die den Vertrag zwischen Fabrik und Besteller oder Client regeln. Eine Fabrik entkoppelt dabei die Erzeugung der konkreten Instanz vom Nutzer. Der Nutzer muss jedoch die Fabrik kennen. Die Fabrik selbst lässt sich als Schnittstelle oder abstrakte Klasse implementieren. Häufig bedient man sich hierbei des Singleton Pattern, um im Prinzip eine globale Instanz der Fabrik bereitzustellen. Während der Initialisierungsphase der Applikation wird die Fabrik durch eine konkrete Instanz besetzt. Verwandt mit der abstrakten Fabrik ist das Entwurfsmuster Bridge. Es entkoppelt die Implementation von seiner Abstraktion. Der Nutzer einer Bridge sieht nur die Abstraktion oder Schnittstelle. Die Fabrik wie auch die Bridge erzeugen während der Laufzeit eine Instanz einer konkreten Implementation. Als Nachteil von Fabriken ist der Umstand zu werten, dass der Nutzer eine durch die Fabrik erzeugte Instanz explizit kennen und aufrufen muss. Die Kopplung, wenn auch entschärft, bleibt weiterhin durch die Verbindung zwischen alle Parteien über die Fabrik bestehen.

Dependency Injection

Die Abhängigkeit zwischen zwei Klassen wird mittels des Hollywood-Prinzips „Don't call us, we call you" vollständig entkoppelt. Statt die Verantwortung für die Instanzierung einer Klasse wie bei der abstrakten Fabrik dem aufrufenden Objekt zu überlassen, wird sie an das Framework delegiert. Das Framework ist nun zuständig, die entsprechende Klasse zu kreieren und mit der anwendenden Klasse zu verknüpfen. Die aufrufende Klasse kennt nur die Schnittstelle, also den Vertrag, den eine bestimmte Klasse zu erfüllen hat, jedoch nicht, wer die Funktion letztendlich ausführen wird. Damit unterscheidet sich der Ansatz insofern von der zuvor besprochenen Fabrik, als die aufrufende Klasse nicht einmal wissen muss, wer für die Instanzierung zuständig ist. Es besteht also keine Verbindung zwischen dem Erzeuger und dem Nutzer. In den Worten von Hollywood kennt der Schauspieler nur den Vertrag mit seinem Filmstudio (Framework), das erst zu Beginn einer neuen Produktion den jeweiligen Einsatz festlegt. Damit findet eine weitgehende Entkopplung zwischen den Klassen statt. Der Künstler muss nicht länger die Telefonnummer ständig wechselnder Produzenten kennen. Es genügt, eine Rolle spielen zu wollen. Das Filmstudio bringt zur gegebenen Zeit Produzenten eines neuen Films mit dem Schauspieler zusammen.

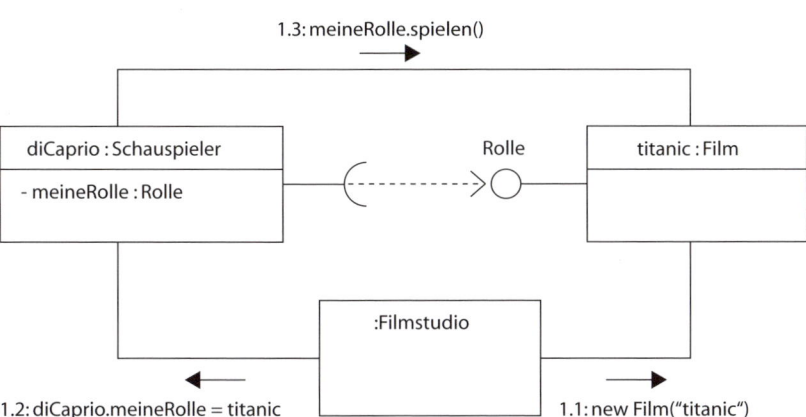

Abbildung 8.2
Beispiel Inversion-
of-Control

Durch die vollständige Entkopplung von Konsument, der einen bestimmten Service nutzt, und Produzent, welcher diesen Service bereitstellt, entstehen vielfältige Möglichkeiten, die Architektur flexibel an sich verändernde Bedürfnisse anzupassen. So lässt sich der Produzent durch eine leistungsfähigere Komponente ersetzen, ohne den Code des Konsumenten anpassen zu müssen. Die Auslagerung der Instanzierung an das Framework eröffnet auch im Komponententest neue Wege. So lassen sich – ohne den Quellcode ändern zu müssen – aufzurufende Klassen durch Testinstanzen ersetzen, die ein entsprechendes Verhalten simulieren. Der Ansatz ist jedoch sehr konfigurationsintensiv und durch die Dynamik einer späten, erst zur Laufzeit stattfindenden Kopplung schlecht zu debuggen. *Die Inversion-of-Control* (IoC) ist heute eher unter dem Begriff *Dependency Injection* (DI) bekannt, da Martin Fowler zu Recht fragte, ob beim IoC wirklich die Kontrolle invertiert wird.

8.1.2 Strukturmuster

Layering

Layering oder das Schichtenmodell ist wohl das bekannteste wie auch wichtigste Konzept der Architektur, um ein Gesamtsystem in aufeinander aufbauende logische Abschnitte zu zerlegen. Dabei kennt im Idealfall ein einzelner Abschnitt nur die darunterliegende Ebene. Der Archetyp des Schichtenmodells ist das OSI-Referenzmodell für Kommunikationsprotokolle zwischen Computern. Bestehend aus sieben Schichten kommt jeder Ebene eine ganz bestimmte Aufgabe zu. Dabei wird der Datenstrom der übergeordneten Ebenen transparent um zusätzliche Daten ergänzt und an die darunterliegende Ebene weitergegeben bis die Daten schließlich als elektrische Signale über die physikalische Verbindung übertragen werden. Auf der gegenüberliegenden Seite werden die Daten in umgekehrter Reihenfolge von den durch eine Ebene hinzugefügten Zusatzinformationen befreit und an den darüberliegenden Abschnitt weitergereicht. Eine Ebene ist physisch nur von der darunterliegenden und logisch von der gegenüberliegenden Ebene abhängig. Physisch sind Schnittstellenspezifikationen zwischen übereinander liegen-

Layering unterteilt ein System in mehrere, klar voneinander getrennte Schichten

den Ebenen einzuhalten; logisch, wie die Zusatzinformationen auf gleicher Ebene zu interpretieren sind. Beispielsweise unterteilt die Sicherungssicht den kontinuierlichen Datenstrom in nummerierte Pakete. Auf der Gegenseite werden die Pakete wieder in ihre richtige Sequenz gebracht und zu einem kontinuierlichen Datenstrom zusammengesetzt.

Abbildung 8.3
Layering

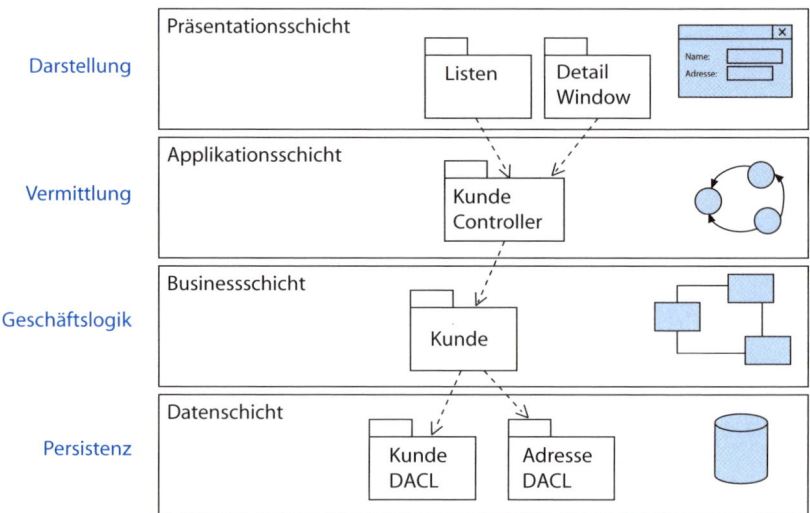

Die klare Trennung der Verantwortlichkeiten sowie die einfachen Schnittstellen zwischen den Ebenen haben auch die Softwarearchitektur inspiriert, es ihr ähnlich zu tun. Dabei wird der Informationsstrom von der Eingabe, typischerweise durch einen Menschen oder ein anderes System, bis hin zur Speicherung der Daten in einzelne, voneinander getrennte Schichten aufgeteilt.

Präsentationsschicht   In der Softwarearchitektur hat sich eine Unterteilung in drei bis vier Schichten etabliert. Auf der obersten Ebene befindet sich die Mensch-Maschine-Schnittstelle. Die Daten der darunterliegenden Ebene werden in der für den Anwender optimalen Art präsentiert und Benutzereingaben werden als Steuerungsbefehle weitergeleitet. Die *Präsentationsschicht* ist nicht zwingend an eine Benutzeroberfläche gebunden. In einer serviceorientierten Architektur finden sich anstelle von Eingabefenstern Prozesse und Serviceaufrufe. Wichtig ist, wie bereits bei den Architekturprinzipien aufgeführt, auch eine inhaltliche Entkopplung von den darunterliegenden Ebenen. Die Darstellung von Kundendaten hängt einerseits vom Ausgabemedium und andererseits vom jeweiligen Kontext ab. Ein Kunde aus Sicht des Anwenders hat in der Regel eine andere Granularität und Verantwortlichkeit, als der Kunde eines Tabelleneintrags in einer relationalen Datenbank. Deshalb sind die Kundendaten der Präsentationssicht nicht zwangsläufig dieselben, wie auf allen nachfolgenden Schichten. Eine Kopplung über Daten, um es nochmals zu betonen, ist nach Möglichkeit zu vermeiden, da diese Verbindungen starr in Bezug auf ihre Änderbarkeit sind.

Auf der nächsten Ebene, der *Applikationsschicht,* befindet sich das Schaltzentrum der Anwendung. Hier offenbart sich der fundamentale Unterschied zum OSI-Modell. Im Grunde ist das OSI-Referenzmodell eine Pipe-and-Filter-Architektur. Jede Schicht empfängt die Daten der vorhergehenden, verarbeitet diese und gibt sie weiter, ohne Vorgänger und Nachfolger zu kennen. Im Schichtenmodell der Softwarearchitektur bedarf es hingegen eines Mediators, eines Vermittlers zwischen Präsentationsschicht und Geschäftslogik. Die Applikationsschicht ist der Controller im Sinne des MVC-Entwurfsmusters. Die von der darüberliegenden Benutzeroberfläche erhaltenen Befehle führen zu einem Weiterreichen der Daten an die entsprechenden Funktionen der Geschäftslogik und umgekehrt.

Die Business- oder *Geschäftsschicht* beinhaltet die eigentliche Geschäftslogik der Applikation. Hier befindet sich die Implementation der Geschäftsregeln. Diese Schicht ist neutraler Boden bezüglich Präsentations- und Technologie- bzw. Datenschicht. Es geht allein um die korrekte Verarbeitung der Daten, unabhängig davon, wie die Daten durch die jeweilige Benutzeroberfläche dargestellt und durch die Daten- oder Infrastrukturschicht gespeichert bzw. weitergereicht werden. Die Klassen und Komponenten der Geschäftslogik entstammen der jeweiligen Domäne. Hier finden sich also Dinge wie Kunden, Bestellungen und Fahrscheine, aber keine Datenbanktabellen, spezifischen Klassen einer Programmiersprache oder Sortierungsalgorithmen. Wie wir im Kapitel über Technologien noch sehen werden, verführen effiziente Werkzeuge von Datenbanksystemen gerne zu einer Mischung von Datenschicht und Geschäftslogik.

Die *Datenschicht* als letztes Glied stellt Dienste und die notwendige Infrastruktur bereit, die Rohdaten zu speichern oder weiterzureichen. Einige Autoren zählen zur Datenschicht ebenso die Hardware und deren Betriebssysteme dazu. Diese Betrachtungsweise ist nicht ganz unproblematisch, nutzt doch auch die oberste Schicht die jeweilige Infrastruktur zur Visualisierung der Daten. Das Schichtenmodell trennt die Verarbeitung der Daten in verschiedene logische, vertikal getrennte Bereiche auf. Es ist weniger im Sinn der Architekturebenen, den N-Tier-Architekturen (*Tier* ist das englische Wort für Schicht), gemeint, wo eine hierarchische Dekomposition von der Gesamtunternehmung bis hin zu den einzelnen Hardwarebausteinen abläuft. Eine N-Schichtenarchitektur ist eine logische Separierung der Software in voneinander abgrenzbare Verantwortungsbereiche. Das N-Tier-Konzept ist hingegen eine physische Trennung der Subsysteme einer Applikation in dedizierte Hardwarekomponenten. Diese physischen Subsysteme lassen sich unabhängig voneinander auf verschiedenen Rechnern installieren. Das hier präsentierte logische Schichtenmodell ist dabei Ausgangslage für einen N-Tier-Ansatz. Die sogenannte 3-Tier-Architektur unterscheidet beispielsweise zwischen den Bereichen Ausgabemedium, Applikationsserver und Persistenzsicht.

Facade

Das Fassadenmuster liefert eine uniforme Schnittstelle auf unterschiedliche Komponenten oder Klassen eines Subsystems. Es abstrahiert die Bestandteile eines größeren Ganzen und liefert eine einheitliche Nutzung zu einem Set verschiedener Elemente. Im Gegensatz zur Bridge fasst eine Fassade die Arbeit mehrerer autonomer Objekte zusammen. Dabei wird eine eingehende Aufgabe durch das Fassadenobjekt auf mehrere Teilnehmer dieses Subsystems verteilt. Serviceorientierte Architekturkonzepte sind typische Beispiele für solche Fassaden. Dabei wird die Bedienung eines Services durch eine Vielzahl unterschiedlicher Helfer realisiert, welche durch eine zentrale Klasse zusammengefasst werden. In Kombination mit dem zuvor besprochenen Schichtenmodell ist die Fassade ein wichtiges Instrument zur Vereinfachung der ohnehin stetig zunehmenden Komplexität.

Abbildung 8.4
Fassade

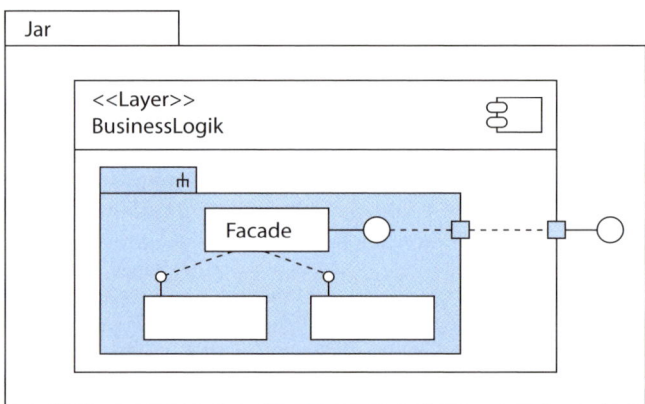

Verletzungen durch Umgehung der Kapslung sowohl beim Schichtenmodell wie auch bei der Fassade sind zu vermeiden. Das sind beispielsweise Fälle, bei denen die Präsentationssicht direkt auf die Klassen der Datenschicht zugreift. Kurzfristig mag dies den gewünschten Erfolg bringen, doch langfristig werden damit schwer wartbare und meist nicht einmal dokumentierte Lücken in der Gesamtarchitektur geschaffen.

Adapter

Der Adapter ermöglicht das Zusammenarbeiten von nicht kompatiblen Klassen und Komponenten, indem Schnittstellen eines Bausteins in die Schnittstellen eines anderen konvertiert werden. Dabei wirkt der Adapter als *Wrapper* für verschiedenartige Objekte, die sonst nicht zusammenpassen würden. Ein Wrapper ist eine umschließende Hülle, die das äußere Erscheinungsbild vereinheitlicht, ohne bestehende Klassen anzupassen. Das Entwurfsmuster des Adapters ist nicht nur bei unpassenden, nicht kompatiblen Schnittstellen angesagt, sondern auch beim Einsatz verschiedener Technologien mit unbekannter Halbwertszeit oder einem bewussten Kapseln bei Software unbekannter Qualität. Der Adapter ist besonders im Zusammenspiel mit dem Fassadenmuster wirkungsvoll. Dabei wird die Hülle durch eine Fassade implementiert, um generelle Zugriffsmechanismen bereitzustellen, welche vom jeweiligen Innenleben unabhängig sind.

Decorator

Das Entwurfsmuster *Decorator* ermöglicht es Objekten, dynamisch, also während der Laufzeit, zusätzliche Funktionalität zur Verfügung zu stellen. Wie in der aspektorientierten Programmierung können Komponenten um ergänzendes Verhalten erweitert werden. So wie der eben gekaufte Mac um unzählige Dinge ausgebaut werden kann, erlaubt es das Konzept des Dekorateurs, eine Architektur um zusätzliche Features zu ergänzen. Gerade wenn unterschiedliche Ausprägungen desselben Produkts über eine einheitliche Schnittstelle oder einen Service anzubieten sind, leistet das Entwurfsmuster gute Dienste. Im Gegensatz zur Erweiterung durch Spezialisierung wird mit dem Decorator die ursprüngliche Klasse oder Komponente nicht weiter aufgebläht. Die umschließende Klasse ist damit offen für Erweiterungen, aber geschlossen für Modifikationen.

Ein Decorator ermöglicht eine dynamische Funktionserweiterung

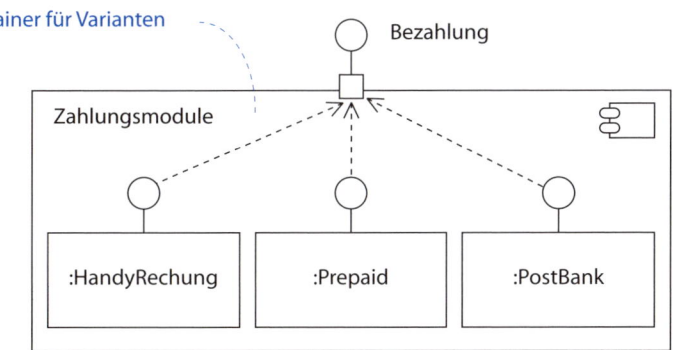

Abbildung 8.5
Beispiel Decorator

In der Architektur sind es nicht einzelne Klassen, die als Decorator wirken, sondern Frameworks oder Busse. Ein Bus ist ein gemeinsamer Übertragungskanal. Auf einen solchen werden die verschiedenen Erweiterungen „aufgesteckt". So kann das Konzept des Decorator dazu verwendet werden, verschiedene Zahlungsvarianten dynamisch zur Verfügung zu stellen, wie in Abbildung 8.5 dargestellt.

Proxy

Der *Proxy* ist ein Platzhalter oder Stellvertreter für das eigentliche Objekt. Der Proxy ist lapidar ausgedrückt ein Durchlauferhitzer und leitet einen Aufruf transparent für den Aufrufenden an die eigentliche Klasse weiter. Er steht zwischen aufrufender und aufgerufener Klasse oder auf der Architekturebene zwischen Client und Server. So leitet der Stellvertreter die Meldung an ein verteiltes Objekt (Distributed Object) vom Client an den Server weiter oder verzögert die Instanzierung großer Objekte, bis dieses gebraucht wird. Für die Architektur ermöglicht der Proxy die Entkopplung von Komponenten auf verschiedene Weise. Als Platzhalter dient er dazu, die Entwicklung von verschiedenen Subsystemen unabhängiger zu gestalten. Als Stellvertreter leitet

Proxy wirken als Platzhalter oder Stellvertreter

er den Aufruf eines Services weiter und ermöglicht damit zusätzliche Funktionalität wie Zugriffskontrolle, zeitverzögertes Kreieren von Prozessen und natürlich die transparente Implementation verteilter Komponenten.

Broker und Mediator

Das unter dem Begriff *Broker* bekannte Entwurfsmuster ist verwandt mit dem Proxy. Dieses Pattern fungiert als Vermittler zwischen Client und Server. Ein Antrag wird dabei über einen clientseitigen Proxy verpackt und über einen Broker an den serverseitigen Proxy weitergeleitet. Das bekannteste Beispiel ist vielleicht der Object-Broker (ORB) von CORBA. Der Broker ist im Gegensatz zum Entwurfsmuster *Mediator* ein Verfahren für den transparenten Meldungsaustausch zwischen zwei entfernten Stellen und leitet eine Anfrage an einen geeigneten oder gewünschten Anbieter weiter. Der *Mediator* ist eher im Sinne einer Clearingstelle eine zentrale Anlaufs- oder Vermittlungsstelle.

Composite

Abbildung 8.6
Beispiel Kompositum

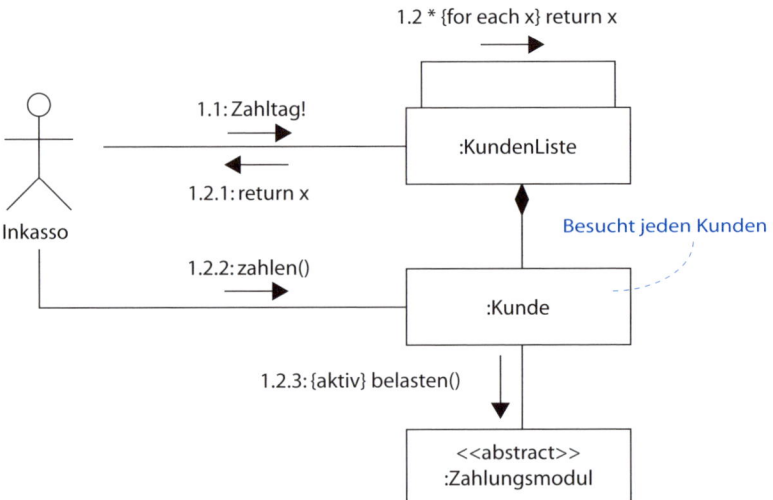

Kollektionen wie Listen und deren Traversieren durch Iteratoren

Das Entwurfsmuster *Composite* oder in deutscher Sprache das Kompositum ist vereinfacht ausgedrückt eine Kollektion gleichförmiger Objekte. Wobei gleichförmig in objektorientierten Sprachen wie Java oder jenen von .NET ein dehnbarer Begriff ist. Letztendlich leitet sich hier alles von der Ur-Basisklasse `Object` ab. In der Praxis bestehen Kollektionen aus mehr oder weniger zusammengehörigen Klassen, die entweder verwandt sind oder dieselbe Schnittstelle teilen. Die Idee solcher Kompositionen ist die Anwendung einer Aktion auf alle Teile eines Ganzen. Das Entwurfsmuster *Iterator* und in einem gewissen Sinne auch der *Visitor* ergeben erst im Zusammenspiel mit der Kollektion einen Sinn. Der Iterator, auch Cursor genannt, dient dazu, eine solche Liste oder einen Baum zu traversieren. Dabei werden die einzelnen Objekte in einer bestimmten, vom Iterator abhängigen, Reihenfolge besucht. Kollektionen sind wohl eines der wichtigsten Programmierhilfsmittel der modernen Sprachen. Sie bilden die Basis für die Implementierung leistungsstarker

Algorithmen und Prozeduren. Noch immer werden deren Möglichkeiten zu wenig genutzt. Stattdessen wird jede Aufgabe im Zusammenhang mit Listen und Sortierung an eine Datenbank delegiert. Wir werden auf die Möglichkeiten einer effizienten und zugleich eleganten Anwendung von Kollektionen im Kapitel über Technologien zu sprechen kommen. Das Entwurfsmuster *Visitor* kombiniert das Verhalten der Iteratoren mit dem Ausführen einer bestimmten Aktion für jedes besuchte Element. Damit lassen sich komplette Aufgaben in Teilschritte zerlegen, die nacheinander auf alle Einträge einer Liste angewendet werden. Wie der Maler einen Stapel Bretter zuerst abhobelt, schleift, malt und lackiert, werden mit dem Konzept des Visitors auf allen Elementen einer Kollektion die gleichen Operationen angewendet.

8.1.3 Verhaltensmuster

MVC

MVC steht für *Modell-View-Controller* und ist eines der ältesten Entwicklungsmuster. Manche behaupten gar, es sei ein Paradigma der Softwareentwicklung. Es entstammt der Entwicklung mit Smalltalk, einer der frühen objektorientierten Sprachen. Seit dieser Zeit hat das Muster verschiedene Anpassungen speziell an die aufkommenden grafischen Benutzeroberflächen erfahren. In modernen Benutzeroberflächen wie Swing (Java) und WPF (Windows Presentation Foundation – .NET) verwischt die Trennung zwischen Controller und Darstellung fast vollständig. Die visuellen Komponenten übernehmen heute die Behandlung der Ereignisse und die Darstellung der geforderten Daten. Der Controller wird zur Durchreiche zwischen Modell und Visualisierung, indem dieser die Daten beim Modell anfordert, für die Präsentation aufbereitet und die Kontrolle zurück an die Benutzeroberfläche gibt. Deshalb hat Martin Fowler den Begriff MVP geprägt und darin gefordert, den Controller durch den *Presenter* zu ersetzen. Ob damit der Klärung des oft missverstandenen Entwurfsmusters gedient ist? Dieses Buch verbleibt beim eingebürgerten Begriff MVC, wendet ihn aber eher im Sinne des Präsentators an.

Controller vermittelt zwischen Anzeige und Geschäftslogik

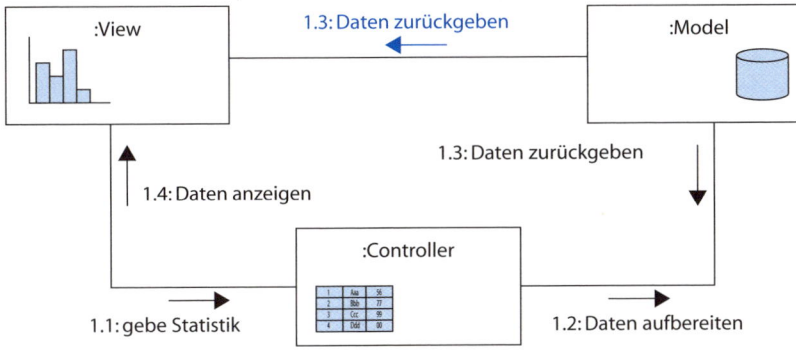

Abbildung 8.7
MVC

Das MVC-Pattern fordert, die Darstellung der Daten von der eigentlichen Geschäftslogik über eine gemeinsame Kontrollinstanz zu trennen. Das *Model*

steht für die Businesslogik und die Daten. Deren Objekte sind Teil des Domänenmodells und stellen damit die eigentliche Funktionalität des Systems
dar. Die *View* ist die Präsentationsschicht und verantwortlich für die entsprechende Visualisierung der Daten. Der *Controller* fungiert als Mediator
zwischen Applikation und Mensch, indem er die durch den Bediener ausgelösten Aufträge an das Modell weiterleitet und die erhaltenen Daten für
die weitere Darstellung aufbereitet. Im Gegensatz zur ursprünglichen Form
des MVC Patterns reagiert der Controller nicht mehr auf einzelne Ereignisse
der Tastatur oder Maus. Dies ist nun Teil der Präsentationsschicht und der
Controller wirkt nun eher als Verbindungsstelle zwischen Daten und deren
Präsentation.

Das MVP-Pattern gibt es in zwei Ausprägungen: Beim *Supervising Controller*
fungiert der Controller nur als Vermittler. Das Model übergibt die Daten dem
View direkt. Bei *Passive View* kapselt der Controller das Model vollständig
vom View ab, indem es die Datenbindung zwischen View und Model übernimmt. Dieser Ansatz der vollständigen Kapselung ist vorzuziehen, da sich
damit die Abhängigkeit zwischen Präsentation- und Datenschicht auf den
Controller reduziert.

Mediator

Abbildung 8.8
Hub and Spike

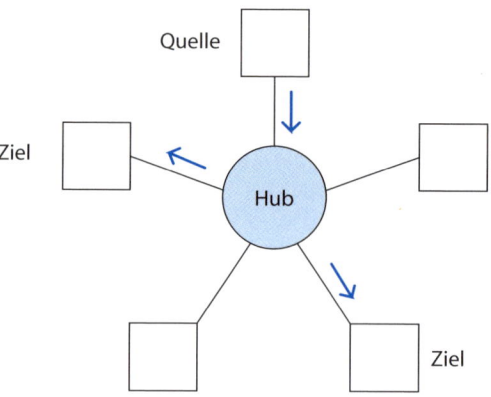

**Mediator wirkt
als zentrale
Vermittlungsstelle** Der Mediator sorgt für eine Entkopplung von Objekten, indem zwischen
alle Teilnehmern ein Vermittler, der Mediator, geschaltet wird. Statt dass
jeder mit jedem kommuniziert, reduziert sich die notwendige Verbindung
auf eine zentrale Stelle. Im täglichen Leben sorgen sogenannte Clearingstel-
len beispielsweise für den Geldfluss zwischen den Banken oder die gegenseitige Verrechnung von Fahrkarteneinahmen zwischen den verschiedenen
Teilnehmern eines Verkehrsverbunds. In der Softwarearchitektur wie auch
der Programmierung orchestriert ein Direktor das Zusammenspiel zwischen
mehreren, oft unterschiedlichen Mitspielern. Hier ist der Mediator eher als
Integration-Hub oder Speichentopologie bekannt. Dabei übernimmt der Hub
als zentraler Ort den Datenaustausch zwischen den einzelnen Teilnehmern.
Die Teilnehmer entsprechen bildlich gesprochen den Speichen eines Rads.
Der Hub wirkt dabei entweder nur als Meldungsvermittler im Sinne eines

Brokers oder als Verteiler von Meldungen wie die eines Observers. Dieser Stil wurde weitgehend in gängigen EAI-Produkten implementiert. Der Enterprise Service Bus (ESB) macht, etwas plakativ gesprochen, aus einem solchen Message- einen Servicebroker.

Observer

Das Observer-Entwurfsmuster ist vom Ansatz her identisch mit dem *Publish-Subscribe*-Architekturstil. Gamma und seine Kollegen haben den Observer allerdings eher aus dem Blickpunkt der Programmierung beschrieben. Dabei liegt dem Pattern der Gedanke zugrunde, die Abhängigkeit von Vielen – zu einem einzelnen Objekt – zu lösen. Jeder an bestimmten Ereignissen oder einer Zustandsänderung eines einzelnen Objekts Interessierte kann sich anmelden und wird nun, wie viele andere auch, zukünftig informiert. Im Observer treibt nicht mehr das ausführende Objekt, sondern dieses wird durch Begebenheiten von außen getrieben. Damit entkoppeln sich Sender und Empfänger eines Meldungsflusses auch zeitlich.

Observer leiten Nachrichten an ihre Abonnenten weiter

Command

Das *Kommando* Entwurfsmuster die Ausführung einer Aktion gebunden an ein bestimmtes Ereignis, ohne das der Auslöser den konkreten Auftrag kennen muss. Beispielsweise lässt sich die Spekulation an der Börse weitgehend automatisieren. Hierzu wird bestimmt, bei welchen Kursveränderungen zu kaufen bzw. zu verkaufen ist. Fortan wird der Commander im Auftrag gemäß den vereinbarten Regeln auf die Kursschwankungen reagieren. Die Reaktion auf ein bestimmtes Event wird dabei vollständig an ein anderes Objekt delegiert. Im Unterschied zum Observer liegt die Verantwortung nun außerhalb der eigentlichen Applikation oder Komponente. Es wird nicht nur ein Abonnement auf ein bestimmtes Ereignis eröffnet, sondern auch die Zuständigkeit delegiert, indem die ausführende Instanz mitgegeben wird. Der Schritt ist nicht mehr weit zu autonomen Agenten, die mit anderen inklusive natürlichen Personen agieren und kooperieren. Softwareagenten sind weitgehend selbstständig handelnde Komponenten, die auf bestimmte Ereignisse im Auftrag des Prinzipals oder Auftraggebers reagieren.

Führt eine Aktion nach Eintreffen eines bestimmten Ereignisses aus

8.2 Modellgetriebene Architektur

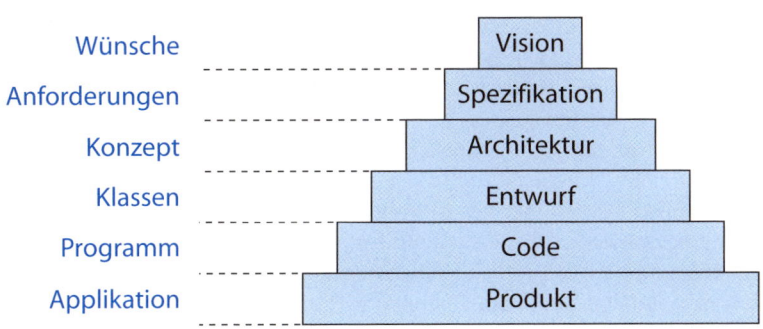

Abbildung 8.9
Modellpyramide

Nach einem Ausflug in die wichtigsten Entwurfsmuster als standardisierte Lösungen für wiederkehrende Problemstellungen wenden wir uns der Frage modellgetriebener Softwareentwicklungen zu. Wäre es nicht möglich, die Ableitungen konkreter Lösungen von allgemeinen Mustern auf ein all umfassendes Modell auszudehnen, aus dem der plattformspezifische Code generiert wird? Die eigentliche Ausführung, also der Bau des Systems, wird in der Softwareentwicklung bereits heute durch den Compiler durchgeführt. Dieser erzeugt aus einer mehr oder weniger geräteunabhängigen Beschreibung der Problemlösung den ausführbaren Maschinencode. Alles andere, wenn man so will, sind Planung und Entwurf. Liegt der Übersetzungsplan in Form von Code in einer bestimmten Programmiersprache vor, so ist es nicht mehr weit zum fertigen Produkt. Setzen sich die Bagger, Lastwagen und Bauarbeiter unserer Kollegen in der klassischen Architektur bereits in Bewegung, sind wir immer noch beim Versuch, das Modell um eine Abstraktionsstufe weiter zu konkretisieren und damit dem Code einen Schritt näherzubringen. Es ist, wie die Pyramide der Abbildung 8.9 veranschaulicht, ein langer und oft auch fehleranfälliger Weg von den Wünschen der Auftraggeber bis zum fertigen Produkt.

Abbildung 8.10
MDA-Modell

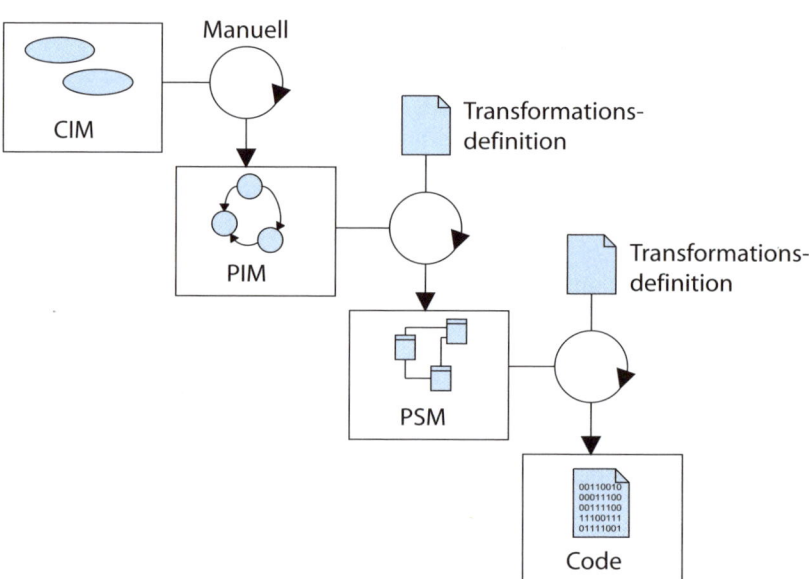

Dabei wird, wie schon im Kapitel Modell gezeigt, mit jeder Stufe Richtung Applikation das Modell des zu bauenden Systems konkretisiert, indem es um zusätzliche Informationen angereichert und ergänzt wird. Jeder Schritt in diesem Konkretisierungsprozess beansprucht einen vielfachen Aufwand des vorherigen. Trotz des Aufkommens objektorientierter Programmiersprachen und umfangreicher Klassenbibliotheken beträgt der Anteil der Codierungsphase immer noch 40 %. Einer der Gründe dieser nach wie vor schlechten Ratio ist eine ungenügende Wiederverwendung von Artefakten sowohl auf der Programmier- wie auch auf der Entwurfsebene. Indem nun die Erzeugung des Codes weitgehend automatisiert und die Programmierung auf eine höhere Abstraktionsstufe gebracht wird, lässt sich, so die Befürworter einer modellgetriebenen Entwicklung, ein beträchtlicher Aufwand der Realisierung einsparen.

Auf der Codeebene beschränkt sich die Wiederverwendung von Klassen in der Regel auf das jeweilige Projekt. Diese Elemente sind jedoch zu feinkörnig und oft nur mit dem Wissen der internen Funktionsweise anwendbar. Eine über das Projekt hinausgehende Nutzung ist zudem zeitintensiv und verlangt eine stetige Betreuung und aktive Vermarktung. Der Aufwand, außerhalb der eigenen Codebasis nach existierenden Lösungen zu suchen, entpuppt sich oft als wenig ergiebig. Zumal die Programmteile nur in Ausnahmen unveränderbar übernommen werden können. Komponenten mögen die Sache verbessern. Nun stehen in sich geschlossene, grobkörnigere Funktionsbausteine bereit. Trotzdem bewegen wir uns immer noch auf derselben Abstraktionsstufe und verbringen einen Großteil unserer Zeit mit der Übersetzung eines konzeptionellen Modells in konkrete für die jeweilige Systemumgebung spezifische Anweisungen in Form von Code.

Es ist also wenig erstaunlich, dass seit Jahren Bestrebungen existieren, die Ebene der automatischen Übersetzung in ausführbaren Code anzuheben. In den ersten Tagen waren es Skripts, die wiederkehrende Tätigkeiten punktuell übernehmen konnten. Ein immer noch unterschätztes Hilfsmittel! Mit dem Aufkommen von CASE-Werkzeugen gewann das *Round-Trip*-Konzept an Bedeutung. Es sorgte für einen Abgleich zwischen Modell und Code. Nicht selten nahmen solche euphorisch begonnenen Projekte ein jähes Ende. Die Codebasis wurde für ein Zurückladen in das Modell zu komplex und die Modelle selbst wurden durch Details der Implementierung zusehends unbrauchbar und kaum mehr lesbar. Es bedurfte eines komplett neuen Ansatzes. Bereits heute nutzen wir ja oft implizite Übersetzungsregeln und bewährte Lösungskonzepte für die Konkretisierung eines Modells. Dieses Wissen sollte dem Modell nun explizit hinzugefügt werden, so dass Werkzeuge in der Lage waren, die Transformation weitgehend automatisch durchzuführen. Unter dem Begriff modellgetriebene Softwareentwicklung entstanden verschiedene Konzepte zur Codegenerierung aus Modellen.

Transformationsprozess automatisieren

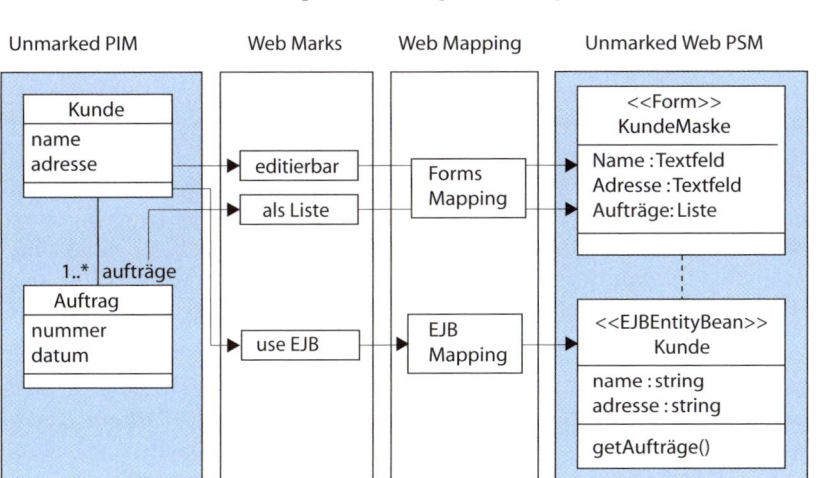

Abbildung 8.11
PIM-zu-PSM-
Transformation

Model-Driven-Architecture

Die Organisation OMG konzipierte unter dem Namen *Model-Driven-Architecture* (MDA) einen herstellerunabhängigen Ansatz für eine durch Modelle getriebene Entwicklung. Dabei wird auf der Grundlage von UML ein Geschäftsmodell in ein plattformunabhängiges und dann in ein plattformspezifisches Modell übersetzt. Sogenannte Transformationsdefinitionen regeln dabei den Übersetzungsvorgang. Sie bestimmen also, wie ein Modell in das nächste, konkretere Modell abzubilden ist.

Computation Independent Model

Das Geschäftsmodell oder die Geschäftsarchitektur wird als *Computation Independent Model* (CIM) bezeichnet. Es beschreibt die Prozesse und Geschäftsregeln sowie die darin vorkommenden Geschäftsobjekte eines Unternehmens. Das Geschäftsmodell definiert, wie und mit wem eine Firma einen Wert generiert, unabhängig von einem spezifischen Softwaresystem. Aus dieser Definition der Geschäftsprozesse leiten sich die Anforderungen an ein konkretes Softwareprojekt ab. Das CIM umfasst aus Sicht einer modellgetriebenen Architektur die Auflistung der Anforderungen, textuell oder in Form von Anwendungsfällen und die Beschreibung der Prozesse mit einer hierfür spezifischen Notation. Es ist in der Sprache der jeweiligen Domäne geschrieben. Das CIM stellt die Ausgangslage für den Entwurf eines plattformunabhängigen Modells dar.

Platform Independent Model

Dieses plattformunabhängige Modell wird *Platform Independent Model* (PIM) genannt. Es repräsentiert das Domänenmodell oder Analysemodell bestehend aus Klassen und Objekten der Geschäftswelt sowie deren Zusammenspiel zur Implementierung der geforderten Geschäftsprozesse. In der Regel bedient sich das PIM der Modellierungssprache UML und beschreibt die logische Struktur eines Systems unabhängig von einer konkreten Umsetzung, Hardware oder Technologie. Es entspricht in großen Teilen dem, was wir als konzeptionelles Modell bezeichnet haben. Durch Hinweise – sogenannte *Marks* in der Terminologie von MDA – werden spezifisch für eine bestimmte Plattform die Übersetzungsregeln festgelegt. Dabei definieren Marks die Abbildungsregeln (Mapping) von einem Modell in das nächste. Zudem liefern sie die fehlenden Informationen zur Durchführung der Transformation. Damit kann dasselbe, von einer Plattform unabhängige Modell in verschiedene plattformspezifische Modelle übersetzt werden. Beispielsweise ist aus dem Modell einer Fahrplanabfrage sowohl ein Modell für eine Web- als auch eine Handy-Lösung ableitbar.

Platform Specific Model

Das als *Platform Specific Model* (PSM) bezeichnete Modell ist im Grunde ein Design-Modell. Es ist ein Entwurf für die Implementierung mit einer spezifischen Technologie und für ein bestimmtes Zielsystem. Es definiert wie aus dem PIM, welches weitgehend unabhängig von einer tatsächlichen Programmiersprache ist, Code generiert wird. Auch hier wiederum legen Hinweise oder eben Marks fest, wie das plattformspezifische Modell in den ausführbaren Code zu transformieren ist. So legt das PSM für das vorherige Beispiel einer Webapplikation für eine Fahrplanabfrage eine Übersetzung in die Programmiersprache und Framework Ruby on Rails fest.

Software Factories

MDA basiert auf der Allzwecksprache UML, weshalb Kritiker behaupten, MDA sei nur für die Übersetzung eines neutralen Modells in eine plattformspezifische Implementierung zweckmäßig, jedoch nicht für die Wiederverwendung von domänenspezifischen Sachverhalten. Statt einer allgemeingültigen Notation bedarf es einer Sprache, die solche Sachverhalte in der jeweiligen, für die Domäne spezifischen Weise beschreiben kann. Der Streit zwischen dieser als DSL bezeichneten Sprache und einer auf UML basierenden, modellgetriebenen Architektur hat durch die von Microsoft initiierte Initiative der Software Factories neue Nahrung erhalten (Greenfield, 2004). Dahinter verbirgt sich das Versprechen, die Entwicklung von Softwareproduktlinien zu industrialisieren. Durch eine den jeweiligen Bedürfnissen angepasste Sprache – die DSL – lassen sich wiederkehrende Tätigkeiten einer bestimmten Domäne beschreiben und der Entwickler hat nur noch die projektspezifischen Eigenheiten zu implementieren. Der Begriff Domäne bezieht sich dabei nicht unbedingt auf eine einzelne Branche, sondern wird auch für die charakteristischen Eigenarten einer Web- oder Windows-Applikation verwendet. DSL sind dabei Codefragmente für ein bestimmtes Problemfeld. Sie bestehen aus einem fixen und einem variablen Teil. Dieser variable Teil ist dann den jeweiligen Bedürfnissen anzupassen. Es findet also keine, wie in einer MDA vorgeschlagene, schrittweise Verfeinerung eines Modells durch Transformationsregeln statt. Stattdessen ist nur der variable, also der projektspezifische Teil eines sonst fertigen Modells zu programmieren. Damit eignen sich domänenspezifische Sprachen besonders für Softwareproduktlinien, wo sich die einzelnen Produkte nur unwesentlich voneinander unterschieden.

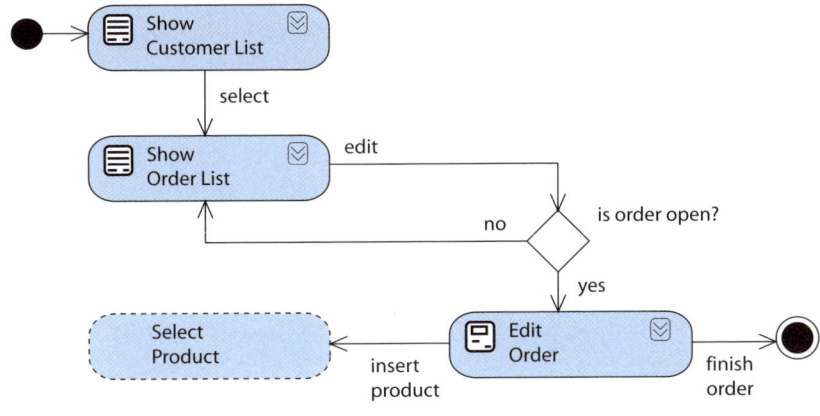

Abbildung 8.12
DSL-Beispiel

DSL-Modelle können grafisch wie auch textuell beschrieben sein. Entwicklungsumgebungen wie Visual Studio und Eclipse bieten Erweiterungen, eigene domänenspezifische Sprachen zu entwerfen und diese zu nutzen. Ein Beispiel für die Anwendung von DSL ist ein Web-Shop. Ein solcher muss immer ganz bestimmten Sicherheitskriterien genügen, hat eine bestimmte Funktionalität und unterscheidet sich in der Regel nur im Erscheinungsbild. So gibt es inzwischen verschiedene DSL für die gängigen Entwicklungswerkzeuge, welche die Entwicklung grafischer Oberflächen auf die Beschreibung des gewünschten Endergebnisses reduzieren. Dabei ist beispielsweise die DSL durch ein eigenes XML-Schema definiert und verfügt über eine produktspezifische Visualisierung und einen grafischen Editor. In einem gewissen Sinne entspricht dieser Ansatz der deskriptiven Abfragesprache SQL. Für ein eingeschränktes Problemfeld wird eine Sprache geschaffen. Diese Sprache erlaubt es, das gewünschte Resultat zu

Domain-specific Language

umschreiben, ohne über den Weg imperativer Sprachen den eigentlichen Vorgang, also die Befehlskette, dazu festlegen zu müssen. Abbildung 8.12 zeigt eine auf dem Produkt Ordina basierende grafische Beschreibung eines Webszenarios.

8.3   Architekturstile

Architekturmuster, Archetypen, Referenzarchitekturen

Nicht nur in der Baukunst lassen sich bestimmte Stile und Epochen ausmachen, auch die Softwarearchitektur bedient sich grundlegender Muster, auf die jede Architektur rückführbar ist. Dabei richtet sich die Kategorisierung weniger nach äußerlichen Kriterien als vielmehr nach der Art und Weise der Kommunikation zwischen den relevanten Elementen eines Systems. Die Liste möglicher Architekturmuster oder -stile ist keine fixe Größe und hängt vom jeweiligen Betrachter ab. Neben den klassischen Vertretern wie Pipe-and-Filter, Client-Server, Peer-to-Peer und Publish-Subscribe finden sich Ansätze basierend auf einem gemeinsamen Bus oder dem Schichtenmodell. Zusätzlich zu diesen klassischen Stilen sprechen einigen Autoren von Archetypen der Architektur und meinen damit Konzepte wie ereignis-, ressourcen- oder serviceorientierte Architekturen, Webapplikationen und mobile Lösungsansätze. Viele der klassischen Architekturstile finden sich in einer etwas anderen Bezeichnung und auf die Problemstellung des Softwareentwurfs adaptierten Konzepte auch als Design-Pattern wieder.

Systeme lassen sich heute schwer auf einen bestimmten Stil reduzieren. Oft ist es ein bunter Stilmix. Eine anspruchsvolle Webapplikation basiert typischerweise auf dem Schichtenmodell, ist eine Client-Server-Architektur und folgt gleichzeitig auch einem Peer-to-Peer-Ansatz. Architekturstile und -muster werden oft synonym verwendet. In diesem Buch wird der Begriff Stile hingegen für die Gesamtheit von klassischen Architekturmustern, Archetypen der Architektur und Referenzarchitekturen verwendet.

8.3.1   Architekturmuster

Abbildung 8.13
Architekturmuster

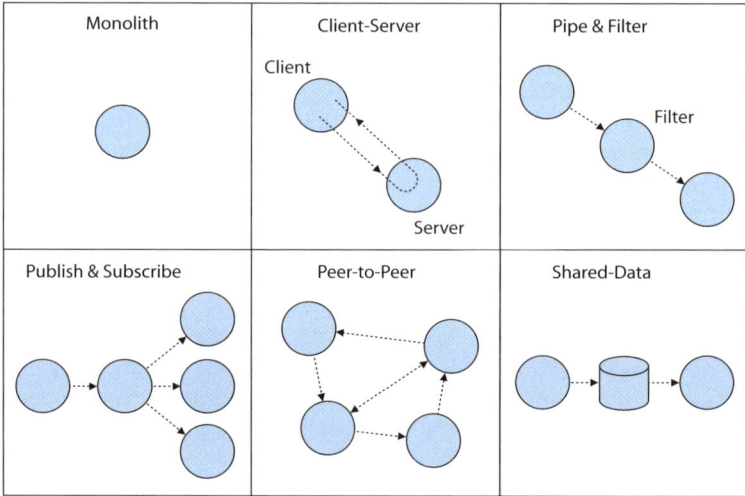

Die klassischen Architekturmuster lassen sich anhand des Meldungsflusses oder des zugrundliegenden Kommunikationskonzepts in sechs Basiskonzepte aufteilen. Angefangen von Monolith ohne Aufteilung in verarbeitende Knoten, über den Client-Server- und Pipe-and-Filter-Ansatz bis hin zu moderneren Konzepten eines Peer-to-Peer- oder Publish-Subscribe-Musters. Diese Grundformen sind auch heute noch gültig und erlauben eine grobe Aufteilung des Architekturentwurfs in sechs Hauptkategorien.

Sechs Grundformen von Architekturmustern

Monolith

Auch wenn ich vielleicht der Erste bin, welcher den Monolith als Architekturmuster aufführt, ist er eine immer noch anzutreffende Variante und unter Umständen der geeignete Weg, ein Problem zu lösen. Der Monolith ist eine aus einem Stück bestehende Software, welche die Präsentationsschicht genauso beinhaltet wie die Businesslogik und gegebenenfalls eine Datenablage. Die meisten Anwendungen auf dem Personal Computer fallen unter diese Kategorie und dienen in der Regel als Editoren für Textdateien oder Grafiken, aber auch Spiele oder Steuerungen von Geräten fallen darunter. Bei solchen Applikationen liegen die Herausforderungen in der internen Organisation, eine Wiederverwendung und stetige Weiterentwicklung zu sichern. Bei Geschäftsapplikationen kann das Konzept des Monolithen für hoch verfügbare Anwendungen hinzugezogen werden, wie beispielsweise eine Verkaufslösung für Apotheken, die am Samstag auch bei einer Netzunterbrechung das möglicherweise lebenserhaltende Medikament verkaufen möchten. Darüber hinaus ist es eher ein ungern gesehenes Architekturmuster, welches Verantwortlichen der IT Kopfschmerzen bereitet. Man mag der IT vorwerfen, mit Monolithen oder auch als Siloapplikation bezeichneten Systemen in der Vergangenheit ihre eigenen Probleme selbst geschaffen zu haben. Bei der Diskussion ist jedoch zu bedenken, dass heute verfügbare Technologien und Konzepte erst einige Jahre alt sind und der Grundstein vieler monolithischen Geschäftsapplikationen in den Anfangszeiten der modernen Datenverarbeitung gesetzt wurde. Der Monolith gilt vom konzeptionellen Standpunkt aus gesehen grundsätzlich als negatives Beispiel, unabhängig davon, ob die Software letztendlich aus einem Stück bestehend ausgeliefert und installiert wird. Jede Software sollte, zumindest logisch, in voneinander getrennte und eigenständige Subsysteme zerlegbar sein. Das Schichtenmodell, auch wenn nicht ein expliziter Architekturstil, gilt als guter Ton in jeder Architektur. Es erlaubt es, eine als Monolith installierte Software später einfach in eigenständige Teilsysteme aufzutrennen und in ein anderes Architekturmuster zu überführen. Dieser Grundsatz wird leider nur allzu leicht der schnellen Lösung akuter Probleme geopfert.

Monolithen sind aus einem Stück

Client-Server

Das Architekturmuster des Client-Servers ist wohl der bekannteste und heute meistverbreitetste Ansatz. Das Konzept entstand aus dem Bedürfnis, die Prozessorenleistung einer zunehmenden Verbreitung von Clients zu nutzen und gemeinsam Dienste zu zentralisieren. War bis dahin das Terminal als eine externe, über keinen eigenen Prozessor verfügende, Anzeigeeinheit

Client-Server nutzt die Leistung moderner Personal Computer

die Wahl, so boten sich mit den aufkommenden Personal Computern neue Möglichkeiten der Lastverteilung. Gerade die Leistungsfähigkeit im Bereich der grafischen Bildverarbeitung, die Verteilung der kostspieligen Rechnerleistung der Host-Systeme auf den Client und die Konzentration der zentralen Dienste auf die Datenablage sorgten für eine rasche Akzeptanz dieses Architekturkonzepts. Mit der zahlenmäßigen Zunahme der Clients und dem damit verbundenen Aufwand der Softwareverteilung und der Wartung dieser kam es in den vergangenen Jahren wieder zu einer stärkeren Zentralisierung.

Server bietet Dienste an, die der Client aufruft

Im Client-Server-Architekturmuster bietet der Server einen Dienst an, der durch einen anderen Prozess, den Client, aufgerufen wird. Die Kommunikation erfolgt dabei synchron, das heißt, der Client wartet nach dem Aufruf auf die Antwort des Servers. Davon abweichend ist auch ein asynchroner Meldungsaustausch möglich. Hierbei wartet der eigentlich Programmfaden (Thread), der den *Request* abgesetzt hat, nicht selbst auf die Antwort. Stattdessen ruft der *Response* des Servers über eine sogenannte Callback-Routine einen anderen Thread im Client zur Entgegennahme der Antwort auf. Das Prinzip einer gepaarten Request-Response-Kommunikation, welche das Konzept des Client-Servers ausmacht, bleibt hingegen dasselbe. In der Regel nutzen mehrere Clients einen zentralen Server. Um eine Vielzahl von Requests gleichzeitig abarbeiten zu können, wird idealerweise für jeden Aufruf ein eigener Thread gestartet, der parallel zu allen anderen Threads den jeweiligen Client bedienen kann. Da das Kreieren eines solchen Programmfadens „teuer" ist, können diese Threads in einem Pool zusammengefasst werden. Für die Beantwortung eines Request werden sie einem solchen Pool entnommen und nach erledigter Arbeit wieder zurückgestellt.

Mein erster Client-Server

Das Konzept des Client-Servers ist wesentlich älter, wie die folgende Geschichte verdeutlicht. Als ich 1988, also vor mehr als 20 Jahren, in die Dienste bei der Firma Digital oder besser bekannt als DEC eintrat, boten sich einem jungen Ingenieur ungeahnte Möglichkeiten für den Entwurf und die Umsetzung der neuesten Architekturkonzepte. In einem großen Projekt sollten zentrale Daten auf den Rechnern mehrerer Filialen bereitgestellt werden. Angespornt durch die aufkommenden Ideen für den standardisierten Einsatz entfernter Prozeduraufrufe und die sich daraus ergebenden Möglichkeiten weiterer zentraler Dienste, machten wir uns an die Arbeit. Statt der bis dahin gängigen Datenreplikation sollten die Applikationen der Filialen auf einfache Weise Dienste des zentralen Systems aufrufen können. Da es zum damaligen Zeitpunkt noch keine Möglichkeit gab, entfernte Prozeduren für den Aufrufer transparent zu implementieren, entschlossen wir uns, ein solches Konzept selbst zu realisieren. Zukünftig konnte der Benutzer am Terminal der Filiale Funktionen des Zentralrechners aufrufen, ohne dort einloggen zu müssen. Zudem war die Einführung weiterer Dienste denkbar einfach. Es erforderte lediglich einen weiteren Eintrag in der IDL-Datei.

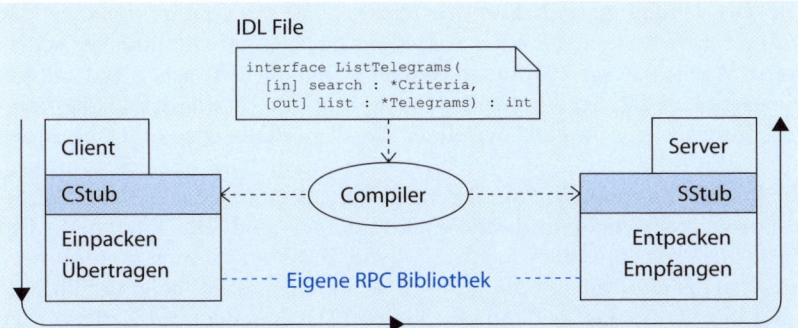

Abbildung 8.14
Eigener RPC Ansatz

Der IDL-Compiler erzeugte für den Client eine Proxy-Routine, welche mittels der allgemeinen RPC-Bibliothek die Input-Parameter einpackte und an den Server übermittelte. Dieser packte die Meldung aus und rief die gewünschte Routine auf. Die Ausgabeparameter wurden anschließend verpackt und wieder zurückgeschickt. Der Stub des Servers enthielt eine Tabelle, die den Namen mit der Adresse der Routine assoziierte. Die Lösung ist im Umfang nicht vergleichbar mit OSF/DCE, jedoch genügte sie, unsere damalige Architektur zu realisieren.

In Zusammenhang mit dem Client-Server-Modell steht auch das im Englischen bezeichnete *n-Tier*-Modell. Unglücklicherweise bezeichnet das Deutsche dies auch als Schichtenmodell, wie das im Abschnitt der Entwurfsmuster behandelte Layering. Eine Schicht oder besser ein Knoten ist im n-Tier-Modell ein physischer Rechner oder zumindest ein eigenständiger Systemprozess, der eine bestimmte Aufgabe übernimmt. Eine solche Aufgabe entspricht üblicherweise einer oder mehreren Schichten des logischen Schichtenmodells. In einer Zweischichtenarchitektur beinhaltet zum Beispiel der Client die Präsentations- und Logikschicht, der Server die Datenbankschicht. In einer Dreischichtenarchitektur beinhaltet ein eigenständiger, in der Regel als Applikationsserver bezeichneter, Prozess die Geschäftslogik. Grundsätzlich sind fast beliebig viele physische Schichten denkbar, solange die logische Struktur der Applikation eine solche Aufteilung zulässt.

n-Tier

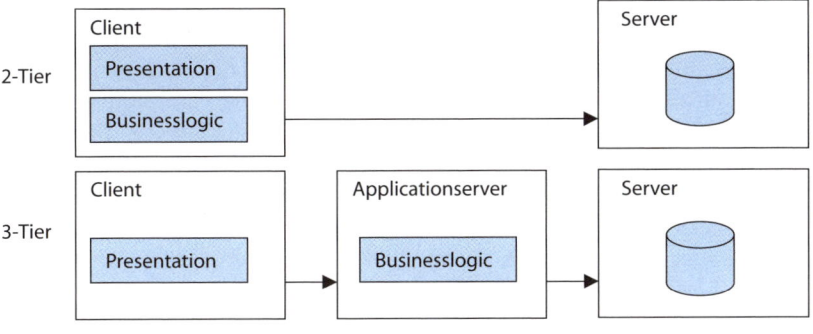

Abbildung 8.15
n-Schichten

Client-Arten

Die Dreischichtenarchitektur moderner Systeme erlaubt verschiedene Varianten von Clients. Sogenannte *Rich-* oder *Fat-Clients* sind typischerweise Windows-Applikationen, welche neben der grafischen Darstellung einen großen Teil der Applikationssteuerung und Geschäftslogik beinhalten. In der Regel fungiert bei dieser Art der Clients der Server nur noch als zentrale Datenablage. Bei einem *Web-Client* hingegen reduziert sich die lokale Funktionalität auf die eines Anzeigegeräts, das die vom Applikationsserver erhaltene Seitenbeschreibungen und Bilder darstellt. Der *Thin-Client* ist eigentlich so etwas wie die früheren „dummen" Terminals. Sie visualisieren nur die vom Server erhaltenen Grafikbefehle. Ein Beispiel hierfür ist das X-Windows-System. Dabei sendet ein X-Server die fertigen Fensterinhalte an den X-Client, der diese darstellt und die Maus- und Tastaturereignisse zurück an den Server sendet. Unter dem Begriff *Smart-Client* entstand in den letzten Jahren ein Kompromiss zwischen dem windows- und dem webbasierenden Client. Der Smart-Client nutzt die lokalen Möglichkeiten eines PCs, wird jedoch über das Internet verteilt und automatisch installiert. Im Gegensatz zum Web-Client funktioniert dieser auch ohne permanente Internetverbindung und speichert im Offline-Zustand die Daten temporär, um sie bei der nächsten Möglichkeit mit dem Server zu synchronisieren. Ein klassisches Beispiel hierfür ist die E-Mail-Applikation auf dem Handy oder auf einem persönlichen elektronischen Assistenten.

Pipe-and-Filter

Loses Aneinanderreihen von Prozessen

Das Architekturmuster der Pipe-and-Filter ist eines der ältesten Konzepte und beschreibt eine nacheinandergeschaltete Reihe von Verarbeitungspunkten, den Filtern, verbunden durch Pipes. Dabei funktioniert jeder Filter unabhängig von der vor- und nachgelagerten Verarbeitung. Damit lassen sich Filter flexibel zu neuen Abläufen komponieren oder einzelne Filter durch leistungsfähigere Komponenten ersetzen. Hängt im Client-Server-Modell der Client direkt von den durch den Server angebotenen Diensten und Schnittstellen ab, so sind die Filter nur lose über einen Pipe verbunden, der den ausgehenden Datenstrom mit dem Eingang des nächsten Filters verbindet.

Pipe-and-Filter wurde auf Unixsystemen populär

Das Konzept ist vor allem durch die Möglichkeiten des Betriebssystems Unix bekannt, verschiedene Befehle zu einer Sequenz auf der Kommandozeile zusammenzuhängen. Dabei liest jeder Befehl oder Prozess die Daten am Standard-Input-Port, verarbeitet diese und gibt sie am Standard-Output-Port aus, ohne zu wissen, was mit den Daten weiter passiert. Der „Pipe" verbindet die beiden Ports miteinander, indem der Datenstrom vom Input- des einen Filters zum Output-Port des nächsten Filters weitergereicht wird. Der Ansatz, verarbeitende, von anderen unabhängige Prozesse hintereinanderzuschalten, lässt sich auf vielfältige Aufgabestellungen anwenden, in denen Daten von einem Format in ein anderes zu transformieren sind. Damit eignet sich das Architekturmuster besonders für im Hintergrund laufende Batch-Jobs, wo keine direkte Interaktion mit einem Benutzer stattfindet.

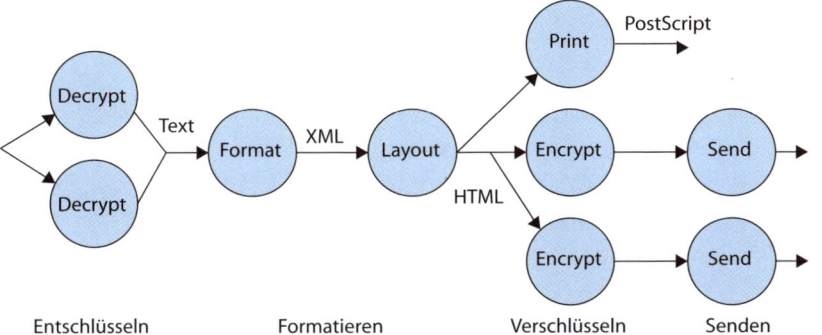

Abbildung 8.16
Pipe-and-Filter, Beispiel

Abbildung 8.16 zeigt, dass eine Pipe-and-Filter-Architektur nicht zwingend eine Reihe aufeinanderfolgender Prozesse sein muss. Es ist im Grunde eine beliebige Topologie denkbar, indem Verbindungen verzweigen, zurückführen oder sich wieder vereinen. Entscheidend für das Architekturmuster ist die klare Entkopplung der einzelnen Prozesse voneinander und deren Unwissen über die Verarbeitungslogik des Vorgängers und Nachfolgers. Die „Pipe" oder der Kanal zwischen den Prozessen ist ein Puffer, welcher den eingehenden Datenstrom entgegennimmt und für die nachfolgenden, konsumierenden Prozesse zwischenspeichert und für die Weiterverarbeitung bereitstellt. Ob dabei der Datenstrom persistent gemacht wird oder sich nur im flüchtigen Speicher befindet, hängt von der jeweiligen Aufgabenstellung ab.

Pipe-and-Filter können eine beliebige Topologie aufweisen

Meldungsorientierte Middleware, welche Daten in einer Art Warteschlange entgegennehmen und weiterreichen, sind eine etablierte Technik, Prozesse in der Weise eines Pipe-and-Filter-Ansatzes zu verbinden. Damit lassen sich die Prozesse auch zeitlich entkoppeln. Der produzierende Prozess stellt den zu verarbeitenden Datensatz in eine Warteschlange, welche zur gegebenen Zeit durch den konsumierenden Prozess abgearbeitet wird. Jener, der die Daten weiterreicht, weiß also nicht, zu welchem Zeitpunkt „seine" Daten weiterverarbeitet werden. Beispielsweise stellt der Bestellprozess einen Auftrag in eine entsprechende Warteschlange, welche später in der Nacht durch den Auftragsprozess verarbeitet und dann zur Produktion in die Eingangswarteschlange der Manufaktur gestellt wird. Im Gegensatz zum Publish-Subscribe steht nicht die asynchrone Benachrichtigung vieler durch einen zentralen Prozess im Vordergrund. Stattdessen wartet jeder Filter aktiv auf eingehende Daten an seiner Warteschlange, wenn er nicht gerade den vorangegangenen Datensatz abfertigt. Dabei bedeutet aktiv das periodische Nachschauen auf eingegangene Daten (Pull) oder das Aufwecken durch ein Event (Push), dass nun Daten für die Verarbeitung anliegen.

Meldungsorientierte Middleware

Peer-to-Peer

Abbildung 8.17
Peer-to-Peer, Beispiel

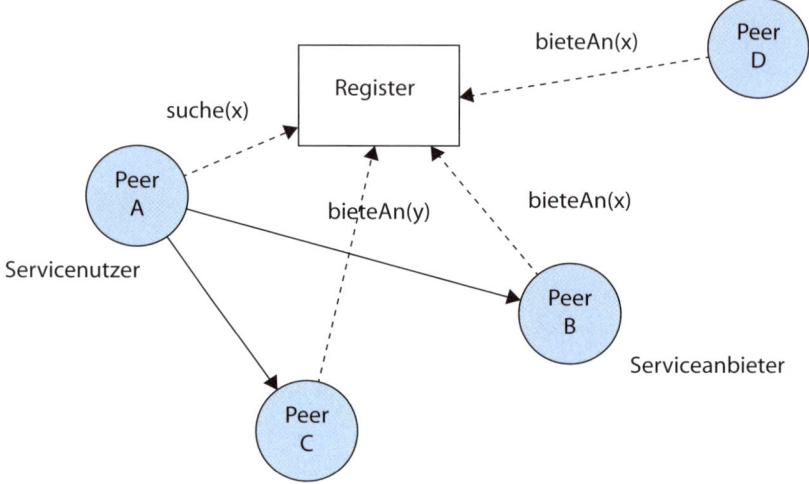

**Ein Netzwerk gleich-
berechtigter Knoten**

Eine Peer-to-Peer-Architektur besteht aus einer Vielzahl gleichberechtig-
ter oder ebenbürtiger Knoten, wie der englische Begriff Peer zum Ausdruck
bringt. In einem Peer-to-Peer (P2P)-Netzwerk gibt es keinen zentralen, steu-
ernden Server wie beim Client-Server. Jeder Peer muss Koordinationsaufga-
ben übernehmen, andere Peers suchen und das Weiterleiten von Nachrichten
sichern. Solche Netze sind wie virtuelle Unternehmen selbst organisierend
und können sich dynamisch an neue Gegebenheiten anpassen. Sie weisen
durch redundante Verarbeitungswege eine hohe Fehlertoleranz auf. Wie in
hierarchischen, baumartigen Aufbauorganisationen eines Unternehmens das
schwächste Glied der nächsthöhere Knoten oder Verzweigung ist, stellt der
Server in einem Client-Server-Ansatz die kritische Größe dar. Sein Ausfall
führt zum momentanen Tod dieses Asts und damit aller daran geknüpften
Clients. Bei einem P2P existieren hingegen laterale Verbindungen zwischen
den verschiedenen Teilnehmern, die sich jederzeit neu bilden oder auflösen
können. Der Ausfall eines Peers führt nicht zwangsläufig zu einem Teilaus-
fall des Systems.

**Broker als Vermitt-
lungsstelle zwischen
Leistungserbringer
und -nutzer**

Als Vermittlungsstelle kann das von Frank Buschmann beschriebene Bro-
ker-Architekturmuster oder das Konzept eines zentralen Repository einer
serviceorientierten Architektur dienen. Bei einem Broker vermittelt ein zwi-
schengeschaltetes System zwischen dem Servicenutzer und dem Serviceanbieter. In der realen Welt übernimmt beispielsweise ein Makler die Aufgabe eines Brokers zwischen einem Wohnungssuchenden und dem, der eine
solche Leistung bzw. Wohnung anzubieten hat. In einem Peer-to-Peer ist
nun jeder Knoten zugleich auch Broker, also Leistungsvermittler, wie auch
Serviceprovider oder Leistungserbringer. In einem serviceorientierten Ansatz
wird im Gegensatz zum Broker die Suche nach einem geeigneten Leistungserbringer an eine separate Stelle, einem öffentlichen Register, ausgelagert.

Publish-Subscribe

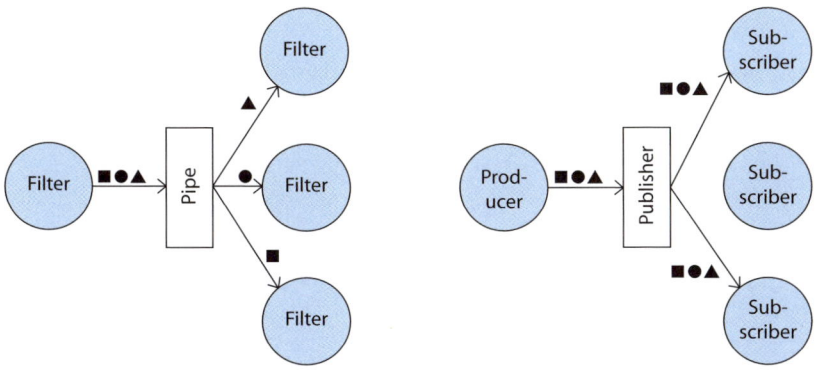

Abbildung 8.18
Publish-Subscribe
vs. Pipe-and-Filter

Pipe-and-Filter

Publish-Subscribe

In der Publish-Subscribe- oder Notifikationsarchitektur findet der Aufruf eines nachgelagerten Systems erst auf Verlangen des zu informierenden Systems statt. Systeme, die an einer bestimmten Information oder dem Auftreten eines Ereignisses interessiert sind, melden sich beim Publisher an und hinterlassen dort die Adresse, über die sie zu erreichen sind. Über den festgelegten Kanal wird der Publisher beim Auftreten eines Ereignisses alle daran Interessierten, das heißt angemeldeten Subscriber, informieren. Ein auf diesem Architekturmuster entworfenes Netzwerk entsteht und verändert sich dynamisch während der Laufzeit. Der Publisher weiß bis zum Zeitpunkt der Anmeldung nichts vom Subscriber und auch später kennt er nur die Adresse, über die er informiert werden will. Ein System, welches seinerseits die Informationen im Netzwerk verbreiten möchte, sendet die Daten an den Publisher, der nun alle zuvor angemeldeten Subscriber über den hinterlegten Kanal informiert. Damit sind Sender und Empfänger sowohl physisch wie auch zeitlich über den Publisher entkoppelt. Ob eine Meldung überhaupt und wenn doch, durch wie viele Systeme verarbeitet wird, ist dabei nicht definiert. Das Konzept entspricht weitgehend dem zuvor diskutierten Observer-Entwurfsmuster und ist im Grunde ein Broadcasting einer Meldung wie beim Rundfunk oder den Printmedien.

Abonnieren einer Nachricht

Abbildung 8.18 verdeutlicht nochmals den Unterschied zwischen dem Konzept des Pipe-and-Filter- und des Publish-Subscribe-Musters. Im ersten Fall garantiert die Pipe eine erfolgreiche Übermittlung und Weiterleitung der Daten, wobei eine Meldung jeweils nur einmal durch einen nachgelagerten Prozess verarbeitet wird. Bei einem Publish-Subscribe-Ansatz ist die Übermittlung und deren weitere Verarbeitung in der Regel nicht zugesichert. Der Produzent handelt nach dem Prinzip *Fire-and-Forget* (feuern und vergessen). Dabei erhält jeder angemeldete Subscriber dieselben Meldungen wie alle anderen. In der Literatur findet nicht immer eine klare Unterscheidung statt und die Publish-Subscribe-Architektur wird im Sinne eines Pipe-and-Filter-Ansatzes verwendet, bei dem der Empfänger die für ihn bereitgestell-

Publish-Subscribe funktioniert nach dem Prinzip feuern und vergessen

ten Daten beim Publisher abholt. Als Beispiel einer Notifikationsarchitektur seien hier die Börsenkurse oder der Wetterdienst genannt, für dessen periodisch publizierte Informationen ich mich anmelden kann.

Shared-Data

Abbildung 8.19
Shared-Data

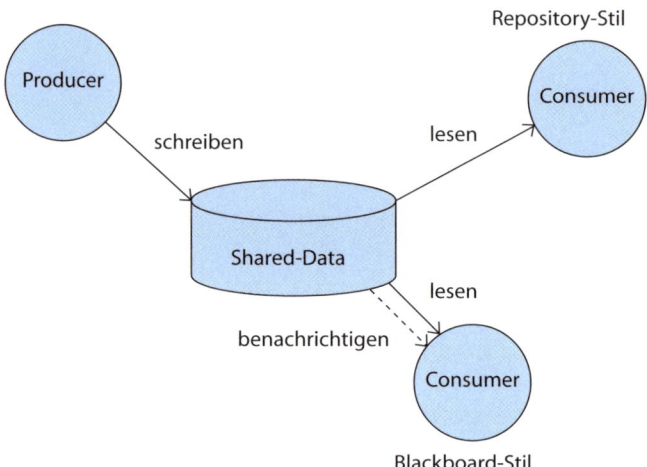

Synchronisation über eine zentrale Datenablage

Den Abschluss der hier vorgestellten sechs Architekturmuster soll das Konzept des *Shared-Data* machen. Hierbei findet die Kopplung zweier oder mehrerer Prozesse über eine gemeinsame Ablage statt, üblicherweise eine Datenbank oder ein wissensbasiertes System. Die Daten werden dabei dort abgelegt, ohne dass die Ablage diese aktiv weiterleitet oder verändert. Bei einer gemeinsamen Ablage handelt es sich in der Regel um persistente Informationen der Datenschicht. Der Produzent speichert dort die erzeugten oder veränderten Geschäftsdaten, die anschließend zu einem beliebigen Zeitpunkt durch den Konsumenten gelesen und gegebenenfalls weiterverarbeitet werden. Bei einem Auftragssystem mag eine Webapplikation die Bestellung erfassen und als solche in der zentralen Datenbank ablegen. Ein allabendlicher, automatisch gestarteter Job liest die neuesten, nicht bereits verarbeiteten Bestellungen und erzeugt daraus einen Auftrag für den Auslieferungsdienst. Sobald dieser in der Datenbank als erledigt markiert ist, veranlasst ein anderer Job die Rechnungsstellung und Fakturierung. Diese Form der Architektur ist weit verbreitet und bedarf keiner zusätzlichen Technologien und Kommunikationswege. Meist existiert bereits eine Datenbank, die hierzu genutzt werden kann.

Gemeinsame Datenablagen sind schlecht skalierbar

Ihr Nachteil ist die oft fehlende Skalierbarkeit und die enge, kaum mehr nachvollziehbare Kopplung der verschiedenen Prozesse über ein gemeinsames Datenschema. Jeder am Meldungsfluss beteiligte Prozess ist über die zentrale, physische Datenablage mit den anderen Prozessen verbunden. Meldungsorientierte Middleware, bei welchen die Kommunikation über Warteschlangen stattfindet, bieten gerade für geschäftskritische Applikationen eine bessere Alternative. Trotzdem ist der Ansatz einer gemeinsamen Ablage

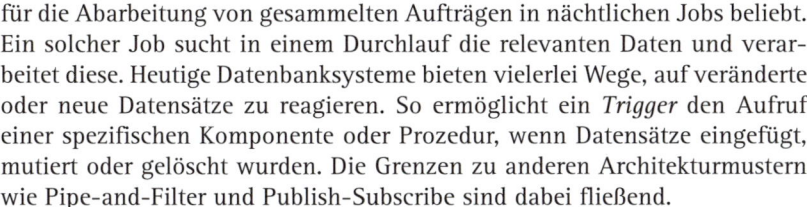

für die Abarbeitung von gesammelten Aufträgen in nächtlichen Jobs beliebt. Ein solcher Job sucht in einem Durchlauf die relevanten Daten und verarbeitet diese. Heutige Datenbanksysteme bieten vielerlei Wege, auf veränderte oder neue Datensätze zu reagieren. So ermöglicht ein *Trigger* den Aufruf einer spezifischen Komponente oder Prozedur, wenn Datensätze eingefügt, mutiert oder gelöscht wurden. Die Grenzen zu anderen Architekturmustern wie Pipe-and-Filter und Publish-Subscribe sind dabei fließend.

8.3.2 Archetypen

Archetypen stellen eine konkrete Form von Architekturstilen dar, indem ein spezifisches Technologiekonzept, im Allgemeinen ausgehend von dem Ausgabemedium, als Basis für den Lösungsentwurf dient. Webapplikationen sind typische Vertreter solcher Archetypen. Dabei liegen diesem Konzept eine durch den Server generierte Seitenbeschreibung und deren Darstellung durch einen zustandslosen, leichtgewichtigen Client zugrunde. Die Archetypen präsentieren verschiedene konkrete Lösungskonzepte, die logischen Schichten einer Applikation zu implementieren. Es sind fassbare Entwurfsmuster, die auf bestimmten Technologien und Werkzeugen basieren, ohne in der Regel bereits einen spezifischen Hersteller zu nennen. In der Regel deshalb, da wir uns mit der Nennung von Konzepten wie Spring, .NET oder Oracle bereits in einer Grauzone von herstellerneutralen Werkzeugen und Frameworks befinden.

Archetypen sind Lösungskonzepte basierend auf einer bestimmten Technologie

Ließen sich die Architekturmuster nach der Art und Weise der Kommunikation der Elemente untereinander gruppieren, so überwiegt bei den Archetypen der Ort der Verarbeitung. Dabei können die verschiedenen Konzepte über die Dimensionen Client zu Server und zentral zu dezentral kategorisiert werden, wie in Abbildung 8.20 dargestellt. Applikationen mit einem hohen Maß an Interaktionen zwischen Benutzer und Computer und der grafischen Darstellung komplexer Informationen befinden sich eher auf der rechten Seite des Spektrums. Hier liegt der Schwerpunkt auf der optimalen Ausnutzung der lokalen Rechnerleistung und der grafischen Möglichkeiten zur Visualisierung von Daten. Solche Applikationen haben oft einen reichen Funktionsumfang, wie beispielsweise Editoren in der Text- oder Bildverarbeitung. Je mehr die Nutzung zentraler Dienste und die Bereitstellung der Leistungen unabhängig eines einzelnen Ausgabemediums im Vordergrund steht, desto mehr bewegen wir uns in Richtung serverbasierender Anwendungen. Stand zuvor ein anspruchsvolles grafisches Subsystem und eine Vielzahl unterschiedlicher Widgets (Komponente einer grafischen Benutzeroberfläche) im Zentrum, sind es nun beispielsweise die Möglichkeiten des Hypertext-Protokolls, zentral aufbereitete Seiten auf beliebigen Clients anzuzeigen. Eine klassische Webapplikation stößt mit dem einfachen Konzept zustandsloser Clients schnell an die Grenzen bezüglich Alternativen in der Benutzerführung. Jede durch den Benutzer ausgelöste Aktion benötigt einen Umweg über den Server und den Aufbau und das Versenden einer kompletten Seite. Die ersten Ansätze, mit Applets und ActiveX die Intelligenz zurück auf den Client zu bringen, konnten nicht überzeugen. Erst in

Gruppierung nach Client/Server und Zentral/Dezentral

den letzten Jahren hat sich auf der Basis von Ajax eine Technologie etabliert, welche die Entwicklung anspruchsvoller Webapplikationen erlaubt, ohne das grundsätzliche Konzept infrage zu stellen. Solche auf Ajax basierenden Systeme werden als Rich-Internet-Applikationen bezeichnet. Sie verschieben die Logik und Nutzung der Rechnerleistung wieder stärker zum Client.

Abbildung 8.20
Gruppierung der
Archetypen

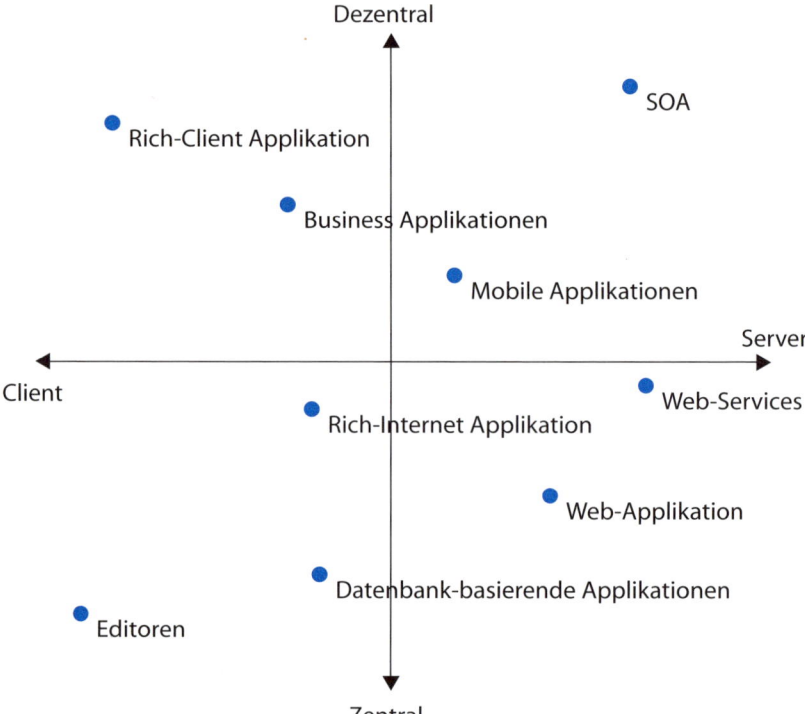

Auf der Vertikalen der Portfoliomatrix lassen sich die Archetypen nach ihrer Zentralität aufteilen. Eine datenbankbasierende Lösung, welche die Leistung moderner Datenbanksysteme weitgehend ausnutzt, findet sich eher am unteren Ende der Skala, jene der zentralen Systeme. Hier zählen die Geschwindigkeit und die Fähigkeit, große Mengen von Daten zu verarbeiten. Oft haben solche Systeme eine überschaubare Gruppe von spezialisierten Anwendern, welche die Verarbeitung steuern und überwachen. Ein Beispiel hierfür ist ein Gebührenberechnungssystem der Telekom, welches Millionen von Ereignissen mit einer Vielzahl unterschiedlicher Regeln in Belastungsanzeigen für getätigte Telefonate umrechnet. Auf der dezentralen Seite treffen wir mobile und serviceorientierte Applikationen. Hier wird die Verarbeitung auf eine Reihe von Systemen verteilt. Ein extremes Beispiel dezentraler Systeme sind *Grid-Architekturen.* Dabei wird eine Aufgabe auf unzählige Computer verteilt, um in der Summe einen virtuellen Rechner von ungeahnter Leistung zu erhalten. Solche Forderungen entstammen vor allem der Wissenschaft oder der Berechnung komplexer Modelle wie in der Wettervorhersage. Grid-Architekturen stellen zunehmend auch für Geschäftsapplikationen eine Alternative dar, um anspruchsvolle Aufgaben zu erledigen. Dazu werden bestehende Hardwarekomponenten zusammengefasst, welche dann die notwendige Leistungsfähigkeit aufweisen.

Ajax

Ajax ist nicht mehr länger nur ein mutiger Krieger vergangener Zeit. Ajax als Akronym für *Asynchrone JavaScript and XML* hat die Möglichkeiten von Webapplikationen revolutioniert. War zuvor der Client auf die Anzeige der vom Server empfangenen Seiten als Ganzes beschränkt, können mit Ajax Teile einer Seite oder die zugrunde liegenden Daten ausgetauscht werden. Der Client erhält damit die Fähigkeit, auf Benutzerinteraktionen individuell zu reagieren und die notwendigen Informationen beim Server anzufordern, ohne jedes Mal die ganze Seite aktualisieren zu müssen. Ajax ist eine auf JavaScript basierende Erweiterung, in deren Zentrum das Objekt XMLHttpRequest Webseiten die Möglichkeit eröffnet, direkt mit dem Server zu kommunizieren und spezifische Daten anzufordern. Damit eröffnen sich neue Wege zur Gestaltung interaktiver Webseiten wie beispielsweise jene von Google Maps.

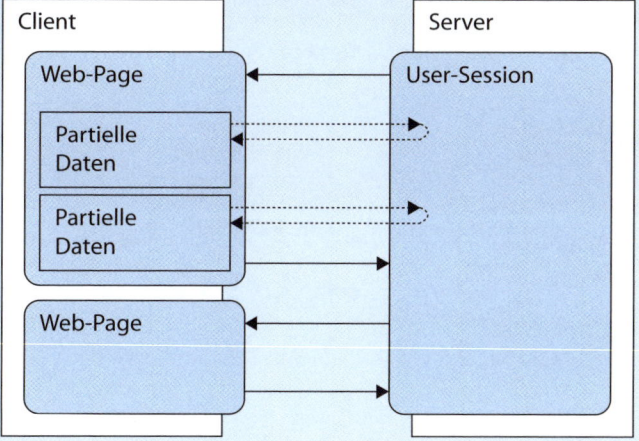

Abbildung 8.21
Ajax

8.3.3 Referenzarchitekturen

Im Unterschied zu den Architekturmustern handelt es sich bei Referenzarchitekturen um exemplarische Architekturen einer bestimmten Domäne. Referenzarchitekturen nennen neben dem konzeptionellen Lösungsentwurf die zu verwendende Infrastruktur und Technologien. Sie leiten sich aus den grundlegenden Architekturmustern ab und folgen einem bestimmten Archetyp. Darüber hinaus liefern Referenzarchitekturen eine konkrete Umsetzung für eine spezifische Problemstellung einer bestimmten Domäne oder eines Geschäftsbereichs. So definieren Referenzarchitekturen für Portallösungen oder Online-Shops einen greifbaren Lösungsansatz für eine spezifische Aufgabe auf der Basis des Archetyps für Webapplikationen. Es gibt verschiedene Arten von Referenzarchitekturen. Aus der funktionalen Sicht definieren sie Lösungsansätze für ein bestimmtes Set von Anforderungen wie die bereits

Referenzarchitekturen sind Musterlösungen für eine bestimmte Domäne

erwähnten Portallösungen. Aus der logischen Sicht schildern sie einen bestimmten Aufbau oder eine Struktur wie die des OSI-Schichtenmodells für punktuelle Problemstellungen. In einem gewissen Sinne sind es Pattern, die innerhalb eines vorgegebenen Kontexts eine Musterlösung vorschlagen; einfach etwas ausführlicher als die bisherigen Entwurfsmuster. Aus technischer Sicht steht eine gewisse Implementierungsart oder ein bestimmtes Framework im Fokus (Beispiel JEE oder .NET).

Eine Referenzarchitektur kann auch als Summe, bestehend aus einem Architekturframework, Architekturprinzipien, Entwurfsmuster und unterstützenden Werkzeugen, gesehen werden. Dabei repräsentiert ein Architekturframework eine Meta-Architektur als konzeptionelles Komponentenmodell und passender Laufzeitumgebung. Im serviceorientierten Umfeld und bei Webapplikationen existiert eine Vielzahl solcher Konzepte. Die unterstützenden Werkzeuge beinhalten ihrerseits eine bestimmte Technologie und in der Regel ein herstellerspezifisches Produkt. Beispiele sind hierzu die Applikationsserver von Oracle, IBM oder JBoss. Damit offerieren Referenzarchitekturen Musterlösungen für eine charakteristische Gruppe von Aufgaben auf der Basis eines konkreten Werkzeugs. Die Referenzmodelle decken spezifische Eigenschaften und Anforderungen des avisierten Problembereichs ab.

Abbildung 8.22
Referenzarchitekturen

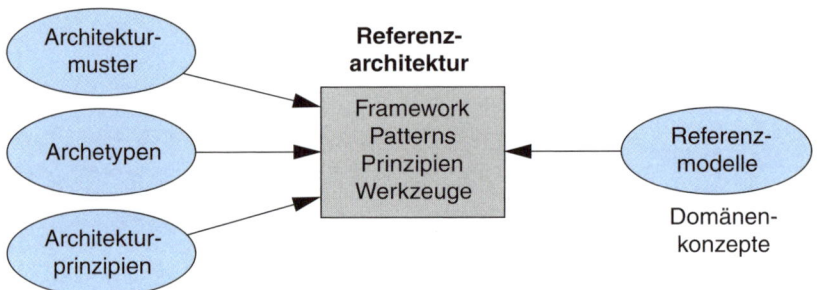

8.4   Zusammenfassung

Muster sind exemplarische Lösungsvorschläge für ein bestimmtes Problem. Christoph Alexander hat unter dem Begriff Design-Pattern solche Musterlösungen für die klassische Architektur beschrieben. Wenig später hielt das Konzept auch Einzug in den Softwareentwurf. Design-Patterns vereinfachen einerseits die Kommunikation zwischen den Entwicklern, da nun bestimmte Konzepte einheitlich benannt werden. Andererseits bieten sie bewährte und standardisierte Lösungsansätze für spezifische Probleme. In der Architektur sind es die Architekturstile, die Basisarchitekturen für ein bestimmtes Set von Anforderungen definieren. Die Designmuster und Architekturstile stellen einen Ausgangspunkt für den Entwurf der eigenen Architektur dar, sie sollten jedoch nie nur um ihrer Selbstwillen eingesetzt werden. Sie sind eine Fundgrube guter Ideen und Lösungsansätze, jedoch nicht das Maß aller Dinge.

8.5   Weiterführende Literatur

(Gamma, Helm, Johnson & Vlissides, 1995) Das Buch von Erich Gamma und seinen Kollegen, welche als Gang-of-Four bezeichnet werden, ist der Klassiker schlechthin. Es war das erste Buch, welches die grundlegenden Entwurfsmuster nannte, die in diesem Buch aus Sicht der Architektur beschrieben wurden. Diese grundlegenden Muster zu kennen, ist heute ein Muss für jeden Entwickler.

(Buschmann, Meunier, Rohnert, Sommerlad & Stal, 1996) Fast zur selben Zeit wie Erich Gamma sein Buch veröffentlichte, erschien von Frank Buschmann und seinen Kollegen die detaillierte Beschreibung der elementaren Entwurfsmuster. Frank, selbst ein begnadeter Architekt, legt dabei den Fokus bei der Beschreibung stärker auf den Architekturaspekt. Ein Buch also, das in keiner Bibliothek eines Architekten fehlen darf.

(Fowler, Rice, Foemmel, Hieatt, Mee & Stafford, 2002) Die Bücher von Gamma und Buschmann dokumentieren die elementaren Muster und konzentrieren sich dabei auf den Softwareentwurf. Einen Schritt weiter gehen Martin Fowler und seine Kollegen, die einen Katalog von Entwurfsmuster speziell für Architekturen präsentieren. Hier finden sich viele gute Lösungsansätze und die Besprechung wichtiger Konzepte wie jene des Domänenmodells.

(Coplien & Harrison, 2005) James und Neil beweisen, dass das Konzept der Design-Patterns auch auf organisatorische Fragen und dem Entwurfsprozess als solches anwendbar ist. Das Buch ist eine Sammlung von wertvollen Empfehlungen für die Zusammenarbeit, den Aufbau erfolgreicher Teams und bewährter Methoden. Ein Buch, das ich jedem ambitionierten Architekten, Business-Analysten und Projektmanager nur wärmstens empfehlen kann.

9

SOA

Die Zukunft soll man nicht voraussehen wollen, sondern möglich machen (Antoine de Saint-Exupéry)

Wozu ein Kapitel für SOA, da doch alles Relevante über Architekturen bereits gesagt wurde? Ist denn SOA wirklich die Lösung unserer Probleme und braucht es hierzu ein eigenes Kapitel? Es scheint, glaubt man der Werbung namhafter Unternehmen oder vieler Autoren, es sei der Weisheit letzter Schluss, an der kein Weg vorbeiführt. Doch ist SOA nicht eher eine verheißungsvolle Kombination aus den vielsagenden Begriffen Service und Architektur oder tatsächlich ein zukunftweisendes Konzept? Die Forderung nach einer losen Kopplung, die Definition klarer Schnittstellen oder das Offerieren in sich geschlossener Dienstleistungen ist, wie wir bereits wissen, das Holz, aus dem moderne Architekturen zu schnitzen sind. Immer ging es darum, komplizierte Sachverhalte hinter Schnittstellenverträgen zu verbergen, um noch komplexere Systeme zu bauen. Wie wären wir heute in der Lage, Landkarten, Navigationshilfen und Werbung gleichermaßen auf mobilen Geräten in Einklang zu bringen, müssten wir uns noch immer den Kopf über Protokolle, grafische Darstellung und Datenbereitstellung kümmern. So wie der objektorientierte Ansatz die Programmierung veränderte und die komponentenorientierte Entwicklung für wiederverwendbare Bausteine sorgte, sind es heute Services, welche ein neues Verständnis der IT auf Geschäftsebene fordern. Genauso wenig wie das objektorientierte Paradigma die viel beschworene Softwarekrise zur Makulatur werden ließ, wird SOA in der Lage sein, die Probleme der Enterprise-Architektur so einfach zu lösen. Und trotzdem verlangt die wachsende Komplexität von Softwaresystemen aufgrund ihrer Heterogenität und Trägheit gegenüber beschleunigten Veränderungen nach einer neuen Denkhaltung; mögen wir sie für den Augenblick als SOA bezeichnen!

Ist SOA wirklich etwas Neues?

Es geht also auf den nächsten Seiten nicht primär darum, was SOA nun wirklich ist – was eigentlich niemand abschließend beantworten kann – sondern um die Frage, wie wir der zunehmenden Verflechtung der in den letzten Jahrzehnten gewachsenen IT-Systeme größerer Unternehmen

SOA ist die Forderung einer auf das Business ausgerichteten IT

begegnen können. Dabei löst SOA nicht einfach die dabei entstandenen Schwierigkeiten, indem wir den richtigen Berater verpflichten oder der Allmacht eines einzelnen Produkts vertrauen. SOA und der schwierige Versuch, diesen Begriff fassbar zu machen, steht stellvertretend für die Notwendigkeit, die IT für die vom Business geforderte Flexibilität und Agilität fit zu machen.

Entgegen der oft vertretenen Meinung bin ich der Ansicht, das SOA per se keine Probleme löst, da mögen die Versprechen noch so groß sein. SOA oder die damit initiierte Auseinandersetzung einer modernen IT-Architektur im Sinne einer geschäftsunterstützenden Supportleistung ist jedoch zu wichtig, um in einem Buch über moderne Architekturkonzepte ignoriert zu werden. Wir werden uns der Frage zuwenden, welche die zukünftigen Herausforderungen unternehmensweiter IT-Landschaften sind und mit welchen Rezepten die Architektur gedenkt, diesen zu begegnen. Wir werden feststellen, dass auch SOA nicht die Zauberformel schlechthin ist und die Prinzipien der Architektur auch auf der Geschäftsebene gelten. Die zu lösenden Probleme mögen etwas größer sein, die Gesetzmäßigkeiten bleiben indes dieselben. Nach der Ortung der Herausforderungen von Enterprise-Architekturen werden wir uns die Frage stellen, was SOA ist, was es zu leisten vermag und wie es zu modellieren ist.

9.1 Die Herausforderung

Siloartige, monolithische Systeme mit hoher Redundanz

In der Vergangenheit entwickelten sich Applikationen siloartig. Das heißt, sie wurden für einen bestimmten Personenkreis oder eine Abteilung von der Datenhaltung bis zur Präsentationsschicht entworfen und gebaut. So entstanden weitgehend voneinander isolierte Systeme mit proprietären Schnittstellen für einen spezifischen Datenaustausch untereinander. Für jedes Problem entstand eine neue Lösung, indem tunlichst Abhängigkeiten zu anderen Systemen vermieden wurden und die Gesamtverantwortung sowie die Finanzierung bei einer bestimmten Abteilung ruhten. Zu jener Zeit lag es weniger am Unwillen zur Kooperation als den technischen und konzeptionellen Hindernissen, die zu abgeschotteten Insellösungen führten. Vor zwanzig Jahren herrschte eine bunte Vielfalt von Netzwerkprotokollen und herstellerspezifischen Kommunikationslösungen. Auch Standardisierungsbemühungen um eine einheitliche Definition von Middleware-Produkten scheiterten in letzter Instanz am Protektionismus der jeweiligen Anbieter. Oft versagte eine gemeinsame Nutzung auch am politischen Unwillen vieler Abteilungen zur Zusammenarbeit. Aus konzeptioneller Sicht wurden Monolithen gebaut; aus einem Block bestehende Applikationen, deren innere Struktur sich an dem zugrunde liegenden Datenmodell orientierte. Es war die Zeit der Dinosaurier: groß und schwerfällig.

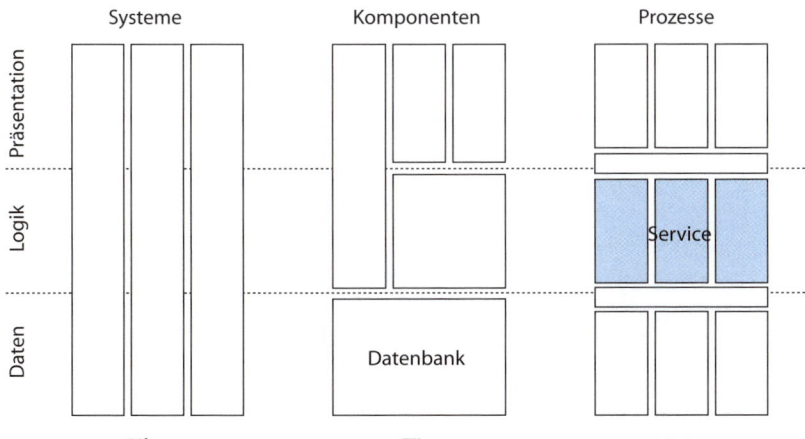

Abbildung 9.1
Evolution der Architekturen

In der prähistorischen Zeit der Silos fand die gesamte Verarbeitung und Rechnerleistung inklusive der Darstellung über Terminals auf dem Host statt. Diese Terminals wie das VT100 der Firma Digital oder das IBM 3270 dienten nur der Anzeige von Zeichen. Die gesamte Benutzersteuerung und die Verarbeitung der Daten wurden von der Applikation auf dem Server gesteuert. Innerhalb derselben Prozedur wurden die Daten gelesen, für die Anzeige aufbereitet und die Änderung nach der Validation der Eingaben wieder gespeichert.

Mit dem Aufkommen der ersten Personal Computer und Workstations standen intelligente Ausgabemedien zur Verfügung, die bald auch in der Lage waren, anspruchsvolle Grafiken anzuzeigen. Unter dem Konzept des Client/ Server fand eine Verlagerung der Kontrolle auf das entfernte Dialogsystem – den Client – statt. Die zuvor aus einem Guss bestehende Applikation wurde hierzu in physische, im Englischen als *Tier* bezeichnete, Schichten aufgeteilt. In den Anfangstagen war das Client/Server-Modell nichts anderes als die zentrale Ablage der Daten. Dabei lag die gesamte Logik wie auch die Präsentation der Informationen auf dem Client. Mit der Verbreitung von Produkten der Middleware wie CORBA, DCOM und MOM wurden zusehends Teile der Geschäftslogik wieder an den Server ausgelagert. Die dabei angebotenen Services waren feinkörnig. Erst der Client formte daraus sinnvolle, für den Anwender als Einheit wahrnehmbare Abläufe. Eine auf dem Modell des Client/Server konzipierte Architektur war letztendlich ebenfalls ein Monolith, aufgetrennt in exakt zueinanderpassende Blöcke. Trotzdem ist es heutzutage das wohl am meisten eingesetzte Architekturkonzept. Insbesondere Webapplikationen basieren in der Regel auf dem Ideal eines 3-Schichten-Modells. Der Client nutzt die grafische Fähigkeit eines PC, Webseiten optimal darzustellen, der Applikationsserver übernimmt die Implementation der Geschäftslogik und das dahinterliegende Datenbanksystem die Sicherung der Daten. Im Gegensatz zum klassischen *Fat Client* sind dabei keine oder nur minimale Installationen auf dem Rechner des Anwenders notwendig.

Client/Server und n-Tier als zukunfts- weisender Weg

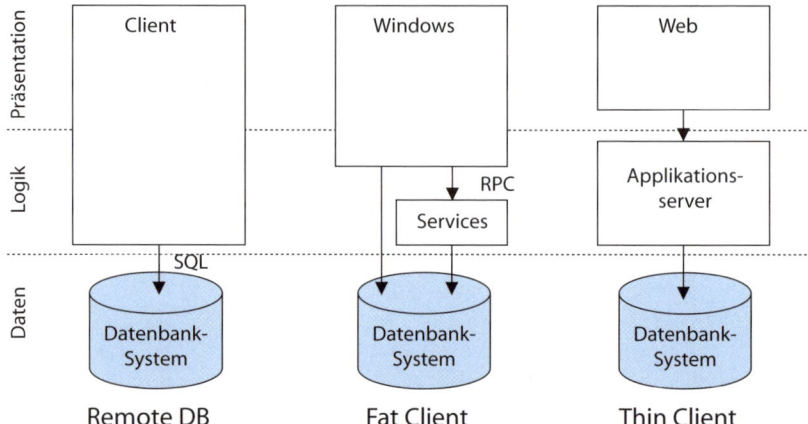

Abbildung 9.2
Client/Server

Client/Server führt nicht zu einer Wiederverwendung von Geschäftskomponenten

Wie die siloartigen Applikationen sind auch Client/Server-Anwendungen auf die Implementierung eines spezifischen Bedürfnisses ausgerichtet, ohne Anspruch, Dienste außerhalb des eigentlichen Zielpublikums anzubieten. Wenngleich Komponenten für wiederverwendbare Bausteine auf der Codeebene sorgten, war die Nutzung außerhalb der eigenen Systemgrenzen aufgrund fehlender Standards kaum möglich. Aus Sicht des Business präsentiert sich diese IT-Landschaft als undurchdringbarer Urwald von Einzellösungen, die in vielfältiger Weise miteinander verknüpft sind. Organisch gewachsen der Sonne entgegen oder eben den individuellen Anforderungen der Abteilungen. Versuche, dem Wildwuchs durch rigorose Planwirtschaft und Beschränkung auf wenige Technologien Einhalt zu gebieten, scheiterten in der Regel. Verständlich angesichts der Trägheit, mit der sich über die Jahre hin gewachsene Applikationsverbunde den neuen Gegebenheiten entgegenstemmten. Eine Konzentration auf wenige Technologien und eine Vereinheitlichung der Systemlandschaften dauern Jahrzehnte. In dieser Zeit ändern sich die Rahmenbedingungen laufend, was der avisierten Homogenisierung entgegenläuft.

Das Internet veränderte die Architektur von Softwaresystemen nachhaltig

Gleichzeitig kam es mit der Geburt des weltumspannenden Web (WWW) und dem damit verbundenen Siegeszug der Protokolle TCP/IP und HTTP zu einem Paradigmenwechsel in der Art und Weise, wie wir und der Computer kommunizieren. Der Erfolg des im täglichen Sprachgebrauch als Internet benannten Netzwerks ermöglichte es nicht nur jedermann, am globalen Informationspool zu partizipieren, sondern lieferte zugleich die Antwort auf einen einheitlichen Kommunikationsstandard. Früher kaum vorstellbar war es nun möglich, Dienstleistungen auf der Basis eines einfachen Protokolls aufzubauen, ohne sich um die binäre Repräsentation oder umfangreiche Schnittstellenspezifikationen kümmern zu müssen. Das Internet, oder besser gesagt das zustandslose Protokoll HTTP, veränderte unser Verständnis über die Informatik. Globale Dienste anzubieten und zu nutzen, blieb nicht länger eine Utopie oder wenigen Privilegierten vorbehalten. Das bereits vorgestellte Konzept der Web-Services schuf die technische Basis, elektronische Dienste über ein standardisiertes Verfahren anzubieten. Das Internet als globaler Markt von adressierbaren Serviceleistungen nahm Konturen an, wenn auch vorerst nur in den Köpfen gewiefter Marketingstrategen. Was dem Privatkunden recht war, musste den Unternehmen doch billig sein. Die Vision einer flexiblen Organisation, aufgebaut auf frei komponierbaren Services, war nicht mehr weit. Zumal der zuvor skizzierte Urwald drohte, zu einem Selbstläufer großer IT-Abteilungen zu werden. Wie konnten unzählige Altsysteme, monolithische Produktionssteuerungen und moderne Webapplikationen Schritt halten mit stetig kürzer werdenden Produktlebenszyklen, wenn nicht mit Services? Die serviceorientierte Architektur jedoch mit Web-Services gleichzusetzen, wird dem Phänomen SOA nicht gerecht. SOA ist ein Imperativ der Geschäftswelt. Es ist eine Forderung nach einer serviceorientierten IT, aus deren Angebot das Business die notwendigen Geschäftsprozesse bauen kann.

9.2 Serviceorientierte Paradigmen

Der Begriff SOA wurde von der Gardner Group bereits 1996 geprägt, als neue Vorgehensweise, um Applikationen auf der Architektur von Schnittstellenbeschreibungen und deren Implementation aufzubauen. Eine Schnittstelle beschreibt dabei einen kompletten Businessservice. Ursprünglich in Zusammenhang mit CORBA genannt und später zu den von Microsoft initiierten Web-Services gebracht. Bereits zur damaligen Zeit unternahmen größere Banken und Firmen der Telekommunikation Anstrengungen, SOA auf der Basis von CORBA umzusetzen. Die Technologie erwies sich jedoch als zu schwierig und war eher für verteilte Objekte geeignet als für eine serviceorientierte Architektur. Erst das Erscheinen der Web-Services verhalf der zuvor gezeichneten Vision zum Durchbruch. SOA ist jedoch, wie bereits gesagt, weit mehr als Web-Services: SOA ist ein Konzept oder Architekturstil, Web-Services hingegen sind eine Technologie, dieses umzusetzen. Im Gegensatz zum Rummel um eine komponentenorientierte Entwicklung führten die Hysterie um SOA und die in dieses Akronym projizierten Erwartungen zu einem Paradigmawechsel. Und damit zu einem Überdenken der Aufgaben einer IT-Abteilung.

SOA wurde von der Gardner Group als auf Schnittstellenbeschreibungen basierende Architektur definiert

9.2.1 Paradigmenwechsel

SOA als eine neue Denkhaltung einer durch das Business getriebenen IT? Ich wage die Behauptung, dass es sich gerade umgekehrt verhält. Bis dahin war die IT getrieben durch punktuelle Bedürfnisse einzelner Abteilungen oder Domänen, ein bestimmtes Problem der Geschäftswelt durch den Einsatz rechnergestützter Ressourcen zu lösen. Um Teile eines bisherigen Geschäftsprozesses zu automatisieren, Bedürfnisse über bisher verschlossene Kanäle zu bedienen oder neue Informationen aus bestehenden Daten zu extrahieren, wurden Projekte gestartet und von der IT gemäß den Anforderungen implementiert. Zu Beginn der dritten industriellen Revolution, dem digitalen Zeitalter, als die Durchdringung der Informationstechnologie, innerhalb wie auch außerhalb von Unternehmen, noch wenig ausgeprägt war, schien

SOA verändert IT

ein solches Vorgehen zweckmäßig. Mit der zunehmenden Digitalisierung entstand auch der Wunsch, die Systeme über die Abteilungsgrenzen hinaus zu vernetzen. Durch neue Technologien, allen voran den Webapplikationen, vermehrten sich die IT-Systeme und damit die punktuellen Verbindungen untereinander explosionsartig. Die Vernetzung und gegenseitige Abhängigkeit erschwerten immer mehr die Realisierung neuer Anforderungen und die Sicherstellung einer funktionierenden IT-Landschaft. Längst zu ersetzende Altsysteme waren derart in dieser Landschaft verzahnt, dass es kaum mehr jemand wagte, den ersten Schnitt zu tun. Die proprietären Schnittstellenprotokolle eines jeden Herstellers führten zu einer Vielzahl individueller Kopplungen zwischen den Applikationen, was die Sache nicht unbedingt vereinfachte. Selbst Standardisierungsbemühungen wie CORBA als einheitliche Kommunikationsplattform scheiterten im Grunde an den unterschiedlichen, zueinander inkompatiblen Implementationen durch die Erzeuger solcher Produkte.

Abbildung 9.3
IT heute und zukünftig

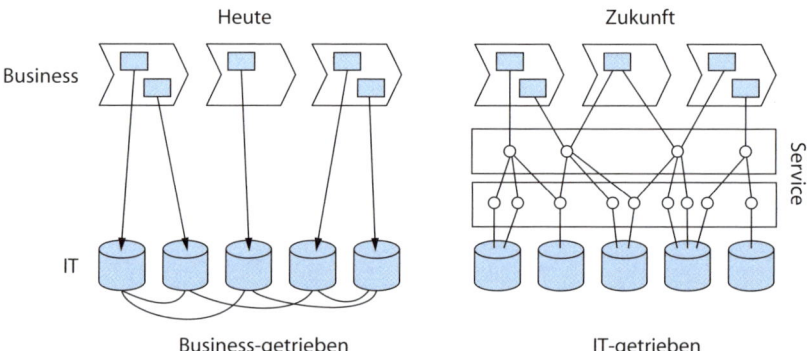

Heute — **Zukunft**

Business — Service

IT

Business-getrieben — IT-getrieben

SOA fordert eine neue Denkweise

Am Punkt dieses Stillstands – in dem die Dauer und Konsequenzen einer Umsetzung neuer Bedürfnisse nicht mehr absehbar sind – fordert SOA eine neue Denkweise. Statt individuelle Lösungen oder punktuelle Verbindungen zwischen den Systemen sollte die IT nun durch das Business nutzbare Services bereitstellen. Wie jedes andere Unternehmen stellt die IT zukünftig Services zur Verfügung, welche zur Wertschöpfung eines Produktions- oder Dienstleistungsbetriebs beitragen. Die IT reagiert nicht mehr nur länger auf spezifische Bedürfnisse einzelner Abteilungen, sondern agiert vorausschauend durch die Bereitstellung der notwendigen Infrastruktur und spezifischer Rechnerleistungen. Die IT ist gefordert, ein neues Selbstverständnis zu entwickeln und sich als Anbieter digitaler Dienstleistungen wahrzunehmen. Zukünftige Bedürfnisse der Kundschaft müssen durch die IT erkannt und angeboten werden. Die Kundschaft ihrerseits hat die Leistungsvereinbarungen zu akzeptieren und muss Abschied nehmen von individuellen Lösungen. Die Bereitstellung neuer Dienste erfolgt unter den Gesichtspunkten der IT-Governance und einer langfristigen Strategie.

IT wandelt sich von der Werkstatt zum Leistungsanbieter

Diese neue Selbstverständlichkeit der IT ist jedoch nicht einfach durch andere Technologien umzusetzen. Sie verlangt ein anderes Kundenverständnis und ein aktives Engagement, die vom Markt oder dem Geschäft geforderten Leistungen hervorzubringen. Der Weg von einer internen, wenig transparenten Werkstatt zu einem leistungsorientierten Serviceanbieter verlangt von beiden Seiten einen Bewusstseinswandel. Als Werkstatt konnte sich die IT ganz der Faszination neuer Technologien und Lösungskonzepte hingeben, ohne sich betriebswirtschaftlichen Überlegungen aussetzen zu müssen. Die Leistungen waren weder messbar noch mit anderen vergleichbar. Der serviceorientierte Gedanke fordert ein neues Geschäftsmodell, standardisierte Leistungen zu attraktiven und doch kostendeckenden Preisen anzubieten. Der erste Schritt zu einem serviceorientierten Aufbau oder einer Architektur besteht darin, sich vom Diktat einzelner Technologien, Werkzeuge und Hersteller zu befreien. Ob die angebotene Leistung durch eine alte, in Cobol geschriebene Anwendung oder durch Java-Komponenten in Verbindung mit den neuesten Applikationsservern angeboten wird, ist dabei zweitrangig. Die Langlebigkeit, bedingt durch bereits getätigte Investitionen und Kosten einer Ersatzlösung, wird immer das Nebeneinander von Altem und Neuem implizieren.

Die Forderung nach einer serviceorientierten IT ist im Grunde nicht wirklich neu. Neu sind die Möglichkeiten, basierend auf einem einfachen und einheitlichen Kommunikationsprotokoll standardisierte Services und Benutzeroberflächen anzubieten. Das Hypertext-Transport-Protokoll und die darauf aufbauenden Dienste wie Web-Services sowie die Übertragung der Seitenbeschreibungssprache HTML schufen die Grundlagen einer herstellerneutralen Kommunikationsbasis. SOA ist jedoch, wie bereits angesprochen, weder eine Frage einer bestimmten Technik wie Web-Services noch ist es käuflich durch ein bestimmtes Produkt erwerbbar. SOA ist, um den einleitenden Satz aufzunehmen, eine Denkhaltung oder Strategie, die Architektur der eigenen IT nach den Grundsätzen einer serviceorientierten Leistungserbringung aufzubauen. Dabei spielen ökonomische Erwägungen genauso eine Rolle wie die Schaffung einer gesunden und langfristigen Infrastruktur, um auf die Geschäftsbedürfnisse flexibel und schnell zu reagieren.

Das SOA uns per se schneller, besser und kostengünstiger macht, betrachte ich als Illusion. SOA ist eine logische Schlussfolgerung, der zunehmenden Komplexität und Heterogenität heutiger unternehmensweiter Systemlandschaften adäquat zu begegnen. SOA hat maßgeblich dazu beigetragen, die zentrale Rolle der Architektur und deren Grundsätze einem breiten Publikum zu vergegenwärtigen. Plötzlich wurde klar, dass nicht nur der Städtebau einen umsichtigen Planer benötigt. Die rasante Entwicklung der IT, deren steigender Kostenanteil und das Differenzierungspotenzial gegenüber Mitbewerbern verlangen nach einer ebensolchen Stelle und einem Plan. Für Unternehmen mit mehreren Hundert Geschäftsapplikationen und einer steigenden Anzahl von Verbindungen und Abhängigkeiten zu externen Partnern ist das Modell einer serviceorientierten IT eine mögliche Richtschnur. Desgleichen wie Architekturstile kein Garant für eine „gute" Lösung darzustellen vermögen, kann SOA nicht mehr sein als eine Fiktion eines zukünftigen Architekturmodells für ein Unternehmen. Um wie viel besser, schneller oder kostengünstiger die Welt oder die IT nach Einführung einer serviceorientierten

SOA ist eine logische Schlussfolgerung, der zunehmenden Komplexität zu begegnen

Architektur ist, hängt im Wesentlichen von der jeweiligen Umsetzung und der dabei notwendigen Geduld ab. SOA verlangt – insbesondere zu Beginn – hohe Investitionen wie auch die Bereitschaft, Bestehendes infrage zu stellen. Ob und wie SOA die anstehenden Probleme der IT meistern kann, ist heute noch nicht vorhersehbar. Auch wenn uns Literatur und Hersteller eines anderen belehren wollen, befindet sich das Konzept noch in den Kinderschuhen und langfristige Aussagen sind heute unbeantwortbar. Trotzdem bietet SOA ein Gedankenmodell und Konzepte, basierend auf den Grundsätzen moderner Architekturen, der überbordenden Vielschichtigkeit einer IT Herr zu werden.

9.2.2   Servicemodell

Nachdem wir uns eingehend mit der Problematik beschäftigt haben, aus welchem Bedürfnis oder Leidensdruck der Gedanke einer serviceorientierten Architektur entstammte, wenden wir uns der 1-Million-Dollar-Frage zu, was denn nun ein Service sei und weshalb die halbe (IT-)Welt darin den Schlüssel zu einer geordneten und flexiblen IT sieht. Ein Service im allgemeinen Sinn ist eine Dienstleistung, die durch eine Person aber auch eine programmierbare Maschine erbracht werden kann. Die Dienstleistung entsteht dabei im Augenblick des Konsums einer durch den Produzenten angebotenen Leistung. Sie ist weder auf Vorrat erzeugbar noch kann die Leistung für einen späteren Gebrauch gelagert werden. Im Gegensatz zur Produktion ist das Ergebnis einer Dienstleistung keine Ware, sondern ein veränderter Zustand: Der Brief ist beispielsweise beim Empfänger angekommen, die Wohnung geputzt oder das Geld sicher angelegt.

Abbildung 9.4
Service als Komponente

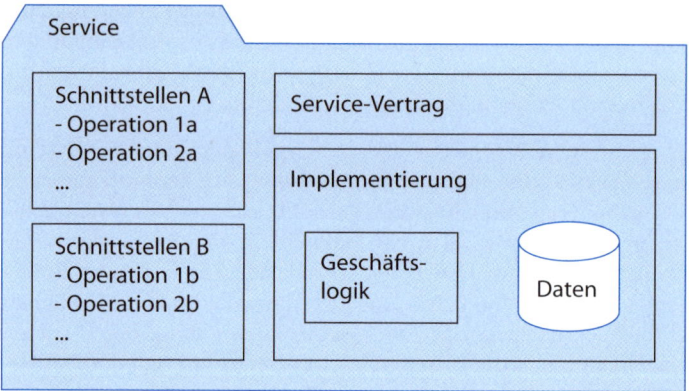

Service ist eine vereinbarte Leistung

Ein Service ist ein durch einen Vertrag definiertes Gut, an dessen Ende der erwartete Zustand, durch die im Vertrag spezifizierten Nachbedingungen, liegt. Diese in der Realwirtschaft als Service Level Agreement (SLA) bezeichnete Vereinbarung macht aus einer „gewöhnlichen" Funktion einen Service mit absehbarem Verhalten. Nun weiß der Kunde, welche Leistungen er unter welchen Bedingungen und mit welcher Kostenfolge bei einem bestimmten Produzenten oder Anbieter beziehen kann. Die Definition der

Interaktion oder Schnittstellensignatur ist nur ein Teil dieser Vereinbarung. Zu einem Servicevertrag gehören neben der Vereinbarung der Schnittstellen die bereits erwähnten Vor- und Nachbedingungen. Die Vorbedingungen legen den erwarteten Zustand für eine erfolgreiche Durchführung der vereinbarten Leistung fest und die Nachbedingungen definieren das zu erbringende Ergebnis oder den erwartenden Zustand nach erbrachter Dienstleistung.

Service als Software-Komponente

Das in der Abbildung 9.4 dargestellte Begriffsmodell von Dirk Krafzig (Krafzig, 2004) sieht den Service als Komponente bestehend aus der Schnittstellenbeschreibung, dem Vertrag und der Implementierung. Dieses Modell setzt den Service mit seinen Teilaspekten in Bezug. Hierbei wird der Service einer Komponente gleichgesetzt. Diese stellt über wohldefinierte Schnittstellen Operationen bereit, deren Leistungen durch einen entsprechenden Servicevertrag definiert sind. Ein solcher Service kapselt als Teil seiner Implementierung die Geschäftslogik und die dafür notwendigen Daten. Das Modell verdeutlicht den Anspruch eines Services – ein autonomer Baustein zu sein – und lehnt sich damit an das Konzept einer komponentenorientierten Entwicklung an. SOA kann als eine Weiterführung dessen gesehen werden, indem Aspekte der Orchestrierung zu Geschäftsprozessen und das Auffinden geeigneter Dienste hinzukamen.

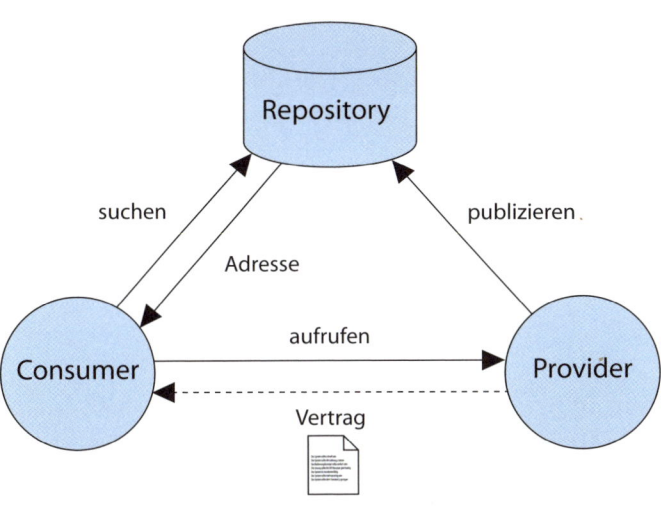

Abbildung 9.5
Servicemodell

Wie jeder Jungunternehmer weiß, ist die Idee für eine Leistungserbringung die eine Sache, diese aber an den zu Mann bringen, eine andere. Ein zentrales Repository entkoppelt Konsument und Produzent, indem der Produzent oder Anbieter seinen Service in einem öffentlichen, zumindest für den Aufrufer zugänglichen, Verzeichnis publiziert. Sodann kann der Konsument in diesem Verzeichnis nach einem passenden Dienst für seine Bedürfnisse suchen und gemäß dem Vertrag diese Leistung beim Anbieter beziehen. Die Schwierigkeit liegt in der für eine Maschine les- und interpretierbaren Beschreibung des angebotenen Services.

Repositories veröffentlichen angebotene Leistungen

Kopplung und Evolution

Ob nach einem fixen Namen, einer bestimmten Signatur oder einer semantischen Beschreibung gesucht wird, bestimmt weitgehend den Grad der losen Kopplung in SOA. Diese Kopplung wird zudem durch die Stärke der Typenprüfung und den Umgang mit verschiedenen Versionen beeinflusst. Eine schwache Typisierung führt zu einer losen Bindung, erhöht jedoch die Gefahr von Laufzeitfehlern durch inkompatible Datentypen. Die Evolution und die damit verbundene Versionierung sind ein oft unterschätztes Thema einer serviceorientierten Architektur. Wie soll die Applikationslandschaft mit verschiedenen Versionen desselben Services umgehen und wie wird sichergestellt, dass durch eine neue Version der Vertrag der bisherigen, noch in Gebrauch befindlichen Version nicht verletzt wird. Die fortlaufende Nummerierung des Services ist zwar eine einfache Lösung, führt jedoch langfristig ohne entsprechende Gegenmaßnahmen zurück ins Chaos. Eine zweite Variante ist, den bisherigen Service oder dessen Parameter um zusätzliche Attribute zu erweitern. Zum Beispiel werden die Kundendaten um das Attribut Nationalität ergänzt, von dessen Vorhandensein die bisherigen Nutzer nicht betroffen sind. Die konkrete Kopplung wird neben diesen Designentscheiden durch die gewählte Infrastruktur, namentlich den Enterprise Service Bus (ESB), mitbestimmt.

Abbildung 9.6
Enterprise Service Bus

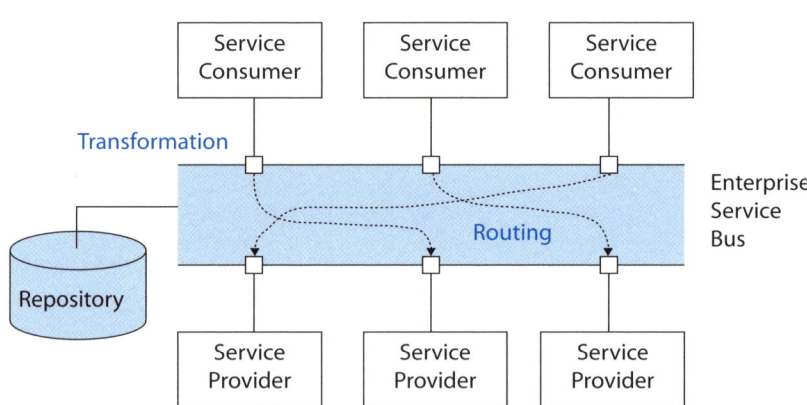

Enterprise Service Bus

Der ESB ist das Rückgrat einer SOA-Infrastruktur und stellt die Middleware zwischen Konsument und Anbieter von Services dar. Dabei kommen dem ESB die Hauptaufgaben zu, die Daten zwischen verschiedenen Formaten zu transformieren und Meldungen weiterzuleiten. Die meisten kommerziellen Produkte eines ESB bieten die direkte Adressierung, also den Aufbau einer Punkt-zu-Punkt-Verbindung, wie auch ein intelligentes, regelbasierendes Routen an. So erlaubt der unter dem Begriff *Content-Based-Routing* (CBR) zusammengefasste Dienst, eine Meldung anhand ihres Inhalts und der Definition von Regeln weiterzuleiten. Ein Beispiel dafür ist die Regel, den Aufruf eines Services anhand des Namensraums der SOAP-Meldung an einen bestimmten Anbieter zu binden. Einige Hersteller von ESB offerieren zudem ein integriertes Repository oder sehen den Anschluss eines solchen vor. Neben dieser Grundfunktionalität der Datentransformation und dem Routing bieten ESB verschiedene Dienste an, Services zu administrieren, die sichere Übertragung zu garantieren und den Betrieb zu überwachen. Beim Einsatz des durch jeden Hersteller propagierten Zusatznutzens ist jedoch Vorsicht geboten, um sich nicht bald wieder in einer anderen Abhängigkeit und damit einer starken Kopplung an ein spezifisches Produkt wiederzufinden. Versuchen Sie nicht, den Teufel mit dem Beelzebub auszutreiben. Architekturfehler lassen sich nicht durch ein Produkt aufwiegen.

9.3 Serviceorientierte Modellierung

Services als Kommunikationsbrücke zwischen Business und IT, aber auch als Metapher eines neuen Verständnisses der Informatik als Dienstleister, das klingt irgendwie überzeugend. Sei serviceorientiert, so lautet der viel gehörte Imperativ der Geschäftswelt. Doch wie kommen wir zu einer solchen Architektur und welches sind die „richtigen" Services, die es gilt anzubieten? Spätestens hier finden wir uns mit den alten Problemen konfrontiert, mit einfachen, oft selbst noch in der Reifung befindlichen Werkzeugen und Methoden hoch komplexe Systemlandschaften zu entwerfen. Die folgenden Seiten bieten bewährte Ansätze, eine serviceorientierte Architektur zu konzipieren, ohne Anspruch auf Vollständigkeit.

9.3.1 SOA ist Architektur

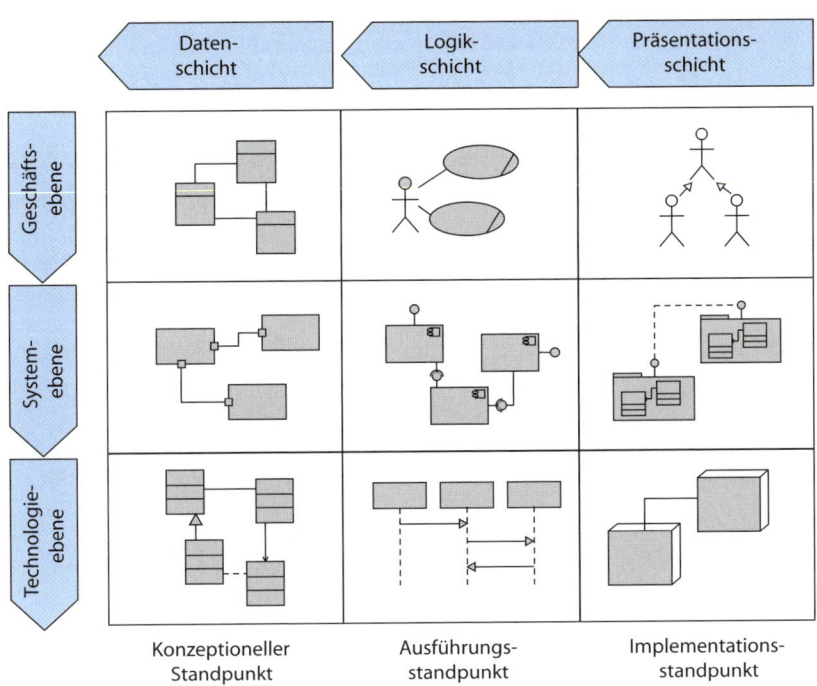

Abbildung 9.7
Architekturschichten

SOA folgt den Prinzipien und Modellen einer Architektur

Die vorherigen Kapitel haben grundsätzliche Prinzipien der Architektur und die Wichtigkeit eines dadurch definierten Fundaments offenbart. Diese gelten auch für SOA, indem die Architekturen der verschiedenen Ebenen Geschäft, System und Technologie aufeinander abgestimmt und durch den Grundsatz des Schichtenmodells voneinander getrennt werden. Rufen wir uns das Architekturframework des Kapitels Architekturwürfel nochmals in Erinnerung, so können wir die Gesamtarchitektur, wie in Abbildung 9.7 gezeigt, in vertikaler wie auch horizontaler Richtung in drei Schichten unterteilen. Die horizontale Schichtung kennen wir bereits aus dem Entwurfsmuster *Layering*. Dabei weiß im Prinzip eine Schicht nur über die unmittelbar darunterliegende, oder hier der angrenzenden, Schicht Bescheid und nutzt die bereitgestellten Funktionen oder Services. Dasselbe Konzept lässt sich auch in vertikaler Richtung anwenden. Dabei sieht eine Ebene nur die Services der nächsten Ebene. So verwenden die Geschäftsprozesse der Logikschicht der Geschäftsebene, dargestellt als Use-Cases, die Systemservices der darunterliegenden Systemebene. Diese Systemservices werden in SOA gerne als Geschäftsservices und jene der Technologieebene als Basisservices bezeichnet.

Schichten von SOA

Services lassen sich in Anlehnung an die Architekturmatrix ebenfalls in drei elementare Schichten auftrennen. Auf der untersten Ebene oder Schicht stellen die einzelnen Applikationen feingranulare Funktionen als Basis- oder Applikationsservices bereit, wie die Suche eines Auftrags oder das Speichern von Kundendaten. Die meisten der heutigen Web-Services gehören dieser Ebene an. Sie machen für sich alleine noch kein SOA aus, auch wenn dies gerne anders gesehen wird. Auf der nächsten Ebene werden die feinkörnigen Funktionen der Technologieebene zu Business- oder Geschäftsservices zusammengefasst, die eine in sich geschlossene, aus der Sicht des Geschäfts sinnvolle Dienstleistung anbieten. Die größte Herausforderung ist, genau diese Services zu identifizieren bzw. die Basisfunktionen zu solchen Services zu bündeln. So entsteht, beispielsweise aus den Funktionen zum Suchen eines Kunden, dem Abspeichern einer Bestellung und dem Weiterleiten an die Logistik, ein Service zur Produktbestellung. Diese Services werden auf der Geschäftsebene letztendlich zu Geschäftsprozessen orchestriert oder ein Schritt innerhalb eines solchen Prozesses nutzt diese Services. Der Geschäftsprozess seinerseits bietet nun dem Kunden einen Dienst an wie die Möglichkeit, Waren per Internet zu bestellen.

Abbildung 9.8
SOA-Ebenen

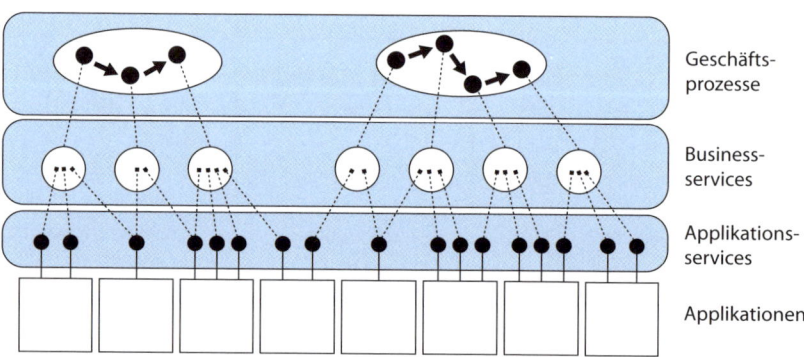

Geschäftsprozesse

Businessservices

Applikationsservices

Applikationen

Die SOA-Ebenen, wie sie in der Abbildung 9.8 dargestellt sind, haben vieles mit dem Schichtenmodell gemeinsam. Die oberste Ebene der Geschäftsprozesse entspricht der Präsentationsschicht als Schnittstelle zum Nutzer der durch das System bereitgestellten Funktionen. Hier wird die durch Geschäftsservices implementierte Logik in einen für den Anwender sinnvollen Ablauf komponiert und die Interaktion zwischen Akteur und System abgebildet. Die Businessservices beinhalten die für die Geschäftsprozesse notwendige Verarbeitungslogik und verbergen die konkrete durch die Technologieebene realisierte Implementierung. Wie im horizontalen Pendant entkoppelt die mittlere Ebene die Präsentations- von der Datenschicht. Durch die hierdurch erreichte lose Kopplung lassen sich Geschäftsprozesse und Infrastruktur weitgehend unabhängig voneinander an die stetigen Veränderungen anpassen. Die unterste Ebene in Form von Applikationsservices entspricht der Datenschicht, indem Funktionen für die Bearbeitung der Geschäftsdaten angeboten werden. Die Architektur einer serviceorientierten Systemlandschaft folgt damit denselben Grundregeln wie eine durch mehrere Schichten aufgetrennte Applikationsarchitektur. Der Unterschied liegt alleine im Funktionsumfang und der stärkeren Verzahnung mit der anderen Welt, dem Business.

SOA-Schichten entsprechen den Präsentations-, Geschäftslogik- und Datenschichten

9.3.2　SOA in der Praxis

Servicekarte

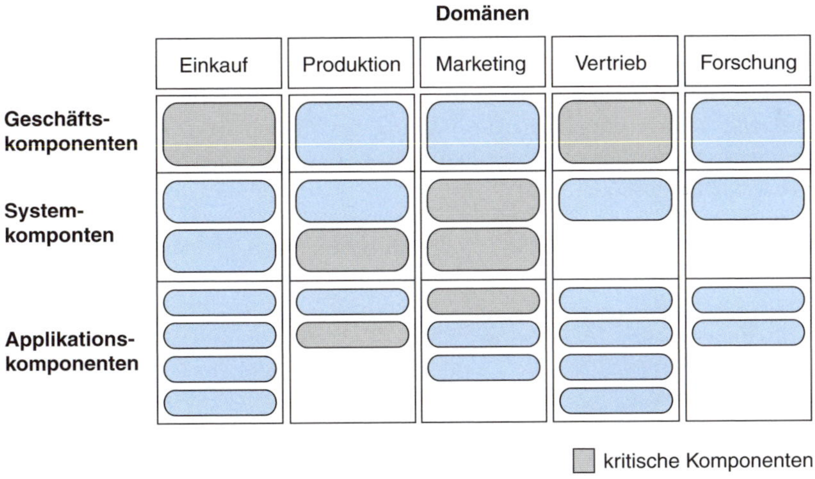

Abbildung 9.9
Service- und Komponentenkarte

So weit die Theorie, doch wie verhält es sich mit der Praxis, dort, wo Hunderte von Applikationen unterschiedlicher Couleur, Tausende feinkörniger Funktionen, unzählige herstellerspezifische Verbindungen und Dutzende von andersartigen Protokollen ein kaum entwirrbares Konglomerat verschiedenster Systeme bilden. Die Überführung einer solchen Systemlandschaft in eine serviceorientierte Architektur ist kein einzelnes Projekt, sondern vielmehr ein kontinuierlicher Veränderungsprozess im Hinblick auf ein lang-

Die Servicekarte dient der Organisation der Services nach Abstraktionsgrad und Geschäftsfeld

fristiges Ziel. Am Anfang eines solchen Vorhabens steht ein Masterplan, ein Plan oder eine Skizze einer zukünftigen Vision als Richtschnur weiterer Aktivitäten. Eine solche Skizze kann beispielsweise eine Service- und Komponentenkarte sein, wie in der Abbildung 9.9 dargestellt. Dabei werden die wichtigsten Komponenten nach dem Abstraktionslevel und der zugehörigen Domäne gruppiert. Auf der untersten Ebene finden sich die Komponenten, welche ganzen Applikationen entsprechen oder Teilen davon. Die Geschäftskomponenten stehen für die zu Geschäftsprozessen komponierten Systemservices, die von den Systemkomponenten als abgeschlossene Dienstleistungen angeboten werden. Für die Marketingdomäne findet sich typischerweise auf der Applikationsebene ein Kundeninformationssystem, auf der Systemebene befinden sich Komponenten für das Direct Mailing und auf der Geschäftsebene Dienste für das Lancieren einer Werbekampagne.

Bottom-up   Die Identifikation der relevanten Komponenten einer Servicekarte findet vorzugsweise von unten wie auch von oben statt. Von unten, also als Bottom-up-Ansatz findet eine Inventur der technischen Systeme und ein Zusammenfassen der durch diese Systeme implementierten Funktionen zu Clusters statt. Hierbei ist eine Kartografie der Systemlandschaft, deren Schnittstellen und Basisfunktionen zweckmäßig. Durch Archäologie, Analyse bestehender Applikationen und Interviews lassen sich die notwendigen Informationen zusammentragen und zu einem Gesamtmodell vereinen. Dabei wird ein System als Blackbox betrachtet, deren Innenleben wissentlich ignoriert wird, und das Augenmerk liegt auf den Schnittstellen zu Umsystemen. Beim Bilden von Funktionsclusters werden die feingranularen Applikationsservices nach Themengebieten gepaart. Redundante, sich überschneidende Funktionen wie die Verwaltung von Kundendaten werden zu Basisdiensten kombiniert. Die Themen sind dabei so zu wählen, dass pro Domäne bis zu ein Dutzend Cluster entstehen. Die Bildung der Cluster ist ein Partitionieren der Services im Sinne einer hohen Kohäsion, das heißt einer funktionellen Zusammengehörigkeit.

Abbildung 9.10
Cluster bilden

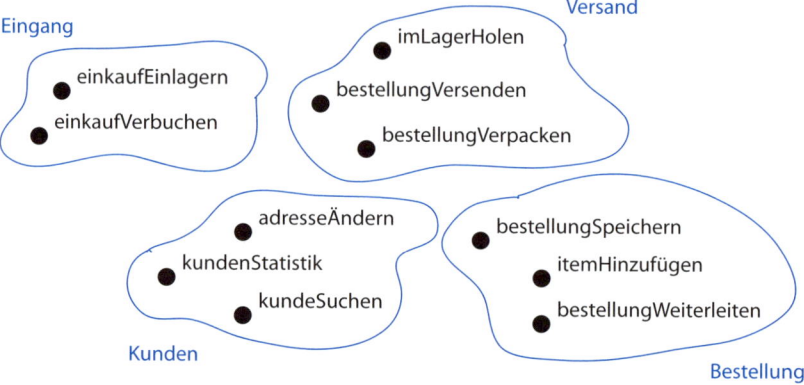

Partitionieren   Die Partitionierung folgt auch dem Prinzip autonomer, geschäftlich relevanter Komponenten. Dabei sind die Komponenten jeder Ebene so zu wählen, dass sie in der Horizontalen unabhängig von anderen ihre Aufgabe erfüllen können. Exemplarisch benötigt eine Systemkomponente keine andere Systemkomponente, sondern nur die Dienste der darunterliegenden Applikationsservices. Die geschäftliche Relevanz ergibt sich aus dem Faktum, eine aus der Optik der Domäne bedeutsame Funktion zu beinhalten. Das Ablegen einer gesamten Bestellung erfüllt beispielsweise diesen Anspruch, jedoch nicht das Speichern eines einzelnen Datensatzes.

Von oben durch einen Top-down-Ansatz werden die Services ausgehend von den Geschäftsprozessen und der durch sie zu erbringenden Leistungen aus Sicht der Kunden ermittelt. Welche Services müssen hierzu auf der Systemebene bereitgestellt werden und wie können sich diese zu sinnvollen Komponenten bündeln, sind Fragen, die es zu klären gilt. Solche Services lassen sich aus der Analyse der Geschäftsprozesse ableiten. Wie bereits bei der im Kapitel über den Entwurf von Architekturen diskutierten Geschäftsmodellierung lassen sich aus den einzelnen Aktivitäten eines Geschäftsprozesses die Services und Komponenten ableiten, die durch die darunterliegenden Schichten zur Verfügung zu stellen sind. Im Gegensatz zur Entwurfsphase geht der Top-down -nsatz von bereits modellierten Geschäftsprozessen aus. Die Aktivitäten eines solchen Ablaufs bedienen sich der Systeme, die Tätigkeit weitgehend zu automatisieren. Die zu einer Funktion zusammengefassten Einzelschritte einer Aktivität kündigen potenzielle Kandidaten von Systemservices an. Um beim Beispiel eines Versandhauses zu bleiben, besteht im Bestellprozess eine Aktivität aus den Einzelschritten, die Bestellung zu erfassen, die Produkte in den Warenkorb zu stellen und die Bestellung abzuschließen. Diese Schritte ließen sich zum Service „Bestellung aufgeben" kombinieren. Die Geschäftsobjekte bieten eine mögliche Klassifizierung, die Services zu entsprechenden Komponenten zu gruppieren.

Top-down

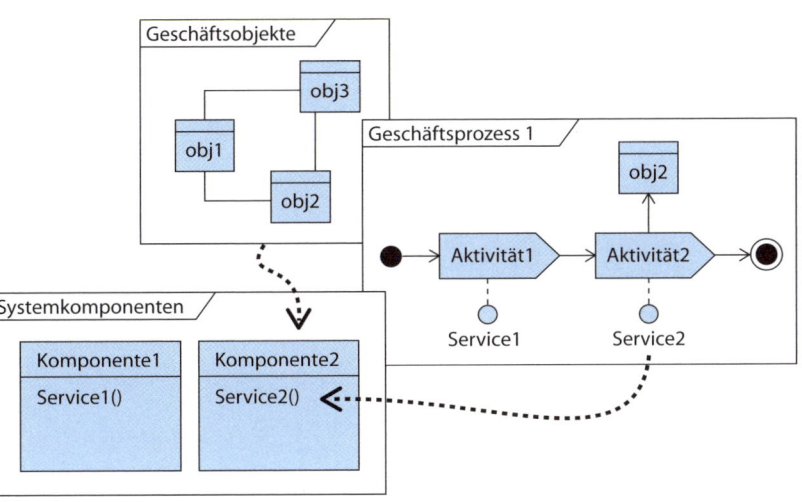

Abbildung 9.11
Top-down-Ansatz

Durch die Kombination eines Top-down- mit einem Bottom-up-Ansatz – als Middle-Out bezeichnet – wird die durch eine IT getriebene Sichtweise mit

Middle-Out

dem Anspruch einer durch das Business forcierten Betrachtungsweise kombiniert. In der Praxis hat sich gerade bei bestehenden Systemlandschaften ein solcher Ansatz bewährt, Services durch den beidseitigen Weg zu identifizieren. Vielleicht ein typisch schweizerischer Kompromiss, der ein gewisses Maß an Toleranz gegenüber der anderen Seite fordert und möglicherweise nur die zweitbeste Lösung darstellt. Ein in der Praxis bewährter Ansatz ist auch das im Folgenden besprochene Bilden von Quartieren, um aus einer Facharchitektur und der bestehenden Systemlandschaft Services zu identifizieren.

Die Servicekarte ist ein konzeptionelles Modell, in dem die darin befindlichen Komponenten logische Elemente sind. Es ist, um bei der bisherigen Terminologie der verschiedenen Sichtweisen einer Architektur zu bleiben, der konzeptionelle Standpunkt eines Systemmodells. Welche Technologie letztendlich zur Anwendung kommt oder welche konkrete Software die Services implementiert, ist zu diesem Zeitpunkt nicht von Belang.

Quartiere

Das Finden geeigneter Services und damit der Aufbau einer serviceorientierten Architektur sind gerade bei bestehenden Systemlandschaften eine besondere Herausforderung. Es gilt die Funktionsfähigkeit der IT-Systeme zu gewährleisten und gleichzeitig die Architektur schrittweise zu vereinfachen, indem individuelle Schnittstellen und allgemeine Serviceleistungen zusammengefasst werden. Ein in der Praxis erprobter Ansatz ist das Bilden von Quartieren. Ausgehend von einem existierenden Systemmodell und einer Facharchitektur werden die Systeme zu logischen Quartieren gebündelt und deren Leistungen zu gemeinsamen Schnittstellen zusammengefasst.

Abbildung 9.12
Quartiere bilden

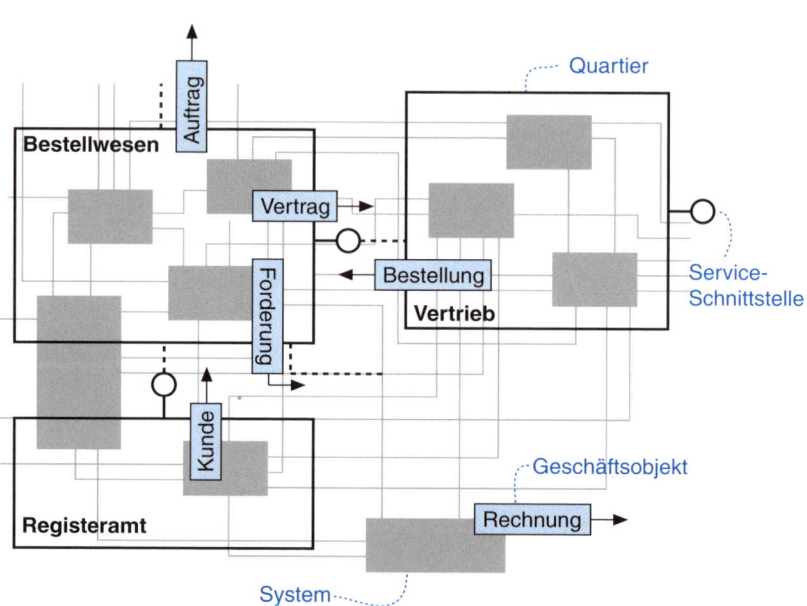

Quartiere oder Domänen sind mit den Abteilungen einer Organisation vergleichbar. Es sind die Orte, an denen bestimmte Leistungen erbracht werden. Dabei werden die Eingangsdaten zu entsprechenden Ausgangsdaten verarbeitet. Die Quartiere sind grobe funktionale Komponenten, die sich aus den Geschäftsprozessen ableiten und im Sinne einer hohen Kohäsion zusammengehörige Leistungen erbringen. Die transienten Daten, also jene, welche durch die funktionalen Komponenten produziert und konsumiert werden, entsprechen den Geschäftsobjekten. Bei der Identifikation der Quartiere ist in der Sprache des Business zu denken und die IT-Systeme sind vorerst außer Acht zu lassen. Quartiere sind jedoch keine Geschäftsobjekte, sondern Orte oder logische Einheiten. In einem zweiten Schritt werden die Systeme nun auf die Quartiere abgebildet. Die vielfältigen Interaktionen zwischen den einzelnen Systemen eines Quartiers über dessen Grenzen hinweg werden zu gemeinsamen Schnittstellen, den Services, zusammengefasst. Systeme, die sich nicht eindeutig einem Quartier zuordnen lassen, sind in einem dritten Schritt aufzutrennen.

Komponentenmodell

Nachdem die wichtigsten Services als Komponenten einer Servicekarte identifiziert und nach ihrer Abstraktionsebene kategorisiert sind, gilt es, diese Services und deren Schnittstellen sowie das Zusammenspiel im Detail zu betrachten. Für die Darstellung der Komponenten, deren Schnittstellen sowie die Visualisierung der statischen Struktur drängt sich das aus UML bekannte Komponentendiagramm auf. Ein Service, dargestellt als Komponente, bietet über wohldefinierte Schnittstellen Operationen an, die von der Außenwelt unabhängig von anderen Komponenten und ohne Kenntnisse der konkreten Implementierung genutzt werden können. Eine als Lollipop symbolisierte Schnittstelle steht stellvertretend für ein Set von solchen Operationen bzw. deren Beschreibung. Die Nutzung einer Schnittstelle wird durch den Antagonisten, dargestellt als Gabel, verbildlicht, wobei der Aufruf einzelner Operationen auf deren Stiel angegeben wird. Eine Schnittstelle ist also lediglich eine mehr oder weniger sinnvolle Gruppierung von Operationen, die ein Service anbietet. Ein Web-Service, um den Bezug zur Realität herzustellen, ist eine solche Schnittstelle. Die dahinterliegende Implementation stellt den eigentlichen Service dar, welcher über den Web-Service angeboten wird.

Schnittstellen-beschreibung

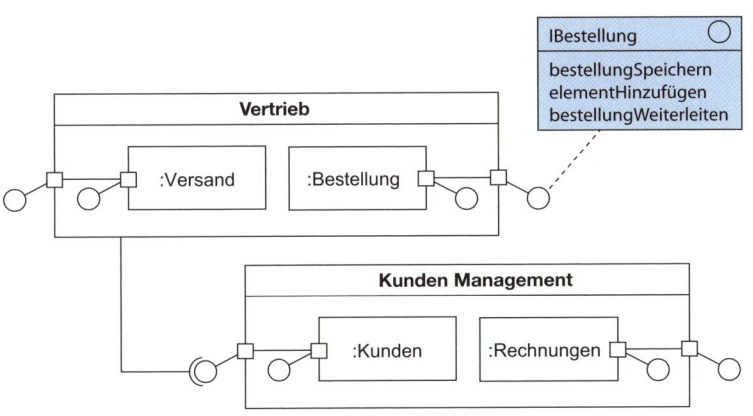

Abbildung 9.13
Komponentenmodell

Parameter- oder dokumentenbasiertes Schnittstellenkonzept

Beim Design der Operationen bzw. bei deren Ausprägung stehen zwei grundsätzliche Konzepte zur Verfügung: die parameter- oder die dokumentenbasierten Schnittstellen. Die Aufzählung der Argumente als primitiver Parameter einfacher Basistypen oder Strukturen ist eher der klassische Ansatz. Diese Art der Bindung ist sprechender, geht jedoch mit einer stärkeren Kopplung einher. Der dokumentenbasierte Ansatz als Gegenstück übergibt die Daten als strukturierten Datentyp. Der Begriff Dokument ist dabei etwas irreführend, da es sich in der Regel um eine als Argument übergebene XML-Struktur handelt. Eine solche Schnittstelle kann weitgehend transparent für bestehende Nutzer um weitere Daten ergänzt werden, da die bestehende Signatur der Operation nicht verändert wird. Solange ein solches Dokument um Elemente erweitert wird, ohne die bestehende Struktur zu verändern, wird der Schnittstellenvertrag nicht verletzt.

Geschäftsprozesse

Geschäftsprozesse als Ausgangspunkt einer serviceorientierten Architektur

Services im Sinne von SOA sind, wie wir nun wissen, in sich geschlossene Dienstleistungen, derer sich das Business bedient, um die Geschäftsprozesse zu betreiben. Es ist deshalb von zentraler Bedeutung, die Vorgänge und Abläufe zu verstehen, für die solche Services zu entwerfen sind. Durch die Bereitstellung der richtigen Dienste lassen sich Geschäftsprozesse flexibel an veränderte Bedürfnisse anpassen, indem die Services zu neuen Abläufen orchestriert werden. Durch eine entsprechende Darstellung der Geschäftsprozesse werden die Modelle der IT mit jenen der Geschäftswelt gekoppelt. Die erste Herausforderung einer auf Services basierenden Architektur stellt nicht selten die detaillierte Beschreibung solcher Geschäftsprozesse dar. Oft liegt nur eine rudimentäre oder veraltete Dokumentation der wichtigsten Prozesse vor. Wie bei der Modellierung der Systemarchitektur bedarf es zuerst organisatorischer Maßnahmen und einer klaren Zuständigkeit, um die Abläufe zu erfassen und zu pflegen.

Notationen für Geschäftsprozesse sind BPMN und BPEL

Für die Beschreibung der Geschäftsprozesse gibt es inzwischen eine Vielzahl von Methoden und noch mehr Werkzeuge. Im Umfeld von SOA haben sich die grafische Notation BPM sowie die Beschreibungssprache BPEL für die Ausführung der Prozesse etabliert. Diese Ansätze entstammen der Idee, Geschäftsprozesse visuell oder textuell zu spezifizieren und durch ein Workflow Management Tool zu automatisieren. Dabei wird jedoch gerne vergessen, dass eine Vielzahl der Vorgänge manuelle Tätigkeiten verlangen, die nur im geringen Ausmaß durch ein entsprechendes Werkzeug zu orchestrieren sind. Ein weiterer weit schwerwiegenderer Nachteil der Business-Prozess-Modelle mit BPMN ist deren mangelnde Integrationsfähigkeit. Die Diagramme stehen für sich alleine und lassen sich kaum mit einem in UML oder SysML modellierten System verknüpfen.

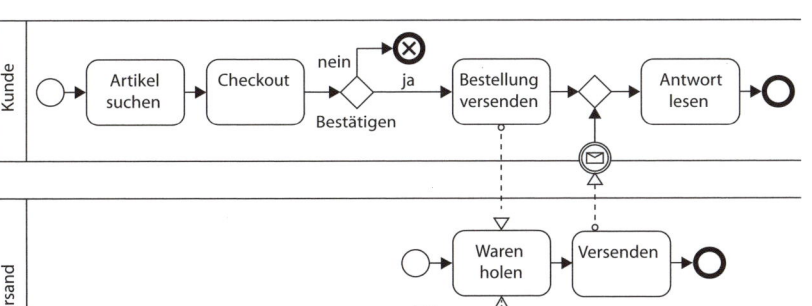

Abbildung 9.14
Geschäftsprozess
mit BPMN

Business Process Modeling Notation (BPMN)

BPMN ist eine grafische Notation für die Beschreibung von Geschäftsprozessen. Sie ist vergleichbar mit denen von klassischen Flussdiagrammen oder Aktivitätsdiagrammen von UML und dient der visuellen Darstellung von Abläufen. Im Gegensatz dazu dient die auf XML basierende Sprache BPEL zur Ausführung solcher Geschäftsprozesse. Vergleichbar mit einer Programmiersprache wie Java und deren grafischer Repräsentation in UML verhält sich BPEL gegenüber BPMN. Für eine vollständige Spezifikation der umfangreichen Sprache BPEL wird auf die Organisation OASIS verwiesen, die aus dem Bedürfnis einer gemeinsamen Beschreibungssprache für Geschäftsprozesse von IBM, Microsoft und BEA entstanden ist. Wir beschränken uns hier auf eine kurze Einführung in die Notation und Symbole von BPMN. Im Unterschied zu UML ist die aktuelle Version von BPMN 1.2 keine formale Sprache, die sich von einem Metamodell ableitet. Erst mit der geplanten Version 2.0 wird sich dies ändern.

BPMN besteht aus vier Gruppen von Symbolen: Flussobjekte, Verbindungselemente, Verantwortlichkeitsbereiche (Swimlanes) und Artefakte. Die Flussobjekte stellen aktive Elemente dar und teilen sich in Ereignisse, Aktivitäten und Gateways. Ereignisse sind Signale, die einen Geschäftsprozess triggern. Durch verschiedene Symbole werden die Ereignisse nach ihrer Position innerhalb des Prozesses (Start, Mitte, Ende) und der Art wie Nachricht, Timer, Signal unterschieden. Eine Aktivität beschreibt eine Tätigkeit oder Aufgabe innerhalb des Prozesses. Eine komplexe Aufgabe kann, wie wir dies bereits aus den Aktivitätsdiagrammen kennen, in Subprozesse aufgetrennt werden. Eine solche komplexe Aktivität ist durch ein Plussymbol gekennzeichnet. Das Gateway sind Entscheidungs- oder Vereinigungspunkte. Durch ein entsprechendes Symbol wird die dahinterstehende boolesche Regel visualisiert. Eine UND-Vereinigung verlangt beispielsweise, dass an allen Eingängen ein Wert anliegt, bevor die Ausgänge wahr werden.

Abbildung 9.15
BPMN Symbole

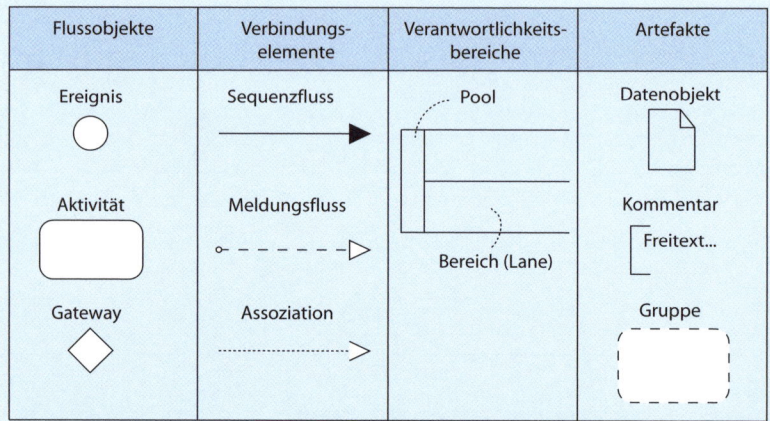

Flussobjekte	Verbindungs-elemente	Verantwortlichkeits-bereiche	Artefakte
Ereignis	Sequenzfluss	Pool	Datenobjekt
Aktivität	Meldungsfluss	Bereich (Lane)	Kommentar / Freitext...
Gateway	Assoziation		Gruppe

Bei den Verbindungselementen markiert ein Sequenzfluss die logische Reihenfolge der aufzurufenden Aktivitäten. Ein Meldungsfluss verbindet Flussobjekte oder Pools durch den Austausch von Nachrichten. Pools werden üblicherweise nur durch Meldungsflüsse miteinander verbunden. Assoziationen ordnen Artefakte und Kommentare den Flussobjekten zu.

Durch Pools oder Bereiche wird die Verantwortlichkeit für einen Prozess oder einen Teil davon einem bestimmten Personenkreis zugeordnet. Pools repräsentieren Organisationen oder Unternehmen. Diese können durch Bereiche weiter in ihre Abteilungen oder Zuständigkeitsbereiche aufgeteilt werden. Die Pools und Bereiche entsprechen weitgehend den Partitionen der Aktivitätsdiagramme. Die Artefakte als letzte Gruppe fassen Datenobjekte, Kommentare und Gruppierungsmöglichkeiten zusammen. Ein Datenobjekt kann eine elektronische Information wie Dokumente oder Datensätze, aber auch physische Objekte wie Material oder Energie darstellen.

BPMN entstand aus dem Bedürfnis heraus, Geschäftsprozesse in einer serviceorientierten Architektur visuell zu orchestrieren. Existierten zuvor auf XML basierende Ansätze, den Ablauf textuell durch mehr oder weniger komplexe und schwer lesbare Beschreibungen zu formulieren, so liegt nun eine gewohnte Art vor, die Prozesse als Flussdiagramme abzubilden. BPMN ist deshalb auch weniger mit der Intension entwickelt worden, eine Sprache für die Anforderungsanalyse zu sein. Es ist vielmehr ein Werkzeug für Unternehmensarchitekten, einen ausführbaren Ablauf auf der Ebene der Geschäftsprozesse zu programmieren. Eine auf BPMN basierte Beschreibung ist grundsätzlich durch eine Maschine les- und ausführbar. So lassen sich Systeme und deren Services auf einfache Weise zu einer bestimmten Abfolge von Aktivitäten orchestrieren und automatisieren. Eine Aktivität lässt sich auch hier beliebig weiter in ihre Einzelschritte dekomponieren. Dies gewährleistet, komplexe Sachverhalte und Abläufe übersichtlich darzustellen und schrittweise aufzugliedern. Das Beispiel der Abbildung 9.16 zeigt einen typischen Geschäftsprozess für die Prüfung und Freigabe eines Antrags.

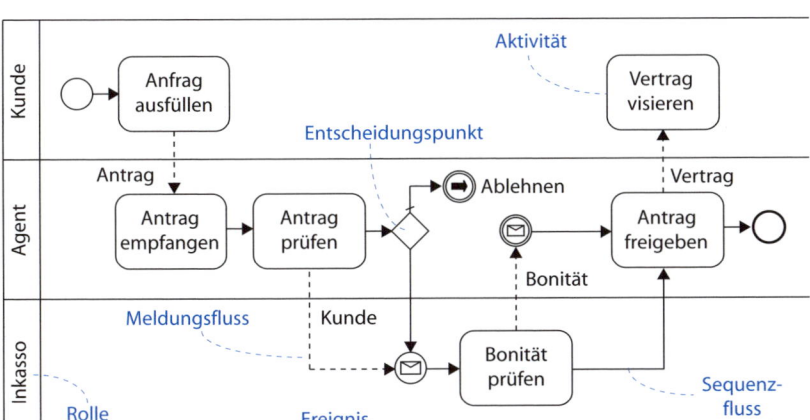

Abbildung 9.16
Beispiel mit BPMN

Die persönliche Erfahrung mit BPMN ist zwiespältig. Als Programmiersprache für die Formulierung von Geschäftsprozessen in Zusammenhang mit Workflow-Managementsystemen oder serviceorientierter Architektur eine willkommene Standardisierung; als Notation für eine für alle verständliche Beschreibung von Geschäftsprozessen oft zu technisch.

9.4 Zusammenfassung

Es gibt keine einfache Antwort auf ein komplexes Problem. SOA wird mit einem bunten Strauß von Versprechungen präsentiert, die heutige – aus Sicht des Business ineffiziente – IT fit für eine agile und kostenbewusste Zukunft zu machen. Ob SOA entscheidend Neues und Revolutionäres zur Lösung der nicht wegzudiskutierenden Herausforderungen beitragen kann oder irgendwann selbst ein Teil des Problems ist, muss sich erst noch beweisen. Der SOA innewohnende Grundgedanke, in sich geschlossene, durch einen Vertrag definierte Services anzubieten und damit klare Schnittstellen zwischen Business und IT zu schaffen, ist dennoch überzeugend. Dafür braucht es jedoch eine Änderung in der Einstellung auf beiden Seiten. Solche Services sind nur denkbar, wenn das Business Abstriche an der jeweiligen individuellen Lösung hinnehmen kann und die IT im Gegenzug ihre Kräfte auf die Bereitstellung zuverlässiger Dienste bündelt.

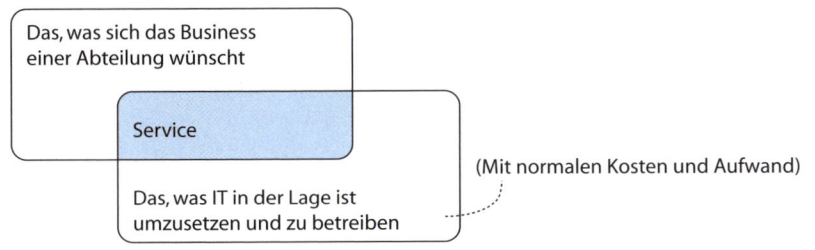

Abbildung 9.17
Kompromiss zwischen Business und IT

Es wäre jedoch ein Fehler anzunehmen, dass individuelle Lösungen für spezifische Bedürfnisse der Vergangenheit angehören und sich nun jedes Unternehmen dem Diktat einer serviceorientierten Architektur beugen müsse. SOA ist dort sinnvoll, wo der Wald vor lauter Bäumen spezifischer Lösungen nicht mehr sichtbar ist und ein Weiterkommen dadurch unmöglich wird. Abgesehen von der strategischen Dimension folgt SOA ansonsten den Grundprinzipien der Softwarearchitektur, indem aufgetrennt in verschiedene Schichten lose gekoppelte Komponenten oder eben Services zu höherwertigen Bausteinen und Systemen komponiert werden.

9.5   Weiterführende Literatur

(Starke & Tilkov, 2007) Die Auswahl der Bücher von SOA ist groß und die Verwirrung um das Thema vielleicht noch mehr. Gernot und Stefan haben das Wissen zahlreicher Experten zu einem Buch vereint. Entstanden ist ein interessanter Querschnitt durch die vielen Aspekte und Meinungen zum Thema serviceorientierter Architekturen.

(Krafzig, Banke & Slama, 2004) Die meisten Bücher über SOA münden sehr schnell in der Beschreibung von Web-Services und der damit verbundenen Protokolle. Dirk Krafzig und seine beiden Kollegen sind hier eine wohltuende Ausnahme. Sie beschreiben bewährte Methoden und Ansätze der Praxis, um serviceorientierte Architekturen in unternehmensweiten Applikationslandschaften einzusetzen und Serviceorientierung zu leben.

(Bloomberg & Schmelzer, 2006) Das Buch von Jason und Ronald ist weniger eine Lektüre für Leser dieses Buchs als vielmehr eine Empfehlung für ihre Manager, damit sich diese mit dem Thema einer serviceorientierten Architektur auseinandersetzen können. Auch wenn hier das serviceorientierte Gedankengut im typisch amerikanischen Stil als Heilsbringer gepredigt wird, bietet das Buch viele Anregungen, die IT aus Sicht des Business einem kritischen Blick zu unterziehen.

(Josuttis, 2007) SOA ist die Antwort auf die natürliche Heterogenität heutiger IT-Landschaften, so Nicolai Josuttis. Sein Buch ist eine umfassende Einführung in die wichtigsten Aspekte serviceorientierter Architekturen. Es ist aus der Praxis entstanden und widerspiegelt die persönlichen Erfahrungen des Autors. Es ist weniger eine Methode als vielmehr eine Sammlung konkreter Themen, denen ein SOA-Architekt gegenübersteht.

(Allen, 2006) Paul Allens Buch nähert sich dem Thema von serviceorientierten Architekturen auf einem sehr abstrakten, eher konzeptionellen Level. Der Fokus liegt auf der Modellierung unternehmensweiter Architekturen auf der Basis von Services. Dabei setzt er die verschiedenen Modelle einer Enterprise-Architektur geschickt zueinander in Beziehung und zeigt praktikable Strategien für deren Umsetzung auf.

Technologien

Zähmen sollen sich die Menschen, die sich gedankenlos der Wunder
der Wissenschaft und Technik bedienen und nicht mehr davon geistig
erfasst haben als die Kuh von der Botanik der Pflanzen, die sie mit
Wohlbehagen frisst. (Albert Einstein)

Szenenwechsel! Nach vielen Seiten über Modelle, Notationen und Methoden für den Entwurf und die Dokumentation einer Architektur wenden wir uns einigen ausgewählten Technologien zu. Der Abschnitt erhebt weder den Anspruch, vollständig zu sein, noch die verschiedenen Konzepte auch nur annähernd in ihrer Gesamtheit zu beschreiben. James Coplien (Coplien, 2005) forderte, dass Architekten auch implementieren (können). Im übertragenen Sinn bedeutet dies, dass die Architekten, aber auch Business-Analysten ein minimales Verständnis für die Programmierung haben und damit auch für die dort eingesetzten Technologien. Dazu gehören nach meinem Ermessen in erster Linie ein Wissen über relationale Datenbanken und die Kenntnis der wichtigsten Techniken der Middleware. Auf nicht weniger wichtige Aspekte wie die Technologien der Benutzerschnittstellen und die Anbindung von Hostsystemen werden wir nicht eingehen.

10.1 Middleware

Als in den 70er Jahren verschiedene IT-Hersteller begannen, Netzwerkarchitekturen für die Dezentralisierung von Rechenleistungen anzubieten, brach eine neue Epoche in der Informatik an. Nicht länger beherrschten Mainframes mit ihren monolithischen, vom Rest der Welt isolierten Applikationen das Geschehen. Nun war es möglich, mit anderen zu kommunizieren und Informationen auszutauschen. Bald entstanden die ersten Client-Server-Anwendungen und damit begann ein neues Zeitalter der verteilten Datenverarbeitung. In der Vielfalt unterschiedlichster Protokolle und rudimentärer Möglichkeiten des damaligen Datenaustauschs nicht immer eine einfache Sache. Der Ruf nach effizienteren Alternativen wurde erhört und fortan unter dem Begriff Middleware vermarktet. Eine Middleware ist vergleichbar

Middleware ermöglicht transparente Kommunikation zwischen zwei entfernten Applikationen

mit einem Netzwerkprotokoll, welches die Datenübertragung als elektrische Signale über ein physikalisches Medium verbirgt. Statt Kupferdrähte und Glasfasern werden in einer Middleware das darunterliegende Betriebssystem und eben dieses Netzwerkprotokoll abstrahiert und eine transparente Kommunikation zwischen zwei entfernten Applikationen ermöglicht. Es ist im Grunde der Leim zwischen Client und Server.

Vermittlungs- und Schnittstellenschicht

Damit begann eine interessante Reise von der Technik eines entfernten, auf einem anderen Rechner durchgeführten Routinenaufrufs bis hin zu den heutigen Konzepten einer serviceorientierten Architektur. Allen gemeinsam ist, dass eine Middleware aus einer Vermittlungsschicht und einer Schnittstellendefinition besteht. Die Vermittlungsschicht sorgt zur Laufzeit für den Verbindungsaufbau und die transparente Übertragung der Daten unabhängig von einer bestimmten Hardware und dem Betriebssystem. Die Schnittstellendefinition ist für die notwendige Übereinkunft zwischen Sender und Empfänger über die Struktur der Nachricht verantwortlich. Einige Ansätze wie CORBA, EJB oder WCF bieten darüber hinaus spezielle Laufzeitumgebungen mit Diensten für Transaktionen, Persistenz und einem Life-Cycle-Management für zustandsbehaftete Objekte an.

Entscheidend zum globalen IT-Dorf einer grenzenlosen Kommunikation hat sicher auch die Konsolidierung auf einen Standard für die Datenübertragung beigetragen. Aus den ursprünglich verschiedenen Netzwerkprotokollen konnte sich in letzter Instanz – dank des WWW – das von Unix stammende Protokoll TCP/IP durchsetzen. Zuvor hatte jeder größere Hersteller von Hard- oder Software sein eigenes Netzwerkprotokoll verwendet, die selten zueinander kompatibel waren. Doch das ist eine andere Geschichte.

Abbildung 10.1
Middleware

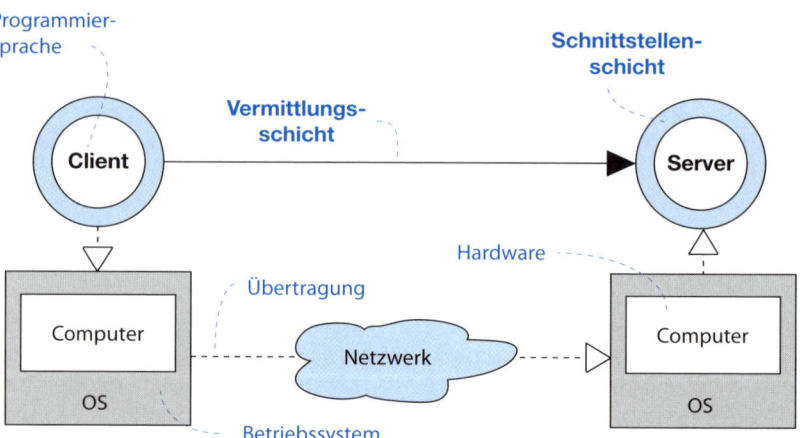

10.1.1 Remote Procedure Call

RPC ermöglicht einen transparenten Aufruf entfernter Prozeduren

In einer traditionellen, rein lokalen Applikation finden der Aufruf und die Ausführung einer Prozedur im selben Adressraum statt. Dabei werden die Parameterdaten direkt über den lokalen Stapelspeicher oder als Referenzen auf den dynamischen Speicher (Heap) innerhalb desselben Systemprozesses übergeben. In einem Client-Server-Modell verteilen sich hingegen der Aufruf und die Ausführung auf zwei verschiedene Prozesse und in der Regel auch auf voneinander getrennte Rechner. Die Mechanismen des *Remote Procedure Calls* (RPC) bieten ein einfaches Konzept, den Aufruf auf der Client-Seite einzupacken, über das Netzwerk an den Server zu senden und dort, als wäre es ein lokaler Aufruf, auszuführen. Sowohl die Variante von Sun wie auch der offizielle Standard DCE verwenden zur Beschreibung der Schnittstellen die *Interface Definitions Language* (IDL). Diese Beschreibungssprache sieht aus wie eine Headerdatei der Programmiersprache C. Aus dieser Definition werden die Stubs für Client und Server generiert und zum jeweiligen Applikationsteil gebunden. Ein *Stub* ist ein Stück Code, welcher die Parameter eines Routinenaufrufs in ein vereinbartes Format auf der einen Seite ein- und auf der anderen Seite auspackt, um dort die beabsichtigte Routine anzusprechen. Damit hat der Client nur noch die Verbindung zum Server herzustellen und schon können entfernte Operationen genutzt werden, als wären die aufgerufenen Prozeduren lokal.

Die Schwierigkeit mit RPC war die damit einhergehende Forderung nach einer parallelen Programmierung. Der Aufruf einer entfernten Prozedur konnte im Prinzip beliebig lange dauern und blockierte für eine unbestimmte Zeit den Client. Während dieser Zeit reagierte das Programm nicht mehr auf Benutzeraktionen, so dass sich eine gleichzeitige Ausführung entfernter Prozeduren aufzwang. Die damalige Unterstützung für den Gleichlauf mehrerer solcher Ausführungsfäden (Threads) ist mit den heutigen Möglichkeiten nicht zu vergleichen. Sicher mit ein Grund, weshalb sich RPC und insbesondere DCE sich nicht in dem Maße durchsetzen konnten wie spätere Ansätze. Trotzdem lieferte das Konzept von RPC die Grundlage für die darauf aufbauenden Architekturen, wie DCOM von Microsoft, CORBA und entfernter Datenbankzugriffe wie ODBC. Gerade die letztgenannte Option führte zu einer raschen Verbreitung des Client-Server-Modells. In den meisten Client-Server-Applikationen dient der Server lediglich der zentralen Datenhaltung. Der Client sendet die auszuführende Abfrage als SQL-Befehl an den Server, welcher seinerseits die Antwort als Tabelle zurücklieferte. Die Anwendung war denkbar einfach und bedurfte keiner Entwicklung eigener entfernter Prozeduraufrufe. Es waren lediglich Standardkomponenten einer existierenden Bibliothek wie JDBC oder ADO einzusetzen.

RPC erfordert eine parallele Programmierung

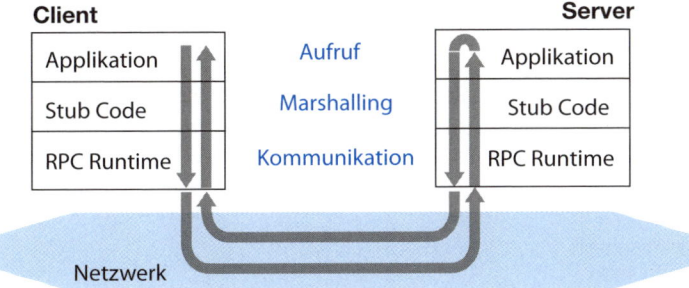

Abbildung 10.2
RPC

10.1.2 Common Object Broker Architecture

CORBA ermöglicht verteilte Objekte

Die *Common-Object-Broker*-Architektur (CORBA) ist eine einheitliche, herstellerunabhängige Architektur und Standard für verteilte Objekte. Dabei definiert CORBA einerseits den gemeinsamen Kommunikationsbus, den sogenannten ORB, und andererseits die Werkzeuge, um die Schnittstellen unabhängig von einer Programmiersprache zu beschreiben und zu implementieren. CORBA ist aber mehr als nur die Fähigkeit, entfernte Klassen zu instanziieren und deren Methoden wie entfernte Prozeduren aufzurufen. Der Standard erhob den Anspruch, objektorientierte Programme unabhängig von der physischen Infrastruktur entwickeln und betreiben zu können. Dazu gehörten die Spezifikation verschiedener Dienste wie Namensverzeichnisse, ereignisorientierte Kommunikation und Persistenz der Daten. Die herstellerspezifische Umsetzung des Standards machte die Nutzung dieser Dienste jedoch zu einem fehleranfälligen Unterfangen und verhinderte den Aufbau gemischter Netzwerke unterschiedlicher Varianten von CORBA-Implementationen. Wohl deshalb nutzten die meisten Unternehmen nur die Basisdienste des ORB in einem homogenen Umfeld.

Abbildung 10.3
CORBA-Modell

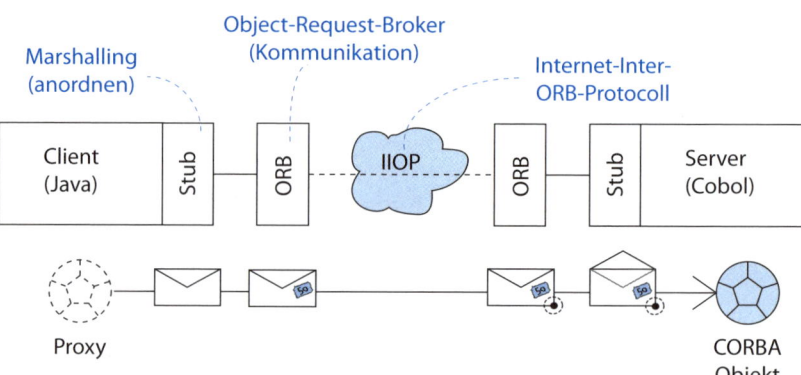

Mittels der von CORBA genutzten Interface Definition Language (IDL) werden die Schnittstellen, bestehend aus den Klassen und deren Operationen, definiert. Das Beispiel in Listing 10.1 zeigt die Klasse Clock mit einem Attribut für die Zeitzone und einer Operation, um die aktuelle Zeit abzurufen. Aus dieser Definition werden die für das jeweilige Betriebssystem und die gewünschte Programmiersprache passenden Stubs generiert. Diese Stubs wandeln, vergleichbar mit den Stubs der RPC, die binären Daten in ein für alle verständliches Format um. Die Transformation der Daten zwischen verschiedenen Repräsentationen wird als *Marshalling* bezeichnet. Beispielsweise wird hierbei die Reihenfolge der Bytes, also die Position des höchstwertigen, also signifikantesten Bits, an die jeweilige Hardware angepasst.

```
struct Time {
 short Hour;
 short Minute;
 short Second;
};
```

```
interface Clock : Calendar {
 readonly attribute string TimeZone;
 Time getTime();
}
```

Listing 10.1
IDL-Beispiel

Die CORBA-Objekte sind zustandsbehaftet. Sie werden im Adressraum des Servers erzeugt und über eine eindeutige Kennung durch den Client referenziert. Jeder Aufruf einer Operation auf das vermeintliche lokale Objekt umfasst ein Einpacken der Abfrage, das Versenden an den Server, ein Auspacken und die Abarbeitung des Auftrags, um dann in umgekehrter Richtung die Antwort an den Client in derselben Weise zu senden. Aus der Sicht des Clients verhalten sich die entfernten Objekte so wie jedes andere lokale Objekt. Vergleichbar mit modernen objektorientierten Sprachen mit einer automatischen Speicherbereinigung (Garbage-Collector) wird die Instanz auf dem Server gelöscht, wenn keine weiteren Referenzen darauf bestehen.

So weit war, jedenfalls für einfache Anwendungen, die Welt in Ordnung. Unglücklicherweise macht es einen erheblichen Unterschied, wo sich ein Objekt befindet. Die feinkörnigen Schnittstellen zwischen Client und Server führten nicht nur zu einer engen Kopplung, sondern zu einem erheblichen Kommunikationsüberhang. Die Erfahrung lehrte uns, die Schnittstellen entfernter Systeme grobkörnig, basierend auf Service- oder Nachrichtenkonzept, zu gestalten. Martin Fowler hat die treffende Aussage gemacht: Das erste Gesetz verteilter Objekte ist, keine Objekte zu verteilen.

Erstes Gesetz verteilter Objekte, keine Objekte zu verteilen

10.1.3 Message-oriented Middleware (MOM)

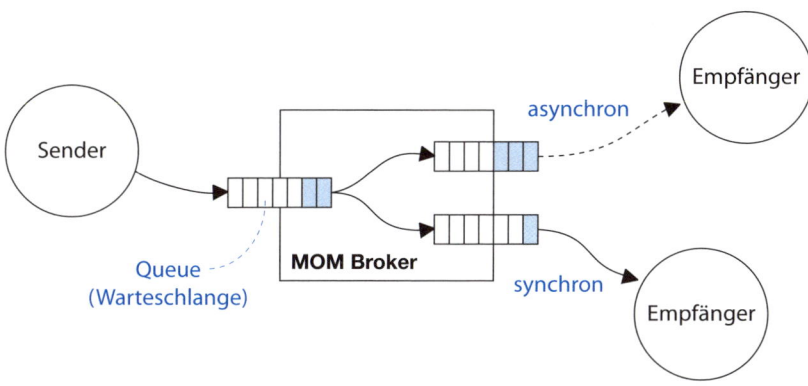

Abbildung 10.4
MOM Broker

Meldungsorientierte Konzepte gehören zu den Urformen der Kommunikation. War es früher der Austausch über Dateien, so sind es heute auf Warteschlangen basierende Systeme, welche den Sender mit dem Empfänger lose verbinden. Der Sender setzt dabei eine Meldung in seine Ausgangswarteschlange. Die Middleware sorgt sodann dafür, diese Meldung in die Eingangswarteschlange aller Empfänger zu verteilen und diese dann über den Erhalt einer neuen Nachricht zu informieren. In einer asynchronen Kommunikation erfolgt die Verarbeitung der Meldung zeitversetzt. Das heißt, der Sender wartet nicht auf die Verarbeitung durch den Empfänger. Ein synchro-

Meldungsaustausch über Warteschlangen

ner Meldungsaustausch hingegen entspricht vom Prinzip her dem eines Client/Server-Architekturmusters. Gerade in Bezug auf die Flexibilität und Skalierbarkeit bietet meldungsorientierte Middleware unbestreitbare Vorteile. MOM sind gerade für Pipe-and-Filter-, Publish-Subscriber- sowie Peer-to-Peer-Architekturansätze die ideale Basis, die verarbeitenden Prozesse lose, über einen gepufferten Kommunikationspfad miteinander zu verbinden. Die Wahl zwischen einer sofortigen und einer zeitversetzten Verarbeitung der eintreffenden Meldungen erlaubt ein hohes Maß an Skalierbarkeit und Lastverteilung. MOM sind heute als sogenannte Messagequeues fester Bestandteil von Applikationsserver. Zudem sorgen sie als Transportschicht in unternehmensweiten Servicebussen (ESB) für den Aufruf entfernter Services.

10.1.4 Enterprise Java Beans

EJB ist der Java-Standard für verteilte Geschäftskomponenten

Enterprise Java Beans (EJB) ist der Java-Standard für verteilte und wiederverwendbare Geschäftskomponenten. Er ermöglicht es dem Entwickler, sich auf die Implementierung der Geschäftslogik zu fokussieren. Die Bereitstellung von Basisdiensten wie Sicherheit, Transaktionen und automatische Persistenz in einer entsprechenden Laufzeitumgebung ist dabei Aufgabe eines jeweiligen Applikationsservers. Im Gegensatz zu vielen anderen Initiativen haben die Bemühungen von Sun Microsystems um eine Standardisierung verteilter Komponenten Früchte getragen, so dass Applikationsserver gegeneinander austauschbar sind.

Abbildung 10.5
EJB-Modell

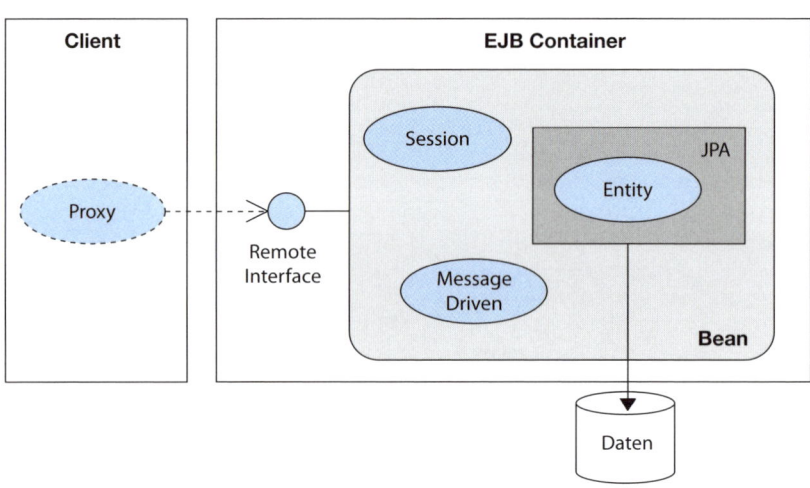

Wie in der Abbildung 10.5 skizziert, besteht eine EJB-Applikation im Allgemeinen aus den Geschäftskomponenten, den Enterprise Beans, und einem Remote-Interface in einem Container. Ursprünglich wurde zwischen der Session Bean, welche die Geschäftsabläufe beinhalten sollte, und der Entity-Bean für persistente Entitäten der Geschäftswelt wie Kunden, Bestellung und andere Businessobjekte unterschieden. Später kam die Message-Driven Bean hinzu, die eine asynchrone, meldungsorientierte Kommunikation erlaubt. Diese Komponenten implementieren die geforderte Geschäftslogik, ohne Teile der Präsentations- oder Datenschicht zu beinhalten. Der EJB-

Container stellt die Laufzeitumgebung dieser Komponenten oder Beans dar. Ein solcher Container ist in der Regel Teil eines Applikationsservers. Der Container nimmt dem Programmierer viele Aufgaben ab, wie das Life-Cycle Management, also die Instanzierung und Löschung nicht mehr benötigter Objekte, eine automatische Persistenz und das Transaktionsmanagement. Diese Dienste bedeuten aber auch eine nicht unerhebliche Mehrbelastung des Systems, weshalb EJB-Anwendungen lange Zeit in der Kritik standen, Ressourcen zu verschwenden. Das *Remote-Interface* veröffentlicht die Operationen einer Session-Bean als nach außen sichtbare Schnittstellen. Eine solche Bean, wie wir im Kapitel über SOA noch sehen werden, kann als Services aufgefasst werden. Die Probleme verteilter Objekte wie bereits bei CORBA besprochen, sind auch hier anzutreffen. Die oft zu feingranularen Schnittstellen sorgen für einen hohen Datenaustausch zwischen Client und Server.

Mit der dritten Version von EJB wurde deren Verwendung wesentlich vereinfacht. Die Bean-Klassen sind nun einfache Java-Klassen, sogenannte POJOs, die durch Anmerkungen, als *Annotation* bezeichnete Ergänzungen, entsprechend gekennzeichnet sind. Diese Anmerkungen sind Metadaten, welche die einfache Java-Klasse in eine vollständige EJB-Klasse wandeln und für die Verteilung sorgen. Umständliche Deployment-Deskriptoren entfallen damit weitgehend. Auf der Client-Seite sorgt die Anmerkung @EJB für alles andere.

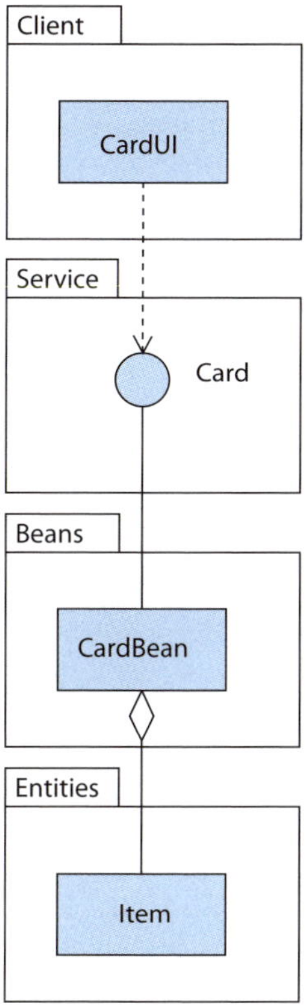

Dritte Version von EJB vereinfacht Verwendung

Abbildung 10.6
Beispiel EJB

```
@EJB
private Card card;
```

```
@Remote
public interface CardBean {
  public void checkOut();
}
```

```
@Stateful
public class CardBean implements Card {
  public void checkOut() {
    //..
  }
}
```

```
@Enrity
public class Item {
  @Id
  private int id;
  //..
}
```

Abbildung 10.6 illustriert die generelle Struktur eines EJB-Programms und das Zusammenspiel anhand eines einfachen Beispiels. Es zeigt, dass eine EJB-Komponente mit der dritten Version eine gewöhnliche Java-Klasse ist; ein Plain Old Java Object (POJO), welches wiederverwendbare Geschäftslogik implementiert. EJB ist das Framework, welches die Laufzeitumgebung für diese Klassen bereitstellt und den Zugriff über definierte Schnittstellen regelt. Die Verbindung erfolgt über die sogenannten Annotationen, welche die gewöhnlichen Klassen in gewünschter Weise zu EJB-Komponenten machen. Diese sogenannten Enterprise Beans teilen sich, wie bereits erwähnt, in Session, Entity und Message auf. Eine Entität repräsentiert ein Objekt der Geschäftswelt. Erweiterungen wie JPA ermöglichen die Abbildung dieser Objekte auf relationale Datenbanken und das Speichern der Daten. Die Instanz einer Entität verkörpert ein bestimmtes Geschäftsobjekt und dessen Zustand gegeben durch die Werte seiner Attribute. Eine Sessionskomponente entspricht einem Agenten oder einer Serviceklasse. Sie orchestriert das Zusammenspiel der Entitäten, ein gewisses Bedürfnis zu befriedigen. Eine solche Session-Bean ist mit einem Use-Case vergleichbar, welcher einen bestimmten Ablauf beschreibt und den Akteur durch den Prozess geleitet. Eine Session-Bean kann zustandsbehaftet oder zustandslos sein. Eine zustandslose Session ist im Grunde nur eine Sammlung zusammengehöriger Services, die zeitlich nicht voneinander abhängen. Im Gegensatz dazu kennt eine zustandsbehaftete Session-Bean ihre Vergangenheit. Wie ein Agent leitet eine solche Komponente den Aufrufenden durch einen vorgegebenen Ablauf und speichert den jeweiligen Zustand in lokalen Variablen zwischen. Das Remote-Interface publiziert letztlich die durch eine Session-Bean implementierten Services und definiert damit den Schnittstellenvertrag zwischen Server und Client. Es ist das, was der Aufrufer auf der Client-Seite sieht. Neben den bereits beschriebenen Remote-Beans existieren seit Version 2 leichtgewichtigere Local-Beans für die Verwendung von EJB innerhalb desselben Systemprozesses.

10.1.5 Web-Services

Web-Services ist RPC über HTTP

Hat das weltweite Netz auf der Basis des Hypertext Transfer Protocol (HTTP) unsere Art der Kommunikation auf eine andere Ebene gebracht, so hat XML unser Verständnis für Daten und deren Repräsentation verändert. Zusammen führten sie zu einer Revolution in der Kommunikation zwischen Prozessen. Waren bis dahin spezifische Protokolle und Netzwerkanschlüsse sowie die Installation oft kostenpflichtiger Softwarepakete notwendig, so bedurfte es – zumindest auf der Clientseite – nur noch eines Internetanschlusses und eines dem Standard konformen Einpackens der Meldung. Dies ist eigentlich nur die halbe Wahrheit und trifft mehr oder weniger auf den Vorgänger XML-RPC zu, aus dem die heutige Form der Web-Services entstanden ist. Neben dem Aufruf einer entfernten Prozedur über das Internet sollte diese als auffindbarer Service publiziert und durch einen passenden Mechanismus durch Interessierte adressiert werden können. Web-Services existieren in einem Dreiecksverhältnis zwischen Repository, Anbieter und Nutzer. Die Zeichnung der Abbildung 10.7 entspricht nicht zufällig dem Servicemodell von SOA. Web-Services wurden auch mit der Absicht eines serviceorientierten Architekturkonzepts entwickelt. In einem gewissen Sinne waren Web-Services Geburtshelfer von SOA oder verhalfen diesem Konzept zumindest zum Durchbruch.

Web-Services gehen mit einer Reihe von verschiedenen Standards einher. Der wichtigste ist sicher SOAP. Es steht für *Simple Object Access Protocol* und definiert, wie die Daten mit XML einzupacken sind, also die Struktur der Meldungen. SOAP wurde ursprünglich von Microsoft entwickelt und stellt ein simples Protokoll oberhalb des HTTP Layers dar. SOAP definiert eine einfache Struktur bestehend aus einem Header und Body. Der Header beinhaltet den Adressaten, Verschlüsselungs- und Transaktionsinformationen; der Body die eigentliche Meldung. WSDL, als weiterer Standard, dient der einheitlichen Beschreibung und dem Publizieren von Web-Services. Es spezifiziert die Signatur der Operationen und deren Daten. Der Service wird in diesem Format bei einem Repository veröffentlicht und kann nun mithilfe des durch das UDDI definierten Schemas gesucht werden. Idealerweise publizieren unterschiedliche Leistungsanbieter ihre Services in einem öffentlichen Verzeichnis. Der Leistungssuchende kann so unter einer Vielzahl von Anbietern den für seine Zwecke optimalen Service suchen und auswählen. So weit die Theorie; in der Praxis konnten sich solche Verzeichnisse, wenn überhaupt, nur für den internen Gebrauch durchsetzen. Web-Services werden stattdessen in der Regel als Nachrichtenprotokoll zwischen im Vorhinein festgelegten Verbindungen eingesetzt.

SOAP definiert die Struktur der Meldung, WSDL die Beschreibung des Services, UDDI die Veröffentlichung

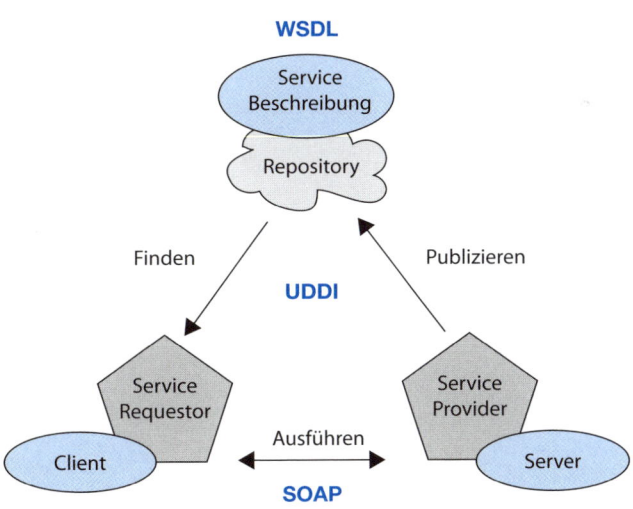

Abbildung 10.7
Web-Services

Des Weiteren kamen in den letzten Jahren unter dem Begriff WS-* unzählige weitere Standards für Verschlüsselung, Transaktionen, Orchestrieren von Services und vieles mehr hinzu. Diese Erweiterungen sind nicht durch alle Hersteller in der gleichen Weise umgesetzt worden, so dass Überraschungen hier nicht auszuschließen sind. So sind die Verschlüsselung der Daten, die Authentifizierung und das Transaktionshandling zwar durch entsprechende

WS-* definieren Erweiterungen von Web-Services

WS-* definiert, deren Umsetzung erfolgt jedoch nicht einheitlich. Trotzdem konnten sich Web-Services als erste Wahl für Client-Server wie auch als Basis für serviceorientierte Architekturen durchsetzen. Dies lag sicher auch an der optimalen, nicht ganz uneigennützigen Unterstützung der Web-Services durch Visual Studio von Microsoft. Später folgten andere.

10.1.6 Representational State Transfer

REST basiert auf den Grundelementen von http und besteht aus vier Operationen

Mit REST präsentierte Roy Fielding (Fielding, 2000) ein auf den Grundelementen des http-Protokolls basierenden Ansatz. Es ist die Antwort auf den Überhang zunehmender WS-*-Spezifikationen bei Web-Services. REST ist durch folgende Prinzipien gekennzeichnet: Alle Dinge sind eindeutig adressierbare Ressourcen, auf die vier Standardoperationen angewendet werden, und die Operationen sind zustandslos. REST lässt sich auf sechs Architekturbedingungen zurückführen. Ein Architekturstil für Webapplikationen basiert auf dem Client-Server-Konzept und verfolgt damit eine Separierung nach Aspekten wie Benutzerführung und Datenzugriff. Eine Interaktion hat zustandslos zu sein und sollte für eine effizientere Nutzung des Netzwerks in einem Cache für wiederholte Zugriffe gespeichert werden. Ein zentraler Punkt von REST ist die Forderung nach uniformen Schnittstellen. Das heißt, es gibt eine definierte für alle Daten vorgegebene Anzahl von Operationen. Damit unterscheidet sich REST wesentlich von allen anderen Konzepten. Es wird, um die Bemerkung zu erlauben, die Differenzierung auf die Bezeichner der Ressourcen verschoben. Wie jede gute Architektur fordert auch Roy für seinen Ansatz ein Schichtenmodell. Es ist jedoch nicht ganz klar, wie dieses in REST auszusehen hat. Letztlich soll ein Architekturstil Code auf Verlangen hin ausführen können und die eigene Applikation dynamisch durch neue Features erweitert werden. Alle diese Bedingungen beweisen at postum REST als geeigneten Ansatz für webbasierende Applikation.

Abbildung 10.8
REST

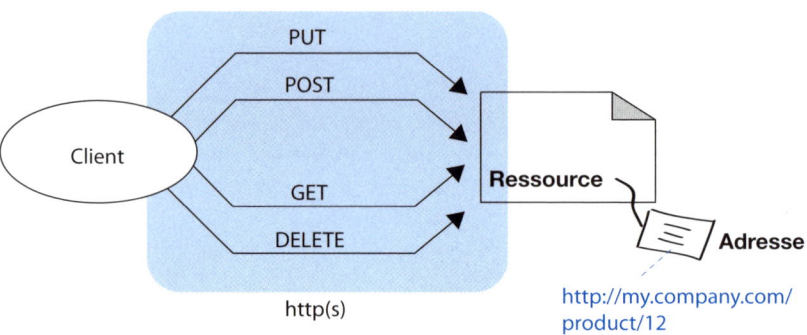

In der Tat hat das Konzept etwas für sich. Es ist einfach und alle notwendigen Mittel stehen mit dem Internetprotokoll http bereits zur Verfügung. Man muss jedoch einwenden, um den eingangs aufgeführten Kritikpunkten an den Web-Services gerecht zu werden, dass REST die Problematik verteilter Transaktionen und Verschlüsselung auch nicht löst. Als Nachteil wiegt zudem die fehlende Schnittstellenbeschreibung. So existiert für REST keine zu WSDL für Web-Services äquivalente Beschreibungssprache. REST unterscheidet sich von allen anderen Konzepten wie gesagt durch uniforme Schnittstellen, bestehend aus den vier Grundbefehlen des HTTP. Der Befehl GET steht für das Lesen, PUT für das Speichern, DELETE für das Löschen und POST für das Aktualisieren oder Verarbeiten der Daten. Die Ressourcen werden über den vom Web bekannten URI identifiziert. In einem gewissen Sinne ist das Konzept mit SQL vergleichbar, welches für die Datenmanipulation ebenfalls vier Grundoperationen bereitstellt. Hier sind die Ressourcen die Tabellen, auf die sich die Aktionen beziehen.

10.1.7 Windows Communication Foundation

Bis dahin kannte .NET von Microsoft drei sehr unterschiedliche Technologien für den Aufruf entfernter – in einem anderen Adressraum befindlicher – Prozeduren: Web Services, DCOM und .NET-Remoting. Obwohl das ideale Protokoll sehr stark von der jeweiligen Installation und Infrastruktur abhing, musste die Entscheidung für eine bestimmte Übertragungsart bereits in der Entwicklung gefällt werden. Microsoft begegnet seit .NET Version 3.0 diesem Dilemma mit der Windows Communication Foundation (WCF). Damit wird die Erfüllung eines Schnittstellenvertrags durch den Programmierer und die definitive Wahl des physikalischen Protokolls entbunden. Ob nun ein Service binär in der Weise von RPC oder mittels Web-Services oder gar meldungsorientierter Middleware bereitgestellt wird, kann zu einem wesentlich späteren Zeitpunkt, außerhalb der eigentlichen Programmierung, erfolgen.

ABC von WCF

Der erste Kontakt mit WCF konfrontiert uns mit dem Akronym ABC. Es soll an die Schichten *Contract*, *Binding* und *Address* erinnern. Auf oberster Ebene interessiert – wie für alle anderen Schnittstellen auch – nur die Definition des Vertrags, also welche Bedingungen für eine erfolgreiche Ausführung erfüllt sein müssen und in welchem Zustand sich das System nach Ausführung dieses Dienstes befinden wird. Auf der nächsten, tieferen Ebene ist die Frage eines geeigneten Protokolls zu klären. Wird über http oder binär kommuniziert und sind bestimmte Verschlüsselungsverfahren einzusetzen? Auf der untersten Ebene geht es dann lediglich um die physikalische Adresse und das definitive Transportprotokoll. Während der Entwicklung liegt der Fokus alleine auf der Spezifikation und Implementation des Vertrags, also den Operationen und deren Signaturen. Erst später auf der Ebene der IT-Architektur ist dann zu definieren, mit welchem Protokoll über welche Medien zu kommunizieren ist.

ABC für Adresse, Bindung und Contract

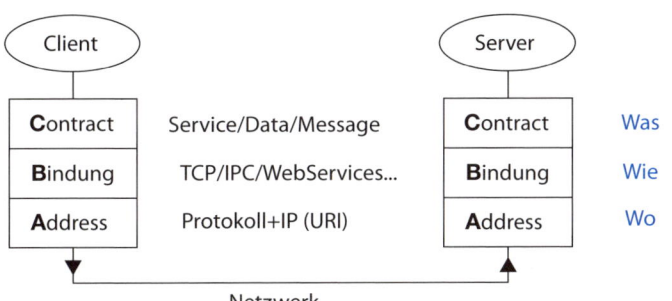

Abbildung 10.9
ABC von WCF

WCF-Architektur

Der Service Host behei-matet einen Service, dessen Endpunkt zum Proxy des Clients gebunden wird

Die Architektur von WCF offenbart keine Überraschungen. Sie ist vergleichbar mit dem Konzept von EJB. Auf der Serverseite braucht es einen Container, den sogenannten Service Host, und einen Prozess, der diesen Container beheimatet. Dies kann ein simples Programm, der Internet Informations Server (IIS) oder im Idealfall Windows Activation Server (WAS) sein. Der Service Host registriert sich unter einer oder mehreren Adressen. Auf der Client-Seite ist nun der Service, um den es eigentlich geht, mithilfe einer `ChannelFactory` auffindbar und zu instanziieren. Mit der Wahl des Endpunkts und damit der Art der Bindung wird der physische Übertragungskanal definiert. Oder mit den Worten des zuvor eingeführten Begriffs ABC formuliert: Die Registrierung des Endpunkts bindet ein oder mehrere Kontrakte an ein bestimmtes Transportprotokoll und eine Adresse. Der Client seinerseits bindet sich an diesen Endpunkt und liefert über den damit erstellten Kanal eine Referenz, einen Proxy auf den Kontrakt des Servers zurück.

Die Essenz von WCF liegt in einer plattformneutralen standardisierten Beschreibung der Serviceschnittstellen. Unabhängig davon, ob nun später Web-Services, REST oder DCOM als Übertragungsmedium genutzt wird. Auch WCF unterscheidet wie EJB zwischen drei Arten von Verträgen: Service, Daten und Nachricht. Der *Service Contract* beschreibt die Operationen, welche der Client als Service über festgelegte Schnittstellen aufrufen kann. Der *Data Contract* wird dazu verwendet, um komplexe Datenstrukturen zu definieren, und der *Message Contract* erlaubt die typisierte wie untypisierte Übertragung beliebiger Meldungen. Dies wird für die Interoperabilität mit anderen Teilnehmern wie Java eingesetzt, wo ein spezifischer Aufbau einer SOAP-Meldung vorzugeben ist.

Abbildung 10.10
WCF-Architektur

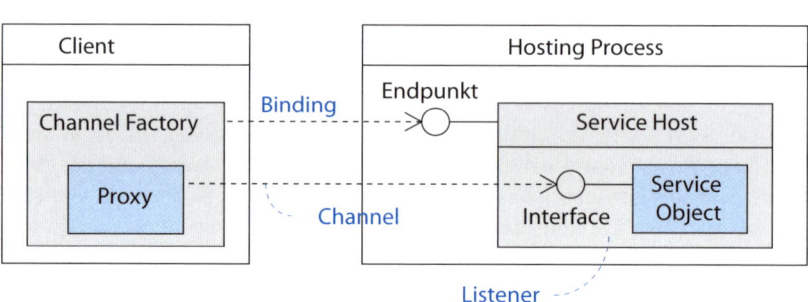

Listing 10.2
WCF Beispiel

```
[DataContract]
struct FullName {
 [DataMember]
 public string FirstName;
 [DataMember]
 public string LastName;
}
```

```
[ServiceContract]
interface IGreeting {
 [OperationContact]
 string SayHello (FullName yourName);
}

// Service Implementation
class MyService : IGreeting {
 public string SayHello (FullName yourName) {
    return "Hello " + yourName.FirstName;
}
```

Listing 10.2 (Forts.)
WCF Beispiel

10.2 Datenbanken

Sehen wir von technischen Systemsteuerungen ab, so sind fast immer Daten im Spiel und es ist oft auch jener Bereich eines Systems, welcher alle anderen Teile zeitlich überlebt. Userinterface, Business- und Applikationslogik mögen kommen und gehen, doch Daten bestehen (fast) für immer. Es ist aber auch der unbeweglichste Teil einer Applikation, da Datenstrukturen eng mit den darauf aufbauenden Systemen und deren Logik gekoppelt sind. Deshalb ist es erfolgsentscheidend, von Anfang an das richtige Datenmodell – logisch wie physisch -zu definieren. Datenbanken, oder zumindest deren ineffiziente Bindung zum Code, stellen nicht selten den Flaschenhals in Bezug auf Performance, Änderbarkeit und Skalierbarkeit dar.

Datenbanken lassen sich in operative und analytische Systeme aufteilen. Operative Systeme finden sich im Tagesgeschäft und widerspiegeln eine Momentaufnahme aufgrund ihrer Transaktionsorientierung. Im Kontrast dazu werden analytische Systeme dazu verwendet, um Trendanalysen über eine bestimmte Zeitspanne vorzunehmen. Mit *Data Warehouse Systemen* (DWH) werden die Daten für analytische Zwecke aus den verschiedenen operativen Systemen extrahiert, in ein einheitliches Format transformiert, verdichtet und geladen. Operative Systeme und hier das relationale Modell als Organisationsform für Daten sind Themen, mit denen sich nicht nur Datenbankspezialisten, sondern auch vermehrt Architekten auseinandersetzen. Heutige Datenbanksysteme wie Oracle, DB2 oder SQL Server sind eine Welt für sich und bedürfen eines eigenen Datenarchitekten. Für alle jene, denen diese Welt bis jetzt verschlossen blieb, seien die folgenden Seiten angedacht. Nach einer Klärung, was relationale Modelle sind und welche Bedeutung sich hinter dem Begriff Normalisierung verbirgt, folgt eine Einführung in das Konzept der Transaktionen, um mit einer Diskussion über Abfragesprachen das Kapitel zu beenden.

Operative und analytische Datenbanken

10.2.1 Relationales Modell

Vereinfach ausgedrückt ist das Relationenmodell eine zweidimensionale Tabelle. Die Daten werden in diesen Tabellen, sogenannten Relationen, gespeichert. Diesen Name haben die relationalen Datenbanken nicht – wie oft fälschlicherweise angenommen – durch ihre Beziehungen, sondern durch die in der Mengentheorie als Relationen bezeichneten Tabellen erhalten. Eine

Relation beschreibt die Menge aller Kombinationsvarianten von n-Werten. Es ist das kartesische Produkt von n-Wertebereichen oder anders ausgedrückt, die Summe aller, eindeutig voneinander unterscheidbaren Kombinationsmöglichkeiten von n-Werten. Beispielsweise ist das kartesische Produkt des Wertebereichs Geschlecht Mann/Frau und Kategorie Kind/Erwachsener/Senior:

Listing 10.3
Beispiel kartesisches Produkt

```
{ Mann/Kind,
  Mann/Erwachsener,
  Mann/Senior,
  Frau/Kind,
  Frau/Erwachsener,
  Frau/Senior }
```

Relation ist das kartesische Produkt von n-Werten

Das kartesische Produkt von Geschlecht und Altersgruppe ist also eine Tabelle oder Relation mit maximal sechs Wertepaaren. Ein einzelnes Wertepaar oder Set wird als Tupel bezeichnet, ein Wertebereich oder eine Kolonne als Attribut. Das Attribut definiert den Namen, Typ und Schlüsseleigenschaften eines Wertebereichs. In der Form einer Tabelle sind die Tupel die Zeilen und die Attribute die Kolonnen. Indem jede Zelle genau einen Wert enthält und sich jedes Tupel von jedem anderen eindeutig unterscheidet, befindet sich die Relation bereits in der ersten Normalform (1NF). Das Beispiel in Listing 10.3 erfüllt diese Bedingung.

Abbildung 10.11
Datenbank Tupel

ID : int	Kategorie : char(25)	Geschmack : char(30)
4	Chips	Vanille
10	Chips	Schokolade
6	Eiscreme	Schokolade
15	Eiscreme	Erdbeere

Tupel ist ein Paar beliebiger Dimension

Der Begriff Tupel ist die Abkürzung für *n-tupel* und geht übrigens aus der Verallgemeinerung von Paar, Tripel, Quadrupel usw. hervor. Ein solches Tupel oder ein solcher Datensatz repräsentiert eine Entität, die gesamte Relation oder Tabelle der Entitätsmenge. Aus der Menge aller Entitätsmengen ergibt sich die gesamte Datenbasis. Eine Domäne im Datenmodell bezeichnet die Kollektion aller zulässigen Werte einer bestimmten Eigenschaft oder vereinfacht ausgedrückt den Typ eines Attributs. Die Domäne definiert, welche Werte ein Attribut annehmen kann. So umfasst die Domäne „Geschlecht" die Werte Mann und Frau.

Zweite und dritte Normalform

Attribute, die ein Tupel eindeutig kennzeichnen, werden als Primärschlüssel bezeichnet. Eine Relation ist in der zweiten Normalform (2NF), wenn alle Nicht-Schlüssel-Attribute vom gesamten Primärschlüssel abhängig sind. Das heißt, ein nicht zum Primärschlüssel gehöriges Attribut hängt bei einem kombinierten, aus mehreren Attributen bestehenden Primärschlüssel nicht nur von einem Teil dessen ab. Beispielsweise in einer Relation mit den Werten Name, Adresse und Ort, wo Name und Adresse den Primärschlüssel bilden, der Ort aber nur von der Adresse abhängt, ist diese Forderung nicht erfüllt. Besteht der Primärschlüssel nur aus einem Attribut, so ist die zweite Normalform per Definition erfüllt.

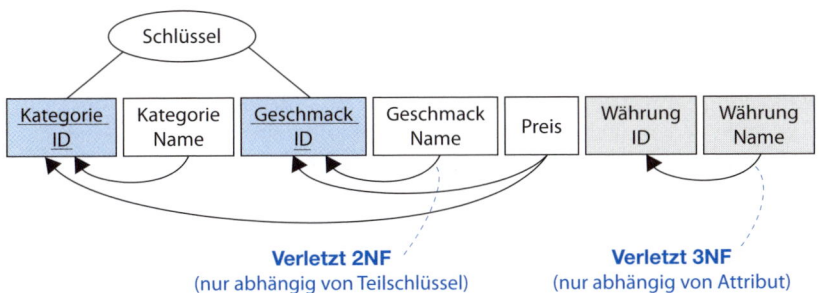

Abbildung 10.12
Normalisierung

Die dritte Normalform wird erreicht, wenn alle Nicht-Schlüssel-Attribute nicht voneinander abhängig sind. Im Beispiel der Abbildung 10.12 ist der Geschmacksname nur abhängig vom Teilschlüssel „Geschmack-ID" und nicht vom gesamten Primärschlüssel. Das verletzt damit die zweite Normalform. Der Währungsname selbst ist in der Darstellung nur vom Attribut „Währungs-ID" abhängig und genügt damit nicht der Forderung einer 3NF, dass alle Nicht-Schlüssel-Attribute unabhängig voneinander sein müssen.

Diese Verletzung der Normalform zeigt an, dass die Tabelle in eigenständige Tabellen aufzutrennen ist, um Redundanzen zu eliminieren. Die Tabelle Produkt der Abbildung 10.12 ist hierzu in entsprechende Untertabellen zu zerlegen. Dabei werden die voneinander abhängigen Attribute in separate Relationen ausgelagert und über Primär-Fremdschlüssel Beziehungen miteinander verbunden. Aus der ursprünglichen Tabelle Produkt entstehen wie in der Abbildung 10.13 die Untertabellen Kategorie, Geschmack und Währung.

Verletzung der Normalform verlangt ein Auftrennen in Untertabellen

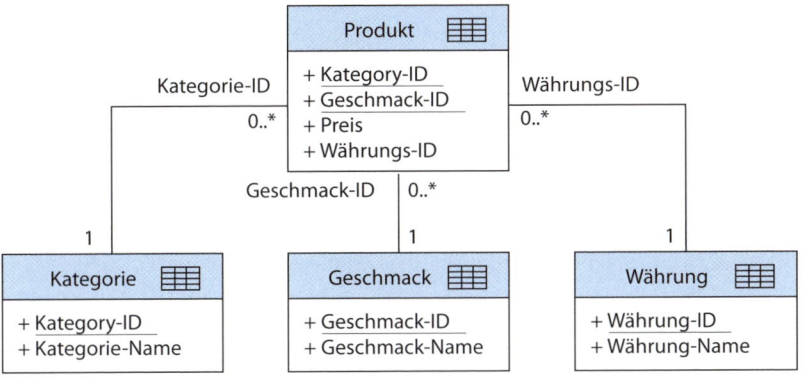

Abbildung 10.13
Normalisiertes Datenschema

Die Modellierungssprache UML eignet sich, wie das Beispiel zeigt, sehr gut für die Darstellung des Datenschemas. Je nach Werkzeug werden die Primärschlüssel unterstrichen oder sonst wie markiert. Das Attribut, welches auf den Primärschlüssel in einer anderen Tabelle referenziert, wird Fremdschlüssel genannt. Hierzu lässt sich die Rolle einer Assoziation verwenden. Die Rolle ist das, was eine Klasse gegenüber der anderen Klasse darstellt. Die Operationen der hierzu „missbrauchten" Klassen können für die Abbildung von sogenannten Integritätsbedingungen und Triggern eingesetzt werden.

Vierte und fünfte Normalform

Die vierte Normalform besagt, dass keine mehrwertigen Abhängigkeiten existieren. So drückt die Tabelle {Person-ID, Sprache, Instrument} aus, dass eine Person mehrere Sprachen und Instrumente beherrscht, ohne dass Sprache und Instrumente in direkter Verbindung zueinander stehen. Tabellen sollten jedoch genau ein Ding aussagen, welches durch weitere Attribute näher beschrieben sein kann. Also nicht wie im zitierten Beispiel, dass eine Person mehrere Fertigkeiten besitzt, die nicht direkt zueinander in Beziehung stehen. Dies mag auf den ersten Blick unverständlich klingen. Doch eine Verletzung der vierten Normalform erzwingt unnötige Redundanzen. So erfordert eine zusätzliche Sprache Einträge für alle Sprach-Instrumenten-Kombination. Die fünfte Normalform sparen wir uns hier, sie hat eher akademischen Wert.

10.2.2 Datenbankentwurf

UML und ER für den Entwurf des Datenschemas

Gerüstet mit den Grundbegriffen des relationalen Datenbankmodells steht dem Entwurf des eigenen Datenschemas nichts mehr im Wege. Ein zweckmäßiges Vorgehen für den Entwurf des logischen Datenmodells ist, mit Geschäftsklassen des Domänenmodells zu starten und dieses nach den zuvor aufgeführten Regeln zu normalisieren. Beispielsweise lassen sich mit einem UML-Klassendiagramm die Tabellen, deren Attribute, darauf ausführenden Prozeduren und die Beziehungen untereinander modellieren. UML wie auch die ältere Form der *Entity-Relationship* (ER)-Diagramme fokussieren auf die Darstellung der Relationen sowie deren Primär- und Fremdschlüsselbeziehungen. Diese Art der Darstellung lässt uns in Tabellen und deren zweckmäßiger Organisation zur Erfüllung der geforderten Normalisierung denken. Solche Datenschemas sind mit heutigen Werkzeugen einfach zwischen Datenbank und Modell abgleichbar.

ORM für den konzeptionellen Entwurf

Im Gegensatz dazu konzentriert sich die Notation *Object Role Modeling* (ORM) auf den konzeptionellen Entwurf der Datenbasis. Statt Relationen und deren Attribute stehen Entitäten und deren Beziehungen im Vordergrund. ORM verzichtet bewusst auf die tabellarische Darstellung und hebt stattdessen die Rollen der verschiedenen Objekte hervor. Es zwingt uns, zu überlegen, in welchem Verhältnis Informationen zueinander stehen, ohne bereits im Detail zu wissen, aus welchen Attributen und Domänen diese bestehen. Damit wird einer Gefahr begegnet, sich bereits in einer frühen Phase des Lösungsentwurfs mit dem späteren Schema einer Datenbank zu beschäftigen. Das Lösungskonzept steuert damit das Datenschema und nicht, wie oft anzutreffen, umgekehrt einen durch die Datenbank getriebenen konzeptionellen Entwurf. Die Notation ORM ist auch ein geeignetes Werkzeug, ein Geschäftsmodell vorerst in ein konzeptionelles Modell zu überführen, bevor daraus ein ER-Diagramm gezeichnet und das logische Datenschema definiert wird.

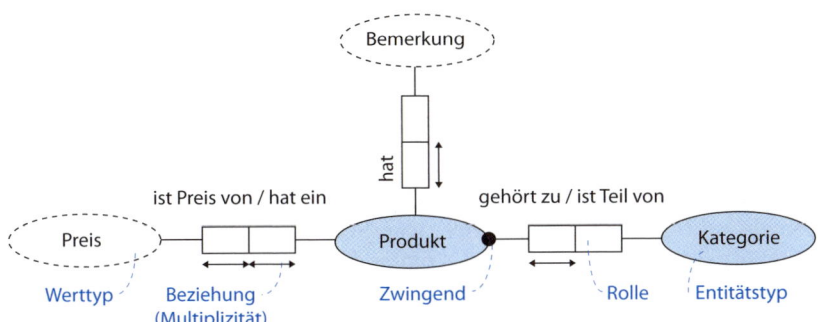

Abbildung 10.14
ORM-Beispiel

ORM besteht aus Entitäts-, Werttypen, Rollen und Beziehungen. Die Beziehung gibt die Multiplizität zwischen den Objekten an; so auch zwischen den Entitätstypen und deren Attributen. Damit sind vielfältige Beschreibungen von Integritätsbedingungen und Abhängigkeiten möglich. Im Diagramm der Abbildung 10.14 ist beispielswiese der Preis anzugeben, die Bemerkung jedoch nicht zwingend. In UML können solche Eigenschaften von Attributen mithilfe der *Object Contraint Language* (OCL) spezifiziert werden. Die Bedingung {Preis ist nicht null} erfüllt denselben Zweck, wenn auch nicht so illustrativ wie die im ORM-Diagramm dargestellte Beziehung. Auch wenn im heutigen Zeithalter UML omnipräsent ist, bietet – wie andere Notationen auch – ORM eine bessere Alternative, verschiedene Aspekte eines konzeptionellen Datenentwurfs zu verbildlichen.

Die Bezeichnung von ORM lässt vielleicht einen objektorientierten Ansatz vermuten. Es geht hier jedoch nie um das Abbilden der Daten auf ein mögliches Objektmodell, sondern um ein effizientes, von der Geschäftslogik möglichst entkoppeltes Speichern der Daten. Das relationale Datenmodell ist eine der effizientesten Formen, Daten zu speichern und in vielfältiger Weise zueinander in Beziehung zu setzen. Deshalb sollte im Entwurf immer die Dauer der einzelnen Abfragen und nicht ein optimales Abbilden des Datenschemas auf die Klassen der Geschäftslogik im Vordergrund stehen. Das relationale und objektorientierte Modell sind zwei verschiedene Bereiche und aus der jeweiligen Perspektive zu betrachten. Erst in einem zweiten Schritt sind die beiden Modelle ineinander zu überführen. Diese Aufgabe übernehmen heute für diesen Zweck geschaffene Werkzeuge wie JPA, Hibernate und Entity Framework von Microsoft.

Relationale und objektorientierte Modelle sind zwei verschiedene Dinge

Datenbanksysteme sind für die Bewältigung großer Datenmengen und eine rasche Beantwortung der an sie, oft durch mehrere Prozesse gleichzeitig, gestellten Abfragen ausgelegt. Die Geschwindigkeit als entscheidende Größe wird dabei durch die Anzahl notwendiger I/O-Zugriffe, um die Daten zu finden und zu lesen, bestimmt. Eine schlechte Verteilung der Daten oder unpassende Indizes erfordern wesentlich mehr Zugriffe. Die Auslegung der Datenbank, die Verteilung der Entitäten und deren Indizierung ist Teil des physischen Datenmodells. Darüber hinaus bieten moderne Datenbanksysteme eine Vielzahl von Möglichkeiten, die Abfragen zu optimieren. Ein schlechtes Design lässt sich damit allerdings nicht wettmachen. Auch das Duplizieren von Daten durch bewusste Redundanz ist selten die beste Lösung und führt zu schwer wartbaren Systemen. Doch keine Regel ohne Ausnahme. Kaum ein System wird sich an diese eiserne Regel halten können. Solange die Daten kontrolliert und nur für den lesenden Zugriff dupliziert werden, ist es ein gangbarer Weg, die Performance nachhaltig zu verbessern.

Stellen Sie als Systemarchitekt eine saubere Trennung zwischen Datenschicht und Geschäftslogik sicher. Jede Schicht hat eigene Mechanismen und Konzepte, um ihre Aufgabe optimal zu lösen. Wie bereits bei der Besprechung der Prinzipien aufgeführt, ist die Trennung auch inhaltlich zu vollziehen. Eine Information auf der Datenbank hat nicht dieselbe Struktur wie auf der Präsentations- oder Serviceschicht. Bildlich gesprochen wird eine Informationseinheit in der Form eines in sich weitgehend geschlossenen Objekts auf dem Weg Richtung Datenablage in seine Einzelteile zerlegt und in passenden Schubladen untergebracht. Die Einzelteile ihrerseits werden mit umgekehrten Vorzeichen für die jeweilige Betrachtung wieder zu Objekten komponiert.

10.2.3 Transaktionen

Die Einführung des Multitasking war der Rauswurf aus dem Paradies der IT. Zum einen begannen damit die Probleme erst richtig und zum anderen eröffnete die gleichzeitige Ausführung von mehreren Aufgaben ungeahnte Möglichkeiten und damit den Weg zur heutigen Informationswelt. Mehrere nebenläufig ausgeführte Programme konkurrieren nun um die Ressourcen und den Zugriff auf Daten. Eröffnet das erste einen Datensatz, verändert ihn das zweite, um dann durch das dritte wieder gelöscht zu werden. Kam der erste Prozess wieder zum Zug, so fand er einen ganz anderen Zustand vor, als er ihn vor mehreren Prozessorzyklen verlassen hatte. Nun galt es mit Semaphoren, kritischen Regionen und Mutexen, den Datenzugriff zu regeln. Eine nicht immer einfache und häufig auch fehleranfällige Aufgabe.

ACID Aufkommende Datenbankmanagement-Systeme (DBMS) nahmen sich dieser Aufgabe an und regelten transparent für den Aufrufer den gleichzeitigen Zugriff auf Daten in Form von Transaktionen. Das Konzept der Transaktionen stellt die Datenintegrität unter mehreren, parallel laufenden Prozessen sicher. Eine Transaktion ist eine Sequenz von Operationen, welche als logische Einheit vollständig ausgeführt (Commit) oder verworfen (Rollback) wird. Eine Transaktion erfüllt dabei die unter dem Akronym ACID zusammengefassten Eigenschaften:

- *Atomicy*: Jede Transaktion wird unter allen Umständen entweder vollständig ausgeführt oder wieder in den vor der Transaktion befindlichen Zustand gebracht. Eine Transaktion ist nicht durch einen anderen Prozess unterbrechbar. Er wird als eine atomare Einheit wahrgenommen.

- *Consistency*: Das Schreiben der Daten verletzt keine Konsistenzregeln und erlaubt es damit, nur gültige Daten im Sinne des Datenmodells zu speichern. Ist die Angabe eines bestimmten Attributs oder das Vorhandensein einer über Fremdschlüssel referenzierten Entität gefordert, so muss diese Bedingung am Ende der Transaktion erfüllt sein.

- *Isolation*: Änderungen an Daten durch einen anderen Prozess sind während der Ausführung der Transaktion nicht sichtbar. Jeder Prozess sieht die Umwelt im Zustand, wie zu Beginn seiner Transaktion vorliegend, nur durch die eigenen Veränderungen beeinflusst.

- *Durability*: Die Änderungen durch eine abgeschlossene Transaktion sind permanent, unabhängig von einem möglichen Systemfehler. Das System, hier die DBMS, sorgt mit Mechanismen wie dem persistenten Protokollieren aller ausgeführten Aktionen dafür, auch Tage später wieder den ursprünglichen Zustand herstellen zu können.

Die Transaktionsgrenzen, also wann eine Transaktion beginnt, legt der Programmierer selbst fest. Eine Transaktion sollte so kurz wie möglich sein, ohne jedoch im Sinne von ACID die Konsistenz der Geschäftsregeln zu verletzen. Beispielsweise hat die Geldüberweisung von einem Konto auf ein anderes innerhalb derselben Transaktion zu erfolgen. Damit wird vermieden, dass auf keinem oder auf beiden Konten das Geld verbucht ist. Damit verhindern Transaktionen unerwünschte Zustände durch den parallelen Betrieb mehrerer Prozesse, die gleichzeitig verschiedene Aktionen und dieselben Daten ausführen. Das Problem verschiebt sich damit auf die Präsentationsschicht. Es bedarf hier anderer Mechanismen, zugleich stattfindende Zugriffe zu regeln. Eine der einfachsten Methoden ist, den Datensatz mit einem Zeitstempel zu versehen und beim Zurückschreiben zu prüfen, ob die Daten in der Zwischenzeit verändert wurden.

10.2.4 Abfragesprachen

SQL steht für *Structured Query Language* und hat sich als Standard für die Definition, Abfrage und die Manipulation von Daten etabliert. Es ist eine deklarative Sprache, die das erwartete Resultat beschreibt und die Ausführung dem Datenbanksystem überlässt. Vergleichbar mit dem Hypertext Protocol besteht die Sprache aus uniformen Operationen zum Einfügen, Verändern, Löschen und Abfragen von Daten. Darüber hinaus lassen sich mehrere Datenbankbefehle zu sogenannten gespeicherten Prozeduren zusammenfassen. Zudem beinhaltet der Sprachumfang Befehle, um das Datenmodell, sprich die Tabellen und deren Beziehungen, zu definieren. Diese werden nicht Gegenstand der weiteren Betrachtung sein. Stattdessen konzentrieren wir uns auf den wichtigsten und mächtigsten Befehl, um die Tabellen zueinander in Beziehung zu setzen und abzufragen. Eine solche Abfrage wird in SQL mit der Anweisung SELECT eingeleitet. Das Resultat ist wiederum eine Tabelle, welche durch Verknüpfung mehrerer anderen Tabellen und die Erfüllung von selbst definierten Bedingungen entstanden ist. Gerade die Fähigkeit, die Rohdaten der Tabellen zu neuen Informationen und Aussagen zu verknüpfen, machen relationale Datenbank und SQL zu einem effizienten Paar.

SELECT verbindet Tabellen zu einer neuen Tabelle

Abbildung 10.15
SQL-Abfrage

Kunden   Aufträge   Produkte

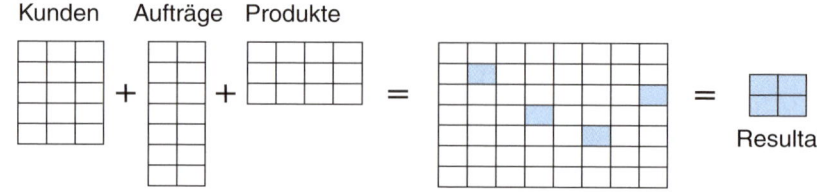

Resultat

Ging es beim Datenentwurf und der Normalisierung um die Auftrennung in redundanzfreie Tabellen, werden nun die verschiedenen Werte nach bestimmten Kriterien zu einer neuen, temporären Tabelle zusammengeführt. Bei einer Abfrage, wo mehrere Tabellen miteinander verknüpft werden, bildet die Datenbank aus den einzelnen Tabellen das kartesische Produkt aller Daten, um daraus die Elemente zu selektieren, die erwünscht waren und die formulierten Bedingungen erfüllen. In der Realität sieht die Sache natürlich etwas komplexer aus und wird auch wesentlich effizienter erfüllt, als hier skizziert. Das folgende Listing zeigt die klassische Verknüpfung von zwei Tabellen, das kartesische Zwischenprodukt und Endergebnis.

Listing 10.4
Beispiel SQL

```
SELECT DISTINCT Name
 FROM Person, Sprache
 WHERE Person.Name = Sprache.Name
   AND Person.Name = 'Peter'


-- Tabelle Person(Name/Wohnort) und Sprache(Name/Sprache)
 {Peter/Düsseldorf, Manuela/München}
+ {Peter/Deutsch, Peter/Englisch, Manuela/Spanisch}
-- Kartesisches Zwischenprodukt aller Kombinationen
= {Peter/Düsseldorf/Deutsch,
   Peter/Düsseldorf/Englisch,
   Manuela/Münschen/Spanisch}
-- Endergebnis
= {Peter}
```

In der Praxis ist entgegen dem Beispiel der in Listing 10.4 gezeigten Variante ein Verknüpfen der Tabelle mit der Join-Klausel oft die bessere Wahl. Diese Möglichkeit erlaubt verschiedene Mengenoperationen. Beim normalen Verbund, dem sogenannten Inner-Join, ist das Ergebnis zweier Tabellen A und B eine Tabelle, wo für jeden Eintrag aus A ein Eintrag in B existiert. Bei einem Outer-Join werden die fehlenden Einträge in der Tabelle B durch Nullwerte aufgefüllt.

Person

Name	Ort
Peter	Düsseldorf
Hans	Köln
Manuela	München

Sprache

Name	Sprache
Peter	Deutsch
Peter	Englisch
Manuela	Spanisch

$\rightarrow$

Inner Join (Person.Name = Sprache.Name)

Name	Ort	Sprache
Peter	Düsseldorf	Deutsch
Peter	Düsseldorf	Englisch
Manuela	München	Spanisch

Outer Join (Person.Name = Sprache.Name)

Name	Ort	Sprache
Peter	Düsseldorf	Deutsch
Peter	Düsseldorf	Englisch
Manuela	München	Spanisch
Hans	Köln	NULL

Abbildung 10.16
Inner und Outer Join

So weit der kurze Einblick in der Standardabfragesprache SQL. Oracle hat mit PL/SQL und Microsoft mit T-SQL den Sprachumfang von SQL erheblich erweitert und ermöglicht es, Businesslogik als aufrufbare Services direkt in der Datenbank zu implementieren. Damit lassen sich datenintensive Routinen am Ort des Geschehens in unmittelbarer Nähe zur Datenbasis implementieren. Diese Möglichkeit ist aus der Sicht einer hohen Kohäsion und der klaren Trennung zwischen Daten- und Applikationsschicht nicht immer der optimale Weg. Die Forderung nach einer klaren Separation der verschiedenen Aspekte und die jeweiligen Technologien für ihre ursprüngliche Intention einzusetzen, mag vielleicht antiquiert erscheinen. Die Erfahrung lehrt uns hingegen, dass im Hinblick auf die Erweiterung und Skalierbarkeit eines Systems dem nicht so ist. Objektorientierte Sprachen sind oft besser geeignet, einen effizienten Umgang mit komplexen Daten zu implementieren, als dies mit Datenbankskripts denkbar ist. Beispielsweise lassen sich umfangreiche und zeitintensive Datenauswertungen oft besser bewerkstelligen, wenn die Daten als Objekte in den Speicher geladen werden, um dort mit den Möglichkeiten einer objektorientierten Sprache bearbeitet zu werden. Die Meinungen über den bestmöglichen Einsatz werden wohl auch in Zukunft weit auseinandergehen. Die unterschiedlichen Konzepte von Datenbanken und Sprachen der dritten Generation tun das ihrige dazu.

Trennung zwischen Business- und Datenlogik

Das relationale Modell, bestehend aus einer Vielzahl statischer und dynamischer Tabellen, steht im Grunde im Widerspruch zum objektorientierten oder prozeduralen Modell gängiger Programmiersprachen. Lange Zeit führte dies dazu, dass Objekte das Datenmodell und nicht die Geschäftslogik abbildeten. Zu Beginn ermöglichten es beispielsweise Komponenten wie JDBC und ADO.NET, basierend auf dem Konzept von ODBC, SQL-Befehle abzusetzen und das Resultat als dynamische Liste zu erhalten. Es fand eine bewusste Trennung zwischen Datenbankabfrage und deren Abbildung als Klassen statt, wobei die Klassen oft der Einfachheit halber die erhaltenen Tabellen widerspiegelten. Diese Problematik wird als *Impedance Mismatch* bezeichnet. Erst das *O-R-Mapping* löste den Gegensatz zwischen relationaler und objektorientierter Welt auf. Statt einfacher Abfragen standen nun Werkzeuge zur Verfügung, um die Datenstruktur in die Domänenstruktur der Geschäftslogik abzubilden. Statt einer 1:1-Abbildung der Daten-

O-R-Mapping

bankstruktur in entsprechende Klassen und im besseren Fall ein manuelles Umkopieren in Geschäftsklassen, stehen nun Techniken zur Verfügung, das relationale zielgerichtet auf ein objektorientiertes Modell abzulichten. Wie in der Abbildung 10.17 gezeigt, lassen sich einzelne Kolonnen einer Datenbanktabelle dem zugehörigen Attribut verschiedener Klassen zuordnen. Das Mapping ist jedoch mit Bedacht zu wählen und die dabei notwendigen Datenbankzugriffe beim Entwurf sind mit zu berücksichtigen. Nicht selten vervielfachen sich durch eine ungeschickte Anwendung und Zuordnung die notwendigen Zugriffe auf die Datenbank, was zu einer erheblichen Mehrbelastung des Systems führt.

Abbildung 10.17
O-R-Mapping

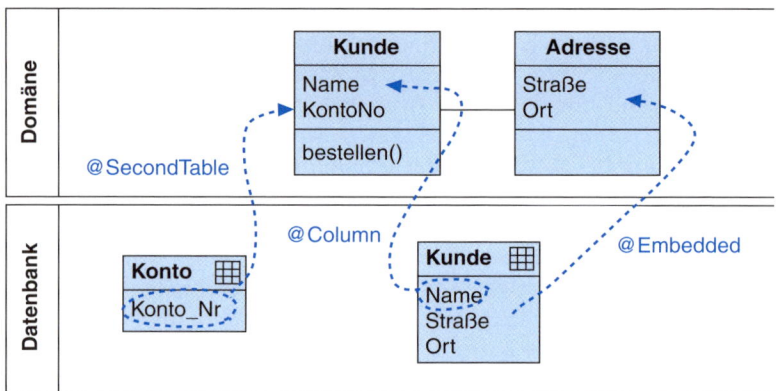

LINQ

Zwar ermöglicht es die Technik des O-R-Mapping nun, die Lücke zwischen Daten- und Objektmodell mehr oder weniger gut zu schließen, jedoch handelt es sich bei den über diese Werkzeuge abgesetzten Abfragen immer noch um SQL-Befehle. Dabei findet eine gewollte Trennung zwischen Datenzugriff über SELECT-Anweisungen in Form von Zeichenketten und einem ablaufgesteuerten Traversieren von Aggregationen statt. Zuerst wurden die Daten mit datenbankspezifischen Befehlen geladen, dann mittels eines Cursors iterativ zu Objekten instanziiert und einer Liste beigefügt. LINQ von Microsoft hebt diese Grenze auf und integriert die Abfragesprache vollständig in die Programmiersprache der dritten Generation. Auf temporäre Strukturen im Speicher, XML-Dateien und relationale Datenbanken lässt sich nun einheitlich mit den gewohnten Mitteln zugreifen und suchen. Der Compiler ist dabei in der Lage, die Syntax der Abfrageklausel zu prüfen und statische Typisierung zu unterstützen.

Embedded SQL

Der Wunsch, ablaufsteuernde, weitgehend auf statischen Datenstrukturen basierende Sprachen der dritten Generation mit den Möglichkeiten von Sprachen für dynamische Daten wie SQL zu verbinden, ist nicht neu. Mit der Verbreitung relationaler Datenbanken vor 20 Jahren wurden Sprachen der vierten Generation en vogue und Abfragesprachen wie SQL galt die Zukunft. Jedoch wurde bald erkannt, dass sich komplexe Aufgaben nur in Kombination mit den klassischen Programmiersprachen wie Pascal und C bewältigen ließen. Mit *Embedded SQL* entstand erstmals die Möglichkeit, Datenbankabfragen direkt im Programmcode einzubinden. Damit verringerte sich die Kluft zwischen Datenabfrage und der Verwendung des Resultats für die weitere Verarbeitung.

```
/* Embedded SQL Beispiel */
int x;
EXEC SELECT age INTO :x FROM person WHERE id = 123;
```

Listing 10.5
Embedded SQL

Die Sprachen der dritten und vierten Generation unterschieden sich jedoch in der Handhabung dynamischer Datenstrukturen erheblich. Waren die Dimension, also die Größe der Tabelle, und der Datentyp bei SQL erst zum Zeitpunkt der Ausführung bekannt, verlangten klassische Programmiersprachen diese Festlegung bereits beim Übersetzen des Quellcodes. Mit dem Aufkommen objektorientierter Sprachen entstanden hierzu dedizierte Bibliotheken wie JDBC und ADO, um eine Abfrage abzusetzen und das Resultat als dynamische Liste von Objekten zu erhalten. Der eigentliche Klumpfuß blieb, SQL-Befehle als Zeichenketten behandeln zu müssen sowie die Trennung von ablauf- und datengesteuerten Sprachen. Mit LINQ präsentiert Microsoft eine Erweiterung für .NET, um Abfragen direkt im Code platzieren zu können. Damit hob sich die Trennung zwischen dem *Was* gesucht und *Wie* es verarbeitet wird auf.

```
var query =
 from p in Persons
 where p.CountryCode == "CH"
orderby p.Name
 select new {p.Name, p.Age};

foreach(var item in query)
 Console.WriteLine("{0} {1}", item.Name, item.Age );
```

Listing 10.6
Beispiel LINQ

10.3 Zusammenfassung

Auch der Architekt von unternehmensweiten IT-Landschaften, welche sich eher auf strategischer Ebene bewegen, kommt nicht umhin, sich ein gewisses Wissen über die wichtigsten Technologien anzueignen. Die zentralen Themen in der Architektur umfassen die Middleware und Datenbanken. Die Middleware ist der Leim zwischen den verschiedenen Schichten einer Architektur. Sie verbindet entfernte Systeme miteinander und abstrahiert damit die zugrunde liegende Netzwerkkommunikation und die damit verbundenen Schwierigkeiten. Das Kapitel listet die wichtigsten Technologien auf, angefangen vom einfachen Aufruf einer entfernten Prozedur bin hin zu Web-Services und EJB. Im zweiten Teil wird auf die Konzepte von Datenbanken eingegangen. Hier allen voran das relationale Modell, welches Daten in zweidimensionalen Tabellen ablegt und zueinander in Beziehung setzt. Die fünf Schritte der Normalisierung dienen dem Entwurf redundanzfreier Datenbankschemata. Als Abfragesprache für solche Datenbanken hat sich SQL etabliert. Es ist eine beschreibende Sprache, bestehend aus einem fixen Set von Befehlen. Der wichtigste Befehl SELECT zur Abfrage verbindet physische Tabellen miteinander zu temporären Tabellen, aus denen jene Datensätze selektiert werden, die der angegebenen Bedingungsklausel genügen.

10.4 Weiterführende Literatur

(Coyle, 2002) Frank Coyles Buch ist eine kompakte Einführung in das Phänomen XML, Internet und die daraus entstandenen Web-Services. Es adressiert die wichtigsten Konzepte und Protokolle, ohne zu sehr auf technische Details einzugehen. Es ist deshalb eine empfehlenswerte Einführung in Themen verteilter Applikationen und der dabei eingesetzten Technologien.

(Cummins, 2002) Das Buch von Fred Cummins geht weniger auf spezifische Technologien ein, als vielmehr auf die Aspekte der Integration von Business und IT. Dabei werden verschiedene Themen auf konzeptioneller Ebene diskutiert und Lösungsansätze präsentiert, unternehmensweite IT-Landschaften zu integrieren. Es ist ein Buch, welches für den IT-interessierten Manager oder Business-Architekten geschrieben ist.

(Britton, 2001) Nicht mehr ganz aktuell in Bezug auf die verfügbaren Technologien bietet das Buch von Chris Britton trotzdem eine fundierte Einführung in die Aspekte verteilter Systeme und internetbasierender Applikationen. Dabei werden Grundlagen und Probleme von verteilten Systemen genauso behandelt wie eine ausführliche Diskussion über Schlüsselprinzipien wie Verfügbarkeit, Skalierbarkeit und Sicherheit.

(Halpin, 2001) Aus dem Fundus guter Bücher über relationale Datenbanken und deren Design habe ich jenes von Terry Halpin ausgewählt. Es konzentriert sich weniger auf den Entwurf und die Optimierung von Datenbanksystemen, als vielmehr auf die Modellierung von Informationssystemen im Allgemeinen und auf die von relationalen Datenbanken im Speziellen.

11

Programmierung

Es ist nicht genug, zu wissen, man muss auch anwenden; es ist nicht genug, zu wollen, man muss auch tun. (Johann Wolfgang von Goethe)

Wir haben uns bis jetzt intensiv mit Fragen der Architektur beschäftigt, verschiedene Entwurfsmuster besprochen und bereits einen Blick auf wichtige Technologien gewagt. Wir betrachteten das System von außen und lernten Methoden kennen, dessen grundsätzlichen Aufbau mit unterschiedlichen Modellen darzulegen. Der Architekt blickt dabei in die Zukunft, um eine Lösung zu entwerfen, die auch später, heute noch nicht bekannten Anforderungen wie denen nach Performance, Erweiterbarkeit und Verfügbarkeit genügen wird. Dabei galt der Fokus den grundsätzlichen Dingen eines Systems. Wir wollen in diesem Kapitel den Blick durch das Fernrohr eines Architekten für einmal verlassen und uns den nachgelagerten Aufgaben zuwenden: dem Design und der Programmierung.

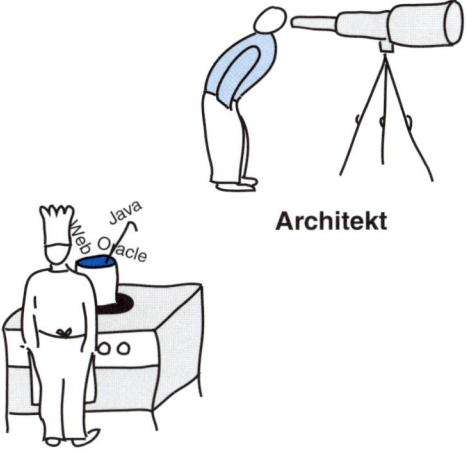

Abbildung 11.1
Designer, Programmierer und Architekten

Designer

Programmierer

Architekt

277

Das Design betrachtet das System von innen

Der Designer betrachtet im Kontrast zum Architekten das System von innen und fragt sich, in welche sinnvollen Komponenten und Klassen die fachlichen Anforderungen zu gießen sind. Dabei gibt die Architektur den strukturellen Rahmen vor. Der Programmierer setzt die entworfene Lösung um, indem das Rezept aus dem Detaildesign mit den richtigen technologischen Ingredienzien und Werkzeugen zum fertigen Gericht abgeschmeckt wird. In diesem Kapitel schauen wir in die Kochtöpfe des Programmierers und stellen die Arbeit des Designers als Bindeglied zwischen fachlicher Anforderung und dem Code vor. Wir beschränken uns dabei auf wenige, für den Softwareentwurf relevante Punkte, von denen auch ein Architekt wissen sollte.

11.1 Detaildesign

Blickten wir bis hierher als Architekten von außen auf das System, so ändern wir nun die Position und wenden uns dem Innenleben und damit dem Entwurf der Software zu. Die zuvor identifizierten und spezifizierten Subsysteme und Komponenten werden nun in konkrete Klassen übersetzt. Repräsentiert die Architektur ein grobes Konzept einer Lösung mit Fokus auf die Erfüllung der relevanten Qualitätsattribute, so geht es nun um die Transformation der funktionalen Anforderungen in implementierbare Klassen und Datenbankentitäten. Nach einem halben Jahrhundert Erfahrung in der Softwareentwicklung ein immer noch dornenreicher Weg. Doch was macht den Softwareentwurf und dessen Umsetzung so anspruchsvoll?

Software besitzt eine hohe Varianz und damit eine hohe Komplexität

Softwaresysteme sind komplexe Produkte mit einer kaum überblickbaren Anzahl von Variablen, die das System in vielfältiger Weise beeinflussen. Es existiert ein hohes Maß an Unsicherheit, wie die verschiedenen Module in der kaum abzählbaren Varianz von Zuständen der Laufzeitumgebung miteinander interagieren. Wir verwenden Software, um Software zu bauen, zu testen und zu betreiben, die wiederum andere Programmiersprachen und Komponenten zu deren Bau einsetzten. Bereits die relativ einfache Problemstellung, die eigenen Kontaktadressen zu speichern und via Web abzufragen, involviert eine Vielzahl von Technologien, Produkten und Infrastrukturelementen. Die Kunst liegt deshalb in der Einfachheit und Klarheit eines Softwareentwurfs. Dabei ist die geforderte Funktionalität mit der Architektur in Einklang zu bringen, um den geforderten Qualitätsansprüchen gerecht zu werden. Dies verlangt die Fähigkeit, die eigene Software sinnvoll strukturieren zu können und dabei bereits deren Weiterentwicklung im Auge zu behalten. Seitenlange Prozeduren von bis zu 20000 Zeilen mögen diesem Anspruch wohl kaum genügen, auch wenn das sichtbare Resultat momentan befriedigt. Oft entstehen solche überdimensionierten, in sich alles vereinenden Funktionen durch einen fortlaufenden Ausbau, ohne sich die Zeit zu nehmen, die Struktur den veränderten Gegebenheiten anzupassen. Wir verlassen deshalb für die nächsten Seiten die Position des Architekten und fragen uns, wie aus dem groben Lösungsentwurf und den funktionalen Anforderungen ein zweckmäßiges Detaildesign entsteht.

Was unterscheidet guter von schlechter Software?

Bevor wir in das eigentliche Thema des Softwareentwurfs einsteigen wollen, stelle ich die Frage in den Raum, was gute von schlechter Software unterscheidet. Ich hatte das Glück, während meiner langjährigen Tätigkeit in der Informatik an vielen spannenden und anspruchsvollen Projekten im Gebiet der Programmierung von großen Systemen beteiligt gewesen zu sein. Alle damaligen Kolleginnen und Kollegen hatten ihren eigenen Stil und Problemlösungsansatz. Manche fingen an einem Ast an und hangelten sich von da bis zum fertigen Programm durch. Andere entwarfen ein detailliertes Klassendiagramm, bevor die erste Zeile Code geschrieben wurde. Doch welches Vorgehen war letztendlich erfolgreicher und führte zu großartigem Code? Es war wohl die richtige Mischung, einen Plan für die bevorstehende Programmierung zu entwerfen und gleichzeitig den baldigen Nachweis für die Machbarkeit kritischer Komponenten zu erbringen. Die vorgängige Modellierung des zu schreibenden Programms führt nachweislich zu besser strukturiertem und erweiterbarem Code, als durch einen sofortigen Beginn der Codierung zu erreichen ist. Das Modell hilft, die eigenen Gedanken zu gliedern und einen Bauplan für die nachfolgende Programmierung festzulegen. Das Problem hierbei ist die Unfähigkeit, Auswirkungen von Designentscheiden und Unsicherheit in Bezug auf die Umsetzung bereits zum Zeitpunkt des Entwurfs dingfest zu machen. Es ist nicht die Unfähigkeit, die auf einem fachlichen Defizit beruht, sondern das nicht Abschätzen können von einer Vielzahl von Stellgrößen. Deshalb sind die Erfolgreichsten jene, die sich gleichzeitig den Möglichkeiten der Modellierung mit denen der Programmierung bedienen. Iterativ verfeinern sich der Entwurf und der Code. Dabei werden kritische Komponenten ausprogrammiert, bevor das Modell um wichtige Designentscheide erweitert wird. Das Modell – in meinem Verständnis – ist ein wichtiges Hilfsmittel, großartigen Code zu schreiben und dabei den Überblick zu behalten, aber auch die Struktur und das Zusammenwirken der Programmzeilen für andere erklärbar zu machen. Gerade diese Forderung nach einer Dokumentation der eigenen Arbeit gilt für erfahrene Programmierer, welche weniger auf die Hilfestellung eines Modells angewiesen sind und gerne die nachfolgende Generation von Programmierer vergessen. Die Kunst liegt in der Fähigkeit, das Zusammenspiel und die Funktionsweise einer Software verständlich zu machen, ohne die aus dem Code ersichtlichen Details zu wiederholen. Ein Modell des Detaildesigns ist ein abstrakter Plan, um die Anforderungen zu implementieren.

Die ersten Kilometer entscheiden über den restlichen Verlauf

Im Gegensatz dazu ist das schlechteste und leider oft angewandte Vorgehen die schrittweise Erweiterung eines funktionierenden Codebeispiels um die fehlenden Anforderungen. Somit bestimmt das Beispiel die spätere Struktur und möglicherweise auch die zu wählende Technologie. Aller Anfang ist schwer, nicht nur in der Architektur. Das Finden eines geeigneten Lösungsansatzes erfordert gerade zu Beginn eine gewisse Beharrlichkeit und Ausdauer. Die ersten Kilometer entscheiden über den restlichen Verlauf des Rennens und wir sollten uns die Zeit nehmen, Dinge auszuprobieren, bevor wir uns für eine definitive Lösung entscheiden. Die hier investierte Zeit macht sich später zu einem Vielfachen bezahlt. Gerade in der frühen

Phase des Softwarebaus bedarf es des Auslotens möglicher Umsetzungs-varianten, anstelle ein funktionierendes Codebeispiel zum fertigen Programm zu erweitern. Ein Codebeispiel ist eher im Sinne eines wegzuwerfenden Prototyps zu verwenden, um Unsicherheiten betreffend der späteren Umsetzung auszuräumen.

11.1.1 Softwareentwurf

Im Design liegt der Fokus auf den funktionalen Anforderungen

Nach der Frage der besten Strategie in der Softwareentwicklung steigen wir in das Tätigkeitsfeld der Programmierung ein und beginnen mit der Einführung in den Softwareentwurf. Der Softwareentwurf skizziert, wie die Anforderungen und die davon abgeleitete Architektur im Detail in lauffähigen Code umzusetzen sind. Die Architektur gibt hierfür den Rahmen vor und die vom Business-Analysten stammenden Anforderungen nennen die Funktionen, die durch die Software bereitzustellen sind. Der Entwickler nutzt, wie der Architekt auch, verschiedene Methoden und Modelle, um die formulierten Leistungsmerkmale schrittweise in Code zu übersetzen. Der Fokus liegt nun in der Entwicklung und Formulierung eines auf einer bestimmten Technologie und Werkzeugen basierenden Implementierungsentwurfs. Der Architekt musste ein für alle Stakeholder passendes Lösungskonzept finden und präsentieren; der Entwickler setzt dieses mit dem Wissen von Programmiersprachen, Produkten und Werkzeuge um. Befasste sich die Architektur mit den nichtfunktionalen Anforderungen, so gilt nun unser Hauptaugenmerk den funktionalen.

Schrittweise Verfeinerung des Modells

Der Softwareentwurf besteht aus verschiedenen Aktivitäten, den sogenannten Disziplinen. Eine Disziplin, wie wir im Kapitel über Entwicklungsprozesse sehen werden, ist eine Sammlung zusammengehöriger Aufgaben und Rollen, an deren Ende ein bestimmtes Ergebnis vorliegt. Das Ergebnis dient der nachfolgenden Disziplin als Basis, das Modell zu verfeinern. Wie die Abbildung 11.2 zeigt, entsteht aus den Anforderungen schrittweise ein Designmodell, das letztlich mit den gewählten, für diese Problemstellung zweckmäßigen Produkten und Werkzeugen implementiert wird.

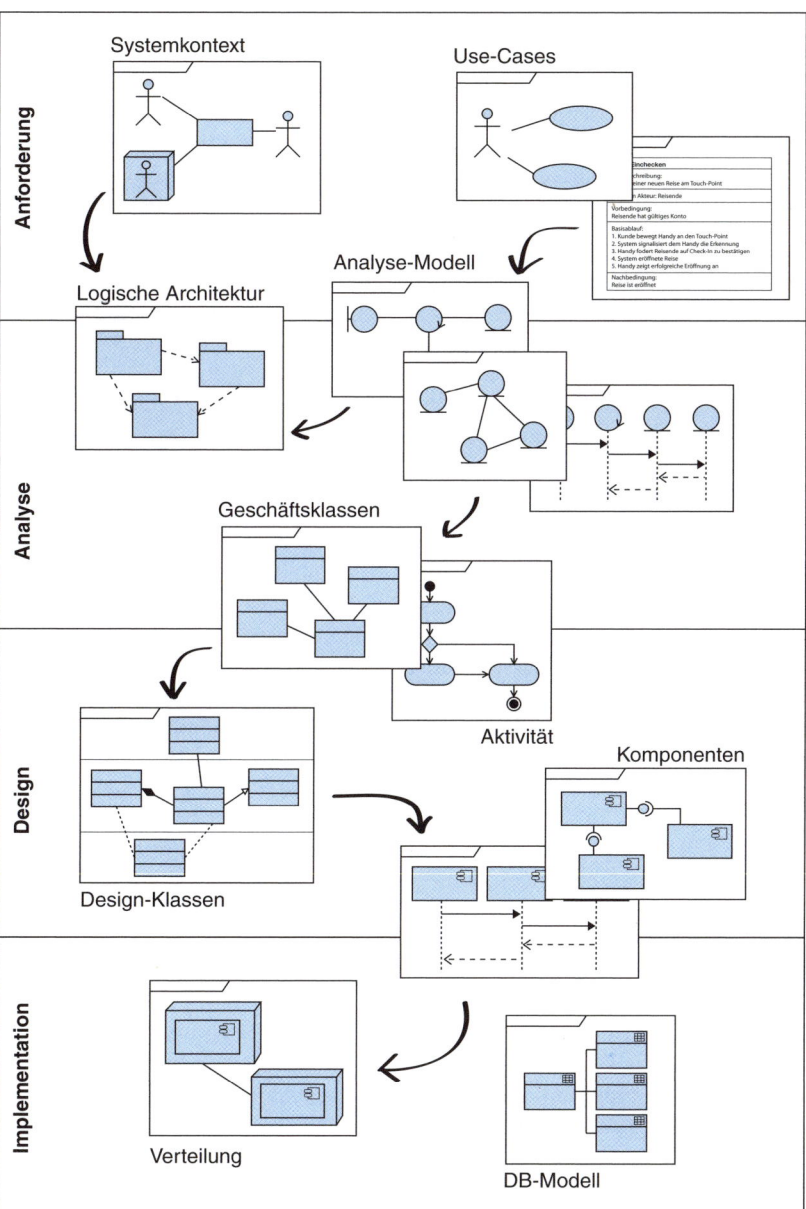

Abbildung 11.2
Softwareentwurf

Die beiden ersten Disziplinen zur Erhebung der Anforderungen und zum Entwickeln eines Analysemodells geschehen außerhalb der Verantwortung des Softwareentwicklers. Was nicht bedeutet, er sei an diesem Prozess nicht beteiligt. Gerade in der Phase der Analyse, wenn aus Use-Cases oder Anforderungsspezifikationen erste konzeptionelle Lösungsansätze entstehen, kommt dem Design der Software eine zunehmende Bedeutung zu. Zu die-

Am Anfang stehen die Erhebung der Anforderungen und der Entwurf eines ersten Lösungsentwurfs

281

sem als Use-Case-Realisation bezeichneten Zeitpunkt entstehen Analysemodelle, die erste Lösungswege konkretisieren. Diese konzeptionellen Modelle nennen die wichtigsten Bausteine oder Funktionsblöcke, ohne die spätere Realisierung bereits zu beachten. Hier finden wir Begriffe wie Kunden, Vertragsmanagement und Zahlungsmodule. Das Kapitel Businessanalyse wird im Detail auf die Erstellung solcher Analysemodelle eingehen. Wir verlassen vorerst dieses Thema und wenden uns wieder dem Detaildesign zu.

Aus dem konzeptionellen Modell der Analyse, welches ein Gedankengerüst der späteren Lösung präsentiert, sind nun die Klassen der späteren Implementierung abzuleiten. Aus der fachlichen oder logischen Komponente *Kunde* entstehen nun Datenbankentitäten, Zugriffsroutinen, Listen und Eingabemasken. Das Detaildesign übersetzt die logischen Bausteine der Architektur und Elemente des Analysemodells in reelle Klassen, Tabellen und Listen unter Verwendung verschiedener Werkzeuge und Frameworks. Dabei legt das Design die konkrete Struktur fest und beschreibt die im Code zu implementierenden Bausteine.

Das Design verfeinert den Lösungsentwurf, ohne Details der Implementierung zu nennen

Dieser Entwurf sollte jedoch nicht Details der Implementierung durch eine spezifische Programmiersprache oder ein Framework beinhalten. Dass beispielsweise eine Aggregation durch eine generische Liste oder der Datenbankzugriff durch Bibliotheksklassen implementiert wird, gehört nicht in das Detaildesign. Die Sache mag in einem modellgetriebenen Ansatz etwas anders aussehen, wo am Ende der Code aus dem Modell generiert wird. Es ist nicht immer ganz einfach, im Detaildesign die richtige Balance zwischen Architektur und Implementierung zu finden. Die Architektur nennt die Komponenten und Schnittstellen zu Umsystemen und die Anforderungen die erwartete Funktionalität. Das Detaildesign fokussiert sich hingegen auf die Details und das Zusammenspiel der Bausteine, aus denen die Komponenten einer Architektur bestehen. Der Code beinhaltet die Implementierung der Operationen, der im Design genannten Bausteine. Die Architektur ist das Konzept oder die Strategie, das Design der Bauplan und der Code die Umsetzung dessen. Im Grunde gelten im Design dieselben Prinzipien und es kommen auch oft die gleichen Werkzeuge zur Anwendung wie in der Architektur. Der Unterschied liegt einerseits im bereits erwähnten Fokus und im Detaillierungsgrad der Betrachtungen. Zudem gesellt sich hier nun die Auseinandersetzung mit konkreten Technologien, Frameworks und Werkzeugen hinzu. Mit dem im Design entworfenen Bauplan beginnt sodann die Implementierung. Eine solche Implementierung beinhaltet neben der Programmierung die Festlegung der Codestruktur in verteilbare Einheiten und die Definition des detaillierten Datenbankentwurfs.

Die Kunst der Programmierung ist, die richtige Umsetzung zu wählen

Die Kunst in der Programmierung ist es nun, aus der Vielzahl möglicher Implementierungswege die zweckmäßigsten Lösungsansätze und Produkte zu wählen, die eine effiziente und nachhaltige Realisierung erlauben. Hier werden die im Design spezifizierten Klassen und Operationen in ausführbaren Code übersetzt. Dazu braucht es neben fundierten Methodenkenntnissen viel Erfahrung und ein breit gefächertes Wissen an möglichen Technologien, Komponenten und Subsystemen. Bereits das Know-how um die in einem

Framework oder einer Programmierumgebung wie Java oder .NET innewohnenden Leistungsmerkmalen sind wesentliche Pluspunkte beim Softwareentwurf. Die Erfahrung und der Wissensstands eines Entwicklers ist auch mit modernsten Tools und geeigneten Modellen wohl auch in naher Zukunft kaum, wenn überhaupt je, kompensierbar. Neben einer jahrelangen Praxis und der kontinuierlichen Auseinandersetzung mit neuen Konzepten und Techniken bedarf es hierzu der Fähigkeit, über die eigenen Grenzen hinweg zu blicken.

Wenn wir bisher getrennt über die Erstellung eines Softwareentwurfs und die anschließende Programmierung diskutiert haben, so hatte dies eher didaktische Gründe und entspricht nicht immer der Realität der Softwareentwicklung. In der täglichen Arbeit gehen beide Tätigkeiten immer stärker Hand in Hand. In den vergangenen Jahren sind Werkzeuge entstanden, die in optimaler Weise die gleichzeitige Modellierung und Codierung unterstützen. So ermöglichen es bereits verschiedene Editoren und Entwicklungsumgebungen, den Code auch durch die Brille eines Klassendiagramms zu sehen. Der Code ist dann nichts anderes als die Detaillierung der in einer Klasse spezifizierten Operationen. Der Programmcode ist so gesehen die Verfeinerung des Detaildesigns und leitet sich direkt aus diesem ab. Damit spiegelt das Design auch immer den aktuellen Code wider. Die Schwierigkeit bei einem solchen Ansatz ist die Trennung zwischen Klassen des eigentlichen Lösungsentwurfs und solchen, die nur der jeweiligen Implementierung dienen. Das Resultat ist im schlechten Fall ein überladenes Klassendiagramm, aus dem der grundlegende Entwurfsansatz nur schwer erkennbar ist.

Design und Codierung sind unterschiedliche Sichten auf dieselben Elemente

11.1.2 Beispiel Suchmaschine

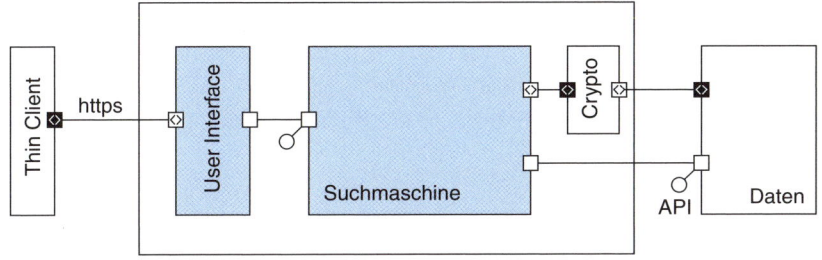

Abbildung 11.3
Architektur, Beispiel
Suchmaschine

Bevor wir uns weiter mit der Theorie des Entwurfs von Softwaresystemen auseinandersetzen, soll ein einfaches Beispiel das Gesagte verdeutlichen. Als Beispiel dient die über das Intranet aufrufbare, unscharfe Suche über verschlüsselte Daten. Aus der Architektur wissen wir, dass sich die Daten außerhalb des eigentlichen Systems verschlüsselt in einer relationalen Datenbank befinden. Es handelt sich im Durchschnitt um eine Million Kundendaten mit Name, Beruf, Adresse und Wohnort oder vertraulichen Patientendaten. Die Anforderungen verlangen eine Fuzzy-Suchmöglichkeit auf diese Informationen. Eine solche Suche ist gegenüber verschiedenen Schreibweisen toleranter als eine exakte Suche. So findet eine Fuzzy-Suche für den Namen

Meier auch die Mayer und Meyers. Die Architektur in Abbildung 11.3 macht deutlich, dass die Daten für die Suchmaschine und die Anzeige von der Datenquelle zu lesen und zu entschlüsseln sind. Wir können die Suchmöglichkeiten der Datenbank nicht nutzen und trotzdem sind im Durchschnitt Antwortzeiten von weniger als zwei Sekunden gefordert.

Aus dem Anwendungsfall der unscharfen Suche steht uns für den Detailentwurf das in der Abbildung 11.4 dargestellte Analysemodell zur Verfügung. Neben der bereits beschriebenen Detailanforderung der unscharfen Suche besteht der zu implementierende Use-Case aus der Anzeige der gefundenen Datensätze und der Anzeige der Patientendaten. In einer ersten Iteration wurden die Anwendungsfälle identifiziert und deren essenzieller Ablauf beschrieben.

Abbildung 11.4
Analysemodell der
Suchmaschine

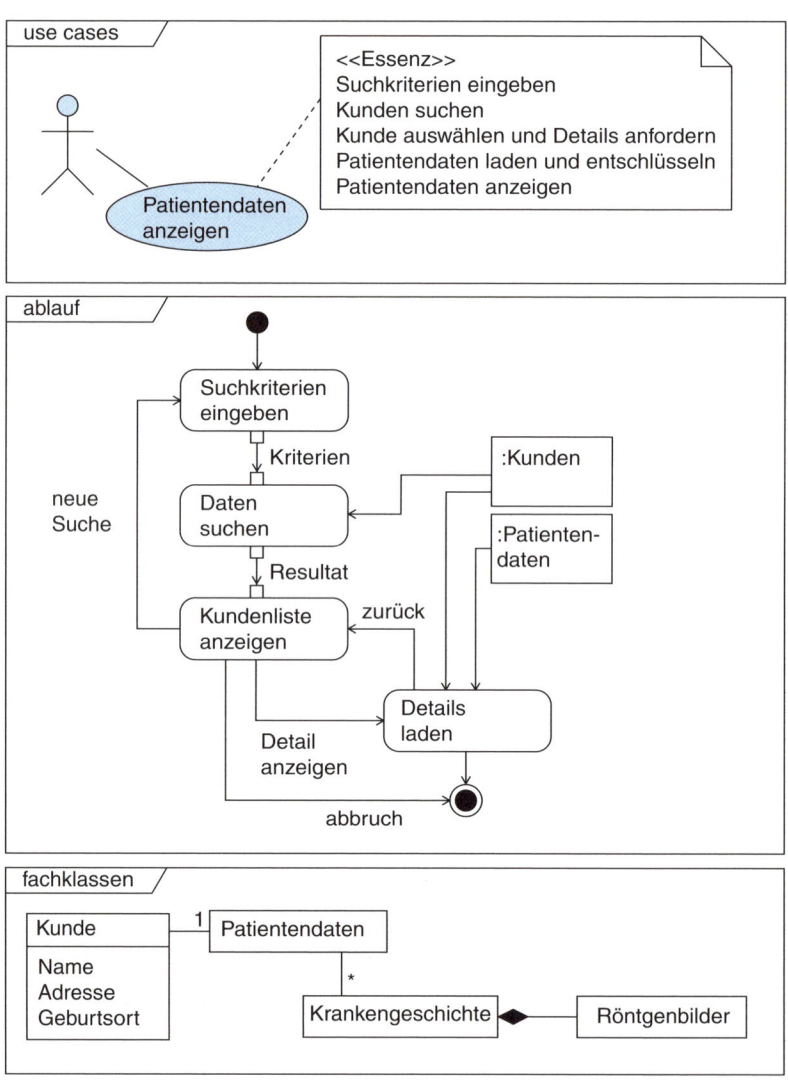

In einer zweiten Iteration erfolgte die Detaillierung durch Aktivitätsdiagramme, welche die einzelnen Schritte und den dabei stattfindenden Objektfluss dokumentieren. Erst in einer dritten, abschließenden Iteration blickt der Business-Analyst tiefer in das System und schildert einen ersten konzeptionellen Lösungsentwurf. Ein solcher Entwurf lässt sich neben dem statischen Fachklassenmodell durch ein Interaktionsmodell, wie in Abbildung 11.5 dargestellt, vermitteln. Diese Interaktions- oder als BCE-Modell bezeichnete Visualisierung lehnt sich an das MVC-Muster an und unterscheidet zwischen Elementen der Mensch-Maschinen-Schnittstelle (Boundary), Controller und Entitäten. Im Grunde bietet dieser logische Entwurf der Suchmaschine wenig Überraschendes: eine Ein- und Ausgabemaske, die eigentliche Suche mit den dahinterliegenden, verschlüsselten Daten und einen Controller zwischen Verarbeitung und Darstellung. Anforderungen, die das spätere Detaildesign betreffen, jedoch aus einer rein fachlichen Sicht nicht relevant sind, werden als Bedingungen oder Regeln den jeweiligen Elementen und Verbindungen zugeordnet. Dies sind vor allem nichtfunktionale Anforderungen, also Rahmenbedingungen und Qualitätsattribute wie die maximale Dauer einer Suche oder die Forderung nach einer symmetrischen Verschlüsselung.

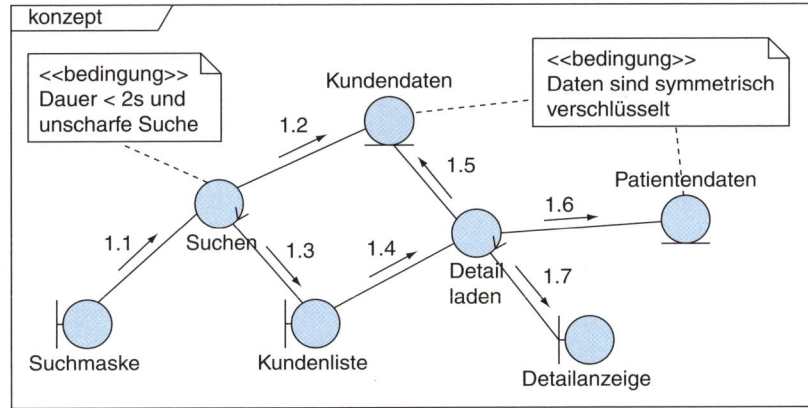

Abbildung 11.5
Interaktionsmodell

Aus dem konzeptionellen Lösungsentwurf und den zuvor aufgeführten Anwendungsfällen lassen sich die Designklassen und deren Operationen ableiten. Dieser Schritt wird als Use-Case-Realisierung bezeichnet, da nun die Anwendungsfälle in Klassen mit entsprechender Verantwortlichkeit übersetzt werden. Als Basis dient das in der Analyse bereits erstellte Fachklassenmodell. Doch bevor diese Klassen genannt werden können, bedarf es im Allgemeinen einer Konkretisierung des Lösungsentwurfs. Mittels einem Paket- oder Komponentendiagramm lassen sich beispielsweise die Subsysteme und die zur Implementation notwendigen Technologien illustrieren.

Bei der Konzeption eines konkreten Lösungsentwurfs hat sich für das Beispiel der Suchmaschine der Einsatz einer In-Memory-Datenbank aufgedrängt. Eine Fuzzy-Suche über verschlüsselte Daten ist innerhalb der geforderten Zeit nur über Daten möglich, die sich im Hauptspeicher befinden. Die für die Suche notwendigen Attribute werden beim erstmaligen Aufruf in diese, sich im Speicher befindende Datenbank geladen und dabei entschlüsselt. Die Suche über einen solchen Puffer ist für den Aufrufer, hier das Steuerungspaket, transparent. Das geplante Produkt für eine solche In-Memory-Datenbank erlaubt die Verwendung der Abfragesprache SQL. Um auch für die Fuzzy-Suche diese Abfragesprache verwenden zu können, wird der Algorithmus als funktionale Erweiterung der Datenbank implementiert. Für die Realisierung der Präsentationssicht wird JavaServer Faces verwendet.

Abbildung 11.6
Subsysteme der
Suchmaschine

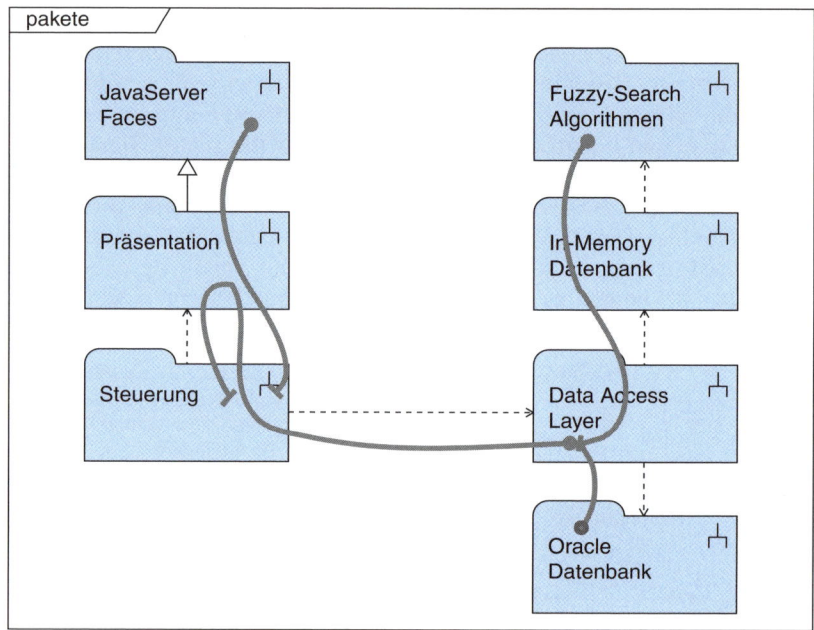

Paketstruktur als erster Schritt des Detaildesigns

Anstelle von Paketen, die eher eine organisatorische Aufteilung des Codes symbolisieren, geht ein Komponentendiagramm einen Schritt weiter, indem die Schnittstellen zwischen den hauptsächlichen Bausteinen der Lösung spezifiziert werden. Im Grunde könnten wir, statt die Subsysteme zu zeichnen, bereits die konkreten Komponenten und deren Interfaces nennen. Gerade bei größeren Systemen empfiehlt es sich jedoch, zuerst die Subsysteme als Pakete zu nennen, bevor die letztendlichen Komponenten und deren Schnittstellen spezifiziert werden. Die frühe Auseinandersetzung mit den Subsystemen und daraus abgeleitet die Codestruktur fallen zuweilen der Disziplin der Softwarearchitektur zu, wird doch hier die grundlegende Struktur der zu bauenden Software festgelegt. Im vorherigen Überblick des Softwareentwurfs wurde die Paketstruktur ja auch als Teil der logischen Architektur bezeichnet.

Aus den Fachklassen, den Subsystemen oder Komponenten des konzeptionellen Lösungsentwurfs aus der Analyse gilt es nun, das Detaildesign der zu implementierenden Klassen zu entwerfen. Dabei werden die Fachklassen der Analyse um Klassen der Präsentations- und Datenhaltungsschicht ergänzt.

Ziel des Detaildesigns ist es, den Bauplan für die nachfolgende Programmierung festzulegen, ohne die konkrete Implementierung in einer spezifischen Programmiersprache vorzuschreiben. Das Detaildesign soll nennen, aus welchen Klassen, sichtbaren Operationen und Eigenschaften eine Software besteht, sowie das Zusammenspiel der Elemente erklären. Nicht öffentliche Attribute oder private Operationen sind nach meiner Ansicht nicht Bestandteil des Entwurfs. Attribute, welche über das Konstrukt Property oder Getter und Setter verfügen, sind hingegen aufzunehmen, ohne deren Zugriffsroutinen aufzuführen. Beispielsweise werden die Attribute des Kunden in Abbildung 11.7 als solche aufgeführt, auch wenn die Implementierung den kontrollierten Zugriff via Getter und Setter vorsieht. Das hier dargestellte Beispiel ist nur im Ansatz abgebildet. In der Wirklichkeit sind die Signaturen der Operationen zu nennen und die Schnittstellen explizit aufzuführen.

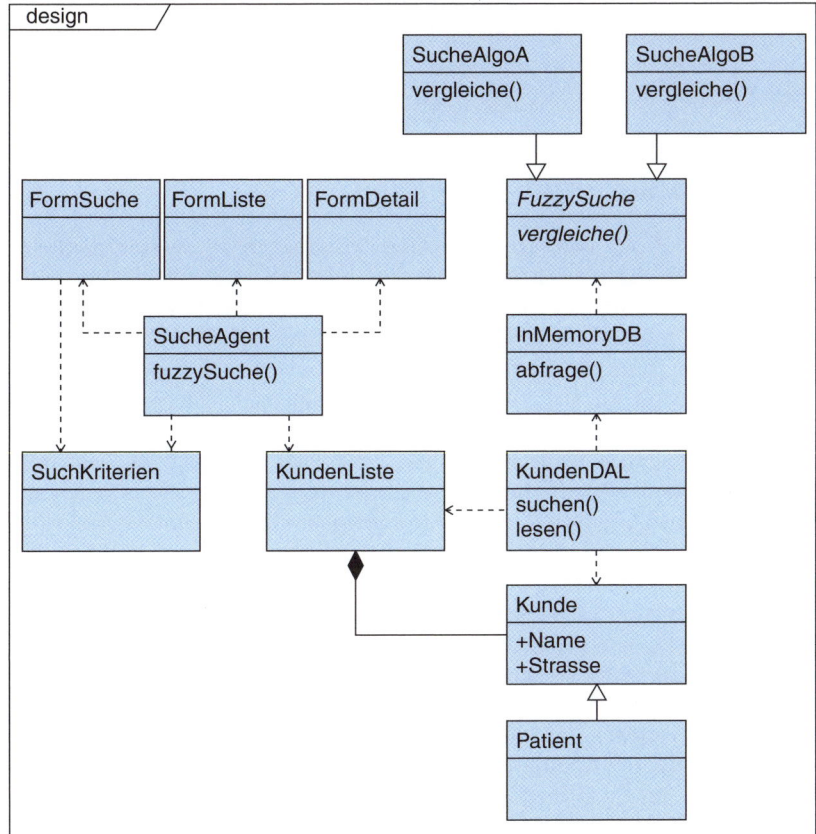

Abbildung 11.7
Design Suchmaschine

Damit sind wir am Ende des Beispiels angekommen, ohne es vollständig behandelt zu haben. So werden wir in einer ersten Überprüfung des Modells feststellen, dass die Ver- und Entschlüsselung der Daten im Detaildesign noch nicht berücksichtigt wurden und das Datenmodell fehlt. Zum Design gehören in der Regel neben dem Entwurf des logischen Datenbankschemas auch das Komponentendesign und dessen Verteilung auf die physische Infrastruktur. Diese Aspekte werden in der Regel durch die Architektur vorgegeben und im Detaildesign entsprechend ergänzt. Das Beispiel ignoriert zudem, dass der eigentliche Mehrwert des Modells in den dahinterliegenden, hier nicht dargestellten, textuellen Beschreibungen der Elemente, Attribute und Operationen liegt.

Grenze zur Architektur und Implementierung ist nicht immer so klar zu ziehen

Die Grenze zur Architektur, aber auch zur Implementierung, um den Faden der Theorie wieder aufzunehmen, ist nicht immer so klar zu ziehen. Was früher als Softwareentwurf galt, ist heute bereits Softwarearchitektur. Zudem verschiebt sich mit dem Ansatz eines modellgetriebenen Softwareentwurfs die Implementierung stärker Richtung Design. Architektur und Design lassen sich durch ein unterschiedliches Zielpublikum unterscheiden. Die Architektur erklärt einem breiten Publikum die Wirkungsweise und den Lösungsansatz eines Systems, ohne konkrete Details der Umsetzung zu nennen. Das Design ist dann der Bauplan für die Programmierer. Idealerweise werden der Entwurf des Detaildesigns und die nachfolgende Implementierung durch dieselbe Person durchgeführt.

11.2 Codierung

Codierung ist vergleichbar mit dem Bau einer komplexen Maschine

Gerne sprechen wir vom Schreiben eines Programms und vergleichen dies mit dem Schreiben eines Romans. Doch das Schreiben von Code hat wenig gemein mit der intellektuellen Tätigkeit eines Schriftstellers. Programmierung ist eher mit der Konstruktion und dem Bau einer komplexen Maschine vergleichbar. Der Code ist die Schweißnaht zwischen den einzelnen Elementen. Er sorgt für ein reibungsloses Zusammenspiel im Sinne der vom Auftraggeber geforderten Funktionalität. Ein Programm ist letztlich eine Arbeitsanweisung an eine Rechenmaschine, sich entsprechend dem festgelegten Ablauf zu verhalten. So wie wir uns beim Bau eines mechanischen Systems vorgefertigter Bauteile bedienen und diese um fehlende Elemente wie auch Verbindungen ergänzen, nutzen wir beim Softwarebau eine Vielzahl bestehender Komponenten. Statt Schrauben, Drähte und eben Schweißnähte sind es in der Regel mehrere Programmier- und Beschreibungssprachen, welche Bestehendes zu neuer Funktionalität zusammenfügen. Eine Software ist immer auch etwas Einmaliges und unterscheidet sich grundsätzlich von allen anderen, auch wenn manche Programme demselben Zweck dienen. Wie der Bau des ersten Flugzeugs durch die Gebrüder Wright oder die Apollo-11-Mission für den ersten bemannten Flug zum Mond Neues aus Existierendem schuf, kombiniert Software Programmteile zu neuer Funktionalität. Auch wenn viele Softwarekomponenten nicht mit solchen Pionierleistungen vergleichbar sind, handelt es sich doch immer um einen mehr oder weniger kontrollierten Versuch, einer Maschine das erwartete, in dieser Form noch nie da gewesene Verhalten abzuringen. Dabei ist nicht entscheidend, eine Naht schweißen zu können; oder, um beim Softwarebau zu bleiben, eine Programmiersprache zu beherrschen. Die Kunst der Programmierung liegt im Entwurf und der richtigen Verwendung bestehender Bauteile. Gerade die bereits viel zitierte Zunahme der Komplexität durch eine steigende Zahl von Anforderungen, Schnittstellen und Komponenten unterschiedlichster Couleur erfordert von einem Entwickler besondere Fähigkeiten, um sein Tun planen und abschätzen zu können. Solche Fähigkeiten liegen einerseits im Entwurf einer möglichen Lösung, deren Konsequenzen in Bezug auf die Qualitätsattribute vorauszusehen und der Wahl der richtigen Vorgehensweise. Aber auch eine intensive Zusammenarbeit mit den am Bau beteiligten Personen muss man pflegen können.

Das Bild des introvertierten, mit seinem Computer verschmolzenen und kaum zu einem Gespräch fähigen Programmierers ist genauso falsch, wie die Schweiz nur aus Bergen und Käse bestehen würde. Mag an der Klischeevorstellung der Schweiz etwas Wahres sein, so bedarf es für den modernen Programmierer eines etwas anderen Selbstbilds. Bevor die erste Zeile Code geschrieben ist, müssen die Anforderung verstanden, die Testszenarien festgelegt und das Design der Lösung mit allen anderen daran beteiligten Architekten und Entwicklern abgestimmt sein. Neben der technologischen Expertise erfordert diese Aufgabe in erster Linie Methoden- und Sozialkompetenz. Dazu gehören auch die besprochenen Prinzipien der Architektur und Entwurfsmuster, welche für das Detaildesign genauso gelten wie für den groben Lösungsentwurf. Es bedarf der Fähigkeit, seine Gedanken zu strukturieren und zu abstrahieren, um einen Plan für den Bau einer Maschine zu konzipieren. Ein solcher Plan ist eine technische Zeichnung und Spezifikation der Schnittstellen, welche die konkrete Umsetzung verständlich für andere abstrahiert und den Bau der Software vorgibt. Ohne einen solchen Plan wird die Codierung zum kaum abschätzbaren Zyklus von Versuch und Irrtum. Die Programmierung beginnt deshalb immer mit dem bereits vorgestellten Detaildesign. Jeder Entwickler ist deshalb auch Designer oder Architekt im Kleinen. Nicht von ungefähr beschäftigt sich dieses Buch gerade mit diesen Fähigkeiten. Welche Notation eingesetzt und ob diese buchstabengetreu angewendet wird, betrachte ich nicht als relevant oder zumindest nicht als entscheidende Größe. Zu oft geht der eigentliche Sinn verloren angesichts der ganzen Methodendiskussion und des Einsatzes von Werkzeugen, die schwierig zu bedienen sind. Es ist viel wichtiger, den eigenen Entwurf und die dahinterstehenden Designentscheide sichtbar und nachvollziehbar zu machen. Gerade das Verstehen der Problemstellung und die Fähigkeit, aus einer Spezifikation den Lösungsentwurf abzuleiten, erfordert eben nicht nur technologische Kompetenz. Das Wissen um die richtige Vorgehensweise und die Kommunikationskompetenz im Umgang mit den unterschiedlichsten Personen ist ebenso essenziell.

Programmieren ist mehr als Code schreiben

Die exakte Verwendung einer Modellierungssprache ist erst dann relevant, wenn daraus Code zu generieren ist. Doch dann sollten wir nicht von einer Modellierung im engeren Sinne sprechen. Es handelt sich im Grunde um das Schreiben eines Programms. Neben der Begabung, die Dinge abstrahieren und visualisieren zu können, ist es auch die Fähigkeit, den Code sauber niederzuschreiben, welche den ausgezeichneten vom durchschnittlichen

Programmierer unterscheidet. Es ist Ihre Visitenkarte, die Sie hinterlassen, genauso wie die Naht des Schweißers.

11.2.1 Clean Code

Das letztendliche Ziel aller Tätigkeiten war und ist ein Stück Code, das den Anforderungen und Erwartungen der Auftraggeber entspricht. Dieses Stück Code hat nun eine lange Reise vor sich: von der erstmaligen Einführung bis hin zu unzähligen Erweiterungen und Migrationen in einer sich ständig verändernden Umwelt. Viele Hände und noch mehr Augen werden dieses Stück Code weiterbearbeiten und lesen müssen. Es ist deshalb in unserem ureigenen Sinn, großartigen Code zu schreiben. Solcher Code ist einfach und sauber strukturiert, bei dem nicht der Entwickler, sondern die spätere Weiterentwicklung im Mittelpunkt stand. Richtlinien sind ein Hilfsmittel, großartigen Code zu schreiben.

- *Sinnvolle Namen*: Die Namen von Klassen, Datenstrukturen, Methoden und Attributen sind sorgfältig zu wählen. Sie sollten etwas über den Zweck und die Funktion, jedoch nichts über die technische Implementierung aussagen. Die Dinge sollten das tun, was sie durch ihren Namen vorgeben zu sein. Ändert sich die Bedeutung einer Variablen oder einer Operation, sollte die Bezeichnung angepasst werden. Nichts ist verwirrender als eine falsche Benennung.

- *Einfache Funktionen*: Jede Funktion sollte nur gerade ein Ding tun, das in dessen Namen ausgedrückt wird. Funktionen sind Verben und die Klassen die Nomen. Ein Programm ist in der Regel eine funktionale Dekomposition. Schrittweise werden umfangreichere Operationen und atomare Anweisungen assembliert. Dabei ist darauf zu achten, dass alle Instruktionen und Statements einer Operation demselben Abstraktionsgrad angehören. Wie ein gut gewachsener Baum sollte die Programmstruktur aussehen.

- *Kommentar*: Ziel des Kommentars ist es, die eigenen Gedanken, die zum nachfolgenden Code geführt haben, niederzuschreiben. Also was beispielsweise der Anlass war, den implementieren Designansatz zu wählen, statt eines anderen. Der Kommentar sollte auf keinen Fall den Code kommentieren. Falsche oder veraltete Kommentare sind fast noch schlimmer als keine Beschreibung der eigenen Entwurfsgedanken. Ich persönlich tendiere dazu, die Operationen kurz und damit selbstsprechend zu halten; auf Kommentare weitgehend zu verzichten, jedoch diese im Header kurz zu beschreiben. In modernen Entwicklungswerkzeugen wird dieser Header als Kurzhilfe angezeigt und daraus die Codebeschreibung generiert. Auf Kommentare ganz zu verzichten, ist Faulheit und genauso wenig tolerierbar, wie Modelle nicht beschreiben zu wollen.

- *Formatierung*: Eine saubere Formatierung ist eine Wohltat für das Auge und erleichtert das Lesen. Eine klare Struktur und einheitliche Darstellung lassen auf einen besonnenen und strukturiert denkenden Entwickler schließen. Welche Formatierung gewählt wird, ist nicht entscheidend; entscheidend ist, dass diese für alle gilt. Oft ist es auch Unwissen oder die fehlende Praxis, die zu schlecht strukturiertem Code führt. Gerade hier helfen Codierungsrichtlinien, Pair-Programming und Codereviews.

- *Fehlerbehandlung*: Sauberer Code ist robust und reagiert auf Unvorhergesehenes zweckmäßig. Bei jedem Statement ist zu bedenken, was schief gehen könnte, um darauf entsprechend zu reagieren. Es ist keine Sache, Code zu schreiben, es ist aber eine Meisterschaft, zuverlässigen Code zu schreiben! Manchmal ist ein Fehler unvermeidbar, doch sollten wir mindestens durch eine saubere Aufzeichnung in der Lage sein, diesen nachzuvollziehen.

- *Systemgrenzen*: Der Einsatz und die Verwendung von Komponenten von Drittherstellern sowie die Kommunikationspfade zu den Umsystemen sind mit Bedacht zu wählen und durch entsprechende Klassen zu kapseln. Drittsysteme haben die Gewohnheit, sich zu verändern und nicht immer so zu verhalten, wie erwartet!

- *Klassen*: Auch wenn nicht objektorientiert entwickelt wird, so ist in Klassen zu denken. Dinge die zusammengehören, sollten zusammen sein und damit die darunterliegenden Daten verbergen (Information Hiding). Klassen müssen für sich alleine einen Zweck haben und die dahinterstehende Verarbeitungslogik abstrahieren. Sie sind nicht einfach eine Ansammlung von Operationen, die sonst nirgendwo Platz finden. Gerade Utility-Klassen oder Klassen mit nur statischen Funktionen sind nicht selten ein erstes Anzeichen von prozeduraler Programmierung mit objektorientierten Sprachen.

- *Concurrency*: Gleichzeitigkeit ist allgegenwärtig und schwer kontrollierbar. Da das zeitliche Verhalten im Zielsystem unbekannt ist, muss der Zugriff auf gemeinsame Daten allein durch den Code gesichert sein. Gleichzeitigkeit kann nur ansatzweise getestet werden, weshalb dem Design eine wichtige Rolle zukommt.

- *Refactoring*: Code hat im Gegensatz zu einer Maschine keine Verschleißerscheinungen. Er wird stattdessen über die Zeit unbrauchbar, schwer lesbar und unstrukturiert. Diesem ganz normalen Phänomen ist durch stetige Bereinigung der Codebasis und das sofortige Eliminieren solcher Anzeichen, den Code-Smells, zu begegnen. Es ist einfacher, heute zwei Zeilen anzupassen, als unter Zeitdruck größere Schwachstellen beheben zu müssen. Wie ein Garten sollte der eigene Code täglich oder zumindest regelmäßig gepflegt werden.

- *Nicht auf Vorrat programmieren*: Vermeiden Sie es, eine Klasse um Operationen zu erweitern, die vielleicht in Zukunft nützlich sein könnten. Gerne ergänzen wir eine Klasse um Fähigkeiten und Eigenschaften, die momentan nicht verlangt sind, jedoch naheliegend erscheinen, irgendwann gebraucht zu werden. Dies führt zu totem, nicht genutztem Code. Jeder Code – auch toter – muss gewartet und im Grunde auch getestet werden. Jede Operation sollte letztlich auf eine konkrete Anforderung rückführbar sein.

Dieser Code, welcher den geforderten Prämissen genügt, entsteht jedoch nicht nur beim Schreiben, sondern bereits wie zuvor erwähnt beim Entwurf des Bauplans. Die Auftrennung in möglichst eigenständige Klassen und sinnvolle Operationen beginnt bereits in der Entwurfsphase.

11.2.2 Programmierrichtlinien

Programmierrichtlinien sind verbindliche Vorgaben für einen einheitlichen Aufbau des Codes

Programmierrichtlinien sind ein wichtiges Hilfsmittel, um die Qualität von Quellcode durch eine Vereinheitlichung des Schreibstils zu verbessern. Sie definieren für alle verbindliche Vorgaben und entbinden den einzelnen Entwickler von der Suche nach einem geeigneten Codelayout. Es vereinfacht die gemeinsame Arbeit und das Zurechtfinden im „fremden" Code. Trotzdem löst kein anderes Thema mehr Emotionen aus, wie das Festlegen von Programmierrichtlinien und Namenskonventionen. Viele Programmierer fühlen sich in ihrer Kreativität eingeschränkt, wenn umfangreiche Richtlinien und Standards eine bestimmte Arbeitsweise vorschreiben. Leider führt der uneingeschränkte Freigeist auch zu einem Wildwuchs der unterschiedlichsten Programmierstile und damit letztendlich zu schwer lesbarem Code. Richtlinien sollten aber auch nicht in Stein gemeißelte Vorgaben sein. Sie sind zweckmäßige Übereinkünfte für eine verbesserte Zusammenarbeit, die jeweils neuesten Ergebnissen anzupassen sind. So wurde lange Zeit an der *Hungarian Notation* festgehalten, obwohl die Verwendung von Präfixen für die Beschreibung des Datentyps und die Sichtbarkeit dem Grundgedanken einer dynamischen Typisierung von objektorientierten Sprachen widerspricht. Diese Notation ist im Grunde eine Kommentierung der Variable durch den Namen. Entscheidend ist weniger, welche Notationen letztlich zur Anwendung kommen, sondern, dass diese für alle Programmierer verbindlich sind und eingehalten werden.

Richtlinien sollten nach Möglichkeit auf wenigen Seiten zusammenfassbar sein und sich an allgemeine Konventionen der jeweiligen Programmiersprache und des Framework halten. So gilt die Übereinkunft, dass in .NET Methodennamen nach der Pascal-Notation (erster Buchstabe groß) und in Java nach der Camel-Notation (erster Buchstabe klein) benannt werden. Moderne Entwicklungsumgebungen erlauben das Hinterlegen von Codierungsrichtlinien und ein automatisches Layouten des Codes. Einmal festgelegt entbinden sie den Einzelnen, zukünftig darüber zu sinnieren, wie schöner Code auszusehen hat. Werden solche Formatierungsregeln eingehalten, der Code sauber strukturiert und sprechende Namen verwendet, ist der Programmcode nahezu selbst erklärend und bedarf wenig zusätzlicher Kommentare.

11.2.3 Stetige Verbesserung

Refactoring

Refactoring ist die stetige Verbesserung

Doch nicht nur Codierungsrichtlinien und eine zweckmäßige Entwicklungsumgebung können helfen, die Qualität des Codes zu verbessern. Die wirkungsvollsten Methoden sind Refactoring, Reviews und Unit-Tests. Da es in der Softwareentwicklung kaum möglich ist, ein komplexes System auf Anhieb richtig zu entwerfen, ist es während der Entwicklung ständig zu verbessern. Dinge sind fortwährend zu vereinfachen und Redundanzen zu eliminieren. Fowler und Beck haben diese Tätigkeit Refactoring genannt (Fowler, 1999). Es ist stetige Bereinigung und Restrukturierung der internen Struktur einer Software ohne sichtbare, an den Schnittstellen feststellbare Verhaltensänderung. Dabei wird der Quellcode überarbeitet, um ihn lesbarer und einfacher änderbar zu machen. Doppelter Code oder toter Code wird eliminiert, ähnliche Methoden werden zu selbstständigen Klassen zusammengeführt, Namen werden sinnvoller gewählt und Datenstrukturen werden verbessert. Ohne kontinuierliches Refactoring degradiert eine Software zur Unleserlichkeit und jede weitere Änderung wird zum nicht abschätzbaren Risiko. Der Aufwand für das Refactoring ist unbedingt in die tägliche Arbeit einzuplanen. Bei jeder Änderung des Codes oder sichtbaren Anzeichen von schlechtem Programmierstil – Code Smells – ist dieser auf Verbesserungen zu prüfen und zu überarbeiten. Zu den *Code Smells* zählen doppelter Code, lange Methoden, große Klassen, nicht erkennbare Struktur, mehrdeutige Namen und Mischen der Präsentation- mit der Business- und Datenschicht, fehlende Tests und ein vom Code abweichender Softwareentwurf. Refactoring ist die Philosophie stetiger Verbesserung in kleinen Schritten, vergleichbar mit *Kaizen*, einer japanischen Lebenseinstellung und Kultur der stetigen Verbesserung. Dabei sind Unit-Tests ein unabdingbares Hilfsmittel für sicheres Refactoring. Solche Tests stellen sicher, dass die eigentliche Funktionalität des Codes durch die getätigte Verbesserung nicht verändert oder verletzt wurde. Doch nicht nur Unit-Tests dienen der Überprüfung des Codes. Reviews helfen, Fehler und Anzeichen schlechter Codequalität bereits während der Programmierung zu erkennen. Dabei wird der Code durch einen Dritten, nachträglich oder zeitgleich, auf Schwachstellen hin geprüft. Wie bei einem Feedback ist die Sache und nicht die Person zu bewerten.

Refactoring ist jedoch gerade bei Systemen hoher Komplexität durch eine hohe Kopplung und unklare Schnittstellenspezifikationen mit Bedacht einzusetzen. Sind die Auswirkungen der Änderungen nicht oder nur teilweise abschätzbar, Unit-Tests nicht vorhanden oder der Umfang der Anpassung ist umfangreich, sollte nicht mehr leichtsinnig von einem Refactoring gesprochen werden. Refactoring ist nicht ein Umbau von Softwareteilen, um grundsätzliche Architekturfehler oder Designsünden zu eliminieren. Solche Korrekturen bedürfen einer genauen Analyse und Risikoabwägung. Sie sind selbst ein Projekt oder erfordern zumindest ein *Request-of-Chance*, einen offiziellen Änderungsantrag. Erst bei sauberem Code, klaren Schnittstellen und dem Vorliegen entsprechender Testfälle wird Refactoring Teil der täglichen Arbeit. Sie umfassen, wie bereits erwähnt, wenige Module und Codezeilen.

Refactoring sind überblickbare Codeanpassungen

Spezifikation

Bevor wir in die Besprechung der Unit-Tests einsteigen, wenden wir uns einer wichtigen Formel der Entwicklung zu, auf deren Grundlage wir dann die Testfälle erstellen werden. Bertrand Mayer hat unter dem Begriff *Design by Contract* (DBC) die Korrektheit einer Operation mit der Erfüllung seiner Spezifikation gleichgesetzt. Die Spezifikation ist der Vertrag zwischen

Design by Contract ist das Schreiben eines Schnittstellenvertrags

Kunde, also jenem, welcher diese Funktionalität fordert, und dem Code. Ein solcher Vertrag ist durch die Formel {P} A {Q} definiert.

- *Preconditions* {P} definieren den Zustand, in dem sich die von der Operation abhängigen Daten vor Ausführung befinden müssen.

- *Action* A ist die Operation, welche unter den Voraussetzungen, dass die Vorbedingungen erfüllt sind, ausgeführt wird und zum Zustand, definiert durch die Nachbedingungen, führt.

- *Postconditions* {Q} beschreiben die Bedingungen, die beim Verlassen der Operation erfüllt sein müssen. Hierzu gehören die Zustände des Rückgabewertes wie auch die durch die Operationen betroffenen Daten.

- *Invariants* {I} sind allgemeingültige Bedingungen der Klasse unabhängig von einer bestimmten Instanz oder Methode.

Die Anwendung der DBC-Entwicklungstechnik garantiert eine hohe Qualität des Codes, indem sich jede Komponente im System so verhält wie erwartet. Die Erwartungen sind durch den spezifizierten Vertrag bestehend aus den Vor-, Nachbedingungen und Invarianten für jede Operation definiert. Der Entwickler legt mit dem Vertrag zu Beginn fest, was der Kunde erwartet bzw. erwarten darf. Missverständnisse und unklare Anforderungen werden damit frühzeitig erkannt und geklärt. Die Erfüllung der Konditionen wird dabei durch sogenannte *Assertions* gesichert. Eine Assertion ist ein Sprachkonstrukt, das einen erwarteten Zustand einer Variablen prüft und bei Nichteinhaltung eine Exception, also eine Ausnahmebedingung signalisiert. Statt die Einhaltung des geforderten Vertrags durch sogenannte Assertions sicherzustellen, übernehmen Unit-Tests die Überprüfung des spezifizierten Verhaltens. Mit der Festlegung des Vertrags und der Spezifikation des zu erwartenden Verhaltens wird die Grundlage geschaffen, den Code durch entsprechende Testfälle zu prüfen.

Unit-Tests

Unit-Tests sind automatisch ausführbare Tests, die den Code überprüfen

Unit-Tests stellen sicher, dass sich eine Klasse oder Operation gemäß dem spezifizierten Vertrag verhält. So lässt sich nicht nur die Korrektheit des Codes überprüfen, sondern sie stellen auch sicher, dass mit dem Refactoring die eigentliche Funktionalität nicht verändert wurde. Unit-Tests sind durch den Entwickler selbst geschriebene Codefragmente, um das Verhalten einer Klasse zu testen. Es sind kleine Programme mit einer fixen Struktur, die in der Regel automatisch nach dem Bilden einer neuen Version ausgeführt werden. Durch Unit-Tests lassen sich Zeit und Kosten sparen sowie die Qualität verbessern. Unerwünschtes Verhalten nach einer Codeänderung oder einem Refactoring lässt sich unmittelbar aufdecken. Dies vereinfacht eine frühzeitige Fehlerkorrektur und macht das System zuverlässiger. Durch die konsequente Definition der möglichen Testpfade lassen sich gleichzeitig Mängel an den Anforderungen oder am Design finden. Fehler sollen möglichst rasch, bereits in der Entwicklung und nicht erst nach der Integration oder noch später erkannt werden. Hier helfen Unit-Tests, Implementierungsfehler frühzeitig zu finden. Damit sind Unit-Tests Bestandteil der Entwicklung und nicht die eines gesonderten Testprozesses.

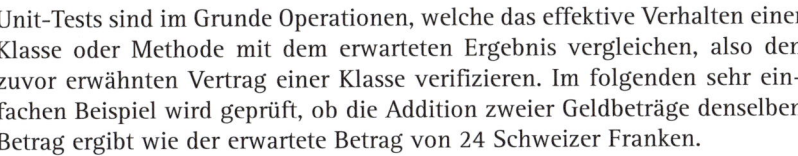

Unit-Tests sind im Grunde Operationen, welche das effektive Verhalten einer Klasse oder Methode mit dem erwarteten Ergebnis vergleichen, also den zuvor erwähnten Vertrag einer Klasse verifizieren. Im folgenden sehr einfachen Beispiel wird geprüft, ob die Addition zweier Geldbeträge denselben Betrag ergibt wie der erwartete Betrag von 24 Schweizer Franken.

```
[TestMethod()]
public void AddTest(){
    Money money16CHF = new Money(16, "CHF");
    Money money8CHF = new Money(8, "CHF");
    Money money24CHF = new Money(24, "CHF");
    Money result = money16CHF.Add(money8CHF);
    Assert.AreEqual(result, money24CHF);
}
```

Listing 11.1
Beispiel Unit-Test

Doch Unit-Tests haben auch ihre Schattenseiten: Das Schreiben von Unit-Tests bedeutet gerade in der Anfangsphase einer Entwicklung einen zusätzlichen Mehraufwand. Die Früchte eines Test-First-Ansatzes können erst später geerntet werden, wenn durch Unit-Tests weniger Fehler in der Integrations- und Testphase zu beheben sind. Eine weitere Schwierigkeit der Unit-Tests ist die Granularität. Welche Fälle, Klassen und Operationen sind zu testen? Jede einzelne Operation mit allen erdenklichen Varianten zu prüfen, würde den Umfang der Unit-Tests explodieren lassen. Ein praktikabler Weg ist es, die Unit-Tests auf die Hauptklassen oder Komponenten zu beschränken. Auf jene, die zur grundsätzlichen Funktionalität beitragen oder kritischer Natur sind. Ein weiteres Problem von Unit-Tests ist auch deren Wartbarkeit. Unit-Tests sind wie der Code zu verwalten und ständig weiterzuentwickeln. Ein großer Haufen unstrukturierter, veralteter Unit-Tests ist wertlos.

Der Aufbau eines Unit-Tests ist immer gleich und umfasst vier Schritte. Im ersten Schritt, dem *Setup*, werden die Testdaten aufgebaut. In einem einfachen Fall kann dies die Definition eines Integerwerts als Inputparameter sein, häufig müssen aber komplexe Objektstrukturen instanziiert oder Datenbankinhalte abgefüllt werden. Im zweiten Schritt, dem eigentlichen *Test*, wird der zu testende Codeaufruf durchgeführt. Dieser Teil ist immer nur sehr kurz, meist eben nur ein Aufruf. Im dritten Schritt, der *Verifikation*, wird dann überprüft, ob das Resultat auch korrekt ist. In einem einfachen Fall wird vielleicht nur ein Wert getestet, in einem komplexeren Fall müssen Objektrelationen geprüft werden. Unter Umständen muss verifiziert werden, ob Events korrekt gefeuert wurden oder Ausnahmebedingungen aufgetreten sind. Im letzten Schritt findet das *Aufräumen* statt. Zum Schluss sind die Testdaten zu bereinigen und das System wieder in den Ausgangszustand zurückzuversetzen. Dieser Schritt darf nicht unterschätzt werden. Nur wenn nach einem Unit-Test korrekt aufgeräumt wird, sind die einzelnen Unit-Tests unabhängig voneinander. Andernfalls können bei der sequenziellen Ausführung mehrerer Unit-Tests Seiteneffekte auftreten, was zu Fehlern führt, die eigentlich keine sind, oder Fehler verdeckt. Es ist sehr hilfreich, wenn diese einzelnen Schritte in jedem Unit-Test klar erkennbar und auch gleich benannt sind. Dies dient der allgemeinen Lesbarkeit von Unit-Tests.

Der Aufbau von Unit-Tests erfolgt in vier Schritten

Listing 11.2
Struktur eines Unit-Tests

```
[TestClass()]
public class CalculatorTest {
    [TestInitialize()]
    public void MyTestInitialize() {
        // 1. Umgebung initialisieren
    }

    [TestCleanup()]
    public void MyTestCleanup() {
        // 4. Umgebung aufräumgen
    }

    [TestMethod()]
    public void CalculatePriceTest() {
        // 1. Objekte instanzieren
        Calculator target = new Calculator();
        Product[] list = Product.LoadProduct(12);
        double expected = 46.70;
        // 2. Ausführen
        double actual = target.CalculatePrice(2, list, 0.2);
        // 3. Prüfen
        Assert.AreEqual(expected, actual);
    }
}
```

11.3 Zusammenfassung

Das Kapitel über Programmierung führte uns vom Weg der Architektur weg und beleuchtete die Tätigkeiten, welche der Architektur folgen und die funktionalen Anforderungen in einen Bauplan übersetzen und implementieren. Ein solcher Plan wird im Softwareentwurf Detaildesign genannt und definiert, aus welchen konkreten Klassen, Operationen und Paketen eine Software besteht. Das Design folgt in vielen Bereich den bereits diskutierten Architekturprinzipien und Methoden. Aus dem detaillierten Entwurf leitet sich die Implementierung in der jeweiligen Programmiersprache und der Verwendung spezifischer Technologien ab. Neben einem modellgetriebenen Ansatz, also der von einem Modell ausgehenden Implementierung, existieren bewährte Regeln, großartigen Code zu schreiben. Refactoring und Unit-Tests sorgen für die stetige Verbesserung und Bereinigung eines zur Unwartbarkeit tendierenden Programmcodes.

11.4 Weiterführende Literatur

(McConnell, 2004) Das Buch von Steve McConnell ist ein Muss für jeden professionellen Softwareentwickler. Es bietet eine komplette Einführung in den Entwurf und das Schreiben von qualitativ hochwertigem Code. Die vielen Beispiele vermitteln die DOs und DON'Ts der Softwareentwicklung. Steve zeigt auf, dass Programmieren mehr ist, als nur das Schreiben von Code in einer bestimmten Programmiersprache, sondern eine anspruchsvolle und modellgetriebene Tätigkeit.

(Hunt, 1999) Das Buch von Andrew Hunt und David Thomas ist eine Sammlung wertvoller Empfehlungen und Praktiken rund um die Programmierung anspruchsvoller Systeme. Es ist an manchen Stellen fast eine philosophische Auseinandersetzung mit Themen, die weit über die Programmierung ihre Gültigkeit haben. Ihr Akronym DRY für die Anforderungen, uns nicht zu wiederholen, gilt beispielsweise nicht nur für Code, sondern auch für die Spezifikation und den Entwurf von Software.

(Fowler, 1999) Martin Fowler hat mit seinem Buch über Refactoring und Code Smells wie kein anderer unser Bewusstsein für die Programmierung verändert. Martin betont die Wichtigkeit einer stetigen Verbesserung und erklärt, welche Anzeichen auf eine notwendige Überarbeitung des Codes hinweisen. Das Buch bietet zudem eine Sammlung von Empfehlungen und Methoden, um spezifische Probleme zu lösen.

(McBreen, 2001) Das Buch von Pete McBreen ist weniger einem konkreten Programmierstil oder einer bestimmten Methoden gewidmet, als vielmehr der Vermittlung einer anderen Denkweise über die Tätigkeit des Programmierers. Pete vertritt die Meinung, dass Softwareentwicklung ein künstlerisches Handwerk ist, vergleichbar mit der eines Schmieds oder Restaurateurs. Es bedarf einer Phase der Lehre und der Gesellschaft, bevor wir nach über zehn Jahren den Olymp der Meisterschaft erreichen. Dies erfordert eine stetige Weiterbildung und das Lernen vom Meister.

Business-Analyse

Der Andersdenkende ist kein Idiot, er hat sich eben eine andere Wirklichkeit konstruiert. (Paul Watzlawick)

Sind Geschäftsleute und Anwender wirklich von einem anderen Stern und leben Business-Analysten tatsächlich fernab auf einer eigenen Insel? Nicht nur für uns Softwareingenieure ist die undifferenzierte Masse von späteren Nutzern und anderen Interessierten ein offenes Feld oder gar der berüchtigte Finsterwald. Schon mancher Architekt der klassischen Baukunst musste nach der Vollendung seines Werks sich eines Besseren belehren lassen, nicht die Bedürfnisse der wirklichen Entscheidungsträger berücksichtigt zu haben, obwohl das Werk dem eigentlichen Zweck diente. Was nützt die eleganteste und schönste Lösung, wenn diese nicht den Zeitgeist trifft, oder zumindest nicht das, was darunter jeweils verstanden wird? Der Architekt, ob für Bauten oder Software, muss in erster Linie den Bedarf seiner Kunden und Auftraggeber verstehen. Dieses Thema vollständig dem Business-Analysten zu überlassen, mag im Einzelfall ein praktikabler Weg sein, wenn hierzu die personellen und organisatorischen Rahmenbedingungen existieren und der Prozess ein solches Vorgehen vorschreibt. Aber auch dann sollten wir zumindest in der Lage sein, die Diagramme und Beschreibungen der Kollegen zu lesen. Deshalb wendet sich ein ganzes Kapitel der Frage zu, was Business-Analysten tun und weshalb es sich manchmal doch lohnt, diese Welt zu verstehen. Großartige Architektur entsteht im Einklang von Form und Funktion. Die Funktion definieren die späteren Eigentümer und Nutzer; die Form weitgehend der Architekt. Die Funktionen zu erspüren, ist die Kunst der Business-Analyse.

12.1 Zwei Welten

Abbildung 12.1
Zwei Welten

Romatische
Sicht

Klassische
Sicht

Bereits im Kapitel über UML diente die Metapher der unterschiedlichen Sichtweisen zweier Männer auf ein Motorrad dazu, die beiden Welten der Softwareentwicklung zu verbildlichen. Bis jetzt beschäftigten wir uns eher mit der klassischen Sicht und fragten uns, *wie* ein System zu bauen ist. Es ist die Welt von Ingenieuren und Architekten, stets auf der Suche nach einer passenden Lösung, fasziniert von der Technik und Wissenschaft. Nun wenden wir uns für die nächsten Seiten der anderen, nicht minder anspruchsvollen Welt zu. Aus der romantischen Sicht stellen wir uns die Frage, *was* das System leisten soll.

Kommunikationsquadrat In dieser Welt versuchen Sprachkünstler und Hellseher, die Anforderungen aus den Erzählungen von Kunden und Fachexperten zu erahnen und für uns Ingenieure in verständliche Modelle zu übersetzen. Dies soll nicht heißen, Ingenieure wären für den Blick in die Kristallkugel nicht geschaffen. Zumal diese Disziplin in gleichem Maße, wie die klassische Sicht, über strukturierte Methoden und Werkzeuge verfügt. Deren Nachteil ist es allerdings, mit der natürlichen Sprache über eine denkbar ungünstige Ausgangslage zu verfügen. Hinter einer verbal geäußerten Aussage verbirgt sich ein ganzes Universum von Annahmen, Interpretationen und Selbstoffenbarungen. Friedemann Schulz von Thun (Thun, 2001) verdeutlichte mit dem Kommunikationsquadrat die verschiedenen Kanäle, über die wir eine Äußerung aussprechen und wahrnehmen. Dieselbe Information erhält dabei eine ganz andere Bedeutung, je nachdem von welchem der vier Münder sie ausgesprochen und der Ohren sie interpretiert wird.

Abbildung 12.2
Kommunikationsquadrat
nach Schulz von Thun

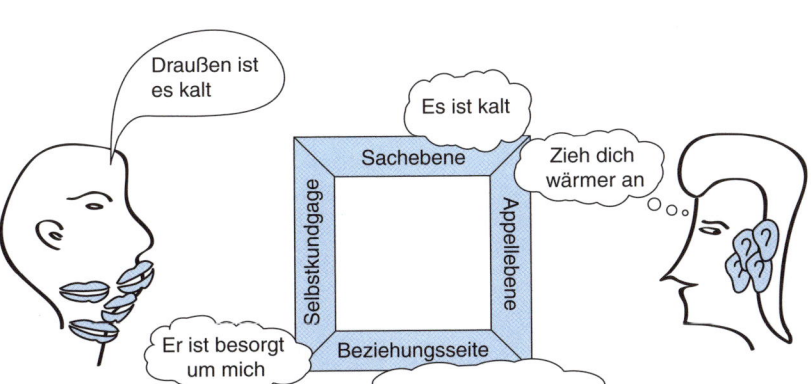

Jede Botschaft enthält nach Schulz von Thun vier Aspekte: die Sachebene, die Selbstkundgabe, die Appellebene und die Beziehungsebene. Mit der Sachebene informieren wir über Tatsächliches, die Selbstkundgabe gibt die eigene Haltung kund, die Appellebene das, was man erreichen will, und die Beziehungsebene sagt etwas darüber aus, wie wir zueinanderstehen. Was letztendlich wahrgenommen wird, hängt von vielen Faktoren ab, wie der jeweilige Kontext, in dem das Gespräch stattfindet, dem Gegenüber und vom bereits Gesagten. Die natürliche Sprache bedient sich dabei neben dem gesprochenen Wort, bewussten Wiederholungen sowie Gestik und Mimik, einen Sachverhalt unmissverständlich darzulegen.

Sachebene, Selbst-kundgabe, Appell- und Beziehungsebene

Trotzdem oder gerade deshalb ist die natürliche Sprache gegenüber den formalen Sprachen der Logik ungenau und mehrdeutig. Philosophen des 20. Jahrhunderts wie Bertrand Russell und Ludwig Wittgenstein suchten nach einer idealen Sprache, um Probleme der Philosophie möglichst eindeutig wie auch präzise zu formulieren. Der inhaltliche Wahrheitsgehalt einer solcherart formulierten Aussage sollte exakt bestimmbar sein. Der amerikanische Linguist Noam Chomsky seinerseits präsentiert mit der Transformationsgrammatik eine Theorie, aus einer endlichen Anzahl von Wörtern regelbasiert eine unbegrenzte Menge von Sätzen bilden zu können. Dabei gehen aus einem Satz der Tiefenstruktur durch entsprechende Phrasenstruktur- und Transformationsregeln wie Tilgung, Ersetzung und Umstellung neue Sätze der Oberflächenstruktur hervor. Der Umkehrschluss suggeriert die Möglichkeit, Sätze seien auf ihre ursprüngliche Kernaussage rückführbar. Damit werden Aussagen vergleichbar in Bezug auf deren Wahrheitsgehalt. Die Transformationsgrammatik liefert hierzu Mechanismen, um Aussagen zu decodieren und in einer idealen Sprache widerspruchsfrei niederzuschreiben. Die Praxis ist, wie so oft, weit von diesem Ideal entfernt. Zum einen bedient sich die ideale Sprache der Begriffe, die selbst der Klärung bedürfen. Zum anderen ist die Summe der Wörter mehr als nur der damit transformierte Teilaspekt. Eine Aussage ist zudem nur aus der Landkarte des jeweiligen Sprechers begreifbar. Diese Landkarte gilt es zu kennen, um die Bedeutung einer Äußerung zu erahnen.

Ideale Sprache

Romantische Seite Vielleicht gibt es gerade deshalb in der romantischen Welt wenige, meinst nur im Ansatz vorhandene Methoden, die Anforderungen der Kundschaft zu entlocken und – wie gefordert – unmissverständlich niederzuschreiben. Abbildung 12.3 illustriert den Zusammenhang zwischen den im Folgenden vorgestellten Methoden und dem Bestreben des Business-Analysten, letztlich der klassischen Welt eine vollständige und verständliche Spezifikation zu übergeben. Der Business-Analyst wirkt dabei als Übersetzer wie auch Vermittler und nimmt als solcher eine wichtige Rolle im Entwicklungsprozess ein.

Abbildung 12.3
Die romantische Seite

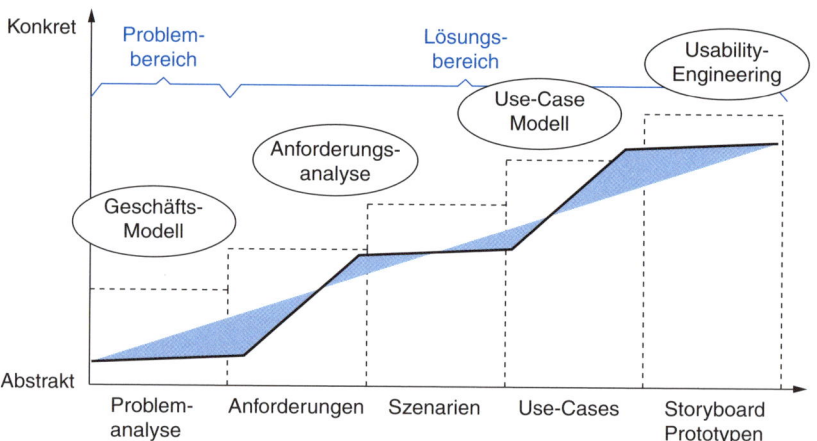

Die Problemanalyse erfasst mit den Methoden der Geschäftsmodellierung den Kern der Sache und den eigentlichen Zweck des zu bauenden Systems. Die anschließende Anforderungsanalyse ermittelt die funktionalen wie nichtfunktionalen Anforderungen und schreibt diese widerspruchsfrei, korrekt und eindeutig nieder. Das Use-Case-Modell ist sodann eine Verfeinerung der funktionalen Anforderungen, in dem die Interaktionssequenz zwischen Akteur und System zur Erfüllung einer solchen Anforderung detaillierter aufgelistet wird. Ein Use-Case beschreibt bereits eine mögliche Lösung, ohne die technische Realisierung durch das System zu nennen. Viele werden diese Haltung nicht teilen, stehen doch gerade Use-Cases für eine lösungsneutrale Beschreibung des zukünftigen Systemverhaltens. Doch was ist die Nennung der einzelnen Schritte zur Befriedigung eines Bedürfnisses mehr als die Beschreibung einer möglichen Lösung? Wir kommen auf dieses Thema zurück! Zuletzt werden die Benutzerschnittstellen und die Interaktionsschritte durch Storyboards, Prototypen und Zustandsdiagramme konkretisiert.

Anforderungsebenen Anforderungen entstehen während der Reise durch die romantische Welt auf verschiedenen Ebenen und werden durch das jeweilige Modell erfasst. Karl Wiegers (Wiegers, 2003) sprach in diesem Zusammenhang von einer Diskrepanz in der Sprache und einem unterschiedlichen Verständnis davon, was Anforderungen für die jeweilige Gruppe beinhaltete. Geschäftsleute sehen den möglichen Gewinn sowie den daraus resultierenden Geschäftserfolg, die Anwender die optimale Unterstützung ihrer Tätigkeit und der System-ingenieur Leistungsmerkmale von Bausteinen und Technologien. Deshalb, so Wiegers Argumentation, existieren auch unterschiedliche Arten von Anforderungen. Auf der obersten Ebene bestimmen Geschäftsregeln und wesentliche Geschäftstreiber die Anforderungen an ein zukünftiges Geschäftsmodell. Zusammen mit den Anforderungen der Benutzer ergibt sich daraus das Use-Case-Modell. Es ist eine Beschreibung der funktionalen Anforderungen an das System von einer Außensicht. Der Systemingenieur entwickelt dann hierfür verschiedene Lösungsansätze und steuert somit seine Anforderungen aus einer Innensicht bei. Dean Leffingwell (Leffingwell, 2003) seinerseits sprach von einer vergleichbaren Anforderungspyramide bestehend aus Bedürfnissen, Features und Systemanforderungen.

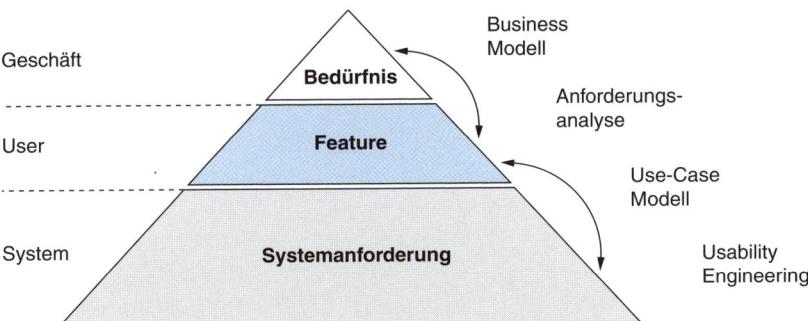

Abbildung 12.4
Anforderungsebenen

Anders formuliert, resultieren aus den Geschäftsanforderungen die Vision und der Systemumfang für die geforderte Lösung als Basis eines gemeinsamen Verständnisses und als treibende Kraft. Es beantwortet die Frage, *weshalb* das System gebaut werden soll. Die Benutzeranforderungen beschreiben die Funktionen, die ein Anwender mit dem Produkt auszuführen gedenkt. Sie nennen, *was* das System zu leisten imstande sein muss. Die Systemanforderungen sind Rahmenbedingungen und technische Anforderungen, die Teile des Produkts zu erfüllen haben. Diese Systemanforderungen definieren, *welche* Leistungen das System zu erbringen hat. Dazu gehören auch die Präsentation der Daten und die Spezifikation der Benutzerschnittstelle in Form von Szenarien und Prototypen einer grafischen Oberfläche. Die Use-Cases sind dabei das Tor von den Benutzer- zu den Systemanforderungen.

12.2 Business-Modell

Das Geschäftsmodell oder die Business-Architektur entspricht weitgehend der obersten Ebene des im gleichnamigen Kapitel vorgestellten Architekturwürfels. Es beschreibt, welche generellen Ziele ein Unternehmen langfristig zu erreichen gedenkt, welche Geschäftsprozesse zur Wertschöpfung beitragen und wie sich eine Organisation strukturell aufstellt. Die Geschäftsarchitektur richtet dabei den Blick auf das Zusammenspiel der darin beteiligten Menschen und die zur Erledigung der Aufgaben notwendigen oder

Das Geschäftsmodell beschreibt eine Organisation, deren Struktur und Funktionsweise

gewünschten Systeme. Das daraus resultierende Business-Modell ist eine Außensicht auf ein Unternehmen oder eine Organisationseinheit. Es dient dazu, die geschäftlichen Gesamtzusammenhänge zu erkennen, in denen ein System aus der Sichtweise der IT nur ein Teil ist. Ein solches Business-Modell lässt sich aus den Perspektiven der bereits bekannten Standpunkte beschreiben. Die Geschäftsvision gibt einen Überblick über die Ziele und Visionen des jeweiligen Geschäftsfelds und beschreibt die zu lösenden Probleme. Die Geschäftsprozesse stellen dar, wie und mit welchen Mitteln die Leistungen erbracht werden. Dabei sind die Mittel durch die Geschäftsstruktur bereitzustellen.

Abbildung 12.5
Business Views

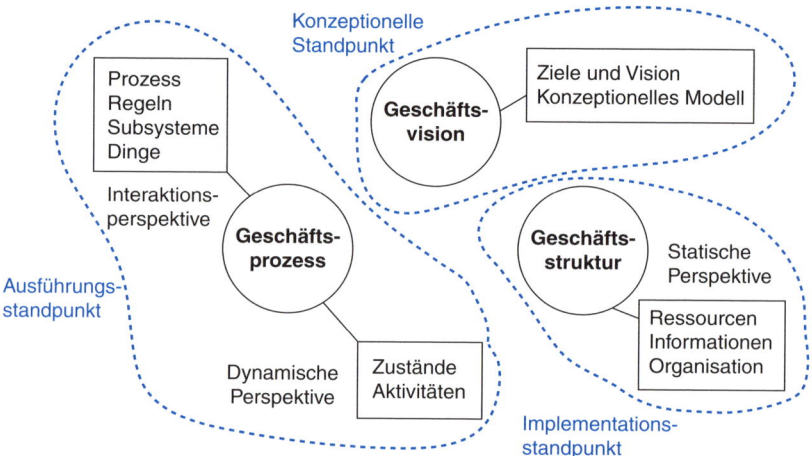

12.2.1 Geschäftsvision

Das Geschäftsmodell illustriert die Funktionsweise eines Unternehmens oder einer Abteilung aus der Optik von Geschäftsprozessen. Diese verfolgen einen einzigen Zweck: einen bestimmten Mehrwert spezifisch für die jeweilige Organisation zu erbringen. Dies kann eine Beratungsleistung, eine medizinische Betreuung oder der Transport von Gütern sein. Die Geschäftsmodelle zeigen auf, wie die knappen Güter Arbeit, Kapital und Boden effizient einzusetzen sind, um daraus einen Mehrwert zu generieren. Aus dem Wunsch oder gar Zwang heraus, die Mittel noch effektiver einzusetzen, entstehen Bedürfnisse nach neuen Verfahren und prozessunterstützenden Maßnahmen. Mit diesen Bedürfnissen beginnt die Suche nach einer geeigneten Lösung; und damit die Arbeit des Business-Analysten. Bevor jedoch Anforderungen erhoben und Use-Cases „gezeichnet" werden, sind das Geschäftsumfeld und das eigentliche Problem zu verstehen, das gelöst werden soll. Fragen Sie fünf Mal *warum* oder verwenden Sie Methoden wie die Ursache-Wirkungs-Diagramme oder SWOT-Analysen, um den Kern der Sache zu erfassen.

Ursache-Wirkungs-Diagramme

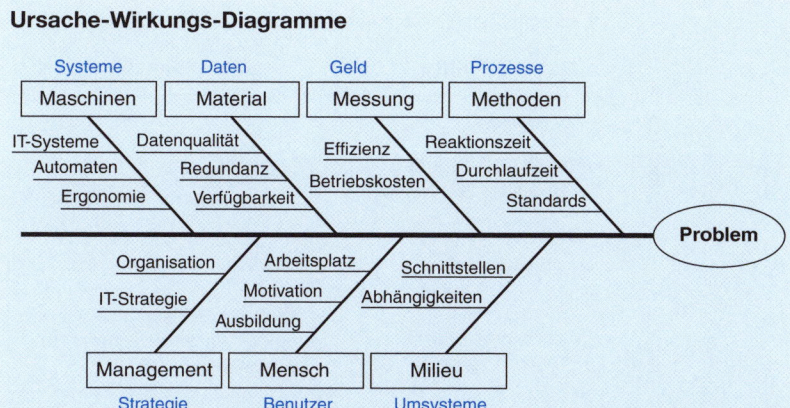

Abbildung 12.6
Fishbone-Ansatz

Die ursprünglich unter der Bezeichnung Fishbone-Ansatz in Japan entwickelte Methode diente der Qualitätssicherung. Durch ein schrittweises Hinterfragen der möglichen Ursachen und die daraus resultierenden Wirkungen wird das eigentliche Problem identifiziert. Die Hauptzweige oder eben Hauptgräten geben fixe Bereiche vor, die sogenannten Hauptursachen, in denen nach Nebenursachen gefahndet wird, die zum Problem beitragen. Es ist eine Kreativitätstechnik, die ein strukturiertes Herangehen an die Analyse eines Mangels oder eben eines Problems vorsieht. Dabei wird das Problem aus einer Innenansicht beschrieben. Also welche Defizite beispielsweise eine Organisation aufweist, um befriedigend auf Kundenbedürfnisse oder Marktmechanismen zu reagieren. Unter dem Akronym 7-M werden die Haupteinflüsse Maschinen, Material, Mensch, Management, Messung, Milieu und Methoden zusammengefasst. Auf die Informatik übertragen sind es die Systeme, Daten, Benutzer, Strategie, Geld, Organisation und Prozesse.

SWOT-Analyse

SWOT steht für Stärken (Strength), Schwächen (Weakness), Chancen (Opportunities) und Gefahren (Threats). Dabei wird eine Organisation oder Abteilung anhand ihrer innerbetrieblichen Stärken und Schwächen sowie durch von außen kommenden Chancen und Gefahren beurteilt. Aus der Gegenüberstellung dieser heutigen Faktoren ergeben sich organisatorische Defizite, *nicht* angemessen auf Chancen und Risiken des Markts reagieren zu können. Sieht das Management beispielsweise einen wachsenden Bedarf nach Dienstleistungen, die über das Handy bezogen werden können, und die Organisation hat sich aber bis jetzt diesen Verkaufkanälen verschlossen, lässt sich daraus die Strategie ableiten, in den Aufbau solcher Systeme zu investieren. Umgekehrt gibt die SWOT-Analyse dem Business-Analysten ein Werkzeug an die Hand, die Strategie und daraus den begründeten Bedarf nach einem neuen Produkt zu hinterfragen. Nicht dass Sie die Entscheidungen des Managements oder Kunden grundsätzlich in Frage stellen sollten, Sie müssen diese nur rationell nachvollziehen können. Oft steckt hinter einem bestimmten „Wollen" ein gänzlich gegenteiliges Bedürfnis.

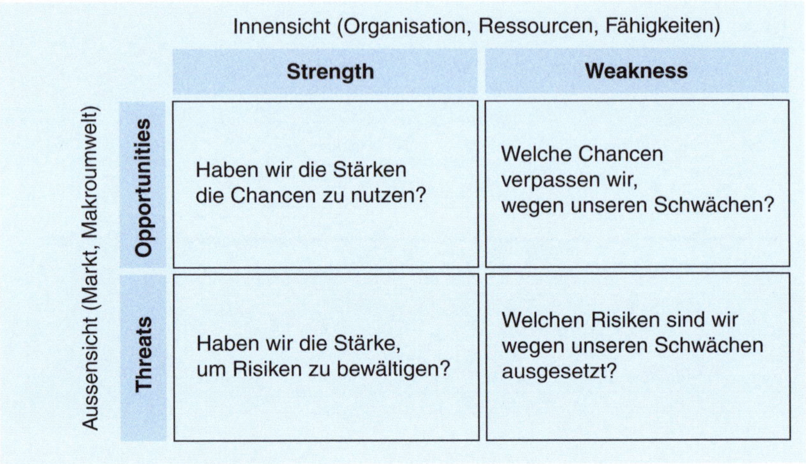

Abbildung 12.7
SWOT Analyse

	Innensicht (Organisation, Ressourcen, Fähigkeiten)	
	Strength	**Weakness**
Opportunities	Haben wir die Stärken die Chancen zu nutzen?	Welche Chancen verpassen wir, wegen unseren Schwächen?
Threats	Haben wir die Stärke, um Risiken zu bewältigen?	Welchen Risiken sind wir wegen unseren Schwächen ausgesetzt?

Aussensicht (Markt, Makroumwelt)

Aus der Problemanalyse leitet sich sodann die Vision ab, die eine Strategie definiert, die angepeilten Ziele auf Geschäftsebene zu erreichen. Die hier definierten Ziele sind die treibenden Faktoren für die entsprechende Auslegung der Geschäftsprozesse. Mit einem einfachen UML-Klassendiagramm lassen sich beispielsweise die Ziele in Unterziele auftrennen, zueinander in Beziehung setzen und mit den eigentlichen Problemen verbinden. Die Ziele sollten dabei qualifizierbar, das heißt messbar sein.

12.2.2 Geschäftsprozesse

Fischen nach Anforderungen

Suzanne und James Robertson (Robertson, 2006) bezeichneten die Modellierung der Geschäftsprozesse als ein Fischen nach Anforderungen mit den richtigen im Prozess involvierten Personen. Es braucht den geeigneten Skipper mit Erfahrung und dem intuitiven Gespür zu wissen, wo sich die Fischschwärme befinden. Bevor es mit der Technik der Use-Cases und anderen Methoden an die Erhebung funktionaler Anforderungen geht, sind die Tätigkeiten der späteren Anwender und deren Abläufe zu verstehen. Der Business-Analyst wird dabei zum Lehrling der jeweiligen Branche und erfährt, wie eine Bank funktioniert, ein Fahrschein erstellt oder die Notaufnahme in einem Spital betrieben wird. Es werden Strukturen und Muster des jeweiligen Fachs identifiziert und das Zusammenwirken mit anderen Abteilungen erfasst. Gerade dieses Erlernen von fachspezifischem Wissen und das sich Hineindenken in immer wieder neue Gegebenheiten, machen die Aufgabe des Business-Analysten so anspruchsvoll. Es ist nicht das methodische Können und die Beherrschung einer bestimmten Notation, die hier im Vordergrund stehen. Aus diesem Fachwissen lässt sich nun die Sequenz eines Geschäftsprozesses mit den beteiligten Geschäftsobjekten in Form eines Datenfluss- oder Aktivitätsdiagramms beschreiben. Aus den aktuellen Arbeitsabläufen und den Wünschen der Auftraggeber entsteht sodann das Soll der zukünftigen Geschäftsprozesse. Beobachtung, Interviews und Workshops sind die primären Instrumente des Business-Analysten, um nach den Anforderungen zu „fischen". Plakativ ausgedrückt, sind die Geschäftsanforderungen die Differenz zwischen Ist und Soll, wie auf Geschäftsereignisse reagiert wird. Eine neue Geschäftsidee ist damit die Differenz zwischen „können wir nicht" und „anbieten". Dabei sind Geschäftsprozesse immer auch ein Abbild der Geschäftsregeln.

Geschäftskontext

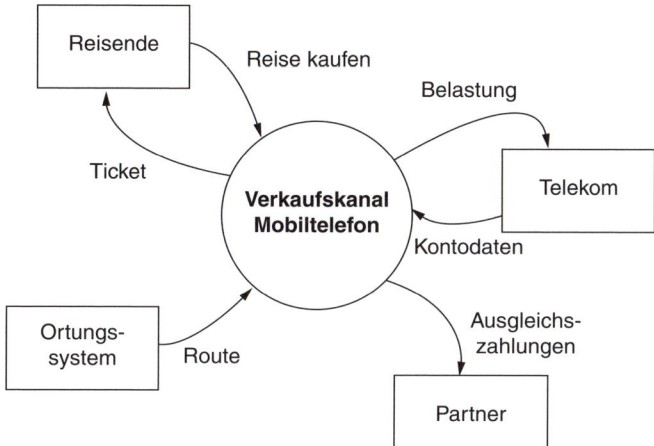

Abbildung 12.8
Geschäftskontext

Der erste Schritt auf dem Weg zu Geschäftsprozessen ist, die Systemgrenzen zu ziehen und den Kontext zu definieren, in dem sich das System befindet. Der Kontext repräsentiert die externen Entitäten wie Kunden, Lieferanten und Umsysteme, die eine direkte Abhängigkeit vom System haben. Im Gegensatz zur Architektur ist das System auf der Geschäftsebene die Organisation mit deren Mitarbeitern und Arbeitsmitteln. Der Blick richtet sich von außen auf das Unternehmen oder eine einzelne Division und sieht die Geschäftsereignisse, die einen Geschäftsprozess im Innern anstoßen. Bei einem Finanzinstitut kann dies das Bedürfnis der Kunden sein, Geld einzuzahlen oder beim M-Ticket eine Fahrkarte mit dem Mobiltelefon lösen zu wollen. Der Kontext ist auf den jeweiligen Betrachtungsschwerpunkt zu beschränken. So interessiert in einem großen Unternehmen nur das Umfeld, welches einen direkten Bezug zum zu lösenden Problem hat. Beispielsweise limitiert sich die Sicht für einen Geldautomaten auf die Ein- und Auszahlung von Bargeld am Selbstbedienungsterminal sowie an den Kontenauskünften, lässt jedoch Kreditgeschäft und Aktienhandel außen vor.

Geschäftskontext grenzt Organisation von ihrer Umwelt ab

Geschäftsabläufe

Nach der Bestimmung der Geschäftsereignisse und dem Ziehen der Grenzen zwischen innen und außen richtet sich das Interesse auf die internen Abläufe, um auf diese Bedürfnisse angemessen reagieren zu können. Solche Abläufe werden Geschäftsprozesse genannt und repräsentieren die Dienstleistungen, die eine Organisation ihren Kunden anbietet. Innerhalb eines solchen Geschäftsprozesses sind es die Mitarbeiter, die domänenspezifische Systeme

Geschäftsprozesse beschreiben die Reaktion auf ein Geschäftsereignis

für die Ausführung von einzelnen Prozessschritten nutzen. Zum Beispiel wird mit dem Geschäftsereignis „Produkt bestellen" ein entsprechender Geschäftsprozess in Gang gesetzt, der das gewünschte Produkt plant, produziert und zustellt. Der Mitarbeiter der Planungsabteilung nutzt innerhalb eines solchen Prozesses ein ERP-System, um diesen Auftrag zu erfassen und die Produktion festzulegen. Geschäftsprozesse zeigen also auf, wie und in welcher Reihenfolge Mitarbeiter Arbeitsmittel wie IT-Systeme nutzen, um eine bestimmte Aufgabe zu erledigen. Dabei ist ein Geschäftsprozess eine in sich geschlossene Einheit, die kontinuierlich und lang andauernd auf eintreffende Ereignisse reagiert.

Abbildung 12.9
Geschäftsprozess

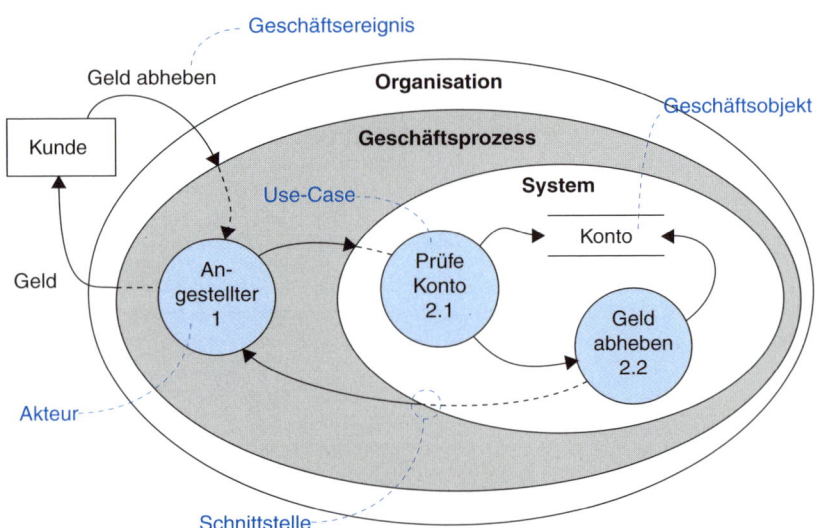

Von Geschäftsprozessen zu den Use-Cases

Ausgehend vom Geschäftskontext einer Organisation lassen sich die Geschäftsprozesse als Einheit wahrnehmen, die auf bestimmte Bedürfnisse oder externe Geschäftsereignisse antworten. Die Ereignisse werden durch angrenzende Systeme oder den Kunden ausgelöst, der sich außerhalb der Organisation befindet. Ein Geschäftsprozess wird, wie in Abbildung 12.9 dargestellt, durch reale oder virtuelle Mitarbeiter getrieben, die für einzelne Arbeitsschritte spezifische Arbeitsmittel oder Systeme benötigen. Ein solches System stellt einen Transformationsschritt dar, das den Input zum gewünschten Output verarbeitet. Diesem System innerhalb eines Prozessschrittes gilt unsere spätere Aufmerksamkeit, indem die darin vorkommenden Aktionen die Basis für die Use-Cases der Systemebene darstellen. Eine nach wie vor praktikable Methode, den Geschäftskontext schrittweise in diese Einzelaktionen zu zerlegen, sind Datenflussdiagramme. Sie erlauben eine hierarchische Dekomposition, indem nur die stattfindende Transformation der Daten betrachtet wird, also die regelbasierende Verarbeitung der eingehenden Flüsse in ausgehende Informationen. Am Ende dieser Zerlegung und der Modellierung der Geschäftsprozesse sind die Systeme und deren grobe Funktionalität in Form von Use-Cases bekannt sowie die Art und Weise, wie die Organisation bestimmte Geschäftsereignisse behandelt.

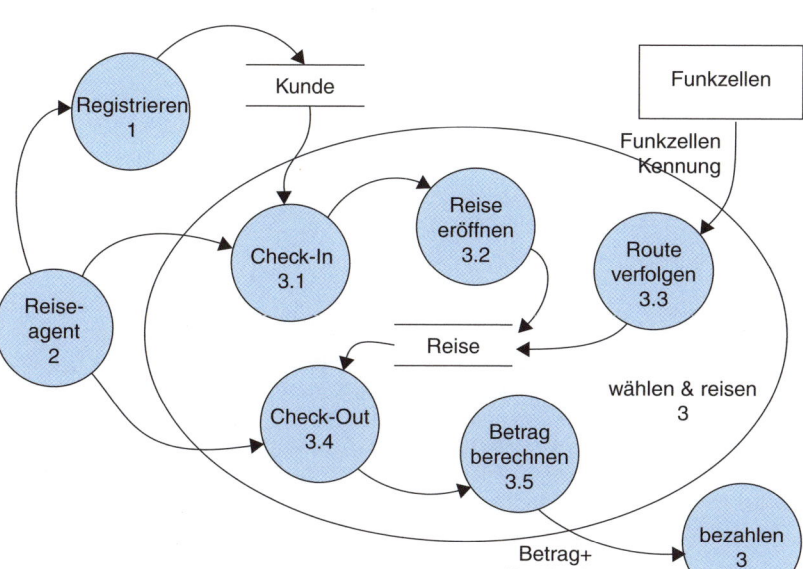

Abbildung 12.10
Geschäftsprozess
„Wählen und Reisen"

Ein System stellt aus Sicht der Geschäftsprozesse das notwendige Instrument dar, einen einzelnen Prozessschritt zu vollziehen. Dies kann eine dedizierte Softwareapplikation oder ein Verbund von mehreren Applikationen, Produktionsanlagen und Steuerungseinheiten sein. Innerhalb eines solchen Systems repräsentieren im Datenflussdiagramm die Transformationsprozesse die grundsätzlichen Use-Cases. Ein Use-Case beschreibt dabei die stattfindenden Interaktionsschritte zwischen System und Akteur, eine gewünschte Aufgabe zu erledigen, unabhängig von allen anderen Use-Cases. Damit lassen sich diese weitgehend isoliert betrachten. Erst die Architektur legt auf der Basis der sich daraus ergebenden Anforderungen ein zusammengehöriges Modell von Komponenten und deren Meldungsflüsse und Interaktionspfade fest. Datenflussdiagramme (DFD) sind eine praktikable Methode, diese Zusammenhänge und Interaktionspfade bereits auf der Geschäftsprozessebene aufzuzeigen, ohne dem häufig begangenen Fehler zu erliegen, Use-Cases zusammenzuhängen. Die Abbildung 12.10 zeigt beispielsweise den Geschäftsprozess „Wählen und Reisen" des Projekts M-Ticket und eine erste Zerlegung in die Use-Cases. Statt DFD eignen sich auch Aktivitätsdiagramme, in denen die Aktivitäten über Objektflüsse miteinander verbunden sind.

Datenflussdiagramme sind eine praktikable Darstellungsform für Geschäftsprozesse

Datenflussdiagramme

Abbildung 12.11
DFD Elemente

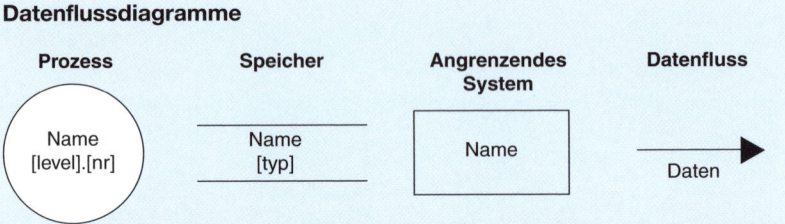

Vor vierzig Jahren hat Tom DeMarco, von dem wir heute vor allem den Roman „Der Termin" oder „Wien wartet auf dich" kennen, die Datenflussdiagramme als Bestandteil der strukturierten Analyse mitbegründet. Diese stellen das System als eine Reihe von Transformationsschritten dar, um die eingehenden Daten nach bestimmten Regeln zu verarbeiten und weiterzugeben. Im Mittelpunkt stehen der Datenfluss und die Reaktion des Gesamtsystems auf äußere Ereignisse. Die Notation kommt mit ganz wenigen Symbolen aus und ist schnell erklärt, weshalb sich Datenflussdiagramme (DFD) gerade für die Analyse und Darstellung von datengetriebenen Prozessabläufen der Geschäftswelt eignen.

Der *Prozess* steht für eine Funktion, welche die eingehenden Daten nach bestimmten Regeln transformiert und als Output weitergibt. Die hierarchische Dekomposition findet über die Prozesse statt, indem diese auf einer tieferen Stufe in deren Einzelkomponenten zerlegt werden. Die Nummer unterhalb des Prozessnamens gibt die Hierarchieebene und die fortlaufende Nummerierung der Prozesse einer Ebene wider. Die erste Ebene wird als Kontextdiagramm, bestehend aus einem Prozess, bezeichnet und zeigt alle externen Entitäten und deren Datenflüsse zum System. Ein Prozess ist zustandslos. Persistente Informationen und Zwischenergebnisse werden im Speicher aufbewahrt.

Der *Speicher* ist ein Aufbewahrungsort für Daten. Dies können persistente Entitäten einer Datenbank, einfache Dateien oder flüchtige Informationen sein. Der Speicher kann auch die Funktion einer Queue oder eines Stapel übernehmen und damit zwei Prozesse zeitlich voneinander entkoppeln. Die Synchronisation eines gleichzeitigen Zugriffs übernimmt der Speicher.

Ein *angrenzendes System* ist eine externe Entität außerhalb des betrachteten Prozesses. Dies kann eine Person oder eine Organisationseinheit wie auch ein anderes System sein. Mit der Festlegung, welche Teile außerhalb bzw. innerhalb des Systems sind, werden die Systemgrenzen gezogen. Auf der Geschäftsebene liegen die Systemgrenzen zwischen Organisation und Umwelt; auf der Applikationsebene zwischen der zu bauenden Anwendung und den Umsystemen. Alle Daten, die im System verarbeitet oder als neue Informationen aus der Transformation entstehen, fließen von bzw. zu diesen externen Entitäten. Das System auf der Kontextebene als Blackbox dargestellt, tut eigentlich nichts anderes, als den eingehenden Datenfluss in den gewünschten ausgehenden Datenfluss zu wandeln.

Der *Datenfluss* wird durch einen gerichteten Graphen dargestellt. Der Pfeil gibt die Richtung und die Bezeichnung die transportierten Daten an. Datenflüsse können sich verzweigen und dabei nur noch eine Teilinformation der ursprünglichen Daten transportieren. Ein Prozess wird angestoßen, sobald Daten an seinen Eingangsdatenflüssen anliegen, außer dieser ist zeitgesteuert.

In der ursprünglichen Form der DFD wurden die Prozesse alleine dadurch aktiviert, dass Daten zur Verarbeitung bereitstanden. Mit der Echtzeiterweiterung durch Derek Hatley (Hatley, 1987) ist es nun auch möglich, die Prozesse durch äußere Ereignisse zu steuern. Der *Kontrollfluss* signalisiert einem Prozess ein Ereignis, welches in Abhängigkeit von seinem aktuellen Zustand zu einer Zustandsänderung führt. Der Kontrollfluss wird als gestrichelter Pfeil dargestellt.

Die Schnittstelle zwischen den externen Entitäten wie Kunde oder den angrenzenden Systemen zum System innerhalb des Geschäftsprozesses übernehmen spezielle Agenten. Ein solcher Agent kann ein Angestellter am Schalter oder am Telefon sein. Bei selbst zu bedienenden Systemen ist der Agent Teil der Softwareapplikation, welcher den Kunden durch den Prozess führt. Leider vergessen viele Anwendungen diesen virtuellen Agenten und lassen den Kunden beispielsweise mit einem Bestellvorgang alleine. Es ist wichtig, sich dieses Unterschieds bewusst zu sein. Ein Kunde hat ein bestimmtes Bedürfnis, das er hofft, bei der jeweiligen Organisation befriedigen zu können. Der Agent kennt die internen Zusammenhänge und das richtige Vorgehen, um zu diesem Ziel zu gelangen. In einer Internetapplikation kann dies exemplarisch ein sogenannter *Wizard* sein, der den Kunden schrittweise durch den besagten Prozess führt. Im Use-Case-Modell wird anstelle dieses fiktiven Agenten gerne der eigentliche Kunde als Akteur genannt. Über dessen Richtigkeit lässt sich einmal mehr genüsslich streiten. In eBay, um ein prominentes Beispiel zu nennen, möchte ich als Kunde meinen alten Bürostuhl verkaufen, übernehme aber gleichzeitig auch die Aufgabe des Auktionators. Der Auktionator wirkt dabei als Agent und übernimmt die Funktionen wie das Platzieren, Anbieten und Verkaufen an den Meistbietenden. Dasselbe gilt auch für das E-Banking, wo ich zum Kundenberater werde und meine Geldgeschäfte selbst erledige. Ein solches System muss mich also dazu befähigen, die Rolle eines solchen Agenten zu übernehmen.

Agenten sind die Schnittstellen zu den externen Entitäten

Datenflussdiagramme sind nicht die einzige Notation, um Geschäftsprozesse zu modellieren. Neben einem auf den Use-Cases basierenden Ansatz hat sich in der letzten Zeit die Notation für Business Process-Modelle (BPMN) etablieren können. BPMN ist vergleichbar mit den Aktivitätsdiagrammen von UML. Die BPM-Notation besteht aus Aktivitäten, Ereignissen, Entscheidungspunkten, Artefakten, Rollen sowie gerichteten Graphen, die den Meldungs- oder Sequenzfluss anzeigen. Im Gegensatz zum Allzweckmittel eines Aktivitätsdiagramms konzentriert sich diese Notation auf die Beschreibung von Geschäftsprozessen. BPMN stellt nicht nur das dynamische Verhalten einer Organisationseinheit dar, sondern formuliert gleichzeitig die Interaktion zwischen den verschiedenen Stellen. Es beschränkt sich dabei auf eine einzige Diagrammart und unterscheidet sich gegenüber UML durch ein definiertes Set an Symbolen für die verschiedenen Formen von Ereignissen und Entscheidungspunkten. Ermöglicht die Modellierungssprache UML die Veranschaulichung eines Systems aus unterschiedlichen Gesichtspunkten und Aspekten, so fokussieren sich BPMN wie auch die Datenflussdiagramme auf die Darlegung der Ablaufsequenz. Für eine detaillierte Besprechung dieser Notation wird auf das Kapitel SOA verwiesen.

BPMN zur Darstellung von Geschäftsprozessen

Business Use-Cases sind lang andauernde Geschäftsprozesse

Neben den bereits besprochenen Methoden existiert unter dem Begriff *Business Use-Cases* ein Ansatz, basierend auf den bereits bekannten Use-Cases, zur Darstellung von Geschäftsprozessen. Business Use-Cases sehen aus wie Use-Cases der Systemebene, sind aber lang andauernde, in der Regel kontinuierliche Geschäftsprozesse. Die Abfolge der einzelnen Arbeitsschritte wird als Aktivitätsdiagramm dargestellt. Dabei ist eine solche Sequenz kein starrer Dialog zwischen Akteur und dem System, sondern zeigt das Zusammenspiel über mehrere Organisationseinheiten und der darin eingeschlossenen Systeme auf. Sie unterscheiden sich damit wesentlich von den klassischen Use-Cases der Systemebene. Business Use-Cases wurden erstmals durch Philippe Kruchten bei der Beschreibung des Entwicklungsprozesses RUP erwähnt. Sie stellen einen Zwischenschritt zu den System-Use-Cases dar. Diese Notation wurde jedoch nie offizieller Bestandteil der Modellierungssprache UML. Das Normierungsgremium mag zu Recht behaupten, dass es aus Sicht der Notation ein und dasselbe sei, einfach auf einer unterschiedlichen Abstraktionsstufe wie die „gewöhnlichen" Use-Cases. Das *Business Object-Model* (BOM) zeigt als Ergänzung zu den Business-Use-Cases die statischen Elemente oder Fachbegriffe innerhalb der Geschäftsprozesse auf. Das BOM ist auch Teil der nachfolgend diskutierten Geschäftsstruktur.

Abbildung 12.12
Business Use-Case

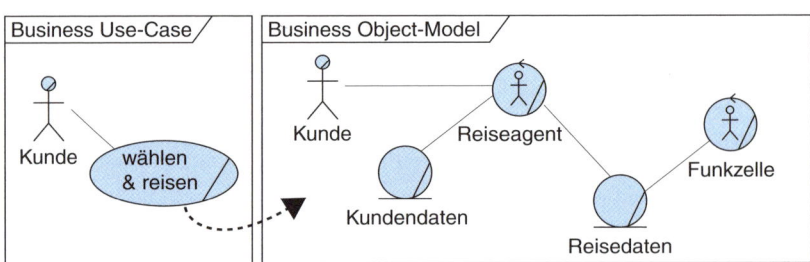

12.2.3 Geschäftsstruktur

Die Geschäftsstruktur widerspiegelt die Organisation, Informationen und die darin produzierten Produkte, so weit diese für das Verständnis des Geschäftsprozesses von Bedeutung sind. Hat die Geschäftsvision nur das grundlegende Geschäftskonzept präsentiert, so werden hier die konkreten Elemente, aus denen sich ein Unternehmen und dessen Geschäftsprozesse zusammensetzen, vorgestellt. Dies sind einerseits betriebswirtschaftliche Aspekte wie Produktion, Vertrieb und Marketing, aber auch technische Belange wie der Informationsfluss und die zugrunde liegende Infrastruktur.

EA Toolkit ist ein Framework für die strukturierte Analyse

Das folgende an Jane Carbone (Carbone, 2004) angelehnte Raster mag hierzu eine Hilfe sein, eine Inventur über die aus Sicht der IT relevanten Dinge eines Unternehmens zu identifizieren. Das Modell leitet sich von dem im Kapitel über den Architekturwürfel vorgestellten *Zachman* Framework ab. Die Zeilen stehen dabei für Komponenten, aus denen sich die IT zusammensetzt, und die Kolonnen aus den Aspekten, die aus der Unternehmensarchitektur heraus betrachtet werden. Die Komponenten bestehen aus den für das Business relevanten Daten, den Funktionseinheiten, der Plattform und Infrastruktur sowie den darin involvierten Personen. Die Prinzipien der ersten Kolonne listen die grundsätzlichen Geschäftstreiber und Strategien auf, nach denen sich das Unternehmen ausrichtet. Dies ist im Grunde ein Teil der bereits diskutierten Geschäftsvision. Es beschreibt, wie sich die Organisation aufstellen will, welche Prozessmodelle zur Anwendung kommen und wie die langfristige IT-Strategie aussieht. Die Kolonne der Modelle zeigt eine abstrahierte Sicht auf die im Inventar identifizierten Elemente auf. Die Standards bilden die Basis, auf denen die IT aufgebaut ist oder wird. Das Raster fungiert als Schatulle, nach deren Einteilung die identifizierten Dinge und Strukturelemente eines Unternehmens gruppiert werden können.

	Prinzipien	Modelle	Inventar	Standards
Daten	Vision	Architektur-stil	Produkte	Regeln
Funktion	Prozess-modelle	Orchestrierung	Prozesse	Service
Plattform	IT-Strategie	Informations-fluss	Infrastruktur	Governance
Personen	Origansiations-form	Rollen	Organisations-struktur	Fähigkeiten

Abbildung 12.13
EA Toolkit Framework

Das zentrale Element der Geschäftsstruktur bildet meist das bereits erwähnte Business-Objektmodell. Dieses Modell zählt die wichtigsten Begriffe aus der Geschäftswelt auf und stellt sie zueinander in Bezug. Dabei kann das Raster des EA Toolkits eine Hilfe sein, aus dieser Inventur der Geschäftsebene die relevanten Begriffe oder Geschäftsobjekte zu identifizieren. Der Unterschied zum später zu besprechenden Domänenmodell der Systemebene ist nicht immer klar erkennbar. Beide Modelle suchen Objekte oder Begriffe der Problemdomäne, aus der die Anforderungen an das zukünftige System entstammen. Der Unterschied zwischen den beiden Modellen liegt im Wesentlichen im betrachteten Abstraktionsgrad und dem dabei eingenommenen Blickwinkel. Das Business-Objektmodell betrachtet die gesamte Organisation, wovon das System, auf welches das Domänenmodell fokussiert, ein Teil ist. Ein Geschäftsmodell ist deshalb nur bei komplexen Vorhaben zu modellieren, in welchen die verschiedenen Vorgänge eines Unternehmens Einfluss auf den späteren Systementwurf haben. Gerne wird dieses Business-Objektmodell auch als Begriffsmodell bezeichnet. Damit wird auch sprachlich verdeutlicht, dass es nicht um Objekte der Systemwelt, sondern um Begriffe der Geschäftswelt geht.

Das Business-Objektmodell zählt die Begriffe der Geschäftswelt auf

Aus methodischer Sicht unterscheiden sich das Vorgehen zur Erstellung und die dabei zu verwendende Notation für ein Geschäftsobjektmodell nicht wesentlich von einem Domänenmodell. Beide Modelle stellen Begriffe oder eben Objekte auf fachlicher Ebene zueinander in Bezug. Deshalb wird hier auf eine ausführliche Diskussion verzichtet.

12.3 Anforderungsanalyse

Requirements Development und Management

In der Anforderungsanalyse wird zwischen der Erhebung der Anforderungen und deren Verwaltung unterschieden. Im Englischen wird die Erhebung als *Requirements Development* und die Verwaltung als *Requirements Management* bezeichnet. Bevor sich der folgende Abschnitt auf die Entwicklung oder besser gesagt die Erhebung der Anforderungen konzentriert, wenden wir uns kurz dem Requirements Management zu. Wie die Versionskontrolle und Quellcodeverwaltung die Ergebnisse des Entwicklungsprozesses verwalten und den Stand einer bestimmten Version nachvollziehbar machen, bedarf es in der Anforderungsanalyse Werkzeuge und Methoden, um die Anforderungen zu verwalten. Hierbei wird ein bestimmter Stand gesichert und der Umgang mit Änderungen definiert. Zudem soll das Requirements Management den Verlauf einer konkreten Anforderung über den Entwurf, die Implementierung und den Test aufzeigen können. Der im Englischen als *Tracing* bezeichnete Vorgang soll Testfälle, Quellcode und Klassen des Entwurfs auf die entsprechenden Anforderungen rückführbar machen. Damit ist einerseits der Grad der Erfüllung messbar und andererseits können die Auswirkungen von Änderungen auf die davon abgeleiteten Designentscheide und Implementationen eruiert werden.

Abbildung 12.14
Teilbereiche der
Anforderungsanalyse

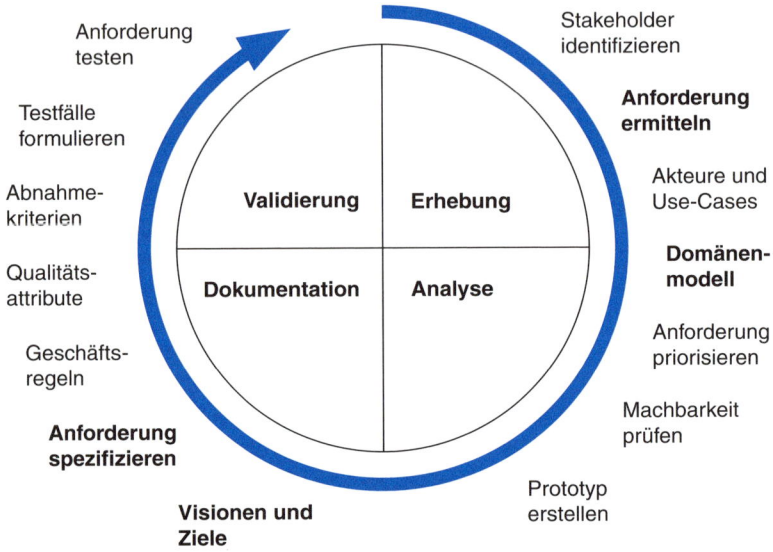

Das Requirements Development oder was wir fortan als Anforderungsanalyse bezeichnen umfasst die Identifikation der Stakeholder, deren Anforderungen sowie die Dokumentation dessen. Dabei liegt die Herausforderung im „Fischen" nach den relevanten Bedürfnissen und Wünschen, auch jenen, die nicht genannt und implizit erwartet werden. Die Anforderungsanalyse kann, wie die Abbildung 12.14 zeigt, in die Phasen Erhebung, Analyse, Dokumentation und Validierung aufgeteilt werden. Da die Anforderungsanalyse ein großes, weites Feld ist und kaum in einem Kapitel abgehandelt werden kann, beschränken wir uns im Folgenden auf die wichtigsten Themengebiete: Vision und Ziele, die strukturierte Ermittlung und Spezifikation der Anforderungen sowie das Domänenmodell. Die Identifikation der Stakeholder wurde bereits im Kapitel Architekturentwurf besprochen und kann, mit anderen Protagonisten, in derselben Weise auch hier angewendet werden. Die Besprechung der Use-Cases und Akteure finden Sie einige Seiten später.

12.3.1 Visionen und Ziele

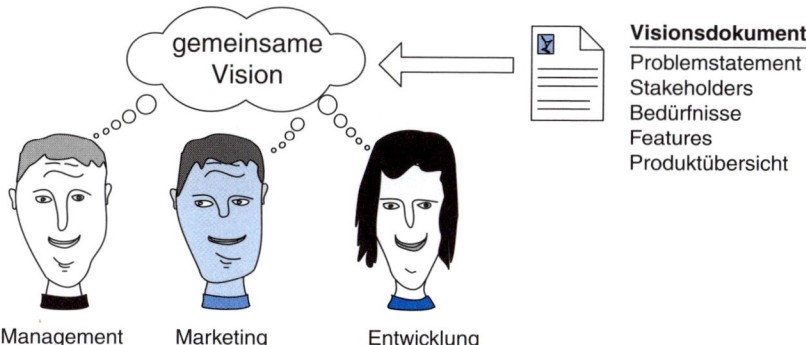

Abbildung 12.15
Visionsdokument

Erfolgsbestimmend für jedes Projekt sind, wie im Teamsport auch, gemeinsame Ziele und Visionen. Eine Vision bezeichnete ursprünglich eine Erscheinung oder ein Trugbild von etwas Zukünftigem und war Sehern sowie Schamanen vorbehalten. Heutzutage wird der Begriff im Sinne einer Verbildlichung erreichter Ziele verstanden und vermag durch die Visualisierung und Vorwegnahme positiver Gefühle den Willen zu stärken, den Weg dorthin zu beschreiten. Eine Vision schwört alle am Projekt beteiligten Personen auf das gewünschte Ziel ein und dient als Orientierungshilfe wie der Leuchtturm bei rauer See oder unklarer Sicht. Diese Visionen und Ziele schriftlich niederzuschreiben, ist eine Sache, sie zur tragenden Systemidee zu gestalten eine andere. Tim Weilkiens (Weilkiens 2006) schlägt hierzu den Produktkarton vor, auf dem die Ziele und Lösungsidee bildlich und für jeden sichtbar stehen. Es kann auch ein Plakat oder ein reales Modell aus Holz sein, um den Kerngedanken des Projekts zu veranschaulichen und sich täglich zu vergegenwärtigen. Der Akt der kreativen Visualisierung der Vision durch Produktkarton, Plakat oder Modell innerhalb eines Workshops schafft bereits eine erste einheitliche Vorstellung unter den verschiedenen Teilnehmern.

Gemeinsame Vision

Visionsdokument

Das Visionsdokument fasst diese Ziele und Visionen auf wenigen Seiten zusammen. Dabei werden das zu lösende Problem und die mit dem Projekt zu erfüllende Mission in der Art eines *Elevator Pitch* verfasst. Ein Elevator Pitch entstammt der Idee, ein Produkt oder eine Idee seinem Chef oder Sponsor während einer Fahrt mit dem Aufzug kurz und prägnant erzählen oder verkaufen zu können. Sie haben also zwei, drei Sätze Zeit, gute Gründe zu nennen, das System zu bauen. Die Gründe werden dabei kaum technischer Natur sein, sondern eher wirtschaftliche Interessen und Differenzierungsmöglichkeiten gegenüber Mitbewerbern betreffen. Dabei ist zusammenzufassen, für welche Zielgruppe das Produkt welchen Mehrwert erbringt und wie sich dieses gegenüber anderen Produkten oder Lösungen innerhalb des Unternehmens oder gegenüber der Konkurrenz abzuheben vermag. Auch wenn nach Goethe Namen wie Schall und Rauch sind, sollte ihr Produkt eine wohlklingende Bezeichnung erhalten. Kaum jemand fühlt sich motiviert, für das Projekt Z2314 sein Herzblut zu verlieren.

Stakeholder und Features

Neben diesem Problem- oder Missionsstatement beinhaltet das Visionsdokument die Aufzählung der wichtigsten Stakeholder und deren grundlegende Bedürfnisse sowie Wünsche an das zukünftige Produkt. Die relevanten Interessensgruppen und deren Rollen zu kennen, ist das A und O einer erfolgreichen Anforderungsanalyse. Vergessen Sie beispielsweise den Gesetzgeber oder das Patentamt und übersehen dabei zwingende Randbedingungen, ist möglicherweise die ganze Arbeit umsonst. Bei Produkten für eine heute noch anonyme Käuferschaft sind sogenannte Proxy Stakeholder zu nennen und Verfahren wie Panels oder strukturierte Interviews aufzuführen, deren Anforderungen zu ermitteln. Letztendlich listet das Visionsdokument die wichtigsten Features auf und formuliert einen ersten Lösungsentwurf. Ein solcher Entwurf könnte dem im Architekturentwurf diskutierten Cartoon entsprechen. Gerade bei innovativen Projekten sind in der Art eines Business-Plans die Chancen und Risiken gegenüber dem Markt zu benennen und ökonomische Überlegungen mit einzubeziehen.

12.3.2 Anforderungen ermitteln und spezifizieren

Problem als Ausgangspunkt

Bevor wir uns dem eigentlichen Thema, der Ermittlung und Spezifikation von Anforderungen, zuwenden, widmen wir uns der Ausgangslage, dem Problem. Ein Problem ist eine Differenz zwischen einem Ist- und Sollzustand. Oder wie Donald C. Gause und Gerald M. Weinberg es bezeichnen, eine Differenz zwischen Wahrnehmung und Wunsch (Gause & Weinberg, 1990). Nehme ich beispielsweise die Umgebung als kalt war, wünsche ich mir ein wärmeres Zimmer.

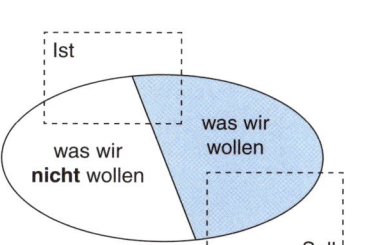

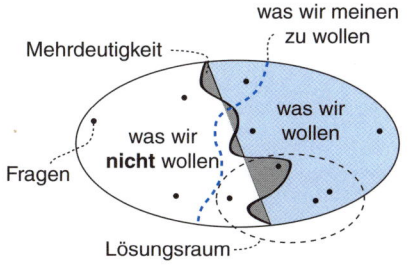

Abbildung 12.16
Wunsch und Wirklichkeit

Ideal

Tatsache

Kennen wir das Problem, können wir uns auf die Suche nach einer geeigneten Lösung machen. Eigentlich geht es nur, wie in der Abbildung 12.16
dargestellt, darum, die klare Linie zwischen dem, was wir wollen, und dem
was nicht, zu finden. Die Wirklichkeit belehrt uns eines Besseren, dass diese
Linie durch Fragen nur erahnt werden kann und wir uns selbst nicht immer
im Klaren darüber sind, was wir wirklich wollen. Oft wurde unbewusst, wie
das vorherige Beispiel illustriert, bereits eine Lösung im Wunsch verpackt.
Damit engen wir die Problemsuche auf die Umsetzung einer vorweggenom-
menen Lösung ein.

Durch eine kontextfreie Frage, so die beiden Autoren Gause und Weinberg,
lassen sich implizite Annahmen und die unbewusste Einschränkung auf einen
bestimmten Lösungsraum vermeiden. Kontextfreie Fragen sind offene Fragen,
die nicht in einem gewissen Zusammenhang stehen und auch kein bestimmtes Produkt oder eine Lösung in sich tragen. Es ist die Fähigkeit, unvorein-
genommen zuzuhören und das Gesagte aus Sicht des Kunden auf den Punkt
zu bringen. Damit sind wir mitten in der Diskussion über die Ermittlung und
Spezifikation von Anforderungen angekommen. Mit den richtigen kontextfreien Fragen gilt es, die zuvor gezeigte Linie zwischen dem empfundenen *Ist*
und dem gewünschten *Soll* so scharf wie möglich zu ziehen.

Kontextfreie Fragen

Diese Linie zu ziehen und damit das Problem einzugrenzen, bedarf vor-
nehmlich einer Methode: der Sprache. Die Sprache ist das Medium, um die
Erfahrungen, Sinneseindrücke und Gefühle unseres Innersten in wahrnehmbare Signale zu übersetzen. Dabei kann dies verbal, also durch Worte, oder
nonverbal durch die Köpersprache und Mimik erfolgen. Die Aufgabe des
Business-Analysten ist es, zwischen dem, was wir sagen, und dem, was wir
meinen, sowie dem was wir letztendlich verstehen, eine Brücke zu bauen.
Eine solche Brücke bietet die neurolinguistische Programmierung (NLP) von
John Grindler, damals ein Informatiker, und Richard Bandler, einem Lingu-
istikprofessor. NLP untersucht, wie die Sprache unser Denken und Handeln
beeinflusst. Neben verschiedenen Verhaltensstrategien, wie die Herstellung
eines Rapports oder das Setzen eines Ankers, beschäftigt sich NLP mit der
Sprache und den dabei auftretenden Missverständnissen.

**Neurolinguistische
Programmierung**

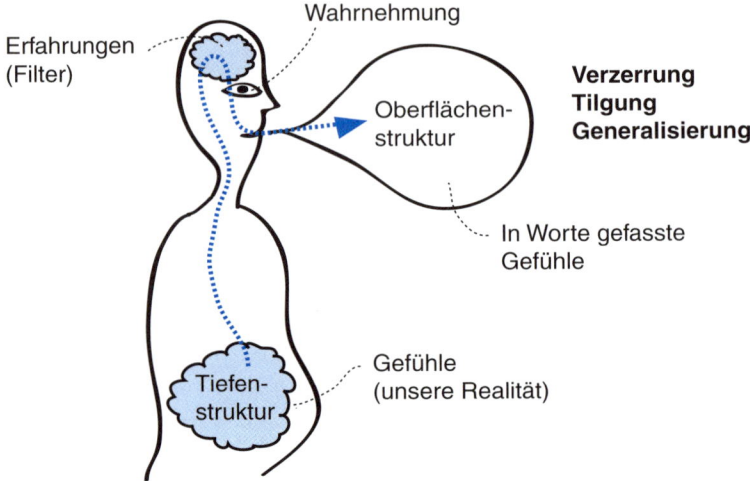

In NLP ist das, was wir sagen, eine in der Oberflächenstruktur wahrnehmbare Äußerung von in Worte gekleideten Gefühlen der Tiefenstruktur. Die Erfahrungen wirken dabei als Filter und verzerren, tilgen oder generalisieren Dinge aus unserer eigenen Perspektive (O'Conner, 2006). Die Veränderung zwischen Gedachtem und Gesagtem ist ein normaler Vorgang und oft sind wir als Zuhörer in der Lage, das Gesagte aus dem jeweiligen Kontext zu verstehen, auch wenn Dinge weggelassen oder verzerrt wurden. In der Anforderungsanalyse sind nun diese „Störungen" zu eliminieren, um das wirklich Gemeinte der Tiefenstruktur als eindeutige Aussagen wiederzugeben. In der Anforderungsspezifikation fehlt uns ja der Kontext.

Tilgen, Generalisieren, Verzerren

In der Tilgung lassen wir Dinge weg, weil wir nicht in der Lage sind, sie in Worte zu fassen, oder weil sie uns unwichtig erscheinen. In der Generalisierung ziehen wir aus unseren persönlichen Erfahrungen allgemeine Schlüsse. Solche Verallgemeinerungen sind überlebenswichtig, da wir andernfalls jede Information oder Situation bewusst beurteilen und entscheiden müssten, dies würde ein Zusammenleben wirklich kompliziert und zähflüssig machen. Gefährlich sind sie dort, wo wir Tatsachen pauschalisieren und die Ausnahmen nicht mehr erkennen. Die Verzerrung verändert die Gewichtung einer Aussage, indem wir Tatsachen verdrehen oder ihnen eine andere Bedeutung verleihen. Vielleicht weil wir die Dinge nicht so mögen, wie sie sind, oder aus unserer negativen Erfahrung die falschen Rückschlüsse ziehen. Durch offene Fragen beginnend mit den Wörtern „was, wer, wozu, wann und wo" lassen sich solche Störungen korrigieren, indem die fehlenden Informationen nachgefragt werden. Hier braucht es eine gewisse Hartnäckigkeit, bevor die Aussage vollständig und für andere sowohl schlüssig als auch verständlich ist.

Regeln zum Schreiben von Anforderungen

Doch wie sollen nun Anforderungen geschrieben werden und welcher formalen Struktur haben diese zu genügen? Da gehen die Meinungen weit auseinander. Die SOPHISTen (Rupp, 2007) geben ein umfangreiches Regelwerk vor, um Anforderungen zu spezifizieren. Sie fordern eine nüchterne

Formulierung und Aufzählung von Aussagen über das, was das Produkt können sollte. Andere Autoren verlangen eine weniger rigide Einhaltung einer bestimmten Struktur. Generell lassen sich die Empfehlungen wie folgt zusammenfassen:

- Anforderungen haben die generelle Struktur „Das Produkt/System soll ...“ oder aus Sicht des Anwenders „Der Benutzer soll fähig sein ...“ gefolgt vom Objekt, auf das sich eine Aktion bezieht, und einem Verb im Infinitiv, das die Aktion beschreibt. Nebensätze sollten dabei nach Möglichkeit vermieden werden. Das Verb wird auch als Prozesswort bezeichnet.

- Anforderungen sollten immer im Aktiv geschrieben sein. Bei Passivsätzen wird die handelnde Person zum Objekt und das, auf welches sich die Handlung bezieht, zum Subjekt. So wird beispielsweise aus dem Aktivsatz „Der Lehrer bestraft Globi“ der Satz „Globi wird vom Lehrer bestraft“.

- Durch das einleitende Hilfsverb ist keine Priorisierung vorzunehmen. Eine Anforderung ist immer mit „Soll“ zu beginnen und die Wichtigkeit einer Anforderung ist als Attribut festzuhalten. Damit ist eine Sortierung wesentlich einfacher und für eine Änderung der Priorität ist der eigentliche Satz nicht zu verändern. Das Konstrukt „Das System soll ...“ beinhaltet im Grunde keine Informationen, zwingt uns aber, die Aussage im Aktiv zu formulieren.

- Unvollständige Vergleiche und Verallgemeinerungen sind zu eliminieren. Anforderungen sollten messbar und qualifizierbar sein. Aussagen wie „alle“ oder „besser“ sind zu hinterfragen, „wie viele genau?“ oder „besser als was?“, und entsprechend zu ergänzen. Mehrdeutige Sätze sind zu vermeiden.

- Definieren Sie, welche Bedingungen oder Kriterien eine Anforderung erfüllen muss. Diese Angaben dienen später dazu, die Testfälle zu spezifizieren und Abnahmekriterien zu definieren.

- Anforderungen, die mehr als eine Aussage oder Forderungen beinhalten, sind in Unteranforderungen aufzutrennen.

Machen Sie Ihre Anforderungsspezifikation so weit wie möglich lesbar und verständlich. Eine reine Aufzählung von mehreren tausend Anforderungen ist eine schwer zu verdauende Kost. Beispielsweise können die Aussagen nach Themengebieten gruppiert werden. Solche Bereiche sind mit einer erklärenden Zeichnung und Worten einzuleiten, die das Folgende in Zusammenhang setzt.

Zu den Anforderungen – wir haben es bereits im Kapitel Architekturbegriff gesehen – gehört die Spezifikation der nichtfunktionalen Anforderungen. Dies sind Rahmenbedingungen, gegeben durch regulatorische Behörden, einzuhaltende Geschäftsregeln und Qualitätsattribute. In der Alltagssprache werden die nichtfunktionalen Anforderungen vielfach den Qualitätsattributen gleichgesetzt. Rahmenbedingungen gegeben durch Gesetze, Normen und Patente finden sich vor allem in der Systementwicklung wie die Steuerung von Maschinen oder in der Medizintechnik. Oft ist nicht einmal die Trennung zwischen funktionalen und nichtfunktionalen Anforderungen so klar zu ziehen. Auch

Nichtfunktionale Anforderungen

eine eindeutige Zuordnung einer solchen Anforderung zu einer bestimmten Gruppe von Qualitätsattributen wie Performance, Erweiterbarkeit oder Sicherheit ist nicht immer möglich. Deshalb erweist sich eine Kategorisierung der Aussagen in bestimmte Anforderungstypen in der Praxis als wenig zweckmäßig. Stattdessen ist gerade aus Sicht des Lösungsentwurfs eine Unterscheidung in für das Geschäft oder die Architektur relevante Anforderungen sinnvoller. Bei nichtfunktionalen Anforderungen ist besonders darauf zu achten, keine Lösung gleichzeitig mit der Anforderung zu spezifizieren. Die Forderung beispielsweise, dass der Bankkunde beim Geldautomaten einen Pin-Code einzugeben hat, ist im Grunde bereits eine Lösung, um die verlangte Sicherheit zu erfüllen. Dies kann aber eine Rahmenbedingung sein, da die Geschäftsregel oder Normen des Unternehmens eine solche Authentifizierung erzwingen.

Ermittlungstechniken

Nachdem wir um die Schwierigkeit der Sprache wissen und auch eine Idee davon haben, wie Anforderungen zu strukturieren sind, bleibt nur noch die Frage zu beantworten, wo und wie diese zu ermitteln sind. Eines der wirksamsten Mittel ist das Beobachten oder Erlernen der Tätigkeit des späteren Anwenders sowie die Durchführung von strukturierten Interviews und Workshops. Gerade die Spezifikation der Use-Cases oder zumindest die Ermittlung der Essenz einer Sequenz sollte nach Möglichkeit mittels eines Workshops mit direkt Betroffenen geschehen. Beim Versuch, den Dialog zwischen Akteur und System gemeinsam beschreiben zu wollen, werden funktionale Anforderungen hinterfragt oder erst ins Bewusstsein befördert. Daneben dienen Kreativitätstechniken, wie Brainstorming oder der morphologische Kasten wie auch das Schreiben von Szenarien dazu, Anforderungen zu entlocken. Ein Szenario ist eine spezifische Abfolge oder ein Ablauf durch eine bestimmte Person mit dem System. Sie erzählen eine konkrete Geschichte und sind weniger formal als Use-Cases.

Kano-Modell

Bei der Ermittlung der Anforderungen sind nicht nur die Dinge aufzuführen, die einen Benutzer befriedigen oder begeistern, sondern auch jene Punkte, die zu seiner Unzufriedenheit führen. Hierzu gehören gerade die oft fehlenden Basiseigenschaften, die implizit erwartet werden. Das Modell von Dr. Noriaki Kano in der Abbildung 12.18 verdeutlicht, dass mit zunehmender Qualität eines Produkts die erwarteten Leistungsmerkmale zunehmen und es besondere Anstrengungen verlangt, den Kunden zu begeistern. Die Basiseigenschaften sind nach der Zwei-Faktoren-Theorie von Herzberg die Hygienefaktoren, die nicht zu begeistern vermögen, doch deren Fehlen in einer Demotivation endet. Die Begeisterungsmerkmale oder Motivatoren führen hingegen zu einer größeren Zufriedenheit des Kunden. Deshalb ist es wichtig, nach diesen implizit erwarteten Hygienefaktoren oder Basiseigenschaften zu forschen. Zu forschen deshalb, weil diese in der Regel nicht genannt werden. Um beim Geldautomaten zu bleiben oder auch das M-Ticket Projekt zu bemühen, erwarte ich, ohne es zu auszusprechen, dass mein Konto wirklich nur belastet wird, wenn ich das Geld bzw. die Leistung bezogen habe. Ich werde nicht glücklicher, wenn das System diesem Anspruch immer genügt, aber verärgert oder verunsichert, wenn es einmal nicht klappt.

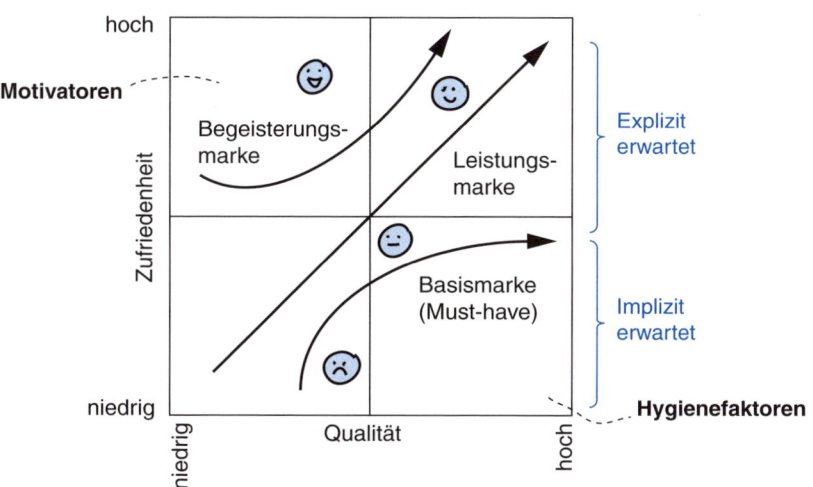

Abbildung 12.18
Kano-Modell

12.3.3 Domänenmodell

Ein Domänenmodell ist ein Netz von Objekten, Begriffen und Regeln der Geschäftswelt der jeweiligen Domäne, in dem die statischen Beziehungen zwischen diesen Elementen dargestellt werden. Eine Domäne kann dabei – wie es der Name suggeriert – nur einen bestimmten Bezirk, eine Division oder ein Quartier umfassen oder sich auf das ganze Unternehmen beziehen. In der Informatik hat sich der Begriff *Enterprise* für Großfirmen eingebürgert, innerhalb dessen Domänen Sparten oder Geschäftsfelder implizieren. Ob nun hier das Unternehmen in seiner Ganzheit oder nur Teile aus der strukturellen Optik betrachtet werden, ist eine Frage der Abstraktionsebene und Zusammenhangs, in dem das Problem zu beschreiben ist. Ein Domänenmodell ist die Intersektion zwischen dem Wissen des Sachverständigen einer Domäne und dem der IT-Abteilung. Es ist der gemeinsame Nenner dieser beiden Welten.

Ein Domänenmodell, wie es die Abbildung 12.19 illustriert, bringt die Entitäten der Geschäftswelt und deren Regeln zu einem für die IT verständlichen und implementierbaren Modell zueinander in Bezug. Ein solches Modell besteht aus Geschäftsobjekten, die dem Vokabular der jeweiligen Fachabteilung entstammen und frei von technischen Betrachtungen sind. Es sind reale Dinge aus dem Sprachgebrauch des Sachverständigen oder Experten der entsprechenden Domäne. Deshalb kennt dieses Modell keine Schichten, fragt nicht nach der Präsentation der Information oder deren Datenhaltung und bringt auch keinen bestimmten Architekturstil zum Ausdruck. Die Identifikation der richtigen Entitäten ist trotzdem keine einfache Sache. Als Delegierter der IT haben wir die Tendenz, in Lösungen der Informatik zu denken, und sehen beim Begriff „Kunde" bereits einen Eintrag in der Datenbank.

Abbildung 12.19
Intersektion zwischen
Business und IT

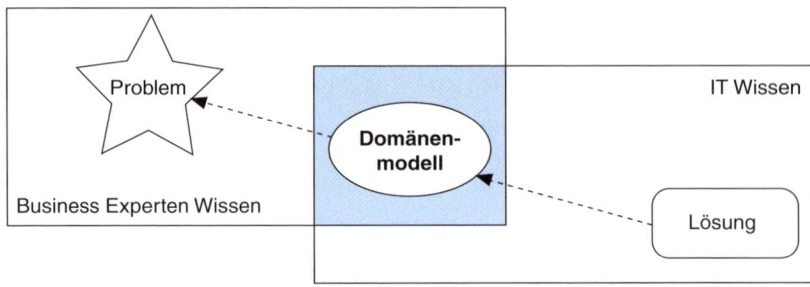

Aus der Vielzahl von Methoden, die ‚richtigen' Geschäftsentitäten zu finden, seien hier zwei Ansätze präsentiert. Eric Evans hat mit *Domain-Driven Design* ein viel beachtetes Konzept und Pattern präsentiert, sich bewusst auf die domänenspezifischen Dinge zu fokussieren (Evans, 2003). Etwas weniger populär – jedenfalls in der romantischen Welt – sind die Archetypen und domänenneutralen Komponenten von Peter Coad und seinen Kollegen (Coad, 1999). Dies mag am Titel liegen, der eine Java-Modellierung in Farben anpreist. Den Methoden ist gemein, dass die Objekte in Gruppen oder eben Archetypen mit spezifischen Eigenschaften aufgeteilt werden. Damit erhält ein Domänenmodell eine zusätzliche Informationsebene und es fordert uns auf, außerhalb der üblichen Entitäten nach geschäftsrelevanten Objekten oder Diensten zu fragen.

Domain Driven Design

Fokus auf Domänenschicht

Ein entscheidender Erfolg für die Entwicklung einer Software, so erkannte Eric Evans, ist das Verständnis für den Fachbereich und in dessen Sprache den Kern eines zukünftigen Systems zu formulieren. Der Kern ist in erster Linie die Fähigkeit, die Probleme der Domäne zu lösen. Logisch! Doch nicht selten beschäftigt sich die IT – verständlicherweise – bevorzugt mit technischen Lösungen auf der Präsentations- oder Datenschicht. Eric verlangt stattdessen von uns, diese beiden Schichten vorerst zu ignorieren und unsere ganze Aufmerksamkeit auf die Geschäftslogik zu legen. Es entsteht in enger Zusammenarbeit mit den Experten der Domäne ein gemeinsames Modell und damit eine allgegenwärtige, universelle Sprache. Dabei verbindet das Modell die Analyse- mit der Designseite. Das Design oder davon die abgeleitete Implementierung wird durch das Modell getrieben, weshalb wir von einem modellgetriebenen Design sprechen. Dies bedeutet im Grundsatz, dass jede Änderung zuerst ein Nachziehen des Modells verlangt und erst dann eine Anpassung des Codes. Es impliziert eine Arbeitsweise und kein Werkzeug, um aus dem Modell Code zu generieren. Damit bleibt das Modell aktuell und behält den Wert als Dokumentation und Einstiegspunkt, um das System zu verstehen. Dies verlangt eine gewisse Portion an Disziplin und ein Management, welches den langfristigen Mehrwert zu erkennen vermag.

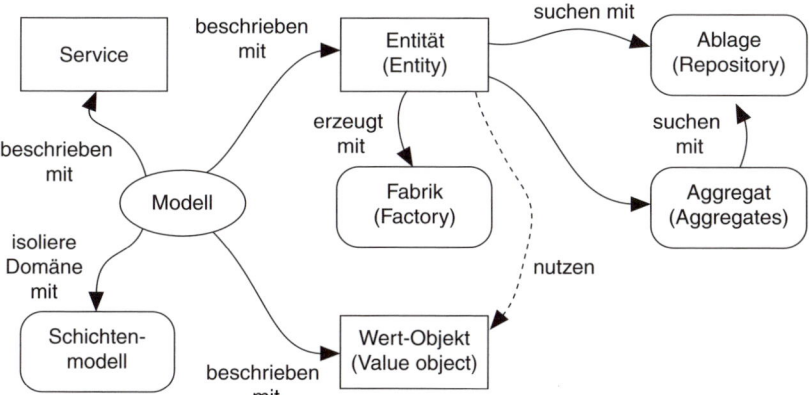

Abbildung 12.20
Domain Driven Design

Die erste Tätigkeit ist die bewusste Isolierung der Objekte der Domäne von technischen Aspekten wie die der Benutzerschnittstelle, Datenablage, Infrastruktur und dem Orchestrieren der einzelnen Aufgaben in Form eines Systemprozesses. Eine solche Trennung wird durch eine geschichtete Architektur erreicht. Auf der obersten Ebene dieses Schichtmodells finden sich die Objekte der Mensch-Maschinen-Schnittstelle gefolgt von der Applikationsschicht, die das Zusammenspiel koordiniert. Die unterste Ebene stellt die Infrastruktur dar, welche den übergeordneten Schichten Dienste wie Persistenz, grafische Darstellung, Middleware und Applikationsserver bereitstellt. Zwischen dieser und der Applikationsschicht befindet sich das hier diskutierte Domänenmodell. Es repräsentiert Konzepte des Fachbereichs und deren Geschäftsregeln. Das im Kapitel Pattern vorgestellte Entwurfsmuster MVC verbindet die zuvor separierten Objekte wieder. Der Controller in der Applikationsschicht vermittelt zwischen dem Modell der Domäne und der Präsentationsschicht, ohne diese wieder zu vermischen. Als Antipattern zitiert Eric das Smart UI. Viele Werkzeuge ermöglichen es heute, aus den Definitionen einer relationalen Datenbank direkt entsprechende Masken generieren zu lassen. Damit wird die Businesslogik Teil der Dialogschicht und diese direkt mit der Datenschicht verknüpft. Dieses Phänomen haben wir bereits an anderer Stelle diskutiert und auf die damit verbundenen Gefahren einer hohen Kopplung aufmerksam gemacht. Im Domänenmodell wird zwischen den Objekttypen Entität, Service, Werteobjekt, Fabrik, Ablage und Aggregat unterschieden.

Domäne isolieren

Entitäten sind die grundsätzlichen Dinge eines Domänenmodells, die Konzepte des jeweiligen Geschäftsfelds repräsentieren. Entitäten spiegeln den momentanen Zustand eines kontinuierlichen Lebenszyklus von Objekten der Geschäftswelt wider. Wichtiger bei solchen Objekten ist, deren Verlauf über die Zeit und weniger deren Attribute im Detail zu kennen. Für was steht beispielsweise der „Kunde" und welche Zustände kann dieser im System einnehmen. Eine Entität hat eine eindeutige Identifikation und ist in der Regel persistent. Bei der Modellierung ist ferner zu beachten, sich auf die wesentlichen Eigenschaften oder Attribute zu beschränken und dabei den konkre-

Entität

ten Datentyp vorerst zu vernachlässigen. So mag es genügen, für den zuvor erwähnten Kunden einen Namen und eine Adresse als relevante Merkmale zu nennen, ohne bereits jetzt deren maximale Zeichenlänge festlegen zu wollen.

Wertobjekt   Ein *Wertobjekt* ist ein beschreibendes Objekt und hat keine eigene Identität, das heißt, ein solches „Ding" existiert in der realen Welt der Domäne nicht, sondern dient lediglich als zusammengesetzter Wert als Attribut von Entitäten. So stellt beispielsweise eine Adresse ein solches Objekt dar, welches die geografische Position einer Person beinhaltet. Wertobjekte sind in der Regel nicht veränderbar (immutable), das bedeutet, jede Änderung erzeugt eine neue Instanz. In der Darstellung des Domänenmodells werden diese Werteobjekte vielfach nicht explizit angezeigt, da sie für das Verstehen der Domäne keine entscheidende Bedeutung haben.

Service   Es gibt Operationen, die nicht zu einer spezifischen Entität oder einem Wertobjekt gehören. Sie stellen Dienstleistungen oder *Services* dar. Es ist eine zusammenhängende Abfolge von Aktionen auf mehrere Elemente einer Domäne. Sie sind zustandslose Agenten, welche Leistungen über wohldefinierte Schnittstellen anbieten. In einem Online-Shop wie Amazon kann ein solcher Service stellvertretend für den Verkaufsagenten stehen und die Registrierung, Bezahlung und Weiterleitung an den Lieferdienst zusammenfassen. In der Geschäftsarchitektur sind diese Services die Verbindungsstelle zum Geschäftsprozess. Sie stellen eine ideale Ausgangslage für eine serviceorientierte Architektur dar, da diese mehrere Operationen von feinkörnigen Entitäten zu einer abgeschlossenen Funktion verpacken. Das Konzept verteilter Komponenten EJB in Java kennt in Form des *Service-Bean* eine entsprechende Repräsentation. Selbstredend heißen die Entitäten dort auch Entity-Beans.

Aggregat   Ein *Aggregat* fasst Teile zu einem Ganzen zusammen und verbirgt den Zugriff auf diese Einzelheiten durch ein gemeinsames Wurzelobjekt. Es ist eine Kombination aus dem Composite- und Fassaden-Entwurfsmuster. Beispielsweise besteht ein Warenkorb der Bahn aus Fahrscheinen, Gegenständen, Dienstleistungen und Reservierungen. Der Zugriff auf diese Objekte kann jedoch nur durch das Wurzelobjekt des Warenkorbs erfolgen.

Abbildung 12.21
Aggregat

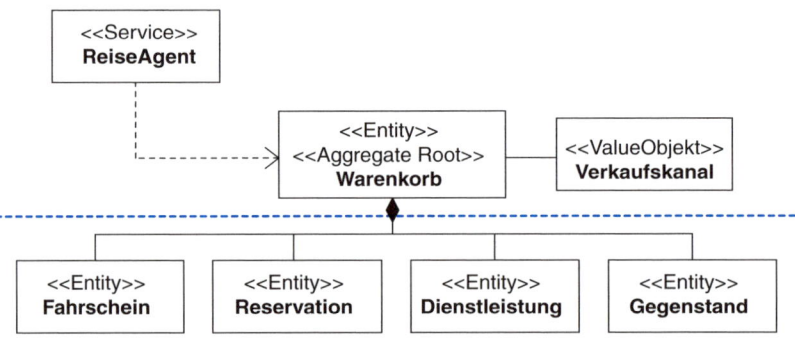

Eine *Fabrik* ist der Ort, an dem Entitäten und Aggregate instanziiert werden. Hier beginnt der Lebenszyklus eines Objekts. Sei dies beim erstmaligen Kreieren einer Entität oder beim Instanziieren der persistenten Daten durch die Ablage (Repository). Eine solche Fabrik funktioniert nach dem bereits diskutierten Factory-Entwurfsmuster. Man kann geteilter Meinung sein, ob ein solches Konstrukt wirklich Teil des Domänenmodells sein sollte. Fabriken sind eigentlich nur Konzepte zur Erzeugung einer internen Repräsentation von etwas bereits real Existierendem. Statt Konzepte der objektorientierten Instanziierung zu nennen, wäre es interessanter, die Herkunft oder den Entstehungsort der Entitäten aufzuführen. So entstehen, um beim vorherigen Beispiel zu bleiben, der Fahrschein am Ticketdrucker oder Billettautomaten und der Gegenstand durch den Wareneingang.

Fabrik

Die *Ablage* oder das Repository, als letztes Element der domänengetriebenen Designs, ist der Ort, über den die Entitäten persistent gemacht und wieder gefunden werden. Sie stellen die Schicht zwischen der physischen Datenbank und dem auf diese Daten zugreifenden Objekt dar. Eine andere Bezeichnung für Repository ist Data-Access-Layer, welcher die unterliegende Komplexität einer Datenbank verbirgt und das relationale zum objektorientierten Modell abbildet (OR-Mapping). Als solches bietet er Operationen an, um Entitäten und Aggregate auf vielfältige Weise in der Datenbasis zu suchen und über die Fabrik zu instanziieren. Zudem offerieren diese Objekte Schnittstellen zum Speichern neuer oder veränderter Objekte.

Ablage

Archetypen und domänenneutrale Komponenten

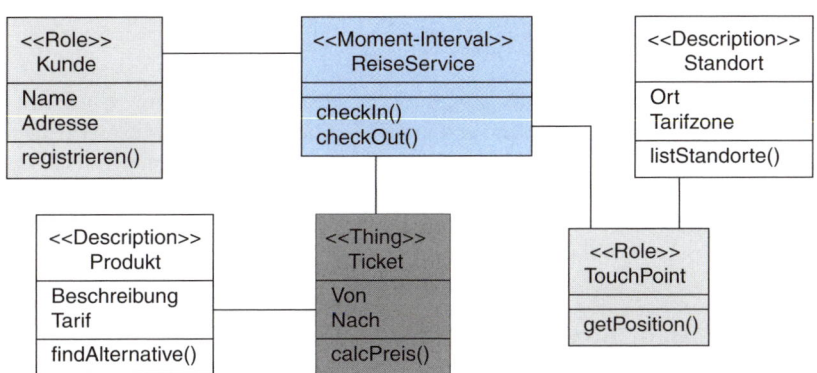

Abbildung 12.22
Archetypen nach
Peter Coad

Peter Coad bringt mit der Aufteilung der Klassen in vier grundsätzliche Archetypen und die Verwendung von Farben eine zusätzliche Dimension in ein Domänenmodell ein. Durch die konsequente Einteilung jeder Klasse in einen dieser Archetypen und die visuelle Unterscheidung durch verschiedene Farben sind komplexe Modelle einfacher erfassbar und verständlicher. Unglücklicherweise benannte der Verlag das Buch übersetzt ins Deutsche als „Java-Modellierung in Farbe mit UML", was den falschen Schluss zulässt, es handle sich um eine auf die Programmiersprache Java beschränkte Methode. Stattdessen bietet Coad mit der Verwendung von Farben und der Aufzählung von 61 typischen Komponenten verschiedener Domänen eine Fundgrube vieler guter Ideen, um den eigenen Entwurf besser zu gestalten. Durch die Klassifizierung der Komponenten einer Domäne in die Archetypen Prozess, Rollen, Ressourcen und Informationen sowie das sofortige Sichtbarmachen durch den Einsatz von Farben gewinnen die Diagramme an Übersicht und Aussagekraft. Durch verschiedenfarbige Post-its lassen sich auch Workshops zum Auffinden der Klassen und Komponenten effizienter gestalten.

Archetypen und Farben   Im Original werden die Archetypen als Moment Interval, Rolle, Beschreibung und Ding bezeichnet. Der *Moment-Interval*Typ steht für eine Aktion oder Aufgabe, die über einen bestimmten Zeitraum erledigt wird. Er entspricht weitgehend einem Prozess oder Service bestehend aus mehreren, nacheinander auszuführenden Einzelschritten. Hier verwendet Peter Coad die Farbe Rosa. Der zweite Typ ist die *Rolle*, welche jemanden oder etwas repräsentiert, die eine Aktion oder einen Prozess auslöst oder daran beteiligt ist. Die Rolle erhält die Farbe Gelb. Die *Beschreibung* als dritter Archetyp, dargestellt in der Farbe Blau, steht für zusätzliche Informationen, die eine Rolle oder ein Ding im Detail beschreiben. Eine Beschreibung wirkt dabei auch als Katalog, um Dinge nach bestimmten Kriterien zu finden oder Auswertungen über ein Set von Objekten zu berechnen. Der letzte Archetyp ist das *Ding*, erkennbar in der Farbe Grün. Es steht für Ressourcen oder Objekte, die durch einen Prozess konsumiert oder produziert sind. Vereinfacht ausgedrückt löst eine Rolle einen Prozess oder eine Operation der Klasse Moment Interval aus, welche auf Ressourcen oder Dinge wirken, die sich der Beschreibungen bedienen.

12.4 Use-Case-Modell

Use-Cases sind Anwendungsfälle, die eine bestimmte Funktion eines Systems aus Sicht eines Akteurs beschreiben. Dabei schildern die Use-Cases eine Sequenz eines stattfindenden Dialogs zwischen dem Akteur – meist der Anwender eines Systems – und dem System, ohne zu erläutern, wie ein einzelner Schritt durch das System im Detail vollzogen wird. Eigentlich eine einfache Sache, wie das folgende Beispiel einer Unterhaltung, kürzlich passiert in einem Reisebüro, verdeutlicht:

Kunde: Ich brauche Urlaub (wir Schweizer würden Ferien sagen)
Agent: Wohin?
Kunde: Malediven
Agent: Wann?
Kunde: Anfang März (soll die beste Zeit sein)
Agent: Für wie lange?
Kunde: Zwei Wochen
Agent: Wollen Sie fliegen? (ginge ja auch per Schiff, so was fragt nur ein Computer)
Kunde: Ja...

Ob nun der Gegenüber der Agent ist, welcher das System bedient, oder Sie es selbst tun, ist für unsere Ausführungen irrelevant. Viele Produkte wie der Geld- und Ticketautomat oder die Selbstbedienung per Internet eliminieren einfach die Person zwischen Ihnen und dem System, um es dann kostengünstiger durch den Kunden selbst ausführen zu lassen. Doch zurück zum eigentlichen Punkt. Anwendungsfälle sollten die bis dahin nüchterne Aufzählung der Anforderungen, wie wir sie bereits zuvor in der Anforderungsanalyse kennengelernt haben, durch einen zusammenhängenden, besser verständlichen Ablauf ersetzen oder ergänzen. Der obige Dialog ließe sich auch durch eine Anforderung spezifizieren, die besagt, das System soll die Reise unter Angabe von Ziel, Datum, Dauer und Reiseart sowie vielem mehr buchen können. Ein Anwendungsfall ist im Grunde eine detaillierte Beschreibung einer Anforderung. Statt nur eine erwartete Leistung des Systems oder der Funktion zu fordern, wird ein Dialog zwischen Nutzer und dem System erzählt. Use-Cases gehen damit einen Schritt weiter Richtung Lösung als es Anforderungen tun oder zumindest tun sollten. Sie erzählen eine konkrete Handhabung eines Systems für einen bestimmten Zweck.

Use-Cases beschreiben einen Dialog

Use-Cases, so sollte das Beispiel zeigen, sind eigentlich keine Hexerei. Trotzdem wurde über kaum ein anderes Thema so viel geschrieben. Oft mit zweifelhaftem Erfolg die Anwendung und Einsatz von Use-Cases zu Entmystifizierung. Wie wir bereits im Kapitel über UML diskutiert hatten, besteht ein Hang, mit Use-Cases eine Dekomposition des Systems vorwegzunehmen und sie zu größeren Gebilden zusammenzuhängen. Bernd Oestereich bezeichnete dies als Pathologie der Anwendungsfälle. Nicht nur dass Use-Cases in zeitliche Abhängigkeit zueinander gebracht werden, in der Beschreibung des Ablaufs bedienen wir uns auch Ausdrücke der Programmierung wie Bedienungen, Rücksprünge oder Wiederholungen. Dabei vergessen wir, dass für Ingenieure eine solche – abstrakte – Logik verständlich sein mag, jedoch nicht für alle Fachpersonen, für die wir die Software entwerfen. Deshalb noch mal der Appell, bevor wir in das eigentliche Thema einsteigen, die Anwendungsfälle so einfach wie möglich zu halten und sich einer verständlichen Sprache zu bedienen.

Pathologie der Use-Cases

12.4.1 Use-Cases-Beschreibung

Use-Cases sind ein ausgezeichnetes Kommunikationsinstrument, um den Ablauf einer umfangreichen, aus vielen Einzelschritten bestehenden Anforderung bildlich darzustellen. Sie sind weder ein Ersatz für die klassische Anforderungsanalyse noch eignen sie sich dazu, technische Details und verzweigungsreiche Interaktionen zu beschreiben. Es ist ein Irrglaube, Use-Cases wären der Hammer und alle anderen Probleme der Anforderungsanalyse Nägel. Use-Cases sind im Grunde die Vorwegnahme dessen, was später in der Bedienungsanleitung stehen wird.

Abbildung 12.23
Use-Case-Elemente

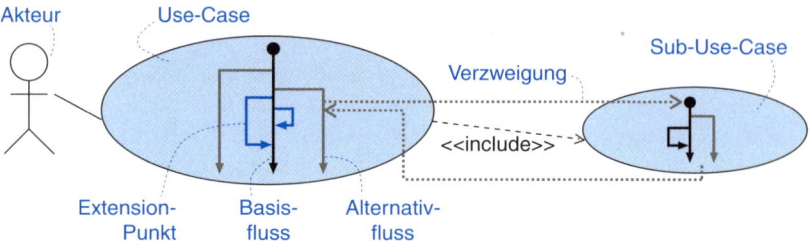

Use-Case-Elemente

Use-Cases beziehen sich auf funktionelle Anforderungen, deren Spezifikation sich am besten durch einen Dialog zwischen einem Akteur und dem System ausdrücken lässt. Dabei ist ein Akteur eine Person oder ein angrenzendes System, das den Anwendungsfall initiiert, in dem dieser den ersten Schritt vollzieht. Es interessiert nicht die konkrete Person oder das System, sondern nur die Rolle, die diese übernehmen. Im vorherigen Beispiel ist es der Reiseagent (weder der Kunde noch Frau Müller), der das System auffordert, die Reise zu buchen. Der Dialog selbst ist eine Abfolge von alternierenden Aktionen des Akteurs und des Systems. Fast so, wie beim Tischtennis, folgt auf einen Schlag oder eben eine Aktion des Akteurs der Gegenschlag des Systems. Dieser als Basisfluss bezeichnete Ablauf sollte nach Möglichkeit eine geradlinige Sequenz ohne Abzweigungen oder Schlaufen darstellen, der den idealen Fall dokumentiert. Verzweigungen mit anderem Ausgang werden als Alternativflüsse und Fehlerbehandlungen als Extensionspunkte aufgeführt. Um Abläufe zu vereinfachen oder wiederkehrende Sequenzen zusammenzufassen, kann innerhalb eines Schritts der Anwendungsfall in einen anderen verzweigen. Ratsam ist, diese über einen unterstrichenen Link miteinander zu verbinden.

Prosa oder grafisch

Empfehlenswert ist die Beschreibung der Sequenzen oder Flüsse eines Use-Case in Prosa. Die grafische Darstellung mit Aktivitätsdiagrammen ist aufwändig und der dabei zur Verfügung stehende Platz für textuelle Erläuterungen ist beschränkt. Statt sich mit dem eigentlichen Problem zu beschäftigen, kämpft man letztlich mit den Tücken eines Werkzeugs und dem Layout der Abbildung. Diagramme sind als Ergänzung oder bei Abläufen mit vielen Verzweigungen und parallel auszuführenden Tätigkeiten angesagt. Das Zeichnen eines Ablaufs ziehe ich persönlich nur in Workshops gegenüber dem Schreiben von Texten vor, da sie eine bessere Grundlage für die gemeinsame Diskussion bieten. Beim Verfassen der Use-Cases ist zudem auf eine einfache und verständliche Sprache zu achten. Auch hier gilt, Hauptsätze im Aktiv und im Präsens (Gegenwart) in der Ausdrucksweise der Domänenexperten zu verfassen.

Format

Use-Cases lassen sich auf verschiedene Arten dokumentieren. Die tabellarische Form mit einer fixen Struktur ist eine in der Praxis bewährte und einfache Methode, die Anwendungsfälle zu verfassen. Der konkrete Inhalt der Use-Case-Beschreibung ist von Autor zu Autor und von Unternehmen zu Unternehmen sehr unterschiedlich. Es gibt „leider" nicht die alles erklärende Empfehlung für eine sinnvolle Struktur, diese muss jeder selbst definieren. Das Minimum, was ein Use-Case enthalten muss, sind ein Name und die Beschreibung des Basisablaufs. Das Zeichnen eines Use-Case-Diagramms aus Strichmännchen und Use-Case-Blasen, um das Thema abzuschließen, ist keine notwendige Tätigkeit. Es stellt lediglich eine grafische Aufzählung der Anwendungsfälle und die Systemgrenzen dar.

Use-Case: Reise buchen
Zweck: Selbstständiges Buchen einer Reise durch den Kunden
Geltungsbereich: Buchungssystem
Level: User (könnte auch Business oder System sein)
Primärer Akteur: Reisender
Vorbedingungen: keine
Ergebnis: Reisewunsch ist gebucht und zur automatischen Weiterbearbeitung weitergeleitet
Auslöser: Kunde will verreisen
Basisablauf: 1. Kunde äußert seinen Reisewunsch 2. System fragt nach dem Reisedatum und der Art des Urlaubs 3. Kunde wählt gewünschten Zeitpunkt und selektiert mögliche Arten 4. System schlägt mögliche Reiseorte vor 5. Kunden tätigt <u>Reiseort auswählen</u> 6. ...
Alternativablauf: 3. Kunde wählt so bald als möglich aus 4. System bietet <u>Last-Minute auswählen</u> an 5. ...

Erweiterungspunkte:
2. Kombination ergibt keine Vorschläge
  a. System fragt nach Abbruch oder Wiederholung
  b. ...

Geschäftsregeln und Anforderungen: *Verlinkung zu den zugrunde liegenden Geschäftsregeln und betroffenen Anforderungen*

Tabelle 12.1
Beispiel Use-Case
Beschreibung

Use-Cases, um es auf einen einfachen Nenner zu bringen, setzen funktionale Anforderungen zueinander in Beziehung oder detaillieren diese durch einen zusammengehörigen Ablauf. Dabei grenzen nichtfunktionale Anforderungen den Entwurf möglicher Szenarien ein oder erzwingen einen bestimmten Lösungsansatz.

12.4.2 Spezifikation

Abbildung 12.24
Systemanforderung

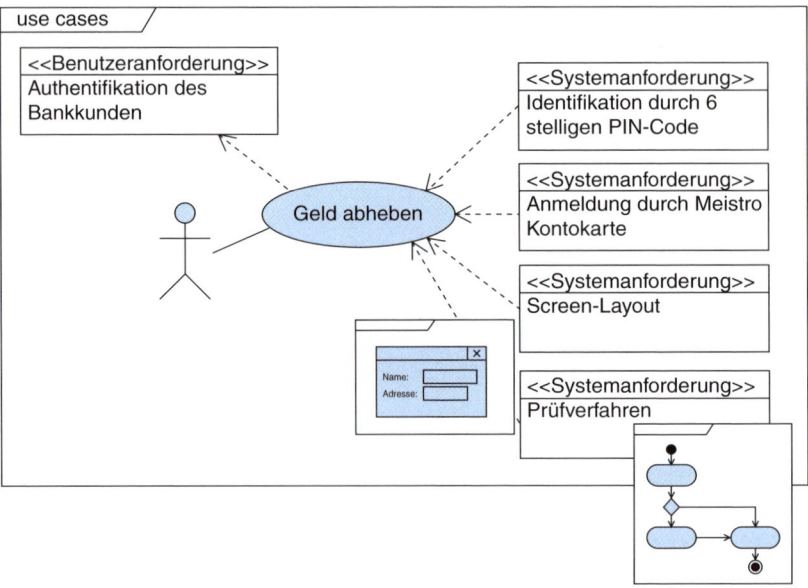

**Die Systemspezifika-
tion beschreibt das
System vollständig
aus einer Außensicht**

Die Spezifikation ist die Grundlage für den Bau eines Systems. Sie definiert die von außen sicht- und wahrnehmbaren Leistungsmerkmale eines Produkts. Auf der Grundlage dieser Systemspezifikation ist die Entwicklung in der Lage, die geforderte Software zu programmieren bzw. das System zu bauen. Die in der Anforderungsanalyse erhobenen Benutzeranforderungen werden hierzu über die Modellierung der Use-Cases in Systemanforderungen verfeinert. Beschreiben die Benutzeranforderungen das System aus der Sicht der späteren Anwender, so definieren die Systemanforderungen messbare Leistungsmerkmale. Anhand dieser Anforderungen kann der Systembauer Produkte entwerfen und bauen. Beispielsweise fordert der Auftraggeber, dass der gefahrene Weg durch einen berührungslosen Kontakt am Start- und Zielbahnhof ermittelt werden kann. Die Systemanforderungen spezifizieren die erwartete Umsetzung, ohne jedoch die konkrete Implementierung festzulegen. Eine Systemanforderung beschränkt sich im Unterschied zu den Benutzeranforderungen nicht nur auf eine textuelle Beschreibung dessen, was ein System zu leisten hat. Systemanforderungen können durch beliebige Artefakte wie ein Aktivitätsdiagramm, Schnittstellenbeschreibungen, Bildschirmlayouts oder eine CAD-Zeichnung formuliert werden. Alles, was der Spezifikation eines Systems dient. Über den Use-Case lassen sich die beiden Anforderungen miteinander verknüpfen, so dass aus dem Modell ersichtlich ist, durch welche Systemleistungen eine Benutzeranforderung erfüllt wird. Die Systemanforderungen werden sodann im Designmodell mit der Klasse oder dem Systemblock verbunden, der diese Anforderung implementiert.

12.4.3 Analysemodell

Ist die Analyse Teil der Anforderungsanalyse oder bereits Design? Um dies zu beantworten, betrachten wir die Abbildung 12.25 und stellen fest, dass die Analyse das Bindeglied zwischen dem *Was* der Anforderungen und dem *Wie* des Designs bildet. Sie wirft einen ersten Blick in das System und zählt die wichtigsten Komponenten und deren Zusammenspiel auf, ohne sich jedoch bereits in den Details der konkreten Umsetzung zu verlieren. Die Analyse und das daraus resultierende Modell sind vergleichbar mit dem zuvor besprochenen Domänenmodell mit dem Unterschied, dass die Interaktion über alle Schichten aufgezeigt wird. Es verbindet also die Präsentations- mit der Geschäftslogik- und Datenschicht und zeigt dabei ein erstes, logisches Lösungskonzept auf.

Das Analysemodell ist ein erster grober Lösungsentwurf

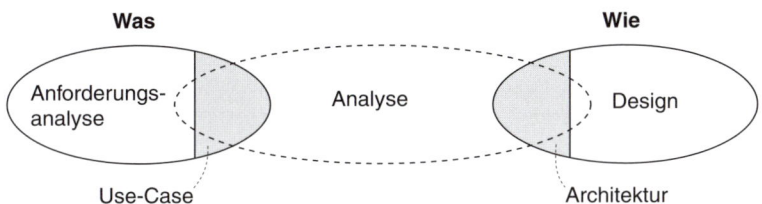

Abbildung 12.25
Analyse zwischen Anforderungen und Design

Das Analysemodell wirkt dabei als Scharnier zwischen Kunde und Entwickler, indem es die – weitgehend – lösungsneutrale Aufzählung von Anforderungen in der Sprache der Domäne in eine Sprache der Entwickler und Architekten übersetzt. Die in den Use-Cases formulierten Szenarien und die erwarteten Leistungsmerkmale, spezifiziert durch die Anforderungen, werden zu grobkörnigen Komponenten des Systems transformiert. Dadurch werden die einzelnen bis dahin isoliert voneinander betrachteten Funktionen zueinander in Beziehung gesetzt und das System als Ganzes betrachtet. Das Analysemodell bewegt sich auf einer sehr hohen Abstraktionsebene eines konzeptionellen Modells, das einen initialen Plan des zu bauenden Systems präsentiert. Die Abgrenzung zur Architektur ist im Analysemodell oft nicht ganz eindeutig zu ziehen. So spricht der Initiator der Methode, Ivar Jacobson, von einer Robustheitsanalyse, die als Werkzeug den Architekten dient, um einen ersten groben Systementwurf zu skizzieren. Ob es neben der durch die Architektur angefertigten konzeptionellen Sicht noch einer Light-Version eines Systementwurfs bedarf, ist in Fachkreisen umstritten. Der Vorteil eines solchen Modells liegt jedoch in der Möglichkeit, dem Bedürfnis, das Gesamtverhalten bereits in der Anforderungserhebung zu konzipieren, einen Platz zu geben. Die Pathologie vieler Use-Cases beweist, dass eine reine Außensicht unserem natürlichen Drang zuwiderläuft, die Gesamtzusammenhänge beschreiben zu wollen. Deshalb sind Datenflussdiagramme oder die Robustheitsmodelle von UML eine akzeptable Ergänzung, erste Konzepte eines Lösungsentwurfs bereits in der Anforderungsanalyse anzusprechen.

Analysemodell ist Architektur

Die Robustheitsanalyse von Ivar Jacobson besteht aus drei Archetypen, der Entitäts-, Interaktions- und Kontrollklasse. Diese drei Klassen entsprechen weitgehend den drei Elementen des MVC Pattern und repräsentieren Elemente der Daten-, Präsentations- und Logikschicht. Die drei Stereotypen werden wie in der Abbildung 12.26 durch unterschiedliche Symbole dargestellt und die Richtung der Interaktion wird durch die Pfeile angedeutet. In einigen Modellierungswerkzeugen gibt es solche Symbole nicht. Stattdessen erfüllen Klassen mit einem entsprechenden Stereotyp denselben Zweck.

Abbildung 12.26
Analysemodell

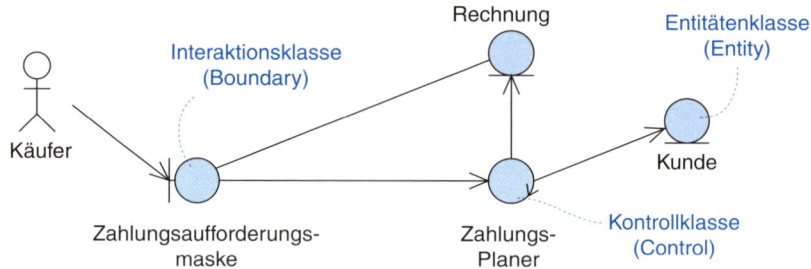

Die Interaktionsklassen

Die *Interaktionsklasse* (Boundary-Class) wird verwendet, um die Interaktion und den Datenaustausch zwischen System und Akteur abzubilden. Elemente der Interaktionsklasse sind Formulare, Anzeigefenster, aber auch von externen Systemen genutzte Schnittstellen. Die Interaktionsklassen, wie auch alle anderen Analyseklassen, beschreiben nicht eine konkrete physische Realisierung. Auch gehört die Gestaltung des Formulars im Detail nicht zur Analyse. Dies ist Teil des nachfolgenden Usability Engineerings oder Interaktionsdesigns. Stattdessen stehen Interaktionsklassen stellvertretend für eine abstrakte Mensch-Maschinen-Schnittstelle.

Entitätenklassen

Die *Entitätenklassen* repräsentieren Informationen, die lange überdauern und oft persistent sind. Sie entsprechen realen Objekten der Domäne oder leiten sich davon ab. Im Unterschied zu den Elementen eines Domänenmodells stehen diese nicht mehr nur für ein Konzept der Geschäftswelt. Sie reflektieren bereits eine Konkretisierung in Bezug auf ein logisches Datenbankmodell und die Tabellen einer Datenbank. Entitäten des Analysemodells repräsentieren Objekte der Datenschicht, ohne sie bereits im Detail zu definieren. Wie auch andere Klassen des Analysemodells werden die Entitätsklassen vielfach nur mit einem Namen ohne Operationen und Attribute dargestellt. Es interessiert nur die grobe Struktur des Systems als Aufzählung seiner Elemente und Beziehungen und weniger eine detaillierte Beschreibung der Klassen.

Kontrollklassen

Die *Kontrollklasse* als drittes Element eines Analysemodells übernimmt die Koordination und Ablaufsteuerung zwischen den Interaktions- und Entitätenklassen. Sie kapseln in der Regel das Verhalten eines einzelnen Use-Case. Die Kontrollklassen beinhalten die Businesslogik und stellen Services zur Verfügung, die durch die Interaktionsklassen genutzt werden. Dabei nutzen die Kontrollklassen die durch die Entitätsklassen abstrahierten Daten. Instanzen des Kontrolltyps sind transient, das heißt, deren Lebenszeit ist in der Regel auf die Durchführung eines Use-Case beschränkt.

Der eigentliche Zweck der Analyseklassen ergibt sich erst durch die Möglichkeit, eine im System stattfindende Interaktion zwischen Instanzen solcher Klassen modellieren zu können. Hierbei folgt das Analysemodell dem bereits im Kapitel UML dokumentierten Weg zur Darstellung der Interaktionen mit Sequenz- und Kommunikationsdiagrammen. Ich persönlich gebe der Variante der Kommunikationsdiagramme den Vorzug oder verwende die Idee der Use-Case Maps, bei denen der Meldungsfluss in das statische Analysemodell eingezeichnet wird.

12.4.4 Qualitätssicherung

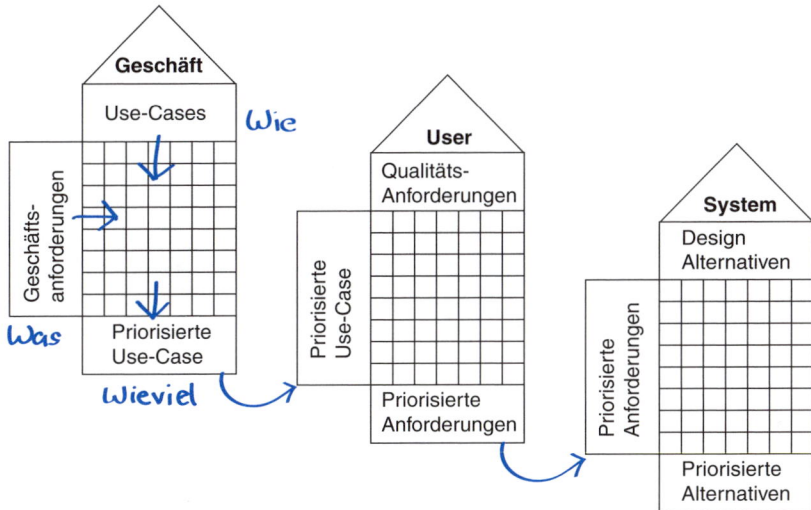

Abbildung 12.27
QFD-Prozess

Wir haben bereits eingangs des Kapitels von der Diskrepanz zwischen den unterschiedlichen Sprachen auf der Geschäfts-, Benutzer- und Systemebene gesprochen. Daraus leiteten wir ab, es wird für jede Ebene ein entsprechendes Modell mit einem differenzierten Abstraktionsgrad benötigt. Doch wie stellen wir letztendlich fest, dass die Anforderungen der Systemebene den Bedürfnissen der Geschäftsebene gerecht werden? Eine Möglichkeit ist die Qualitätsfunktionen-Darstellung (QFD). Hierbei wird das, *was* gefordert wird, dem, *wie* es erfüllt wird, in einem Qualitätshaus gegenübergestellt. Das Ergebnis, *wie viel* oder wie gut diese Anforderungen erfüllt werden, dient der nächsten Phase, um das *was* mit einem anderen *wie* zu vergleichen. Auf das Anforderungsmanagement abgebildet, resultiert aus dem Vergleich der Geschäftsanforderungen mit den Use-Cases eine priorisierte Liste derer, welche nun ihrerseits mit den Anforderungen und letztendlich mit den möglichen Systemlösungen gemessen werden.

Ein Qualitätshaus besteht aus fünf Bereichen. Im ersten Bereich werden die Anforderungen ermittelt bzw. das Ergebnis des vorangehenden Vergleichs in die Zeilen eingetragen und gewichtet. Eine solche Bewertung kann absolut mit einem Multiplikator oder relativ durch einen Prozentsatz erfolgen. Auf der gegenüberliegenden Seite werden im zweiten Schritt die Anforderungen mit den Konkurrenzprodukten verglichen. Diese Beurteilung ist für unsere Belange im Moment nicht von Interesse. Im dritten Schritt werden die Merkmale des Produkts als Use-Cases, Qualitätsanforderungen oder Lösungsvarianten in die Kolonnen eingetragen. Aus der Multiplikation der Kolonnen mit den gewichteten Zeilen resultiert das Ergebnis, welches eine Priorisierung der Merkmale darstellt. Im Dach des Qualitätshauses wird als letzter Schritt die Wechselwirkung zwischen den Merkmalen eingetragen. Ein Minus bedeutet einen Zielkonflikt und ein Plus eine harmonische Ergänzung.

12.5   Usability Engineering

Don't let me think!

Haben Sie schon versucht, die Uhr an Ihrem Herd umzustellen, Ihr Handy vollständig mit den Fingern zu bedienen, wenn die Software nicht von Apple kommt, oder den Versuch aufgegeben, den abschließenden Bestellknopf auf einer Internetseite zu finden? Die Liste ließe sich beliebig fortsetzen und am Ende würden wir uns fragen, weshalb die Bedienungsfreundlichkeit immer noch stiefmütterlich behandelt wird. Überlassen Sie als Business-Analyst die Ergonomie nicht den Programmierern. Erstens sind diese Personen dafür in der Regel nicht geschult und zweitens ist es zu spät, erst in der Implementierungsphase über das grundsätzliche Bedienungskonzept nachzudenken. Es ist im Normalfall auch nicht die Kernkompetenz eines Architekten oder Softwareentwicklers. Immer noch dominiert die Denkweise, gerade in ingenieurgetriebenen Unternehmen, die Dinge müssten möglichst viele Features, Knöpfe haben und mit jeder neuen Version anders aussehen. Produkte der Firma Apple oder die Unterhaltungselektronik von Bang & Olufsen beweisen, dass weniger oft mehr ist. Steve Krug hat es mit seinem ersten Gesetz des Usability Engineering auf den Punkt gebracht: Benutzeroberflächen müssen einfach, in der Sprache des Benutzers und konsistent in ihrer Anwendung sein (Krug, 2005). Bedienungselemente – nicht nur auf einer Webseite – sollen für den durchschnittlichen User selbst erklärend und augenscheinlich sein. Die wichtigen Dinge springen sofort ins Auge und gehen nicht zwischen unzähligen Kleinigkeiten unter. Auf den ersten Blick sind die Bedienungselemente und das Konzept der Benutzerführung erfassbar. Das Usability Engineering oder Interaktionsdesign befasst sich mit diesem Thema, mit dem Ziel, ergonomische Software zu entwerfen. Die Ergonomie hängt dabei sowohl vom Zielpublikum wie auch den dort vorherrschenden Arbeitsbedingungen ab. Eine Seitengestaltungssoftware für professionelle Grafiker verlangt ein anderes Konzept als ein mobiles Zeichnungsprogramm für Verkehrspolizisten.

Die Ergonomie lässt sich an folgenden Kriterien messen: Erlernbarkeit, Effizienz, Wiedererkennung, Fehlerrate und Befriedigung in einer Benutzung. Ein System sollte demnach einfach erlernbar sein, nicht mehr verlangen, als für die jeweilige Aufgabe notwendig ist, und unmissverständlich in seinem Gebrauch sein. Zudem hat die Software dem unterschiedlichen Wissen und der Erfahrung seiner potenziellen Anwender Rechnung zu tragen. Donald A. Norman hat in seinem Buch über den Entwurf alltäglicher Gegenstände das Design der Benutzerführung in zwei Prinzipien zusammengefasst: eine, aus Benutzersicht, nachvollziehbare Konzeption und die Dinge, also Bedienungselemente und Rückmeldungen, sichtbar zu machen (Norman, 1988). Das zugrunde liegende konzeptionelle Modell muss Aktionen auch ohne Bedienungsanleitung vorhersehbar machen und aus Sicht des Benutzers einen Sinn ergeben. Ohne dessen Erfüllung bleibt nichts anderes übrig, als die Anwendung eines Systems auswendig zu lernen.

Fünf Kriterien der Ergonomie

Das zweite Prinzip, Dinge sichtbar zu machen, fordert die Art der Nutzung augenscheinlich oder hörbar zu machen. Norman zitiert als negatives Beispiel das Telefon, wo auswendig gelernte Codes bestimmte Funktionen auslösen. In grafischen Oberflächen sind es Funktionen, die nur über die Tastatur aufzurufen sind, jedoch nicht sichtbar in der Befehlsleiste erscheinen. Das Prinzip verlangt zudem einen adäquaten und erwarteten Zusammenhang zwischen der Aktion eines Benutzers und der Reaktion des Systems, indem die Person unmittelbar ein Feedback erhält. Drehe ich den Lautstärkeknopf meines Radios nach rechts, erwarte ich einen sofortigen und hörbaren Anstieg der Lautstärke. Findet dies verzögert statt, werde ich letztendlich einen Hörschaden erleiden. Ergonomische Benutzerschnittstellen sind damit auf Basis dieser beiden Prinzipien selbst erklärend und aus dem mentalen Modell des Users ableitbar.

Das mentale Modell ist die ganz individuelle Vorstellung, die wir uns von der Welt machen und mit der wir die Dinge zu erklären versuchen. Auf der anderen Seite steht das Implementationsmodell, welches erklärt, wie eine Maschine aus einer eher technischen Perspektive funktioniert. Dazwischen liegt das Repräsentationsmodell. Es stellt den Bezug zwischen der Welt in unserem Kopf und dem der Maschine her. Alan Cooper, ein Pionier auf dem Gebiet des Interaktionsdesigns, verwendet das folgende Bild, um den Zusammenhang zwischen den verschiedenen Modellen zu veranschaulichen.

Mentales und Implementationsmodell

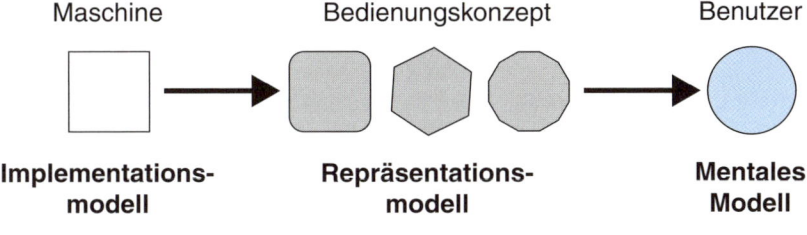

Abbildung 12.28
Vom Implementationszum mentalen Modell

Die Qualität des Repräsentationsmodells wird durch seine Nähe zum mentalen Modell definiert. Die Bedienerfreundlichkeit einer Software hängt davon ab, wie weit diese den Regeln und der Denkweise seiner Benutzer folgt. Es ist nicht damit getan, die Daten gemäß den Anforderungen zu verarbeiten und letztendlich in irgendeiner Weise darzustellen. Ein Repräsentationsmodell verbirgt die mechanische und technische Ebene der Datenverarbeitung und ermöglicht eine intuitive Bedienung. Entscheidend für das Interaktionsdesign ist also, den wirklichen Benutzer zu kennen und dieser Person ein Gesicht zu geben. Hier hat sich in den letzten Jahren als erster Schritt zu einem erfolgreichen Usability Engineering das nachfolgend beschriebene Konzept der *Persona* etablieren können.

Speichern

Der Befehl des Speicherns veranschaulicht den Widerspruch zwischen dem mentalen Modell, Dinge aus Sicht des Users zu tun, und der Art und Weise, wie wir Entwickler denken. Eigentlich entstammt der Arbeitsschritt des Speicherns dem Konzept des Computers, indem Objekte vorerst im flüchtigen Speichern gehalten werden (müssen), bevor sie durch eine aktive Handlung des Benutzers persistent gemacht werden. Damit, so die Überlegung der Softwareentwickler, lassen sich getätigte Veränderungen verwerfen, bevor die Mutationen dauerhaft werden. Dies entspricht jedoch nicht unserer natürlichen Arbeitsweise, Dinge rückgängig zu machen, mit denen wir nicht zufrieden sind. Verschieben wir beispielsweise eine Datei zwischen zwei Verzeichnissen, so haben wir die Aktion nicht zu bestätigen. Stattdessen werden wir die Aktion durch nochmaliges Verschieben an den Ursprungsort wieder rückgängig machen (Johnson, 2000).

12.5.1 Persona

Persona sind ein hypothetischer Archetyp eines zukünftigen Benutzers

Eine Software ist aus Sicht des Benutzers ein Werkzeug, welches zweckmäßig, leistungsfähig und in Bezug auf die jeweilige Aufgabe bedienerfreundlich sein sollte. War früher der Entwurf der Oberfläche eine Ableitung aus dem Detaildesign der Daten und Klassen, steht heute das Design der Benutzerschnittstelle weit vorne. Dabei beginnt die Arbeit mit dem Kennenlernen der zukünftigen Anwender, deren Umfeld und Tätigkeiten, die durch die Software betroffen sind. Die erste Handlung hierzu ist die Ersetzung des anonymen Begriffs „User" durch konkrete Personenprofile. Unter der englischen Bezeichnung *Persona* wird ein hypothetischer Archetyp eines zukünftigen Benutzers verstanden. Eine solche Persona hat einen Namen, ein Alter, eine Herkunft, Interessen und einen bestimmten Job. Das Prinzip der Persona verlangt eine intensive, über die reine Bedienung der Software hinausgehende, Auseinandersetzung mit dem späteren Benutzerkreis. Damit unterscheiden sich Persona wesentlich vom Akteur der Use-Cases, welche nur eine abstrakte Rolle definieren, den Personen dahinter aber kein Gesicht geben. Es macht aus Sicht der Persona eben einen Unterschied, ob eine ältere Dame einen Geldautomaten bedient und per Internet Zahlungen auslöst oder ob dies ein jugendlicher Profi der Informatik tut.

Der Ausdruck Persona wurde erstmal von Alan Cooper geprägt, der uns vorwirft, die Benutzerinteraktion der meisten Softwaresysteme sei eher zufällig und weniger ein Produkt eines gewollten Aktes (Cooper, 2004). Der Entwurf der Benutzerschnittstelle setzt die Identifikation der richtigen Persona, der Bestimmung der zu erreichenden Ziele (und nicht Aufgaben) sowie die Beschreibung der Szenarien, in denen diese Persona wirken, voraus. Persona verschieben den Fokus auf spezifische Benutzer, statt jedermann ansprechen zu wollen. Durch die Konkretisierung erübrigen sich auch endlose Debatten über Features, die vom „Kunden" scheinbar verlangt werden.

12.5.2 Szenarien

Szenarien sind nicht nur in der Anforderungsanalyse ein wichtiges Hilfsmittel, um das konkrete Verhalten eines Systems in dessen Kontext durch das Erzählen einer strukturierten Geschichte zu beschreiben. Use-Cases schildern nur die momentan stattfindende Interaktion zwischen einer abstrakten Rolle und dem System, ohne auf die näheren Umstände einzugehen oder den Dialog im Detail darzulegen. Es ist eine eher technisch ausgerichtete Vorgehensweise, um funktionale Anforderungen in der Art von Benutzeranweisungen zu schreiben: tu das, bis das System das tut und dann drücke diesen Knopf, usw. Szenarien erzählen hingegen eine Geschichte, in denen eine konkrete Person (Persona) und ihre Aktivitäten geschildert werden, indem das zu entwerfende System eine Nebenrolle, wenn auch eine sehr zentrale, spielt. Der Fokus liegt auf Aktivitäten, den Beweggründen und Interessen dieser Person in der momentan beschriebenen Situation. Das folgende Beispiel erzählt ein mögliches Szenario aus dem Projekt M-Ticket.

Tabelle 12.3
Beispielszenarium

Szenario: Konzertbesuch
Persona:
Julia ist 23 Jahre alt, Medizinstudentin an der Universität Bern. Sie reist gerne und hat Freunde in der ganzen Schweiz, die sie regelmäßig besucht, um gemeinsam etwas zu unternehmen. Sie verwendet ihr Handy für alle Gelegenheiten und nutzt dabei die Möglichkeiten der Kommunikation aus. Sie wohnt noch bei den Eltern in Biel.
Kontext:
Julia hat sich vor Kurzem beim Touch & Travel-Programm angemeldet. Da sie gerne ihre Meinung bzw. den Zielort ändert, wie es ihr gerade in den Sinn kommt, ist sie von den Möglichkeiten begeistert.
Ablauf:
1. Julia hat per Telefon mit ihrer Freundin in Thun abgemacht, sich mit ihr dort zu treffen. Am Bahnhof von Biel hat sie nun eingecheckt und ist in den ersten Zug nach Bern eingestiegen.
2. Während des Surfens auf ihrem Handy, zwecks Abendgestaltung, stößt sie auf ein Open-Air-Konzert in St. Gallen, welches sie an ihre Freundin weiterleitet. Sie beschließen, anstelle eines Stadtbummels in Thun nun dieses Konzert zu besuchen.
3. Julia fragt per Handy bei M-Ticket an, ob sie ein Sonderangebot Bahn plus Eintrittskarte für diese Veranstaltung anbieten. Diese bieten ab 2 Personen inklusive Fahrt 2. Klasse ein interessantes Gesamtpaket. Kurz entschlossen bucht sie zwei Tickets per Handy und lässt das zweite Ticket an ihre Freundin Monika weiterleiten. Sie vereinbaren, sich in Bern zu treffen.
4. In Bern wechselt Julia in den Zug nach Zürich, wo sie Monika trifft, die sich kurz zuvor mit dem erhaltenen Ticket am dortigen Touch Point angemeldet hatte.
5. In Zürich angekommen, stehen ihnen 15 Minuten Zeit zur Verfügung, bevor es weiter nach St. Gallen geht. Am Bahnhofskiosk besorgen die beiden noch etwas zu essen und drei Liter Mineralwasser, da es beim Konzert sehr heiß sein soll. Den Betrag bezahlen sie mit dem Handy.
6. In St. Gallen angekommen, checken sie sich am Touch Point aus und bekommen am Schalter des Open Air die bereits gebuchten Eintrittskarten. Wenig später erhält Julia von M-Ticket eine SMS mit der Quittung des verbuchten Betrags für das Pauschalangebot.

Wie das echte Leben kennen Szenarien keine Verzweigungen, Wiederholungen, Alternativpfade oder Fehlerbehandlungen. Eine Geschichte, in der beispielsweise das Buchen und Weiterleiten an die Freundin nicht möglich ist, wäre dann ein anderes Szenarium.

12.5.3 Storyboards und Prototypen

| Check-In | Einsteigen | Reiseroute | Umsteigen | Check-Out |

Abbildung 12.30
Storyboard M-Ticket

In einem letzten Schritt geht es nun darum, eine genauere Vorstellung davon zu bekommen, wie die Bildschirmdialoge und Bedienungselemente ausse-hen. Aus den zuvor erzählten Geschichten und Szenarien wird nun die dabei stattfindende Interaktion zwischen dem zu betrachtenden System und der Person als Abfolge vom Bildern und Screenshots dargestellt. Storyboards entstammen aus der Filmproduktion und der Werbung, indem in Form von Skizzenfolgen eine Geschichte erzählt wird und dabei Features eines Pro-dukts in seinem verwendeten Kontext präsentiert werden. Es ist im Grunde eine Visualisierung der zuvor verbal erzählten Szenarien. Ein solcher Sketch ist dabei mehr als die Abfolge von Screens. Es bezieht die unmittelbare Umgebung ein, wie die partizipierenden Akteure und die angrenzenden Sys-teme. Dabei wird eine Geschichte als Bildfolge erzählt, in der das zu entwi-ckelnde Produkt die Hauptrolle spielt. Jedes Bild stellt ein Puzzleteil dar, das beliebig zu neuen Geschichten kombinierbar oder durch weitere Elemente erweiterbar ist. Damit eignen sich Storyboards besser als in Prosa verfasste Szenarien, um innerhalb eines Workshops auf spielerische und kreative Art ein Produkt in Szene zu setzen. Bewaffnet mit Filzstiften, Packpapier und Stecknadeln sind den Ideen einer auf die Benutzer ausgerichteten Bedie-nung und dem Umgang mit dem Produkt keine Grenzen gesetzt. Durch die Visualisierung findet eine intensive Auseinandersetzung mit der Person und dem jeweiligen Kontext statt, in dem das Produkt zum Einsatz kommt. Dies macht Szenarien und Storyboards, wie bereits an anderer Stelle diskutiert, auch für die Anforderungsanalyse und Modellierung von Geschäftsprozes-sen interessant.

Storyboards sind Bildgeschichten

Betrachten wir nur den Bildschirm und dessen Aufbau, so sprechen wir von Prototypen. Diese reichen von einfachen Handzeichnungen bis hin zu interaktiven Animationen oder Präsentationen am Computer, also vom gro-ben Entwurf bis hin zu Vorführmodellen, den Mock-Ups. Mock-Ups sind Attrappen des späteren Produkts und ermöglichen eine intensive Auseinan-dersetzung unter fast realen Bedingungen. Sie implementieren die Benut-zeroberfläche und Bedienungselemente nahezu vollständig, ohne weitere Funktionalität zu beinhalten. Da der Anwender in der Regel die Software nur über seine Bedienung wahrnimmt, ist das Prototyping ein wichtiges Ins-trument, um die spätere Akzeptanz zu sichern und aus Sicht der Anwender eine optimale Benutzerführung zu garantieren. Sie erlauben es zudem, wich-tige Use-Cases über die Interaktion mit dem System zusammen mit Auftrag-

Prototypen sind inter-aktive Vorführmodelle

geber und Benutzer zu verifizieren. Nicht selten werden so frühzeitig Mängel oder falsche Annahmen auf beiden Seiten zutage gefördert oder bessere Wege für bestimmte Arbeitsschritte gefunden.

12.6   Zusammenfassung

Die Business-Analyse steht am Anfang eines Entwicklungsprozesses. Sie dient der Erhebung und Verfeinerung der Anforderungen an ein zu bauendes Produkt. Ziel dieser Tätigkeit ist eine Spezifikation eines Systems, welche die Leistungsmerkmale und Schnittstellen des Systems von außen beschreibt. Anhand dessen kann das Produkt in der nachfolgenden Entwicklungsphase gebaut werden. Aus vagen Vorstellungen und Wünschen verschiedener Interessengruppen sind die Benutzeranforderungen zu konkretisieren. Dabei sind sowohl implizite Erwartungen zu erkennen wie auch Mehrdeutigkeiten und Widersprüche zu eliminieren. Die Qualität des späteren Produkts hängt entscheidend von diesen funktionalen Anforderungen ab. Die als textuelle Beschreibungen vorliegenden Benutzeranforderungen werden durch sogenannte Use-Cases oder Anwendungsfälle verfeinert und in einen zusammenhängenden Ablauf gebracht. Ein Use-Case beschreibt einen Dialog zwischen einem Akteur – dem Nutzer eines Produkts – und einem System, um ein bestimmtes fachliches Ziel oder einen Geschäftsnutzen zu erreichen. Ein solcher Nutzen ist beispielsweise das Abheben von Bargeld am Geldautomaten oder das Versenden einer SMS mit dem Mobiltelefon. Use-Cases sind vergleichbar mit der Bedienungsanleitung einer bestimmten Funktion eines Produkts. Aus der Beschreibung des Use-Case und dem Systemkontext werden nun die Systemanforderungen abgeleitet und spezifiziert. Systemanforderungen dokumentieren die Leistungsmerkmale eines Systems, also eine detaillierte Beschreibung der zu implementierenden Funktionen, die Qualitätsattribute und die Schnittstellen zum Benutzer wie auch zu anderen Systemen. Qualitätsattribute sind nichtfunktionale Anforderungen, welche messbare Eigenschaften eines Produkts spezifizieren. Die Beschreibung der Benutzerschnittstelle ist Aufgabe des Usability Engineering. Hierbei werden die späteren Anwender in Form von Persona konkretisiert und die Interaktion wird mithilfe von Storyboards und Prototypen visualisiert. Dem geschilderten Ablauf gehen gerade bei komplexeren Vorhaben die Analyse der Geschäftsprozesse und die Definition der Geschäftsvision voraus. Dabei wird die Reaktion auf bestimmte Geschäftsereignisse einer Organisation dokumentiert. Daraus leiten sich die groben Anforderungen des zu spezifizierenden Systems ab und dessen Einbettung in einen Gesamtprozess.

12.7   Weiterführende Literatur

(Rupp, 2007) Das Buch von Chris Rupp und die darin beschriebene SOPHIS-Ten-Methode ist das deutschsprachige Standardwerk für die Anforderungsanalyse. Es ist einerseits eine Sammlung bewährter Praktiken und anderseits eine detaillierte Einführung in ein konkretes Vorgehen zur Erhebung eindeutiger und widerspruchsfreier Anforderungen. Der Umfang dieses Werks macht die Vielseitigkeit und Wichtigkeit der Business-Analyse bewusst.

(Gause & Weinberg, 1989) Unsere natürliche Sprache ist ungenau und mehrdeutig. Bereits die Art und Weise, wie wir Fragen stellen, beeinflusst die Antwort, weshalb die Erhebung der wirklichen Bedürfnisse und Anforderungen eine Kunst oder zumindest harte Arbeit ist. Dies machen uns Donald Gause und Gerald Weinberg bewusst und sie lehren uns das Stellen von kontextfreien Fragen und das Entwickeln von Methoden zur Ermittlung von Anforderungen.

(Robertson & Robertson, 2006) Das Buch von Suzanne und James Robertson gehört ebenfalls zu den Standardwerken der Anforderungsanalyse. Darin wird nicht nur eine mehrheitlich auf Datenflussdiagrammen basierende Methode präsentiert, sondern auch eine Einführung in die von ihnen kreierte Volere-Erhebungstechnik und den Anforderungsprozess. Dabei liegt der Fokus auf textuellen Anforderungen und weniger auf Use-Cases.

(Cockburn, 2001) Wie bereits erwähnt, gibt es unzählige Bücher über Use-Cases und wie diese in der Anforderungsanalyse einzusetzen sind. Das nach meiner Ansicht beste Buch hierzu ist jenes von Alistair Cockburn. Er konzentriert sich bewusst auf die textuelle Beschreibung und schrittweise Verfeinerung dessen und lässt die grafische Repräsentation von Use-Cases mehr oder weniger weg. Alistair versteht es, das Schreiben von Anwendungsfällen zu entmystifizieren und deren Anwendung verständlich zu erklären.

(Wiegers, 2003) Karl Wiegers präsentiert mit der zweiten Ausgabe seines Buchs über die Softwareanforderungen ein weiteres Werk, dass es wert ist, es als Business-Analyst gelesen zu haben. Es ist eine strukturierte Einführung in die Erhebung und Analyse von Anforderungen ebenso wie deren Verwaltung. Dabei konzentrieren sich Karl wie auch andere Autoren auf die Beschreibung eines praktikablen Prozesses zur Erhebung textueller Anforderungen. Notationen wie UML oder Methoden für den Lösungsentwurf finden sich kaum.

Entwicklungsprozess

Der Intellekt hat ein scharfes Auge für Methoden und Werkzeuge, aber er ist blind gegen Ziele und Werte. (Albert Einstein)

Ob wir ein Gartenhaus bauen, zum Mond fliegen oder die Steuerung einer Waschmaschine entwickeln, wir brauchen einen Plan. Ein Plan definiert, welche Ergebnisse bis wann und durch wen zu erbringen sind. Dabei wird das Vorhaben in einzelne Aufgaben aufgebrochen, an deren Ende jeweils ein bestimmtes Lieferobjekt steht. Tun wir eine solche Sache regelmäßig, so wäre es umständlich, sich jedes Mal zu überlegen, welche Tätigkeiten auszuführen und welche Lieferobjekte durch wen zu erbringen sind. Die Standardisierung einer sich wiederholenden Tätigkeit erreichen wir mit einem Prozess. Ein Prozess formuliert einen allgemeinen Verlauf und eine Vorgehensweise für wiederkehrende Tätigkeiten. Genau genommen stellt der Prozess eine Sequenz von notwendigen Schritten zur Erledigung einer bestimmten Aufgabe dar. Die Prozessdefinition oder das Vorgehensmodell ist die Beschreibung dieses Prozesses. Sie führt die am Projekt Beteiligten durch die einzelnen Aufgaben und sorgt für eine wirksame Kooperation untereinander. Gerade der letztgenannte Punkt, Wege für eine effiziente Zusammenarbeit festzulegen, ist eine Hauptforderung an die Formulierung von Prozessabläufen.

Ein Projekt braucht einen Plan, wiederholende Tätigkeiten einen Prozess

Prozesse besitzen eine lineare, zeitlich orientierte Prozessstruktur und gliedern einen Gesamtvorgang in aufeinanderfolgende Einzelaufgaben. Diese Einzelaufgaben werden durch bestimmte Rollen nach einer definierten Methode ausgeführt. Sie verkörpert dabei Best Practices des jeweiligen Tätigkeitsgebiets und sorgt mit verbindlichen Vorgaben für nachvollziehbare und wiederholbare Projekterfolge. Wir tun also gut daran, unseren Plan von einem solchen allgemeingültigen Vorgehensmodell abzuleiten. Dies scheint auch niemand infrage zu stellen. Einzig im Grad der Verbindlichkeit und des Formalismus gehen die Meinungen oft diametral auseinander. Auftraggeber, Manager und auch oftmals der Staat fordern ein nachvollziehbares auf klaren Regeln basierendes Verfahren. Die Entwicklung einer Software darf nicht dem Zufall überlassen werden und gesetzliche Auflagen erfordert nicht selten eine lückenlose Dokumentation. Am anderen Ende des Spektrums verlangen Anhänger agiler Methoden, den Menschen und das eigentliche Endergebnis wieder in den Vordergrund zu stellen. Strikte Prozesse führen zu einer Lähmung und verhindern damit eine rasche, auf die Situation angepasste Reaktion, so deren Argumentation.

Plangetrieben, CMMI oder agile Methoden?

Das letzte Kapitel widmet sich der Problematik, welche Prozessformen grundsätzlich existieren und wann ein bestimmtes Prozessmodell besser geeignet ist als ein anderes. Ist der höchste Reifegrad des Referenzmodells CMMI wirklich erstrebenswert oder sind agile Vorgehensweisen zeitgemäßer? Sie ahnen es sicher, die Frage lässt sich nicht so pauschal beantworten. Die Einführung eines Metamodells für Prozesse verleiht dieser Diskussion eine neue Dimension. Statt die Unterschiede der einzelnen Ansätze zu betonen, wird ein gemeinsames Modell präsentiert, aus dem jeder seinen persönlichen Prozess einfach und rasch ableiten kann. Es wird jedoch kaum jedermanns Sache sein, den eigenen Prozess erfinden zu wollen. Deshalb wenden wir uns im zweiten Teil den wichtigsten Produkten und Vorgehensmodellen zu.

13.1 Phasenmodelle

13.1.1 Projektzyklus

Ein allgemeiner Projektzyklus besteht aus fünf Phasen

So unterschiedlich die nachfolgend vorgestellten Grundformen sind, ihnen ist der in Abbildung 13.1 skizzierte Projektzyklus gemeinsam. Die Entwicklung einer Software umfasst in der Regel fünf Hauptaktivitäten, die mehr oder weniger zeitlich hintereinander ausgeführt werden: Geschäftsmodellierung, Anforderungsanalyse, Analyse und Design, Implementierung sowie Test. Zuerst ist die Domäne zu verstehen, in der das zukünftige Produkt zum Einsatz kommt. Sodann werden die Anforderungen ermittelt und die Lösung durch die Festlegung der Leistungsmerkmale spezifiziert. Anschließend wird die innere Struktur entworfen, das System gebaut und am Schluss getestet.

Abbildung 13.1
Projektzyklus

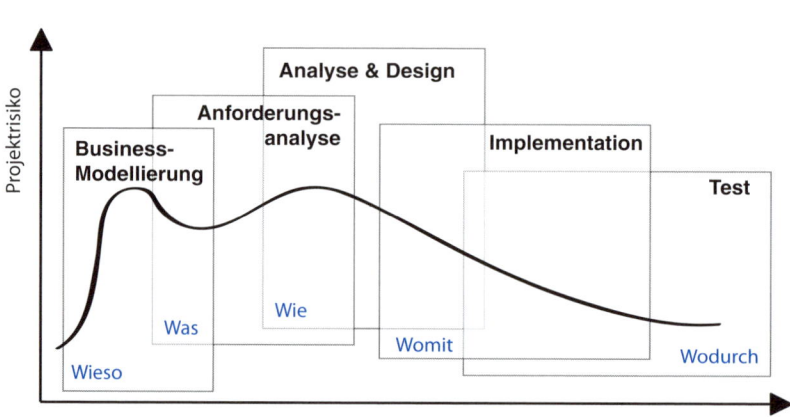

Die einzelnen Aktivitäten des Projektzyklus lassen sich wie folgt umschreiben:

- *Geschäftsmodellierung*: Die ersten Ideen, Geschäftsanforderungen und Projektziele werden zu einer Vision über das zu bauende System verdichtet. Die wichtigsten Geschäfts- und Anwendungsfälle vermitteln eine Vorstellung vom Zweck der Applikation oder des Produkts.

- *Anforderungsanalyse*: In dieser Aktivität werden die Anforderungen an das System konkretisiert, die Anwendungsfälle ausformuliert und Modelle der Geschäfts- oder Facharchitektur erstellt. Das Resultat der Analyse ist eine Spezifikation, welche die funktionalen Anforderungen und Qualitätsattribute, also die nichtfunktionalen Anforderungen, des Systems aus einer Blackbox-Betrachtung beschreibt.

- *Analyse und Design*: In der Analyse werden die Anforderungen und Anwendungsfälle in Geschäftsobjekte übersetzt und deren Zusammenspiel illustriert. Im Design wird daraus die Systemarchitektur definiert und die innere Struktur bestehend aus Klassen und Komponenten entworfen. Es wird beschrieben, aus welchen konkreten Elementen ein System besteht, über welche Schnittstellen diese miteinander interagieren und wie die zuvor ermittelten Qualitätsattribute erfüllt werden. Die Architektur hat in der jüngsten Vergangenheit eine zentralere Bedeutung erlangt und erstreckt sich entgegen der klassischen Abbildung nun fast über den gesamten Entwicklungszyklus.

- *Implementation*: Hier wird nun das System gebaut, indem die Designklassen um technische Details ergänzt werden. Die Komponenten werden programmiert und die Funktionsfähigkeit und die Erfüllung der Anforderungen werden durch sogenannte Unit-Tests geprüft.

- *Test*: In der abschließenden Aktivität werden die einzelnen Komponenten zu einem Gesamtsystem integriert und getestet. Das fertige Produkt wird anschließend durch den Auftraggeber abgenommen und eingeführt.

In der Praxis überlappen sich, wie in der Abbildung 13.1 angedeutet, die einzelnen Aktivitäten, um die Gesamtdurchlaufzeit zu verkürzen. Das als *Simultaneous Engineering* in der Industrie bekannte Vorgehen soll die Entwicklungszeit verkürzen, indem aufeinanderfolgende Tätigkeiten parallel ausgeführt werden. Der kontinuierliche Rückgang des gesamten Produktlebenszyklus, von der Entwicklung über die Markteinführung bis zur Ablösung, zwingt Hersteller technischer Geräte und zunehmend auch von Softwareprodukten zu einer drastischen Reduktion der gesamten Entwicklungszeit. Kommerzielle Produkte wie Mobiltelefone haben heute am Markt eine durchschnittliche Lebensdauer von einem Jahr, bevor eine neue Generation erwartet wird. Die Überlappung einzelner Phasen erhöht auf der Gegenseite den Aufwand für die Koordination und erfordert einen höheren organisatorischen Reifegrad. Findet zum Beispiel die Erhebung der Anforderung gleichzeitig mit dem Entwurf erster Lösungsvorschläge statt, erfordert dies eine enge, am Ziel orientierte Zusammenarbeit. Die Darstellung des Projektzyklus offenbart auch, dass mit fortschreitender Projektdauer, nach Überwindung der Phase der Anforderungserhebung, das relative Risiko eines Fiaskos sinkt. Gleichzeitig steigen aber die bereits aufgelaufenen Kosten und damit das absolute finanzielle Risiko. Durch eine, während der Analyse stattfindende, Machbarkeitsstudie ließe sich die Unsicherheit gesamthaft reduzieren.

13.1.2 Grundformen

Wir können zwischen drei Grundformen von Prozessmodellen unterscheiden:

- Sequenzielles Vorgehen (Wasserfallmodell und V-Modell)
- Evolutionäres Vorgehen (Spiral-Modell)
- Iteratives Vorgehen

Allen Modellen ist gemeinsam, dass ein Vorhaben in der Regel in die zuvor beschriebenen Aktivitäten Konzeption, Analyse, Design, Implementation und Test aufgetrennt wird.

Wasserfallmodell

Das Wasserfallmodell zur Softwareentwicklung geht auf die Arbeiten von Winston Royce vor 30 Jahren zurück. Wie später sein Sohn rechtfertigte, ist die Entstehung dieses rein sequenziellen Vorgehens einem Missverständnis zu verdanken. Diesem Modell hätte eine signifikante Prototypphase vorausgehen sollen, um die Kerntechnologien zu verstehen sowie die Bedürfnisse des Kunden kennenzulernen. Das amerikanische Verteidigungsdepartement hatte ungeachtet dessen die halbe Wahrheit zum Standard erklärt und damit für eine traurige Berühmtheit des Wasserfallmodells gesorgt.

Aktivitäten folgen streng sequenziell
Im Wasserfallmodell werden die Aktivitäten streng nacheinander ausgeführt. So kann zum Beispiel erst mit der Implementierung begonnen werden, wenn der Systementwurf vollständig abgeschlossen ist. Das Wasserfallmodell ist dokumentengetrieben, was bedeutet, dass bestimmte Dokumente das Ende einer Aktivität manifestieren und den Übergang zur nächsten Aktivität einleiten. Dieses sequenzielle Vorgehen ist einfach zu planen, jedoch werden Risiken und falsche Annahmen erst sehr spät erkannt. In der Konzeption und Analyse werden lediglich die Anforderungen erhoben und das System als Blackbox spezifiziert. Beginnend mit dem Design finden ein erster Lösungsentwurf und die Abklärung von technischen Rahmenbedingungen statt. Damit ist eine Aussage über die Machbarkeit im geplanten Kosten- und Zeitrahmen erst mit fortgeschrittener Projektdauer möglich.

Das Wasserfallmodell sieht vor, dass Änderungen in der Umsetzung zurückfließen können und damit in der Dokumentation der vorangehenden Aktivität ihren Niederschlag finden. Da viele an dieses Modell angelehnte Prozesse eine formale Abnahme am Ende jeder Aktivität vorsehen, wird häufig auf eine Anpassung der entsprechenden Dokumentation verzichtet. Deshalb sind solche Prozesse im Hinblick auf nachträgliche Änderungen unflexibel und träge. Eine detaillierte Planung soll dem vorbeugen, was nicht selten zu einer Paralyse in der Analyse führt. Es findet eine nie enden wollende Erhebung der Anforderungen und eine Spezifikation des Systemverhaltens statt. Der sprichwörtliche Mut zur Lücke ist hier nicht vorgesehen.

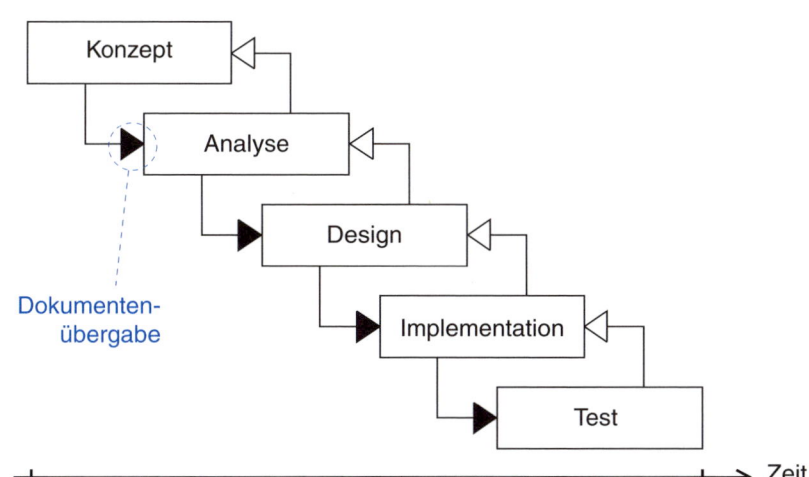

Abbildung 13.2
Wasserfallmodell

Gerade die fehlende Möglichkeit, sich an eine Lösung herantasten zu können, ist die eigentliche Schwäche des Wasserfallmodells. Das Modell funktioniert deshalb nur für einfache oder komplexe Projekte mit geringer Unsicherheit. In klassischen Ingenieursdisziplinen, denen das Wasserfallmodell entstammt, ist ein sequenzielles Vorgehen angebracht. Kaum jemand würde eine Brücke bauen, bevor detaillierte Pläne und geologische Gutachten vorliegen. Langjährige Erfahrung und eine überblickbare Anzahl Variablen, die kausal zusammenhängen, machen ein solches Vorhaben wahrscheinlich. Die Herausforderungen liegen hier in der Größe und den damit verbundenen organisatorischen und logistischen Aufgaben. Ganz anders in der Softwareentwicklung: Jene Programme mit einer geringen Unsicherheit scheinen bereits alle geschrieben zu sein. Trotzdem basieren viele firmeninterne Entwicklungsprozesse nach wie vor auf dem Wasserfallmodell. Dies liegt wohl auch daran, dass Finanzabteilungen und Steuerungsgremien die Fertigstellung des Detailkonzepts fordern, bevor Geld für den nachfolgenden Systembau versprochen wird.

Geeignet für Projekte geringer Unsicherheit

V-Modell

Das V-Modell ist ein Vorgehensmodell des deutschen Bundes für die standardisierte Durchführung von Projekten. Es ist, wie das Wasserfallmodell, ein dokumentenzentriertes Vorgehensmodell und beschreibt Sequenzen von Aktivitäten, die durch bestimmte Rollen (Auftraggeber oder Leistungserbringer) auszuführen sind. Das V steht für eine hierarchische Dekomposition von der Spezifikation bis zur Implementierung und dessen stufengerechte Überprüfung der erzeugten Artefakte oder Ergebnisse. Die Vertikale stellt die verschiedenen Abstraktionsstufen dar. Jede dieser Stufen verfeinert die Spezifikation und den Lösungsentwurf der vorangehenden Ebene bis hin zur eigentlichen Implementation. Auf der Horizontalen findet eine stufengerechte Validierung von Ergebnissen der gegenüberliegenden Seite statt. So

Schrittweise Verfeinerung der Spezifikation und deren Verifikation durch stufengerechte Test

prüft beispielsweise der Systemtest die in der Analyse geforderten Anwendungsfälle und Anforderungen an das zu bauende System als Ganzes.

Abbildung 13.3
V-Modell

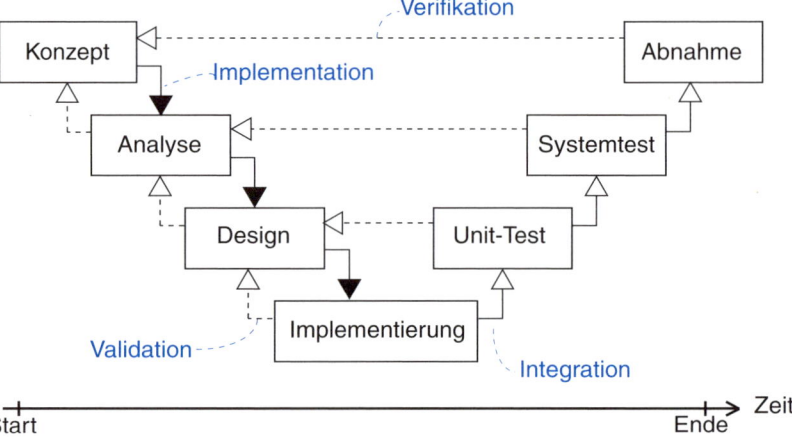

Das V-Modell ist ebenfalls ein sequenzielles Modell, welches im Gegensatz zum Wasserfallmodell die letzte Aktivität, den Test, in einzelne Testphasen auftrennt und den entsprechenden Spezifikationen gegenüberstellt. Die Darstellung erweckt oft den Eindruck, die Tests finden parallel statt, wenn auf der Gegenseite die entsprechende Spezifikationsstufe abgeschlossen ist. Der Abnahmetest kann jedoch nicht starten, bevor die Systemtests abgeschlossen sind, auch wenn das Konzept seit längerem vorliegt. Die Darstellung sagt nur aus, dass im Abnahmetest das System gegen die im Konzept spezifizierten Anforderungen geprüft wird.

Das V-Modell ist in einem klaren Auftrags- und Lieferantenverhältnis zweckmäßig, wo die durch den Lieferanten erbrachten Ergebnisse formell durch den Auftraggeber auf Vollständigkeit und Korrektheit hin getestet werden. Ein solches Verhältnis liegt gerade bei Ausschreibungen von Bund und Ländern vor, wo gesetzliche Vorgaben einen starren Prozess rechtfertigen. Außerhalb dessen dient das V-Modell vor allem als Metapher für stufengerechte, aufeinander aufbauende Tests und einer schrittweisen Konkretisierung.

Spiralmodell

Das Spiralmodell ist risikogetrieben und durchläuft den Projektzyklus mehrmals

Das Spiralmodell wurde 1988 durch B. W. Boehm als eine Verfeinerung des Wasserfallmodells für große Projekte der öffentlichen Hand entwickelt. Das Spiralmodell ist risikogetrieben und setzt in frühen Phasen auf die Entwicklung von Prototypen. Zudem bedient sich das Spiralmodell intensiv der Simulation und der Verwendung von Modellen. Mit jedem Durchgang wird ein spezifisches Risiko identifiziert, analysiert und dem Fortschritt entsprechend umgesetzt. So entsteht schrittweise das Konzept, das Analysemodell, der Systementwurf und letztlich das fertige Produkt. Da mit jedem Zyklus ein bestimmtes Risiko adressiert und so weit wie möglich implementiert wird, reduzieren sich mit fortschreitender Projektdauer und steigenden Kosten die Risiken eines Fehlschlags.

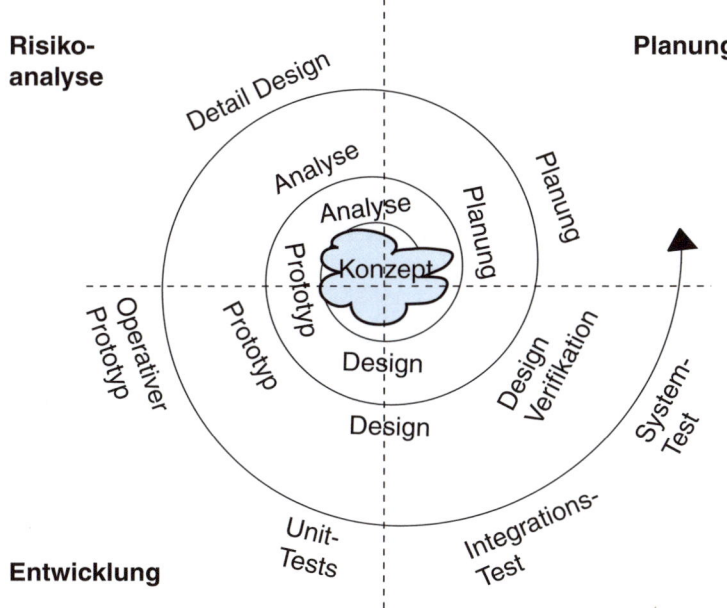

Abbildung 13.4
Spiralmodell

Der Nachteil des Spiralmodells ist seine fehlende Steuer- und Vorhersagbarkeit. Zu Beginn eines Durchlaufs sind die dazu benötigten Ressourcen und die verbleibenden Risiken nur schwer abschätzbar. Das Spiralmodell verzichtet weitgehend auf eine umfassende Spezifikation und angelt sich stattdessen von Risiko zu Risiko, vergleichbar einem generischen Ansatz. Ursprünglich wurde das Spiralmodell für große und komplexe Projekte entworfen, wo ein einzelner Durchgang zwischen ein und zwei Jahren dauert. Es ist entgegen der vorherrschenden Meinung ein eher plangetriebener Ansatz mit vielen Checkpunkten und formalen Reviews als der eines agilen Vorgehens, Unsicherheiten in kurzen Iterationen anzugehen.

Der eigentliche Grundgedanke, ein Produkt durch mehrere Durchgänge schrittweise zu verfeinern und dabei die aktuellen Risiken aktiv zu adressieren, fand später vor allem in den agilen Methoden seinen Niederschlag. Vergleichbar mit der Arbeit eines Bildhauers wird aus einem rohen Steinblock allmählich die beabsichtigte Skulptur herausgeschlagen. Zuerst sind nur Umrisse wahrnehmbar, nach und nach entsteht dann das fertige Kunstwerk. Anhänger des agilen Wegs sehen sich oft selbst auch als Künstler ihres Fachs, die aus einem Block diffuser Anforderungen schrittweise die fertige Software „herausschlagen". Auch hier wächst die Software kontinuierlich und die ersten Konturen des fertigen Produkts sind bereits früh erkennbar.

Grundgedanke für agile Methoden

Iteratives Vorgehen

Abbildung 13.5
Iteratives Modell

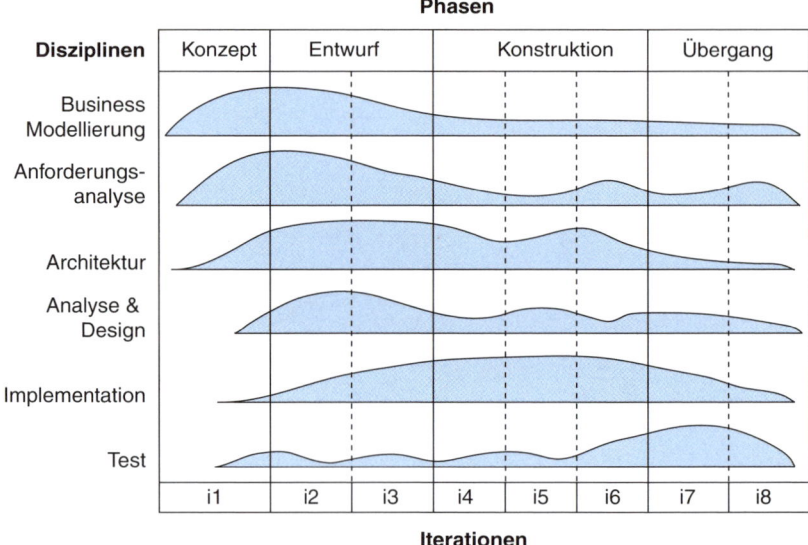

Beim iterativen Vorgehen werden alle Aktivitäten des Projektzyklus – in unterschiedlicher Intensität – in jeder Iteration ausgeführt. Das System wächst mit jedem Durchgang um ein definiertes Inkrement. Das iterative Vorgehen ist risiko- und architekturgetrieben. Technische Rahmenbedingungen werden dadurch frühzeitig erkannt und signifikante Entwurfsentscheidungen werden in der Anforderungsanalyse mitberücksichtigt. Greifbare Lösungsvorschläge helfen, Missverständnisse bereits in den Anfangsphasen eines Projekts zu erkennen. In einem gewissen Sinne ist das iterative Vorgehen eine Aneinanderreihung von in sich abgeschlossenen Projektzyklen. In jeder Iteration wird der gesamte Zyklus von der Anforderungsanalyse bis hin zu den abschließenden Tests durchlaufen. Dabei konzentrieren sich die Tätigkeiten in den frühen Iterationen auf die Erarbeitung einer gemeinsamen Vision vom zukünftigen System und vom Entwurf einer ersten Lösungsvariante. In den späteren Phasen liegt der Fokus in der Implementierung der spezifizierten Komponenten und den abschließenden Systemtests. Die Wellen der Abbildung 13.5 versinnbildlichen, dass der Business-Analyst als Verantwortlicher für die Anforderungsanalyse während der ganzen Dauer des Projekts, mit unterschiedlichem Schwergewicht, tätig ist. Dasselbe gilt auch für alle anderen Rollen. Die Planung einer iterativen Entwicklung geschieht über die Festlegung der Iterationsziele. Inwieweit die Aktivitäten innerhalb einer Iteration parallel ausgeführt werden können, hängt im Wesentlichen von der Flexibilität der Aufgabenstellung ab, um auf Änderungen reagieren zu können.

Aneinanderreihen mehrerer überblickbarer Projektzyklen

Das iterative Vorgehen ist im Unterschied zum Spiralmodell eher mit dem Bau eines mehrstöckigen Wohnhauses vergleichbar als mit dem künstlerischen Handwerk eines Steinmetzes. Mit jeder Iteration wächst das Bauwerk um einen weiteren Stock. Während im obersten Stock noch die Wände gemauert werden, finden in den darunter liegenden Stockwerken bereits die elektrische Verkabelung und der definitive Innenausbau statt. Man könnte einwenden, dass auch ein Hausbau dem Wasserfallmodell gehorcht. Doch entgegen dem Bau einer Brücke oder eines Tunnels wird der Innenausbau einer Wohnung in der Regel erst später geplant und durchgeführt. Anpassungen, welche die Käuferschaft am Gesamtplan vornimmt, kann der Architekt auch durch eine rigide Planung nicht ausschließen.

13.1.3 Prozesskarte

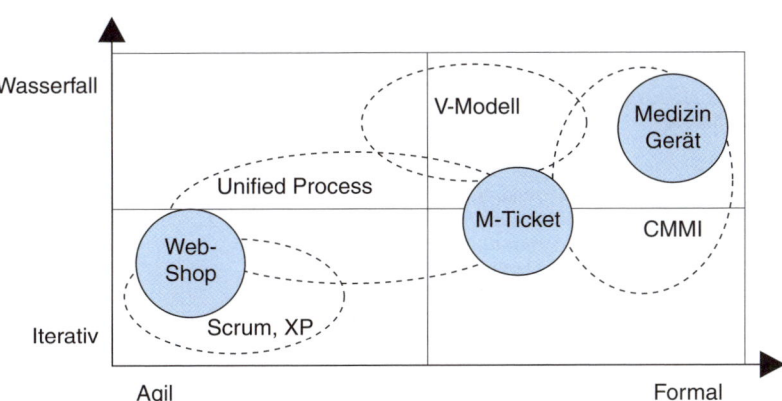

Abbildung 13.6
Prozesskarte

Basierend auf den grundlegenden Prozessmodellen entstanden verschiedene Prozesse oder Vorgehensmodelle wie Rational Unified Process, XP und Scrum. Diese Prozesse unterschieden sich vor allem bezüglich ihres Formalisierungsgrads. Das heißt, wie stark vorgegeben ist, was wann durch wen zu erbringen ist. Formale Prozesse – wie wir sie in der Entwicklung von medizinischen Geräten oder im Flugzeugbau finden – kennzeichnen sich dadurch, dass jede Aktivität eine bestimmte Menge von Ergebnissen zu erbringen hat, die validiert und verifiziert werden. Die Wahl des geeigneten Vorgehens hängt von vielen Faktoren ab, wie Komplexität, Größe des Entwicklungsteams und dem regulatorisch geforderten Formalismus. Oft bestehen sogar innerhalb derselben Organisation, in Abhängigkeit vom jeweiligen Projekt, unterschiedliche Bedürfnisse nach dem Formalisierungsgrad eines Prozesses.

Prozesse unterscheiden sich bezüglich ihres Formalisierungsgrads und der Anzahl der Projektzyklen

Auf der formalen, plangetriebenen Seite hat sich das Referenzmodell CMMI als Maßstab für die Qualität des zugrunde liegenden Prozesses etabliert. CMMI definiert Mittel und Wege, die Arbeit innerhalb einer Organisation zu verbessern, indem klare Richtlinien für die Zusammenarbeit geschaffen werden. Die Leistungsfähigkeit einer Organisation in Bezug auf die Anwendung dieser Praktiken wird als Reife- oder Fähigkeitsgrad bezeichnet. Auf der weniger formalen Seite sind agile Prozessansätze zu finden. Dabei handelt es sich um leichtgewichtige Vorgehensmodelle, welche Softwareentwicklung eher als Handwerk begabter Menschen und weniger als industriellen Prozess ansehen. So entstanden Methoden, die besser mit der Dynamik einer internetbasierenden und mobilen Welt umzugehen vermochten.

CMMI als formaler Maßstab des Formalisierungsgrads

Kaum ein anderes Thema wurde in den letzten Jahren so kontrovers diskutiert wie das CMMI, welches die Qualität eines Softwareentwicklungsprozesses in fünf Reifegrade einzuteilen versucht: Initial, Wiederholbar, Definiert, Geführt und Optimiert.

Abbildung 13.7
CMMI-Reifegrade

Level	Fokus	Resultat
5: Optimiert	Kontinuierliche Verbesserung Ursachenanalyse und Problemlösung Innovationsmanagement	
4: Geführt	Quantitative Ziele für Produkte und Projekte Produktivität und Qualität wird ständig gemessen Kosten sind kontrollier- und vorhersehbar	Qualität
3: Definiert	Anforderungsanalyse Definierter Entwicklungsprozess Integriertes Projektmanagement Risikomanagement Stakeholdermanagement Anforderungsgetriebener Entwurf Komponentenorientierte Entwicklung Kontinuierliche Integration Verifikation und Validation Organisationsweiter Fokus auf Prozesse Ausbildung und Training	
2: Wiederholbar	Anforderungsverwaltung Projektplanung Projektkontrolle und Überwachung Lieferantenmanagement Führen durch Kennzahlen Qualitätssicherung Konfigurationsmanagement	Risiko
1: Initial	Ad-hoc	

Das amerikanische Verteidigungsdepartement (DoD) hatte 1984 das *Software Engineering Institute* (SEI) gegründet mit dem Ziel, einen allgemeingültigen Standard für die Entwicklung hochwertiger Software zu definieren. Watt Humphrey hatte 1988 seine Arbeiten zum CMM-Modell publiziert und dort die Ansicht vertreten, dass die Einhaltung eines exakt vordefinierten Prozesses zur Softwareentwicklung die Qualität eines Produkts wesentlich erhöht und das Projektrisiko gesamthaft reduziert.

Der höchste Reifegrad führte oft zu einer Lähmung statt zu einer besseren Qualität

Für indische Firmen wurde die Erreichung des CMM 5 Level zum Markenzeichen. Dreiviertel der weltweiten CMM-5-Unternehmen befinden sich in Indien. Die Effektivität eines klar vordefinierten Entwicklungsprozesses ist heute jedoch stark umstritten. Die Entwicklung einer Software ist Projektarbeit und erfordert eine hohe Flexibilität und Anpassungsfähigkeit. Starre Vorgaben und eine Flut von Dokumenten wiegen uns in Sicherheit und verführen zu einer falschen Risikoeinschätzung. Bei wiederholenden Tätigkeiten wie in der Produktion sind klar definierte Prozesse sinnvoll und zweckmäßig. Für die Entwicklung von Individualsoftware stellt der Prozess hingegen einen Hygienefaktor dar. Er definiert den Rahmen für die zu erbringenden Artefakte und eines personenorientierten und zielgerichteten Projektmanagements. Nicht der Prozess als solches, sondern der damit beabsichtigte Zweck einer Effizienzsteigerung in Projekten, sollte im Vordergrund stehen. Gerald Weinberg und Frederick Brooks haben bereits vor mehr als 20 Jahren darauf hingewiesen, dass nach wie vor der Mensch in einer Ingenieursdisziplin den entscheidenden Erfolgsfaktor darstellt. Microsoft scheint dies zu bestätigen.

Um nicht als Ketzer gegen das CMM-Modell zu gelten, sei erwähnt, dass Watts Humphrey (Begründer von CMM) Ende der 80er Jahre eine personenzentrierte Variante (P-CMM) vorgestellt hatte. Anhand empirischer Studien belegte er dessen Effektivität (Kostenersparnis und Qualitätsverbesserung). Wie weit sich solche Beobachtungen unter Laborbedingungen auf die Komplexität realer Projekte umsetzen lassen, ist offen. Softwareentwicklung ist weitgehend ein Teamsport und hängt entscheidend von einzelnen Personen, deren Fähigkeiten und der Zusammensetzung des Teams ab. Trotzdem lohnt es sich bis zu einem Reifegrad 3, das CMMI als Referenzmodell hinzuzuziehen, den eigenen Prozess nachvollzieh- und wiederholbar zu machen, nachvollziehbar im Sinne einer Rückführbarkeit der Designentscheide und Tests auf konkrete Anforderungen.

CMMI ist bis Reifegrad 3 ein zweckmäßiges Referenzmodell für Prozesse

Ein standardisiertes Phasenmodell, die Klärung und die Definition der Projektziele sowie eine flankierende Planung sind wichtig. Doch auch sie vermögen selbst mit einem hohen Reifegrad nicht die Unsicherheit und die damit verbundenen Risiken zu beseitigen. Philippe Kruchten und Per Kroll von IBM betonen, für den Erfolg eines IT-Projekts sei ein iteratives Vorgehen unabdingbar und der Prozess müsse der jeweiligen Problemstellung angemessen sein. Jim Highsmith beschreibt die Entwicklung von Software als adaptiven Prozess, der sich dem endgültigen Produkt über die Phasen der Ideenfindung, der Spekulation, des Erforschens, des Adaptierens und Abschließens annähert. Wir benötigen also ein Vorgehensmodell, das dem Entwicklungsprozess einen Rahmen vorgibt und durch die Untiefen eines Softwareprojekts führt. Unbekannte Gewässer, um bei diesen Metaphern zu bleiben, erfordern auch Flexibilität und Agilität, um auf Unsicherheiten und aufkommende Probleme reagieren zu können.

Als Gegenbewegung zu den sehr formalen Prozessen, welche der traditionellen Ingenieurskunst entspringen, entstanden verschiedene Ansätze, die sich durch kurze Iterationszyklen, die Nähe zum Auftraggeber und ein Minimum an Dokumentation auszeichnen. Statt des Prozesses standen hier die beteiligten Personen und das Endprodukt im Vordergrund. Agilität fokussiert sich auf das eigentliche Ergebnis, eine lauffähige Software, und versucht, Zwischenprodukte wie Dokumentation oder Modelle auf ein Minimum zu reduzieren. Agile Methoden sind evolutionär und adaptiv. Das bedeutet, sie passen sich den jeweiligen Gegebenheiten an und versuchen nicht, jedes Projekt in ein bestimmtes Korsett zu zwingen.

Agile Methoden als Gegenbewegung

Osmotische Kommunikation

Agile Methoden bauen auf Nähe statt auf Distanz. Menschen arbeiten am besten zusammen, wenn sie sich im selben Raum befinden und Informationen formell wie informell fließen können. Cockburn spricht von osmotischer Kommunikation und meint damit, dass die Informationen alleine durch das passive Zuhören eines Gesprächs im selben Raum fließen können. Die nonverbale Kommunikation transportiert unbewusst die fehlenden Informationen, die den Inhalt eines Gesprächs in den richtigen Kontext setzen. Befindet sich unser Partner am anderen Ende der Organisation oder auf der gegenüberliegenden Seite der Erde, so reduziert sich die Kommunikation hauptsächlich auf den Austausch von elektronischen Nachrichten und formellen Sitzungen. Die bewusste Nähe ersetzt einen Großteil der Dokumentation plangetriebener Prozesse. Auch außerhalb der eigentlichen Softwareentwicklung wurde festgestellt, dass Abteilungen am besten zusammenarbeiten, wenn sie sich auf demselben Stockwerk befinden. Eine räumliche Trennung, sei es nur durch eine Aufteilung in mehrere Etagen, verhindert oder erschwert die informelle Kommunikation.

Value-Up statt einem Work-Down Ansatz klassischer Projekte

Sam Guckenheimer vertritt die Meinung, dass wir – getrieben durch die traditionellen Ingenieurdisziplinen – einen falschen Ansatz für die Entwicklung von Software verwenden. Der Work-Down-Ansatz, also die Aufteilung des Gesamtprojekts in handhabbare Aufgaben, mag beim Bau einer Brücke funktionieren, wo die Kosten für das Design im Verhältnis zu den Gesamtkosten gering sind. Für die Komplexität und Variabilität eines Softwareprojekts, in dem sich Anforderungen oft erst während des Baus konkretisieren, ist ein neues Denkschema notwendig. Mit dem Paradigmashift zu einem *Value-Up*-Ansatz wird die Software in kurzen Iterationsschritten spiralartig entwickelt. Vergleichbar zum Schreiben eines Buchs entsteht das fertige Produkt durch die ständige Verbesserung und Ergänzung des Entwurfs. So entwickelt sich aus einer groben Struktur, an deren Konturen sich die fertige Lösung erahnen lässt, im Laufe der Zeit das vollständige Werk.

Abbildung 13.8
Value-Up

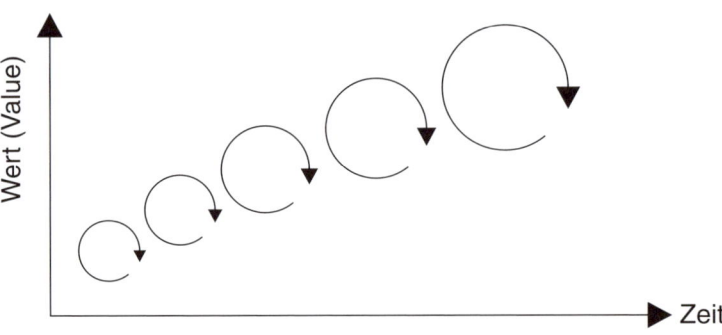

Das magische Dreieck des Projektmanagements verspricht, die drei Parameter Zeit, Ressourcen – hierzu gehört auch Geld – und Funktionsumfang (Qualität) unabhängig voneinander anpassen zu können. Wie Fred Brooks bereits mit folgendem Ausspruch gesagt hat, stimmt diese Annahme nur bedingt.

Adding manpower to a late project makes it later.

Die drei Größen hängen voneinander ab. Es ist ein Trugschluss, zu meinen, ein Projekt könnte auf den letzten Metern „gerettet" werden. Der Value-Up-Ansatz fordert uns auf, ein Projekt nicht als eine Abfolge von Aufgaben in Richtung des Endtermins, sondern als eine kontinuierliche Weiterentwicklung einer Vision zu sehen, welche mit jedem Zyklus mehr an Kontur gewinnt.

13.2 Prozessarchitektur

Metamodelle ermöglichen es, die Bestandteile und Begriffe eines Modells zu erklären und diese zueinander in Beziehung zu setzen. So beschreibt die von IBM entwickelte *Unified Process Architecture* (UMA) ein Metamodell für die Beschreibung von Prozessmodellen. Inzwischen ist dieser Ansatz unter der Bezeichnung SPEM durch die Open Group Management Organisation zum Industriestandard erhoben worden. Darauf aufbauend entstand mit *Eclipse Process Framework* (EPF) ein auf Eclipse basierendes Werkzeug für die Definition von Entwicklungsprozessen. Die Motivation dahinter war die Schaffung einer einheitlichen Repräsentation und die Anwendung wiederverwendbarer Methoden und daraus die Ableitung spezifischer Prozesse. Wie in einem Baukasten sollten bestehende Methoden erweitert und die Prozesse an die jeweiligen Bedürfnisse angepasst werden können. Dabei ließen sich Elemente agiler Ansätze genauso einbinden wie die Formulierung strikter Vorgaben in den Prozessablauf.

Metamodell für Vorgehensmodelle der Entwicklung

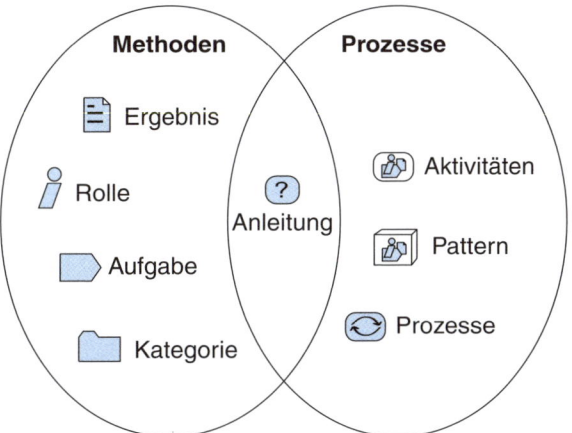

Abbildung 13.9
Methoden-Framework

SPEM, was für *Software Process Engineering Metamodel* steht, separiert grundsätzlich zwischen Methodeninhalt und dem eigentlichen Entwicklungsprozess. Eine Methode ist eine Arbeitsanweisung für eine in sich abgeschlossene Aufgabe, welche durch eine bestimmte Rolle auszuführen ist und festgelegte Ergebnisse zu erbringen hat. Im Hausbau wäre dies zum Beispiel der Aushub des Kellers und in der Softwareentwicklung die Anwendungsfälle zu beschreiben. Eine solche allgemein formulierte Methode lässt

Methoden stehen für den statischen, Prozesse für den dynamischen Teil

sich auf die jeweilige Situation einer Abteilung oder ein Projekt erweitern, ohne die ursprüngliche Methode zu verändern. Dabei wird die Methode wie in objektorientierten Sprachen von einer Basismethode abgeleitet und um spezifische Punkte ergänzt. Der Prozess setzt die in der Methode definierten Einzelaufgaben in einen zeitlichen Ablauf. Das Metamodell dieser Projektarchitektur umfasst die Elemente Rollen, Ergebnisse, Aufgaben, Anleitungen, Kategorien und Aktivitäten unterschiedlicher Granularität.

Elemente des Metamodells

Abbildung 13.10
Metamodell Elemente

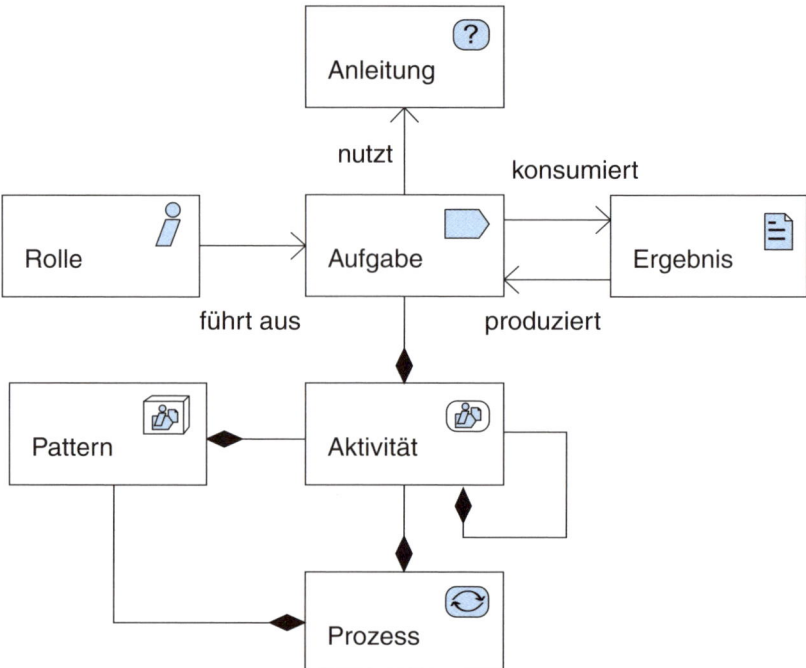

Rolle

Eine *Rolle* ist ein Set aus zusammengehörigen Fähigkeiten, Kompetenzen wie auch Verantwortlichkeiten und als solche zuständig für die Erbringung bestimmter Ergebnisse. Eine oder mehrere Rollen werden einer Aufgabe zugeordnet, bestimmte Artefakte zu erstellen oder zu ergänzen. Eine Rolle ist dabei der Hut, den eine konkrete Person aufsetzen kann. Beispiele von Rollen sind Produktmanager, Systemanalytiker oder Programmierer.

Ergebnis

Ein *Ergebnis* kann ein konkretes Artefakt, ein erreichter Zustand oder ein Lieferobjekt sein. Arbeitsergebnisse werden durch Rollen innerhalb von Aufgaben produziert, konsumiert oder modifiziert. Ein Artefakt ist ein greifbares, nichttriviales Erzeugnis, welches sich durch Beispiele und Vorlagen konkretisieren lässt. Ein oder mehrere Artefakte bilden ein Lieferobjekt, welches in der Regel ein Modell oder ein Dokument ist.

Eine *Aufgabe* ist eine in sich geschlossene Aktion oder Arbeit, die durch bestimmte Rollen auszuführen ist und ein definiertes Ergebnis liefert. Sie beschreibt, wie etwas zu tun ist; entweder als Ganzes oder aufgegliedert in mehrere Schritte. Durch solche Einzelschritte lässt sich eine Aufgabe in der Struktur eines Baums beliebig fein aufgliedern. Eine Aufgabe und ihre Schritte sollten jedoch nicht zu feinkörnig sein. Wie im Projektmanagement dauert die kleinste Einheit nicht weniger als drei bis vier Tage. Andernfalls steigt der Aufwand für die Leitung und Koordination exponentiell. Fast wichtiger als eine detaillierte Beschreibung ist ein klar formulierter Zweck, den die Aufgabe im Gesamtzusammenhang zu erbringen hat. Die Schritte haben in einer Aufgabe grundsätzlich keine vorgegebene Reihenfolge. Welche Schritte in welcher Sequenz auszuführen sind, kann von der jeweiligen Situation und dem Projektfortschritt abhängen. In der Praxis erwies sich der Versuch, die einzelnen Schritte und Rollen in Form eines Aktivitätsdiagramms zueinander in Abhängigkeit zu bringen, oft als wenig hilfreich. Ein solcher Versuch führt oft zu einem unnötigen Mikromanagement. Nicht selten bedarf es für die Ausführung einer Aufgabe verschiedener Fähigkeiten und damit unterschiedlicher Rollen. So verlangt beispielsweise die Priorisierung von Anwendungsfällen die Zusammenarbeit von Business-Analytiker, Architekt und Projektleiter.

Aufgabe

Eine *Anleitung* beinhaltet Best Practices oder Hilfsmittel wie Checklisten, Beispiele, Vorlagen und Konzepte. Sie unterstützen die Rolle bei der Ausführung einer Aufgabe. Zu den Hilfsmitteln gehören die Empfehlung und die Beratung bezüglich geeigneter Werkzeuge für die Durchführung einer Tätigkeit. Der Unterschied zwischen den verschiedenen kommerziell verfügbaren Prozessprodukten liegt oft in der Qualität solcher Anleitungen.

Anleitung

Kategorien erlauben Anleitungen, Aufgaben und Methoden zu Gruppen zu kategorisieren. Für die Gruppierung der Aufgaben zu Disziplinen oder die Zusammenfassung von Rollen zu sogenannten Rollensets existieren vordefinierte Kategorien. Disziplinen paaren einzelne Aufgaben zu zusammengehörigen Bereichen wie beispielsweise Anforderungsanalyse, Design und Analyse oder Implementierung. Kategorien helfen, den Methodeninhalt in Form eines Baums und seiner Äste zu strukturieren.

Kategorien

Aktivitäten kombinieren Aufgaben oder andere Aktivitäten zu Gruppen, die mit einer Art Aktivitätsdiagramme zu Abläufen zusammengesetzt werden. Beschreibt eine Aufgabe, wie eine Sache zu tun ist, so definieren Aktivitäten, was zu tun ist. Im Sinne von: welche Einzeltätigkeiten in welcher zeitlichen Reihenfolge ausgeführt werden und wie diese über Ergebnisse miteinander verbunden werden. Der Fluss durch eine Aktivität ist durch ebendiese Arbeitsergebnisse getrieben. Ein Projektplan taktet dabei diesen Fluss in zeitlicher Hinsicht. Aktivitäten lassen sich zu wiederverwendbaren Patterns bestehend aus einem Block von Aktivitäten oder Prozesskomponenten zusammenfassen. Ein solches Pattern oder Leistungsblock ist eine vordefinierte Gruppe von Aktivitäten, die sich in einem Prozess ganz oder teilweise einsetzen lässt. Prozesskomponenten sind hingegen Bausteine mit klaren Schnittstellen, die zu größeren Gebilden komponiert werden können. So werden in einem iterativen Prozess die Aktivitäten zu Phasen zusam-

Aktivität

mengefasst. Durch die hierarchische Komposition von Aufgaben zu Aktivitäten und diese zu größeren Gruppen von Aktivitäten entsteht ein sogenannter Projektstrukturplan. Der *Prozess* ist quasi die Hauptaktivität oder die Wurzel, an die alle anderen Aktivitäten anknüpfen. Eine solche Prozessdefinition sieht für ein Wasserfallmodell anders aus als für einen iterativen oder agilen Ansatz. Trotzdem bedienen sie sich unter Umständen desselben Methodeninhalts. Die Methode für die Erarbeitung eines Analysemodells ist beispielsweise dieselbe, unabhängig vom jeweiligen Prozessmodell. Gerade diese Möglichkeit der Wiederverwendung und Adaption von Methodenbausteinen und Best Practices für unterschiedliche Ausprägungen von Entwicklungsprozessen macht das Konzept der Prozessarchitektur so wertvoll.

Eclipse Process Framework

Abbildung 13.11
Eclipse Process Framework Composer

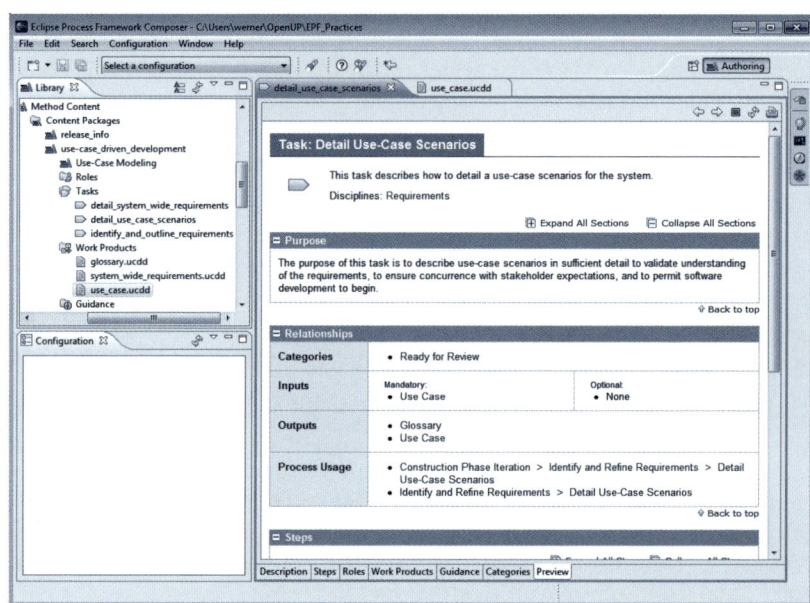

EPF ist ein auf Eclipse basierendes Werkzeug zur Definition von Prozessen

Das eben vorgestellte Metamodell wäre es nicht wert, besprochen zu werden, wenn es keinen weiteren unmittelbaren praktischen Nutzen gäbe. Dank der Initiative von IBM in Zusammenarbeit mit Eclipse entstand auf der Basis dieses Metamodells ein frei verfügbares Werkzeug. Unter dem Namen *OpenUP* existiert inzwischen auch eine Bibliothek von Methoden der wichtigsten Prozesse, welches ein Startpunkt sein kann, den eigenen Prozess zu definieren. Darin werden Elemente des Unified Process ebenso wie die Best Practices agiler Modelle vereint. Es würde den hier gesetzten Rahmen sprengen, diesen Ansatz im Detail vorzustellen. Innerhalb dieser Seiten bleibt nur Platz für eine Empfehlung, den EPF kennenzulernen und daraus den eigenen, möglichst schlanken Prozess zu definieren. Für all jene, die das Zurechtschneiden des Rational Unified Process und dessen Kosten in der Vergangenheit bislang abschreckte, wird mit dem EPF eine interessante und effiziente Alternative in die Hand gegeben. Die Möglichkeit, den eigenen Prozess von Grund auf zu entwerfen, statt von einem bestehenden Vorgehensmodell abzuleiten, verhindert ein häufig anzutreffendes Phänomen der Praxis, den Entwicklungsprozess zu überladen oder ihn unverändert übernehmen zu wollen.

13.3 Unified Process

Softwareentwicklung ist eine anspruchsvolle und risikoreiche Tätigkeit. Die hohe Anzahl von Elementen, Schnittstellen zu externen Entitäten und die Vielzahl unterschiedlicher Anforderungen verlangen ein strukturiertes Vorgehen, den Prozess. Speziell in der Softwareentwicklung hat sich der iterative Ansatz bewährt; hier allen voran der *Unified Process* (UP). UP ist ein iterativer, inkrementeller Softwareentwicklungsprozess bestehend aus Best Practices, Vorgaben und Anleitungen. UP wurde ursprünglich von IBM entwickelt und unter dem Namen Rational Unified Process (RUP) kommerziell vertrieben. Der Käufer erhielt einen kaum überblickbaren Werkzeugkoffer voller Methoden, Ablaufbeschreibungen und Rollendefinitionen, aus denen der für das Projekt zweckmäßige Prozess zu definieren war. Damit ist RUP mehr ein Framework, aus dessen Reichtum von Aktivitäten, Vorlagen und Artefakten zuerst die jeweils richtigen auszuwählen und für die spezifischen Bedürfnisse eines Unternehmens angepasst werden mussten. RUP war damit in der Lage, sowohl den Anforderungen eines formalen Ablaufs gerecht zu werden wie auch Ansätze für ein agiles Vorgehen zu beinhalten. Gleichwohl führte RUP, einmal gekauft, oft zu keiner nachhaltigen Verbesserung des Entwicklungsprozesses. Vielleicht lag es am erdrückenden Umfang oder am nicht eingeplanten, aber notwendigen Aufwand, das Produkt mit den herrschenden Umständen abzustimmen und anzupassen.

Unified Process ist ein iterativer, inkrementeller Entwicklungsprozess für Software

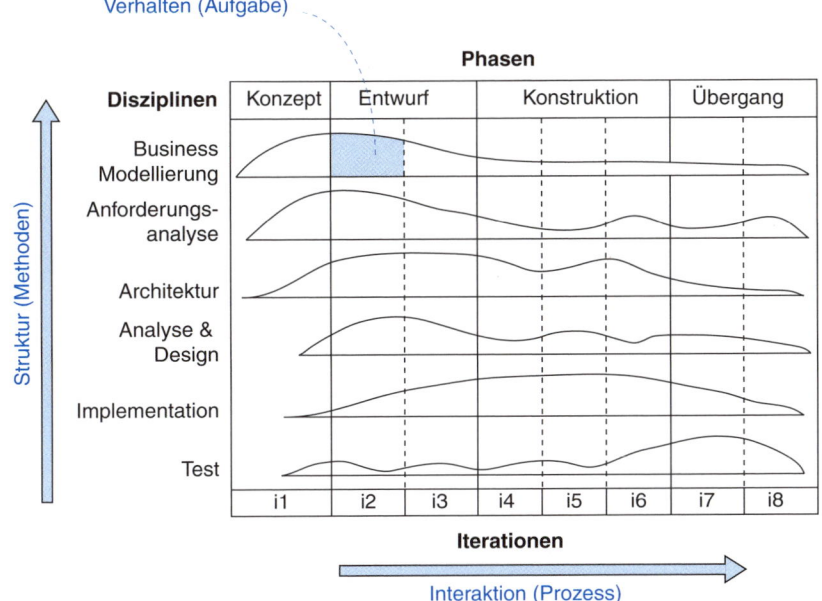

Abbildung 13.12
UP-Perspektiven

IBM schien das Problem erkannt zu haben und lieferte in Zusammenarbeit mit Eclipse eine offene und erweiterbare Architektur für beliebige Formen von Prozessmodellen. Das zuvor besprochene Metamodell entstammt den ursprünglichen Ideen eines einheitlichen Prozesses, entband ihn jedoch von seinem kommerziellen Beigeschmack und macht den Prozess damit zu einem Standard und zur Ausgangslage für verschiedene Softwareentwicklungsprozesse. Damit ist RUP eines von mehreren Produkten, die auf der Basis des Metamodells und der Konzepte des Unified Process einen, wenn gleichwohl den umfangreichsten, Werkzeugkoffer anbieten. Der Prozessansatz ist es mehr denn je wert, im Detail besprochen zu werden. Er vereint die Vorteile eines sequenziellen Vorgehens – ja es gibt noch welche – mit denen eines iterativen in mehreren Zyklen avisierten Endziels. Die folgenden Seiten bieten eine auf die wesentlichen Punkte reduzierte Einführung in die Konzepte des Unified Process, ohne auf die Spezialitäten von IBM, vorab Rational, einzugehen.

UP lässt sich aus den Perspektiven Struktur, Verhalten und Interaktion beschreiben

Der Prozessansatz lässt sich aus den bereits bekannten Perspektiven Struktur, Verhalten und Interaktion erklären. Die *Struktur* definiert den Inhalt der einzelnen Disziplinen, das *Verhalten* die Aufgaben innerhalb der jeweiligen Phasen und die *Interaktion* den durch die Architektur und die Anwendungsfälle getriebenen Prozess. Das Verhalten, also die einzelnen Tätigkeiten einer Disziplin innerhalb einer bestimmten Phase, wird hier nur summarisch aufgeführt. Eine detaillierte Besprechung würde einmal mehr den gesetzten Rahmen sprengen. Wir werden uns auf eine Auflistung der wichtigsten Tätigkeiten oder Aufgaben pro Disziplin und Phase beschränken. Für eine intensive Auseinandersetzung mit den einzelnen Tätigkeiten wird auf die weiterführende Literatur verwiesen.

13.3.1 Struktur

Abbildung 13.13
UP-Struktur

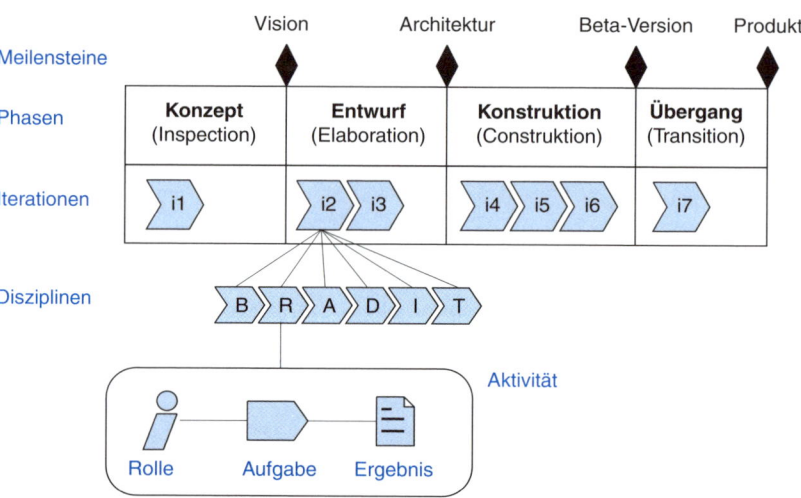

Elemente von UP

Der Unified Process besteht aus Phasen, Disziplinen, Aufgaben, Rollen und Artefakten. Die Phasen orientieren sich an der Zeit und teilen das Gesamtprojekt in Abschnitte mit spezifischem Fokus und Ziel, die innerhalb dieser Zeitspanne zu erreichen sind. Phasenübergreifend beschreiben die Disziplinen ein grundsätzliches Vorgehen bestehend aus voneinander abhängigen Aufgaben zur Erbringung von Teilergebnissen, den Artefakten. Die einzelnen Aufgaben und die darin definierten Ergebnisse einer Disziplin werden durch die aktuelle Phase bestimmt. Der Anteil und damit die Intensität einer Disziplin hängen vom momentanen Projektfortschritt ab. In frühen Phasen überwiegt der Anteil der Anforderungsanalyse und der Architektur, in späteren Phasen der der Implementation und Tests. Die Rollen stehen für bestimmte Fachkenntnisse und Verantwortlichkeiten. Sie führen die Aufgaben aus.

Die Phasen werden in ein oder mehrere, zeitlich fixierte, Iterationen unterteilt. Eine Iteration ist quasi ein Miniprojekt, welches ein bestimmtes Resultat bis zu einem definierten Zeitpunkt durch das Zusammenwirken aller Disziplinen zu erbringen hat. Mit jeder Iteration wächst das System um ein bestimmtes Inkrement. Das iterative Vorgehen ist ein schrittweises Herantasten an ein bewegliches Ziel. Kritiker bezeichnen dies als Versuch-und-Irrtum-Vorgehen, was – vielleicht etwas bösartig – den Kern der Sache ganz gut trifft. UP eignet sich deshalb besonders für Projekte mit vielen Unbekannten und einen hohen Grad an Unsicherheit, also für Projekte mit Innovationscharakter, vielen Schnittstellen zu Umsystemen oder unausgereiften Technologien. Die Anzahl und Länge der Iterationen hängen in der Praxis stark von organisatorischen Rahmenbedingungen und der Gesamtlänge eines Projekts ab. Dass ein iteratives Vorgehen zu einem sequenziellen Ablauf degeneriert, liegt zuweilen auch daran, dass das klassische Projektmanagement lieferobjekt- und nicht zielgetrieben ist. Am Ende einer Planungsphase steht dann ein bestimmtes Dokument statt einer weiteren Konkretisierung der Lösung. Jedoch lassen sich klassische, dem Wasserfallmodell angelehnte Modelle sehr gut auf die Phasen des UP abbilden, an deren Ende bestimmte Ergebnisse und Artefakte stehen.

Iterationen teilen ein Vorhaben in mehrere Mini-Projekte

Phasen, Iterationen und Meilensteine

Phasen teilen die gesamte Entwicklung in aufeinanderfolgende Abschnitte, in denen der Fokus jeweils auf einem bestimmten, zu erbringenden Ergebnis liegt. In der Konzeptphase soll das eigentliche Problem verstanden und eine Idee einer ersten Lösung entwickelt werden. Es ist die Zeit, in der eine gemeinsame Vision entsteht und das Ziel des Projekts festgelegt wird. Die auch als Vorstudie bezeichnete Phase ist im Verhältnis zum Gesamtaufwand kurz zu halten. Es geht nicht darum, das Problem restlos zu verstehen, sondern nur eine Vorstellung von dessen Funktionsumfang zu bekommen und als Architekt einen groben, ersten Lösungsansatz zu skizzieren. Die nachfolgende Entwurfsphase fokussiert auf die Entwicklung einer tragfähigen Architektur und der Ermittlung von Anforderungen und Use-Cases. Am Ende dieses Abschnitts ist klar, was zu bauen ist und wie die Lösung von außen betrachtet aussieht. Aus Sicht des Projektmanagements wurden die Risiken erfasst und Maßnahmen definiert, wie diesen aktiv zu begegnen sind. Zudem wurde deutlich gemacht, mit welchen Mitteln und Ressourcen das Projekt bewältigt werden kann. Mit diesen Plänen geht es in die dritte Phase. Hier

Phasen teilen ein Projekt zeitlich in fixe Blöcke mit spezifischem Fokus

konzentriert sich der Prozess auf die Erstellung einer ersten voll funktionsfähigen Beta-Version. Es ist in der Regel die längste Phase und umfasst die
meisten Iterationen. Im Mittelpunkt stehen das Detaildesign der Software,
die Programmierung der Komponenten und deren Integration zum Gesamtsystem sowie Unit-Tests. Die Architektur hat die Implementierung zu begleiten und Erkenntnisse aus der Umsetzung in den Entwurf einfließen zu lassen. Die Übergangsphase hat nun die erste lauffähige Version zum fertigen
Produkt zu vervollständigen. Hierzu werden Integrations- und Systemtests
durchgeführt und die daraus erkannten Bugs korrigiert. Zu den Tätigkeiten
der letzten Phase gehört auch die Erstellung einer Benutzerdokumentation
und Schulung der späteren Anwender.

**Meilensteine schlie-
ßen eine Phase ab**

Jede Phase wird mit einem Meilenstein abgeschlossen. Ein solcher Meilenstein definiert die bis dahin zu erreichenden Resultate und stellt damit einen
wichtigen Kontrollpunkt für den Fortschritt des Projekts dar. Durch den
sequenziellen Charakter der Phasen stellen die Phasenübergänge, wie bereits
erwähnt, Fixpunkte für die Gesamtprojektleitung und unternehmensweite
Koordination dar. Damit übernehmen die Phasen die Vorteile des Wasserfallmodells, ein Projekt anhand weniger, aufeinanderfolgenden Kontrollpunkten
zu führen, ohne dessen Nachteile in Kauf nehmen zu müssen. Iterationen als
Miniprojekte innerhalb der einzelnen Phasen machen den Unterschied aus!

Tabelle 13.1
Phasenziele

Phase	Ziele
Konzept „Idee"	Grundlagen schaffen
	Durchführbarkeit nachweisen; allenfalls mit dem Bau eines Prototypen
	Business Case erstellen, der einen qualifizierbaren Nutzen aufzeigt; einen guten Grund finden, es zu realisieren
	Die essenziellen Anforderungen erheben, um den Rahmen des Systems andeuten zu können
	Kritische Risiken identifizieren
	Aufzeichnen einer groben Architektur
Entwurf „Architektur"	80 % der funktionelle Anforderungen durch Use-Cases erfassen und detailliert beschreiben
	Kreieren einer ausführbaren und stabilen Architektur
	Risiken einschätzen und beurteilen
	Qualitative Messgrößen festlegen
	Ressourcenplanung
Konstruktion „Beta-Version"	Vervollständigen der Anforderungen, Analyse und Design
	Implementieren und Testen der ersten Version
Übergang „Produkt"	Fertigstellung des Produkts und der Fehlerkorrektur,
	Test, Auslieferung und Schulung

Iterationen teilen eine Phase in einen oder mehrere zeitlich fixierte Zyklen. Ein solcher Zyklus wird Software-Engineering-Prozess (SEP) genannt und umfasst die Aneinanderreihung der Disziplinen. Innerhalb eines solchen Durchgangs wächst das System um ein bestimmtes Inkrement. Ein Inkrement ist ein messbarer Zuwachs wie eine zusätzliche Funktion oder die Fertigstellung eines bestimmten Modells. Jede Iteration ist für sich ein Miniprojekt, mit klaren Zielen, Terminen und zur Verfügung gestellten Ressourcen. Es endet mit einer stabilen und ausführbaren Version. Wobei „ausführbar" ein Prototyp, ein Modell oder eine Beta-Version sein kann, an dem bzw. der das Ergebnis des Projekts sichtbar ist. Der Meilenstein am Schluss der Phase definiert die bis dahin vorzuliegende Version und deren Fortschritt.

Iterationen teilen eine Phase in zeitlich fixierte Zyklen

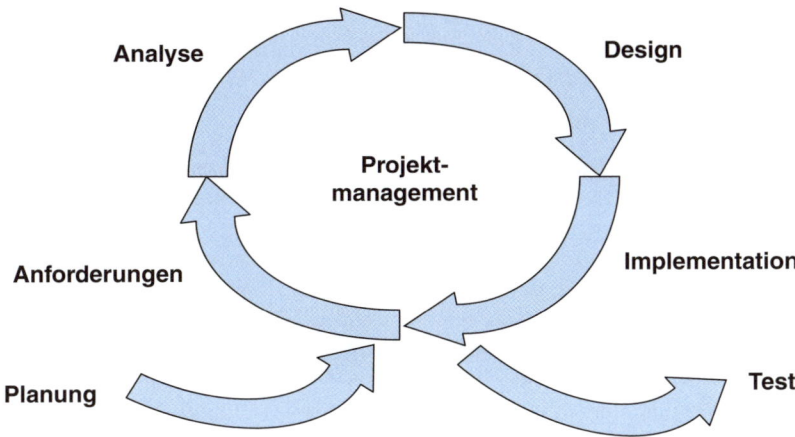

Abbildung 13.14
Software-Engineering-Prozess

Iterationen haben nicht zwingend nacheinander zu erfolgen. Zyklen können zeitversetzt oder gleichzeitig überlappend gestartet werden. Beispielsweise lässt sich im Projekt M-Ticket der Entwurf der Handy-Applikation nebenläufig zum Aufbau der zentralen Dienste durchführen. Eine solche parallele Ausführung vermag die gesamte Durchlaufzeit zu verkürzen, verlangt aber im Gegenzug einen erhöhten Aufwand in der Planung und Koordination. Solche Prozesse erfordern ein gemeinsames Modell, das die Konsistenz über alle Iterationen und Disziplinen sicherstellt. Der Erfolgsfaktor iterativ durchgeführter Projekte liegt in der kontinuierlichen Erbringung eines „ausführbaren" und messbaren Fortschritts. Das Produkt wächst wahrnehmbar und nimmt stetig an Funktionalität zu.

Einzelne Iterationen können sich überlappen

Die Länge einer Iteration hängt von der Projektart und vom Innovationsgrad des Vorhabens ab. Je höher die Unsicherheit und die damit verbundenen Risiken sind, desto kürzer sollen die Zyklen sein. In der Praxis hat sich eine Dauer von ein bis drei Monaten bewährt. Das Wasserfallmodell ist so gesehen ein Extremfall, in dem jede Phase nur eine Iteration umfasst und die Iterationen streng nacheinander erfolgen. Nach vorheriger Definition nur geeignet, wenn keine größeren Risiken vorliegen oder die Gesamtdauer wenige Monate umschließt.

Iterationslänge richtet sich nach dem Risiko

Disziplinen und Aktivitäten

Disziplinen gruppieren zusammengehörige Aktivitäten

Phasen, Iterationen und Meilensteine sind eine zeitliche Strukturierung des Prozesses; Disziplinen und Aktivitäten die inhaltliche. Aktivitäten sind eine Bündelung von zusammengehörigen Aufgaben, die wiederum zu Disziplinen zusammengefasst werden. Disziplinen sind Container, um zusammengehörige Aktivitäten über den gesamten Lebenszyklus eines Projekts zu organisieren. Sie haben im Grunde nur einen zusammenfassenden Charakter, Aktivitäten und Aufgaben auf einen bestimmten Fokus hin zu gruppieren. Dieser Fokus lässt sich im Zusammenspiel mit den jeweiligen UML-Diagrammen veranschaulichen. Jede Disziplin benutzt ihre spezifischen Diagramme, um das Modell aus ihrem Blickwinkel zu beschreiben. Der im Kapitel über die Programmierung geschilderte Softwareentwurf verdeutlicht dieses Zusammenspiel zwischen den Disziplinen und den durch die entsprechenden Modelle adressierten Schwerpunkt.

Rollen, Aufgabe und Ergebnis

Rollen vereinen gewisse Fähigkeiten und Verantwortlichkeiten

Rollen, Aufgaben und Ergebnisse entsprechen weitgehend den Erklärungen im vorangegangenen Abschnitt über Prozessarchitektur. Eine Rolle vereint gewisse Fähigkeiten, Verantwortlichkeiten und Kompetenzen. Sie ist nicht an eine bestimmte Person gebunden, sondern wird durch eine oder mehrere Personen wahrgenommen. Beschränken Sie die Anzahl möglicher Rollen auf ein absolutes Minimum. Die zuweilen beobachtbare Tendenz einer grassierenden Vermehrung von Rollenbeschreibungen ist wenig hilfreich. Wie die darstellenden Künste sich auf wenige Charaktere beschränken, sollte Ihr Projekt nicht mehr als eine Handvoll Rollen aufweisen. Die agilen Methoden sind hier ein Vorbild. Viele Menschen haben Mühe, die abstrakte Bedeutung des Begriffs *Rolle* mit dem eigenen Berufsbild in Einklang zu bringen. Wir reden eher davon, was jemand ist und nicht welche Rolle diese Person übernimmt.

Aufgaben sind Tätigkeiten mit einem sichtbaren Ergebnis

Eine Aufgabe ist eine in sich abgeschlossene Tätigkeit mit einem sichtbaren Ergebnis. Dabei ist das Ergebnis nicht in erster Line eine Folge der Aufgabe, sondern das Ziel aller Anstrengungen. Das Augenmerk der Beschreibung ist deshalb auf das Ergebnis und nicht auf eine detaillierte Darlegung der einzelnen Schritte zu richten. Beispielsweise ist die Aufgabe zur Erhebung des Hauptzwecks eines Systems in der Konzeptphase alleine durch das Ziel, die Essenz des Systems und die Auflistung der fünf wichtigsten Gründe zu definieren. Die Wahl einer geeigneten Methode obliegt der jeweiligen Rolle. Eine Empfehlung kann außerhalb der Aufgabe durch Anleitungen und Best Practices gegeben werden.

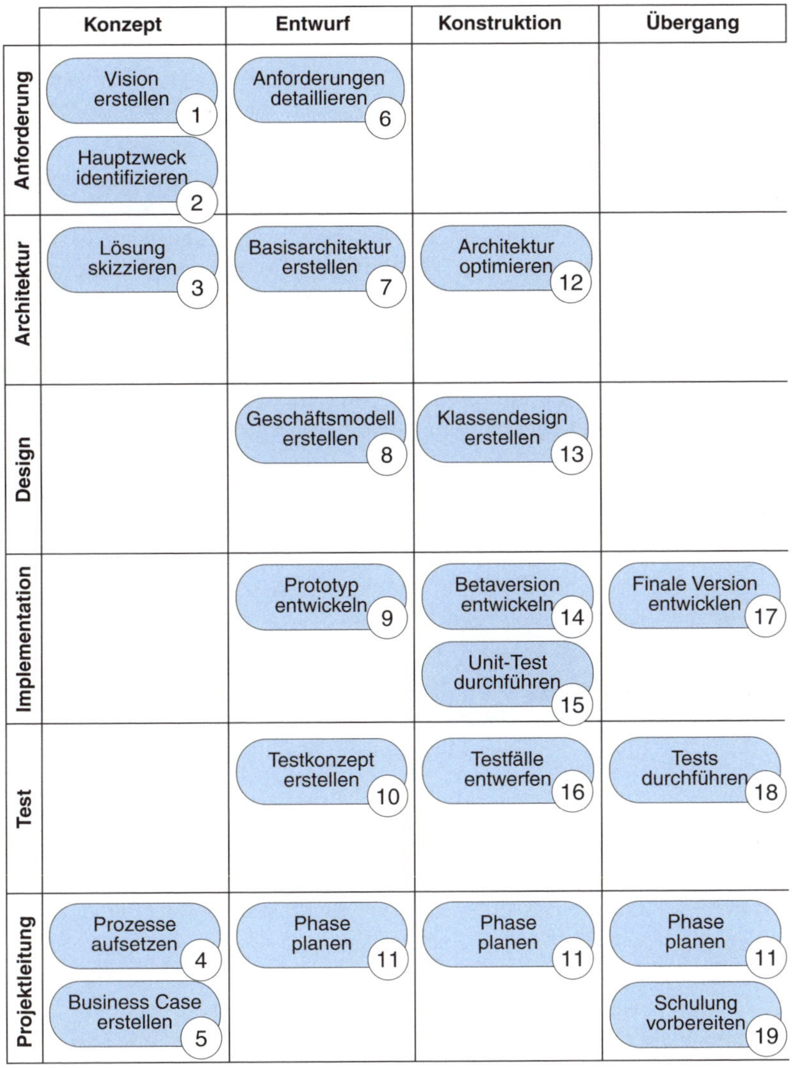

Abbildung 13.15
Aufgabenmatrix

	Konzept	Entwurf	Konstruktion	Übergang
Anforderung	Vision erstellen (1) Hauptzweck identifizieren (2)	Anforderungen detaillieren (6)		
Architektur	Lösung skizzieren (3)	Basisarchitektur erstellen (7)	Architektur optimieren (12)	
Design		Geschäftsmodell erstellen (8)	Klassendesign erstellen (13)	
Implementation		Prototyp entwickeln (9)	Betaversion entwickeln (14) Unit-Test durchführen (15)	Finale Version entwickeln (17)
Test		Testkonzept erstellen (10)	Testfälle entwerfen (16)	Tests durchführen (18)
Projektleitung	Prozesse aufsetzen (4) Business Case erstellen (5)	Phase planen (11)	Phase planen (11)	Phase planen (11) Schulung vorbereiten (19)

Die Anzahl von Aufgaben sollte auf ein überblickbares Maß beschränkt werden. Ein Zuviel führt zu schwer steuerbaren Projekten und einem schwerfälligen Prozess.   zeigt schematisch die wichtigsten Tätigkeiten pro Phase und Disziplin ohne Anspruch auf Vollständigkeit.

1. *Vision erstellen*: Entwickeln einer gemeinsamen Vision von dem zu lösenden Problem, dem anvisierten Zielpublikum und dem prinzipiellen Nutzen. Der Zweck ist es, zu verstehen, was gebaut werden soll und weshalb.

2. *Hauptzweck identifizieren*: Hierzu gehört die Identifizierung der Stakeholder und der essenziellen Funktionalität des Systems. Dabei werden alle Anwendungsfälle aufgelistet. Der Ablauf der wichtigsten Use-Cases wird skizziert. Der Hauptzweck nennt zudem die fünf essenziellen Gründe, weshalb das System gebaut werden soll.

3. *Lösung skizzieren*: Mindestens drei mögliche Lösungen ermitteln und in Form eines Cartoons oder einer Übersichtsgrafik für alle verständlich visualisieren. Die Lehre einer vollständig lösungsneutralen Ermittlung der Anforderungen ist nicht zweckmäßig. Die Anforderungen benötigen einen Vorschlag zur Umsetzung, nur sollte dieser frei von spezifischen Technologien sein.

4. *Prozess aufsetzen*: Der Prozess und damit der Formalisierungsgrad sind der Art und dem Umfang des Projekts anzupassen. Ein überfrachteter, unzweckmäßiger Prozess wird fortwährend eine Behinderung statt einer Unterstützung sein.

5. *Business Case erstellen*: Es ist der ökonomische Wert den Kosten und den Risiken gegenüberzustellen. Dieser Schritt wird ob der herrschenden Euphorie gerne vergessen und Vorhaben werden entgegen des gesunden Menschenverstands in Angriff genommen. Nichts gegen technologischen Fortschritt, nur sollte er sich rechnen.

6. *Anforderungen detaillieren*: Die in der Konzeptphase begonnene Erhebung der Anforderung und Beschreibung der Anwendungsfälle werden fortgesetzt und weitgehend abgeschlossen. Neben den Anwendungsfällen sind zudem Anforderungen an die jeweiligen Qualitätsattribute zu erheben.

7. *Basisarchitektur entwerfen*: Der Fokus in der Entwurfsphase liegt in der Erstellung einer ersten, für das Bestreben sinnvollen Architektur und deren Überprüfung gegenüber den nichtfunktionalen Anforderungen. Hierbei nicht die Zukunft vergessen! Heute sind es fünf Benutzer, morgen vielleicht 500.

8. *Geschäftsmodell erstellen*: In der Analyse werden die Objekte der Geschäftswelt identifiziert und deren Beziehungen modelliert. Dazu kann auch die Beschreibung der Geschäftsprozesse gehören, in denen die Geschäftsobjekte erzeugt oder verarbeitet werden.

9. *Prototyp erstellen*: Die Verifikation eines Konzepts oder Architekturansatzes kann unter Umständen erst durch den Bau eines Prototypen erfolgen. Hierzu gehört nicht nur das Ausprogrammieren kritischer Komponenten, sondern auch von Papierprototypen und Simulationen. Allenfalls sind neue Technologien zu erlernen und ihre Brauchbarkeit sowie Stabilität zu verifizieren.

10. *Testkonzept erstellen*: Definieren, wie die Software zu testen ist, welche Ressourcen und Werkzeuge notwendig sind. Festlegen der Teststrategie und des Konzepts: Wie soll getestet werden, welcher Abdeckungsgrad ist zwingend und wie wird berichtet?

11. *Phase planen*: Jede Phase beginnt mit einer Planung der Iterationen und dem Festlegen, welche Ergebnisse bis wann durch wen erbracht werden sollen. Zur Planung gehört auch ein Rückblick in die vergangene Iteration. Was lief gut, was nicht, welche Anpassung ist für die nächste Phase angezeigt? Ein Rückblick erst am Ende des Projekts einzuplanen, ist löblich, kommt aber oft zu spät.

12. *Architektur optimieren*: Es ist zu prüfen, welche Elemente vergangener Projekte wiederzuverwenden sind und wo der Zukauf fertiger Komponenten sinnvoll erscheint. Daneben ist die gewählte Lösung auf mögliche Vereinfachungen hin zu untersuchen. Die Wahl der Komponenten, ob richtig oder falsch, beeinflusst alle weiteren Aktivitäten wie auch die spätere Wartung und Weiterentwicklung.

13. *Klassendesign erstellen*: Aus dem Geschäftsmodell, den Anforderungen und der Architektur werden die Klassen für die Implementation identifiziert und im Detail beschrieben. Das heißt, neben den Attributen werden nun die Operationen der Klassen spezifiziert. Die Geschäftsklassen werden zudem um Bausteine für die Präsentation und Persistenz ergänzt. Zum Entwurf der Klassen gesellen sich die Spezifikation der Dialogabläufe und der Formularaufbau der Benutzerschnittstellen.

14. *Beta-Version erstellen*: Die Hauptaufgabe während der Konstruktionsphase ist die Entwicklung einer funktional vollständigen Beta-Version. Hierzu gehören auch der Entwurf der Datenbank und das Auslegen der späteren Infrastruktur sowie die Verteilung der Software.

15. *Unit-Tests durchführen*: Für die Klassen und Komponenten sind entsprechende Tests zu entwickeln, die deren korrekte Funktionsweise auf Codeebene verifizieren. Diese Unit-Tests sollten automatisch ausführbar sein und garantieren damit, dass getestete und funktionierende Teile nicht unbeabsichtigt durch die weitere Entwicklung verletzt werden. Zudem sind Unit-Tests ein unabdingbares Hilfsmittel für die kontinuierliche Verbesserung des Codes.

16. *Testfälle entwerfen*: Die Testfälle sollten so früh wie möglich festgelegt und beschrieben werden, jedoch spätestens in der Konstruktionsphase. Ein Testfall beweist die Erfüllung einer Anforderung aus Sicht der Benutzer und betrachtet dabei das System als Blackbox. Ausgangslage für die Beschreibung der Testfälle sind die Anwendungsfälle und Anforderungslisten.

17. *Finale Version erstellen*: Die in der vorhergehenden Phase erstellte Beta-Version ist zu stabilisieren. Hierzu gehören das Beheben von Bugs aus den Tests und eine Verbesserung der Fehlerbehandlung innerhalb des Codes. Zudem sind Fragen der Softwareverteilung, Migration und Installation zu klären.

18. *Systemtests durchführen*: Es sind Tests zu erstellen, um zu prüfen, ob die Erwartungen der Nutzer erfüllt wurden; Durchführen der Integrationstest und der abschließenden Abnahmetests. Der Integrationstest prüft die technische Funktionsweise und der Systemtest den fachlichen Aspekt aus Sicht der Anwendungsfälle.

19. *Schulung vorbereiten*: Planen der Einführung und die Vorbereitung der Benutzerschulung. Im Weiteren ist die Erstellung der Benutzerdokumentation zu initiieren. Mit geeigneten Werkzeugen und qualitativ hochwertigen Anwendungsfällen kann die Dokumentation aus den Use-Cases Spezifikationen generiert werden.

Ein Systemmodell organisiert die Ergebnisse aller Aufgaben zu einem konsistenten Modell

Die Aufgaben werden über die Verwendung eines gemeinsamen Systemmodells synchronisiert. Ein Modell im Sinne einer Gesamtheit aller Sichten auf das System. Das Systemmodell sichert die Konsistenz über alle Modelle hinweg. Dabei zeigen die Sichten oder Modelle der einzelnen Disziplinen Teilaspekte des Gesamtsystems auf. Pro Disziplin lässt sich ein solches Modell benennen und abgrenzen. So zeigt das Domänen- oder Geschäftsmodell der Analyse die Geschäftsobjekte, die durch das Designmodell zu Klassen verfeinert werden.

Abbildung 13.16
Systemmodell

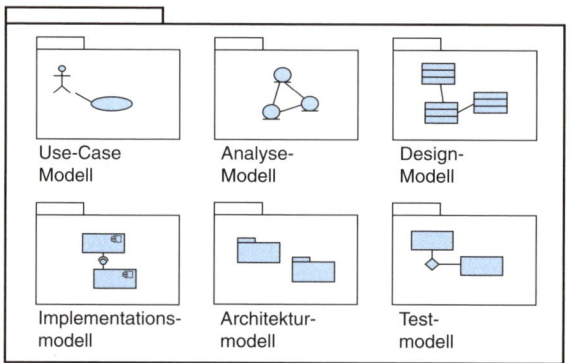

13.3.2 Interaktion

Nach einem Querschnitt durch die Elemente des Unified Process, in dessen Betrachtungen sich bereits erste Zusammenhänge offenbarten, geht es nun um die Frage, durch welche Faktoren der Prozess angetrieben wird. In Anlehnung an die von IBM als Schlüsselprinzipien der Entwicklung von Software benannten *Best Practices* entstand folgende Auflistung von treibenden Kräften:

- Risikogetrieben
- Qualitätsgetrieben
- Anwendungsfallgetrieben
- Teamgetrieben
- Architekturgetrieben
- Projektgetrieben

Risikogetrieben

Kaum jemand scheint angesichts des desolaten Zustands der Finanzwelt aufgrund von groben Fehleinschätzungen die Wichtigkeit eines Risikomanagements noch infrage stellen zu wollen. Doch was ist ein Risiko und weshalb sollte gerade das, was wir vermeiden wollen, den Prozess antreiben? Ein Risiko ist nach Duden ein Wagnis oder eine Gefahr, verbunden mit einem möglichen Verlust. Das relative Risiko ergibt sich aus der absoluten Höhe des Schadens im Ereignisfall und der prozentualen Wahrscheinlichkeit seines Eintreffens. So ist der absolute Schaden durch die Invasion feindlich gesinnter Marsmenschen groß, die Wahrscheinlichkeit jedoch so gering, dass die einzig sinnvolle Maßnahme ist, Filme darüber zu machen und zu hoffen, es seien friedliche Außerirdische. Ganz anders das Risiko eines Softwareprojekts, wegen technologischer Unsicherheiten nicht in Zeit und Budget fertig zu werden. Hier auf ein Happy-end zu (er-)warten wäre falsch. Der Punkt im Risikomanagement ist nicht, solche Gefahren prinzipiell ausschließen zu wollen. Es geht um eine objektive Bewertung des möglichen Verlusts und abhängig davon um die Festlegung von Maßnahmen zur Reduktion der Wahrscheinlichkeit sowie eines Aktionsplans beim unerwarteten Eintreffen eines Risikos. Ein aktives Risikomanagement macht uns die Gefahren bewusster und reduziert die möglicherweise damit verbunden Zusatzkosten.

Risiko ist ein Wagnis, verbunden mit einem möglichen Verlust

Tom DeMarco und Tim Lister (DeMarco, 2003) illustrierten anhand des Risikodiagramms, wie hoch die Wahrscheinlichkeit ist, ein Produkt zu einem bestimmten Termin fertigzustellen. Zum Zeitpunkt t_0 ist diese Wahrscheinlichkeit gleich null. Trotzdem werden viele Projekte geplant, als gäbe es keine Risiken, die den Einführungstermin verzögern könnten. Eintreffende Risiken wirken sich bei Softwareprojekten in der Regel auf den Endtermin aus. Deshalb ist es zweckmäßiger, die Risiken in Zeiteinheiten statt Beträgen zu beziffern. Die Normalverteilung von Gauß im Risikodiagramm der Abbildung 13.17 verdeutlicht, dass ein realistischer Endtermin in der Mitte der Glocke und nicht bereits an deren Fuß liegt.

Risikodiagramm illustriert die Wahrscheinlichkeit, den Termin einzuhalten

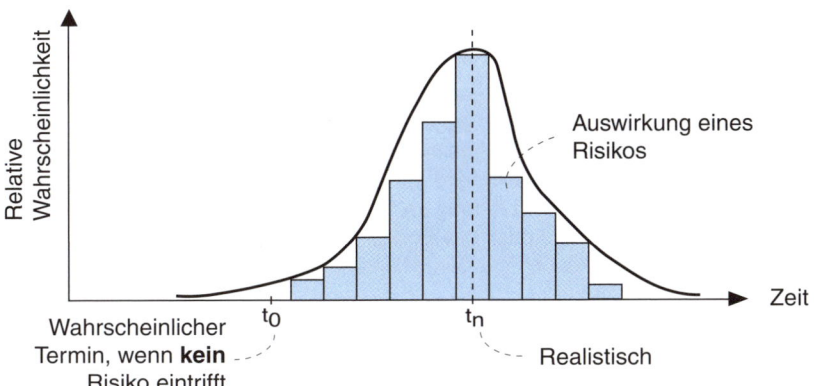

Abbildung 13.17
Risikodiagramm

Risiko ist als Mehraufwand in die Terminplanung mit einzubeziehen

Statt einer farbigen Blasengrafik, wo die Risiken in ihrer Auswirkung und Wahrscheinlichkeit gegenübergestellt werden, ist das Risiko besser, als Mehraufwand dem Projektplan hinzuzufügen. Die Restrisiken sind als Aufwände in der Planung des Endtermins oder der Gesamtkosten mit einzubeziehen. Beispielsweise birgt der neue Übertragungsstandard NFC für den kontaktlosen Austausch von Daten im M-Projekt erhebliche Gefahren. Als Gegenmaßnahme könnte eine andere Technologie gewählt oder deren Machbarkeit durch den Bau eines Prototypen verifiziert werden. Damit reduziert sich die relative Wahrscheinlichkeit und als Restrisiko verbleibt umgerechnet ein Zusatzaufwand von einem Mannjahr. Diesem Mehraufwand ist durch zusätzliche Ressourcen oder einen späteren Termin in der Gesamtplanung zu begegnen.

Am Anfang jeder Iteration stehen die Identifikation und die Bewertung der Risiken und daraus die Ableitung, wie die aktuell größten Risiken aktiv anzugehen und über welche Zusatzkosten diese in die Kalkulation mit einzubeziehen sind. Neben der Größe sollten in Abhängigkeit von der Phase folgende Risiken adressiert werden:

Tabelle 13.2
Risikofokus pro Phase

Phase	Risiken
Konzept	Verstehen des Business Case und realistische Abschätzung des Gesamtaufwands. Aufwandschätzung durch Methoden wie Wideband Delphi, indem das Wissen oder eben Nichtwissen vieler zu guten Ergebnissen führt. Alle Stakeholder sollten bekannt und deren Zustimmung gesichert sein.
Entwurf	Die Risiken im Bezug auf die technische Machbarkeit sind mit einer ersten funktionsfähigen Architektur oder eines Prototypen anzugehen. Dabei bedeutet Machbarkeit nicht nur die absolute Möglichkeit der Umsetzung, sondern auch die Umsetzung im vorgegebenen zeitlichen wie auch finanziellen Rahmen.
Konstruktion	Hier werden die Risiken einer Fertigstellung durch den Bau einer lauffähigen Beta-Version vermindert. Das iterative Vorgehen offenbart frühzeitig Schwachstellen, wenn die kritischen Anwendungsfälle beizeiten angegangen werden.
Übergang	Gerne werden die Risiken eines erheblichen Mehraufwands zwischen einer ersten Beta-Version und der Auslieferung des fertigen Produkts wesentlich unterschätzt. Zwischen „es funktioniert" und „stabil" liegen nicht selten Welten. Den Kunden von Anfang an in die Tests involvieren, um sicherzustellen, dass das Endergebnis den erwarteten Qualitätsansprüchen genügt, ist eine geeignete Gegenmaßnahme.

Qualitätsgetrieben

Qualität ist der Maßstab der Erfüllung der Anforderungen

Qualität ist ein Maßstab für die Erfüllung der Bedürfnisse in ihrer Gesamtheit. Dem umweltbewussten und sparsamen Autofahrer ist mit einem großen Van kaum gedient, auch wenn dieser Dinge wie Großräumigkeit, Komfort und Beinfreiheit mit Leichtigkeit zu erfüllen vermag. Eine kontinuierliche

Qualitätssicherung sorgt in der Softwareentwicklung dafür, dass sich der Bau an den Anforderungen der Kundschaft ausrichtet: weder ein Zuviel in Form nicht geforderter Features noch ein Zuwenig in Gestalt mangelhafter Software. Mit YAGNI „You ain't gonna need it" fordert uns Neal Ford (Ford, 2008) auf, nicht Dinge zu programmieren, die vielleicht einmal in Zukunft nützlich sein könnten. Jede zusätzliche Zeile Code, jedes Datenbankfeld und jede nicht benötigte Klasse erhöhen die Komplexität der Software und damit letztendlich den Wartungsaufwand. Statt eines Zuviels an Funktionalität und des Programmierens auf Vorrat sollte das Augenmerk den Qualitätsattributen gelten. Qualität heißt so viel wie notwendig und nicht so viel wie möglich!

Jeder Designentscheid und jede ausprogrammierte Funktion müssen grundsätzlich auf eine Anforderung rückführbar sein und durch entsprechende Tests oder Reviews geprüft werden. Ein zusätzliches, nicht gefordertes Feature wird damit genauso erkannt wie die fehlende Umsetzung eines verlangten Leistungsmerkmals. Qualitätsgetrieben bedeutet auch ein kontinuierliches Verbessern des Entwurfs und des Programmcodes sowie das Testen der Softwarekomponenten durch sogenannte Unit-Tests.

Anwendungsfallgetrieben

Anwendungsfälle fassen eine Funktion des Systems aus Sicht des Benutzers zusammen, indem die Interaktionsschritte zur Erreichung eines bestimmten Ziels aufgelistet werden. Damit beschreibt ein Anwendungsfall oder fast noch häufiger unter dem englischen Begriff bekannter Use-Case eine mehr oder weniger in sich geschlossene Funktionalität. Die Anzahl in einem durchschnittlichen System lässt sich im Allgemeinen zu 20 bis 50 Hauptfunktionen zusammenfassen. Diese Hauptfunktionen stehen für isolierbare – von außen nutzbare – Systemdienste. Sie eigenen sich dazu, die Entwicklung eines Systems schrittweise um bestimmte Inkremente voranzutreiben. Jeder Use-Case kann für sich durch einen eigenständigen Zyklus von der Anforderungsanalyse bis hin zur Implementierung und zu Tests umgesetzt werden. Dabei werden die Anwendungsfälle nach ihrer geschäftlichen und architektonischen Relevanz priorisiert und in Iterationen aufgeteilt. Mit jeder Iteration werden ein oder mehrere Anwendungsfälle durch die verschiedenen Disziplinen bearbeitet und dann zur Verarbeitung weitergereicht; fast wie am Fließband. Das heißt, innerhalb einer Iteration werden die Anwendungsfälle nach dem Prinzip des Wasserfallmodells nacheinander durch die spezifischen Rollen bearbeitet und weitergereicht. Indem beispielsweise die Übergänge auf das Ende einer Iteration gelegt werden, entsteht ein fester Rhythmus. Für einen Anwendungsfall werden in der Iteration *i* die Anforderungen erhoben, in *i+1* wird das Analysemodell erstellt, in *i+3* die Systemarchitektur ergänzt, in *i+4* implementiert und in *i+5* getestet.

Use-Cases sind die Arbeitspakete, die den Prozess vorantreiben

Abbildung 13.18
Use-Case-getrieben

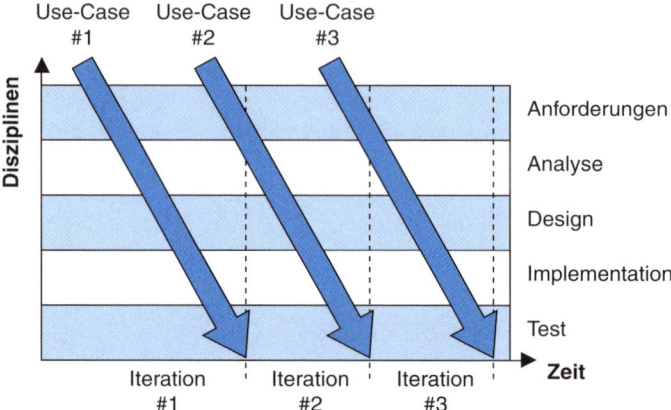

Feature-orientierter
Ansatz

Im reinen Use-Case-getriebenen Vorgehen werden die Aufgaben klar nach Rollen auf bestimmte Personen aufgeteilt. Im Kontrast dazu steht in einem featureorientierten Ansatz die Abarbeitung mehrerer Anwendungsfälle durch ein Team im Vordergrund. Vergleichbar mit den Produktionsinseln der Industrie organisiert sich eine Gruppe von Fachspezialisten, um die Anforderungen von der Analyse bis zur Implementation und zu Tests selbständig umzusetzen. Die einzelnen Teams funktionieren weitgehend autonom. Jim Highsmith präsentiert mit APS (Highsmith, 2000) ein featurebasierendes, agiles Vorgehensmodell. Dies passt sich periodisch, durch eine Feedbackschlaufe an die Erkenntnisse der vergangenen Iteration und die sich verändernden Gegebenheiten an. In Anlehnung an die Theorie einer adaptiven Evolution passt sich der Prozess laufend neuen Verhältnissen an. Man könnte ein solches Vorgehensmodell auch als lernenden Prozess bezeichnen.

Teams mit klarer Verant-
wortlichkeit reduzieren
den notwendigen
Koordinationsaufwand

Der featureorientierte Ansatz eignet sich für größere Projekte mit klar abgrenzbaren Funktionseinheiten. Dadurch, dass die Featureteams ihre Aufgaben weitgehend eigenständig managen, wird der Gesamtprojektleiter entlastet. Zudem sind die Motivation und die Selbstverantwortung deutlich höher als bei einer strikten Rollentrennung nach dem Fließbandmuster. In der klassischen, rollenorientierten Organisation großer Entwicklungsteams entsteht ein erheblicher Mehraufwand durch den notwendigen Synchronisationsbedarf. Der Einzelne kennt nur noch einen bestimmten Teil des Ganzen und es erfordert personelle Ressourcen, diese zu koordinieren. Eine Rückbesinnung auf kleinere Teams mit klarem Aufgabengebiet reduziert den Koordinationsaufwand und führt zu einer stärkeren Identifikation mit dem Produkt. Featureorientierte Teams verlangen jedoch eine Kultur des Vertrauens und die Fähigkeit, aus Fehlern lernen zu können. Eine missglückte Umsetzung eines Features ist immer Ausgangspunkt eines Lernprozesses und darf nicht zur üblichen Suche nach dem Schuldigen führen. Der Ansatz einer solchen Organisation erlaubt es, formale Regeln mit agilen Prinzipien zu verbinden. Innerhalb der Teams können agile Methoden und außerhalb Bestimmungen eines plangetriebenen Referenzmodells wie CMMI gelten.

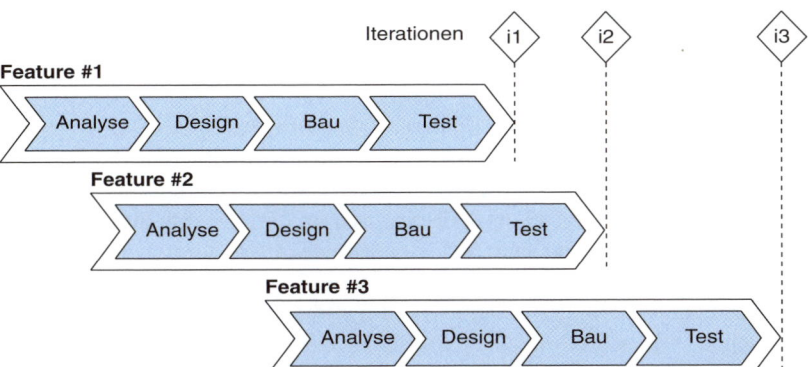

Abbildung 13.19
Featureorientierter Ansatz

Anwendungsfälle sind nicht nur Ausgangspunkt für eine sinnvolle Aufteilung des Projekts in aufeinanderfolgende Iterationen. Sie stellen auch den gemeinsamen Nenner aller daraus abgeleiteten Modelle dar. Aus Use-Cases wird durch Identifizierung der Domänenentitäten das Analysemodell als Grundlage für das nachfolgende Designmodell definiert, indem den Anwendungsfällen ein konkreter Lösungsentwurf entgegengestellt wird. Dieser Entwurf wird sodann implementiert und durch entsprechende Testfälle geprüft. In UP nennt sich der Übergang zwischen der Anforderungs- und der Lösungssicht „Use-Case-Realisation". Jede Phase hat grundsätzlich ihren spezifischen Fokus auf die Anwendungsfälle. In der *Konzeptphase* wird eine Vision des zu bauenden Systems entwickelt, um die Machbarkeit und Rentabilität des Projekts einzuschätzen. Hierzu sind die Akteure, also die Nutzer und Beteiligten des Systems, zu identifizieren und die wichtigsten Anwendungsfälle aufzulisten. Kritische, für den Erfolg entscheidende Anwendungsfälle werden bereits spezifiziert. Dabei genügt es in der Regel, die essenziellen Interaktionsschritte eines Dialogs aufzulisten. In der *Entwurfsphase* liegt der Fokus auf der Ausarbeitung einer geeigneten Architektur für das zu bauende System. Jeder Anwendungsfall, der einen signifikanten Einfluss auf die Architektur hat, wird nun im Detail beschrieben. Zudem werden Testfälle verfasst, um später die korrekte Funktionsweise des Systems zu belegen. Am Ende dieser Phase sind die Anforderungen stabil und verstanden. Dies bedeutet nicht, dass bereits alle Anwendungsfälle im Detail abgefasst sein müssen. Nur mit größeren Änderungen und Überraschungen ist nun nicht mehr zu rechnen. In der *Konstruktionsphase* werden die Anwendungsfälle vervollständigt und realisiert. Die verbleibenden Lücken werden geschlossen und am Ende dieser Phase liegt – wie bereits erwähnt – eine Beta-Version für den Test bereit. In der *Übergangsphase* werden die Anwendungsfälle durch entsprechende Testfälle verifiziert und daraus wird die Benutzerdokumentation erstellt.

Use-Case definieren den Fokus pro Phase

Teamgetrieben

Der Mensch ist und bleibt der entscheidende Erfolgsfaktor jedes Softwareprojekts. Die richtige Zusammenstellung des Teams, die Bereitstellung einer geeigneten Arbeitsumgebung und das Schaffen einer offenen, von gegenseitigem Respekt geprägten Kultur gehören genauso zu einem Prozess wie Methoden und Werkzeuge. Bei der Teamzusammenstellung kommt es auf den passenden Mix von Werten, Fähigkeiten und Stärken an. Eine geeignete Organisationsform sorgt zudem für die notwendige Kultur von Vertrauen und Fairness. Bei der Arbeitsumgebung und den Werkzeugen wird infolge der Kostenentwicklung zusehends der Rotstift angesetzt. Dabei wird gerne übersehen, dass mit inadäquater und nicht einsatzbereiter Infrastruktur die Produktivität jedes Einzelnen leidet und die Gesamtkosten weit über dem kurzfristig Eingesparten liegen.

Architekturgetrieben

UP ist modellgetrieben, was gerne mit architekturgetrieben gleichgesetzt wird

Der Architekturbegriff in UP ist eher im Sinne einer Softwaremodellierung zu verstehen. Dabei beschreiben verschiedene Sichten, ausgedrückt durch UML-Diagramme, die innere Struktur und das Verhalten des Systems. Mit dem „4+1"-Modell von Philippe Kruchten wird in RUP die Architektur aus vier verschiedenen Standpunkten beschrieben, welche die konkrete Umsetzung von Anwendungsfällen oder Szenarien darlegen. Die Rolle des Architekten und die verschiedenen Standpunkte und Sichten, aus denen eine Architektur zu modellieren ist, sind in UP nicht klar festgelegt. Trotzdem nimmt UP für sich in Anspruch, ein architekturgetriebener Ansatz zu sein. Man müsste eher von einem lösungsgetriebenen Vorgehen sprechen, das Modelle intensiv nutzt, um den Abstraktionslevel zu erhöhen.

Das architekturgetriebene Prinzip fordert zudem, den Abstraktionsgrad durch Wiederverwendung von Komponenten und Patterns stetig zu erhöhen. Statt Dinge ständig von null an zu entwickeln, ist der Einsatz von existierenden Komponenten und Systemen zu prüfen. Softwareentwicklung ist heutzutage in weiten Teilen ein Assemblieren fertiger Bausteine. Die Neuentwicklung von Bestehendem ist kostspielig und risikoreich. Dabei wird vielmals nur die Zeit für die erstmalige Programmierung jedoch nicht die des nachfolgenden Reifungsprozesses einkalkuliert. Zur Wiederverwendung gehört auch der Einsatz bestehender Systeme und Modelle. Es ist unter anderem die Aufgabe des Architekten, dies aktiv zu fördern und auch zu fordern, indem die Wiederverwendung über den Lösungsentwurf vorgegeben wird.

4+1-Modell

Das 4+1-Modell von Kruchten (Kruchten, 1995) drückt eine Softwarearchitektur aus fünf verschiedenen, gegenseitig konkurrierenden Sichten oder eben Standpunkten aus. Jeder Standpunkt adressiert dabei ein spezifisches Set von Interessen und Anliegen. Die vier primären Standpunkte sind der logische oder funktionelle Standpunkt, der Implementations-, der Prozess- und der Verteilungsstandpunkt. Sie dokumentieren das System in Form von Klassen, Komponenten und deren Interaktionen untereinander. Der logische Standpunkt sieht das System aus seiner Funktionalität, die es über Klassen und Objekte zur Verfügung stellt. Der Implementationsstandpunkt fokussiert sich auf die Organisation des Codes in Pakete, Komponenten und Subsysteme und die Prozesssicht auf das zeitliche Verhalten sowie den stattfindenden Meldungsfluss. Der Verteilungsstandpunkt dokumentiert, wie die fertigen Elemente des Systems auf die Laufzeitumgebung verteilt und installiert werden. Der fünfte Standpunkt verbindet die einzelnen Perspektiven des Systems über die Beschreibung der Anforderungen durch Use-Cases.

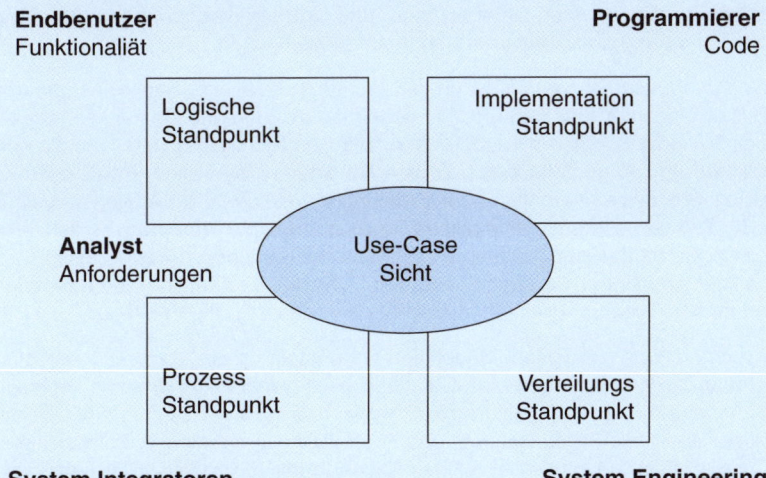

Endbenutzer
Funktionaliät

Programmierer
Code

Logische Standpunkt

Implementation Standpunkt

Analyst
Anforderungen

Use-Case Sicht

Prozess Standpunkt

Verteilungs Standpunkt

System Integratoren
Performance, Skalierbarkeit

System Engineering
Infrastruktur

Abbildung 13.20
4+1 Modell

Der *logische Standpunkt* adressiert in erster Linie die funktionellen Anforderungen und wie diese durch das System erfüllt werden. Also das, was das System als Services dem Anwender zur Verfügung stellt; oder in anderen Worten, was das System für den Benutzer tut. Der logische Standpunkt nutzt dazu die Paket- und Klassendiagramme, um die statischen Bausteine und deren Leistungsmerkmale bzw. Dienstleistungen zu dokumentieren. Neben der konzeptionellen Beschreibung durch Klassen repräsentiert dieser Standpunkt eine Beschreibung des Datenmodells, in der Regel ein relationales Datenschema. Es ist im Grunde eine reine Aufzählung der Elemente und deren Verantwortlichkeiten sowie das Aufzeigen der statischen Beziehungen, ohne das dynamische Verhalten der Elemente selbst oder deren Interaktionen untereinander zu betrachten.

Der *Implementationsstandpunkt* fragt danach, wie die Module bestehend aus Quellencode, Daten, Komponenten und ausführbaren Programmen organisiert werden sollen. Dieser Standpunkt sucht nach einer geeigneten Auftrennung in Schichten, einem sinnvollen Paketieren in verteilbare Bausteine und der Beantwortung des Konfigurationsmanagements. Dazu gehört auch, wie die Entwicklungsumgebung auszusehen hat und wie die Wiederverwendung praktiziert wird. So auch wie käuflich erworbene Komponenten in das System integriert werden sollen.

Der *Prozessstandpunkt* zeigt die Interaktion und das zeitliche Verhalten der Komponenten in der Laufzeitumgebung auf. Dieser Standpunkt beantwortet die Erfüllung der nichtfunktionalen Anforderungen wie Performance, Verfügbarkeit und Skalierbarkeit. Ein zentrales Anliegen des Standpunkts ist die Beschreibung der parallelen Ausführung und die Synchronisation eines gleichzeitig stattfindenden Datenzugriffs. Die Elemente sind dabei Prozesse, Threads und Netzwerke.

Der *Verteilungsstandpunkt* bildet die Zuordnung der verschiedenen, ausführbaren Programme und Komponenten auf die darunterliegende Infrastruktur ab. Ursprünglich hieß dieser Standpunkt physikalische Architektur und stellte in der Tat die Rechner, Datenspeicher und Netzwerkverbindungen dar sowie die Zuordnung der Softwareartefakte auf diese Knoten.

Der *Use-Case-Standpunkt* beinhaltet architekturrelevante Szenarien, die das Zusammenspiel aller anderen Standpunkte aufzeigen und die Funktionsweise des Systems illustrieren. Die Szenarien sind ein wichtigstes Mittel, um die Korrektheit und Angemessenheit einer Architektur zu beweisen. Erst die Simulation des Systemverhaltens zur Erfüllung eines konkreten Anwendungsfalls oder Szenarios vermag eine solche Beweisführung zu erbringen. Es geht also nicht, wie oft missverstanden, um die Beschreibung der Anwendungsfälle als Teil der Architektur. Es zeigt vielmehr auf, wie das System kritische Szenarien durch das Zusammenwirken von Komponenten zu erfüllen vermag.

Kruchten legte mit diesem Modell den Grundstein für alle weiteren Bemühungen anderer Autoren um eine Definition der Standpunkte, die eine Architekturbeschreibung zu adressieren hat. Seine Überlegungen prägten entscheidet den – durch die Firma Rational und heute IBM – propagierten Entwicklungsprozess. Das 4+1-Modell ist Teil des Rational Unified Process (RUP) und steht dort für den Anspruch eines architekturzentrierten Prozesses. RUP und auch das 4+1-Modell sind eng verwoben mit dem Einsatz der Modellierungssprache UML. Der Architekturansatz bleibt jedoch letztlich in seinen Aussagen vage, welche Aspekte konkret aus den jeweiligen Standpunkten zu betrachten sind. Es ist mehr ein Übersichtsschema, das auf die Verwendung der entsprechenden UML-Diagramme verweist. Gerade in der Unternehmens- oder Systemarchitektur greift dieser Ansatz zu kurz.

Projektgetrieben

Hier gilt, dass weniger mehr ist. Gerade die Euphorie, in CMMI nun einen Maßstab und ein Vorgehen für erfolgreiche Softwareentwicklungen gefunden zu haben, ließ den Formalismus überborden. Referenzmodelle wie CMMI sind grundsätzlich keine schlechte Sache, nur deren inadäquater Einsatz ist es. Ein Prozess sollte an die jeweiligen Gegebenheiten angepasst werden und gerade so viel Formalismus aufweisen, wie unbedingt notwendig ist. Die strikte Einhaltung von Vorgaben sowie das Erstellen und Pflegen von Dokumentationen sind teuer. Unified Process ist ein Werkzeugkasten, welcher für die unterschiedlichen Bedürfnisse agiler wie auch plangetriebener Projekte adaptiert werden kann. Das im Abschnitt „Prozessarchitektur" vorgestellte Metamodell ist ein geeignetes Mittel mit wenig Aufwand aus einem generellen Prozessansatz, das Passende für das jeweilige Projekt zu entwerfen. So kann UP sowohl für agile wie auch für CMMI-konforme Prozesse bis Reifegrad 3 adaptiert werden. Gerade dieser Aspekt, dass UP an die jeweilige Abteilung oder sogar an ein einzelnes Projekt angepasst werden kann – und sollte –, wird oft vernachlässigt. Die Verwendung eines Vorgehensmodells „Out-of-the-Box" führte in vielen Fällen zu einem unbefriedigenden und überdimensionierten Prozess. Die Arbeit für das Anpassen an das jeweilige Projekt ist einzuplanen und unbedingt durchzuführen. Die Ausdünnung einer Prozessvorgabe und ein pragmatisches Vorgehen erfordern auch Mut und eine Kultur, die Fehler zulässt. Kein Prozess wird das in Softwareprojekten innewohnende Risiko auf null reduzieren können. Gerade in einem Umfeld des steigenden Kostendrucks und der fallenden Budgets ist es wichtig, den Fokus auf die wesentlichen Dinge zu legen, die funktionieren und einen Mehrwert generieren.

Unabhängig vom Grad des Formalismus und der Menge zu produzierender Dokumentation verletzen Sie niemals das *DRY*-Prinzip! DRY von Andrew Hunt (Hunt, 1999) steht für *Don't repeat yourself* und bedeutet, Wiederholungen zu vermeiden. Eine Information oder Aussage sollte nur an einem einzigen Ort vorhanden und aufzufinden sein. Vermeiden Sie es, dieselbe Aussage sowohl im Modell, in unzähligen Dokumenten wie auch im Code zu wiederholen und manuell nachzupflegen. Ein Code ist ein Modell, das Designmodell ebenfalls, jedoch auf einer anderen Abstraktionsstufe. Dies gilt auch mit CMMI. Ebenfalls zählt hierzu, das Duplizieren von Code zu vermeiden und gemeinsames Verhalten zusammenzufassen. Vererbung in objektorientierten Sprachen bietet hier einen eleganten Weg, Gemeinsamkeiten in einer Basisklasse zu vereinen und nur noch deren Abweichungen in den abgeleiteten Klassen zu implementieren. Redundanzen in der Spezifikation, den Daten sowie im Code werden schnell zum Albtraum in der späteren Wartung und Weiterentwicklung der Programme. Auch ähnliche Werkzeuge für unterschiedliche Projekte innerhalb derselben Organisation einzusetzen, widerspricht dem DRY-Prinzip.

DRY, Don't repeat yourself

13.3.3 Verhalten

Nach einer Einführung in die Struktur und einer Aufzählung der treibenden Kräfte blicken wir nochmals etwas tiefer in die einzelnen Phasen und die darin befindlichen Aufgaben. Jede Phase zeichnet sich durch bestimmte Ziele aus, die während dieser Zeit zu erreichen sind. Sie sind als Richtschnur gedacht, die Entwicklung einer Software zu strukturieren und in überblickbare Iterationen zu unterteilen. Die folgenden Seiten fassen das bereits Gesagte nochmals aus der Sicht der einzelnen Phasen zusammen.

Abbildung 13.21
Phasen

Konzeptphase

**Verstehen, was
zu bauen ist**

Das grundsätzliche Ziel der ersten Phase ist, zu verstehen, was zu bauen ist. Es geht darum, eine Idee für das zu lösende Problem zu entwickeln und verschiedene Lösungen im Ansatz zu präsentieren. Am Ende der Phase liegt ein Visionsdokument vor, die Aufzählung der wichtigsten Use-Cases und ein Abriss der Architektur. Die Vision ist eine gemeinsame Vorstellung vom Bedarf, der zu befriedigenden ist, dem Nutzen daraus und den damit avisierten Zielen. Die Vision ist die Basis für ein geteiltes Verständnis und die Motivation, das System zu bauen. Es ist die Werbebotschaft, die allen Beteiligten unmissverständlich die Gründe darlegt, weshalb das Projekt unbedingt zu starten sei. Es ist hierbei entscheidender, die Ziele zu nennen, und weniger, das Problem vollständig verstanden oder sogar bereits Lösungen entworfen zu haben. In Anlehnung an den Ausspruch von Antoine de Saint-Exupéry gilt es, die Sehnsucht nach dem Meer zu lehren, um ein Schiff bauen zu wollen.

**Problem verstehen
und bestehende
Lösungen hinterfragen**

Bei der Auflistung der Schlüsselfunktionalität und der Aufzählung möglicher Lösungsvorschläge ist hingegen Zurückhaltung angesagt. Der Mensch denkt im Allgemeinen nicht in Problemen, sondern in Lösungen. Dies war zu Zeiten unserer frühen Vorfahren überlebenswichtig, hindert uns aber heute, Wege außerhalb unserer Erfahrung und unseres Wissens zu erkennen. Die ungeplante Begegnung mit einem Löwen ließ wenig Zeit, das eigentliche Problem ungeeigneter Werkzeuge (schon damals) im Detail zu hinterfragen. Es überlebten die, welche – vielleicht ohne es zu wissen – das beste Werkzeug zur Hand hatten. Böse Zungen behaupten, dies sei eine typisch männliche Eigenschaft, immer in Lösungen und damit in Werkzeugen zu denken, statt zuerst das zu lösende Problemen zu verstehen. Dies mag früher, in einer etwas einfacheren Welt funktioniert haben. Doch nun sollten wir, das starke Geschlecht, uns auch die Zeit nehmen, das eigentliche Problem zu verstehen und existierende Lösungsalternativen zu hinterfragen. Deshalb sind Funktionen in einem Visionsdokument mehr im Sinne von Zielen und die Architektur als Abgrenzung zur Umgebung zu sehen, die das Problem adressieren. Es bedarf so vieler Informationen, wie für eine erste Vorstellung von Kosten, Terminen und Risiken notwendig ist. Ein Business Case kann zusätzlich den ökonomischen Wert des Projekts aufzeigen. Sind im umkehrten Fall das Budget und die Termine bereits vorgegeben, ist stattdessen zu bestimmen, was mit den vorgegebenen Mitteln erreicht werden kann.

Entwurfsphase

**Anforderungen erfassen
und erstes Lösungs-
konzept entwerfen**

Ging es in der zur Gesamtdauer relativ kurzen Phase der Konzeption darum, eine gemeinsame Idee zu entwickeln und das Projekt ökonomisch zu begründen, liegt nun der Fokus auf der Anforderungsanalyse und dem Entwurf einer ersten Basisarchitektur. Der Meilenstein am Ende der Entwurfsphase fordert ein konkretes Lösungskonzept, welches wiederum Klarheit über die funktionalen Anforderungen, Rahmenbedingungen und Qualitätsattribute verlangt. In den ersten Iterationen der Entwurfsphase liegt das Schwergewicht in der Ermittlung und der Spezifikation vom dem, was das System zu leisten imstande sein muss. Der hierfür verantwortliche Business-Analyst bedient sich dabei der klassischen Anforderungsanalyse, also dem Aufzählen einzelner, messbarer Leistungsmerkmale und der Beschreibung der wichtigsten Dialoge zwischen dem System und Akteur in Form von Use-Cases. Davon ausgehend entstehen die Beschreibung der Mensch-Maschinen-Interaktion und der Entwurf eines tragfähigen Lösungsvorschlags. Die Architektur dieses Lösungsvorschlags ist, wie im Kapitel Architekturentwurf diskutiert, am Ende der Entwurfsphase einer formalen Architekturprüfung zu unterziehen.

Während dieser Zeit kümmern sich die Entwickler um den Auf- und Ausbau der Entwicklungsumgebung und den Bau erster Prototypen sowie um die Implementierung eines Skeletts der späteren Codestruktur. Mit dem Vorziehen der Realisierung kritischer Komponenten und dem Ausprobieren einzusetzender Technologien werden die Risiken und Unsicherheiten in der nachfolgenden Umsetzungs- oder Konstruktionsphase angegangen. Gerade der Einsatz neuester, in der Firma wenig erprobter Techniken und Standardprodukte stellt ein oft unterschätztes Risiko dar. Ausführbare Prototypen sind ein geeignetes Mittel zur Wissensbeschaffung, zum Erlernen neuer Fertigkeiten und zur Klärung offener Punkte. Am Ende der Entwurfsphase sollen die Werkzeuge und Technologien benannt werden können, mit denen in der nachfolgenden Phase das System zu implementieren ist.

Aufbau der Entwicklungsumgebung, Bau von Prototypen für kritische Komponenten

Konstruktionsphase

Die Konstruktion der Software ist in der Regel die längste und kostenintensivste Phase, an deren Ende eine erste, vollständig funktionsfähige Beta-Version vorliegt. Um die Gesamtdauer minimieren zu können, sind Tätigkeiten nach Möglichkeit gleichzeitig auszuführen. Der parallele Detailentwurf und die Programmierung verschiedener Komponenten und Subsysteme erfordern eine entsprechende Architektur und ein etabliertes Konfigurationsmanagement. Die Architektur sorgt für minimale Kopplungen und klare Schnittstellen zwischen den nebeneinander zu entwickelnden Komponenten. Ein solcher Anspruch ist bereits beim Entwurf der ersten Basisarchitektur in der vorangegangenen Phase zu berücksichtigen. Deshalb ist das Zusammenspiel von Projektleitung und Architektur gerade zu Beginn eines neuen Projekts von erfolgsentscheidender Bedeutung. Der Architekt koordiniert in der Konstruktionsphase die gleichzeitige Implementierung verschiedener Teams und unterstützt die Entwickler beim Finden technischer Lösungen. Eine nicht immer einfache Aufgabe ist das Durchsetzen einer zuvor definierten Architektur und der dahinterstehenden Prinzipien. Andernfalls hat sich die Mühe nicht gelohnt und wir finden uns wieder mit der Tatsache konfrontiert, dass eine weitere Software wohl eine Architektur hat, aber keine, die dokumentiert und nachvollziehbar ist. Auf der anderen Seite muss eine Architektur auch in der Lage sein, auf Erkenntnisse aus der Konstruktion des Produkts reagieren zu können, ohne das Fundament des Entwurfs infrage zu stellen.

Bau einer voll funktionsfähigen Beta-Version

Neben der gleichzeitigen Entwicklung, geleitet durch die Architektur, ist der periodische Einbezug der späteren Anwender von größter Wichtigkeit. Durch das iterative Vorgehen kann der Fortschritt in fixen Zeitabständen präsentiert und das dadurch gewonnene Feedback frühzeitig in die weitere Entwicklung einfließen. Die regelmäßige Verteilung, Installation und das Testen der Software zwingen dazu, bereits ab Beginn ein funktionierendes Konfigurations- und Build-Management aufzusetzen. Der gefürchtete Big Bang am Ende der Konstruktionsphase lässt sich so umgehen. Gerade hier liegt der Erfolg vieler agiler Methoden, indem frühzeitig und regelmäßig der aktuelle Stand den späteren Benutzern vorgestellt wird. Im Weiteren sind die Testfälle zu spezifizieren und das Testkonzept festzulegen.

Übergangsphase

Stabilisierung des Produkts und Abnahmetests

Das primäre Ziel der letzten Phase ist die Stabilisierung des Produkts und dessen Abnahme durch den Auftraggeber. In der Übergangsphase kommen keine neuen Funktionen hinzu. Es geht lediglich um das Finden und Beheben von Fehlern. Hinzu kommen notwendige Vorbereitungen für die Verteilung und Installation der Software auf das produktive System. Das erstmalige Verteilen auf ein jungfräuliches System stellt in der Regel keine Probleme dar. Die Schwierigkeiten beginnen erst mit notwendigen Datenmigrationen späterer Versionen. Die Entwicklung solcher Migrationsprogramme darf nicht unterschätzt werden. Ohne Weiteres können sie gerade bei komplexeren Datenanpassungen die eigentliche Entwicklungszeit der neuen Version übersteigen. Zudem sind bei der Planung der Einführung die Laufzeit der Migration und ein mögliches Notfallszenario mit einzuberechnen. Zur Übergangsphase gehören auch die Vorbereitung und Durchführung der Benutzerschulungen sowie das Erstellen von Betriebs- und Bedienungsanleitungen.

13.4 Agile Methode

Handelt es sich beim Unified Process um eine Allzweck-Prozessmethode, welche zusammen mit der Modellierungssprache UML auf die jeweiligen Bedürfnisse angepasst werden kann und muss, stellen agile Methoden spezifische Ausprägungen eines bestimmten Vorgehensmodells dar. Allen agilen Methoden sind folgende Prinzipien gemein:

- Höchste Priorität hat die Zufriedenheit des Kunden durch frühzeitige und kontinuierliche Lieferung wertstiftender Software.

- Änderungen sind jederzeit willkommen und fließen in die laufende Entwicklung ein. Änderungen werden als Chance und nicht als Unglück verstanden.

- Die Zeitspanne zwischen den einzelnen Lieferungen ist kurz: von wenigen Wochen bis zu einigen Monaten. Idealerweise erfolgt am Ende jedes Iterationszyklus eine Lieferung an den Kunden.

- Kunden, Geschäftsleute und Entwickler arbeiten eng zusammen. Täglich stattfindender Austausch und Abgleich ermöglichen ein rasches Handeln. Idealerweise ist ein Vertreter des Kunden permanent Vorort.

- Erfolgreiche Softwareentwicklung braucht intrinsisch, von innen her motivierte Mitarbeiter. Dies erfordert eine für Entwickler produktive Umgebung und Vertrauen in ihre Fähigkeiten. Es erfordert eine Kultur von gegenseitigem Respekt, Anstand und den Willen, gemeinsam etwas erreichen zu wollen.

- Der einzige Maßstab ist letztendlich eine lauffähige Software. Die Dokumentation und andere Zwischenergebnisse sind zweitrangig und nur Mittel zum Zweck.

- Die Zusammenarbeit zwischen Kunden, Entwickler und Endbenutzer bauen auf Vertrauen und der ehrlichen Absicht einer Win-Win-Situation auf. Alle ziehen am selben Strang.

- Ein stetiges Bestreben nach technologischer Exzellenz und gutem Design. Dies wird durch eine kontinuierliche Verbesserung und einen Test-First-Ansatz erreicht. Dass bedeutet, vor dem Codieren einer Klasse stehen der Entwurf und die Implementierung des Unit-Tests.

- Die beste Architektur, die Identifikation der richtigen Anforderungen und ein zweckmäßiger Entwurf entstehen durch selbst organisierte Teams. Es gibt keinen Chef im klassischen Sinne. Entscheidungen werden im Plenum getroffen und durch alle getragen. Spezifische Rollen wie der Architekt ergeben sich aus den jeweiligen Neigungen und Fähigkeiten der Teammitglieder.

Es gibt inzwischen eine Vielzahl von sehr unterschiedlichen agilen Methoden. Eine Auswahl fällt darum besonders schwer, ohne den hier gesetzten Rahmen einmal mehr nicht zu sprengen. Die Auswahl fiel auf Scrum, ein zusehends beliebter Ansatz, und XP, dem Urvater agiler Methoden.

13.4.1 Scrum

Allen agilen Methoden gemeinsam sind die einfachen Abläufe, welche nur aus wenigen Rollen und Aktivitäten bestehen. Scrum besteht aus zeitlich fixierten Iterationen, in denen eine zuvor priorisierte Liste von Anforderungen realisiert wird. Eine Koordination innerhalb des Entwicklungsteams findet täglich statt; gegenüber den Auftraggebern bzw. dessen Vertretern jeweils am Anfang und Ende einer Iteration. Einfacher geht's nicht!

Abbildung 13.22
Scrum

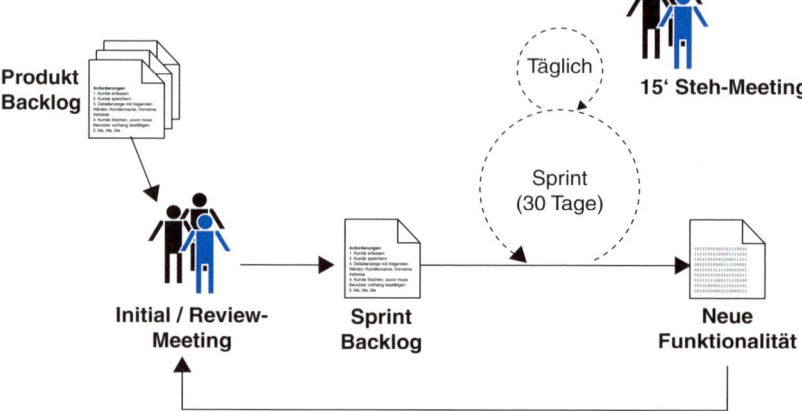

**Drei Rollen und fixe Itera-
tionsdauer von 30 Tagen**

Der Kern von Scrum liegt in der zeitlich fixierten Iterationsdauer und den täglich stattfindenden Meetings. In kurzen Perioden werden die Anforderungen beim Kunden erhoben und zeitgleich implementiert. Innerhalb einiger Tage kann festgestellt werden, ob die Umsetzung der Anforderungen den eigentlichen Vorstellungen des Auftraggebers entspricht. Scrum kennt dabei nur drei Rollen: den Produkteigner, welcher die Interessen des Kunden vertritt, den Scrum-Master, verantwortlich für die Koordination und die fachliche Entwicklung des Teams, und die Entwickler. Die Koordination des Scrum-Masters beinhaltet unter anderem die Schätzung der Aufwände und die Verteilung der Aufgaben nach Fähigkeiten zusammen mit den Entwicklern. Scrum kennt weder Hierarchie noch Spezialistentum. Die Teams organisieren und managen sich weitgehend selbst.

Ein Scrum-Projekt startet mit einer vagen Vision über das zukünftige System. Der Produkteigner ist verantwortlich, das Projekt zu initiieren und das Backlog mit funktionellen und nichtfunktionalen Anforderungen des Kunden zu füllen und die Liste zu priorisieren. Jede Iteration, der Sprints, startet mit einem Meeting, indem der Produkteigner dem Team die priorisierte Liste vorstellt und das Team eine Aussage darüber macht, welche Punkte in den nächsten 30 Tagen umsetzbar sind. Fortan ist das Team für die Planung und Durchführung der Arbeit zuständig. Jeden Tag findet innerhalb des Teams ein 15-minütiges Meeting, das sogenannte *Daily Scrum*, statt. Am Ende eines Sprints findet ein Review-Meeting statt, in dem das Ergebnis der Iteration dem Produkteigner und anderen Interessengruppen präsentiert wird.

13.4.2 Extreme Programming

Extreme Programming oder XP von Kent Beck wurde gerade zu Beginn agiler Methoden große Aufmerksamkeit zuteil. XP definiert, im Gegensatz zu anderen Ansätzen, keinen wirklichen Prozess. Es handelt sich vielmehr um eine Aufzählung von Verhaltensprinzipien und gemeinsamen Werten. XP konzentriert sich auf die Programmierung und fordert von seinen Teilnehmern ein klares Bekenntnis zu qualitativ hochwertigem Code.

Werte

Werte sind das, an was wir glauben und was uns wichtig ist. Für XP stehen der Teamgedanke und eine offene, auf Vertrauen basierende Zusammenarbeit im Vordergrund. Ein Team ist mehr als die Summe seiner Mitglieder, so der Tenor.

- Kommunikation und damit das Reden miteinander ist ein essenzieller Wert eines erfolgreichen Teams. Hier sind nicht die Flut von elektronischer Post oder über das Web verfügbare Informationen gemeint, sondern in erster Linie das gesprochene Wort.

- Einfachheit in der Lösung und damit Klarheit in der Umsetzung garantieren verständlichen durch alle erweiterbaren Code. Nur eine konsequente Haltung, Dinge einfach zu gestalten, ermöglicht es, der zunehmenden Komplexität adäquat zu begegnen.

- Feedbacks geben und vor allem Kritik annehmen zu können, erlaubt es, über sich hinaus zu wachsen und von Meinungen anderer zu lernen. Oft hindert uns der falsche Stolz daran, ein Feedback nicht als Kritik an der eigenen Person wahrzunehmen.

- Mut, die Dinge beim Namen zu nennen und seine eigene Meinung zu vertreten. Mut oder Courage ist selten geworden in einer auf die eigene Identität fokussierten Welt, um daraus den größtmöglichen persönlichen Nutzen zu ziehen.

- Respekt gegenüber unseren Kollegen und Mitmenschen. Personen nur wegen ihres Andersseins oder einer von unserer Vorstellung abweichenden Meinung zu verachten, ist feige. Jeder hat aus seiner Perspektive Recht.

Praktiken

Praktiken sind in XP Dinge, die sich bewährt haben, deren Befolgung jedoch nicht zwingend ist. So kann man mit wenigen, für die momentane Unternehmenskultur akzeptablen Empfehlungen beginnen und diese im Laufe der Zeit kontinuierlich erweitern.

- Zusammensitzen in einem Raum. Nur so sind kurze Entscheidungswege und ein effizientes Miteinander zu erreichen. Jeder bekommt mit, was gerade Sache ist, ohne zermürbende Meetings. Einfach durch die Tatsache, dass wir auch passiv mithören.

- Teil eines Teams zu sein und zwar hundertprozentig. Das gleichzeitige Tätigsein für verschiedene Projekte läuft den Prinzipien von XP zuwider, da es eine tief greifende Teambildung verhindert.

- Ein informativer Arbeitsplatz macht jedem Besucher sofort klar, wo das Projekt gerade steht und wie die grundsätzliche Architektur aussieht. Hierzu werden die Wände mit Bildern und Diagrammen über den aktuellen Stand, Plänen und Konzepten versehen.

- 40-Stunden-Woche und ungestörte Arbeitsstunden für das Programmieren stellen eine hohe Produktivität sicher. Überstunden und permanente Hektik sind kontraproduktiv. Softwareentwicklung ist eine kreative Tätigkeit und keine Akkordarbeit.

- Pair Programming, denn vier Augen sehen mehr und zwei Köpfe sind kreativer. Das bedeutet nicht, alles zusammen machen zu müssen. Wie hoch der Grad der gemeinsamen Arbeit ist oder sein sollte, hängt von der jeweiligen Kultur ab.

- Stories beschreiben die Anforderungen als formlose Texte oder Bilder, versehen mit einem Titel und einer groben Aufwandschätzung. Der Kundenvertreter vor Ort schreibt seine Bedürfnisse ohne fixe Struktur auf kleine Kärtchen. Der Aufwand für die Umsetzung wird unmittelbar geschätzt und das Feature wird implementiert.

- Ein wöchentlicher Zyklus bestimmt den Arbeitsrhythmus. Zu Beginn werden die Testfälle geschrieben und im Rest der Woche werden die Stories implementiert, bis diese Testfälle erfolgreich absolviert sind. Am Montag wird geplant und am Freitag liegt eine neue Version vor.

- Freiräume schaffen. Jeder Plan sollte Stunden vorsehen, die nicht bereits mit einer bestimmten Arbeit belegt sind. Solche Stunden stellen einen Puffer für unterschätzte Aufgaben oder freie Zeit für die eigene Weiterbildung dar.

- Das Übersetzen des Quellcodes und die Ausführung der Unit-Tests unter einer maximalen Dauer von 10 Minuten garantieren ein regelmäßiges Kompilieren der gesamten Applikation und Durchführen aller Tests. Dauert es mehr als zehn Minuten, werden erfahrungsgemäß die Tests weniger oft durchgeführt.

- Kontinuierliche Integration sorgt für ein unmittelbares Feedback der kurz zuvor eingecheckten Codeänderungen durch den Build-Prozess. Probleme können somit ohne größere zeitliche Distanz behoben werden.

- Test-First-Programmierung gewährleistet, dass die Unit-Tests geschrieben und mögliche Lücken in den Anforderungen vor der eigentlichen Implementierung erkannt werden.

- Iterativer Entwurf ist der natürliche Weg, das Design täglich zu verbessern und zu ergänzen. Dies ist entgegen der üblichen Lehrmeinung, das Design müsse vor dem Beginn der Implementierung fertig sein.

- Kunden in den Entwicklungsprozess involvieren. Es gibt keine Geheimnisse zwischen Auftraggeber und dem Entwicklungsteam. Nur eine offene Politik sichert das Vertrauen in eine gerecht bezahlte Software.

- Inkrementelles Entwickeln ist das einzig sinnvolle Vorgehen, den Unsicherheiten und Risiken komplexer Vorhaben wie der Programmierung von Software zu begegnen. Die Funktionalität des fertigen Systems wächst periodisch um ein bestimmtes Inkrement.

- Gemeinsamer Code gewährt jedem, einen beliebigen Teil des Systems jederzeit zu modifizieren und damit zu verbessern. Der Code gehört keiner bestimmten Person. Damit steht jedem die Möglichkeit offen, erkannte Fehler sofort zu beheben.

- Code und dessen Tests sind die einzigen Werte, die es zu pflegen gilt. Das Wissen lässt sich davon ableiten oder befindet sich bewusst in den Köpfen der Entwickler. Andere Dokumente sind nur momentane Hilfsmittel.

- Eine einzelne Codebasis vereinfacht die Verwaltung des Codes. Es sollten niemals mehrere parallele Äste und damit Änderungspunkte eröffnet werden. Der Unterhalt und das Zusammenführen unterschiedlicher Versionen sind fehleranfällig und zeitraubend.

- Tägliche Verteilung fordert uns auf, die aktuelle Version öfter als bis dahin üblich auf das produktive System zu verteilen.

Die Praktiken wurden von verschiedenen Autoren, so auch durch den Begründer Kent Beck, im Laufe der Zeit ergänzt und an die jeweiligen Bedürfnisse der verschiedenen Projekte angepasst. XP ist keine fixe Größe, eher ein Konglomerat von Best Practices. Es widerspiegelt den damaligen Zeitgeist einer als höchst kreativ empfundenen Tätigkeit des Programmierens. Auch wenn XP inzwischen etwas von seiner Bedeutung verloren hat, gehören heute Fertigkeiten wie das Refactoring, kontinuierliche Integration und Unit-Tests zum festen Bestandteil der Programmierkunst. Die wegweisenden Werte und Praktiken von XP sollten angesichts einer zunehmenden Flut von CMMI-Initiativen nicht in Vergessenheit geraten. Softwareentwicklung ist keine repetitive Tätigkeit, die einem exakten Prozess folgt. Es bedarf einer Kultur, die den Menschen und dessen Fähigkeit in den Vordergrund rückt.

13.5 Zusammenfassung

Ein Prozess definiert ein allgemeines Vorgehen, eine bestimmte Tätigkeit auszuführen und damit ein definiertes Ziel zu erreichen. Ein Entwicklungsprozess beschreibt demnach die Aufgaben und deren Reihenfolge, eine Software zu bauen. Dabei lässt sich jeder in Bezug auf die zeitliche Abhängigkeit in die Grundformen Wasserfall, V-, Spiral- und iteratives Modell aufteilen. Das klassische Wasserfall- wie auch das V-Modell sind sequenzielle Vorgehensmodelle, in denen eine Aktivität oder Phase erst nach Abschluss der vorangegangenen startet. Prozesse solcher Modelle sind einfach zu steuern und zu planen, beginnt doch beispielsweise die Implementierung erst mit dem Abschluss des Detaildesigns zu einem geplanten Termin. Das sequenzielle Vorgehen nimmt sich jedoch möglicher Risiken in der Umsetzung erst spät an und geht davon aus, dass die Anforderungen bereits zu einer frühen Phase vollständig erfasst werden und sich im Laufe des Projekts nicht mehr ändern. Im Gegensatz dazu nähern sich iterative Prozessmodelle schrittweise dem Endergebnis, indem sich die einzelnen Disziplinen, von der Anforderungsanalyse bis zur Implementierung, überlappen. Das Produkt wächst mit jeder Iteration um ein bestimmtes Inkrement. Dadurch können Unsicherheiten und Risiken bereits in frühen Phasen adressiert werden. Neben den agilen Methoden ist der Unified Process (UP) die bekannteste Methode eines iterativen Modells. Der UP besteht aus vier aufeinanderfolgenden Phasen, die mit einem definierten Meilenstein abgeschlossen werden. Jede Phase teilt sich wiederum in eine beliebige Anzahl von Iterationen auf. Eine Iteration ist dabei ein Projekt im Projekt, an dessen Fertigstellung die verschiedenen Disziplinen mit unterschiedlicher Intensität beteiligt sind. Beispielsweise konzentriert sich die Arbeit in frühen Iterationen auf die Anforderungserhebung und in späteren Iterationen auf das Testen. Der UP lässt sich an den geforderten Grad des Formalismus anpassen: von einem agilen, eher formlosen Vorgehen bis zu einem Prozess des CMMI-Reifegrads 3. Agile Methoden sind sehr schlanke Prozesse mit wenigen formalen Vorgaben. Oft befindet sich der Auftraggeber vor Ort und die in Prosa geschilderten Anforderungen werden unmittelbar implementiert und durch den Kunden abgenommen.

13.6   Weiterführende Literatur

(Kruchten, 2003) Das Buch von Philippe Kruchten zählt sicher zu den Standardwerken zur Beschreibung des Unified Process. Es ist eine kompakte Einführung in diesen Entwicklungsprozess von jemandem, der maßgeblich an der Definition der Methode und der Entwicklung eines kommerziellen Produkts beteiligt war. Obwohl der Prozess auf die Verwendung der Modellierungssprache UML aufsetzt, wird deren Anwendung kaum behandelt. Stattdessen konzentriert sich das Buch auf die Beschreibung der Prozesselemente.

(Kroll, 2003) Per Kroll hat meiner Ansicht das beste Buch über den Einsatz und die Anwendung des Unified Process geschrieben. Es zeigt auf, wie der UP an unterschiedliche Größen und Komplexitäten von Projekten angepasst wird und welche konkrete Aufgaben und Ergebnisse die verschiedenen Phasen und Disziplinen beinhalten. Das Buch selbst geht jedoch kaum auf den Einsatz von UML und bewährter Praktiken ein. Per Kroll präsentiert in seinem zweiten Buch (Kroll, 2006) eine Reihe von solchen Praktiken.

(Cockburn, 2002) Alistair Cockburn, welchen wir bereits als Autor eines Buchs über Use-Cases kennen, liefert mit der Beschreibung seines agilen Entwicklungsprozesses eine informative und praktikable Einführung in agile Vorgehensmodelle. Dabei dominieren seine Ausführungen weniger die Dokumentation eines bestimmten Prozesses. Es ist vielmehr eine intensive Auseinandersetzung mit der Softwareentwicklung und den daran beteiligten Personen. Seine Empfehlungen sind für jede Art von Entwicklungsprozess wertvoll.

(Boehm, 2004) Barry Boehm und Richard Turner unternahmen den Versuch, den Graben zwischen formalen, eher plangetriebenen, und agilen Prozessmodellen zu überwinden. Es stellt die beiden grundsätzlichen, sich zum Teil widersprechenden Ansätze gegenüber und bietet eine kurze Einführung in die wichtigsten Prozesse. Einmal mehr wissen wir am Ende, dass die richtige Wahl vom jeweiligen Kontext und der Komplexität wie auch der Art des Projekts abhängt.

(Larman, 2004) Craig Larman bietet ebenfalls eine für Manager und Entscheider lesbare Einführung in die verschiedenen Formen von agilen und iterativen Vorgehensmodellen. Das Buch erklärt sehr anschaulich den Kern und die Vorteile eines inkrementellen und iterativen Prozesses. Die wichtigsten Prozesse werden vorgestellt und deren Stärken wie auch Schwächen gegenübergestellt.

Andere Architekturansätze

Nicht erst seit heute beschäftigen sich kluge Köpfe mit der Frage, wie eine Architektur am besten entworfen und dokumentiert werden kann. Seit etlichen Jahren sind Bemühungen im Gange, die notwendigen Perspektiven festzulegen, aus denen eine Architektur dokumentiert werden sollte, und den dabei einzunehmenden Blickwinkel zu reglementieren. Dabei entstanden sehr unterschiedliche Ansätze und Konzepte. Allen Ansätzen ist jedoch gemein, dass sie eine Handvoll Sichten oder Standpunkte definieren, aus deren Perspektive bestimmte Aspekte einer Architektur zu schildern sind. Eines der ältesten und wohl bekanntesten ist das „4+1"-Modell von Philippe Kruchten aus dem Jahre 1995. Das Modell sieht fünf verschiedene Perspektiven vor: den logischen, Prozess-, Implementierungs- und Verteilungsstandpunkt. Als fünfter Standpunkt verbinden die Use-Cases alle anderen Standpunkte. Wir haben dieses Modell bereits im Kapitel über Entwicklungsprozesse bei der Besprechung des Unified Process vorgestellt. Neben diesem „4+1"-Modell haben verschiedene Autoren interessante Konzepte entwickelt, die Standpunkte für die Beschreibung einer Architektur zu nennen. Einige davon werden auf den folgenden Seiten besprochen, so jener von Clements und seinen Kollegen des Software Engineering Institute (SEI). Sie sehen gegenüber Kruchten eine Dokumentation bestehend aus den Standpunkten Modul-, Interaktions- und Allokationssicht vor. Christine Hofmeister präsentierte ihrerseits einen Ansatz, die Architektur auf vier Standpunkten zu dokumentieren, was dem in diesem Buch vorgestellten sehr nahe kommt. Dabei wird eine eigene Notation verwendet, die heute mit der von SysML vergleichbar ist. Rozanski und Woods ihrerseits formulieren einen Ansatz, welcher weitgehend auf dem IEEE 1471 Standard für Softwarearchitekturen basiert. Dabei wird ein Katalog von sechs verschiedenen Sichten postuliert und mit den Qualitätsattributen in Bezug gebracht. Neben dem bereits besprochenen Zachman Framework werden wir in diesem Kapitel TOGAF vorstellen, welcher ein zunehmender Standard für die Dokumentation von Unternehmensarchitekturen darstellt.

A.1 Clements et al.

Paul Clements (Bass, Clements, & Kazman, 2003) bieten eine ausführliche Diskussion über Softwarearchitektur und die dabei zu beschreibenden Perspektiven. Ein Standpunkt ist demnach die Repräsentation eines kohärenten Sets aus Architekturelementen, um die Interessen bestimmter Stakeholder zu adressieren. Jeder Standpunkt hat sein spezifisches Publikum und bedarf einer unterschiedlichen Mitarbeit der Projektbeteiligten. Clements unterscheidet, wie später der IEEE 1471 auch, zwischen Standpunkt und Sicht. Ein System wird dabei aus verschiedenen, für jede Architektur spezifischen Sichten kundgetan. Die Sichten dokumentieren in ihrer Gesamtheit die durch die Standpunkte geforderten Perspektiven oder Aspekte eines Systems. Ein Standpunkt stellt einen Katalog von Dokumentationsstrategien und bewährten Architekturstilen dar. Jeder Standpunkt teilt sich wiederum in verschiedene Stile oder Aspekte auf, aus denen der Architekt die für die jeweilige Problemstellung passenden auswählt.

Drei Standpunkte: Modul, Kommunikation & Konnektoren und Allokation

Die Standpunkte lassen sich in die Kategorien Modul, Kommunikation & Konnektoren und Allokation aufteilen. Der Modulstandpunkt entspricht der statischen Perspektive von UML bestehend aus Subsystemen, Komponenten und Klassen sowie deren Organisation in voneinander logisch getrennten Schichten (Layers). Der Kommunikations- und Konnektorenstandpunkt bedient sich dabei archetypischer Architekturmuster und drückt damit das Laufzeitverhalten aus. Der Allokationsstandpunkt inkludiert die Darstellung der Softwareverteilung, der Komponentenbildung und die Art, wie das System in die Geschäftsprozesse eingebettet wird.

Modulstandpunkt

Abbildung A.1
Modulstandpunkt

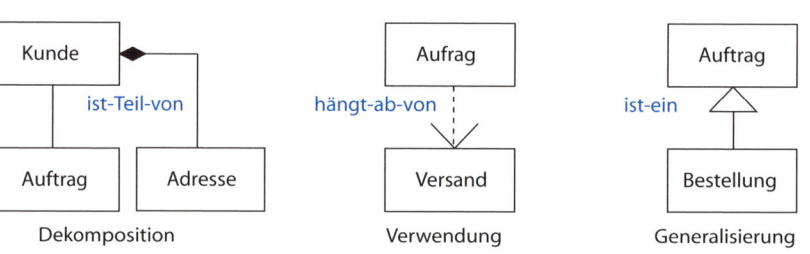

Der Modulstandpunkt betrachtet das System aus der Perspektive der Modularisierung, also wie das System hierarchisch in immer kleinere Bausteine dekomponiert werden kann und wie diese untereinander verknüpft werden. Der Standpunkt definiert die statische Struktur als Dekomposition, Verwendung und Generalisierung der Komponenten. Die *Dekomposition* zeigt die Zerlegung des Gesamtsystems in Subsysteme, Komponenten und Klassen und zählt damit auf, aus welchen Einzelelementen das System besteht. Die Beziehungen sind statischer Natur, das heißt, sie erläutern ein „bestehen aus"-Verhältnis. Die *Verwendung* definiert, welche Elemente durch wen verwendet beziehungsweise gebraucht werden. Sie präsentiert eine Abhängigkeit im Sinne von: Modul A ist dann von Modul B abhängig, wenn A auf die korrekte

Modulstandpunkt definiert die statische Struktur

Funktionsweise von B angewiesen ist. Die *Generalisierung* ist eine „ist-ein"-Beziehung. Dies kann eine Vererbung in der Terminologie objektorientierter Sprachen sein oder die Erweiterung bzw. Evolution eines bestehenden Moduls.

Kommunikations- und Konnektorenstandpunkt

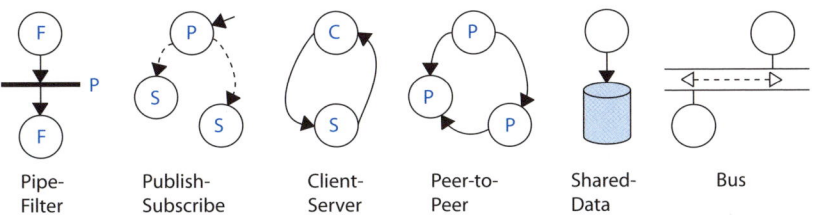

Abbildung A.2
C & C-Standpunkt

Pipe-Filter Publish-Subscribe Client-Server Peer-to-Peer Shared-Data Bus

Der Kommunikations- und Konnektoren-Standpunkt oder abgekürzt als C&C drückt das Laufzeitverhalten in Begriffen von Komponenten und Interaktionen aus. Er zeigt auf, wie die Komponenten, Subsysteme und Prozesse miteinander kommunizieren und wie sich das System zeitlich verhält. Betrachtungen aus diesem Standpunkt beziehen technologische Überlegungen wie die Wahl einer geeigneten Middleware, Multi-Tier-Architektur und Datenbanksystem mit ein. Es handelt sich hier im Unterschied zu den beiden anderen Standpunkten um Architekturstile im engeren Sinne, aus denen der Architekt die geeigneten Konzepte auswählt. Die hier vorgestellten Stile sind nur einige von vielen Möglichkeiten.

Architekturstile

Der *Pipe-und-Filter*-Stil charakterisiert eine Kette von unabhängigen Transformationen. Der Filter verändert oder erweitert die eintreffenden Daten und gibt sie über eine Verbindung an den nächsten Filter weiter, ohne die Vor- und die Nachgeschichte kennen zu müssen. Damit lassen sich Prozesse, die nach diesem Prinzip entworfen wurden, zu beliebigen Abfolgen und Prozesssequenzen kombinieren. Eine Verbindung oder Pipe stellt einen gepufferten Datenstrom dar, welchen zwei Filter auch zeitlich weitgehend voneinander entkoppeln.

Der *Shared-Data*-Stil ist der Rückhalt persistenter Daten in einem Repository. Ein Repository ist irgendeine Form einer Ablage, die Daten speichern und auch wieder auffinden kann. Dies kann eine Datenbank, ein Ordnerverzeichnis für Daten oder ein wissensbasiertes System sein. In einem Shared-Data-Ansatz dient ein solches Repository lediglich zur Zwischenablage von Daten, die durch verschiedene Prozesse geschrieben und wieder gelesen werden. Im Gegensatz zum Client-Server verändert ein Repository die Daten nicht, das heißt, es besitzt selbst keine Businesslogik.

Der *Publish-Subscribe*-Stil entspricht weitgehend dem Observer-Design-Pattern. Dabei werden Produzent und mehrere Konsumenten zeitlich entkoppelt. Statt auf ein bestimmtes Ereignis zu warten, meldet sich der Subscriber beim Publisher an, damit er beim Eintreffen einer bestimmten Nachricht informiert wird. Er abonniert quasi einen bestimmten Dienst. Der Anbieter oder Publisher kann mehrere Abonnenten bedienen, ohne von diesen abhängig zu sein. Das bedeutet, der Anbieter ist nicht auf die korrekte Funktionsweise der Abonnenten angewiesen. Im Unterschied zum Pipe-und-Filter wartet der Konsument beispielsweise nicht auf die Daten, sondern wird durch ein asynchrones Ereignis zur gegebenen Zeit informiert.

Der *Client-Server*-Stil entstand aus der Auftrennung der ehemals monolithischen Systeme in einen Front- und Backend-Teil. Statt dass ein Modul eine Routine im eigenen Adressraum, also im selben Systemprozess, aufruft, wird dieselbe Routine in einem entfernten Server angesprochen. Im Gegensatz zu den zuvor skizzierten Stilen ist hier die Kommunikation gepaart, das heißt, auf den Aufruf einer entfernten Prozedur erfolgt unmittelbar eine Antwort.

Der *Peer-to-Peer*-Stil ist ein Konglomerat von weitgehend voneinander unabhängigen, gleichberechtigten Prozessen, in dem im Grunde jeder mit jedem kommunizieren kann. Es gibt keine zentrale Steuerung wie im Client-Server. Die lose Kopplung zwischen den Knoten macht solche Systeme flexibler in Bezug auf ihre Skalier- und Erweiterbarkeit. Serviceorientierte Architekturen sind ein Beispiel dafür, die Dienste verschiedener Anbieter zu nutzen, ohne dabei die Kontrolle an die ausführende Instanz abgeben zu müssen. Das Internet selbst ist vielleicht das beste Beispiel eines weltweiten Peer-to-Peer-Stils.

Der *Bus* oder wie in Clements bezeichnet der *Kommunikationsprozess*-Stil ist charakterisiert durch eine gleichzeitig stattfindende Ausführung und Interaktion verschiedener Teilnehmer. Kopplungsmechanismen zwischen diesen Teilnehmern betreffen die Synchronisation, den Meldungsfluss und den Datenaustausch. Obwohl dieser Stil indifferent in Bezug auf die Architektur ist, lassen sich die Anforderungen einer unternehmensweiten, verteilten Kommunikation in Form eines Busses wohl am besten verbildlichen. Ein Bus ist ein ungerichteter Datenstrom, an dem sich die verschiedenen Teilnehmer andocken und die Meldung versehen mit einer Anschrift zur Übermittlung weitergeben.

Allokationsstandpunkt

Abbildung A.3
Allokationsstandpunkt

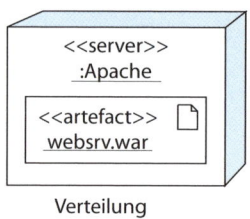 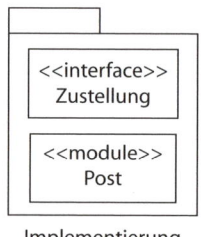 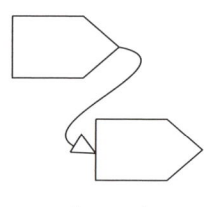

Verteilung Implementierung Anwendung

Allokation definiert die Verteilung und Implementierung

Der Allokationsstandpunkt dokumentiert die Abbildung der verschiedenen Artefakte und ausführbare Programmeinheiten auf die Laufzeitumgebung. Dieser Standpunkt zeigt auch auf, welche Infrastruktur für den Betrieb notwendig ist und wie die Software letztendlich genutzt wird. Die *Verteilung* dient der Festlegung, wie die fertigen, verteilbaren Softwareelemente auf die Server und Hardware verteilt werden. Zudem werden die physikalischen Kommunikationspfade und deren Protokolle dargelegt. Die *Implementation* bestimmt die Organisation des Quellencodes in Module, Bibliotheken und Programme.

Die Aufteilung in geeignete Module ist entscheidend für die spätere Verteilung. Der gewählte Architekturstil ist dabei tonangebend. Die *Anwendung* betrachtet die Aufteilung des Geschäftsprozesses in Einzelschritte, um diese durch das zu bauende System optimal zu unterstützen. Hier gilt, das Augenmerk auf unnötige Medienbrüche und redundante Erfassungen zu legen.

Die Perspektiven oder, wie sie Clements bezeichnet, die Stile sind eine Mischung zwischen Aspekten, Standpunkten und Architekturmustern. Die Stile des Modul- und Allokationsstandpunkts sind eigentlich Aspekte, die das System aus dem Blickwinkel verschiedener Interessen dokumentieren. Im Komponenten- und Konnektorstandpunkt sind es hingegen unterschiedliche Architekturmuster. Der Ansatz von Clements geht nicht explizit auf die Modellierung der Stile oder Aspekte ein.

A.2 Hofmeister

Christine Hofmeister et al (Hofmeister, Nord, & Soni, 2000) liefert eine einfache, auf vier Standpunkte beschränkte Unterteilung der durch die Architektur einzunehmenden notwendigen Perspektiven. Eingebettet zwischen Anforderungsanalyse, Hardwarearchitektur und Programmierung wird die Softwarearchitektur aus dem Konzept-, Modul-, Code- und Ausführungsstandpunkt dokumentiert. Die einzelnen Standpunkte sind so gewählt, dass diese untereinander nur lose, durch die Übergabe weniger Ergebnisse gekoppelt sind. Beispielsweise besteht zwischen dem Ausführungs- und Codestandpunkt nur die Einigung über die sinnvolle Aufteilung in ausführbare Einheiten.

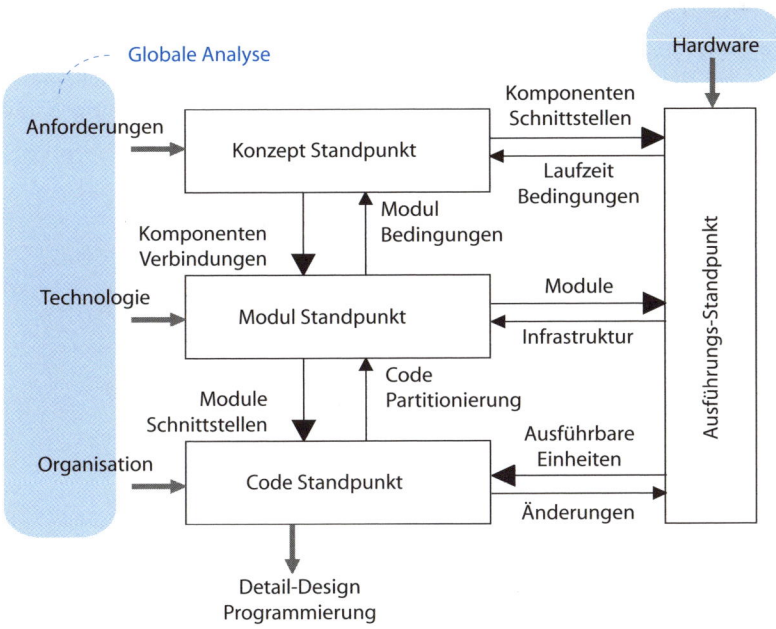

Abbildung A.4
Vier Standpunkte nach Hofmeister

Globale Analyse

Jeder Standpunkt startet mit einer globalen Analyse, in der die auf die Architektur Einfluss nehmenden Faktoren untersucht werden. Diese Faktoren lassen sich in *Organisation*, *Technologie* und *Anforderungen* kategorisieren. Hofmeister bezeichnete die letzte Kategorie ursprünglich als Produkt und meinte damit aber die an das Produkt gestellten Anforderungen und Qualitätsattribute. Organisatorische Faktoren umfassen die vom Management getragene IT-Strategie, die Fähigkeiten und Fertigkeiten der Mitarbeiter sowie Kosten- und Terminvorgaben. Diese Faktoren sind das Korsett, in dem sich die Architektur zu bewegen hat. Es lohnt sich nicht, nach einer Lösung zu suchen, die diesen organisatorischen Rahmenbedingungen nicht zu genügen vermag. Weder Mitarbeiter noch Kosten und Termine sind in der Regel kurzfristig veränderbar. Die technologischen Faktoren betreffen Hardware, Standardsoftware und Architekturpatterns sowie einzuhaltende Standards. Die Anforderungen, als dritte globale Kategorie, definieren das, was das spätere Produkt vollbringen sollte. Dazu gehören die funktionalen Features, die Anwenderoberfläche sowie die Qualitätsattribute. Nach der für jeden Standpunkt spezifisch durchgeführten globalen Analyse folgen zentrale Designaufgaben und abschließende Arbeiten, die nun kurz vorgestellt werden.

Konzeptstandpunkt

Konzept fasst Funktionalität in logische Komponenten

Der konzeptionelle Standpunkt ist das Fenster der Architektur zur Geschäftsdomäne, in der später die Applikation zum Einsatz kommt. Die Funktionalität in Begriffen der Domäne wird hier auf die Architektur der Software abgebildet. Aufgabe dieses Standpunkts ist primär, den Problembereich und die daraus entstandenen Anforderungen zu verstehen, um – wie das Wort Konzept aussagt – eine Lösung oder einen Plan zu skizzieren. Eine Lösung, die weitgehend frei von einer bestimmten Soft- oder Hardware ist. Hier werden vorerst nur generelle Fragen beantwortet, wie das System die gestellten Anforderungen erfüllt und in welche logischen Komponenten es zu zerlegen ist. Der Konzeptstandpunkt definiert dabei die logischen Elemente oder Komponenten, deren Schnittstellen und Ports sowie die Verbindungen untereinander.

Abbildung A.5
Konzeptionelle
Konfiguration

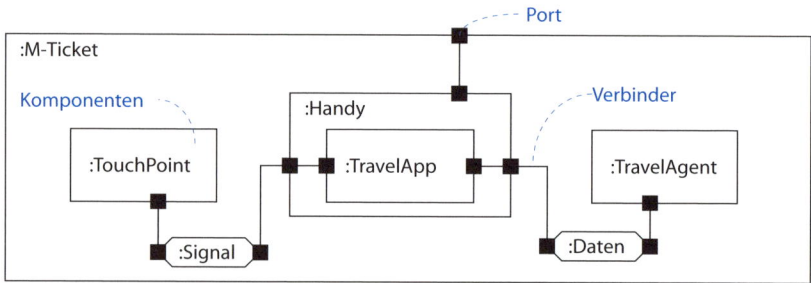

Die Verbindungen sind Interaktionspfade, über die Informationen oder Ereignisse fließen. Statische Beziehungen wie Assoziationen und Kompositionen im Sinn von „besteht aus" finden in der Architektur von Hofmeister keine Entsprechung. Dasselbe gilt im Prinzip ja auch für die UML-Komponentendiagramme. Ein Port bezeichnet einen Interaktionspunkt. Sie sind jedoch keine Schnittstellen im herkömmlichen Sprachgebrauch. Ports sind Anschlüsse, mit denen eine konkrete Implementation und ein bestimmtes Protokoll verknüpft sind. Die konzeptionelle Konfiguration setzt dann alle diese Elemente in Szene, indem der Meldungsfluss aus zeitlicher Sicht aufgezeigt wird. Die von Hofmeister gewählte Notation erinnert stark an die von SysML. Es kommt also nicht von ungefähr, dass wir SysML als interessante Erweiterung von UML für die Modellierung von Architekturen kennengelernt haben.

Modulstandpunkt

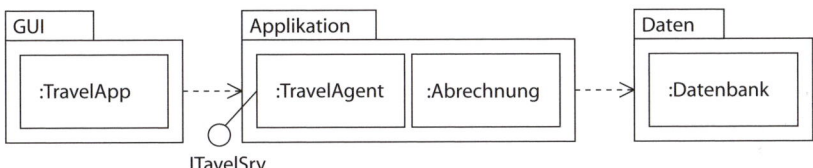

Abbildung A.6
Modul Layering

Im Modulstandpunkt werden die logischen Komponenten des konzeptionellen Standpunkts auf Subsysteme und Module abgebildet. Der Architekt geht hier der Frage nach, wie das ausgedachte Konzept mit den heutigen, oft durch die IT-Strategie vorgegebenen, Softwareplattformen und Technologien zu realisieren ist. Hier ist nun der Bauingenieur am Werk, der die Ideen des Architekten konkretisiert und zu entscheiden hat, welche Produkte gekauft und welche selbst entwickelt werden. In einem ersten Schritt werden die logischen Elemente der Konzeption auf Module abgebildet und diese zu Subsystemen zusammengefasst. Im nächsten Schritt sind die Schnittstellen zu definieren, über die die Module miteinander kommunizieren. Am Schluss werden die Module und Subsysteme hierarchisch in sogenannte Schichten geordnet. Module sind hier im Grunde das, was in UML unter verteilbaren Komponenten verstanden wird.

Module definieren die Systemstruktur

Ausführungsstandpunkt

Mit dem Standpunkt der Ausführung kommt der dynamische Aspekt des Systems ins Spiel und damit auch die Art und Weise, wie die Module auf die Laufzeitumgebung übertragen werden. Ein besonderes Interesse gilt dabei der Definition des physikalischen Kontroll- und Datenflusses und folglich der Frage, wie die parallele Ausführung verschiedener Prozesse synchronisiert und der gleichzeitige Zugriff auf Ressourcen gesichert werden kann. Im Weiteren umfasst der Standpunkt die Klärung der Datenverteilung und die Installation der Programme sowie eine möglicherweise durchzuführende Migration der Daten auf ein neues Datenschema. Der Ausführungsstandpunkt definiert hierzu geeignete Synchronisations- und Kommunikationskomponenten sowic notwendigc Hardwarebausteine, um die Module auszuführen und die Interaktion zwischen diesen zu ermöglichen. Hofmeister verwendet zwar eine etwas andere Notation, doch im Prinzip eignet sich für die Darstellung des Ausführungsstandpunkts das UML-Verteilungsdiagramm mit Knoten und Kommunikationspfaden.

Ausführung betrachtet die dynamische Interaktion

Codestandpunkt

Organisation des Codes

Dem Codestandpunkt kommt die Aufgabe zu, den Quellcode so zu organisieren, dass sowohl die Anforderungen des Modul- wie auch des Ausführungsstandpunkts erfüllbar werden. Neben der primären Aufteilung in Objektcode, Bibliotheken und Binärdateien sind zentrale Themen des Konfigurationsmanagements zu klären. Hierzu gehören Aspekte wie die Änderungskontrolle, die Versionsverwaltung und das Bilden der Applikation.

Klare Abgrenzung zwischen Architektur und Softwareentwurf

Der Standpunkt kümmert sich nicht um die Aufteilung in Klassen, deren Detaildesign und Implementierung. Dies ist Sache des nachfolgenden Softwareentwurfs. Hier wird lediglich der organisatorische Rahmen festgelegt. Hofmeister nimmt eine klare Trennung zwischen der Architektur und dem Detaildesign sowie der Programmierung vor. In der Architektur stehen die Organisation des Gesamtsystems in voneinander weitgehend unabhängigen Komponenten und deren Einbettung in die Laufzeitumgebung im Vordergrund. Klassen, Vererbung und Datenstrukturen sind dabei nicht Thema der Architektur, sondern Aufgabe des Softwareentwurfs. Damit differenzieren sich Christine Hofmeister und ihre Kollegen wohltuend von den zuvor besprochenen Konzepten. Es handelt sich, wie im Kapitel der Modelle angesprochen, um zwei verschiedene Modelle und damit um zwei verschiedene Abstraktionsstufen. Der Architekt stellt sicher, dass die gewählte Architektur den Anforderungen genügt, und geht dabei notwendige Kompromisse ein. Das Innenleben der Komponenten zu entwerfen und eine ideale Umsetzung zu finden, ist jedoch Sache des Softwareentwurfs und der Programmierung.

A.3   Rozanski und Woods

Nick Rozanski und Eoin Woods (Rozanski & Woods, 2005) lehnen sich an die durch IEEE 1471 vorgegebene Terminologie an. Sie ergänzen diese mit einem ausführlichen Prozess zur Architekturentwicklung und der Definition von sechs Standpunkten, aus denen die Architektur zu schildern ist. Es ist eines der umfangreichsten und aktuellsten Werke zum Thema Softwarearchitektur. Beginnen wir den Versuch, deren Ansatz auf wenigen Seiten zusammenzufassen, mit der Darlegung der verschiedenen Standpunkte, wie in der Abbildung A.7 grafisch dargestellt.

Standpunkte

Abbildung A.7
Standpunkte nach
Rozanski

	Organisation	Konstruktion	Laufzeit
Struktur	Funktional	Entwicklung	Verteilung
Daten	Informationen		
Synchronisation	Gleichlauf		Betrieb

Der *funktionale Standpunkt* definiert die statische Struktur der Architektur und adressiert dabei die Aspekte der durch das System bereitgestellten Funktionalität, die externen Schnittstellen sowie die grobe interne Struktur der Software. Das Modell des funktionalen Standpunkts besteht aus Funktionsblöcken, Schnittstellen, Verbindungen und externen Entitäten. Die Schnittstellen verkörpern dabei sowohl die durch die Komponenten zur Verfügung gestellte Funktionalität als auch den Zugriffsmechanismus. Die Verbindungen sind Interaktionspfade und zeigen auf, wer durch wen in welcher Weise genutzt wird. Externe Entitäten stellen die anderen Systeme oder Programme dar, mit denen das hier betrachtete System interagiert. Der Standpunkt empfiehlt dazu die Anwendung des UML-Komponentendiagramms.

Funktionaler Standpunkt

Der *Informationsstandpunkt* schildert, wie die Architektur Daten speichert, verändert und über welche Mechanismen diese verteilt. Im Unterschied zu den meisten anderen Ansätzen widmet Rozanski dem Aspekt der Daten einen eigenen Standpunkt. Die Motivation liegt in der Tatsache, dass Informationssysteme in der Regel dazu da sind, Daten zu verändern und zu speichern. Der Standpunkt definiert die statische Datenstruktur und legt das Transaktionsmanagement wie auch die Wiederherstellung von Daten fest. Die Performance hängt entscheidend von der Wahl des logischen Datenschemas und der geschickten physischen Verteilung der Daten auf der darunterliegenden Infrastruktur ab. Da aber Datenstrukturen im Allgemeinen trotz moderner, objektorientierter Methoden starr in Bezug auf spätere Änderungen sind, hat dieser Standpunkt gerade für größere Geschäftsanwendungen eine wichtige Bedeutung.

Informationsstandpunkt

Der *Gleichlaufstandpunkt* hebt die Beantwortung von Fragen der parallelen Ausführung und der Synchronisation dieser Abläufe hervor. Inwieweit ein Programm in gleichzeitig ausführbare Fäden, sogenannte Threads, aufzuteilen ist, muss bereits früh in die Überlegungen der Architektur mit eingebunden werden. Das Problem der Gleichzeitigkeit liegt in der Unerreichbarkeit, paralleles Verhalten wirklich testen zu können. Das zeitliche Verhalten hängt von zu vielen Faktoren ab, um dieses abschließend testen zu können.

Gleichlaufstandpunkt

Der *Entwicklungsstandpunkt* betrifft die Organisation des Quellencodes, das Aufstellen von Programmierungsrichtlinien und verschiedenen Standardisierungsbemühungen. Grundsätzlich entspricht er weitgehend dem Codestandpunkt von Hofmeister. Es stellt sich auch hier die Frage, wie bei anderen auch, inwieweit die Definition der Entwicklungsumgebung Aufgabe des Architekten sei.

Entwicklungsstandpunkt

Der *Verteilungsstandpunkt* beschäftigt sich damit, das getestete System auf die Laufzeitumgebung zu verteilen, zu installieren und allenfalls notwendige Migrationen von Datenbeständen durchzuführen.

Verteilungsstandpunkt

Mit dem *Betriebsstandpunkt* greifen Rozanski und Woods ein bis jetzt vernachlässigtes Thema auf. Ein Großteil der Kosten eines Systems fällt nach der Entwicklung an: durch die Administration und den Support der nun produktiven Applikation. Die Architektur trägt maßgeblich dazu bei, wie aufwändig sich der Unterhalt des Systems gestaltet, und hat damit indi-

Betriebsstandpunkt

rekt Einfluss auf die Gesamtkosten. Bereits im Entwurf der Architektur sind die spätere Installation und Verteilung von neuen Versionen und mögliche Datenmigrationen zu berücksichtigen. Ebenfalls sind Möglichkeiten der Überwachung, des Protokollierens von Ereignissen und Konfigurierens von Datenbanken, Betriebssystemen sowie Middleware anzusprechen. Themen wie Datensicherung und Wiederherstellung gehören dazu, wie auch die langfristige Sicherstellung des Supports der eingesetzten Produkte.

Perspektiven

Abbildung A.8
Perspektiven im Kontext

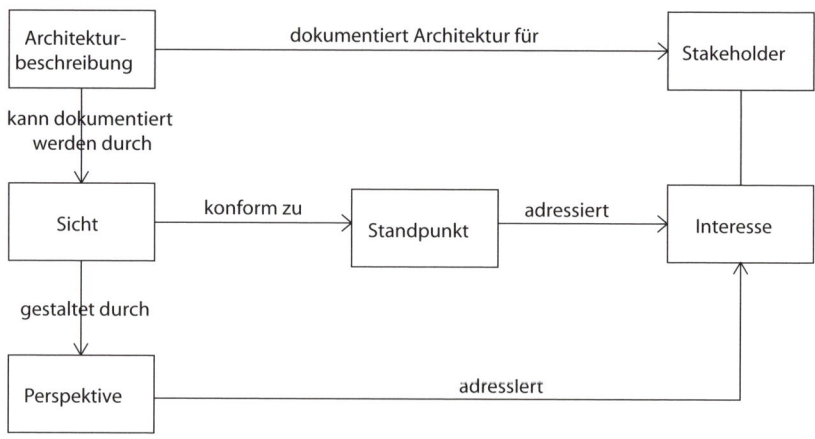

Perspektiven sind das Kreuzprodukt aus Standpunkt und Qualitätsattributen

Rozanski und Woods stellen die Qualitätsattribute den Standpunkten gegenüber. Das Kreuzprodukt daraus sind in ihrer Terminologie die Perspektiven. Jede solche Perspektive beinhaltet Punkte, die aus dem jeweiligen Standpunkt für ein spezifisches Qualitätsattribut zu beantworten sind. Die Qualitätsattribute lassen sich gemäß der Tabelle A.1 in vier Kategorien gruppieren: Sicherheit, Performance, Verfügbarkeit und Evolution. Die Sicherheit beinhaltet den Schutz der Daten, die Zugriffsregelung, Richtlinien und Normen der Entwicklung sowie Mechanismen zur Überwachung. Die Performance richtet den Blick auf die Konzeption und Bereitstellung einer geeigneten Architektur und Infrastruktur, welche den geforderten Antwortzeiten und Durchsatzleitungen gerecht wird sowie auf eine wachsende Auslastung adäquat reagieren kann. Die Verfügbarkeit ist ein entscheidendes Qualitätskriterium aus Sicht der späteren Anwender. Hier ist zu klären, welche Redundanzen und Alternativen zu schaffen sind, um das System im geforderten Ausmaß bereitzustellen und dieses nach einem Ausfall in nützlicher Frist wieder herzustellen. Eine hohe Verfügbarkeit gerade bei Systemen, welche von einem funktionierenden Internet abhängen, kann sehr kostenintensiv sein. Die letzten Perspektiven fokussieren sich auf die Weiterentwicklung und auf die Fähigkeit, auf die Dynamik stetiger Veränderung flexibel reagieren zu können.

Perspektiven als Checkliste

Aus jedem Standpunkt heraus werden bestimmte Aspekte der verschiedenen Qualitätsattribute als Perspektiven in den Vordergrund gerückt und aus dem

Blickpunkt der Architektur beantwortet. Wie eine Checkliste hilft diese strukturierte Aufzählung relevanter Gesichtspunkte, eine Lösung in Bezug auf die Erfüllung der nichtfunktionalen Anforderungen zu adressieren und für alle Architekturen in derselben Art und Weise zu dokumentieren. Der an sich interessante und vielversprechende Ansatz, die Qualitätsattribute mit den Standpunkten zu verknüpfen, bleibt vielfach oberflächlich und ungenau. Eine klare Abgrenzung der Perspektiven ist nicht immer möglich und wirkt manchmal etwas weit hergeholt. Die Idee, Anforderungen an die Sicherheit, Performance, Verfügbarkeit und Weiterentwicklung mit den einzelnen Standpunkten zu verknüpfen, weist jedoch in die richtige Richtung. Damit lassen sich die für die Architektur so zentralen Gesichtspunkte der Qualitätsattribute einer konkreten Sicht zuordnen und deren Beantwortung besser überprüfen.

Standpunkt	Sicherheit	Performance	Verfügbarkeit	Evolution
Funktional	Welche Elemente schützen	Struktur, Architekturstil, Kommunikation	Verfügbarkeit, Redundanzen, Alternativen	Entwurf für stetige Veränderung
Information	Individueller Datenzugriff	Transaktionen, Datenverteilung, Replikation	Datensicherung und Wiederherstellung	Datenvolumen, Migration, Änderung
Gleichlauf	Isolierung verschiedener Teile	Systemprozesse, Synchronisation, Auslastung	Replikation, Ausfallsicherung	Lose Kopplung, einfache Anpassung
Entwicklung	Vorgaben und Richtlinien	Leitfäden, Empfehlungen und Best Practices	Fehlerbehandlung, individuell Stoppen und Starten	Portabilität, neue Technologien und Versionen
Verteilung	Sichere Netze und Hardware	Infrastruktur, Software, Netzwerke	Fehlertolerante Systeme, Redundanzen	
Betrieb	SicherheitsÜberwachung	Monitoring, Überwachung, Skalierung	Erkennung, Wiederherstellung, Prozesse	

Tabelle A.1
Perspektiven

A.4 TOGAF

Das Open Group Architektur Framework TOGAF ist zurzeit das umfangreichste Set von Empfehlungen, Definitionen und Methoden zum Aufbau und Unterhalt einer Unternehmensarchitektur. Das Framework besteht aus einem statischen und einem dynamischen Teil. Der statische Teil definiert

Standard für Dokumentation unternehmensweiter Architekturen

die Standpunkte und deren Aspekte, aus denen eine Architektur zu beschreiben ist. TOGAF bezeichnet diesen Teil als Architekturdomänen. Der dynamische Teil schlägt eine Architektur-Entwicklungsmethode (A DM) bestehend aus acht Phasen vor. TOGAF legt die grundsätzliche Struktur einer Architekturbeschreibung fest und nennt Methoden, die geforderten Ergebnisse zu erbringen. Es stellt jedoch mehr eine Sammlung von Empfehlungen und Best Practices dar und weniger eine konkrete Methode, wie im Einzelfall diese Ergebnisse erbracht und dokumentiert werden. Wie Standards es so an sich haben, ist auch deren Umfang gemessen an der Seitenzahl beträchtlich. Deshalb ist folgender Exkurs nur als grobe Näherung zu verstehen. TOGAF hat für viele Firmen eine wachsende Bedeutung, weshalb sich dieses Buch dem Thema nicht gänzlich verschließen will.

Architecture Content Framework

Abbildung A.9
TOGAF-Architekturdomänen

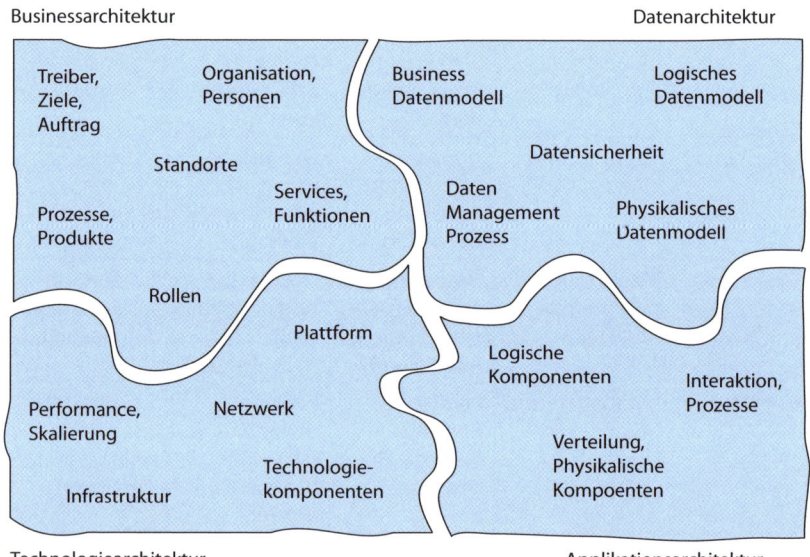

Businessarchitektur — Datenarchitektur
Technologiearchitektur — Applikationsarchitektur

Statische Struktur aufgeteilt in Architekturdomänen

TOGAF unterteilt die Architektur in die vier folgenden Ebenen oder Domänen:

- Business
- Applikationen
- Daten
- Technologie

Diese Ebenen werden als Architekturdomänen bezeichnet. Dabei wird aus unterschiedlichen Perspektiven oder Standpunkten dieselbe Architektur mit dem jeweiligen Fokus dokumentiert. In der Businessdomäne liegt der Fokus auf der Wertschöpfung eines Unternehmens und dem Verstehen der Geschäftsprozesse. Wir blicken von außen auf eine Organisation und fragen nach deren ökonomischen Zielen, deren Aufbau und Rollen. Alle nachfolgenden Domänen beruhen auf dem hier entwickelten Geschäftsmodell. In der Daten- oder Informationsdomäne ist das zentrale Thema das logische Datenmodell, die Datenhaltung und deren Sicherung. Hier interessiert der Lebenszyklus der Daten genauso wie die grundlegenden Prinzipien der Datenablage und des Datenzugriffs. In der Technologiedomäne richtet sich der Blick auf die physische Infrastruktur und dabei auf die Wahl geeigneter Standardprodukte sowie Kommunikationssoftware sowie auf Aspekte der Performance und Skalierung. Es stehen die Sicherstellung der Verfügbarkeit und die Wartbarkeit im Zentrum unserer Überlegungen. Die Applikationsdomäne beschäftigt sich mit dem Entwurf eines konzeptionellen Modells aus logischen Komponenten und dem Aufzeigen, wie diese Elemente miteinander interagieren, um ein bestimmtes Ergebnis zu erbringen. Zudem werden Aspekte der Implementierung und Verteilung der Komponenten adressiert.

Jede der Domänen beinhaltet ein Set von Artefakten, die bestimmte Aspekte einer unternehmensweiten Architektur aus dem jeweiligen Blickwinkel beleuchten. Jede Phase des nachfolgend besprochenen Entwicklungsmodell A DM definiert eine Reihe von Standpunkten, aus denen ein Teil dieser Aspekte beschrieben oder ergänzt werden. So beschäftigt sich die Phase A des TOGAF-Entwicklungsprozesses mit der Dokumentation der Architekturvision, dem Erstellen einer Stakeholder-Karte, der Beschreibung der Wertekette und dem Entwurf eines ersten Lösungskonzepts.

Die Arbeitserzeugnisse der verschiedenen Domänen lassen sich in drei Kategorien unterteilen: lieferbare Ergebnisse, Artefakte und Bausteine. Ein lieferbares Ergebnis ist in der Regel ein Dokument, das ein oder mehrere Aspekte der Architektur spezifiziert und welches durch die Stakeholder geprüft und freigegeben wird. Ein Artefakt ist ein spezifisches, feinkörnigeres Arbeitsergebnis, das die Architektur aus einem bestimmten Standpunkt beschreibt und Teil eines lieferbaren Ergebnisses ist. Ein Artefakt ist beispielsweise ein Diagramm, eine Use-Case-Spezifikation oder eine Liste der geforderten Qualitätsattribute. Die Bausteine stellen eine in sich mehr oder weniger geschlossene Leistungsbeschreibung aus einer spezifischen Sicht dar, die zu größeren Gebilden kombinierbar ist. Idealerweise handelt es sich um wieder verwendbare Bestandteile und Beschreibungen einer Architektur, die über das gerade betrachtete System hinaus gebraucht werden können.

Ergebnisse, Artefakte und Bausteine

Das in Abbildung A.10 dargestellte Standard *Content Metamodell* liefert eine Definition aller Bausteine einer typischen Architekturbeschreibung unternehmensweiter Systeme. Der obere Bereich des Metamodells beinhaltet die allgemeine Geschäfts- und IT-Strategie ausgedrückt in deren Prinzipien und Zielen sowie dem Skizzieren einer langfristigen Vision. Dazu gehört die Spezifikation der grundlegenden Architekturanforderungen. Der mittlere Teil bringt die bereits besprochenen Architekturdomänen und die darin enthaltenen Bausteine zueinander in Bezug. Dabei wird die Informationsarchitektur durch die bereitzustellenden Geschäftsfunktionen der Business-Architektur getrieben. Die Daten- und Applikations-

Content Metamodell

komponenten implementieren diese Geschäftsservices, welche durch die darunterliegende Infrastruktur der Technologiedomäne betrieben werden. Die letzte Ebene illustriert, wie die angestrebte Architektur umgesetzt und gelenkt wird.

Abbildung A.10
TOGAF Content
Metamodell

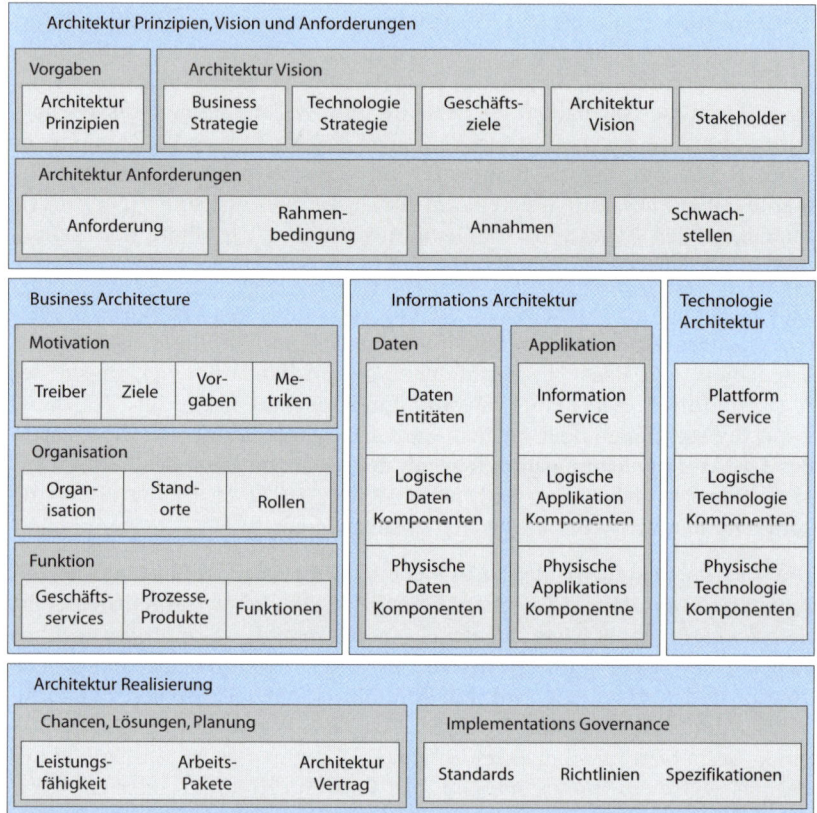

Architecture Development Model

Dynamische Sicht in 8 Phasen

Der erste Teil zeigte, wie TOGAF die Ergebnisse der verschiedenen Standpunkte und Architekturebenen zu Bausteinen und einem allgemeinen Metamodell organisiert. Im zweiten Teil geht es nun um die Definition eines einheitlichen Vorgehensmodells zur Spezifikation und zum Entwurf einer unternehmensweiten Architektur. Hinter dem Begriff *Architecture Development Model* (A DM) verbirgt sich ein iteratives Modell, in dem jede Phase und dessen Schritte die zu erbringenden Artefakte definieren und Methoden für dessen Erarbeitung vorschlagen. Die Phasen sind eng mit dem zuvor besprochenen inhaltlichen Metamodell gekoppelt. So erbringt die Phase Business-Architektur beispielsweise die Arbeitsergebnisse des gleichnamigen Bausteins.

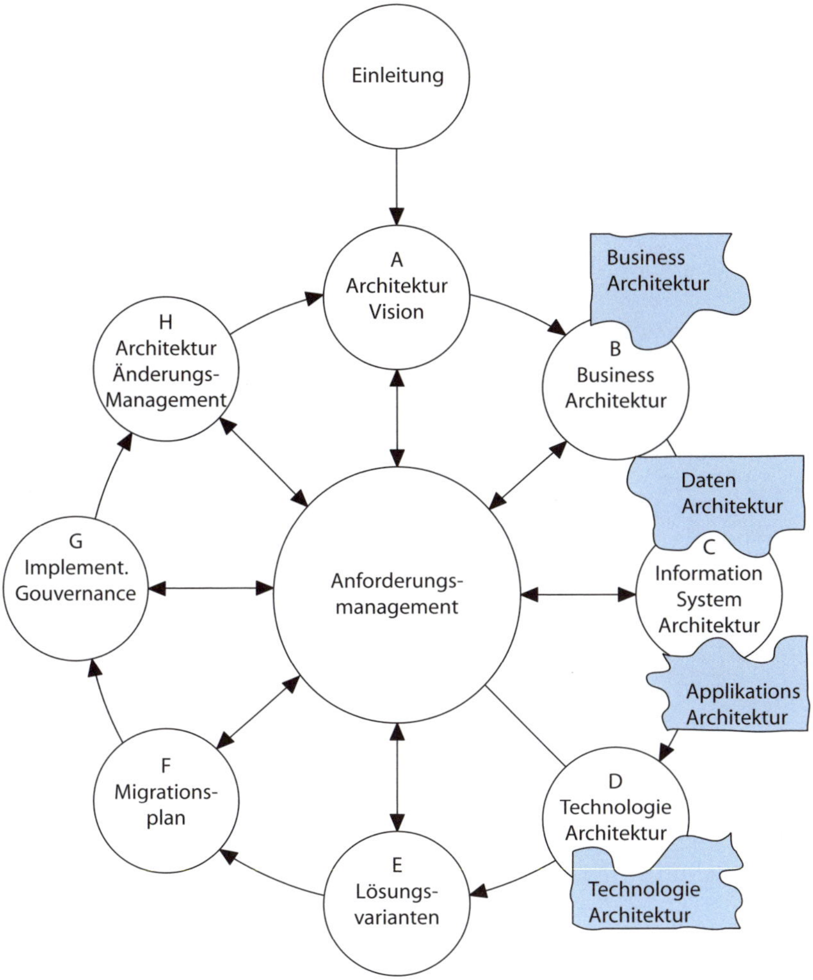

Abbildung A.11
TOGAF Architecture
Development Model

Jede Phase, in der Abbildung A.11 von A bis H gekennzeichnet, ist weiter in Einzelschritte unterteilbar. Der Standard definiert für jede Phase die grundsätzlichen Schritte, den notwendigen Input und den zu erbringenden Output. Wie die Ergebnisse im Detail aussehen und welche Diagramme oder Modelle im Einzelfall zweckmäßig sind, ist nicht Teil davon. Es ist, wie der Name sagt, ein Framework, das einen sinnvollen Rahmen vorgibt, die Beschreibung einer Architektur zu strukturieren und die einzelnen Artefakte zu einem ausgewogenen Ganzen zu verknüpfen. Vergleichbar mit einem Vorgehensmodell für den Entwicklungsprozess ist für das jeweilige Unternehmen das Architekturframework zu konkretisieren und die Methoden wie auch Modelle pro Phase sind festzulegen.

Literaturverzeichnis

Allen, P. (2006). *Service Orientation: Winning Strategies and Best Practices.* Cambridge University Press.

Ambler, S. W. & Sadalage, P. J. (2006). *Refactoring Databases.* Bosten: Addison-Wesley.

Arlow, J. & Neustadt, I. (2005). *UML 2 and the Unified Process.* London: Addison Wesley.

Armour, F. & Miller, G. (2001). *Advanced Use-Case Modeling: Software Systems.* Addison-Wesley.

Bach, M. J. (1986). *The Design of the Unix Operation System.* Prentice-Hall.

Balen, H. (2000). *Distributed Object Architecture with CORBA.* Cambridge University Press.

Baschab, J., Piot, J. & Carr, N. G. (2007). *The Executive's Guide to Information Technology, Second Edition.* John Wiley & Sons.

Bass, L., Clements, P. & Kazman, R. (2003). *Software Architecture in Practice.* Addison-Wesley.

Beck, K. (2000). *Extreme Programming Explained.* Addison-Wesley.

Ben-Ari, M. (2006). *Principles of Concurrent and Distributed Programming.* Addison-Wesley.

Bieberstein, N., Bose, S., Fiammante, M., Jones, K. & Shah, R. (2005). *Service-Oriented Architecture Compass: Business Value, Planning, and Enterprise Roadmap.* IBM Press.

Bitter, K. & Spence, I. (2003). *Use Case Modeling.* Addison-Wesley.

Bittner, K. & Spence, I. (2006). *Managing Iterative Software Development Projects.* Addison-Wesley.

Bloomberg, J. & Schmelzer, R. (2006). *Service Orient or Be Doomed! How Service Orientation Will Chance Your Business.* Wiley.

Boddenberg, U. B. (2005). *Microsoft-Netzwerke: Konzepte & Lösungen.* Galileo Computing.

Boehm, B. & Turner, R. (2004). *Balancing Agility and Discipline.* Addison-Wesley.

Booch, G. (2007). *Object-Oriented Analysis and Design with Applications.* Addison-Wesley.

Booch, G., Rumbaugh, J. & Jacobson, I. (1999). *The Unified Modeling Language User Guide.* Addison-Wesley.

Bosch, J. (2000). *Design & Use of Software Architectures: Adopting and evolving a product-line approch.* Addison-Wesley.

Brechner, E. (2008). *I. M. Wright's „Hard Code".* Microsoft Press.

Bridgeland, D. M. & Zahavi, R. (2009). *Business Modeling, A Practical Guide to Realizing Business Value.* MK/OMG Press.

Britton, C. (2001). *IT Architectures and Middleware.* Addison-Wesley.

Brooks, F. P. (2003). *Vom Mythos des Mann-Monats.* mitp.

Brown, A. W. (2000). *Large-Scale, Component-Based Development.* Prentice Hall.

Buschmann, F., Meunier, R., Rohnert, H., Sommerlad, P. & Stal, M. (1996). *A System of Patterns: Pattern-Oriented Software Architecture Volume 1.* West Sussex: Wiley.

Carbone, J. A. (2004). *IT Architecture Toolkit.* Prentice Hall.

Carter, S. (2007). *The New Language of Business: SOA & Web 2.0.* IBM Press.

Chappell, D. A. (2004). *Enterprise Service Bus .* O'Reilly Media.

Clements, P., Bachmann, F. et al. (2003). *Documenting Software Architecture: Views and Beyond.* Addision Wesley.

Coad, P., Lefebvre, E. & Luca, J. D. (1999). *Java Modeling in Color with UML.* Prentice Hall.

Cockburn, A. (2002). *Agile Software Development.* Addison-Wesley.

Cockburn, A. (2001). *Writing Effective Use Cases.* Addison-Wesley.

Cohn, M. (2006). *Agile Estimating and Planing.* Prentice Hall.

Collins, D. (1995). *Designing Object-Oriented User Interfaces* (Bd. The Benjamin/Cummings Publishing).

Constantine, L. L. & Lockwood, L. A. (1999). *Software for Use: A Practical Guide to the Models and Methods of Usage-Centered Design.* Addison-Wesley.

Cooper, A. (2004*). Inmates Are Running the Asylum, The: Why High-Tech Products Drive Us Crazy and How to Restore the Sanity.* Sams.

Coplien, J. O. & Harrison, N. B. (2005). *Organizational Patterns of Aigle Software Development.* Prentice Hall.

Coyle, F. P. (2002). *XML, Web Services, and the Data Revolution.* Bosten: Addison-Wesley.

Cummins, F. A. (2008). *Building the Agile Enterprise: With SOA, BPM and MBM.* Morgan Kaufmann.

Cummins, F. A. (2002). *Enterprise Integration: An Architecture for Enterprise Application and System Integration.* Wiley.

DeMarco, T. (1998). *Der Termin.* Hanser.

DeMarco, T. & Lister, T. (1998). *Peopleware, Productive Projects and Tems.* Dorset House Publishing.

DeMarco, T. & Lister, T. (2003). *Waltzing with Bears*. Dorset House Publishing.

DeMarco, T., Hruschka, P., Lister, T., McMenamin, S., Robertson, J. & Robertson, S. (2007). *Adrenalin Junkies & Formular Zombies*. Hanser.

Denney, R. (2005). *Succeeding with Use Cases: Working Smart to Deliver Quality*. Addison-Wesley.

Dikel, D. M., Kane, D. & Wilson, J. R. (2001). *Software Architecture: Organizational Pinciples and Patterns*. Prentice Hall.

Dunkel, J., Eberhart, A. et al. (2008). *Systemarchitekturen für Verteilte Anwendungen*. Hanser.

Eeles, P. & Cripps, P. (2009). *Process of Software Architecting*. Addison-Wesley.

Eeles, P., Houston, K. & Kozaczynski, W. (2003). *Building J2EE Applications with the Rational Unified Process*. Indianapolis: Addison Wesley.

Elmasri, R. & Navathe, S. B. (2000). *Fundamentals of Database Systems*. Addison-Wesley.

Eriksson, H.-E. & Penker, M. (2000). *Business Modeling with UML, Business Pattern at Work*. Wiley.

Erl, T. (2005). *Service-Oriented Architecture: Concepts, Technology, and Design*. Prentice Hall.

Evans, E. (2003). *Domain-Driven Design: Tackling Complexity in the Heart of Software*. Addison-Wesley.

Fielding, R. T. (2000). *Architectural Styles and the Design of Network-based Software Architectures*. Unversity of California.

Filman, R. E., Elrad, T., Clarke, S. & Aksit, M. (2004). *Aspect-Oriented Software Development*. Bosten: Addison-Wesley.

Ford, N. (2008). *Productive Programmer*. O'Reilly.

Forsberg, K., Mooz, H. & Cotterman, H. (2005). *Visualizing Project Management*. Wiley.

Fowler, M. & Beck, K. (1999*). Refactoring: Improving the Design of Existing Code*. Addison-Wesley.

Fowler, M. & Scott, K. (2000). *UML Distilled, Second Edition* (Bd. Bosten). Addison-Wesley.

Fowler, M., Rice, D., Foemmel, M., Hieatt, E., Mee, R. & Stafford, R. (2002). *Patterns of Enterprise Application Architecture*. Addison-Wesley.

Friedenthal, A., Moore, A. & Steiner, R. (2008). *A Practical Guide to SysML-The Systems Modeling Language*. Morgan Kaufmann.

Gamma, E., Helm, R., Johnson, R. & Vlissides, J. (1995). *Design Pattern*. Addison-Wesley.

Garland, J. & Anthony, R. (2003). *Large-Scale Software Architecture: A Practical Guide Using UML*. Wiley.

Gause, D. C. & Weinberg, G. M. (1990). *Are Your Lights On? How to Know What the Problem Really is.* Dorset House Publishing.

Gause, D. C. & Weinberg, G. M. (1989). *Exploring Requirements: Quality Before Design.* New York: Dorset House Oublishing.

Gilb, T. (1988*). Principles of Software Engineerings Management.* Addison-Wesley.

Gomaa, H. (2004). *Designing Software Product Lines with UML: From Use Cases to Pattern-Based Software Architectures.* Addison-Wesley.

Gorton, I. (2006). *Essential Software Architecture.* New York: Springer.

Grady, R. (1992). *Practical Software Metrics for Project Management and Process Improvement. Englewood Cliffs,* NJ: Prentice-Hall.

Grässle, P., Baumann, H. & Baumann, P. (2003). *UML projektorientiert.* Calileo Computing.

Greenfield, J. & Short, K. (2004). *Software Factories: Assembling Application with Patterns, Models, Frameworks and Tools.* Wiley.

Hackos, J. T. & Redish, J. C. (1998). *User and Task Analysis for Interface Design.* Wiley.

Halpin, T. (2001). *Information Modeling and Relational Databases.* Morgen Kaufmann.

Hamilton, P. (2007). *Dynaxity.* Springer.

Hatley, D. J. & Pirbhai, I. A. (1987). *Strategies for Real-Time System Specification.* Dorset House Publishing.

Henning, M. & Vinoski, S. (1999). *Advanced CORBA® Programming with C++.* Addison-Wesley.

Hernandez, M. J. (2003). *Database Design for Mere Mortals.* Addison-Wesley.

Highsmith, J. A. (2000). *Adaptive Software Development.* Dorset House Publishing.

Highsmith, J. (2004). *Agile Project Management.* Addison-Wesley.

Highsmith, J. (2002). *Agile Software Development Ecosystems.* Addison-Wesley.

Hofmeister, C., Nord, R. & Soni, D. (2000). *Applied Software Architecture.* Addison-Wesley.

Hohmann, L. (2003). *Beyond Software Architecture: Creating and Substaining Winning Solutions.* Boston: Addison-Wesley.

Hruschka, P., Rupp, C. & Starke, G. (2004). *Agility kompakt.* Spektrum.

Hungenberg, H. (2004). *Strategisches Management im Unternehmen.* Wiesbaden: Gabler.

Hunt, A. & Thomas, D. (1999). *Pragmatic Programmer, The: From Journeyman to Master.* Addison-Wesley.

Jacobson, I. (2000). *The Road to the Unified Software Development Process.* SIGS Reference Library.

Jacobson, I., Booch, G. & Rumbaugh, J. (1999). *The Unified Software Development Process.* Addison-Wesley.

Jacobson, I., Griss, M. & Jonsson, P. (1997). *Software Reuse: Architecture, Process and Organization for Business Success.* Addison-Wesley.

Jayaswal, B. K. & Patton, P. C. (2007). *Design for Trustworthy Software.* Prentice Hall.

Jeffries, R., Anderson, A., & Hedrickson, C. (2001). *Extreme Programming Installed.* Addison-Wesley.

Jeston, J., & Nelis, J. (2006*). Business Process Management: Practical Guidelines to Successful Implementations.* Butterworth-Heinemann.

Johannsen, W. & Goeken, M. (2007). *Referenzmodelle für IT-Governance: Strategische Effektivität und Effizienz mit COBIT, ITIL & Co.* Heidelberg: dpunkt.verlag.

Johnson, J. (2000). GUI Bloopers, *Don't and Do's for Software Developers and Web Designers.* Morgan Kaufmann.

Josuttis, N. (2007). *SOA in Practice, 1st Edition.* O'Reilly.

Kahlbrandt, B. (1997). *Software-Engineering.* Springer.

Korff, A. (2008). *Modellierung von eingebetteten Systemen mit UML und SysML.* Spektrum.

Kossiakoff, A. & Sweet, w. N. (2003). *Systems Engineering, Principles and Practices.* Wiley.

Kozierok, C. M. (2005). *TCP/IP Guide, 1st Edition.* No Starch Press.

Krafzig, D., Banke, K. & Slama, D. (2004). Enterprise SOA: Service-Oriented Architecture Best Practices. Prentice Hall.

Kroll, P. & Kruchten, P. (2003). *The Rational Unified Process Made Easy.* Addision-Wesley.

Kroll, P. & MacIsaac, B. (2006). *Agility and Discipline Made Easy.* Addison-Wesley.

Kruchten, P. (November 1995). Architectural Blueprints, The 4+1 View. *IEEE Software* , S. 42–50.

Kruchten, P. (2003). *Rational Unified Process, An Introduction.* Addison-Wesley.

Krug, S. (2005). *Don't Make Me Think!: A Common Sense Approach to Web Usability, Second Edition.* New Riders.

Kulak, D. & Guiney, E. *Use Case, Requirements in Context.* Addison-Wesley.

Lankhorst, M. (2005). *Enterprise Architecture at Work.* Springer.

Larman, C. (2004). *Agile & Iterative Development, A Manager's Guide.* Addison-Wesley.

Larman, C. (2005). *Applying UML and Patterns*. Prentice Hall.

Laurel, B. (1992). *The Art of Human Computer Interface Design*. Addison Wesley.

Leffingwell, D. & Widrig, D. (2003). *Managing Software Requirements: A Use Case Approach, Second Edition*. Addison-Wesley.

Malik, F. (2003). *Strategie des Managements komplexer Systeme*. Haupt Verlag.

Martin, J. & Odell, J. J. (1998). *Object-Oriented Methods: A Foundation*. Upper Saddle River: Prentice Hall.

Martin, R. C. (2008). *Clean Code: A Handbook of Agile Software Craftsmanship*. Prentice Hall.

Masak, D. (2009). *Digitale Ökosysteme*. Springer.

McBreen, P. (2001). *Software Craftsmanship: The New Imperative*. Addison-Wesley.

McConnel, S. (1996). *Rapid Development*. Microsoft Press.

McConnell, S. (2004). *Code Complete*. Microsoft Press.

Mellor, S. J., Scott, K., Uhl, A. & Weise, D. *MDA Distilled: Principles of Model-Driven Architecture*. Addison-Wesley.

Meyer, B. (1997). *Object-Oriented Software Construction, Second Edition*. Prencie Hall.

Micrososft. (2002). *Application Architecture for .NET: Designing Applications and Services*. Microsoft Press.

Monson-Haefel, R. & Burke, B. (2006). *Enterprise JavaBeans 3.0, 5th Edition*. O'Reilly.

Muller, R. J. (1999). *Database Design for Scmarties, Using UML for Data Modeling*. Morgan Kaufmann.

Naiburg, E. J. & Maksimchuk, R. A. (2001). *UML for Database Design*. Addison-Wesley.

Newcomer, E. & Lomow, G. (2005). *Understanding SOA with Web Services*. Addison-Wesley.

Nick, A., Bürcki, L., Hungerbühler, R. & Mühlemann, H. (1997). *Systemik, Integrales Denken, Konzipieren und Realisieren*. Verlag Industrielle Organisation.

Nielsen, J. (1993). *Usability Engineering*. Morgan Kaufmann.

Norman, D. A. (1988). *The Design of Everyday Things*. New York.

O'Conner, J. (2006). *NLP – das WorkBook*. VAK Verlag.

Oestereich, B. (2006). *Analyse und Design mit UML 2.1*. München: Oldenbourg.

OMG. (2009). *OMG Unified Modeling Language, Superstructure V2.2*. OMG

OMG. (2008). *Software & Systems Process Engineering Meta-Model Specification*. OMG

Ould, M. (1999). *Managing Software Quality and Business Risk*. Wiley.

Övergaard, G. & Palmkvist, K. (2005). *Use Case Pattern and Blueprints*. Addison-Wesley.

Press, W. (1994). *Design Pattern for Object-Oriented Software Development*. Addison-Wesley.

Pruitt, J. & Adlin, T. (2006). *The Persona Lifecycle*. Morgan Kaufmann.

Putman, J. R. (2000). *Architecting with RM-ODP*. Prentice Hall.

Reekie, J. & McAdam, R. (2006). *Software Architecture Primer*. Angophora.

Reussner, R. & Hasselbring, W. (2006). *Handbuch der Software-Architektur*. dpunkt.verlag.

Robertson, S. & Robertson, J. (2006). *Mastering the Requirements Process, Second Edition*. Addison-Wesley.

Rosenberg, D. & Scott, K. (2001). *Applying Use Case Driven Object Modeling with UML: An Annotated E-Commerce Example*. Addison-Wesley.

Royce, W. (1998). *Software Project Management, A Unified Framework*. Addison-Wesley.

Rozanski, N. & Woods, E. (2005). *Software Systems Architecture: Working with Stakeholders Using Viewpoints and Perspectives*. Addison-Wesley.

Ruble, D. A. (1997). *Practical Analysis & Design for Client/Server & GUI Systems*. Yourdon Press.

Rückerl, T. & Rückerl, T. (2008). *Coaching mit NLP-Werkzeugen*. Wiley.

Rupp, C. (2007). *Requirements-Engineering und Management 4. Auflage*. Hanser.

Schaffer, E. (2004). *Institutionalization of Usability: A Step-by-Step Guide*. Addison-Wesley.

Schmidt, D., Stahl, M., Rohnert, H. & Bushmann, F. (2000). *Pattern-Oriented Software Architecture Volume 2*. Wiley.

Schneider, G. & Winter, J. P. (2001). *Applying Use Cases, Second Edition: A Practical Guide*. Addison-Wesley.

Schneier, B. (1996). *Applied Cryptography, Second Edition*. Oak Park: Wiley.

Schwaber, K. (2004). *Agile Project Management with Scrum*. Microsoft Press.

Senge, P. M. (1990). *Die fünfte Disziplin*. Stuttgart: Klett-Cotta.

Sennett, R. (2008). *Handwerk*. Berlin Verlag.

Sessions, R. (2008). *Simple Architectures for Complex Enterprises*. Microsoft Press.

Shan, Y.-P. & Earle, R. H. (1998). *Enterprise Computing with Objects: from Client/Server Environments to the Internet*. Addison-Wesley.

Shaw, M. & Garlan, D. (1996). *Software Architecture: Perspectives on an Emerging Discipline.* Prentice Hall.

Shirley, J. (1992*). Guide to Writing DCE Application.* O'Reilly.

Spinellis, D. & Gousios, G. (2009). *Beautiful Architecture.* O'Reilly.

Starke, G. (2008). *Effektive Software-Architekturen.* Hanser.

Starke, G. & Tilkov, S. (2007). *SOA-Expertenwissen: Methoden, Konzepte, Praxis serviceorientierter Architekturen.* dpunkt.verlag.

Tate, B. (2002). *Bitter Java.* Manning Publications.

Thun, F. S. (2001). *Miteinander Reden 1–3.* Rowohlt.

Tidwell, J. (2005). *Designing Interfaces.* Sebastopol: O'Reilly.

Turner, M. S. (2006). *Microsoft Solution Framework Essential.* Microsoft Press.

Ulrich, H. & Probst, G. J. (1988). *Anleitung zum ganzheitlichen Denken und Handeln.* Haupt Verlag.

Verschiedene. (2008). *The Architecture Journal. The Role of an Architect (15)* . Microsoft.

Versteegen, G. (2000). *Projektmanagement mit Rational Unified Process.* Springer.

Vogel, O. (2009). *Software Architektur.* Spektrum.

Warmer, J. & Kleppe, A. (1999). *The Object Constraint Language: Precise Modeling with UML.* Addison-Wesley.

Weilkiens, T. (2006*). Systems Engineering mit SysML/UML.* dpunkt.

Weinberg, G. M. (1971). *The Psychology of Computer Programming.* Van Nostrand Reinhold.

Weinberg, V. (1980). *Structured Analysis.* Yourdon Press.

West, D. (2004). *Object Thinking.* Redmond: Microsoft Press.

Wiegers, K. E. (1996). *Creating A Software Engineering Culture.* Dorset House Publishing.

Wiegers, K. E. (2006). *More About Software Requirements: Thorny Issues and Practical Advice.* Microsoft Press.

Wiegers, K. E. (2003). *Software Requirements, Second Edition.* Redmond: Microsoft Press.

Wirfs-Brock, R. & McKean, A. (2002). *Object Design: Roles, Responsibilities, and Collaborations.* Addison-Wesley.

Yourdon, E. (1989). *Modern Structured Analysis.* Yourdon Press.

Yourdon, E. & Constantine, L. L. (1979). *Structured Design.* Yourdon Press.

Zehnder, C. A. (1998). *Informationssysteme und Datenbanken.* Zürich: vdf Hochschulverlag.

Stichwortverzeichnis